MICHAEL CÉSAR **SILVA**
GLAYDER DAYWERTH PEREIRA **GUIMARÃES**
CAIO CÉSAR DO NASCIMENTO **BARBOSA**

DIGITAL INFLUENCERS E SOCIAL MEDIA

REPERCUSSÕES JURÍDICAS, PERSPECTIVAS E TENDÊNCIAS DA **ATUAÇÃO** DOS **INFLUENCIADORES DIGITAIS** NA **SOCIEDADE** DO **HIPERCONSUMO**

Dados Internacionais de Catalogação na Publicação (CIP) de acordo com ISBD

S586d   Silva, Michael César

Digital Influencers e Social Media: repercussões jurídicas, perspectivas e tendências da atuação dos influenciadores digitais na sociedade do hiperconsumo / Michael César Silva, Glayder Daywerth Pereira Guimarães, Caio César do Nascimento Barbosa. – Indaiatuba, SP : Editora Foco, 2024.

424 p. : 17cm x 24cm.

Inclui índice e bibliografia.

ISBN: 978-65-6120-042-4

1. Direito. 2. Digital Influencers. 3. Social Media. I. Guimarães, Glayder Daywerth Pereira. II. Barbosa, Caio César do Nascimento. III. Título.

2024-528   CDD 340   CDU 34

Elaborado por Vagner Rodolfo da Silva - CRB-8/9410

Índices para Catálogo Sistemático:

1. Direito 340

2. Direito 34

MICHAEL CÉSAR **SILVA**
GLAYDER DAYWERTH PEREIRA **GUIMARÃES**
CAIO CÉSAR DO NASCIMENTO **BARBOSA**

DIGITAL INFLUENCERS E SOCIAL MEDIA

REPERCUSSÕES JURÍDICAS, PERSPECTIVAS E TENDÊNCIAS DA ATUAÇÃO DOS INFLUENCIADORES DIGITAIS NA SOCIEDADE DO HIPERCONSUMO

2024 © Editora Foco
Autores: Michael César Silva, Glayder Daywerth Pereira Guimarães e Caio César do Nascimento Barbosa
Diretor Acadêmico: Leonardo Pereira
Editor: Roberta Densa
Assistente Editorial: Paula Morishita
Revisora Sênior: Georgia Renata Dias
Capa Criação: Leonardo Hermano
Diagramação: Ladislau Lima e Aparecida Lima
Impressão miolo e capa: DOCUPRINT

DIREITOS AUTORAIS: É proibida a reprodução parcial ou total desta publicação, por qualquer forma ou meio, sem a prévia autorização da Editora FOCO, com exceção do teor das questões de concursos públicos que, por serem atos oficiais, não são protegidas como Direitos Autorais, na forma do Artigo 8º, IV, da Lei 9.610/1998. Referida vedação se estende às características gráficas da obra e sua editoração. A punição para a violação dos Direitos Autorais é crime previsto no Artigo 184 do Código Penal e as sanções civis às violações dos Direitos Autorais estão previstas nos Artigos 101 a 110 da Lei 9.610/1998. Os comentários das questões são de responsabilidade dos autores.

NOTAS DA EDITORA:

Atualizações e erratas: A presente obra é vendida como está, atualizada até a data do seu fechamento, informação que consta na página II do livro. Havendo a publicação de legislação de suma relevância, a editora, de forma discricionária, se empenhará em disponibilizar atualização futura.

Erratas: A Editora se compromete a disponibilizar no site www.editorafoco.com.br, na seção Atualizações, eventuais erratas por razões de erros técnicos ou de conteúdo. Solicitamos, outrossim, que o leitor faça a gentileza de colaborar com a perfeição da obra, comunicando eventual erro encontrado por meio de mensagem para contato@editorafoco.com.br. O acesso será disponibilizado durante a vigência da edição da obra.

Impresso no Brasil (3.2024) – Data de Fechamento (2.2024)

2024
Todos os direitos reservados à
Editora Foco Jurídico Ltda.
Rua Antonio Brunetti, 593 – Jd. Morada do Sol
CEP 13348-533 – Indaiatuba – SP

E-mail: contato@editorafoco.com.br
www.editorafoco.com.br

PREFÁCIO

Debito à deferência dos autores, o honroso convite para prefaciar a obra de Michael César Silva, Glayder Daywerth Pereira Guimarães e Caio César do Nascimento Barbosa, intitulada "*Digital Influencers e Social Media*: repercussões jurídicas, perspectivas e tendências da atuação dos influenciadores digitais na sociedade do hiperconsumo".

Há muito acompanho a jornada dos coautores na percepção desse novo fenômeno sociocultural ínsito à digitalização da vida: a profissão de influenciador digital e a publicidade por eles dirigida nos canais tecnológicos de comunicação. Nessa perspectiva, os pesquisadores se imiscuíram no estudo teórico e empírico de uma atividade que há poucos anos sequer existia e hoje é naturalizada no cotidiano, ingressando no radar do Direito como forte sintoma cultural, já massificado em nossa veloz sociedade de consumo.

Tratar dos *digital influencers* para alguém de minha geração é mais do que simplesmente radiografar uma questão transversal do Direito, mas humildemente reconhecer que o jurista também deve se despir da segurança de uma visão de mundo forjada em um sistema econômico analógico, no qual o mercado era protagonizado por agentes profissionais que atuavam empresarialmente, em uma organização procedimental voltada ao lucro, na qual a promoção de serviços, produtos e marcas se destinava aleatoriamente ao grande público pelos canais tradicionais de comunicação, ou seja, revistas de grande circulação, jornais e TV aberta.

Com efeito, é outra a realidade que nos permeia. Como bem sintetizam os coautores na introdução da obra "Hodiernamente, os indivíduos passam inúmeras horas de sua vida na frente de uma tela, seja de um computador, de um smartphone, ou de um *wearable device*, sendo sua presença online cada vez mais notada, principalmente, pela utilização habitual ou mesmo diária de redes sociais. Verifica-se que a sociedade contemporânea vivência o fenômeno da hiperconexão, de tal modo que, dados digitais são criados de forma massiva e constante a cada segundo. Nesse contexto, os dados pessoais relativos aos consumidores passaram a ser amplamente utilizados com a finalidade de tratamento e, por conseguinte, criação de perfis digitais de consumo (*profiling*) capazes de abastecer os fornecedores com informações sobre gênero, idade, preferências pessoais, interesses, situação econômica, localização, gostos, histórico de compras, pagamentos, dentre outros."

A partir desta realidade instigante e cambiante, a extensa e densa obra se desdobra em dez capítulos, objetivando fornecer uma cobertura holística das celeumas atreladas a atuação dos influenciadores digitais, tendo como elemento nevrálgico a divulgação de atividade publicitária no mercado de consumo digital.

O livro apresenta a sociedade contemporânea e cibercultura, versando sobre temas que se tornaram clássicos como a hiperconexão na sociedade, a revolução tecnológica e a nova era da comunicação e o hiperconsumo na sociedade digital. Infelizmente, como coloca Shoshana Zuboff (A era do capitalismo de vigilância, Rio de Janeiro, Ed. Intrínseca, 2021, p.19-23) o intitulado "capitalismo de vigilância" erode as bases antropocêntricas do Direito Civil, reivindicando de maneira unilateral a experiência humana em matéria-prima gratuita para a tradução em dados comportamentais que são disponibilizados no mercado como produtos de predição que antecipam e modelam comportamentos futuros. A visão kantiana do ser humano como fim em si é desvirtuada por um instrumentalismo, cuja base é a expropriação de nossa personalidade em prol de finalidades alheias. A realidade digital converte situações existenciais em uma nova propriedade baseada na despossessão da essência daquilo que nos define, através de uma modificação comportamental cujo legado de danos pode custar a nossa própria humanidade.

Na sequência, ingressa-se na discussão sobre a proteção do consumidor e o mercado de consumo digital, mediante um Escorço histórico da proteção ao consumidor, a visualização da relação jurídica de consumo e a interligação entre comércio eletrônico, redes sociais e mercado de consumo digital. Como adverte Byung-Chul Han (No enxame, São Paulo, Editora Vozes, 2020, p.67), o mercado de vigilância no Estado Democrático tem uma proximidade perigosa do Estado de vigilância digital. Na sociedade de informação contemporânea, na qual o Estado e o mercado se fundem cada vez mais, as atividades do Google e do Facebook se aproximam das atividades de um serviço secreto. Frequentemente, eles se servem da mesma equipe. E algoritmos do Facebook, de bolsas e de serviços secretos executam operações semelhantes. Aspira-se em todo lugar a uma exploração máxima da informação. Daí a importância de mantermos o foco não apenas na tutela da cidadania, mas na vulnerabilidade econômica, técnica e informacional do consumidor.

Adentrando ao problema central, os autores mergulham na compreensão da fenomenologia do *digital influencer* em sua contemporaneidade para encontrar as suas várias modalidades: os *mega influencers, macro influencers, micro influencers, nano influencers* e influenciadores digitais virtuais (artificiais). Também investigam as formas de remuneração dos influenciadores digitais, os contratos por eles firmados e suas técnicas de publicidade, como o *unboxing, o review e o gameplay*, embaixadores de marcas e o *friendly advice*. Finalizam o capítulo com o estudo da regulamentação da atividade publicitária dos influenciadores digitais, um Guia de Publicidade por Influenciadores Digitais e as diversas Experiências Internacionais na Regulamentação Publicitária do *digital influencer*. Esse amplo contexto casa com a preocupação expressa por Klaus Schwab (A Quarta Revolução Industrial. São Paulo, Edipro, 2016, p.12), no sentido de que os tomadores de decisão costumam ser levados pelo pensamento tradicional linear (e sem ruptura) ou costumam estar muito absorvidos por preocupações imediatas e não conseguem pensar de forma estratégica sobre as forças de ruptura e inovação que moldam nosso futuro.

Outra temática fecunda verticalizada pelos autores concerne aos nichos de atuação dos *digital influencers*, tais como os influenciadores mirins (trazendo à tona os limites da parentalidade no *sharenting*; o *influencer* voltado ao público infanto-juvenil; as *momfluencers*; os *fashion influencers*, influenciadores na área da saúde, como os *doctor influencers*; influenciadores de *lifestyle*; *pet influencers*; *gamer influencers*; influenciadores nas finanças e na tecnologia. Essas vertentes profissionais localizadas no mundo digital, confirmam o câmbio da cartografia da titularidade: se a humanidade sempre se dedicou à apropriação de espaços livres em pertencimentos privados; atualmente dos rastros digitais que um usuário deixa em suas interações na rede, converte-se a privacidade em um superávit comportamental muito bem explorado pelos *influencers digitais*, que Frank Pasquale define como "O mercado sombrio de dados pessoais" (The data market for personal data", The New York times, 16 de outubro de 2014).

Tema que a mim é muito caro concerne à responsabilidade civil dos influenciadores digitais, proficuamente enfrentada no capítulo 7, em vários âmbitos, iniciando pela veiculação de publicidade ilícita nas redes sociais, passando pela comparação entre as responsabilidades subjetiva/objetiva dos *digital influencers*, seguida pela fundamental função preventiva da responsabilidade civil dos influenciadores digitais, avançando através do tratamento de dados pessoais de consumidores, *profiling* e discriminação algorítmica, sem se olvidar da responsabilidade civil do influenciador digital pelo assédio de consumo e da figura do dano social. Ao terminarmos a leitura do capítulo percebemos nitidamente que o modelo jurídico da responsabilidade civil é por essência cambiante, extremamente sensível aos influxos econômicos e sociais. A sua trajetória não é linear, um caminho sem volta. A doutrina e a jurisprudência admitem revisitação de pontos de vista contingencialmente superados quando os dados do mercado, dos avanços tecnológicos e, sobretudo, das aspirações éticas de uma coletividade determinem uma reelaboração de certa função da responsabilidade civil, porventura em estado letárgico.

Adiante, o capítulo 8 explana a crua realidade das *Fake News*, "quando as mentiras se tornam verdades". De fato, a Pós-Verdade potencializa o risco da disseminação de notícias desinformativas, daí a relevância do exame de suas consequências danosas como danos morais, patrimoniais, sociais e existenciais. A leitura da obra inequivocamente remete à advertência de Yuval Noah Harari (21 lições para o século 21) no sentido de que a narrativa liberal tratava da autonomia da pessoa comum. Porém, paradoxalmente ele se sente cada vez mais irrelevante, com um monte de palavras misteriosas despejadas freneticamente nas redes sociais. Como ela pode continuar a ser relevante em um mundo de algoritmos em rede?

O derradeiro capítulo aborda as decisões no âmbito judicial (Brasil e EUA) e extrajudicial (CONAR) relativas à atuação de influenciadores digitais. Com efeito, alguns processos envolvendo influenciadores digitais, despontaram nos últimos anos no Poder Judiciário, nos mais variados segmentos das celebridades digitais, demandando dos autores uma análise crítica das circunstâncias apresentadas, de modo a auxiliar a compreensão adequada dos contornos contemporâneos da atuação dos *influencers* no ambiente digital. Aliás, em um sentido mais amplo de responsabilidade, o Guia para influenciadores digitais do FTC, recomenda a utilização de linguagem simples e clara, na promoção de atividade publicitária, evitando-se a utilização de termos que possam confundir o público-alvo (consumidores/seguidores). Ou seja, a noção de "*responsibility*" se dirige aos agentes privados, significando a inserção da ética no exercício de sua atividade.

Como síntese do exposto, explicam os autores em suas considerações finais, que há uma nova organização: "o mercado de consumo digital, pautado em novos arranjos contratuais, desenvolvimento do comércio eletrônico, veiculação de publicidade digital – em especial com a utilização massiva de marketing de influência –, emprego da inteligência artificial, tratamento de dados pessoais dos consumidores, criação de perfis digitais de consumo e bens digitais ofertados no mercado de consumo. Os *digital influencers* atuam nas redes sociais pelo contato direto e pessoal com o público, criando uma relação de proximidade por meio da utilização de meios informais especialmente, mediante a produção de conteúdo, em segmentos específicos, com regularidade e credibilidade, alcançando engajamento e alto grau de influência sob o comportamento de seus seguidores e que, por conseguinte, se utilizam dessa relação de confiança para obtenção de remuneração (direita ou indireta) pela realização de atividade publicitária, em seus diversos formatos, nas plataformas digitais."

Com efeito, observa Francesco Galgano (*Lex mercatoria*, p.239-250) que nesta sociedade a tecnologia industrial é substituída pela técnica contratual, pois em muitos setores o contrato se substituiu à própria lei no papel de organização da sociedade civil. Esta tende a se auto-organizar através de técnicas financeiras. Com isso, a tutela do interesse geral se transforma em um componente do lucro e qualquer proteção ao consumidor se justifica unicamente para o incremento das vendas. A nova *lex mercatoria* consiste em um direito criado por empreendedores sem a mediação do Poder Legislativo do Estado.

A leitura dessa fascinante obra, permitiu-me não apenas acrescer conhecimento, porém compreender a dramática mudança tecnológica como um convite para refletirmos sobre quem somos e como vemos o mundo. Quanto mais pensamos sobre como aproveitar a revolução tecnológica, mais analisamos a nós mesmos e os modelos sociais subjacentes que são incorporados e permitidos por essas tecnologias. E mais oportunidades teremos para moldar a revolução de uma forma que melhore o estado do mundo.

Que o leitor possa apreciar da melhor forma o livro "Digital Influencers e Social Media" de Michael César Silva, Glayder Daywerth Pereira Guimarães e Caio César do Nascimento Barbosa. Parabéns a Editora Foco por trazer ao público um material de tamanha relevância e atualidade.

Belo Horizonte, dezembro de 2023.

Nelson Rosenvald

Advogado e Parecerista. Professor do corpo permanente do Doutorado e Mestrado do Instituto Brasileiro de Ensino, Desenvolvimento e Pesquisa (IDP-DF). Pós-Doutor em Direito Civil na *Università Roma Tre*. Pós-Doutor em Direito Societário na Universidade de Coimbra. *Visiting Academic na Oxford University*. Professor Visitante na Universidade Carlos III, Madrid. Doutor e Mestre em Direito Civil pela Pontifícia Universidade Católica de São Paulo (PUC-SP). Presidente do Instituto Brasileiro de Estudos de Responsabilidade Civil (IBERC). Foi Procurador de Justiça do Ministério Público de Minas Gerais.

APRESENTAÇÃO

A publicidade, assim como o jornalismo, mudou imensamente nas últimas décadas. Não exagero ao dizer que o cenário é quase irreconhecível – se comparado ao que tínhamos no final do século passado (pouco mais de 20 anos atrás). Se tínhamos, antes, focos de emissão de notícia unilaterais, concentrados e centralizados, hoje o panorama é claramente oposto (o mesmo vale para a publicidade). Não mais o foco, mas os focos. Não mais a centralização, mas a descentralização. Não mais a voz única, mas plural. Aliás, essa passagem do singular ao plural marca a caminhada de muitos conceitos, categorias e institutos jurídicos em nossos dias.

Mudam os modos de se consumir notícias, mudam os modos de se consumir publicidade. São mudanças extremamente recentes em nossa sociedade – é natural, por isso, que haja perplexidade e indefinição. Por isso a real necessidade que temos, no pensamento jurídico, de reflexões contextualizadas e sérias sobre esses fenômenos. Para entender de onde viemos e para onde vamos. E sobretudo para entender qual disciplina jurídica aplicar às novas realidades. Gosto muito de uma frase do célebre civilista Georges Ripert – que foi Professor e Reitor da Universidade de Paris em meados do século passado. Ele escreveu que quando o direito ignora a realidade, a realidade se vinga ignorando o direito. É esse o perigo que corremos, e que não podemos correr: ignorar a realidade. Se assim o fizermos, o resultado é certo: o direito perderá a relevância.

Em sociedades complexas e plurais, hiperconectadas, o direito não poderá permanecer sendo que era. Virou lugar-comum dizer que o direito mudou, está mudando. De um sistema fechado, lógico-formal, passamos para um sistema aberto, valorativo. A ordem jurídica, antes estática e fechada, agora aberta e dinâmica, exige soluções que dialoguem com essa complexidade. O direito passa por uma filtragem ética e ganha novos olhares, princípios, funções. Busca, cada vez mais, proteger as dimensões existenciais do ser humano, e sobretudo os mais vulneráveis.

Aliás, a vulnerabilidade do consumidor, se é traço característico do consumidor "tradicional", é ainda mais evidente no universo digital. Convém lembrar que os avanços tecnológicos e as necessidades sociais tornam o conceito de vulnerabilidade essencialmente mutável e flexível. Em outras palavras: vulnerabilidade não é um conceito estático, mas dinâmico. Não é um conceito definitivo, mas em evolução. Não é um conceito fechado, mas aberto. Os contextos e as especificidades do caso concreto serão sempre relevantes. Os maiores ou menores níveis de vulnerabilidade, desde que caracterizados em determinada situação, autorizam respostas jurídicas diferenciadas no direito do consumidor. Hoje, vivendo como vivemos em sociedades velozes e hiperconectadas, a vulnerabilidade adquiriu mais um perfil, a vulnerabilidade digital.

A mudança da sociedade físico-tradicional para a sociedade digital projeta mudanças em todos os campos sociais. Muda o sistema financeiro (com os ativos virtuais e a descentralização), muda o sistema empresarial (com a economia do compartilhamento), mudam as relações de trabalho (e todo modo de ser econômico e social, pode-se dizer, em mudança cujos próximos passos não estão claros). Algo é certo: a única permanência é a mudança. Talvez baste lembrar, nesse sentido, que a formação de perfis informacionais é algo extremamente valioso na economia atual (vivemos entre algoritmos e perfis digitais de consumo que talvez nos conheçam melhor que nós mesmos). A economia colaborativa digital está em plena transformação. Há modelos de negócio disruptivos fundados na união entre criatividade e tecnologia.

Outro ponto relevante: atualmente o tratamento de dados pessoais é traço definidor de nossa sociedade. E aqui pode se esconder uma das (muitas) formas de assimetria informacional. Há ainda largas esferas de opacidade no tratamento de dados dos cidadãos brasileiros. Os diálogos entre o CDC e a LGPD podem ser uma das ferramentas de combate dessa assimetria. Nesse contexto, algo parece certo: os cidadãos não conseguem controlar, de modo efetivo, o fluxo de dados pessoais atualmente (nestas primeiras décadas do século XXI).

Enfim, nos dias em que vivemos os influenciadores digitais ditam comportamentos, modas, escolhas. Definem claramente hábitos de consumo. Um dos problemas mais evidentes é (na minha visão) a violação frequente ao princípio da identificação da mensagem como sendo publicitária (sobretudo diante de consumidores vulneráveis ou hipervulneráveis). E também a comum inobservância de um dever mínimo de cuidado (oriundo da boa-fé objetiva) em relação ao caráter fraudulento do produto ou serviço que anunciam. Mas isso são apenas reflexões iniciais de alguém que não domina o assunto. Já neste livro que a leitora e o leitor têm em mãos, há – de modo completo, teoricamente preciso e bem documentado – a mais recente palavra teórica sobre o tema, aqui e lá fora, e as experiências dos diversos países ao tentar lidar com o problema.

Coube a mim a tarefa de apresentar os autores – e eu o faço afirmando que ninguém estaria mais habilitado a escrever sobre esse tema do que os juristas que ora apresento. Estamos diante de uma obra excepcional, escrita por seríssimos pesquisadores, que se valeram da mais apurada bibliografia para traçar um perfil contextualizado desse fenômeno complexo e iconoclasta. A feliz união do Professor Michael César com seus (inicialmente) alunos Caio César do Nascimento Barbosa e Glayder Daywerth Pereira Guimarães – que se converteram, depois, em colegas pesquisadores – rendeu os melhores frutos. Conheço o Professor Michael há muitos anos. Afirmo que o Prof. Michael conhece como poucos o direito do consumidor. Declaro ainda que o Prof. Michael navega espetacularmente nas águas da boa-fé objetiva. Ambos são campos temáticos de seus estudos há muitos anos. E esses são temas fundamentais para a construção desta obra.

Aliado a isso temos o imenso talento de pesquisar de que foram dotados Caio e Glayder. Pesquisadores rigorosos, atualizados, atentos à bibliografia mais recente e mais específica sobre o tema pesquisado. Não exagero ao afirmar que os três estão, hoje, no

Brasil, entre os mais autorizados a lecionar e traçar rumos teóricos no que diz respeito aos influenciadores digitais. Elaboraram, os três, de modo magistral, uma rede de conexões conceituais que nos autorizam a dar um passo além na matéria. Que nos ensinam, nos esclarecem e nos contextualizam nas difíceis perguntas que permeiam o tema.

Os autores conseguem, ainda, outro feito notável: é um livro que navega entre reflexões contextualizadas no campo jurídico e um olhar realmente atento e inteligente às novas tecnologias e aos novos modos digitais de comportamento. Goste-se ou não do fenômeno dos influenciadores digitais, algo é certo: é um mercado que movimenta quantias bilionárias ao redor do mundo. Quem diria, por exemplo, que a Copa do Mundo seria transmitida ao vivo por um influenciador no YouTube? Que as maiores fortunas atuais teriam relação com o universo digital? Que as grandes marcas querem, não personalidades tradicionais, mas jovens influenciadores associados aos seus produtos?

Enfim, um fenômeno tão atual e tão relevante – convém repetir, goste-se ou não, é algo muito relevante sob o prisma jurídico, ético, educacional e financeiro – exigia que tivéssemos um grande livro jurídico que explorasse cada ângulo da matéria. E agora temos. Eu só posso louvar o feito e enfatizar que a leitora e o leitor muito ganharão ao percorrer estas páginas. É um livro que já nasce sendo a referência fundamental sobre o tema.

Peço licença aos notáveis pesquisadores Caio e Glayder para uma palavra pessoal sobre Michael. Uma apresentação sugere ou impõe um tom mais íntimo. Michael é um professor amado e respeitado por seus alunos, alguém que se dedica seriamente ao difícil ofício de ensinar. E é além disso alguém que se distingue por qualidade tão nobres como talvez raras atualmente: humildade, gentileza, bondade. Eu realmente me orgulho da amizade que temos, eu só posso agradecer por ter sido presenteado com ela.

E. M. Foster – romancista e crítico britânico – em *What I Believe* (*Two Cheers for Democracy*), escreveu belamente: "Acredito, porém, na aristocracia – se esta for a palavra certa e se puder ser usada por um democrata. Não na aristocracia do poder, mas dos sensíveis, dos atenciosos. Seus integrantes são encontrados em todas as nações e classes sociais, em todas as faixas etárias, e há entre eles um entendimento secreto quando se encontram. Eles representam a verdadeira tradição humana, a única vitória permanente de nossa estranha raça sobre a crueldade e o caos. Milhares deles perecem na obscuridade, alguns são grandes nomes. São sensíveis e têm empatia com o outro, são atenciosos sem espalhafato. Sua força não está na ostentação, e sim no poder de persistir". Acho que essa frase define os autores desta obra.

O direito do século XXI é um direito amigo da ética e da proteção aos vulneráveis. Um direito que nos convida a ter um olhar humanizado para as coisas humanas. Não só nos grandes discursos, mas nas práticas diárias. A solidariedade faz com que nos perguntemos como estamos agindo. Não só nos discursos da macroética, mas também nos (nossos) pequenos atos diários da microética. Nós melhoramos a sociedade sendo pessoas melhores, inclusive quando não tem ninguém olhando, quando não tem câmera ligada...

Hoje os atos da autonomia privada não podem evitar o mergulho nas águas da boa-fé objetiva (aí incluídas as relações jurídicas entre influenciadores e seus contratantes, bem como com os consumidores de conteúdo). Relações patrimoniais ou existenciais, não importa, ambas são renovadas pela tutela da confiança – ainda que as denominações possam mudar, no fundo a confiança é sempre protegida. Aliás, o direito do século XXI não é o direito do mais esperto. Nem do mais forte. Fórmulas absolutistas ou arbitrária não nos satisfazem. Luzes solidárias apontam novos caminhos.

Belo Horizonte, dezembro de 2023.

Felipe Peixoto Braga Netto

Membro do Ministério Público Federal (Procurador da República). Pós-doutor em Direito Civil pela Universidade de Bologna (Itália). Doutor em Direito pela Pontifícia Universidade Católica do Rio de Janeiro (PUC-Rio). Mestre em Direito pela Universidade Federal de Pernambuco (UFPE).

AGRADECIMENTOS

A realização da presente obra não teria sido possível sem a colaboração de inúmeras pessoas, que contribuíram de certa forma na consecução deste trabalho. Gostaríamos de registrar sinceras homenagens e nosso muito obrigado.

A Deus, presença constante em nossas vidas.

As nossas famílias, pela paciência e apoio fundamentais ao estudo.

Aos estimados Professores Nelson Rosenvald, Felipe Peixoto Braga Netto e José Luiz de Moura Faleiros Júnior pelo incentivo à publicação da pesquisa, relevantes contribuições ao estudo, interessantes discussões científicas e críticas essenciais para a conclusão da obra. Nosso profundo respeito e gratidão.

Ao caríssimo Professor Marcelo de Oliveira Milagres, pelas pertinentes reflexões e debates sobre a temática dos *digital influencers* e cujas opiniões contribuíram para o desenvolvimento da pesquisa realizada.

Dedicamos, ainda, um especial agradecimento aos amigos e pesquisadores, Ana Carolina Brochado Teixeira, Arthur Pinheiro Basan, Bruno Fabrício da Costa, Bruno Torquato Zampier Lacerda, Caitlin Sampaio Mulholland, Clayton Douglas Pereira Guimarães, Cristiano Colombo, Filipe José Medon Affonso, Igor de Lucena Mascarenhas, João Victor Rozatti Longhi, Júlio César Faria Zini, Júlio Moraes Oliveira, Karina Nunes Fritz, Mafalda Miranda Barbosa, Marcos Ehrhardt Júnior, Marcos Jorge Catalan, Maria Carla Moutinho Nery, Oscar Ivan Prux, Rafaella Nogaroli, Renata Domingues Balbino Munhoz Soares, Roberto Henrique Porto Nogueira, Thami Covatti Piaia, Vinícius Lott Thibau, dentre outros, os quais colaboraram em diversos aspectos com a pesquisa.

Por fim, agradecemos à Editora Foco por proporcionar um espaço editorial de excelência para divulgação das ideias contidas na obra.

SOBRE OS AUTORES

MICHAEL CÉSAR SILVA

Pós-Doutorando em Direito, Tecnologia e Inovação pela Universidade Federal de Minas Gerais (UFMG). Doutor e Mestre em Direito Privado pela Pontifícia Universidade Católica de Minas Gerais (PUC Minas). Especialista em Direito de Empresa pela Pontifícia Universidade Católica de Minas Gerais (PUC Minas). Professor convidado do curso de Pós-Graduação em *Fashion Law* da Universidade Mackenzie/SP. Professor convidado do curso de Pós-Graduação em Direito Privado, Tecnologia e Inovação da Escola Brasileira de Direito (Ebradi/SP). Professor Convidado do LLM em Lei Geral de Proteção de Dados da Universidade do Vale do Rio dos Sinos (Unisinos/RS). Professor da Escola de Direito do Centro Universitário Newton Paiva/MG. Professor da Escola Superior Dom Helder Câmara/MG. Membro do Instituto Brasileiro de Estudos de Responsabilidade Civil (IBERC). Editor da Revista Eletrônica de Direito do Centro Universitário Newton Paiva. Advogado.

GLAYDER DAYWERTH PEREIRA GUIMARÃES

Especialista em Direito Digital e Proteção de Dados pelo Centro Universitário UniAmérica. Bacharel em Direito – modalidade Integral – pela Escola Superior Dom Helder Câmara/MG. Copresidente da Associação Guimarães de Estudos Jurídicos (AGEJ). Diretor Executivo e Membro do Conselho Editorial do Portal Jurídico Magis. Advogado.

CAIO CÉSAR DO NASCIMENTO BARBOSA

Especialista em Direito, Inovação e Tecnologia pelo Instituto de Ciências Jurídicas Aplicadas e Escola Superior de Advocacia da OAB/MG. Bacharel em Direito – modalidade Integral – pela Escola Superior Dom Helder Câmara/MG. Diretor Adjunto do Portal Jurídico Magis e da Associação Guimarães de Estudos Jurídicos (AGEJ). Advogado.

SUMÁRIO

PREFÁCIO V

APRESENTAÇÃO IX

AGRADECIMENTOS XIII

SOBRE OS AUTORES XV

1. INTRODUÇÃO 1

2. SOCIEDADE CONTEMPORÂNEA E CIBERCULTURA 5
   2.1   A hiperconexão na sociedade 4.0 6
   2.2   Revolução tecnológica e a nova era da comunicação 12
   2.3   O hiperconsumo na sociedade digital 14

3. A PROTEÇÃO DO CONSUMIDOR E O MERCADO DE CONSUMO DIGITAL ... 21
   3.1   Escorço histórico da proteção ao consumidor 22
   3.2   Relação jurídica de consumo 31
   3.3   Comércio eletrônico, redes sociais e mercado de consumo digital 33

4. PUBLICIDADE E TUTELA DO CONSUMIDOR 41
   4.1   Publicidade 41
   4.2   O sistema misto de proteção à publicidade no Brasil 45

5. DIGITAL INFLUENCER 61
   5.1   O fenômeno dos influenciadores digitais na contemporaneidade 62
   5.2   Definição de *digital influencer* 68
   5.3   Modalidades de influenciadores digitais 78
        5.3.1   Mega *influencers* 78
        5.3.2   Macro *influencers* 83
        5.3.3   Micro *influencers* 84
        5.3.4   Nano *influencers* 85
   5.4   Influenciadores digitais virtuais (artificiais) 86

5.5 Formas de remuneração dos influenciadores digitais 92
5.6 Contratos firmados pelos influenciadores digitais 95
5.7 Técnicas de publicidade dos influenciadores digitais 98
    5.7.1 *Unboxing* 99
    5.7.2 *Review* 100
    5.7.3 *Gameplay* 102
    5.7.4 Embaixadores de marcas 103
    5.7.5 *Friendly advice* 105
5.8 A regulamentação da atividade publicitária dos influenciadores digitais 112
    5.8.1 Guia de Publicidade por Influenciadores Digitais 114
    5.8.2 Experiências internacionais na regulamentação publicitária dos *Digital Influencers* 118
        5.8.2.1 Estados Unidos 120
        5.8.2.2 Austrália 123
        5.8.2.3 China 124
        5.8.2.4 Índia 126
        5.8.2.5 Reino Unido 127
        5.8.2.6 União Europeia 129
        5.8.2.7 Portugal 131
        5.8.2.8 França 133
        5.8.2.9 Alemanha 135
        5.8.2.10 Finlândia 137
        5.8.2.11 Polônia 137
        5.8.2.12 Espanha 138
        5.8.2.13 Suécia 139
5.9 A Herança Digital de perfis de influenciadores digitais 141

6. NICHOS DE ATUAÇÃO DOS *DIGITAL INFLUENCERS* 147
6.1 Influenciadores mirins 148
    6.1.1 *Sharenting* e *(over)sharenting* 156
6.2 Público infantojuvenil 173
6.3 *Momfluencers* 186
6.4 *Fashion Influencers* 188
6.5 Saúde 200
    6.5.1 Médicos Influenciadores (*Doctor Influencers or Medical Influencers*) 200
6.6 *Lifestyle* 208

6.7   Pet influencers 210
6.8   Gamer influencers 216
6.9   Finanças 218
6.10 Tecnologia 223

7. A RESPONSABILIDADE DOS INFLUENCIADORES DIGITAIS 225

7.1   A responsabilidade civil dos influenciadores digitais pela veiculação de publicidade ilícita nas redes sociais 226

    7.1.1.   A responsabilidade civil subjetiva dos *digital influencers* 229

    7.1.2   A responsabilidade civil objetiva dos *digital influencers* 230

    7.1.3   A prevenção de danos e a responsabilidade civil dos influenciadores digitais 243

7.2   Tratamento de dados pessoais de consumidores, *profiling* e discriminação algorítmica: desafios, perspectivas e repercussões da proteção do consumidor no mercado de consumo digital 245

7.3   A responsabilidade civil do influenciador digital pelo assédio de consumo 253

7.4   A responsabilidade social dos influenciadores digitais e a figura do dano social ... 260

7.5   Coronavírus, lives sertanejas e publicidade de bebidas alcóolicas 273

8. *FAKE NEWS*: QUANDO AS MENTIRAS SE TORNAM VERDADE 285

8.1   Pós-Verdade e o risco das notícias desinformativas 290

8.2   *Fake news* e danos 293

    8.2.1   Danos morais pela disseminação de *fake news* 295

    8.2.2   Danos patrimoniais pela disseminação de *fake news* 296

    8.2.3   Danos sociais pela disseminação de *fake news* 298

    8.2.4   Danos existenciais pela disseminação de *fake news* 299

8.3   *Digital Influencers e fake news* 300

9. DECISÕES NO ÂMBITO JUDICIAL E EXTRAJUDICIAL RELATIVAS À ATUAÇÃO DE INFLUENCIADORES DIGITAIS 303

9.1   Decisões do CONAR envolvendo influenciadores digitais 303

9.2   Decisões Judiciais envolvendo influenciadores digitais 313

    9.2.1   Viagem espiritual ao Egito 313

    9.2.2   O golpe do Iphone 8 Plus 314

    9.2.3   A linha de óculos de Virgínia Fonseca 316

    9.2.4   O *link* da Shopee no Instagram da Karol Conká 317

    9.2.5   Os direitos autorais do influenciador 319

    9.2.6   Júlio Cocielo, Mbappé e os "arrastões top nas praias" 320

	9.2.7	O jejum intermitente de Maíra Cardi	322
	9.2.8	O motorista de Uber e Camila Loures	326
	9.2.9	Felipe Neto e a Covid-19	327
9.3	Decisões nos Estados Unidos sobre Influenciadores Digitais		328
	9.3.1	*Fyre Festival*	328
	9.3.2	*Kim Kardashian* e *EMAX tokens*	330

10. CONSIDERAÇÕES FINAIS 333

POSFÁCIO 339

REFERÊNCIAS 345

1
INTRODUÇÃO

A sociedade contemporânea – complexa, plural e assimétrica – perpassou por inúmeras transformações em sua conjuntura social, econômica, política, ética, e, por fim, tecnológica, as quais influenciaram decisivamente na compreensão e na releitura crítica-construtiva dos modelos jurídicos no âmbito das relações jurídicas privadas, tendo por pressuposto a perspectiva dos valores, princípios e direitos fundamentais esculpidos na Constituição da República de 1988 e no contexto do Estado Democrático de Direito.

Ao longo das últimas décadas, em razão do advento das novas tecnologias informacionais, a sociedade vivenciou céleres mudanças em sua estrutura, notadamente, em relação a sua organização, comunicação e socialização, ensejando, por conseguinte, novos desafios jurídicos, éticos e sociais em relação à proteção do consumidor em ambiente digital.

Se outrora a comunicação entre indivíduos ocorria de modo majoritariamente físico e restrito a determinada localidade, em razão da língua e do meio de divulgação de uma mensagem, atualmente, a comunicação assume novos contornos, tornando-se transfronteiriça, dinâmica e assumindo uma velocidade de transmissão quase instantânea.

A revolução digital, especialmente, no tocante ao elemento comunicacional, produziu um processo de profunda remodelação na forma de divulgação da atividade publicitária dos fornecedores, a qual passou, por conseguinte, a se inserir rotineiramente na vida dos consumidores.

Com o surgimento da Internet e de novas tecnologias, ocorreu, paulatinamente, a intensificação do uso de tecnologias digitais no cotidiano dos indivíduos, sobretudo, por meio da utilização dos computadores pessoais (*notebooks/laptops ou desktops*), *pen drives, smartphones, tablets,* plataformas digitais, armazenamento de dados em nuvem, *streaming, wearable devices*[1], *IoT's (Internet of Things)*[2], Inteligência Artificial (IA), dentre outros.

---

1. *Wearable Device* (ou Dispositivos Vestíveis) representam tecnologias digitais que se manifestam por meio de peças de roupas, acessórios ou demais equipamentos vestíveis. Destacam-se, ainda, os relógios inteligentes e os óculos de realidade digital, dentre outros dispositivos.
2. *IoT's (Internet of Things)* ou Internet das Coisas "representa inovação tecnológica que permite a criação de ambiente interligado através de sensores que conectam objetos ou bens por meio da Internet, possibilitando não só a comunicação e realização de funções específicas entre as coisas, como gerando a cada vez mais constante coleta, transmissão, guarda e compartilhamento de dados entre os objetos e, consequentemente,

Hodiernamente, os indivíduos permanecem inúmeras horas de sua vida na frente de uma tela, seja de um computador, de um *smartphone,* ou de um *wearable device,* sendo sua presença online cada vez mais notada, principalmente, pela utilização habitual ou mesmo diária de redes sociais. Verifica-se que a sociedade contemporânea vivência o fenômeno da hiperconexão, de tal modo que, dados digitais são criados de forma massiva e constante a cada segundo.

Nesse contexto, os dados pessoais relativos aos consumidores passaram a ser amplamente utilizados com a finalidade de tratamento e, por conseguinte, criação de *perfis digitais* de consumo (*profiling*) capazes de abastecer os fornecedores com informações sobre gênero, idade, preferências pessoais, interesses, situação econômica, localização, gostos, histórico de compras, pagamentos, dentre outras.

Assim sendo, por meio da possibilidade de tratamento dos dados pessoais dos consumidores no mercado de consumo, os fornecedores, de modo geral, passaram a saber mais sobre um indivíduo do que ele mesmo, permitindo, o desenvolvimento de práticas comerciais mais eficientes voltadas a promoção de produtos e serviços.

Diante do advento de um novo paradigma tecnológico e do mercado de consumo digital, constata-se que em face dos *avanços tecnológicos e do ambiente virtual de contratação*, a vulnerabilidade dos consumidores, em suas diversas matizes (econômica, informativa, técnica, fática, digital, dentre outras), se apresenta, *ainda mais intensa*, em razão da presença de assimetrias e do evidente desequilíbrio contratual existe entre consumidores e fornecedores nas relações jurídicas de consumo digital, demandando instrumentos adequados e efetivos de proteção ao consumidor.

Nesse complexo cenário, as plataformas digitais, especialmente, o *Facebook, Twitter (atualmente denominado X), Instagram, TikTok* e o *YouTube*, conectam milhões de pessoas, possibilitando a difusão de conteúdos de forma célere. Diante de tal conjuntura, os fornecedores vislumbraram a oportunidade de maximizar os efeitos de suas publicidades, atrelando-as a figuras de renome da Internet, os denominados influenciadores digitais (*digital influencers*), os quais se apresentam como indivíduos – e em algumas hipóteses, *animais* ou mesmo *avatares fictícios* – que possuem a capacidade de influenciar a vida de seus seguidores, principalmente, em relação a seus hábitos de consumo, opiniões e comportamentos.

O presente estudo pretende examinar as principais controvérsias relacionadas à atuação dos *digital influencers*, notadamente, em relação a divulgação de atividade publicitária no mercado de consumo digital.

Deste modo, pretende-se, ainda, analisar a atuação dos *influenciadores digitais* a partir do atual panorama comunicacional, em ambiente digital, e suas interconexões

---

entre as empresas que disponibilizam este tipo de tecnologia às pessoas." (MULHOLLAND, Caitlin Sampaio. Mercado, pessoa humana e tecnologias: a internet das coisas e a proteção do direito à privacidade. *In:* BRAGA NETTO, Felipe Peixoto; SILVA, Michael César (Coords.). **Direito Privado e Contemporaneidade**: desafios e perspectivas do direito privado no século XXI: volume três. Indaiatuba, SP: Editora Foco, 2020, p.248).

com a veiculação de publicidade ilícita, no intuito de verificar a possibilidade de imputação de responsabilidade civil, no contexto de uma sociedade hiperconectada e do hiperconsumo, e sob a perspectiva do sistema misto de proteção da publicidade no Brasil, delineado pelos ditames legais estabelecidos pelo Código de Defesa do Consumidor (CDC) e pelos preceitos éticos preconizados pelo Código Brasileiro de Autorregulamentação Publicitária (CBAP) do Conselho Nacional de Autorregulamentação Publicitária (CONAR).

Tem-se, portanto, como necessária a reflexão das controvérsias identificadas em seus diversos aspectos, a partir de uma abordagem crítica, dialética e construtiva, com a finalidade de se permitir a compreensão consentânea de suas peculiares repercussões no âmbito do direito civil, do direito do consumidor e do direito digital.

O estudo propõe assim lançar luzes sobre a temática proposta, com o objetivo de se permitir a apropriada compreensão do fenômeno mundial dos influenciadores digitais, bem como apresentar soluções adequadas a atuação das referidas *celebridades digitais*, no contexto da sociedade digital contemporânea.

Por fim, ressalta-se que caberia aos fornecedores, anunciantes e *digital influencers*, no âmbito da atividade publicitária desenvolvida, nortear sua conduta pelos ditames legais emanados pelos princípios da boa-fé objetiva e da função social dos contratos, em consonância com os princípios da confiança, informação e transparência, bem como, pelas normativas éticas estabelecidas pelo CONAR, com a finalidade de se garantir o *(re)equilíbrio da relação jurídica de consumo* e consagrar a *efetiva tutela jurídica dos consumidores* no contexto do mercado de consumo digital.

2
SOCIEDADE CONTEMPORÂNEA E CIBERCULTURA

A sociedade contemporânea é corolário de uma série de transformações sociais, culturais, políticas, econômicas, tecnológicas, dentre outras, as quais modificaram de modo significativo a vida de todas as pessoas. O último passo nesse longo percurso histórico ocorreu nas últimas décadas, a partir do momento em que a sociedade sofreu numerosas alterações, em especial, em função dos acelerados avanços científicos e tecnológicos, assim como pelo advento cibernético que intensificou de maneira decisiva o processo de globalização.

As alterações nesse *admirável mundo novo*, decorrentes do desenvolvimento tecnológico, permitiram numerosas possibilidades nunca dantes conjecturadas, ensejando a interconexão entre pessoas de forma instantânea e descomplicada. A referida conjuntura social possibilitou a ocorrência de um rico caldo cultural de alta mutabilidade, o qual, por sua vez, produziu significativas modificações da cultura e da sociedade por meio do surgimento de novas tecnologias da informação.

Nesse contexto, novas práticas e costumes exsurgem no cotidiano. Termos como *curtir*, *comentar* e *compartilhar* assumem novas conotações mediante a utilização da Internet e dos novos suportes tecnológicos, ocasionando o aparecimento da *Cibercultura*.[1]

A partir do estabelecimento desse novo paradigma social, as relações humanas se modificam de modo significativo, sendo que, hodiernamente, não é possível cogitar vínculos meramente interindividuais, posto que as relações contemporaneamente seguem a lógica da interconexão. Assim, por meio da Internet, a conexão entre dois indivíduos se extrapola, de modo a permitir que outros indivíduos, vinculados a qualquer um desses, se conectem em uma complexa teia, direta ou indiretamente.

Constata-se, ademais, a formação de comunidades por interesses ou afinidades específicas. Os referidos grupos, muitas vezes, não possuem qualquer proximidade geográfica. Todavia, em função de preferências em comum desenvolvem um forte elo por intermédio da Internet e, em especial, das plataformas digitais.[2]

---

1. LÉVY, Pierre. **Cibercultura.** 3. ed. São Paulo: Editora 34, 2010.
2. CHAMPANGNATTE, Dostoiewski Mariatt de Oliveira; CAVALCANTI, Marcus Alexandre de Pádua. Cibercultura – perspectivas conceituais, abordagens alternativas de comunicação e movimentos sociais. **Revista de Estudos da Comunicação,** v.1, n.41, p.312-326, 2015, p.317. Nesse sentido ver: CANUT, Letícia. **Proteção do consumidor no comércio eletrônico.** Curitiba: Juruá, 2007, p.64-70.

A corroboração dos elementos que compõem a cibercultura possibilita a formação do que se denomina de *inteligência coletiva*,[3] permitindo a aquisição e compartilhamento amplo, dinâmico e imediato de conhecimento, informações e dados, como meio de democratização do saber.

Convém, explicitar, que a cibercultura não se limita ao universo digital, influenciando, direta e indiretamente, a vida de todas as pessoas, mesmo no mundo físico. Logo, a noção de cidadania se altera no contexto da cibercultura, se conformando às novas tecnologias e, paulatinamente, passando a abranger elementos digitais no exercício da vida dentro da *pólis*.[4]

Complementarmente, pode-se compreender a cibercultura de modo multifacetado, sendo essa capaz de revelar um sentimento formativo para o indivíduo, ao sinalizar uma mutação no progresso da espécie e, concomitantemente, se exteriorizar como um folclore do homem contemporâneo, própria expressão avançada da indústria cultural e de uma era influenciada pelo pensamento tecnológico.[5]

2.1 A HIPERCONEXÃO NA SOCIEDADE 4.0

A literatura comumente se mostra à frente da realidade no que se refere a proposições de cunho tecnológico. Nessa linha de intelecção, é possível traçar um paralelo com celebre frase cunhada pelo dramaturgo Oscar Wilde, em 1891, "a vida imita a arte mais do que a arte imita a vida."[6]

Mesmo antes de Pierre Lévy elaborar seu conceito de *cyberspace (ciberespaço)*, William Gibson já utilizara o termo, em 1982, na obra *burning chrome*[7], desenvolvendo o conceito de forma mais aprofundada, em 1984, na obra *neuromancer*[8]. O estudo das novas tecnologias, demanda, nesse sentido, um olhar transdisciplinar, para além do mero sistema jurídico, exigindo o estudo das obras de ficção científica clássicas.[9]

Falar em hiperconexão, hodiernamente, envolve certo truísmo, uma vez que todas as pessoas vislumbram cotidianamente esse cenário. Dados disponibilizados pelo Centro Regional de Estudos para o Desenvolvimento da Sociedade da Informação revelam que no Brasil aproximadamente 60% (sessenta por cento) das crianças

---

3. LÉVY, Pierre. **A Inteligência Coletiva.** São Paulo: Folha de São Paulo, 2015.
4. LEMOS, André. **Cibercidade: as cidades na cibercultura.** Rio de Janeiro: E-Papers, 2004, p.17-21.
5. RÜDGER, Francisco. **Cibercultura e pós-humanismo.** Porto Alegre: EDIPUCRS, 2008, p.21.
6. WILDE, Oscar. **A decadência da mentira.** Rio de Janeiro: Editora Imago, 1994.
7. GIBSON, William. **Burning Chrome.** Vancouver: Harper Voyager, 2003.
8. GIBSON, William. **Neuromancer.** 5. ed. São Paulo: Editora Aleph, 2016.
9. Nesse sentido, recomenda-se a leitura das obras: ASIMOV, Isaac. **Eu, Robô.** São Paulo: Editora Aleph, 2014; ASIMOV, Isaac. **Trilogia da Fundação.** São Paulo: Editora Aleph, 2019; DICK, Philip K. **Androides sonham com ovelhas elétricas?** São Paulo: Editora Aleph, 2014; GIBSON, William. **Burning Chrome.** Vancouver: Harper Voyager, 2003; GIBSON, William. **Neuromancer.** 5. ed. São Paulo: Editora Aleph, 2016; HUXLEY, Aldous Leonard. **Admirável mundo novo.** Porto Alegre: Biblioteca Azul, 2014.

já acessaram a Internet até os 10 (dez) anos, dessas, 15% (quinze por cento) antes dos 6 (seis) anos de idade.[10]

Em sentido congênere, Manuel Castells sustenta que as TICs (Tecnologias da Informação e Comunicação) alteraram de modo significativo a sociedade, de forma que sua gradativa evolução proporcionou a existência de uma *sociedade em rede*, marcada pelo capitalismo informacional e pelo alto grau de conexão dos indivíduos.[11]

Outrossim, em maior ou menor grau, crianças, adultos e idosos se encontram imersos no complexo emaranhado de dados de uma *sociedade hiperconectada*.

> A relação entre sociedade/cultura/fábricas digitais pode ser explicada por meio da seguinte afirmação: a nova fábrica digitalmente transformada sabe tudo sobre todos em tempo real, assim como na sociedade. Oportunidades e questões críticas desse modelo se equilibram: saber tudo implica saber gerenciar a complexidade para transformá-la em benefícios; ao mesmo tempo, sublinha a urgência de repensar o tema do controle do capital humano e sua participação nos processos de produção.[12] (Tradução nossa)

A hiperconexão viabiliza a distribuição de dados e informações de modo quase instantâneo. A cada dia o volume de dados na Internet sofre um acréscimo e mais informações acerca dos indivíduos é posta à disposição dos fornecedores. Nesse sentido, Bruno de Lima Acioli e Erick Lucena Campos Peixoto sustentam que "o modo de interação social foi bastante alterado pelo paradigma tecnológico, de forma que a utilização de muitos recursos que nem existiam 10 ou 15 anos atrás já está arraigada na cultura." [13]

Com o advento de um novo paradigma tecnológico e de uma sociedade hiperconectada se ensejou o surgimento de novos riscos e danos, no contexto da sociedade contemporânea, tais como: a coleta e comercialização ilícita de dados pessoais, a discriminação algorítmica *(algorithmic bias)*, a difusão de *fake news*, o perfilamento

---

10. CETIC, Centro Regional de Estudos para o Desenvolvimento da Sociedade da Informação. **Pesquisa sobre o uso da Internet por crianças e adolescentes no Brasil – A3 – Crianças e adolescentes, por idade do primeiro acesso à internet.** 2019. Disponível em: https://cetic.br/pt/tics/kidsonline/2019/criancas/A3/. Acesso em: 20 dez. 2023.
11. Nesse sentido, recomenda-se a leitura de: CASTELLS, Manuel. **The Information Age Economy, Society, and Culture.** Volume I – The rise of the network society. 2.ed. Oxford/West Sussex: Wiley-Blackwell, 2010; CASTELLS, Manuel. **The Information Age Economy, Society, and Culture.** Volume II – The Power of Identity. 2.ed. Oxford/West Sussex: Wiley-Blackwell, 2010; CASTELLS, Manuel. **The Information Age Economy, Society, and Culture.** Volume III – End of Millennium. 2.ed. Oxford/West Sussex: Wiley-Blackwell, 2010.
12. No original: "The relationship between digital society/culture/factories can be explained with the following statement: the new digitally transformed factory knows everything about everyone in real-time, just like in society. Opportunities and critical issues of this model balance each other out: knowing everything implies being able to manage complexity to turn it into benefits; at the same time, it underlines the urgency to reconsider the subject of control on human capital and its participation in the production processes." (MAZALI, Tatiana. From industry 4.0 to society 4.0, there and back. **AI & Society,** n.33, p.405-411, 2018, p.406. Available from: https://link.springer.com/content/pdf/10.1007/s00146-017-0792-6.pdf. Access on: Dec. 20, 2023).
13. ACIOLI, Bruno de Lima; PEIXOTO, Erick Lucena Campos. A privacidade nas redes sociais virtuais e a cultura do cancelamento. **Revista Fórum de Direito Civil – RFDC,** Belo Horizonte, a. 10, n.26, p.177-196, jan./abr., 2021, p.178.

discriminatório[14], o assédio de consumo, a veiculação de publicidade ilícita no âmbito digital, a responsabilidade de influenciadores digitais[15], dentre outros.

Todavia, a Internet se converteu em um elemento imprescindível na vida de grande parte da população mundial, de tal modo que, se faz impossível cogitar uma desconexão completa da rede mundial de computadores.

> A Internet tornou-se um instrumento essencial para o funcionamento das mais diversas estruturas sociais, proporcionando a difusão, o armazenamento e o processamento de dados com velocidade instantânea e grande precisão. Nesse cenário, repleto de transformações tecnológicas, o desenvolvimento das redes sociais virtuais representa um fenômeno recente, que vem causando grande impacto nas relações humanas e, portanto, nas relações jurídicas.[16]

Nessa linha de intelecção, acerca do fenômeno das redes sociais – *social media* –, Efraim Turban, Judy Strauss e Linda Lai prelecionam que:

> **Mídia social** pode ser definida como conteúdo online de texto, imagem, áudio e vídeo, criado por pessoas usando plataformas e ferramentas da Web 2.0 para realizar interações e conversas sociais, principalmente para compartilhar opiniões, experiências, ideias e percepções. Eles também geram conteúdo. A chave é que os usuários, além das organizações, gerem, controlem, usem e gerenciem conteúdo, muitas vezes com pouco ou nenhum custo.[17-18] (Tradução nossa)

---

14. Ana Paula Motta Costa e Gabrielle Bezerra Sales Sarlet lecionam que "Os perfis são composições, ou melhor dizendo, são mosaicos compostos pelas informações fornecidas pelos usuários em uma formatação igualmente constituída e circunstanciada pelo que é consciente e livremente disponibilizado e pelo que advém em forma de dados públicos e das pegadas digitais, dos cruzamentos e dos vazamentos de dados." (COSTA, Ana Paula Motta; SARLET, Gabrielle Bezerra Sales. A perspectiva da proteção de dados pessoais em face dos direitos das crianças e adolescentes no sistema normativo brasileiro. *In*: SARLET, Gabrielle Bezerra Sales; TRINDADE, Manoel Gustavo Neubarth; MELGARÉ Plínio (Coords.). **Proteção de dados:** temas controvertidos. Indaiatuba, SP: Editora Foco, 2021. [E-book]).
15. Aproveitando-se dos mecanismos tecnológicos das redes sociais, os fornecedores são capazes, por meio do marketing de influência, de veicular publicidades cada vez mais específicas e direcionadas ao seu mercado consumidor aumentando a possibilidade de contratação de seus produtos ou serviços. Nesse cenário, segundo Karen Batista *et al*.., os influenciadores digitais se apresentam como um novo ator social na promoção do consumo na internet, representando um relevante instrumento de fomento ao consumo na pós-modernidade. (BATISTA, Karen *et al*.. Reflexões sobre a sociedade de consumo: como os influenciadores digitais afetam o consumo na pós-modernidade? **CPMark – Caderno Profissional de Marketing Unimep**, v.8, n.1, jan./mar. 2020, p.179-192. Disponível em: https://www.cadernomarketingunimep.com.br/ojs/index.php/cadprofmkt/article/view/241/169. Acesso em: 20 dez. 2023). Nesse mesmo sentido ver: ANDRADE, Andressa Bizutti. O marketing de influência na comunicação publicitária e suas implicações jurídicas. **Internet & Sociedade**, São Paulo, v. 1, n.2, p.31-53, 2020, p.47.
16. TEFFÉ, Chiara Spadaccini de; MORAES, Maria Celina Bodin de. Redes sociais virtuais: privacidade e responsabilidade civil análise a partir do marco civil da internet. **Revista Pensar**, v. 22, n.1, p.108-146, 2017, p.110. Nesse sentido ver: BARBOSA, Mafalda Miranda. Inteligência artificial, e-persons e direito: desafios e perspectivas. **Revista Jurídica Luso-Brasileira**, a.3, n.6, 2017, p.1491-1492; KRÖNKE, Christoph. Artificial Intelligence and Social Media. *In*: WISCHMEYER, Thomas; RADEMACHER, Timo (Eds.). **Regulating Artificial Intelligence**. Cham, Switzerland: Springer, 2020, p.149.
17. No original: "**Social media** can be defined as online text, image, áudio, and video contente created by people using Web 2.0 platforms and tools for social interactions and conversations, mainly to share opinions, experiences, insights, and perceptions. They also generate content. The key is that users, in addition to organizations, generate, control, use, and manage contente, often at little or no cost". (TURBAN, Efraim; STRAUSS, Judy; LAI, Linda. **Social Commerce:** marketing, technology and management. Cham, Switzerland; Springer, 2016, destaque no original. [E-book]).
18. Nesse mesmo sentido, Andreas Kaplan e Michael Haenlein destacam que "Mídia social é um grupo de aplicativos estruturados na Internet que se baseiam nos fundamentos ideológicos e tecnológicos da Web 2.0 e que permitem a criação e troca de Conteúdo Gerado pelo Usuário." (Tradução nossa).

As redes sociais[19] se apresentam, contemporaneamente, como um dos principais motivos do massivo acesso à Internet,[20] visto que conferem protagonismo ao indivíduo e aos seus pensamentos.[21] Nesse giro, Cláudia Borges de Lima, Kioko Nakayama Nenoki do Couto e Michelly Jacinto Lima Luiz apontam que "a emergência dessas plataformas digitais transformou o modo como as pessoas lidam com a sociedade, pois tornou-se um modelo de interseção e comunicação entre elas e vem ganhando força."[22-23]

No mundo digital, as pessoas produzem e consomem conteúdo de modo célere e dinâmico. Um estudo realizado pela *IBM Marketing Cloud* em 2017 evidenciou que 90% (noventa por cento) dos dados contidos na Internet foram criados a partir de 2016,[24] sendo que a produção de dados cresce a cada ano, gerando assim enormes quantidades de informações disponibilizadas em ambiente digital.

> A Internet viabilizou uma inversão singular no que se refere ao polo de produção e emissão de informações, dados e notícias, de modo que, o homem comum, fez-se ser ouvido. Paulatinamente, as grandes mídias

---

No original: "Social media is a group of Internet-based applications that build on the ideological and technological foundations of Web 2.0, and that allow the creation and exchange of User Generated Content". (KAPLAN, Andreas M.; HAENLEIN, Michael. Users of the world, unite! The challenges and opportunities of social media. **Business Horizons**, v. 53, n.1, p.59-68, 2010, p.61).

19. Nesse mesmo sentido, Raquel Recuero expõe que uma "rede social é definida como um conjunto de dois elementos: atores (pessoas, instituições ou grupos; os nós da rede) e suas conexões (interações ou laços sociais). (Wasserman e Faust, 1994; Degenne e Forse, 1999). Uma rede, assim, é uma metáfora para observar os padrões de conexão ou grupo social, a partir das conexões estabelecidas entre possível os diversos atores. A abordagem de rede tem, assim, seu foco na estrutura social, onde não isolar os atores sociais e suas conexões." (RECUERO, Raquel. **Redes sociais na Internet**. Porto Alegre: Sulina, 2009, p.24).
20. Recomenda-se, ainda, a leitura de: KAPLAN, Andreas M.. Social Media, the Digital Revolution, and the Business of Media. **International Journal on Media Management**, v.17, n.4, p.197-199, 2015. Available from: https://www.tandfonline.com/doi/pdf/10.1080/14241277.2015.1120014. Access on: Dec. 20, 2023; KOTLER, Philip; KELLER, Kevin Lane. **Administração de Marketing**. 14. ed. Tradução Sônia Midori Yamamoto. São Paulo: Pearson Education do Brasil, 2012.
21. Nesse sentido ver: LACERDA, Bruno Torquato Zampier. **Bens digitais**: cybercultura, redes sociais, e-mails, músicas, livros, milhas aéreas, moedas virtuais. 2. ed. Indaiatuba, SP: Editora Foco, 2021, p.35-39.
22. LIMA, Cláudia Borges de; COUTO, Kioko Nakayama Nenoki do; LUIZ, Michelly Jacinto Lima. O mito diretivo das digitais influencers como potencializador do discurso consumerista. **Revista Travessias**, Universidade Estadual do Oeste do Paraná, v. 14, n.1, p.218-234, 2020. Disponível em: http://e-revista.unioeste.br/index.php/travessias/article/view/24188. Acesso em: 20 dez. 2023.
23. Ana Rita Vitorino Ferreira preleciona que "As redes sociais deixaram de ser apenas uma ferramenta para os utilizadores comunicarem com amigos e familiares. Os *marketers* estão a utilizar estas plataformas como um caminho para obter possíveis consumidores e criar formas de compras." (FERREIRA, Ana Rita Vitorino. **O impacto das redes sociais e influenciadores digitais nos negócios atuais**. 2021. Dissertação de Mestrado. 2021. 118f. Dissertação (Mestrado em Gestão) Faculdade de Ciências da Economia e da Empresa, Universidade Lusíada, 2021, p.20. Disponível em: http://repositorio.ulusiada.pt/handle/11067/5905. Acesso em: 20 dez. 2023).
24. IBM MARKETING CLOUD. **10 key marketing trends for 2017 and ideas for Exceeding Customer Expectations**. 2017. Available from: https://public.dhe.ibm.com/common/ssi/ecm/wr/en/wrl12345usen/watson-customer-engagement-watson-marketing-wr-other-papers-and-reports-wrl12345usen-20170719.pdf. Access on: Dec. 20, 2023.

perdem espaço para meios de informação descentralizados, tal como, páginas em redes sociais que realizam publicações de modo quase imediato em relação ao evento veiculado.[25-26]

A exponencial produção de dados na Internet ensejou um evento de inversão no polo informacional ao protagonizar páginas pessoais, plataformas digitais e meios alternativos de disseminação de conteúdo.

Cristiano Chaves de Farias, Felipe Peixoto Braga Netto e Nelson Rosenvald explicitam que as "informações (e mesmo as notícias) não tem um foco de emissão único ou concentrado. Os focos de emissão de informação são, ao contrário, plurais, dispersos, simultâneos."[27]

Constata-se que as informações disponibilizadas em ambiente digital passam a ser distribuídas, não mais por um pequeno número de agentes que controlam o monopólio da informação, mas, em verdade, de modo descentralizado e distribuído, de maneira que, todo usuário da Internet é, ao mesmo tempo, receptor de informações diversas e produtor de conteúdo (*prossumidor*).

A propagação informacional corresponde ao pilar de muitas relações sociais e econômicas do século XXI. Esta veiculação é feita de forma célere e horizontal, na medida que não há um único ponto de partida, mas sim uma rede pulverizada e interconectada inerente ao mundo virtual, no qual a tecnologia aparece como parte essencial da vida humana. Tem-se então a Sociedade da Informação.[28-29]

---

25. GUIMARÃES, Glayder Daywerth Pereira; SILVA, Michael César. Fake News à luz da responsabilidade civil digital: o surgimento de um novo dano social. **Revista Jurídica da FA7,** Centro Universitário 7 de Setembro, v. 16, n.2, p.99-114, 2019, p.102. Disponível em: https://periodicos.uni7.edu.br/index.php/revistajuridica/article/view/940. Acesso em: 20 dez. 2023.
26. Manuel Carneiro da Frada e João Fachana prelecionam que "O mundo novel da Internet desde cedo criou questões interessantes à comunidade jurídica que, familiarizado com realidades corpóreas, depressa se teve de debruçar sobre uma realidade impalpável, que se faz de *bits e bytes*, que vive em cada uma das nossas casas e, ao mesmo tempo, no mundo inteiro. O advento da Internet – ou, melhor dizendo, da Sociedade da Informação – colocou (e ainda coloca) problemas jurídicos complexos ao jurista, desafiando-o a aplicar normas jurídicas a novas realidades, que se desenvolvem a um ritmo vertiginoso." (FRADA, Manuel A. Carneiro da; FACHANA, João. Ainda «vinho novo em odres velhos»? Revisitando a responsabilidade civil das "operadoras de Internet". *In:* LUPION, Ricardo; ARAUJO, Fernando (Orgs.). **Direito, tecnologia e empreendedorismo:** uma visão luso-brasileira. Porto Alegre, RS: Editora Fi, 2020, p.434).
27. FARIAS, Cristiano Chaves de; ROSENVALD, Nelson; BRAGA NETTO, Felipe Peixoto. **Novo Tratado de Responsabilidade Civil.** 2.ed. São Paulo: Saraiva, 2017.
28. POMPEU, Gina Vidal Marcílio; POMPEU, Inês Mota Randal. Liberdade de expressão e informação em face dos direitos da personalidade: análise com base na ADI nº 4.815. *In:* TEPEDINO, Gustavo; MENEZES, Joyceane Bezerra de (Coords.). **Autonomia Privada, Liberdade Existencial e Direitos fundamentais.** Belo Horizonte: Fórum, 2019, p.269.
29. Rodrigo Pereira Moreira e Jaquelaine Souza Medeiros apontam que "A sociedade da informação é uma nova formação política, social e econômica firmada por relações em rede, centrada na coleta, seleção, triagem e distribuição de dados por meio das tecnologias da informação. Os processos e funções essenciais em sociedade permanecem em constante e rápida transformação. E, com o advento da internet e o seu crescente uso, tornou-se ainda mais viável o exercício das liberdades atinentes ao tratamento da informação e aos modos de expressão, possibilitando ainda a imortalização e o compartilhamento de notícias e dados diversos sem limites de tempo e espaço." (MOREIRA, Rodrigo Pereira; MEDEIROS, Jaquelaine Souza. Direito ao Esquecimento: Entre a Sociedade da Informação e a Civilização do Espetáculo. **Revista de Direito Privado,** São Paulo, Revista dos Tribunais, a. 17, n.70, p.71-98, out. 2016, p.75). Nesse sentido ver: DUFF, Alistair S.. **Information society studies**. Londres: Routledge, 2000; FRADA, Manuel A. Carneiro da; FACHANA, João. Ainda «vinho novo

Os parâmetros comunicacionais e informacionais estabelecidos ao longo de séculos sofreram uma ruptura irreversível, causada pelo advento da Internet. Consequentemente, um evento de protagonização do indivíduo se evidenciou por meio da ampliação de sua capacidade de se fazer ouvido por meio das plataformas sociais.[30]

A referida transformação tecnológica no que se refere à informação estimulou o *informacionalismo* como a base material de um novo paradigma social, no qual a produção de riqueza, o exercício do poder e, até mesmo, o desenvolvimento de normas culturais passam a se subordinar à capacidade tecnológica dos indivíduos e da sociedade na qual está inserido.[31]

Importante ressaltar que, à medida que os meios digitais evoluem, os riscos e as proporções dos danos sobre os dados pessoais aumentam consideravelmente.[32]

> Em primeiro lugar, o dano passa a tomar proporções antes nunca imaginadas. O sistema jurídico da responsabilidade civil está fundado na ideia de dano local ou dano regional. Mas tendo em vista a comunicação em massa transfronteiriça das redes sociais, a extensão do dano é muito maior.[33]

Deste modo, diante de uma sociedade hiperconectada, se demonstra ser fundamental que o intérprete compreenda que os riscos e os danos se multiplicam e maximizam, impondo ao Direito acompanhar e apresentar soluções adequadas as evoluções tecnológicas e socioeconômicas, com o fim de garantir um ambiente jurídico estável e seguro.

---

em odres velhos»? Revisitando a responsabilidade civil das "operadoras de Internet". *In*: LUPION, Ricardo; ARAUJO, Fernando (Orgs.). **Direito, tecnologia e empreendedorismo:** uma visão luso-brasileira. Porto Alegre, RS: Editora Fi, 2020, p.434; BRAGA NETTO, Felipe Peixoto. Responsabilidade civil em tempos velozes e ultraconectados: em busca de novos modos de percepção. *In*: MONTEIRO FILHO, Carlos Edison do Rêgo; MARTINS, Guilherme Magalhães; ROSENVALD, Nelson; DENSA, Roberta (Coords.). **Responsabilidade civil nas relações de consumo.** Indaiatuba, SP: Editora Foco, 2022, p.207-210.

30. Segundo Fernanda Garcia Machado, "verifica-se que a plataforma não difere substancialmente da tradicional figura de um intermediário existente há tempos na teoria econômica, tanto que alguns autores questionam o aspecto de "novidade" atribuído ao tema. Contudo, parece claro que as plataformas hoje consideradas, tais como Facebook, Google, Airbnb e Uber, ganharam um papel e um protagonismo diferenciado, bastando ver que elas se tornaram maiores e mais poderosas que os agentes em si que elas conectam, mobilizando e transacionando ativos diferentes dos tradicionalmente considerados, que vão desde a "atenção" do consumidor até a liderança na comercialização de bens e serviços dos quais não possuem qualquer titularidade ou propriedade." (MACHADO, Fernanda Garcia. Plataformas digitais. Repercussões em termos de condutas anticompetitivas discriminatórias. *In*: FRAZÃO, Ana; CARVALHO, Angelo Gamba Prata de (Coord.). **Empresa, mercado e tecnologia.** Belo Horizonte: Fórum, 2019, p.219).
31. CASTELLS, Manuel. **The Information Age Economy, Society, and Culture.** Volume I – The rise of the network society. 2. ed. Oxford/West Sussex: Wiley-Blackwell, 2010.
32. BARBOSA, Caio César do Nascimento; GUIMARÃES, Glayder Daywerth Pereira; SILVA, Michael César. A responsabilidade civil dos influenciadores digitais na "era das lives". **Migalhas.** 2020. Disponível em: https://migalhas.uol.com.br/coluna/migalhas-de-responsabilidade-civil/328701/a-responsabilidade-civil-dos-influenciadores-digitais-na--era-das-lives. Acesso em: 20 dez. 2023.
33. LIMA, Cintia Rosa Pereira de. A reponsabilidade civil dos provedores de aplicação de Internet por conteúdo gerado por terceiro antes e depois do Marco Civil da Internet (Lei nº 12.965/14). **Revista da Faculdade de Direito,** Universidade de São Paulo, São Paulo, v. 110, p.155-176, 2015, p.157.

2.2 REVOLUÇÃO TECNOLÓGICA E A NOVA ERA DA COMUNICAÇÃO

Desde os primórdios da humanidade até o surgimento da Internet, as relações humanas dependiam quase que, exclusivamente, do contato físico, de maneira que, de forma geral, somente mantinham relações com outros indivíduos localizados dentro de um mesmo espaço geográfico.[34]

Nesse giro, o tempo e o espaço dos indivíduos se encontravam intrinsecamente interconectados, de modo que o espaço dependia do tempo.[35] Os indivíduos tão somente se relacionavam com outros geograficamente próximos em função da impossibilidade temporal de se comunicar com a mesma praticidade com outros indivíduos afastados geograficamente.

A humanidade vivenciou, ao longo dos séculos, uma série de significativas transformações que alteraram de forma decisiva sua estrutura e comportamento. Nesse cenário, *a revolução tecnológica digital* se exterioriza como o passo mais recente da sociedade contemporânea no processo de evolução das tecnologias da comunicação.[36]

Com o advento da Internet e das novas tecnologias digitais, se ampliaram as possibilidades para as relações sociais, surgindo um novo espaço de comunicação e sociabilidade.[37] A paulatina evolução dessas tecnologias de comunicação e informação permitiram o desenvolvimento de um mundo digitalizado e de uma gradativa intensificação no acesso à informação.[38]

> [...] Os avanços tecnológicos da sociedade fizeram a passagem das mídias tradicionais para as digitais, convertendo sons, imagens, textos e vídeos para formatos de computador. Surge a comunicação a qualquer hora, em qualquer lugar e para quem tiver acesso a dispositivos digitais com conexão. O homem sempre viveu interligado a seus semelhantes, mas há agora uma rede extensa e provida de inúmeros cruzamentos em um espaço e tempo que reverberam no mundo digital, trazendo o poder da comunicação, antes exclusivo dos grandes grupos de mídia, para as mãos dos usuários de Internet.[39]

---

34. COMPARATO, Fábio Konder. **Ética:** direito, moral e religião no mundo moderno. São Paulo: Companhia das Letras, 2006, p.21.
35. BAUMAN, Zygmunt. **Modernidade Líquida.** Rio de Janeiro: Zahar, 2001, p.128-131.
36. MILAGRES, Marcelo de Oliveira. A responsabilidade civil decorrente do uso de drones. *In*: MARTINS, Guilherme Magalhães; ROSENVALD, Nelson (Coords.). **Responsabilidade civil e novas tecnologias.** Indaiatuba, SP: Editora Foco, 2020, p.349.
37. BRESSLER, Cláudia; COLOMBO, Cristiano. Ciberespaço e comunidade escolar: riscos em matéria de proteção de dados pessoais e implemento de novas práticas pelas instituições educacionais. *In*: FALEIROS JÚNIOR, José Luiz de Moura; LONGHI, João Victor Rozatti; GUGLIARA, Rodrigo (Coords.). **Proteção de Dados Pessoais na Sociedade da Informação:** entre dados e danos. Indaiatuba, SP: Editora Foco, 2021, p.274.
38. FONSECA, Luis Miguel. Industry 4.0 and the digital society: concepts, dimensions and envisioned benefits. **Proceedings of the International Conference on Business Excellence,** v. 12, i. 1, p.386-397, 2018. Available from: https://www.sciendo.com/article/10.2478/picbe-2018-0034. Access on: Dec. 20, 2023.
39. RAPOSO, João Francisco. Prossumo e o poder do usuário. *In*: SAAD, Elizabeth; SILVEIRA, Stefanie C. (Orgs.). **Tendências em comunicação digital.** São Paulo: ECA/USP, 2016, p.118. Disponível em: http://www.livrosabertos.sibi.usp.br/portaldelivrosUSP/catalog/download/87/75/365-1?inline=1. Acesso em: 20 dez. 2023. Nesse sentido ver: ALMEIDA, Marcos Inácio Severo de *et al.*. Quem Lidera sua Opinião? Influência dos formadores de opinião digitais no engajamento. **Revista de Administração Contemporânea,** Rio de Janeiro, v. 22, n.1, p.115-137, 2018, p.117. Disponível em: https://rac.anpad.org.br/index.php/rac/article/view/1263. Acesso em: 20 dez. 2023.

Segundo Jan Van Dijk, a partir do século XXI, a humanidade vivenciou uma série de evoluções e revoluções propiciadas pelos meios tecnológicos, sendo a revolução digital a mais notável em razão dos avanços comunicacionais promovidos.[40-41] Nessa perspectiva, a Internet representaria uma *Segunda Revolução nas Comunicações*, à qual atribui a sugestiva denominação de *"revolução digital."*[42]

> A revolução digital propiciou um contexto no qual as pessoas estão aptas a exercer uma comunicação muito mais dinâmica e célere com as outras pessoas (segundo elemento – Comunicação Digital), o que não ocorria em épocas anteriores, com a comunicação por cartas ou mesmo com a comunicação pelos telefones fixos, por exemplo. As novas opções de comunicação digital alteraram significativamente o modo como as pessoas se comunicam na atualidade. Uma vez que todos contemplam oportunidades de se comunicar e colaborar com qualquer pessoa, em qualquer momento e em qualquer lugar, é necessário versar sobre as decisões apropriadas para cada momento e opção advinda da comunicação digital.[43]

O fenômeno de digitalização foi o elemento primordial para o desenvolvimento das tecnologias de informação e comunicação. A evolução tecnológica dos aparelhos digitais (*gadgets*) e a popularização da Internet permitiram a interconexão de todo o planeta por meio da utilização de dispositivos eletrônicos, em especial, os móveis.

> O fenômeno das redes sociais não teria explodido do modo como conhecemos se não tivesse sido contemporâneo dos dispositivos móveis em conexão que colocaram na palma da mão dos usuários todos os recursos acima enumera e, mais do que isso, permitindo a conectividade em qualquer lugar e a qualquer momento.[44]

As barreiras linguísticas, paulatinamente, foram derrubadas com a criação de softwares de tradução. Nesse ínterim, a comunicação transpôs as barreiras físicas, permitindo o contato e a interação de pessoas em pontos distintos do planeta.

Isadora Camargo, Mayanna Estevanim e Stefanie C. da Silveira suscitam que a "popularização da Internet, usos de *smartphones*, uma comunicação em mobilidade associada aos anseios de interação social, participação, pertencimento e reconhecimento são elementos que de imediato percebemos como integrantes deste fenômeno."[45]

---

40. VAN DIJK, Jan. **The network society.** 3. ed. Londres: Sage Publications, 2012, p.6.
41. Para um entendimento preliminar da teoria proposta por Jan van Dijk recomenda-se a leitura de: FALEIROS JÚNIOR, José Luiz de Moura. The Network Society, de Jan van Dijk: Book Review. **Revista da Faculdade de Direito da Universidade Federal de Uberlândia,** v.47, n.1, p.406-414, 2019.
42. VAN DIJK, Jan. **The network society.** 3.ed. Londres: Sage Publications, 2012, p.6. Nesse mesmo sentido ver: LONGHI, João Victor Rozatti. Os perfis falsos em redes sociais e a responsabilidade civil dos provedores de aplicação. *In*: FALEIROS JÚNIOR, José Luiz de Moura; LONGHI, João Victor Rozatti; GUGLIARA, Rodrigo (Coords.). **Proteção de Dados na Sociedade da Informação:** entre dados e danos. Indaiatuba, SP: Editora Foco, 2021, p.176.
43. SIQUEIRA, Dirceu Pereira; NUNES, Danilo Henrique. Conflitos digitais: cidadania e responsabilidade civil no âmbito das lides cibernéticas. **Revista Jurídica da FA7,** Centro Universitário 7 de Setembro, Fortaleza, v.15, n.2, p.127-138, 2018, p.130. Em sentido congênere: SIQUEIRA, Dirceu Pereira; NUNES, Danilo Henrique. Da aparente possibilidade de responsabilização da figura do "digital influencer". **Revista de Direito Empresarial – RDEmp,** Belo Horizonte, a. 15, n.3, p.200-204, 2018.
44. SANTAELLA, Lucia. O paradigma do sensível na comunicação. **Revista Comunicação Midiática,** v.11, n.1, p.17-28, 2016.
45. CAMARGO, Isadora; ESTEVANIM, Mayanna; SILVEIRA, Stefanie C. da. Cultura participativa e convergente: o cenário que favorece o nascimento dos influenciadores digitais. **Communicare:** Revista do Centro

Com a popularização do mundo digital e o papel cada vez mais relevante dos usuários não só no consumo, mas na própria produção de conteúdo (os chamados "produmidores"), a centralidade das organizações aos poucos perde seu valor. [...] Com as redes sociais, a produção de informação nova, pode-se dar de forma desvinculada das organizações jornalísticas, ou seja, da interação entre o emissor e o receptor, interação entre leitores em *blogs*, em posts no *Facebook* etc. Isso, sem que a informação produzida de modo pulverizado perca seu alcance, que não só tem profusão abrangente, como também tem sua eficácia ampliada pela possibilidade de direcionamento para públicos específicos.[46]

A Internet se inseriu na vida das pessoas de modo singular, sendo que, hodiernamente, é impossível se pensar em uma vida sem as facilidades do mundo digital. Destarte, seja para ver um vídeo, ouvir uma música, responder um *e-mail* ou realizar uma compra no ambiente virtual, as pessoas dependem sobremaneira de seus equipamentos eletrônicos. Essa inovadora realidade permitiu que os indivíduos, outrora meros receptores de conteúdo se transfigurassem em *produtores de conteúdo*.[47]

Pierre Lévy sustenta a existência de um fenômeno participativo e socializador, pelo qual a facilidade de acesso à Internet ocasionou a massificação da conexão, originando uma *sociedade digitalizada*.[48]

2.3 O HIPERCONSUMO NA SOCIEDADE DIGITAL

Contemporaneamente, vivencia-se um fenômeno de hiperconexão, sendo este um dos principais fatores que desencadearam mudanças significativas na sociedade a partir da incidência de seus efeitos direitos e indiretos, os quais afetaram, decisivamente, o modelo de sociedade de consumo.[49]

Interdisciplinar de Pesquisa, São Paulo, Faculdade Cásper Líbero, v.17 [dossiê influenciadores digitais], p.96-118, 2017, p.104. Disponível em: https://static.casperlibero.edu.br/uploads/sites/5/2020/12/comunicare17-especial.pdf. Acesso em: 20 dez. 2023.

46. MARANHÃO, Juliano; CAMPOS, Ricardo. Fake News e autorregulamentação regulada das redes sociais no Brasil: fundamentos constitucionais. *In:* ABBOUD, Georges; NERY JUNIOR, Nelson; CAMPOS, Ricardo (Orgs.). **Fake News e Regulação**. São Paulo: Thomson Reuters Brasil, 2018, p.221. Nesse sentido ver: RAPOSO, João Francisco. Prossumo e o poder do usuário. *In:* SAAD, Elizabeth; SILVEIRA, Stefanie C. (Orgs.). **Tendências em comunicação digital**. São Paulo: ECA/USP, 2016, p.122. Disponível em: http://www.livrosabertos.sibi.usp.br/portaldelivrosUSP/catalog/download/87/75/365-1?inline=1. Acesso em: 20 dez. 2023; FERREIRA, Eduardo Aranha; MIRANDA, Sandra. **O papel dos influenciadores digitais no processo de intenção de compra:** comunicação e consumo. Beau Bassin, Mauritius: Novas Edições Acadêmicas, 2019. [E-book].
47. PINTO, Felipe Chiarello de Souza; SOUZA JUNIOR, Arthur Bezerra de. Limites da liberdade de expressão no espaço virtual: a questão fake News. *In:* LÓSSIO, Claudio Joel Brito; NASCIMENTO, Luciano; TREMEL, Rosangela (Coords.). **Cibernética Jurídica:** estudos sobre direito digital. Campina Grande: Eduepb, 2020, p.142-154.
48. LÉVY, Pierre. **Cibercultura**. 3. ed. São Paulo: Editora 34, 2010. Nesse sentido ver: LACERDA, Bruno Torquato Zampier. **Bens digitais:** cybercultura, redes sociais, e-mails, músicas, livros, milhas aéreas, moedas virtuais. 2.ed. Indaiatuba, SP: Editora Foco, 2021, p.18-19.
49. Gilles Lipovetsky preconiza que a expressão *Sociedade de Consumo* "aparece pela primeira vez nos anos 1920, populariza-se nos anos 1950-60, e seu êxito permanece absoluto em nossos dias, como demonstra seu amplo uso na linguagem corrente, assim como nos discursos mais especializados. A ideia de sociedade de consumo soa agora como uma evidência, aparece como uma das figuras mais emblemáticas da ordem econômica e da vida cotidiana das sociedades contemporâneas." (LIPOVETSKY, Gilles. **A felicidade paradoxal: ensaio sobre a sociedade do hiperconsumo.** São Paulo: Companhia das Letras, 2007, p.14). Nesse mesmo sentido

À produção de massa corresponde, assim, o consumo de massa, onde as qualidades e particularidades do adquirente perdem cada vez mais significado. Não é já o cliente certo que se dirige, de acordo com as reais necessidades, ao produto; é o produto padronizado e em série que, publicitado, propagandeado e exaltado, vai ao encontro do cliente anônimo, desindividualizado, massificado e tipificado.[50]

Nesse cenário, a sociedade de consumo, influenciada pela hiperconectividade, sofreu profundas alterações em sua estrutura, sendo, contemporaneamente, denominada como *sociedade de hiperconsumo*.[51]

Gilles Lipovetsky ressignifica o conceito de consumo, atribuindo aos consumidores e aos bens de consumo características que permitem sua interconexão. Nesse sentido, as marcas deixam de ser apenas um nome e se transformam em um *símbolo*, conferindo *status* ao consumidor e transfigurando-se em um elemento que caracteriza o próprio sujeito em sociedade.[52]

> Na sociedade de consumidores, ninguém pode se tornar sujeitos sem primeiro virar mercadoria, e ninguém pode manter segura sua subjetividade sem reanimar, ressuscitar e recarregar de maneira perpétua as capacidades esperadas e exigidas de uma mercadoria vendável. A "subjetividade" do "sujeito", e a maior parte daquilo que essa subjetividade possibilita ao sujeito atingir, concentra-se num esforço sem fim para ela própria se tornar, e permanecer, uma mercadoria vendável. A característica mais proeminente da sociedade de consumidores – ainda que cuidadosamente disfarçada e encoberta – é a *transformação dos consumidores em mercadorias*.[53]

Na sociedade de hiperconsumo, progressivamente, o indivíduo passa por uma transformação, deixa de ser um sujeito e se torna um objeto, uma coisa, ou seja, a própria mercadoria. Nesse contexto, a pessoa somente é compreendida como um sujeito, na medida em que exerce sua função mercadológica, isto é, enquanto for uma vitrine para os mais variados produtos e serviços disponibilizados no mercado de consumo.

> Na *sociedade de hiperconsumo* torna-se evidente a permeabilidade da mercantilização em todas as ambiências da vida social e individual. Os lazeres e as perspectivas hedonistas consubstanciam a mola propulsora desse novo modo de consumir, cada vez mais desligado da representação para o outro para ligar-se de

---

ver: BAUDRILLARD, Jean. **Sociedade de consumo.** Lisboa: Relogio D'Agua, 2008; RETONDAR, Anderson Moebus. M. **Sociedade de consumo, modernidade e globalização.** São Paulo: Annablume; Campina Grande: EDUFCG, 2007, p.30; BARBOSA, Livia. **Sociedade de Consumo.** 3.ed. Rio de Janeiro: Zahar, 2010, p.7-14; AFONSO, Luiz Fernando. **Proteção do Consumidor:** propaganda enganosa e prática de storytelling. São Paulo: Almedina, 2019, p.26-38.
50. SILVA, João Calvão da. **Responsabilidade civil do produtor.** Coimbra: Editora Almedina, 1999, p.20.
51. LIPOVETSKY, Gilles. **A felicidade paradoxal: ensaio sobre a sociedade do hiperconsumo.** São Paulo: Companhia das Letras, 2007.
52. Segundo José Gaspar Nayme Novelli, "Em síntese, a busca de diferenciação – esta sim objeto maior do consumo – se baseia em símbolos, não nos bens em si e nos seus valores de uso e de necessidades específicas, mas na qualidade que personaliza o indivíduo por detrás do consumidor." (NOVELLI, José Gaspar Nayme. **Confiança Interpessoal na sociedade de Consumo:** a Perspectiva Gerencial. 2004. 242f. Tese (Doutorado em Administração) – Faculdade de Economia, Administração e Contabilidade. Universidade de São Paulo. São Paulo, São Paulo, 2004, p.50).
53. BAUMAN, Zygmunt. **Vida para consumo:** a transformação das pessoas em mercadoria. Rio de Janeiro: Zahar, 2008, p.20.

modo potencializado a si mesmo. Em verdade, a centralização dos lazeres na *sociedade de hiperconsumo* representa a pedra fundamental para a compreensão de sua estrutura e seus efeitos. A subjetivação do consumo nada mais é que uma feérica busca pela concretização de experiências ainda desconhecidas. A novidade é o combustível do *hiperconsumidor*, é com ela que esse novo *"homo consumericus"* intentará renovar, de modo cíclico e incessante, o *agora*.[54]

O hiperconsumo em consonância com a hiperconexão, modificou substancialmente a sociedade contemporânea. Ao passo que a vida se altera, o consumo passa a revelar características do próprio indivíduo. Um ciclo incessante de consumo passa a se estabelecer, *o novo passa a ser velho em um lapso temporal cada vez menor* e o indivíduo, cada vez mais, sente a necessidade de adquirir novos produtos e serviços e, desse modo, dar continuidade ao infinito ciclo do hiperconsumo.[55]

> Nessa busca desenfreada por novos consumidores, as empresas se apoiam na publicidade cada vez mais agressiva, isto é, mais persuasiva e (como sói acontecer) ilusória, no sentido de que o ser humano é tomado por uma falsa impressão de necessidade vital do produto divulgado. Assim, homens mulheres, jovens e idosos, são vistos como meros e potenciais compradores, números apenas de uma sociedade globalizada que parece desprezar a pessoa humana em favor do capital.[56]

Conforme já explicitado, as necessidades humanas deixam de ser o objeto das contratações e a mera aquisição se transmuta no fim das relações de consumo. Consumir, por si só, torna-se uma necessidade humana, tal qual comer ou dormir.

Destarte, Antônio Carlos Efing, Gabriele Polewka e Olenka Woolcott Oyague expõem que as "características emocionais dos consumidores que, sujeitos a apelos de *marketing* cada vez mais sofisticados, tendem a consumir de forma impulsiva, não planejada racionalmente ou subestimando riscos e gastando além da conta."[57]

---

54. FACHIN, Luiz Edson. Da Felicidade Paradoxal à Sociedade de Riscos: Reflexões sobre Risco e Hiperconsumo. *In*: LOPEZ, Teresa Ancona; LEMOS, Patrícia Faga Iglecias; RODRIGUES JUNIOR, Otavio Luiz (Coords.). **Sociedade de Risco e Direito Privado:** Desafios normativos, Consumeristas e Ambientais. v. 1, São Paulo: Atlas, 2013, p.385.
55. Nesse sentido ver: SILVA, Michael César; TEIXEIRA, Karen Myrna Castro Mendes; TEIXEIRA, Camila Cristina Azevedo Castro. A função socioambiental do contrato e a obsolescência programada. *In*: SILVA, Michael César (Org.). **Estado Democrático de Direito e Solução de Conflitos:** diálogos e repercussões na sociedade contemporânea: volume II. Belo Horizonte: Editora Newton Paiva, 2018, p.123-124.
56. CAMARGO, Daniel Marques de; PIRES, Hugo. Publicidade infantil e liberdade de expressão. *In*: ALVIM, Angélica Arruda; ALVIM, Eduardo Arruda; LIMA, Marcelo Chiavassa de Mello Paula (Coords.). **25 anos do código de defesa do consumidor:** panorama atual e perspectivas futuras. Rio de Janeiro: GZ editora, 2017, p.451.
57. EFING, Antônio Carlos; POLEWKA, Gabriele; OYAGUE, Olenka Woolcott. A crise econômica brasileira e o superendividamento da população – Emergência do aprimoramento legislativo para a tutela social. **Revista de Direito do Consumidor,** São Paulo, Revista dos Tribunais, a.24, v.101, p.387-433, set./out. 2015, p.390. Nesse sentido ver: PASQUALOTTO, Adalberto. **Os efeitos obrigacionais da publicidade:** no código de defesa do consumidor. São Paulo: Revista dos Tribunais, 1997, p.33; EFING, Antônio Carlos; POLEWKA, Gabriele; OYAGUE, Olenka Woolcott. A crise econômica brasileira e o superendividamento da população: emergência do aprimoramento legislativo para a tutela social. *In*: MARQUES, Claudia Lima; GSELL, Beate (Orgs.). **Novas tendências do direito do consumidor:** rede Alemanha-Brasil de pesquisas em direito do consumidor. São Paulo: Revista dos Tribunais, 2015, p.325-369.

Trata-se do fenômeno do *superendividamento do consumidor*, o qual se apresenta, no complexo contexto da sociedade contemporânea, como uma das maiores controvérsias presentes no âmbito das relações jurídicas de consumo.[58]

Destaca-se, por oportuno, que em 1º de julho de 2021 foi aprovada no Brasil, *a Lei do Superendividamento* (Lei n.14.181/21) com a finalidade de aperfeiçoar a disciplina do crédito ao consumidor, dispor sobre a *prevenção e o tratamento do superendividamento*, bem como, garantir a *preservação do mínimo existencial da pessoa humana* no âmbito das relações jurídicas de consumo. A referida lei alterou o Código de Defesa do Consumidor (Lei 8.078/90) no intuito de regulamentar a temática do superendividamento por meio dos artigos 4º, IX e X; 5º, VI e VII; 6º, XI, XII e XIII; 51, XVII e XVIII. Ademais, inseriu especificamente os artigos 54-A, 54-B, 54-C, 54-D, 54-F e 54-G, que dispõem sobre a *"prevenção e do tratamento do superendividamento"*, assim como, os artigos 104-A, 104-B e 104-C, que dispõem sobre a *"conciliação no superendividamento."*[59]

Segundo Claudia Lima Marques, o *superendividamento* (*sobreendividamento* em Portugal, *surendettement* em França, ou *over-indebtedness* na Common Law) do consumidor pode ser definido como:

> [...] impossibilidade global do devedor-pessoa física, consumidor, leigo e de boa-fé, de pagar todas as suas dívidas atuais e futuras de consumo (excluídas as dívidas com o Fisco, oriundas de delitos e de alimentos) em um tempo razoável com sua capacidade atual de rendas e patrimônio.
>
> Esta minha definição destaca que o superendividamento é um estado da pessoa física leiga (o não profissional ou o não empresário, que pode falir), um devedor de crédito, que o contraiu de boa-fé, mas que agora encontra-se em uma situação de impossibilidade (subjetiva) global (universal e não passageira) de pagar todas as suas dívidas atuais (já exigíveis) e futuras (que vão vencer) de consumo com a sua renda e patrimônio (ativo) por um tempo razoável (a indicar que teria de fazer um esforço por longos anos, quase uma escravidão ou hipoteca do futuro para poder pagar suas dívidas). Neste mesmo sentido, vale lembrar que a referida lei francesa (*Code de la Consommation*, no artigo L.330-1) define a situação de superendividamento de pessoas físicas-consumidores como caracterizada '*pela impossibilidade manifesta do devedor de boa-fé de fazer face ao conjunto de suas dívidas não profissionais, exigíveis e vincendas.*'

---

58. Art. 54-A. Este Capítulo dispõe sobre a prevenção do superendividamento da pessoa natural, sobre o crédito responsável e sobre a educação financeira do consumidor.
§ 1º Entende-se por superendividamento a impossibilidade manifesta de o consumidor pessoa natural, de boa-fé, pagar a totalidade de suas dívidas de consumo, exigíveis e vincendas, sem comprometer seu mínimo existencial, nos termos da regulamentação.
§ 2º As dívidas referidas no § 1º deste artigo englobam quaisquer compromissos financeiros assumidos decorrentes de relação de consumo, inclusive operações de crédito, compras a prazo e serviços de prestação continuada.
§ 3º O disposto neste Capítulo não se aplica ao consumidor cujas dívidas tenham sido contraídas mediante fraude ou má-fé, sejam oriundas de contratos celebrados dolosamente com o propósito de não realizar o pagamento ou decorram da aquisição ou contratação de produtos e serviços de luxo de alto valor. (BRASIL. **Lei do Superendividamento.** Lei 14.181, de 01 de julho de 2021. Disponível em: https://www.planalto.gov.br/ccivil_03/_ato2019-2022/2021/lei/l14181.htm. Acesso em: 20 dez. 2023).
59. BRASIL. **Lei do Superendividamento.** Lei 14.181, de 01 de julho de 2021. Disponível em: https://www.planalto.gov.br/ccivil_03/_ato2019-2022/2021/lei/l14181.htm. Acesso em: 20 dez. 2023.

Na Europa, Leitão Marques ensina que o superendividamento é uma espécie de falência do homem comum e é considerado um *fenômeno estrutural* daí dever ser tratado de forma global: '[...] *o sobreendividamento, também designado por falência ou insolvência de consumidores, refere-se às situações em que o devedor se vê impossibilitado, de uma forma durável ou estrutural, de pagar o conjunto das suas dívidas, ou mesmo quando existe uma ameaça séria de que o não possa fazer no momento em que elas se tornem exigíveis'.*

A doutrina europeia distingue superendividamento passivo, se o consumidor não contribuiu ativamente para o aparecimento desta crise de solvência e de liquidez, e superendividamento ativo, quando o consumidor abusa do crédito e 'consome' demasiadamente acima das possibilidades de seu orçamento. Nestas leis geralmente encontra-se alguma solução (mais tempo para pagar as dívidas em um 'plano de repagamento' ou até mesmo o perdão das dívidas, como no Art. 778 do Código de Processo Civil de 2002) para aqueles consumidores de boa-fé, que contrataram podendo e querendo pagar. A estes que sofrem um 'acidente da vida' (divórcio, separação, morte na família, doença, acidentes, desemprego, redução de carga horária ou de salário, nascimento de filhos, volta de filhos para a casa dos pais, etc.) chamamos de *superendividados passivos*, pois seu estado nada tem a ver com 'culpa', pobreza ou falta de capacidade de lidar com a sociedade de consumo e o crédito fácil. Por outro lado, existem aqueles poucos que abusam do crédito consumindo desenfreadamente acima de suas condições econômicas ou de patrimônio. A estes que abusam do crédito, chamamos de *superendividados 'ativos'*, que podem ser conscientes ou inconscientes, de boa ou de má-fé subjetiva ao contratar, que podem ou não encontrar solução de seus problemas na lei.

Nestas leis, os *remédios* vêm todos vinculados aos contratos de crédito, afinal superendividamento não é o mesmo que pobreza: *é excesso de dívidas crediticias não profissionais ou de consumo*. Estas soluções, que vão desde a informação e controle da publicidade, direito de arrependimento para prevenir o superendividamento assim como para tratá-lo, são fruto dos deveres de informação, cuidado e principalmente de cooperação e lealdade, oriundas da boa-fé, para evitar a ruína do consumidor ('morte civil', exclusão do mercado de consumo ou sua 'falência' civil com o superendividamento).[60-61]

---

60. MARQUES, Claudia Lima; LIMA, Clarissa Costa de; BERTONCELLO, Káren Rick Danilevicz. **Prevenção e tratamento do superendividamento.** Brasília: Departamento de Proteção e Defesa do Consumidor (DPDC)/Secretaria de Direito Econômico (SDE) – Ministério da Justiça, 2010, p.21-22.
61. Para maiores informações sobre o estudo do superendividamento do consumidor remete-se a leitura de: MARQUES, Claudia Lima. **Contratos no Código de Defesa do Consumidor.** 9.ed. São Paulo: Thomson Reuters Brasil, 2019, p.1457-1471; MARQUES, Claudia Lima; CAVALLAZZI, Rosângela Lunardelli (Coords.). **Direitos do consumidor endividado:** superendividamento e crédito. São Paulo: Revista dos Tribunais, 2006; BERTONCELLO, Káren Rick Danilevicz; LIMA, Clarissa Costa de. Adesão ao projeto conciliar é legal – CNJ: Projeto-piloto: tratamento das situações de superendividamento do consumidor. **Revista de Direito do Consumidor,** São Paulo, Revista dos Tribunais, a.16, n.63, p.173-201, jul./set., 2007; LIMA, Clarissa Costa; BERTONCELLO, Káren Rick Danielevicz. **Superendividamento aplicado:** aspectos doutrinários e experiência no Poder Judiciário. Rio de Janeiro: GZ Editora, 2010; MELLO, Heloísa Carpena Vieira de; CAVALLAZZI, Rosângela Lunardelli. Superendividamento: proposta para um estudo empírico e perspectiva de regulação. **Revista de Direito do Consumidor,** São Paulo, Revista dos Tribunais, a.14, n.55, p.173-201, jul./set., 2005; BERTONCELLO, Káren Rick Danielevicz. **Superendividamento do consumidor:** mínimo existencial – casos concretos. São Paulo: Revista dos Tribunais, 2015; LIMA, Clarissa Costa de. **O tratamento do superendividamento e o direito de recomeçar dos consumidores.** São Paulo: Revista dos Tribunais, 2014; MARQUES, Claudia Lima. Consumo como igualdade e inclusão social: a necessidade de uma lei especial para prevenir e tratar o "superendividamento" dos consumidores pessoas físicas. **Revista Jurídica da Presidência,** Brasília, v. 13, n.101, p.405-424, out. 2011/jan. 2012; MARQUES, Maria Manuel Leitão *et al.*. (Coords.). **O endividamento dos consumidores.** Coimbra: Almedina, 2000; COSTA, Geraldo de Faria Martins da. **Superendividamento:** a proteção do consumidor de crédito em direito comparado brasileiro e francês. São Paulo: Revista dos Tribunais, 2002; FROTA, Mário. **Política de consumidores na União Europeia.** Coimbra: Almedina, 2003; LOPES, José Reinaldo de Lima. Crédito ao consumidor e superendividamento: uma problemática geral. **Revista de Direito do Consumidor,** São Paulo, Revista dos Tribunais, n.17, p.57-64, jan./mar. 1996; SCHMIDT, André Perin Neto. Superendividamento do consumidor: conceito, pressupostos e classificação. **Revista de Direito do Consumidor,** São Paulo, Revista dos Tribunais, a. 18, n.71, p.9-33, jul./set. 2009; TIMM, Luciano Benetti. O superendividamento e o direito do consumidor. **Revista Magister de**

Nesse giro, a publicidade se consolida como relevante mecanismo no impulsionamento do fenômeno do superendividamento, posto que desperta no âmago das

---

Direito Empresarial, Concorrencial e do Consumidor, Porto Alegre, Magister, v. 2, n.8, p.40-55, abr./maio, 2006; OLIVEIRA, Amanda Flávio de; CARVALHO, Diógenes Faria de. Vulnerabilidade comportamental do consumidor: por que é preciso proteger a pessoa superendividada? *In*: MIRAGEM, Bruno; MARQUES, Claudia Lima; OLIVEIRA, Amanda Flávio de (Coords.). **25 anos do código de defesa do consumidor:** trajetória e perspectivas. São Paulo: Revista dos Tribunais, 2016, p.527-547; LIMA, Clarissa Costa de; CAVALLAZZI, Rosângela Lunardelli. A força do microssistema do CDC: tempos no superendividamento e de compartilhar responsabilidades. *In*: MIRAGEM, Bruno; MARQUES, Claudia Lima; OLIVEIRA, Amanda Flávio de (Coords.). **25 anos do código de defesa do consumidor:** trajetória e perspectivas. São Paulo: Revista dos Tribunais, 2016, p.549-579; D'AQUINO, Lúcia Souza; PALACIO, Ana Laura Peres. Diálogos entre o código de processo civil e o código de defesa do consumidor para a proteção do consumidor superendividado. *In*: MARQUES, Claudia Lima; REICHELT, Luis Alberto. **Diálogos entre o direito do consumidor e o novo CPC.** São Paulo: Revista dos Tribunais, 2016, p.81-101; FERREIRA, Keila Pacheco. Evolução do direito do consumidor e o desafio do superendividamento: panorama atual e perspectivas. *In*: ANCONA LOPEZ, Teresa; LEMOS, Patrícia Faga Iglecias; RODRIGUES JÚNIOR, Otávio Luiz (Coords.). **Sociedade de risco e direito privado:** desafios normativos, consumeristas e ambientais. São Paulo, SP: Atlas, 2013, p.553-578; NOVAIS, Alinne Arquette Leite. Crédito consignado: uma necessária análise sobre oportunidades, abusos e superendividamento dos hipervulneráveis. *In*: ANDREASSA JUNIOR, Gilberto; OLIVEIRA, Andressa Jarletti Gonçalves de (Orgs.). **Novos estudos de direito bancário:** volume 2. Curitiba: Íthala, 2022, p.49-67; NOVAIS, Maria Elisa Cesar. Aspectos do superendividamento do consumidor na sociedade de risco. *In*: ANCONA LOPEZ, Teresa; LEMOS, Patrícia Faga Iglecias; RODRIGUES JÚNIOR, Otávio Luiz (Coords.). **Sociedade de risco e direito privado:** desafios normativos, consumeristas e ambientais. São Paulo, SP: Atlas, 2013, p.579-597; GARCIA, Leonardo de Medeiros. **Código de Defesa do Consumidor Comentado: artigo por artigo.** 14. ed. rev., ampl. e atual. Salvador: JusPodivm, 2019, p.490-494; MARQUES, Claudia Lima; BENJAMIN, Antônio Herman V.; MIRAGEM, Bruno. **Comentários ao código de defesa do consumidor.** 6.ed. rev., atual. e ampl. São Paulo: Thomson Reuters Brasil, 2019, p.1474-1475; GRINOVER, Ada Pellegrini *et al.*. **Código Brasileiro de Defesa do Consumidor:** comentado pelos autores do anteprojeto: direito material e processo coletivo: volume único. 13.ed., rev., atual. e ampl. Rio de Janeiro: Forense, 2022. [E-book]; BUCAR, Daniel. **Superendividamento:** a reabilitação patrimonial da pessoa humana. São Paulo: Saraiva, 2017; SILVA, Joseane Suzart Lopes da; BORJA, Sarah da Silva Falcão de Freitas. **Superendividamento dos Consumidores de Boa-Fé:** defesa e educação financeira com o auxílio da Análise Econômica do Direito, do Ministério Público e demais Instrumentos da Política Nacional. São Paulo: Editora Dialética, 2022; MELLO, Heloísa Carpena Vieira de. Contornos atuais do superendividamento. *In*: MARTINS, Guilherme Magalhães (Coord.). **Temas de direito do consumidor.** Rio de Janeiro: Lumen Juris, 2010, p.231-239; CABRAL, Hildeliza Lacerda Tinoco Boechat; NOVAIS, Alinne Arquette Leite; ROBLES-LESSA, Moyana Mariano. Responsabilidade civil por superendividamento nas relações de consumo: o papel do fornecedor na concessão de crédito ao consumidor. *In*: MONTEIRO FILHO, Carlos Edison do Rêgo; MARTINS, Guilherme Magalhães; ROSENVALD, Nelson; DENSA, Roberta (Coords.). **Responsabilidade civil nas relações de consumo.** Indaiatuba, SP: Editora Foco, 2022, p.513-530; MAGATÃO, Karina da Silva; SOUZA, Maristela Denise Marques de. A responsabilidade civil das instituições financeiras na prevenção e tratamento do superendividamento do consumidor: análise da Lei 14.181/2021. *In*: MONTEIRO FILHO, Carlos Edison do Rêgo; MARTINS, Guilherme Magalhães; ROSENVALD, Nelson; DENSA, Roberta (Coords.). **Responsabilidade civil nas relações de consumo.** Indaiatuba, SP: Editora Foco, 2022, p.551-565; MARTINS, Fernando Rodrigues; MARQUES, Claudia Lima. Deveres e responsabilidade no tratamento e na promoção do consumidor superendividado. *In*: MONTEIRO FILHO, Carlos Edison do Rêgo; MARTINS, Guilherme Magalhães; ROSENVALD, Nelson; DENSA, Roberta (Coords.). **Responsabilidade civil nas relações de consumo.** Indaiatuba, SP: Editora Foco, 2022, p.671-691; OLIVEIRA, Júlio Moraes. **Curso de direito do consumidor completo.** 8.ed. Belo Horizonte: Editora D' Placido, 2022, p.435-452; MIRAGEM, Bruno. **Curso de direito do consumidor.** 8.ed. rev., atual. e ampl.. São Paulo: Thomson Reuters Brasil, 2019, p.538-541; CAVALIERI FILHO, Sérgio. **Programa de direito do consumidor.** 6.ed. rev., atual. e ampl. São Paulo: Atlas 2022. [E-book]; TARTUCE, Flávio; NEVES, Daniel Amorim Assumpção. **Manual de Direito do Consumidor:** direito material e processual: volume único. 11.ed. rev., atual. e ampl.. Rio de Janeiro: Forense; Método, 2022. [E-book]; ALMEIDA, Fabrício Bolzan de. **Direito do Consumidor Esquematizado.** 10.ed. São Paulo: SaraivaJur, 2022. [E-book]

pessoas, a necessidade de se adquirir produtos e serviços. Ademais, em grande medida, influencia a opinião e os comportamentos dos consumidores no mercado de consumo, por meio da conjunção de técnicas da psicologia, neurologia, dentre outras ciências e, por conseguinte, induz os mesmos a consumirem de modo prejudicial a seus próprios interesses.

> Na cultura do consumo, a publicidade é tida por muitos como instrumento de controle social, manipuladora de opiniões, indutora de comportamentos, tornando-se patente o alcance e o alto grau dos riscos envolvidos nas questões referentes a desvios no exercício da liberdade de comunicação.[62]

O novo paradigma tecnológico, propiciado, mormente, pela utilização de *gadgets* eleva a manifestação do hiperconsumo, haja vista que, por intermédio de tais mecanismos, os consumidores são bombardeados, continua e ininterruptamente, pela divulgação de publicidade de produtos e serviços no mercado de consumo, notadamente, pela utilização massiva do *marketing de influência* no ambiente digital.[63]

---

62. MELLO, Heloísa Carpena Vieira de. Prevenção de riscos no controle da publicidade abusiva. **Revista de Direito do Consumidor**, São Paulo, Revista dos Tribunais, n.35, p.123-131, jul./set. 2000, p.127.
63. Para maiores informações sobre "marketing de influência" remete-se a leitura de: GLENISTER, Gordon. **Marketing de influência.** Trad. Márcia Xavier de Brito. São Paulo: H1 Editora, 2022.

3
A PROTEÇÃO DO CONSUMIDOR E O MERCADO DE CONSUMO DIGITAL

A *proteção e defesa do consumidor* se estabelece como uma premissa fundamental no contexto contemporâneo do Direito Consumerista, fundada na incontestável presunção de *vulnerabilidade do consumidor* perante o fornecedor no âmbito das relações jurídicas não paritárias, que se perfectibiliza, tanto no âmbito constitucional quanto infraconstitucional, por meio do delineamento de um arcabouço jurídico apto a prover instrumentos voltados a consagrar a efetiva tutela do consumidor nas relações jurídicas de consumo.

Com o advento das novas tecnologias e o surgimento das plataformas digitais – com forte presença no cotidiano das pessoas – se constataram inúmeras transformações no mercado de consumo[1], e como resultado, o desenvolvimento de um *mercado de consumo digital*, o qual estabeleceu novas práticas comerciais, vieses comportamentais e estratégias para maximizar o lucro dos fornecedores na sociedade de hiperconsumo.

Nesse cenário, os consumidores tornaram-se, *mais suscetíveis à condição de vulnerabilidade*, notadamente, pela patente *assimetria de informação* existente entre os contratantes nas relações jurídicas de consumo realizadas em ambiente digital.[2]

Logo, se constata a premente necessidade de atualização do regramento jurídico pátrio, com a finalidade de "acompanhar os novos modelos de relações e negociações digitais"[3] e, consequentemente, apresentar propositivamente soluções adequadas que visem a garantir a implementação de uma tutela protetiva mais eficiente aos consumidores.

---

1. Bruno Miragem preconiza que "*mercado de consumo* é o espaço ideal e não institucional, onde se desenvolvem as atividades de troca de produtos e serviços avaliáveis economicamente, mediante oferta irrestrita aos interessados e visando, por um lado, à obtenção de vantagens econômicas (por parte dos fornecedores), e por outro a satisfação de necessidades pela aquisição ou utilização destes produtos e serviços (por parte dos consumidores). Trata-se de um espaço não institucional em face de seu caráter não formal e independente de estrutura pré-determinada (o ser). Neste sentido, cabe ao direito (o *dever-ser*) ordenar, regular o mercado de consumo, fixando objetivos, limites ou proibições. Todavia, o caráter dinâmico e autossuficiente do mercado, produto de necessidades espontâneas do ser humano, impede que pelo direito seja o mesmo criado ou suprimido, senão apenas regulado." (MIRAGEM, Bruno. **Curso de direito do consumidor.** 8. ed. rev., atual. e ampl.. São Paulo: Thomson Reuters Brasil, 2019, p.252, destaque no original).
2. Marcelo de Oliveira Milagres assevera que no âmbito das "relações de consumo, afigura-se maior desenvolvimento da análise econômico-social na busca do real equilíbrio contratual, fundamentalmente, corrigindo-se a posição de desvantagem econômica, no mais das vezes, do consumidor." (MILAGRES, Marcelo de Oliveira. **Direito econômico dos contratos.** Rio de Janeiro: Impetus, 2006, p.107).
3. LIMA, Cintia Rosa Pereira de; MORAES, Emanuele Pezati Franco de; PEROLI, Kelvin. O necessário diálogo entre o marco civil da internet e a lei geral de proteção de dados para a coerência do sistema de responsabilidade civil diante das novas tecnologias. *In*: MARTINS, Guilherme Magalhães; ROSENVALD, Nelson (Coords.). **Responsabilidade civil e novas tecnologias.** Indaiatuba, SP: Editora Foco, 2020, p.146.

3.1 ESCORÇO HISTÓRICO DA PROTEÇÃO AO CONSUMIDOR

O movimento de proteção ao consumidor teve início na Europa com o advento da Revolução Industrial do século XVIII e o aperfeiçoamento do Liberalismo Econômico do século XIX. O referido movimento consagrou o princípio da autonomia da vontade que se exteriorizava pela liberdade de contratação, com esteio na percepção de igualdade jurídica dos contratantes.[4]

Com as transformações socioeconômicas advindas no final do século XIX, e com a crescente massificação dos meios de produção, deu-se o surgimento da sociedade de consumo (*mass consumption society*),[5] na qual a produção manual e artesanal dos bens passou a ser exceção em razão da introdução da mecanização, produção em série dos produtos, dentre outros fatores.[6]

A referida evolução do processo produtivo gerou um progressivo aumento dos riscos gerados aos consumidores, por meio de falhas resultantes desse processo. Nesse contexto, se verifica o domínio do crédito, marketing[7], da publicidade ilícita, práticas abusivas, cláusulas contratuais abusivas, falta de informação adequada, contratação por intermédio de contratos de adesão, a vulnerabilidade do consumidor no mercado de consumo. Destaca-se, ademais, que os referidos fatores diminuíam ou impossibilitavam o exercício da liberdade contratual, bem como impunham dificuldades de acesso à justiça.[8]

---

4. NISHIYAMA, Adolfo Mamoru. **A proteção constitucional do consumidor.** 2.ed., rev., atual. e ampl. São Paulo: Atlas, 2010; CORDEIRO, António Manuel da Rocha e Menezes. **Tratado de direito civil português:** volume 1: parte geral, tomo 1: introdução doutrina geral negócio jurídico. 3.ed. aumentada e inteiramente revista Coimbra: Almedina, 2005, p.653.
5. MARQUES, Claudia Lima. **Contratos no Código de Defesa do Consumidor.** 9.ed. São Paulo: Thomson Reuters Brasil, 2019, p.290; GRINOVER, Ada Pellegrini *et al.*. **Código Brasileiro de Defesa do Consumidor**: comentado pelos autores do anteprojeto: direito material e processo coletivo: volume único. 13.ed., rev., atual. e ampl. Rio de Janeiro: Forense, 2022. [E-book]; NISHIYAMA, Adolfo Mamoru. **A proteção constitucional do consumidor.** 2.ed., rev., atual. e ampl. São Paulo: Atlas, 2010; BAUMAN, Zygmunt. **Vida para consumo**: a transformação das pessoas em mercadorias. Rio de Janeiro: Zahar, 2008; VOLPI, Alexandre. **A história do consumo no Brasil: do mercantilismo à era do foco no cliente.** Rio de Janeiro: Elsevier, 2007, p.43; CANTO, Rodrigo Eidelvein do. **A vulnerabilidade dos consumidores no comércio eletrônico.** São Paulo: Revista dos Tribunais, 2015, p.60.
6. João Calvão da Silva assevera que "À produção de massa corresponde, assim, o consumo de massa, onde as qualidades e particularidades do adquirente perdem cada vez mais significado. Não é já o cliente certo que se dirige, de acordo com as reais necessidades, ao produto; é o produto padronizado e em série que, publicitado, propagandeado e exaltado, vai ao encontro do cliente anónimo, desindividualizado, massificado e tipificado." (SILVA, João Calvão da. **Responsabilidade civil do produtor.** Coimbra: Editora Almedina, 1999, p.20).
7. Ana Rita Vitorino Ferreira aponta que "Marketing é uma ótica da gestão que não se concentra na melhor forma de vender o produto/serviço, mas sim em criar valor no mesmo de forma a que este satisfaça da melhor forma as necessidades dos consumidores tendo também em conta os objetivos da organização". (FERREIRA, Ana Rita Vitorino. **O impacto das redes sociais e influenciadores digitais nos negócios atuais.** 2021. Dissertação de Mestrado. 2021. 118f. Dissertação (Mestrado em Gestão) Faculdade de Ciências da Economia e da Empresa, Universidade Lusíada, 2021, p.6. Disponível em: http://repositorio.ulusiada.pt/handle/11067/5905. Acesso em: 20 dez. 2023).
8. NISHIYAMA, Adolfo Mamoru. **A proteção constitucional do consumidor.** 2. ed., rev., atual. e ampl. São Paulo: Atlas, 2010; GRINOVER, Ada Pellegrini *et al.*. **Código Brasileiro de Defesa do Consumidor:** comentado

O fenômeno do *consumerismo* e a gênese da sociedade de consumo, se encontram diretamente relacionados com a necessidade de proteção do consumidor, que exsurge para coibir os abusos impostos pelos grandes conglomerados econômicos aos contratantes. Constata-se, também, a insuficiência dos esquemas tradicionais do Direito substancial e processual, que já não mais tutelavam eficazmente novos interesses identificados como coletivos e difusos.[9]

Deste modo, as desigualdades e os problemas identificados no contexto socioeconômico, oriundos dos avanços tecnológicos dos meios de produção, da massificação dos contratos, igualdade formal, desequilíbrio contratual e da vulnerabilidade do consumidor, demandaram a *intervenção estatal no âmbito das relações privadas*[10], com a finalidade de elaboração e implementação de uma legislação moderna, apta a resguardar não apenas direitos, mas que, também, punisse com rigor o desrespeito aos direitos estabelecidos em favor dos contratantes.

É nesse cenário que se desenvolve efetivamente a ideia de *tutela jurídica do consumidor* – parte presumivelmente vulnerável –, em posição de patente inferioridade em face aos conglomerados econômicos, por meio da consagração da defesa do consumidor na esfera dos poderes Legislativo, Executivo e do Judiciário[11], no sentido de garantir a percepção de efetiva proteção aos consumidores, *igualdade substancial* nas contratações e o *(re)equilíbrio das relações jurídicas de consumo*.

> Considera-se que foi um discurso de John F. Kennedy, no ano de 1962, em que este presidente norte-americano enumerou os direitos do consumidor e os considerou como novo desafio necessário para o mercado, o início da reflexão jurídica mais profunda sobre este tema. O novo aqui foi considerar que 'todos somos consumidores', em algum momento de nossas vidas temos este *status*, este papel social e econômico, estes direitos ou interesses legítimos, que são individuais, mas também são os mesmos no grupo identificável (coletivo) ou não (difuso), que ocupa aquela posição de consumidor. Do seu aparecimento nos Estados Unidos levou certo tempo para "surgir" legislativamente no Brasil, apesar de ter conquistado facilmente a Europa e todos os países de sociedade capitalista consolidada na época. Isso porque o direito do consumidor é direito social típico das sociedades capitalistas industrializadas, onde os riscos do progresso devem ser compensados por uma legislação tutelar (protetiva) e subjetivamente especial (para aquele sujeito ou grupo de sujeitos).

---

pelos autores do anteprojeto: direito material e processo coletivo: volume único. 13. ed., rev., atual. e ampl. Rio de Janeiro: Forense, 2022. [E-book].

9. Nesse sentido ver: SCHMITT, Cristiano Heineck. **Cláusulas abusivas nas relações de consumo.** 4. ed. rev., atual. e ampl. São Paulo: Revista dos Tribunais, 2014, p.73.
10. Paulo Lôbo preconiza que "A intervenção do Estado nas relações econômicas privadas, que caracteriza profundamente o Estado social, tem sob foco principal o contrato, como instrumento jurídico por excelência da circulação dos valores e titularidades econômicos, e precisamente da proteção dos figurantes mais fracos ou vulneráveis." (LÔBO, Paulo. Vulnerabilidade jurídica do contratante. *In*: EHRHARDT JÚNIOR, Marcos; LOBO, Fabíola Albuquerque (Orgs.). **Vulnerabilidade e sua compreensão no direito brasileiro.** Indaiatuba, SP: Editora Foco, 2021, p.2).
11. NISHIYAMA, Adolfo Mamoru. **A proteção constitucional do consumidor.** 2. ed., rev., atual. e ampl. São Paulo: Atlas, 2010; GRINOVER, Ada Pellegrini *et al.*. **Código Brasileiro de Defesa do Consumidor:** comentado pelos autores do anteprojeto: direito material e processo coletivo: volume único. 13. ed., rev., atual. e ampl. Rio de Janeiro: Forense, 2022. [E-book].

A ONU (Organização das Nações Unidas), em 1985, e com revisão em 1999 e 2015, estabeleceu diretrizes para esta legislação e consolidou a ideia de que se trata de um direito humano de nova geração (ou dimensão), um direito social e econômico, um direito de igualdade material do mais fraco, do leigo, do cidadão civil nas suas relações privadas frente aos profissionais, os empresários, as empresas, os fornecedores de produtos e serviços, que nesta posição são *experts,* parceiros considerados 'fortes' ou em posição de poder *(Machtposition).*[12]

Entretanto, é recente a inserção da proteção do consumidor em texto constitucional, o que ocorreu com a promulgação da *Constituição Espanhola de 1978.* No Brasil, com o advento da Constituição da República de 1988, a tutela do consumidor foi expressamente delineada, seguindo a tendência mundial por meio das *diretrizes constitucionais do Direito do Consumidor.*[13]

A Constituição da República de 1988 estabeleceu a sistemática de defesa do consumidor, de *forma ampla (genérica),* consagrando-a como um *direito fundamental* (art. 5º, XXXII da CR/88), atribuindo-lhe, ainda, a condição de *princípio da ordem econômica constitucional* (art. 170, V da CR/88) e, por fim, determinando no artigo 48 do Ato das Disposições Constitucionais Transitórias (ADCT), a criação de uma *lei específica de proteção ao consumidor no âmbito infraconstitucional.*[14]

Tal perspectiva se consolidou com a promulgação do *Código de Defesa do Consumidor* (Lei 8.078/90), o qual positivou a proteção ao consumidor de *forma específica,* assegurando direitos individuais e coletivos por meio da introdução de princípios contratuais norteados pela sistemática dos valores e preceitos constitucionais e pela concepção social de contrato esculpida na teoria contratual contemporânea.

Segundo Claudia Lima Marques, "o Código de Defesa do Consumidor representa o mais importante e amplo grupo de normas cogentes, editado com o fim de disciplinar as relações contratuais entre fornecedor e consumidor, segundo os postulados da nova teoria contratual."[15]

---

12. BENJAMIN, Antônio Herman V.; MARQUES, Claudia Lima; BESSA, Leonardo Roscoe. **Manual de Direito do Consumidor.** 8.ed. rev., atual. e ampl. São Paulo: Revista dos Tribunais, 2017, p.42. Nesse sentido ver: CAVALIERI FILHO, Sérgio. **Programa de direito do consumidor.** 6.ed. rev., atual. e ampl. São Paulo: Atlas 2022. [E-book]; AFONSO, Luiz Fernando. **Proteção do Consumidor:** propaganda enganosa e prática de storytelling. São Paulo: Almedina, 2019, p.111.
13. NISHIYAMA, Adolfo Mamoru. **A proteção constitucional do consumidor.** 2. ed., rev., atual. e ampl. São Paulo: Atlas, 2010.
14. MARQUES, Claudia Lima. **Contratos no Código de Defesa do Consumidor.** 9.ed. São Paulo: Thomson Reuters Brasil, 2019, p.242-251; NISHIYAMA, Adolfo Mamoru. **A proteção constitucional do consumidor.** 2.ed., rev., atual. e ampl. São Paulo: Atlas, 2010; GRINOVER, Ada Pellegrini *et al..* **Código Brasileiro de Defesa do Consumidor:** comentado pelos autores do anteprojeto: direito material e processo coletivo: volume único. 13.ed., rev., atual. e ampl. Rio de Janeiro: Forense, 2022. [E-book]; FILOMENO, José Geraldo Brito. **Curso fundamental de direito do consumidor.** São Paulo: Atlas, 2007, p.12-14; BRAGA NETTO, Felipe Peixoto. **Manual de direito do consumidor à luz da jurisprudência do STJ.** 18. ed. rev., atual. e ampl.. São Paulo: Juspodivm, 2023, p.60-62.
15. MARQUES, Claudia Lima. **Contratos no Código de Defesa do Consumidor.** 9.ed. São Paulo: Thomson Reuters Brasil, 2019, p.255. Nesse sentido ver: MIRAGEM, Bruno. **Curso de direito do consumidor.** 8.ed. rev., atual. e ampl.. São Paulo: Thomson Reuters Brasil, 2019, p.321.

Trata-se de um *microssistema jurídico interdisciplinar* do Direito do Consumidor,[16] que estabelece normas que regulamentam todos os aspectos da relação jurídica de consumo, e cuja premissa estruturante é a *vulnerabilidade do consumidor*.

> A existência de um código dedicado à defesa do consumidor, reconhecido como ramo específico do direito e direito fundamental, envolve a superação do conceito clássico baseado no Código Civil como eixo central do sistema de direito privado. Diferentes valores e regras constitucionais surgem como novas disposições fundamentais que regem o direito privado. Emerge um novo direito privado, formado pelo direito constitucional e enquadrado pelos direitos fundamentais nele expressos.[17] (Tradução nossa)

O Código de Defesa do Consumidor (CDC) é uma *lei principiológica* que consagra princípios fundamentais da República, o mínimo essencial para proteção do consumidor e a sobreposição deste em relação aos demais ramos do Direito, nos quais se evidenciem relações jurídicas de consumo.

> O Código de Defesa do Consumidor, por outro lado, é *lei principiológica*. Não é analítica, mas sintética. Nem seria de boa técnica legislativa aprovar-se lei de relações de consumo que regulamentasse cada divisão do setor produtivo (automóveis, cosméticos, eletrodomésticos, vestuário etc.). Optou-se por aprovar lei que contivesse preceitos gerais, que fixasse os princípios fundamentais das relações de consumo. É isto que significa ser uma lei principiológica. Todas as demais leis que se destinarem, de forma específica, a regular determinado setor das relações de consumo deverão se submeter aos preceitos gerais da lei principiológica, que é o Código de Defesa do Consumidor.
>
> Assim, sobrevindo lei que regule, v.g., transportes aéreos, deve obedecer aos princípios gerais estabelecidos no CDC. Não pode, por exemplo, essa lei específica, setorizada, posterior, estabelecer responsabilidade subjetiva para acidentes aéreos de consumo, contrariando o sistema principiológico do CDC. Como a regra da lei principiológica (CDC), no que toca à reparação dos danos, é a responsabilidade objetiva pelo risco da atividade (art. 6º, nº VI, CDC), essa regra se impõe a todos os setores da economia nacional, quando se tratar de relação de consumo. Destarte, o princípio de que a lei especial derroga a geral não se aplica ao caso em análise, porquanto o CDC não é apenas a lei geral das relações de consumo, mas, sim, lei principiológica das relações de consumo.

---

16. GRINOVER, Ada Pellegrini *et al.*. **Código Brasileiro de Defesa do Consumidor:** comentado pelos autores do anteprojeto: direito material e processo coletivo: volume único. 13. ed., rev., atual. e ampl. Rio de Janeiro: Forense, 2022. [E-book]; GARCIA, Leonardo de Medeiros. **Código de Defesa do Consumidor Comentado**: artigo por artigo. 14. ed. rev., ampl. e atual. Salvador: JusPodivm, 2019, p.22; OLIVEIRA, Júlio Moraes. **Curso de direito do consumidor completo.** 8. ed. Belo Horizonte: Editora D' Placido, 2022; BRAGA NETTO, Felipe Peixoto. **Manual de direito do consumidor à luz da jurisprudência do STJ**. 18. ed. rev., atual. e ampl.. São Paulo: Juspodivm, 2023, p.55-56; FILOMENO, José Geraldo Brito. **Curso fundamental de direito do consumidor.** São Paulo: Atlas, 2007, p.157-158; KHOURI, Paulo Roberto Roque Antônio. **Direito do consumidor:** contratos, responsabilidade civil e defesa do consumidor em juízo. 7. ed. rev., atual. e ampl. São Paulo: Atlas, 2021, p.36.
17. No original: "The existence of a code dedicated to consumer protection, recognized as a specific law field and a fundamental right, involves an overcoming of the classic concept based upon the Civil Code as a central axis of the private law system. Different values and constitutional rules emerge as new fundamental dispositions ruling the private law. A new private law arises, formed by the constitutional law and framed by the fundamental rights expressed therein." (MARQUES, Claudia Lima; FONSECA, Patrícia Galindo da. Consumer Protection in Brazil. MICKLITZ, Hans-W.; SAUMIER, Geneviève. (Eds.) **Enforcement end Effectiveness of Consumer Law.** Springer: New York, 2018, p.119).

Pensar se o contrário é desconhecer o que significa o microssistema do Código de Defesa do Consumidor, como lei especial sobre relações de consumo e lei geral, principiológica, à qual todas as demais leis especiais setorizadas das relações de consumo, presentes e futuras, estão subordinadas.[18]

Por tudo isso, o CDC fora erigido sob a égide de um sistema de proteção específica destinado ao consumidor, fundado na técnica legislativa das *cláusulas gerais,* visando a constante evolução da legislação consumerista diante das demandas da sociedade, no sentido de viabilizar a efetiva proteção do consumidor no mercado de consumo, garantir a igualdade substancial e o (re)equilíbrio nas relações jurídicas de consumo.

Além disso, todas as normas que compõem o microssistema protetivo do consumidor se qualificam como de *ordem pública e interesse social,* consoante estabelecido no artigo 1º do CDC,[19] o que equivale a dizer que "são *inderrogáveis* por vontade dos interessados em determinada relação de consumo."[20]

As normas de ordem pública estabelecem valores básicos e fundamentais de nossa ordem jurídica, são normas de direito privado, mas de forte interesse público, daí serem indisponíveis e inafastáveis através de contratos. O Código de Defesa do Consumidor é claro, em seu art. 1º, ao dispor que suas normas se dirigem à proteção prioritária de um grupo social, os consumidores, e que se constituem em normas de ordem pública, inafastáveis, portanto, pela vontade individual.[21]

Insta destacar que, no âmbito das relações de consumo, exsurge como pressuposto fundamental de reconhecimento da tutela do consumidor, *o princípio da vulnerabilidade do consumidor,* esculpido no artigo 4º, I do Código de Defesa do Consumidor,[22] que norteia toda a legislação consumerista brasileira.

[...] a vulnerabilidade é mais um estado da pessoa, um estado inerente de risco ou um sinal de confrontação excessiva de interesses identificado no mercado, é uma situação permanente ou provisória, individual ou coletiva, que fragiliza, enfraquece o sujeito de direitos, desequilibrando a relação. A vulnerabilidade não é, pois, o fundamento das regras de proteção do sujeito mais fraco, é apenas a 'explicação' destas regras ou da atuação do legislador, é a técnica para a sua boa aplicação, é a noção instrumental que guia e ilumina

---

18. GRINOVER, Ada Pellegrini *et al.*. **Código Brasileiro de Defesa do Consumidor:** comentado pelos autores do anteprojeto: direito material e processo coletivo: volume único. 13. ed., rev., atual. e ampl. Rio de Janeiro: Forense, 2022. [E-book].
19. BENJAMIN, Antônio Herman V.; MARQUES, Claudia Lima; BESSA, Leonardo Roscoe. **Manual de Direito do Consumidor.** 8.ed. rev., atual. e ampl. São Paulo: Revista dos Tribunais, 2017, p.62.
20. GRINOVER, Ada Pellegrini *et al.*. **Código Brasileiro de Defesa do Consumidor:** comentado pelos autores do anteprojeto: direito material e processo coletivo: volume único. 13.ed., rev., atual. e ampl. Rio de Janeiro: Forense, 2022, destaque no original. [E-book]
21. MARQUES, Claudia Lima; BENJAMIN, Antônio Herman V.; MIRAGEM, Bruno. **Comentários ao Código de Defesa do Consumidor.** 6.ed. rev., atual. e ampl. São Paulo: Thomson Reuters Brasil, 2019, p.76-77. Nesse mesmo sentido ver: BRAGA NETTO, Felipe Peixoto. **Manual de direito do consumidor à luz da jurisprudência do STJ.** 18.ed. rev., atual. e ampl.. São Paulo: JusPodivm, 2023, p.56-57; CAVALIERI FILHO, Sérgio. **Programa de direito do consumidor.** 6. ed. rev., atual. e ampl. São Paulo: Atlas 2022. [E-book].
22. Art. 4º A Política Nacional das Relações de Consumo tem por objetivo o atendimento das necessidades dos consumidores, o respeito à sua dignidade, saúde e segurança, a proteção de seus interesses econômicos, a melhoria da sua qualidade de vida, bem como a transparência e harmonia das relações de consumo, atendidos os seguintes princípios: I – reconhecimento da vulnerabilidade do consumidor no mercado de consumo. (BRASIL. **Código de Defesa do Consumidor**. Lei nº. 8.078, de 11 de setembro de 1990. Disponível em: http://www.planalto.gov.br/ccivil_03/LEIS/L8078.htm. Acesso em: 20 dez. 2023).

a aplicação destas normas protetivas e reequilibradoras, à procura do fundamento da igualdade e da justiça equitativa.[23]

Nessa linha de raciocínio, para além da vulnerabilidade do consumidor, se registra, ainda, a situação da *hipervulnerabilidade*[24] *ou vulnerabilidade agravada,* em razão de circunstâncias fáticas e especiais, que qualificam determinados agrupamentos sociais ou indivíduos, e na qual se inserem as *crianças, adolescentes, idosos, analfabetos, doentes, deficientes*[25], dentre outros, uma vez que esses grupos sociais possuem uma acentuada vulnerabilidade quando comparados aos consumidores em geral. [26]

> Em minha opinião, a hipervulnerabilidade seria uma situação social fática e objetiva de agravamento da vulnerabilidade da pessoa física consumidora, por circunstâncias pessoais aparentes ou conhecidas do fornecedor, como sua idade reduzida (assim o caso da comida de bebês, nomes e marcas de salgadinhos ou da publicidade para crianças) ou sua idade alentada (assim os cuidados especiais com os idosos, no Código em diálogo com o Estatuto do Idoso, e a publicidade de crédito para idosos) ou sua situação de doente (assim o caso do glúten e as informações na bula de remédios).
>
> Em outras palavras, enquanto a vulnerabilidade 'geral' do art. 4º, I, se presume e é inerente a todos os consumidores (em especial tendo em vista a sua posição nos contratos, tema dessa obra), a hipervulnerabilidade seria inerente e 'especial' à situação pessoal de um consumidor, seja permanente (prodigalidade, incapacidade, deficiência física ou mental) ou temporária (doença, gravidez, analfabetismo, idade).[27]

---

23. MARQUES, Claudia Lima. **Contratos no Código de Defesa do Consumidor.** 9. ed. São Paulo: Thomson Reuters Brasil, 2019, p.312. Nesse sentido ver: MARQUES, Claudia Lima; MIRAGEM, Bruno. O novo direito privado e a proteção dos vulneráveis. 2.ed. rev., atual. e ampl. São Paulo: Revista dos Tribunais, 2014, p.120; DONATO, Maria Antonieta Zanardo. **Proteção ao consumidor:** conceito e extensão. São Paulo: Revista dos Tribunais, 1993, p.39; CHAZAL, Jean-Pascal. Vulnerabilité et droit de la consommation. *In:* COHET-CORDEY, Frédérique (Org.). **Vulnerabilité et droit:** le développement de la vulnerabilité et ses enjeux en droit. Grenoble: Presses Universitaires de Grenoble, 2000, p.244;249; BARBOZA, Heloisa Helena; ALMEIDA, Vitor. A tutela das vulnerabilidades na legalidade constitucional. *In:* TEPEDINO, Gustavo; TEIXEIRA, Ana Carolina Brochado; ALMEIDA, Vitor (Coords.). **Da dogmática à efetividade do Direito Civil:** Anais do Congresso Internacional de Direito Civil Constitucional – IV Congresso do IBDCivil. 2. ed. Belo Horizonte: Fórum, 2019, p.41-55; MAČĖNAITĖ, Milda. Protecting children online: combining the rationale and rules of personal data protection law and consumer protection law. In: BAKHOUM, Mor; GALLEGO, Beatriz Conde; MACKENRODT, Mark-Oliver; SURBLYTĖ-NAMAVIČIENĖ, Gintarė (Eds.). **Personal data in competition, consumer protection and intellectual property law**: towards a holistic approach? (MPI Studies on Intellectual Property and Competition Law, volume 28). Berlin: Springer, 2018, p.348-349.
24. BAROCELLI, Sergio Sebastián. Relaciones de consumo en entornos digitales: una mirada desde el derecho argentino. *In:* EHRHARDT JÚNIOR, Marcos; CATALAN, Marcos; MALHEIROS, Pablo (Coords.). **Direito Do Consumidor e Novas Tecnologias.** Belo Horizonte: Fórum, 2021, p.264.
25. Para maiores informações sobre a *proteção jurídica contemporânea às pessoas com deficiência*, recomenda-se a leitura de: FLEISCHMANN, Simone Tassinari Cardoso; FONTANA, Andressa Tonetto. A capacidade civil e o modelo de proteção das pessoas com deficiência mental e cognitiva: estágio atual da discussão. **Civilistica.com**, v.9, n.2, p.1-22, 9 set. 2020. Disponível em: https://civilistica.emnuvens.com.br/redc/article/view/557. Acesso em: 20 dez. 2023.
26. MARQUES, Claudia Lima. **Contratos no Código de Defesa do Consumidor.** 9. ed. São Paulo: Thomson Reuters Brasil, 2019.
27. MARQUES, Claudia Lima. **Contratos no Código de Defesa do Consumidor.** 9.ed. São Paulo: Thomson Reuters Brasil, 2019, p.350-352. Nesse sentido ver: MARQUES, Claudia Lima; MIRAGEM, Bruno. **O novo direito privado e a proteção dos vulneráveis.** 2.ed. rev., atual. e ampl. São Paulo: Revista dos Tribunais, 2014, p.201-202; SCHMITT, Cristiano Heineck. **Consumidores Hipervulneráveis:** a proteção do idoso no mercado de consumo. São Paulo: Atlas, 2014, p.65; KHOURI, Paulo Roberto Roque Antônio. **Direito do consumidor na sociedade da informação.** São Paulo, SP: Almedina, 2022, p.255-256; AQUINO JÚNIOR, Geraldo Frazão

O princípio em comento é reconhecido como o traço marcante, distintivo do Código de Defesa do Consumidor, o qual se encontra intimamente relacionado com os princípios da informação, transparência (artigo 4º, *caput* e 31 do CDC), confiança e da boa-fé objetiva (artigo 4º, III e 51, IV do CDC),[28] com a finalidade de se garantir a harmonia, o (re)equilíbrio e a igualdade material nas relações jurídicas de consumo.[29]

Erik Jayme, complementarmente, afirma que "no que concerne às novas tecnologias, a comunicação, facilitada pelas redes globais, determina uma maior vulnerabilidade daqueles que se comunicam."[30] Há de se ressaltar, ainda, que o entendimento proferido pelo autor não insere a *vulnerabilidade digital* ao rol distintivo da vulnerabilidade agravada, mas, em verdade, delineia uma *intensificação generalizada da vulnerabilidade* de todos os consumidores no contexto de uma sociedade marcada por novas tecnologias comunicacionais.

É possível intuir que a conjugação dos princípios da informação, transparência e confiança, em consonância com os preceitos norteadores da boa-fé objetiva[31] se apresentam como instrumentos imprescindíveis para garantia da proteção do consumidor diante de condutas do fornecedor que venham a infringir as normas basilares do Direito Consumerista, tendo-se em consideração a vulnerabilidade do consumidor, principalmente, no âmbito das relações jurídicas de consumo virtual.

> A tolerância dos consumidores com a coleta intensiva e massiva de dados pessoais ou pessoalizáveis se justifica por pelo menos duas razões: ou porque não sabem sobre a hiperpersonalização, sobre os mecanismos pela qual opera, sobre a tipologia dos dados coletados e sobre as finalidades dadas (e se são desviadas), ou porque se sentem "pressionados" a anuir com a utilização dos dados que são titulares pela indispensabilidade do serviço prestado e pela sua vulnerabilidade diante das grandes plataformas, em que não há a possibilidade efetiva de discutir os termos e condições de uso, sendo comum que o serviço seja na base do take-it or leave-it, isto é, ou o consumidor aceita essas condições, ou não utiliza o serviço e lhe resta apenas o ostracismo digital.
>
> A preocupação, em termos gerais, é o aumento da vulnerabilidade dos consumidores nesses processamentos de dados pessoais que resultam não só na personalização da experiência desse sujeito, mas na hiperpersonalização resultante de práticas de perfilização que transbordam a relação com determinado

---

de. A hipervulnerabilidade do consumidor de serviços financeiros digitais. *In*: EHRHARDT JÚNIOR, Marcos (Coord.). **Vulnerabilidade e novas tecnologias.** Indaiatuba, SP: Editora Foco, 2023, p.141-159.

28. Nesse sentido ver: MARQUES, Claudia Lima. **Contratos no Código de Defesa do Consumidor.** 9. ed. São Paulo: Thomson Reuters Brasil, 2019, p.206-211; KHOURI, Paulo Roberto Roque Antônio. **Direito do consumidor:** contratos, responsabilidade civil e defesa do consumidor em juízo. 7. ed. rev., atual. e ampl. São Paulo: Atlas, 2021, p.73-84.
29. MARQUES, Claudia Lima. **Contratos no Código de Defesa do Consumidor.** 9.ed. São Paulo: Thomson Reuters Brasil, 2019, p.291-292; GRINOVER, Ada Pellegrini *et al.*. **Código Brasileiro de Defesa do Consumidor:** comentado pelos autores do anteprojeto: direito material e processo coletivo: volume único. 13.ed., rev., atual. e ampl. Rio de Janeiro: Forense, 2022. [E-book].
30. JAYME. Erik. O direito internacional privado do novo milênio: a proteção da pessoa humana face à globalização. **Cadernos do Programa de Pós-graduação em Direito da UFRGS,** Porto Alegre, v.1, n.1, p.133-146, 2003, p.135.
31. Nesse mesmo giro, Flávio Tartuce e Daniel Amorim Assumpção Neves destacam que "A boa-fé objetiva traz a ideia de equilíbrio negocial, que, na ótica do Direito do Consumidor, deve ser mantido em todos os momentos pelos quais passa o negócio jurídico." (TARTUCE, Flávio; NEVES, Daniel Amorim Assumpção. **Manual de Direito do Consumidor:** direito material e processual: volume único. 11.ed. rev., atual. e ampl.. Rio de Janeiro: Forense; Método, 2022. [E-book]).

fornecedor, especialmente considerando que os dados percorrem fluxos desconhecidos, de um controlador a outro, de um operador a outro, para usos e reusos com finalidades distintas, o que potencialmente prejudica o exercício dos direitos dos consumidores quando se sentirem lesados de alguma forma – e se souberem disso. [32]

Claudia Lima Marques e Guilherme Mucelin dissertam sobre a existência de novas matizes de vulnerabilidades do consumidor no mercado de consumo digital – *a vulnerabilidade digital e a cybervulnerabilidade* – passíveis de fomentar, ainda, mais as assimetrias e o desequilíbrio das relações jurídicas de consumo, diante dos avanços da tecnologia digital e da possibilidade de *tratamento dos dados pessoais*[33] dos consumidores no mercado de consumo.[34]

> Na economia digital que se desdobra, especial atenção deve se dar ao reconhecimento de possíveis novas tipificações, especialmente quando se considera que o mercado está em constante evolução, no sentido de que invariavelmente se desenvolvem novos métodos e novas aplicações para as tecnologias que culminam igualmente em novas práticas, as quais tendem a facilitar ainda mais as assimetrias e os desequilíbrios das relações de consumo. Assim é que podemos, dessas bases, reconhecer outros tipos de vulnerabilidade que poderão auxiliar a defesa dos consumidores nesta nova fase virtualizada que a sociedade de consumo se direciona: *a vulnerabilidade digital e a cybervulnerabilidade*. A primeira, em nossa visão, está mais ligada à ideia de exclusão dos consumidores da economia digital por conta de não haver acesso à Internet, aspecto este importante ao se considerar que, no Brasil, 25,3% da população (aproximadamente 46 milhões de pessoas) não acessa a Web. A segunda, estaria relacionada a relações travadas no ambiente online ou à utilização dos dados pessoais pelos fornecedores – que nem sempre é transparente e lícita – justo porque não se sabe sua destinação, sua legitimidade e sua finalidade específica, *tampouco é de conhecimento público a criação de perfis de cada consumidor*

---

32. MARQUES, Claudia Lima; MUCELIN, Guilherme. Mercado de consumo 'simbiótico' e proteção de dados dos consumidores. *In*: SARLET, Gabrielle Bezerra; TRINDADE, Manoel Gustavo Neubarth; MELGARÉ, Plínio (Coords.). **Proteção de dados**: temas controvertidos. Indaiatuba, SP: Editora Foco, 2021. [E-book].
33. Para uma melhor compreensão da temática do *tratamento de dados pessoais*, faz-se necessário apresentar as definições legais estabelecidas pela Lei Geral de Proteção de Dados.
    Art. 5º Para os fins desta Lei, considera-se:
    I – *dado pessoal*: informação relacionada a pessoa natural identificada ou identificável;
    II – *dado pessoal sensível*: dado pessoal sobre origem racial ou étnica, convicção religiosa, opinião política, filiação a sindicato ou a organização de caráter religioso, filosófico ou político, dado referente à saúde ou à vida sexual, dado genético ou biométrico, quando vinculado a uma pessoa natural;
    IV – *banco de dados*: conjunto estruturado de dados pessoais, estabelecido em um ou em vários locais, em suporte eletrônico ou físico;
    X – *tratamento*: toda operação realizada com dados pessoais, como as que se referem a coleta, produção, recepção, classificação, utilização, acesso, reprodução, transmissão, distribuição, processamento, arquivamento, armazenamento, eliminação, avaliação ou controle da informação, modificação, comunicação, transferência, difusão ou extração; (BRASIL. **Lei Geral de Proteção de Dados Pessoais (LGPD)**. Lei nº 13.709, de 14 de agosto de 2018. Disponível em: https://www.planalto.gov.br/ccivil_03/_ato2015-2018/2018/lei/l13709.htm. Acesso em: 20 dez. 2023, destaque nosso).
34. Nesse sentido ver: VIOLA, Mario; TEFFÉ, Chiara Spadaccini de. Tratamento de dados pessoais na LGPD: estudo sobre as bases legais dos artigos 7.º e 11. *In*: BIONI, Bruno *et al.* (Coords.). **Tratado de proteção de dados pessoais**. 2. ed. rev., ampl. e atual.. Rio de Janeiro: Forense, 2023, p.115-146; MENDES, Laura Schertel. A vulnerabilidade do consumidor quanto ao tratamento de dados pessoais. *In*: MARQUES, Claudia Lima; GSELL, Beate (Orgs.). **Novas tendências do direito do consumidor:** rede Alemanha-Brasil de pesquisas em direito do consumidor. São Paulo: Revista dos Tribunais, 2015, p.182-203.

que são carregados de *cargas discriminatórias*, são inexatos ou têm por intuito a manipulação para a vinculação de obrigações. [35-36]

O Código de Defesa do Consumidor se impõe assim como fonte de indiscutível força normativa e renovadora da teoria contratual, pois é reflexo de uma *concepção social do contrato*, onde a manifestação de vontade das partes não é mais a única fonte das obrigações, mas, sobretudo, os princípios constitucionais, que migram para o Direito Privado e consagram uma revisitação do Direito Contratual na contemporaneidade. [37]

Por fim, no âmbito da tutela jurídica do consumidor, destaca-se, ainda, a criação do *Sistema Nacional de Defesa do Consumidor (SNDC)*, regulamentado pelo Decreto Presidencial 2.181, de 20 de março de 1997, o qual congrega órgãos federais, estaduais, municipais e do Distrito Federal, dentre os quais, os Procons, as Promotorias de Defesa do Consumidor do Ministério Público, as Defensorias Públicas, as Delegacias de

---

35. MARQUES, Claudia Lima; MUCELIN, Guilherme. Mercado de consumo 'simbiótico' e proteção de dados dos consumidores. *In:* SARLET, Gabrielle Bezerra; TRINDADE, Manoel Gustavo Neubarth; MELGARÉ, Plínio (Coords.). **Proteção de dados:** temas controvertidos. Indaiatuba, SP: Editora Foco, 2021, destaque nossos. [E-book]. Nesse sentido ver: SILVA, Michael César; GUIMARÃES, Clayton Douglas Pereira. Responsabilidade civil e precificação discriminatória nas redes sociais. *In:* CAMPOS, Aline França. **Temas Contemporâneos da Responsabilidade Civil:** teoria e prática. v.2. Belo Horizonte: Conhecimento Editora, 2023, p.173-191; FALEIROS JÚNIOR, José Luiz de Moura; SILVA, Michael César. Precificação dinâmica nas relações de consumo. *In:* EHRHARDT JÚNIOR, Marcos (Coord.). **Vulnerabilidade e novas tecnologias.** Indaiatuba, São Paulo: Editora Foco, 2023, p.172-173; ROSENVALD, Nelson; FALEIROS JÚNIOR, José Luiz de Moura. Vulnerabilidade digital e responsabilidade. *In:* BARLETTA, Fabiana Rodrigues; ALMEIDA, Vitor (Coords.). **Vulnerabilidades e Suas Dimensões Jurídicas.** Indaiatuba, SP: Editora Foco, 2023. [E-book]; CATALAN, Marcos. Ligeiríssimas notas sobre a propedêutica das vulnerabilidades no direito do consumidor brasileiro. *In:* EHRHARDT JÚNIOR, Marcos (Coord.). **Vulnerabilidade e novas tecnologias.** Indaiatuba, SP: Editora Foco, 2023, p.138; VERBICARO, Dennis; VIEIRA, Janaína. A nova dimensão da proteção do consumidor digital diante do acesso a dados pessoais no ciberespaço. **Revista de Direito do Consumidor,** São Paulo, Thomson Reuters Brasil, a. 30, v.134, p.195-226, mar./abr. 2021.
36. Bruno Miragem analisa a incidência da *vulnerabilidade digital* no contexto do mercado de consumo digital, destacando que "[...] A internet, pela aplicação de *softwares* de apresentação gráfica e, sobretudo, a personalização de ofertas e publicidade ao consumidor mediante tratamento de dados pessoais, potencializa os incentivos sensoriais ou emocionais para tomada de decisão do consumidor no mercado de consumo digital. Da mesma forma, as relações estabelecidas pela internet dão causa a novos riscos, como os que envolvem o acesso ilícito a dados, desvios de recursos e fraudes contra o consumidor, favorecidas pelo meio.

    Estes aspectos que caracterizam o mercado de consumo digital permitem identificar uma posição própria do consumidor na internet, de vulnerabilidade em relação ao meio (ambiente), à forma de contratação e ao seu objeto (produto ou serviço): o reconhecimento da *vulnerabilidade digital*. Será ela o fundamento de um critério de diferenciação sobre as consequências/efeitos de certas relações jurídicas quando se estabeleçam em paralelo, ao mesmo tempo, na internet e fora dela. Ou ainda, para justificar determinada interpretação sobre o sentido e alcance de normas legais cujo preceito não se direcione especificamente para a internet, mas nele colha, com as transformações do mercado de consumo digital, exemplos mais significativos." (MIRAGEM, Bruno. Princípio da vulnerabilidade: perspectiva atual e funções no direito do consumidor contemporâneo. *In*: MIRAGEM, Bruno; MARQUES, Claudia Lima; MAGALHÃES, Lucia Ancona Lopez de. (Orgs.). **Direito do Consumidor:** 30 anos do CDC. São Paulo: Forense, 2020, p.240). Nesse sentido ver: ROSENVALD, Nelson; FALEIROS JÚNIOR, José Luiz de Moura. Vulnerabilidade digital e responsabilidade. *In:* BARLETTA, Fabiana Rodrigues; ALMEIDA, Vitor (Coords.). **Vulnerabilidades e Suas Dimensões Jurídicas.** Indaiatuba, SP: Editora Foco, 2023. [E-book].
37. Nesse sentido ver: MIRAGEM, Bruno. **Curso de direito do consumidor.** 8.ed. rev., atual. e ampl.. São Paulo: Thomson Reuters Brasil, 2019, p.321-326.

Defesa do Consumidor, o Poder Judiciário e as Entidades (ou Organizações) Civis de Defesa do Consumidor, que atuam de forma articulada e integrada com a *Secretaria Nacional do Consumidor (Senacon)* do Ministério da Justiça, criada pelo Decreto 7.738 de maio de 2012, a qual compete a coordenação da política do Sistema Nacional de Defesa do Consumidor, cabendo-lhe, especialmente, as atribuições de planejamento, elaboração, coordenação e execução da Política Nacional das Relações de Consumo.[38]

3.2 RELAÇÃO JURÍDICA DE CONSUMO

A relação de consumo pode ser compreendida como o vínculo jurídico estabelecido entre um consumidor (destinatário final) – pessoa natural, jurídica ou equiparadas (art. 2º, parágrafo único, 17 e 29 do CDC) – e um fornecedor (profissional) – pessoa natural, jurídica ou entes despersonalizados –, tendo por objeto produto ou serviço, e que exsurge de um ato de consumo ou pela ocorrência de um acidente de consumo.

Cláudio Bonatto e Paulo Valério Dal Pai Moraes prelecionam que a relação jurídica de consumo pode ser entendida como:

> [...] o vínculo que se estabelece entre um consumidor, destinatário final, e entes a ele equiparados, e um fornecedor profissional, decorrente de um ato de consumo ou como reflexo de um acidente de consumo, a qual sofre a incidência da norma jurídica específica, com o objetivo de harmonizar as interações naturalmente desiguais da sociedade moderna de massa.[39]

A relação jurídica de consumo possui três elementos fundamentais, quais sejam, o *subjetivo* informado pelos sujeitos da relação de consumo (consumidor e fornecedor), o *objetivo* qualificado pelo objeto da relação de consumo (produto ou serviço) e o *teleológico (ou finalístico)* que se evidencia por meio da *destinação final* do produto e serviço adquirido.[40]

> No polo ativo da relação jurídica de consumo figura o fornecedor, assim entendido o operador econômico, pessoa física ou jurídica, que participa do ciclo produtivo-distributivo, desenvolvendo atividade de produção, montagem, criação, construção, transformação, importação, exportação, distribuição ou comercialização de produtos ou prestação de serviços (cf. art. 3º). No polo passivo da mesma relação se

---

38. OLIVEIRA, Júlio Moraes. **Curso de direito do consumidor completo.** 8.ed. Belo Horizonte: Editora D' Placido, 2022, p.505-506; BRAGA NETTO, Felipe Peixoto. **Manual de direito do consumidor à luz da jurisprudência do STJ.** 18.ed. rev., atual. e ampl. São Paulo: Juspodivm, 2023; GRINOVER, Ada Pellegrini *et al.*. **Código Brasileiro de Defesa do Consumidor:** comentado pelos autores do anteprojeto: direito material e processo coletivo: volume único. 13.ed., rev., atual. e ampl. Rio de Janeiro: Forense, 2022, [E-book].
39. BONATTO, Cláudio; MORAES, Paulo Valério Dal Pai. **Questões Controvertidas no Código de Defesa do Consumidor:** principiologia, conceitos, contratos atuais. 5.ed. rev., atual. e ampl. Porto Alegre: Livraria do Advogado, 2009, p.63.
40. KHOURI, Paulo Roberto Roque Antônio. **Direito do consumidor:** contratos, responsabilidade civil e defesa do consumidor em juízo. 7.ed. rev., atual. e ampl. São Paulo: Atlas, 2021, p.49-50.

encontra o consumidor, pessoa física ou jurídica que adquire ou utiliza produto ou serviço como destinatário (cf. art. 2º). [41-42]

Neste contexto tecnológico, Claudia Lima Marques traz novas concepções a respeito dos protagonistas da relação de consumo:

> O sujeito *fornecedor* agora é um ofertante profissional automatizado e globalizado, presente em uma cadeia sem fim de intermediários (portal, *website*, *link*, *provider*, empresas de cartão de crédito, etc.), um fornecedor sem sede e sem tempo (a oferta é permanente, no espaço privado e no público), um fornecedor que fala todas as línguas ou usa a *língua franca*, o inglês, e utiliza-se da linguagem virtual (imagens, sons, textos em janelas, textos interativos, ícones, etc.) para marketing, negociação e contratação.
>
> O sujeito *consumidor* é agora um destinatário final contratante (art. 2º do CDC), um sujeito "mudo" na frente de um *écran*, em qualquer tempo, em qualquer língua, com qualquer idade, identificado por uma senha (PIN), uma assinatura eletrônica (chaves-públicas e privadas), por um número de cartão de crédito ou por impressões biométricas, é uma coletividade de pessoas, que intervém na relação de consumo (por exemplo, recebendo o *compact disc* (CD) de presente, comprado por meio eletrônico, ou o grupo de crianças que está vendo o filme baixado por Internet, *ex vi* parágrafo único do art. 2º do CDC) ou a coletividade afetada por um *spam* ou *marketing agressivo* (art. 29 do CDC) ou todas as vítimas de um fato do serviço do provedor de conteúdo, que enviou um vírus "destruidor" por sua comunicação semanal, ou todas as pessoas cujos números da conta corrente ou do cartão de crédito e senha foram descobertos pelo *hacker* ou *cracker* que atacou o computador principal do serviço financeiro, ou do fornecedor de livros eletrônicos (e-books) – art. 17 do CDC. [43]

No âmbito do mercado de consumo digital, por diversas vezes, o consumidor se torna até mesmo incapaz de precisar se está, ou não, diante de um fornecedor, em razão de sua patente *vulnerabilidade informacional* que se intensifica no ambiente digital. Logo, no contexto das relações de consumo virtuais, *a informação assume, ainda, maior relevância,* notadamente, em função de seu *caráter dúplice no CDC -*, devendo ser necessariamente observada pelo fornecedor em consonância com os princípios da transparência e boa-fé objetiva.

Bruno Miragem preleciona sobre a necessidade de identificação da relação de consumo nas plataformas digitais, destacando que:

---

41. GRINOVER, Ada Pellegrini *et al.*. **Código Brasileiro de Defesa do Consumidor:** comentado pelos autores do anteprojeto: direito material e processo coletivo: volume único. 13.ed., rev., atual. e ampl. Rio de Janeiro: Forense, 2022. [E-book]. Nesse mesmo sentido, Claudia Lima Marques preleciona que "Consumidor é o não profissional, aquele que retira da cadeia de fornecimento (produção, financiamento e distribuição) o produto e serviço em posição estruturalmente mais fraca, é o agente vulnerável do mercado de consumo, é o destinatário final fático e econômico dos produtos e serviços oferecidos pelos fornecedores na sociedade atual, chamada sociedade de consumo." (MARQUES, Claudia Lima. **Contratos no Código de Defesa do Consumidor.** 9.ed. São Paulo: Thomson Reuters Brasil, 2019, p.290). Lado outro, em consonância com a amplitude da definição legal de fornecedor do art. 3º do CDC, Bruno Miragem sustenta que "é correto indicar que são fornecedores, para efeitos do CDC, todos os membros da cadeia de fornecimento", com destaque para a *finalidade econômica da atividade de fornecimento* de produtos e de prestação de serviços do fornecedor. (MIRAGEM, Bruno. **Curso de direito do consumidor.** 8.ed. rev., atual. e ampl.. São Paulo: Thomson Reuters Brasil, 2019, p.249).
42. Para maiores informações sobre a definição de consumidor e fornecedor, recomenda-se a leitura de: MARQUES, Claudia Lima. **Contratos no Código de Defesa do Consumidor.** 9. ed. São Paulo: Thomson Reuters Brasil, 2019, p.290-464; OLIVEIRA, Júlio Moraes. **Consumidor Empresário:** a defesa do finalismo mitigado. 2.ed. Belo Horizonte: Editora D' Placido, 2022, p.169-201; BRAGA NETTO, Felipe Peixoto. **Manual de direito do consumidor à luz da jurisprudência do STJ.** 18.ed. rev., atual. e ampl.. São Paulo: JusPodivm, 2023, p.149-197.
43. MARQUES, Claudia Lima. **Confiança no comércio eletrônico e a proteção do consumidor:** um estudo dos negócios jurídicos de consumo no comércio eletrônico. São Paulo: Revista dos Tribunais, 2004, p.61-63.

Em comum, o fornecimento de produtos e serviços por intermédio de plataforma digital conta com uma estrutura característica da relação jurídica que estabelece entre três pessoas distintas: a) o organizador da plataforma, que intermedeia a relação; b) o fornecedor direto do serviço; c) o consumidor. [...] A atuação das empresas que organizam essas plataformas digitais também visam, cada vez mais, a coleta e tratamento de dados dos consumidores, visando a seu tratamento, tanto para segmentação de mercado e maior eficiência no direcionamento de ofertas de produtos e serviços, quanto seu compartilhamento com outros fornecedores, na Internet e fora dela.

[...]

A diversidade de modelos de plataformas tecnológicas impõe, também, o desafio da qualificação de seus participantes em todas as relações que estabeleçam como consumidores ou fornecedores. A relação de consumo típica por plataforma digital se dá naquelas que intermedeiam o fornecimento de produtos e serviços entre fornecedores e consumidores (B2C, *business to consumer*). Não deve incidir o CDC, como regra, às relações por plataforma digital que envolvam relações entre empresários (B2B, *business to business*). Porém, esta delimitação nem sempre será clara, afinal, não é incomum a utilização de plataformas digitais para intermediação de negócios de compra e venda ou troca entre pessoas (P2P, *peer to peer*), que não serão necessariamente profissionais, ou exerçam a atividade com habitualidade, senão aproveitam-se da facilidade do meio para realizar negócios episodicamente. Como destaca a doutrina, nestes casos, será difícil precisar qual o número de transações deve alguém celebrar para que deixe de ser considerado um consumidor, tornando-se um fornecedor. Seria um critério útil para determinar a incidência ou não da legislação de proteção do consumidor? Independentemente da resposta, contudo, há de determinar se existe um dever do organizador da plataforma digital de informar, conforme a boa-fé, que a relação que intermedia, celebrada entre pessoas que não são fornecedoras, poderá ter por consequência a não incidência do CDC (e.g. alguém que venda por intermédio de certa plataforma tecnológica um bem usado seu, em caráter eventual e sem o intuito de lucro).[44]

Em síntese, a *identificação da relação jurídica de consumo*, por meio de seus elementos fundamentais, é o critério fundamental para se determinar o âmbito de aplicação do Código de Defesa do Consumidor e, portanto, das normas de Direito do Consumidor[45], com a finalidade de se tutelar juridicamente o consumidor vulnerável no mercado de consumo e garantir o (re)equilíbrio das prestações nas relações de consumo.

3.3 COMÉRCIO ELETRÔNICO, REDES SOCIAIS E MERCADO DE CONSUMO DIGITAL

A sociedade contemporânea foi profundamente impactada por diversos avanços tecnológicos[46] – Internet, computadores, *smartphones*, *tablets*, redes sociais, dentre

---

44. MIRAGEM, Bruno. Novo paradigma tecnológico, mercado de consumo e o direito do consumidor. *In:* MARTINS, Guilherme Magalhães; LONGHI, João Victor Rozatti (Coords.). **Direito digital:** direito privado e internet. 4.ed. Indaiatuba, SP: Editora Foco, 2021, p.427-428. Nesse sentido ver: MIRAGEM, Bruno. **Curso de direito do consumidor.** 8.ed. rev., atual. e ampl.. São Paulo: Thomson Reuters Brasil, 2019, p.128-129; RANCHORDÁS, Sofia. Peers or Professionals? **European Competition and Regulatory Law Review,** v. 1, i. 4, 2017, p.320-333.
45. MIRAGEM, Bruno. **Curso de direito do consumidor.** 8.ed. rev., atual. e ampl.. São Paulo: Thomson Reuters Brasil, 2019, p.227.
46. Gil da Costa Marques e Marcelo Xavier de Freitas Crespo expõem que "A contemporaneidade é marcada por profundas transformações impulsionadas pelas novas tecnologias da informação e da comunicação atingindo, indistintamente, todos os setores da sociedade. Essas transformações têm produzido inovações nas práticas no cotidiano, nos estilos de vida, na esfera comunicativa e, cada vez mais, na forma de ensinar e aprender." (MARQUES, Gil da Costa; CRESPO, Marcelo Xavier de Freitas. Um panorama sobre a sociedade da informação: o cloud computing e alguns aspectos jurídicos no ambiente digital. *In:* MENDES, Gilmar Ferreira; WOLFGANG SARLET, Ingo; COELHO, Alexandre Zavaglia P. (Coords.). **Direito, inovação e tecnologia**. v.1. São Paulo: Saraiva, 2015, p.123).

outros – que, por conseguinte, ensejaram intensas transformações em sua estrutura socioeconômica, com destaque para uma nova organização do mercado de consumo – *mercado de consumo digital* – pautado em novos arranjos contratuais, desenvolvimento do *comércio eletrônico*[47], veiculação de publicidade digital – em especial com a utilização massiva de *marketing de influência*[48] –, emprego da inteligência artificial, tratamento de dados pessoais dos consumidores, criação de perfis digitais de consumo (*profiling*) e novos objetos da relação jurídica de consumo – *bens digitais* (*digital assets ou digital property*) – ofertados no mercado de consumo no âmbito digital.

> Entre os vários exemplos de avanço tecnológico, nenhum é mais relevante do que o desenvolvimento da Internet, o qual deu causa, mesmo, ao surgimento de uma dimensão nova do mercado de consumo (mercado de consumo virtual) e as relações que se estabelecem por intermédio dela, como o comércio eletrônico – integrando fenômenos diversos como a oferta pela Internet e os meios de pagamento eletrônico –, novas estruturas negociais de oferta de produtos e serviços – caso, e.g. do fornecimento por plataforma digital – e a estratégia de reconhecimento mais preciso dos interesses dos consumidores – em especial pelo tratamento de dados pessoais.[49]

---

47. Claudia Lima Marques define o comércio eletrônico como sendo "o comércio 'clássico' de atos negociais entre empresários e clientes para vender produtos e serviço, agora realizado através de contratações a distância, conduzidas por meios eletrônicos (e-mail, mensagens de texto etc.), por Internet (*on-line*) ou por meios de telecomunicação de massa (telefones fixos, televisão a cabo, telefones celulares etc.). Tais negócios jurídicos finalizados por meio eletrônico são concluídos sem a presença física simultânea dos dois contratantes no mesmo lugar, daí serem denominados, normalmente, contratos à distância no comércio eletrônico, e incluírem trocas de dados digitais, textos, sons e imagens." (MARQUES, Claudia Lima. **Confiança no comércio eletrônico e a proteção do consumidor:** um estudo dos negócios jurídicos de consumo no comércio eletrônico. São Paulo: Revista dos Tribunais, 2004, p.35-36). Nesse sentido ver: MIRAGEM, Bruno. **Curso de direito do consumidor.** 8.ed. rev., atual. e ampl.. São Paulo: Thomson Reuters Brasil, 2019, p.126-127; OLIVEIRA, Júlio Moraes. **Curso de direito do consumidor completo.** 8.ed. Belo Horizonte: Editora D' Placido, 2022, p.472-473; CANTO, Rodrigo Eidelvein do. **A vulnerabilidade dos consumidores no comércio eletrônico.** São Paulo: Revista dos Tribunais, 2015, p.81; LORENZETTI, Ricardo Luis. **Comércio Eletrônico.** Trad. Fabiano Menke. São Paulo: Revista dos Tribunais, 2004; KLEE, Antônia Espíndola Longini. **Comércio eletrônico.** São Paulo: Revista dos Tribunais, 2014; BAROCELLI, Sergio Sebastián. Relaciones de consumo en entornos digitales: una mirada desde el derecho argentino. *In:* EHRHARDT JÚNIOR, Marcos; CATALAN, Marcos; MALHEIROS, Pablo (Coords.). **Direito Do Consumidor e Novas Tecnologias.** Belo Horizonte: Fórum, 2021, p.253.
48. Segundo Diederich Bakker, "marketing de influência é definido como um *processo no marketing digital onde líderes de opinião (influenciadores) são identificados e então integrados dentro de uma comunicação de marca em plataformas de mídia social.*" (Tradução nossa). No original: "[...] influencer marketing is defined as *a process in digital marketing where opinion leaders (influencers) are identified and then integrated into a brand's brand communication on social media platforms.*" (BAKKER, Diederich. Conceptualising influencer marketing. **Journal of emerging trends in marketing and management**, v.1, n.1, p.79-87, 2018, p.80. Available from: http://www.etimm.ase.ro/journal/ETIMM_V01_2018.pdf. Access on: Dec. 20, 2023, destaque no original). Nesse sentido ver: BROWN, D.; HAYES, N.. **Influencer marketing:** who really influences your customers. Oxford: Elsevier, 2008; ANDRADE, Andressa Bizutti. O marketing de influência na comunicação publicitária e suas implicações jurídicas. **Internet & Sociedade,** São Paulo, v.1, n.2, p.31-53, 2020, p .39.
49. MIRAGEM, Bruno. Novo paradigma tecnológico, mercado de consumo digital e o direito do consumidor. **Revista de Direito do Consumidor,** São Paulo, Thomson Reuters Brasil, a.28, v.125, set./out., 2019, p.18; MIRAGEM, Bruno. Novo paradigma tecnológico, mercado de consumo e o direito do consumidor. *In:* MARTINS, Guilherme Magalhães; LONGHI, João Victor Rozatti (Coords.). **Direito digital:** direito privado e internet. 4.ed. Indaiatuba, SP: Editora Foco, 2021, p.422. Nesse sentido ver: FRAZÃO, Ana. Plataformas digitais e os desafios para a regulação jurídica. *In:* PARENTONI, Leonardo (Coord.). GONTIJO, Bruno Miranda; LIMA, Henrique Cunha Souza (Orgs.). **Direito, Tecnologia e Inovação:** volume 1. Belo Horizonte: D' Plácido, 2018, p.650-652; HAJLI, M. Nick. A study of the impact of social media on consumers. **International Journal of Market Research**, v.56, i.3, p.387-404, 2014, p.392-393; 399-400.

Logo, o surgimento da Internet e das novas tecnologias digitais, em consonância com o contexto de uma sociedade hiperconectada e do hiperconsumo, permitiram o incremento de um *novo paradigma tecnológico*[50] fundante de um *novo mercado de consumo digital*.[51]

> Em um primeiro momento, os serviços e utilidades disponíveis na Internet, bem como seu modo de fruição realizavam-se, geralmente, em terminais de computadores e em um sentido unidirecional, no qual o conteúdo gerado pelos provedores era recebido pelos usuários. Será em um segundo estágio, então, que o uso da Internet se converte em bidirecional, de modo que os usuários passam também a interagir, participando da formação do conteúdo exposto na rede. Esta transformação trouxe consigo a possibilidade de participação mais ativa dos usuários na Internet, o que foi facilitado também pelo desenvolvimento de aparelhos telefônicos multifuncionais (smartphones), permitindo o crescente acesso à Internet por dispositivos móveis, a qualquer hora, aumentando exponencialmente as finalidades e o tempo médio de sua utilização. Da mesma forma, a crescente capacidade de processamento de dados resultantes da navegação pela Internet, ou aqueles associados ao usuário, passa a permitir um refinamento e maior precisão da oferta de informações pela rede, otimizando tempo e buscando antecipar seu interesse, aumentando a probabilidade de direcioná-las, com êxito, às opções mais adequadas a seus objetivos.
>
> Outro elemento característico do consumo realização pela Internet será a facilidade, simplicidade e agilidade na celebração dos contratos de consumo. Por vezes mediante simples aceitação (one click contracts), confiança em relação à exatidão do objeto contratado e seu cumprimento, e maior segurança no meio de pagamento (pagamento por cartões ou transferência de fundos, via bancária, ou arranjos de pagamento).
>
> Será neste mercado de consumo "virtual" ou "digital" que passam a se organizar, então, novos modos de oferta de produtos e serviços, por intermédio de estruturas de maior complexidade, com a participação de diferentes agentes, especialmente dentre os fornecedores dos serviços. Assim, por exemplo, o que passa a ocorrer com a denominada economia do compartilhamento, no qual o fornecimento dos serviços através de uma plataforma digital permitirá aproximar consumidores interessados em sua fruição e fornecedores que ofertem a prestação – assim considerados aqueles que diretamente prestam o serviço, como também os que o organizam, formatam a contratação, o pagamento e controlam sua execução.
>
> Outra transformação recente permitida pela aplicação de tecnologias da informação, e da Internet em especial, diz respeito à transformação no modo de execução dos contratos, de modo que não apenas sua celebração se dá de modo automatizado (ou mediante aceitação virtual do consumidor), senão também a execução, mediante ordens pré-determinadas que as partes contratantes definem para que se realizem de modo automático, normalmente por intermédio de software que as viabiliza. Trata-se dos denominados "contratos inteligentes" (ou "smart contracts"), que projetam a padronização dos comportamentos dos contratantes, reduzindo a oportunidade de interação pessoal entre as partes, também durante a execução do objeto contratual, sempre tendo em vista o interesse útil presumido das partes na contratação.[52]

---

50. Bruno Miragem preleciona que "O caráter dinâmico do mercado de consumo, e inerente ao processo de desenvolvimento econômico e social atual, tanto assim que foi expressamente previsto pelo CDC (art. 4º, VIII) como condição a ser observada pelo intérprete. Será a velocidade, profundidade e extensão das transformações ocorridas nas últimas décadas, a partir da inovação tecnológica que altera tanto os modos de consumir, quanto o que é objeto de consumo, que promove a noção de um novo paradigma – a que se denomina neste estudo 'novo paradigma tecnológico'. Da origem a novas formas de consumir e novos produtos e serviços a serem consumidos, e desafia a aplicação das normas de proteção ao consumidor de modo a assegurar sua eficácia ao mesmo tempo em que preserve a utilidade e interesse dessas novas realidades do mercado." (MIRAGEM, Bruno. Novo paradigma tecnológico, mercado de consumo digital e o direito do consumidor. **Revista de Direito do Consumidor,** São Paulo, Thomson Reuters Brasil, a.28, v.125, set./out., 2019, p.57).
51. MIRAGEM, Bruno. **Curso de direito do consumidor.** 8.ed. rev., atual. e ampl.. São Paulo: Thomson Reuters Brasil, 2019, p.123.
52. MIRAGEM, Bruno. Novo paradigma tecnológico, mercado de consumo e o direito do consumidor. *In:* MARTINS, Guilherme Magalhães; LONGHI, João Victor Rozatti (Coords.). **Direito digital:** direito privado

As transformações tecnológicas e, por conseguinte, o estabelecimento de um novo paradigma tecnológico se relacionam diretamente com a expansão da sociedade do hiperconsumo, intensificada pelo surgimento de novas formas de contratação, fornecimento de produtos e serviços em plataformas digitais,[53] difusão de publicidade em redes sociais[54] e pelo advento de novos produtos (bens digitais) resultado da revolução tecnológica digital.

> A essas novas formas de oferta e contratação entre consumidores e fornecedores no mercado de consumo, acrescenta-se, como resultado do novo paradigma tecnológico da digitalização também a transformação de produtos e serviços, dando causa a novos objetos da relação de consumo. Tem especial interesse, no atual estágio de desenvolvimento tecnológico, os denominados bens digitais, também denominados *digital assets* ou *digital property*. Assim, por exemplo, as mensagens de correio eletrônico arquivadas, informações, arquivos (fotos, documentos) disponibilizados em rede social ou em *site* de compras ou em plataformas de compartilhamento de fotos ou vídeos, os *softwares* que contratam licença de uso *on-line* (mediante senha ou código) pelo tempo assegurado de fruição, ou arquivos compartilhados em serviços de compartilhamento ou armazenamento de dados (p. ex. o armazenamento em nuvem – *cloud computing*).[55]

O referido autor menciona, ainda, que os *bens digitais* se qualificam como sendo "espécies de bens incorpóreos, sobre os quais recai a titularidade e a possibilidade de sua oferta e alienação sob a forma de *produtos*, os quais, segundo o art. 3º, §1º, do CDC, podem ser bens imateriais" e, por conseguinte, podem ser considerados "objetos do contrato de

---

e internet. 4.ed. Indaiatuba, SP: Editora Foco, 2021, p.422-423. Nesse sentido ver: MIRAGEM, Bruno. **Curso de direito do consumidor.** 8.ed. rev., atual. e ampl.. São Paulo: Thomson Reuters Brasil, 2019, p.124-125.

53. Segundo Bruno Miragem, "Uma das diferenças mais relevantes da oferta de produtos e serviços tradicionais, em estabelecimentos físicos, e o mesmo fenômeno na internet, diz respeito ao modo de identificação e contato entre consumidores e fornecedores. Enquanto no mercado de consumo tradicional o consumidor se desloca, normalmente, até onde se localiza o estabelecimento empresarial do fornecedor, sendo atraído para ele pela oferta e publicidade, no mundo digital, o volume de informações disponíveis na internet, e de fornecedores disponíveis, exige uma certa organização da oferta. Em especial, para tornar mais acessível aos potenciais consumidores determinados produtos ou serviços por eles ofertados, inclusive com a redução de custos e eliminação do desperdício de recursos. Trata-se do que se pode denominar como fornecimento por plataforma digital, pelo qual a relação do fornecedor do produto ou serviço com o consumidor é intermediada por alguém os interessados, facilitando a celebração dos contratos." (MIRAGEM, Bruno. **Curso de direito do consumidor.** 8.ed. rev., atual. e ampl.. São Paulo: Thomson Reuters Brasil, 2019, p.127). Nesse sentido ver: HAJLI, M. Nick. A study of the impact of social media on consumers. **International Journal of Market Research**, v.56, i.3, p.387-404, 2014, p.392-393; 399-400.
54. Segundo Cristina Cantú Prates, "a publicidade na internet assume elevado grau de importância, pois, a tecnologia informacional aliada ao ambiente da rede tem favorecido sobremaneira o desenvolvimento das mais diversas formas de publicidade; permitindo a aproximação do conteúdo publicitário aos interesses dos consumidores, tornando-as mais atrativas e interativas." (PRATES, Cristina Cantú. **Publicidade na internet:** consequências jurídicas. Curitiba: Juruá, 2015, p.57).
55. MIRAGEM, Bruno. Novo paradigma tecnológico, mercado de consumo digital e o direito do consumidor. **Revista de Direito do Consumidor,** São Paulo, Thomson Reuters Brasil, a.28, v.125, set./out., 2019, p.20. Nesse sentido ver: MARQUES, Claudia Lima; MIRAGEM, Bruno. "Serviços Simbióticos" do consumo digital e o PL 3.514/2015 de atualização do CDC: primeiras reflexões. *In*: MARQUES, Claudia Lima *et al..* **Contratos de serviços em tempos digitais:** contribuição para uma nova teoria geral dos serviços e princípios de proteção dos consumidores. São Paulo: Thomson Reuters Brasil, 2021. [E-book]; LACERDA, Bruno Torquato Zampier. **Bens digitais:** cybercultura, redes sociais, e-mails, músicas, livros, milhas aéreas, moedas virtuais. 2.ed. Indaiatuba, SP: Editora Foco, 2021, p.61-66; LACERDA, Bruno Torquato Zampier. A responsabilidade civil no universo dos bens digitais. *In*: MARTINS, Guilherme Magalhães; ROSENVALD, Nelson (Coords.). **Responsabilidade civil e novas tecnologias.** Indaiatuba, SP: Editora Foco, 2020, p.94-96.

consumo, e nesse sentido, submete-se o fornecedor ao atendimento dos deveres de adequação e segurança que integram o dever geral de qualidade de produtos e serviços." [56-57]

Segundo Bruno Zampier, os bens digitais seriam "os bens incorpóreos, os quais são progressivamente inseridos na Internet por um usuário, consistindo em informações de caráter pessoal que trazem alguma utilidade àquele, tenha ou não conteúdo econômico." [58]

Destarte, é possível compreender que o desenvolvimento de um *mercado de consumo digital* impõe múltiplos desafios à proteção do consumidor no ambiente digital, especialmente, relacionados ao contexto contemporâneo do *comércio eletrônico*[59], do *marketing de influência*, da aquisição de produtos e serviços por *plataformas digitais*, das *novas formas de contratação*, da utilização do *tratamento dos dados pessoais dos consumidores*, do uso do *profiling* (perfis digitais de consumidores), da pratica comercial abusiva da *discriminação algorítmica*[60], da inserção da *inteligência artificial*[61] e do uso massivo de algorítmicos, dentre outros.

> Vive-se sob o prisma da sociedade informacional, cujas relações e negociações pessoais são cada vez mais deixadas em segundo plano e intermediadas por meios digitais. Percebe-se que a sociedade informacional é marcada pelos avanços tecnológicos e pela intensa globalização, assim como pelo volume, velocidade, variedade e valor dos dados, na sociedade *Big Data*. Essas mudanças repercutiram diretamente na ciência jurídica, que acompanhou as transformações do universo digital, regulando-as em busca, principalmente, da segurança jurídica. [62]

---

56. MIRAGEM, Bruno. **Curso de direito do consumidor**. 8. ed. rev., atual. e ampl.. São Paulo: Thomson Reuters Brasil, 2019, p.135. Para uma leitura aprofundada da temática dos denominados "bens digitais", se remete a leitura de: LACERDA, Bruno Torquato Zampier. **Bens digitais:** cybercultura, redes sociais, e-mails, músicas, livros, milhas aéreas, moedas virtuais. 2. ed. Indaiatuba, SP: Editora Foco, 2021.
57. Acrescenta-se, por oportuno, que os bens digitais podem possuir *natureza patrimonial, existencial ou dúplice*. Sobre o tema se recomenda a leitura de: KONDER, Carlos Nelson; TEIXEIRA, Ana Carolina Brochado. O enquadramento dos bens digitais sob o perfil funcional das situações jurídicas. *In:* TEIXEIRA, Ana Carolina Brochado; LEAL, Lívia Teixeira (Coords.). **Herança Digital:** controvérsias e alternativas. Indaiatuba, SP: Editora Foco, 2021. [E-book].
58. LACERDA, Bruno Torquato Zampier. **Bens digitais:** cybercultura, redes sociais, e-mails, músicas, livros, milhas aéreas, moedas virtuais. 2.ed. Indaiatuba, SP: Editora Foco, 2021, p.63-64.
59. Nesse sentido ver: LORENZETTI, Ricardo Luis. **Comércio Eletrônico.** Trad. Fabiano Menke. São Paulo: Revista dos Tribunais, 2004; CANUT, Letícia. **Proteção do consumidor no comércio eletrônico.** Curitiba: Juruá, 2007, p.133-143; FRANCO, Flávio. O impacto do marco civil da internet nas atividades de *e-commerce. In:* FREITAS, Rafael Véras de; RIBEIRO, Leonardo Coelho; FEIGELSON, Bruno (Coords.). **Regulação e novas tecnologias.** Belo Horizonte: Editora Fórum, 2017, p.491-504; MULHOLLAND, Caitlin Sampaio. **Internet e contratação:** panorama das relações contratuais eletrônicas de consumo. Rio de Janeiro: Renovar, 2006, p.87-100.:
60. Acerca da referida temática remete-se à leitura de: PRUX, Oscar Ivan; PIAI, Kevin Henrique de Sousa. Opacidade algorítmica e o credit scoring no mercado de consumo. **Revista de direito do consumidor,** São Paulo, Thomson Reuters Brasil, v.29, n.132, p .143-165, nov./dez. 2020.
61. Para o aprofundamento da temática da Inteligência artificial, recomenda-se a leitura de: AFFONSO, Filipe José Medon. **Inteligência artificial e responsabilidade civil:** autonomia, riscos e solidariedade. 2. ed. rev., atual. e ampl.. Salvador: JusPodivm, 2022; LACERDA, Bruno Torquato Zampier. **Estatuto Jurídico da Inteligência Artificial:** entre categorias e conceitos, a busca por marcos regulatórios. Indaiatuba, SP: Editora Foco, 2022.
62. LIMA, Cintia Rosa Pereira de; MORAES, Emanuele Pezati Franco de; PEROLI, Kelvin. O necessário diálogo entre o marco civil da internet e a lei geral de proteção de dados para a coerência do sistema de responsabilidade civil diante das novas tecnologias. *In:* MARTINS, Guilherme Magalhães; ROSENVALD, Nelson (Coords.). **Responsabilidade civil e novas tecnologias.** Indaiatuba, SP: Editora Foco, 2020, p.146.

É notória a condição de vulnerabilidade do consumidor, em suas diversas dimensões (econômica, técnica, informativa, fática, política, digital, dentre outras)[63], diante dos avanços tecnológicos e do ambiente virtual de contratação[64], bem como é indubitável a presença de *assimetria de informação* entre os contratantes nas relações jurídicas não paritárias[65], tendo por consequência a necessidade de efetivação de *uma tutela eficiente a garantir a confiança despertada nas contratações*[66], o equilíbrio contratual e a segurança dos consumidores no mercado de consumo digital.

> O desenvolvimento tecnológico que transforma o mercado de consumo, desse modo, não afasta os preceitos fundamentais do direito do consumidor que o disciplina. Ao contrário, tende, em muitas situações, a confirmar o próprio fundamento de seu surgimento, e critério de interpretação e aplicação de suas normas: *a vulnerabilidade do consumidor*, que frente às novas tecnologias da informação pode ser agravada pelo desconhecimento de seus aspectos técnicos ou mesmo a incapacidade de acompanhar a velocidade das inovações. Resta ao jurista que se debruça sobre o fenômeno, conciliar visões perspectiva e prospectiva sobre as repercussões do direito sobre a realidade que se impõe neste novo mercado de consumo, e a mirada em retrospecto dos próprios fundamentos e propósitos do direito do consumidor, que mantêm sua atualidade e relevância.[67]

Em suma, é fundamental compreender que a adequada proteção do consumidor nas relações jurídicas de consumo, diante dos contornos estabelecidos pelo novo paradigma tecnológico e, por conseguinte, pelo desenvolvimento do comércio eletrônico, surgimento das plataformas digitais, advento do mercado de consumo digital, da utilização do tratamento dos dados pessoais dos consumidores, do uso do *profiling* (perfis digitais de consumidores), da discriminação algorítmica, da inserção da inteligência artificial e do uso massivo de algoritmos, deve ser implementada por meio da aplicação consentânea dos preceitos normativos do Direito do Consumidor – notadamente, a observância aos *princípios da boa-fé objetiva, confiança, informação, transparência e vulnerabilidade* –, em consonância com os outros instrumentos normativos vigentes no

---

63. Para maiores informações sobre as *espécies (dimensões ou tipos) de vulnerabilidade do consumidor*, remete-se a leitura de: MARQUES, Claudia Lima. **Contratos no Código de Defesa do Consumidor.** 9.ed. São Paulo: Thomson Reuters Brasil, 2019, p.310-334; CATALAN, Marcos. Ligeiríssimas notas sobre a propedêutica das vulnerabilidades no direito do consumidor brasileiro. *In*: EHRHARDT JÚNIOR, Marcos (Coord.). **Vulnerabilidade e novas tecnologias.** Indaiatuba, SP: Editora Foco, 2023, p.137-139.
64. Segundo Rodrigo Eidelvein do Canto, "a vulnerabilidade inerente à relação de consumo transforma-se com a situação promovida pelas novas tecnologias, o que gera um agravamento da fragilidade do consumidor e desperta a sua desconfiança no meio eletrônico." (CANTO, Rodrigo Eidelvein do. **A vulnerabilidade dos consumidores no comércio eletrônico.** São Paulo: Revista dos Tribunais, 2015, p.90).
65. Nesse sentido ver: LORENZETTI, Ricardo Luis. **Comércio Eletrônico.** Trad. Fabiano Menke. São Paulo: Revista dos Tribunais, 2004, p.363-365; KHOURI, Paulo Roberto Roque Antônio. **Direito do consumidor na sociedade da informação.** São Paulo, SP: Almedina, 2022, p.25-33.
66. Acerca da íntima correlação entre *a confiança e a tutela do consumidor no comércio eletrônico*, remete-se a leitura de: BERGSTEIN, LAÍS. Inteligência artificial nas práticas de *geopricing* e *geoblocking*: a tutela dos vulneráveis nos contratos eletrônicos. *In*: TEPEDINO, Gustavo; SILVA, Rodrigo da Guia (Coords.). **O direito civil na era da inteligência artificial.** São Paulo: Thomson Reuters Brasil, 2020, p.447-454.
67. MIRAGEM, Bruno. Novo paradigma tecnológico, mercado de consumo digital e o direito do consumidor. **Revista de Direito do Consumidor,** São Paulo, Thomson Reuters Brasil, a. 28, v.125, set./out., 2019, p.58, destaque nosso.

ordenamento jurídico brasileiro, tais como a *Lei Geral de Proteção de Dados*[68], o *Marco Civil da Internet*[69], a *Defesa da Concorrência*[70], dentre outros, em um imprescindível *diálogo de fontes*[71], nos termos do artigo 7º, *caput* do Código de Defesa do Consumidor[72], com a finalidade de se garantir a efetiva tutela dos consumidores no cenário contemporâneo da sociedade do hiperconsumo.

---

68. Para um estudo aprofundado da Lei Geral de Proteção de Dados, remete-se a leitura de: MARTINS, Guilherme Magalhães; LONGHI, João Victor Rozatti; FALEIROS JÚNIOR, José Luiz de Moura (Coords.). **Comentários à Lei Geral de Proteção de Dados Pessoais.** Indaiatuba, SP: Editora Foco, 2022; LIMA, Cíntia Rosa Pereira de (Coord.). **Comentários à Lei Geral de Proteção de Dados**. São Paulo: Almedina, 2020; FRAZÃO, Ana. Fundamentos da proteção dos dados pessoais: noções introdutórias para a compreensão da importância da Lei Geral de Proteção de Dados. *In*: TEPEDINO, Gustavo; FRAZÃO, Ana; OLIVA, Milena Donato (Coords.). **Lei Geral de Proteção de Dados Pessoais e suas repercussões no direito brasileiro.** 2. ed. São Paulo: Thomson Reuters Brasil, 2020, p.23-52; SARLET, Ingo Wolfgang. Fundamentos constitucionais: o direito fundamental à proteção de dados. *In*: BIONI, Bruno et al. (Coords.). **Tratado de proteção de dados pessoais.** 2. ed. rev., ampl. e atual.. Rio de Janeiro: Forense, 2023, p.21-59; MIRAGEM, Bruno. A lei geral de proteção de dados (Lei 13.709/2018) e o direito do consumidor. *In*: MARTINS, Guilherme Magalhães; ROSENVALD, Nelson (Coords.). **Responsabilidade civil e novas tecnologias.** Indaiatuba, SP: Editora Foco, 2020, p.53-92; MENDES, Laura Schertel. **Privacidade, proteção de dados e defesa do consumidor:** linhas gerais de um novo direito fundamental. São Paulo: Saraiva, 2014; VALLE DRESCH, Rafael de Freitas; FALEIROS JÚNIOR, José Luiz de Moura. Reflexões sobre a responsabilidade civil na lei geral de proteção de dados (Lei n.13.709/2018). *In*: ROSENVALD, Nelson; VALLE DRESCH, Rafael de Freitas; WESENDONCK, Tula (Coords.). **Responsabilidade civil:** novos riscos. Indaiatuba, SP: Editora Foco, 2019, p.66-89.
69. Para fins de uma melhor compreensão acerca do necessário diálogo entre o Marco Civil da Internet e a Lei Geral de Proteção de Dados, remete-se a leitura de: LIMA, Cintia Rosa Pereira de; MORAES, Emanuele Pezati Franco de; PEROLI, Kelvin. O necessário diálogo entre o marco civil da internet e a lei geral de proteção de dados para a coerência do sistema de responsabilidade civil diante das novas tecnologias. *In*: MARTINS, Guilherme Magalhães; ROSENVALD, Nelson (Coords.). **Responsabilidade civil e novas tecnologias.** Indaiatuba, SP: Editora Foco, 2020, p.145-161; LONGHI, João Victor Rozatti. #Ódio: responsabilidade civil nas redes sociais e a questão do *hate speech*. *In*: MARTINS, Guilherme Magalhães; ROSENVALD, Nelson (Coords.). **Responsabilidade civil e novas tecnologias.** Indaiatuba, SP: Editora Foco, 2020, p.300-305; LONGHI, João Victor Rozatti. **Responsabilidade civil e redes sociais:** retirada de conteúdo, perfis falsos, discurso de ódio e fake news. Indaiatuba, SP: Editora Foco, 2020, p.57-91.
70. Nesse sentido ver: CARPENA, Heloisa. **O consumidor no direito da concorrência.** Rio de Janeiro: Renovar, 2005; PFEIFFER, Roberto Augusto Castellanos. **Defesa da concorrência e bem-estar do consumidor.** São Paulo: Revista dos Tribunais, 2015.
71. Para maiores informações sobre a *teoria do diálogo de fontes*, remete-se a leitura de: MARQUES, Claudia Lima. O "diálogo das fontes" como método da nova teoria geral do direito: um tributo à Erik Jayme. *In*: MARQUES, Claudia Lima. (Coord.). **Diálogo das fontes:** do conflito à coordenação de normas do direito brasileiro. São Paulo: Revista dos Tribunais, 2012, p.17-66; MARQUES, Claudia Lima. Três tipos de diálogos entre o Código de Defesa do Consumidor e o Código Civil de 2002: superação das antinomias pelo diálogo de fontes. *In*: PASQUALOTTO, Adalberto; PFEIFFER, Roberto Augusto Castellanos (Coords.). **Código de Defesa do Consumidor e o Código Civil de 2002:** convergências e assimetrias. São Paulo: Revista dos Tribunais, 2005, p.11-82; MARQUES, Claudia Lima. **Contratos no Código de Defesa do Consumidor.** 9. ed. São Paulo: Thomson Reuters Brasil, 2019, p.755-801; BIONI, Bruno Ricardo. O dever de informar e a teoria do diálogo das fontes para a aplicação da autodeterminação informacional como sistematização para a proteção dos dados pessoais dos consumidores: convergências e divergências a partir da análise da ação coletiva promovida contra o Facebook e o aplicativo "Lulu". **Revista de Direito do Consumidor**, São Paulo, Revista dos Tribunais, a. 23, v.94, p.283-324, jul./ago. 2014.
72. Art. 7º: Os direitos previstos neste código não excluem outros decorrentes de tratados ou convenções internacionais de que o Brasil seja signatário, da legislação interna ordinária, de regulamentos expedidos pelas autoridades administrativas competentes, bem como dos que derivem dos princípios gerais do direito, analogia, costumes e eqüidade. (BRASIL. **Código de Defesa do Consumidor.** Lei nº. 8.078, de 11 de setembro de 1990. Disponível em: http://www.planalto.gov.br/ccivil_03/LEIS/L8078.htm. Acesso em: 20 dez. 2023).

4
PUBLICIDADE E TUTELA DO CONSUMIDOR

Na contemporaneidade, a publicidade se apresenta como um relevante mecanismo à disposição do fornecedor, com a finalidade de se permitir a divulgação – direta ou indireta – de produtos e serviços aos consumidores, maximizando, por conseguinte, o lucro da atividade econômica desenvolvida pelo fornecedor no mercado de consumo.

Nesse contexto, "na medida em que a publicidade influencia – quando não determina – o comportamento contratual do consumidor, nada mais razoável que passe o Direito a lhe dar consequências proporcionais à sua importância fática (econômica e cultural, mais que tudo)"[1], pois a publicidade desperta legítimas expectativas que devem ser protegidas.

> De fato, é possível observar uma crescente necessidade de se regulamentar a publicidade em meio digital, de modo a suprir necessidade específica aos usuários das redes, provendo proteção às informações por eles fornecidas bem como tornando-os conscientes da utilização e do uso de seus dados, tanto para questões publicitárias e promocionais, quanto para eventuais outras finalidades.[2]

Em função da relevância do fenômeno publicitário surge a necessidade de controle e regulamentação do exercício da atividade publicitária, com o objetivo de se garantir a efetiva proteção do consumidor no mercado de consumo.

4.1 PUBLICIDADE

A publicidade pode ser compreendida como "a mensagem estratégica e tecnicamente elaborada por profissionais especificamente treinados e preparados

---

1. GRINOVER, Ada Pellegrini *et al.*. **Código Brasileiro de Defesa do Consumidor:** comentado pelos autores do anteprojeto: direito material e processo coletivo: volume único. 13.ed., rev., atual. e ampl. Rio de Janeiro: Forense, 2022. [E-book]. Nesse sentido ver: STIGLITZ, Ruben S.; STIGLITZ, Gabriel A. **Responsabilidad precontractual:** incumplimiento del deber de informacion. Buenos Aires: Abeledo-perrot, 1992, p.138.
2. DENSA, Roberta; DANTAS, Cecília. Notas sobre publicidade digital: cookies e spams. *In*: MARTINS, Guilherme Magalhães; LONGHI, João Victor Rozatti (Coords.). **Direito Digital:** direito privado e internet. 4.ed. Indaiatuba, SP: Editora Foco, 2021, p.691. Nesse sentido ver: GENEROSO, Andre Mesquita; SILVA, Michael Cesar; NOGUEIRA, Roberto Henrique Porto. Publicidade ilícita e mecanismos tecnológicos de direcionamento. In: BRANT, Cassio Augusto Barros (Coord.). REINALDO FILHO, Demócrito Ramos; ATHENIENSE, Alexandre Rodrigues (Orgs.). **Direito Digital e Sociedade 4.0.** Belo Horizonte: D'Plácido, 2020, p.627-650; MENDES, Laura Schertel. **Privacidade, proteção de dados e defesa do consumidor:** linhas gerais de um novo direito fundamental. São Paulo: Saraiva, 2014, p.223-225.

para tanto, e veiculada igualmente por meios de comunicação de massa mais sofisticados."[3]

Claudia Lima Marques analisa o conceito de publicidade aduzindo que:

> O Código brasileiro de Autorregulamentação Publicitária define a publicidade comercial como toda atividade destinada a estimular o consumo de bens e serviços, bem como promover instituições, conceitos ou ideias, incluindo nessa definição a publicidade governamental e o *merchandising*.
>
> Preferimos, porém, entender como publicidade, no sistema do CDC, toda informação ou comunicação difundida com o fim direto ou indireto de promover junto aos consumidores a aquisição de um produto ou a utilização de um serviço, qualquer que seja o local ou meio de comunicação utilizado. Logo, fica excluída a propaganda política, já regulada em lei eleitoral, e também a chamada publicidade governamental, que não tenha como fim promover atos de consumo, separando-se, assim, claramente o que é propaganda (difusão de ideias) e o que é publicidade (promoção, incitação ao consumo). Este parece ter sido o caminho adotado pelo CDC – sendo assim, o elemento caracterizador da publicidade é a sua finalidade consumista.[4-5]

Observa-se que os avanços da tecnologia foram capazes de qualificar a sociedade como "*hiperconectada*", segundo um modelo no qual a conexão por intermédio de aparatos tecnológicos se torna fator essencial para o exercício da personalidade. Neste prisma, o hiperconsumismo adquire relevância, haja vista o presente e notório alinhamento da venda de produtos e fruição de serviços por meio da Internet.

> Em uma sociedade de massa a função da publicidade é reinventada. No âmbito econômico, significa dizer que, ao lado da mera função de levar o produto ou serviço ao conhecimento do consumidor (informativa), a publicidade torna-se ferramenta necessária para a dinâmica de mercado e para a competição entre os agentes econômicos. No âmbito social, se, de um lado, com o avanço tecnológico, teve-se maior acesso a informações, de outro, tornou-se cada vez mais difícil a fidelização do consumidor às marcas anunciadas em campanhas publicitárias. À vista disso, como resultado da busca por se inovar na captura do consumidor, a publicidade assume papel persuasivo.[6]

Assim, a publicidade realizada nos meios digitais assumiu significativo destaque, em especial, em relação àquela promovida em plataformas digitais. No ambiente virtual, a publicidade se apresenta difundida em um mercado destinado a um grupo heterogêneo de indivíduos indeterminados, sendo veiculada por meio

---

3. FILOMENO, José Geraldo Brito. **Curso fundamental de direito do consumidor.** São Paulo: Atlas, 2007, p.153; Nesse sentido ver: GARCIA, Leonardo de Medeiros. **Código de Defesa do Consumidor Comentado: artigo por artigo.** 14.ed. rev., ampl. e atual. Salvador: JusPodivm, 2019, p.340.
4. MARQUES, Claudia Lima. **Contratos no Código de Defesa do Consumidor.** 9.ed. São Paulo: Thomson Reuters Brasil, 2019, p.907-908. Nesse sentido ver: DIAS, Lucia Ancona Lopez de Magalhaes. **Publicidade e direito.** 3.ed. atual. e reform. São Paulo: Saraiva, 2018, p.25.
5. Segundo Adalberto Pasqualotto, a publicidade pode ser definida como sendo "*toda comunicação de entidades públicas ou privadas, inclusive as não personalizadas, feita através de qualquer meio, destinada a influenciar o público em favor, direta ou indiretamente, de produtos ou serviços, com ou sem finalidade lucrativa.*" (PASQUALOTTO, Adalberto. **Os efeitos obrigacionais da publicidade:** no código de defesa do consumidor. São Paulo: Revista dos Tribunais, 1997, p.25, destaque no original).
6. YUGAR, Vivian Buonalumi Tacito. O discurso publicitário em blogs frente às normas de defesa do consumidor. **Revista Fórum de Direito Civil**, Belo Horizonte, a.9, n. 25, p.135-150, set./dez. 2020, p.135.

das redes sociais, com o intuito de se alcançar o maior número possível de pessoas (consumidores).⁷

> Nesse diapasão, a economia e a sociedade vivem um processo intenso de virtualização. As empresas começaram a explorar, diuturnamente, o comércio eletrônico com a compra e venda de produtos e serviços *on-line*. Os fornecedores passaram a se utilizar do marketing agressivo e de técnicas de publicidades avançadas, que deixam de ser instrumentos meramente informativos, para se transformarem em verdadeiras estratégias de persuasão com a finalidade de atrair consumidores nesse ambiente virtual.⁸

Logo, os "formatos, anteriormente delimitados por espaços específicos para divulgação publicitária, hoje, se mesclam a narrativas da ordem do cotidiano, nas quais o apelo comercial e a linguagem conativa assumem papéis em segundo plano."⁹⁻¹⁰

> A publicidade digital ou comunicação publicitária em meios digitais (Digital Marketing Communications) pode ser definida como toda comunicação que se utiliza de meios interativos digitais para promover a marca, os produtos ou serviços e, de alguma forma, influenciar positivamente a conduta dos consumidores reais ou potenciais.
>
> Inúmeros podem ser os *meios interativos digitais* ou plataformas digitais que servem de *veículo* para a publicidade. As mais conhecidas são as comunicações de caráter comercial em redes sociais (Facebook, Twitter, YouTube, Instagram, Snapchat), mas, podemos citar, ainda, em caráter meramente exemplificativo, os *blogs*, as páginas da *web* próprias das empresas ou de terceiros contratados, digital *outdoor*, anúncio patrocinado em *sites* de busca como o Google, publicidade para telefones (MMS/SMS), para aplicativos (app), *advergames* ou qualquer outra tecnologia digital.
>
> Não há dúvidas de que as comunicações publicitárias digitais estão igualmente sujeitas a todas as regras aplicáveis às comunicações publicitárias dos meios tradicionais. Vale dizer, as regras devem ser cumpridas pelos anunciantes independentemente da plataforma digital utilizada. Pode-se dizer, inclusive, que os princípios próprios da publicidade devem ser aplicados com rigor ainda maior às mídias digitais, haja vista as dificuldades próprias desse meio que não raras vezes podem induzir os consumidores em erro, seja quanto à forma, seja quanto ao conteúdo da mensagem publicitária.¹¹

---

7. Nesse sentido, Luiz Fernando Afonso destaca que "No fim do Século XX e no início do século XXI, a publicidade ganhou novos contornos: o primeiro, pode-se dizer, alude ao fato de não se preocupar apenas com a divulgação dos atributos específicos do produto/serviço lançado no mercado, mas também com a sua marca e a sua história, traduzindo qualidade diferenciada e, especificamente, confiabilidade; o segundo contorno se refere à veiculação de informações por intermédio de novas mídias como as redes sociais (*facebook, instagram, twitter, blogs*), o que tornou a publicidade mais difusa." (AFONSO, Luiz Fernando. **Proteção do Consumidor:** propaganda enganosa e prática de storytelling. São Paulo: Almedina, 2019, p.39).
8. BRITO, Dante Ponte de. Responsabilização civil dos influenciadores digitais pela veiculação de publicidade ilícita nas redes sociais. *In:* EHRHARDT JÚNIOR, Marcos; CATALAN, Marcos; MALHEIROS, Pablo (Coords.). **Direito Civil e tecnologia:** tomo I. 2.ed. rev. e atual. Belo Horizonte: Fórum, 2021, p.467.
9. SANTOS, Karen de Paula. Novas práticas publicitárias em uma sociedade midiatizada: uma análise do publieditorial como um formato de "publicidade oculta". **Anais de Artigos do Seminário Internacional de Pesquisas em Midiatização e Processos Sociais**, v.1, n.3, p.13, ago. 2019. Disponível em: http://midiaticom.org/anais/index.php/seminario-midiatizacao-artigos/article/view/243. Acesso em: 20 dez. 2023.
10. Patricia López Díaz sustenta que "Un examen de la publicidad comercial revela que, en la actualidad, esta ha abandonado las formas tradicionales que la caracterizaron durante décadas, consistentes en afiches, folletos, gigantografías y difusión televisiva, transitando a plataformas digitales y dando lugar a la denominada publicidad digital, esto es, aquella que se difunde a través de dispositivos o canales digitales, experimentando un aumento exponencial y concitando progresivamente la atención de la doctrina comparada." (DÍAZ, Patricia López. La publicidad digital y el fenómeno de los influencers en el derecho chileno. **Revista Chilena de Derecho y Tecnología**, v.11, n.1, p. 287-322, 2022, p.288).
11. DIAS, Lucia Ancona Lopez de Magalhaes. **Publicidade e direito.** 3.ed. atual. e reform. São Paulo: Saraiva, 2018, p.322-323.

Há de se ressaltar que o mercado publicitário, por vezes, opera de modo a promover conteúdo concorrencial desleal, incidindo, por consequência, em *abuso do direito*[12] por meio da veiculação de *publicidade ilícita*, com o intuito se buscar cada vez mais visualizações e, assim, promover a marca, o produto ou serviço ofertado no mercado de consumo.[13]

É nesse cenário que a tutela do consumidor, em relação a atividade publicitária desenvolvida pelo fornecedor, se faz imprescindível, com o escopo de se assegurar o (re)equilíbrio das relações negociais consumeristas, notadamente, por intermédio

---

12. O abuso do direito exsurge de uma conduta lícita que com o seu exercício se torna abusiva (ilícita), tendo seu fundamento na imprescindível observância aos preceitos norteadores da boa-fé objetiva e na tutela jurídica da confiança. Nessa linha de intelecção, Heloísa Carpena Vieira de Mello define o abuso do direito como sendo "aquele pelo qual o sujeito excede os limites ao exercício do direito, sendo estes fixados por seu fundamento axiológico, ou seja, o abuso surge no interior do próprio direito, sempre que ocorra uma desconformidade com o sentido teleológico em que se funda o direito subjetivo. O fim – social ou econômico – de um certo direito subjetivo não é estranho à sua estrutura, mas elemento de sua própria natureza." (MELLO, Heloísa Carpena Vieira de. O abuso de direito no Código Civil de 2002: relativização dos direitos na ótica civil-constitucional. *In:* TEPEDINO, Gustavo (Coord.) **A parte geral do novo código civil:** estudos na perspectiva civil-constitucional. 2.ed., rev. Rio de Janeiro: Renovar, 2003, p.380). Nesse sentido ver: SÁ, Fernando Augusto Cunha de. **Abuso do direito.** Reimpressão da Edição de 1973. Coimbra: Almedina, 1997; ASCENSÃO, José de Oliveira. Cláusulas gerais e segurança jurídica no Código Civil de 2002. **Revista Trimestral de Direito civil,** Rio de Janeiro, a.7, v.28, p.77-92, out./dez., 2006, p.89-90; CORDEIRO, António Manuel da Rocha e Menezes. **Da boa-fé no direito civil.** 3. reimpressão. Coimbra: Almedina, 2007; LORENZETTI, Ricardo Luis. Nuevas fronteras del abuso de derecho: situaciones jurídicas lesivas de libertades, tutela del mercado y amparo. **Revista dos Tribunais,** São Paulo, Revista dos Tribunais, v.85, n.723, p.53-65, jan. 1996; PINHEIRO, Rosalice Fidalgo. **O abuso do direito e as relações contratuais.** Rio de Janeiro: Renovar, 2002, p.18; CARVALHO NETO, Inácio de. **Abuso do direito.** 6.ed. rev. e atual. Curitiba: Juruá, 2015; GUERRA, Alexandre. Responsabilidade civil por abuso do direito: entre o exercício inadmissível de posições jurídicas e o direito de danos. São Paulo: Saraiva, 2011; ABREU, Jorge Manuel Coutinho de. Do Abuso de direito: ensaio de um critério em direito civil e nas deliberações sociais. Reimpressão da Edição de 1999. Coimbra: Almedina, 2006; RODOVALHO, Thiago. **Abuso de direito e direitos subjetivos.** São Paulo: Revista dos Tribunais, 2011; JORDÃO, Eduardo Ferreira. **Repensando a teoria do abuso de direito.** Salvador: JusPodivm, 2006; MELLO, Heloísa Carpena Vieira de. **O abuso de direito nos contratos de consumo.** Rio de Janeiro: Renovar, 2001; MIRAGEM, Bruno. **Abuso de direito:** proteção da confiança e limite ao exercício das prerrogativas jurídicas no direito privado. 2.ed. rev., atual. e ampl.. São Paulo: Revista dos Tribunais, 2013; FRITZ, Karina Nunes. **Boa-fé objetiva na fase pré-contratual:** a responsabilidade pré-contratual por ruptura das negociações. Curitiba: Juruá, 2008, p.164-165; NEGREIROS, Teresa. **Teoria do contrato:** novos paradigmas. 2.ed. Rio de Janeiro: Renovar, 2006, p.140-141; BRAGA NETTO, Felipe Peixoto. **Novo Manual de Responsabilidade Civil.** 3.ed. rev., atual. e ampl. Salvador: JusPodivm, 2022, p.171-175; OLIVEIRA, Júlio Moraes. **Curso de direito do consumidor completo.** 8.ed. Belo Horizonte: Editora D' Placido, 2022, p.141-155;

    TOMAZETTE, Marlon. A boa-fé nos negócios empresariais. *In:* BRAGA NETTO, Felipe Peixoto; SILVA, Michael Cesar (Orgs.). **Direito privado e contemporaneidade:** desafios e perspectivas do direito privado no século XXI: volume três. Indaiatuba, SP: Editora Foco, 2020, p.351-352.

13. Nesse giro, Adalberto Pasqualotto preconiza que "A publicidade enganosa e a publicidade abusiva são formas clássicas de ilicitude na comunicação publicitária. O CDC cuida de ambas no art. 37, ao enunciar que é proibida toda publicidade enganosa ou abusiva. Nos seus parágrafos primeiro e segundo, o art. 37 conceitua cada uma das duas espécies e no parágrafo terceiro, preocupa-se com a enganosidade por omissão." (PASQUALOTTO, Adalberto. **Os efeitos obrigacionais da publicidade:** no código de defesa do consumidor. São Paulo: Revista dos Tribunais, 1997, p.115-116). Nesse sentido ver: FRADERA, Vera M. Jacob de. A interpretação da proibição de publicidade enganosa ou abusiva à luz do princípio da boa-fé: o dever de informar no Código de Defesa do Consumidor. **Revista de Direito do Consumidor**, São Paulo, Revista dos Tribunais, n.4, p.173-191, dez. 1992, p.183-184.

da observância dos preceitos normativos da informação, transparência, confiança e da boa-fé objetiva[14] em relação a divulgação de publicidade no mercado de consumo.

4.2 O SISTEMA MISTO DE PROTEÇÃO À PUBLICIDADE NO BRASIL

O Brasil adota um *sistema misto* de proteção da publicidade delineado por um *sistema público* de *controle estatal (ou legal)* e por um *sistema privado* de *controle ético* de regulamentação da atividade publicitária.[15]

> Trata-se de modalidade que aceita e incentiva ambas as formas de controle, aquele executado pelo Estado e o outro a cargo dos partícipes publicitários. Abre-se, a um só tempo, espaço para os organismos autor-regulamentares (como o CONAR e o Código Brasileiro de Autorregulamentação Publicitária), no Brasil e para o Estado (seja a administração pública, seja o Judiciário).[16]

No âmbito da tutela jurídica do consumidor, o *sistema público* implementa o *controle legal (ou estatal)* com efetiva regulamentação e sistematização jurídica da publicidade, notadamente, por meio do *Código de Defesa do Consumidor (CDC)*.

> O regime jurídico da publicidade, embora encontre no CDC o seu principal diploma legal, *nele não se esgota*. O regramento da atividade observa uma série de normas, legais e administrativas, que tanto buscam regular a publicidade de certos produtos ou serviços, de certas iniciativas de marketing, quanto estabelecem restrições à publicidade, a partir de determinação constitucional.[17]

Lado outro, no âmbito do *sistema privado*, o *Conselho Nacional de Autorregulamentação Publicitária (CONAR)* realiza o *controle ético* do conteúdo da publicidade, por

---

14. Segundo Luiz Fernando Afonso, a "Boa-fé é o imperativo categórico da prática publicitária, pois entre tantos fatores que autorizam tal conclusão o caráter nitidamente difuso da publicidade exige boa-fé do fornecedor e do publicitário. Condutas contrárias à boa-fé de ambos – fornecedor e publicitário – na publicidade poderá causar danos de proporções incontroláveis." (AFONSO, Luiz Fernando. **Proteção do Consumidor:** propaganda enganosa e prática de storytelling. São Paulo: Almedina, 2019, p.129).
15. Há de se destacar que parcela da doutrina discorda da existência do sistema misto, caracterizando-o, em verdade, como regramentos paralelos. Nesse sentido, Adalberto Pasqualotto sustenta que "Em um modelo misto, as duas esferas de competências devem se articular de modo complementar, uma atuando nos espaços não ocupados pela outra, como se viu especialmente nos modelos francês e inglês. Não é o caso brasileiro. Aqui há dois regramentos paralelos. O oficial, que está nas leis, e o privado, constante do Código de Ética do CONAR. Não só não são complementares como são opostos, haja vista as posições públicas do CONAR." (PASQUALOTTO, Adalberto. Autorregulamentação da publicidade: um estudo de modelos europeus e norte-americano. **Revista de Direito do Consumidor,** São Paulo, Revista dos Tribunais, v.112, a.26, p.115-148, 2017, p.137-138).
16. GRINOVER, Ada Pellegrini *et al.*. **Código Brasileiro de Defesa do Consumidor:** comentado pelos autores do anteprojeto: direito material e processo coletivo: volume único. 13.ed., rev., atual. e ampl. Rio de Janeiro: Forense, 2022. [E-book]. Nesse sentido ver: VERONESE, Josiane Rose Petry; ZANETTE, Sandra Muriel Zadróski. **Criança, consumo e publicidade:** por uma sociedade fraterna. Curitiba, Paraná: Juruá, 2018, p.19-21; AFONSO, Luiz Fernando. **Proteção do Consumidor:** propaganda enganosa e prática de storytelling. São Paulo: Almedina, 2019, p.166-176; ALVES, Fabrício Germano. **Direito publicitário:** proteção do consumidor. São Paulo: Thomson Reuters Brasil, 2020, p.294-295.
17. MIRAGEM, Bruno. **Curso de direito do consumidor.** 8.ed. rev., atual. e ampl.. São Paulo: Thomson Reuters Brasil, 2019, p.342-343, destaque nosso.

meio de regras e princípios, instituídos pelo *Código Brasileiro de Autorregulamentação Publicitária (CBAP).*[18]

> [...] a Constituição Federal traça controle da publicidade no Brasil e o mesmo ocorre com o CDC. Mas esses controles, constitucional e legal, não visam eliminar a publicidade, pelo contrário, a finalidade é evitar abusos. O sistema de controle da publicidade adotado no Brasil é misto, conjugando a autorregulamentação e a participação da administração e do Poder Judiciário (art. 5º, XXXV).[19]

Nesse sentido, Dante Ponte de Brito apresenta relevantes distinções entre os sistemas privado e público de controle da publicidade no Brasil, ao explicitar que:

> Esses dois sistemas apresentam benefícios e desvantagens. O sistema privado não é dotado de coercibilidade para aplicar suas decisões. Estas, também não vinculam todos os agentes de mercados, além de não possuir poder de polícia para aplicar multas ou exercer fiscalização. Observa-se, portanto, que o Conar não seria capaz de retirar os anúncios ilícitos divulgados nas redes sociais pelos influenciadores digitais. As vantagens do sistema privado são a rapidez no procedimento e a especialização dos profissionais recrutados para suas deliberações.
>
> Quanto ao sistema público, ressalte-se que suas decisões são dotadas de coercibilidade, no entanto, há certa morosidade no procedimento. Ademais, os profissionais responsáveis pelo controle, por vezes, não possuem uma especialização profunda sobre essa temática nova que envolve anúncios ilícitos divulgados nas redes sociais pelos influenciadores digitais. Observa-se, outrossim, que nesses dois sistemas o controle é exercido preponderantemente de forma repressiva, ou seja, depois que o anúncio ilícito já foi veiculado nas redes sociais dos influenciadores digitais. Para uma atuação preventiva, seria necessário o desenvolvimento de mecanismos verificadores da publicidade nas redes sociais antes de serem postadas.[20]

No contexto da legislação consumerista, o Código de Defesa do Consumidor (CDC), conforme previsão legal do artigo 6º, inciso IV, protege o consumidor contra a *divulgação de publicidade ilícita*, sendo esse considerado um *direito básico do consu-*

---

18. Segundo explica Adalberto Pasqualotto, "A entidade brasileira de autorregulamentação é o CONAR – Conselho Nacional de Autorregulamentação Publicitária. De acordo com o histórico que registra em seu site na internet, a entidade atual "nasceu de uma ameaça ao setor: no final dos anos 70, o governo federal pensava em sancionar uma lei criando uma espécie de censura prévia à propaganda". Em 1977, foi redigido o Código Brasileiro de Autorregulamentação Publicitária, aprovado no ano seguinte, no 3º Congresso Brasileiro de Propaganda. Em 1979, foi criada a Comissão Nacional de Autorregulamentação Publicitária, que começou a operar na aplicação do Código. Em 1980, a Comissão foi transformada no atual CONAR." (PASQUALOTTO, Adalberto. Autorregulamentação da publicidade: um estudo de modelos europeus e norte-americano. **Revista de Direito do Consumidor,** São Paulo, Revista dos Tribunais, v.112, a.26, p.115-148, 2017, p.136). Nesse sentido ver: VERONESE, Josiane Rose Petry; ZANETTE, Sandra Muriel Zadróski. **Criança, consumo e publicidade:** por uma sociedade fraterna. Curitiba, Paraná: Juruá, 2018, p.25-30;123; FADEL, Marcelo Costa. Breves comentários ao código de autorregulamentação publicitária do CONAR. **Revista de Direito do Consumidor,** São Paulo, Revista dos Tribunais, a.13, n.50, p.153-170, abr./jun. 2004, p.154; XAVIER, José Tadeu Neves. Os limites da atuação publicitária na condução de comportamentos sociais: o valor da ética no controle jurídico da publicidade. **Revista de Direito do Consumidor** [recurso eletrônico], São Paulo, Revista dos Tribunais, a.21, v.81, p.117-143, jan./mar. 2012; ALVES, Fabrício Germano. **Direito publicitário:** proteção do consumidor. São Paulo: Thomson Reuters Brasil, 2020, p.371-388.
19. NISHIYAMA, Adolfo Mamoru. **A proteção constitucional do consumidor. 2.ed., rev., atual. e ampl.** São Paulo: Atlas, 2010, p.214-215.
20. BRITO, Dante Ponte de. Responsabilização civil dos influenciadores digitais pela veiculação de publicidade ilícita nas redes sociais. *In:* EHRHARDT JÚNIOR, Marcos; CATALAN, Marcos; MALHEIROS, Pablo (Coords.). **Direito Civil e tecnologia:** tomo I. 2.ed. rev. e atual. Belo Horizonte: Fórum, 2021, p.473.

midor.[21] Nesse mesmo sentido, os artigos 36 e 37 do CDC preveem, também, *a vedação da publicidade ilícita*, com a finalidade de se garantir a efetiva proteção do consumidor vulnerável.[22]

Segundo prelecionam Antônio Herman Benjamin, Claudia Lima Marques e Leonardo Roscoe Bessa, essas normas dispostas no CDC "aparecem como instrumentos de direito para restabelecer também o equilíbrio, para reestabelecer a força da 'vontade', das expectativas legítimas, do consumidor, compensando, assim, sua vulnerabilidade fática."[23]

> [...] a atuação publicitária é esperta, preparada para atingir os pontos mais estratégicos da vulnerabilidade do consumidor, sendo capaz de gerar necessidades que acabam por nutrir a roda-viva do consumismo. A existência de uma vontade livre e consciente do consumidor é substituída por uma vontade formada (ou deformada) ao sabor da pretensão dos empresários, num grau técnico de sofisticação capaz de gerar no agente um sentimento ilusório de autonomia e liberdade de escolha, tão forte que não permitirá distinguir entre a escolha livre e a induzida.[24]

O Código de Defesa do Consumidor se apresenta como o arcabouço jurídico adequado a garantir a tutela dos consumidores no mercado de consumo, por meio da implementação de diversos direitos atribuíveis ao consumidor, incluindo-se, *a proteção em relação ao conteúdo publicitário veiculado ilicitamente por fornecedores ou terceiros*. Para tanto, o referido Código regulamenta a publicidade, com a finalidade de se coibir

---

21. Art. 6º São direitos básicos do consumidor:
    IV. A proteção contra a publicidade enganosa e abusiva, métodos comerciais coercitivos ou desleais, bem como contra práticas e cláusulas abusivas ou impostas no fornecimento de produtos e serviços. (BRASIL. **Código de Defesa do Consumidor**. Lei 8.078, de 11 de setembro de 1990. Disponível em: http://www.planalto.gov.br/ccivil_03/LEIS/L8078.htm. Acesso em: 20 dez. 2023).
22. Art. 36. A publicidade deve ser veiculada de tal forma que o consumidor, *fácil e imediatamente*, a identifique como tal;
    Art. 37. É proibida toda publicidade enganosa ou abusiva.
    § 1º É enganosa qualquer modalidade de informação ou comunicação de caráter publicitário, inteira ou parcialmente falsa, ou, por qualquer outro modo, mesmo por omissão, capaz de induzir em erro o consumidor a respeito da natureza, características, qualidade, quantidade, propriedades, origem, preço e quaisquer outros dados sobre produtos e serviços.
    § 2º É abusiva, dentre outras a publicidade discriminatória de qualquer natureza, a que incite à violência, explore o medo ou a superstição, se aproveite da deficiência de julgamento e experiência da criança, desrespeita valores ambientais, ou que seja capaz de induzir o consumidor a se comportar de forma prejudicial ou perigosa à sua saúde ou segurança.
    § 3º Para os efeitos deste código, a publicidade é enganosa por omissão quando deixar de informar sobre dado essencial do produto ou serviço. (BRASIL. **Código de Defesa do Consumidor**. Lei 8.078, de 11 de setembro de 1990. Disponível em: http://www.planalto.gov.br/ccivil_03/LEIS/L8078.htm. Acesso em: 20 dez. 2023).
23. BENJAMIN, Antônio Herman V.; MARQUES, Claudia Lima; BESSA, Leonardo Roscoe. **Manual de Direito do Consumidor**. 8.ed. rev., atual. e ampl. São Paulo: Thomson Reuters Brasil, 2017, p.90.
24. XAVIER, José Tadeu Neves. Os limites da atuação publicitária na condução de comportamentos sociais: o valor da ética no controle jurídico da publicidade. **Revista de Direito do Consumidor** [recurso eletrônico], São Paulo, Revista dos Tribunais, a.21, v.81, p.117-143, jan./mar. 2012; QUINELATO, Pietra Daneluzzi. Publicidade comportamental: há livre-arbítrio no consumo do século XXI? **Magis**: Portal Jurídico. 2021. Disponível em: https://magis.agej.com.br/publicidade-comportamental-ha-livre-arbitrio-no-consumo-do-seculo-xxi/. Acesso em: 20 dez. 2023.

que as práticas comerciais abusivas realizadas pelos fornecedores ofendam aos interesses dos consumidores.

Nesse mesmo giro, o microssistema jurídico consumerista veda a difusão de publicidade ilícita considerada *enganosa ou abusiva* conforme previsão do artigo 37 do CDC.

Ada Pellegrini Grinover ensina que a publicidade enganosa provoca "uma distorção no processo decisório do consumidor, levando-o a adquirir produtos e serviços que, estivesse mais bem informado, possivelmente não o faria." Sob outra perspectiva, a publicidade abusiva "carreia a ideia de exploração ou opressão do consumidor. Mas não se limita a tal. Novos horizontes se lhe abrem, como, por exemplo, a tutela de valores outros que sejam caros à sociedade de consumo, como o meio ambiente." [25] Outrossim, Lucia Ancona Lopez de Magalhaes Dias expõe que "a publicidade abusiva, portanto, é aquela que agride os princípios e valores maiores do ordenamento jurídico e que informam e permeiam nossa sociedade." [26]

O Código de Defesa do Consumidor, também, proíbe a publicidade ilícita denominada de *oculta (clandestina, camuflada, mascarada, simulada, furtiva ou velada)*, a qual *não é pronta ou claramente identificada pelo consumidor* como uma *mensagem de cunho publicitário*, conforme previsão legal estatuída no *artigo 36 do CDC*, que consagra o *princípio da identificação da publicidade*.[27-28]

> O princípio da identificação da mensagem publicitária decorre do próprio dever de *transparência e lealdade* nas relações de consumo, já que o ocultamento do caráter publicitário pode induzir o consumidor em erro quanto à natureza da mensagem, na hipótese, de fins comerciais, não meramente informativa e desinteressada.
>
> [...]

---

25. GRINOVER, Ada Pellegrini *et al.*. **Código Brasileiro de Defesa do Consumidor:** comentado pelos autores do anteprojeto: direito material e processo coletivo: volume único. 13.ed., rev., atual. e ampl. Rio de Janeiro: Forense, 2022. [E-book].
26. DIAS, Lucia Ancona Lopez de Magalhaes. **Critérios para a avaliação da ilicitude na publicidade.** 2010. Tese de Doutorado. 2014. 331f. Tese (Doutorado em Direito) – Faculdade de Direito. Universidade de São Paulo. São Paulo, São Paulo, 2014, p.162. Disponível em: https://www.teses.usp.br/teses/disponiveis/2/2131/tde-16082011-160021/publico/Tese_Doutorado_Lucia_A_L_M_Dias_04_02_2010.pdf. Acesso em: 20 dez. 2023.
27. Nesse sentido ver: MASSO, Fabiano Del. Direito do consumidor e publicidade clandestina: uma análise jurídica da linguagem publicitária. Rio de Janeiro: Campus Jurídico, Elsevier, 2009, p.88-92; ALVES, Fabrício Germano; BONIFÁCIO, Andressa de Brito. Proteção do consumidor contra a publicidade digital nativa furtivamente veiculada em redes sociais. *In*: COLOMBO, Cristiano; ENGELMANN, Wilson; FALEIROS JÚNIOR, José Luiz de Moura (Coords.). **Tutela jurídica do corpo eletrônico:** novos desafios ao direito digital. Indaiatuba, SP: Editora Foco, 2022, p.365-367; ALVES, Fabrício Germano. **Direito publicitário:** proteção do consumidor. São Paulo: Thomson Reuters Brasil, 2020, p.237-240; PASQUALOTTO, Adalberto. **Os efeitos obrigacionais da publicidade:** no código de defesa do consumidor. São Paulo: Revista dos Tribunais, 1997, p.87-90.
28. Fabio Jun Capucho leciona que: "No Brasil, a ausência da devida identificação quanto à natureza da mensagem publicitária é, por si, violação de regras do Código de Defesa do Consumidor (Lei 8078, de 11 de setembro de 1990), mas não esgota a problemática. A publicidade sabidamente enseja riscos ao consumidor e o dano porventura provocado tende a ser de dimensão transindividual. No Brasil, contudo, normalmente a responsabilidade civil não alcança o veículo de comunicação ou mídia e tampouco a celebridade ou *influencer*." (CAPUCHO, Fabio Jun. Responsabilidade civil dos titulares de perfil em rede social pela publicidade danosa. **Revista IBERC**, v.4, n.3, 2021, p.3, destaque no original. Disponível em: https://revistaiberc.responsabilidadecivil.org/iberc/article/view/187. Acesso em: 20 dez. 2023).

Por outro lado, existem mensagens nas quais a função de promover o consumo de certo bem ou serviço não está tão claramente identificada, exibindo a aparência de uma mensagem neutra ou não proveniente do fornecedor do produto sobre o qual discorre e, por isso, pode tornar-se mais influente e eficaz sobre o seu receptor. Tais publicidades são denominadas de ocultas, clandestinas ou camufladas e seu estudo pela doutrina brasileira ainda se revela incipiente, embora o tema seja de extrema importância, em face dos efeitos danosos que tais mensagens podem causar aos consumidores.[29]

Em consonância com o exposto, Antônio Herman de Vasconcellos e Benjamin assevera que a "publicidade só é lícita quando o consumidor puder identificá-la. Mas tal não basta: a identificação há que ser imediata (no momento da exposição) e fácil (sem esforço ou capacitação técnica)." Nesse sentido, destaca, ainda, que a "publicidade que não quer assumir a sua qualidade é atividade que, de uma forma ou de outra, tenta enganar o consumidor. E o engano, mesmo o inocente, é repudiado pelo Código de Defesa do Consumidor."[30]

Lucia Ancona Lopez de Magalhães Dias expõe que a *publicidade oculta (clandestina, camuflada, mascarada, simulada, furtiva, velada, dentre outras)* pode ser conceituada como:

> [...] a mensagem que se apresenta sob a aparência de uma informação neutra e desinteressada sem revelar de modo suficiente – seja pela sua forma ou conteúdo – o seu caráter publicitário. Trata-se de publicidade que viola diretamente o princípio da identificação da mensagem publicitária pelo consumidor, o que significa dizer que se está diante de modalidade de publicidade, *a priori*, rejeitada pelo nosso ordenamento jurídico.[31]

Nesse giro, a Directiva 89/552/CE do Conselho das Comunidades Europeias, em seu artigo 1º, alínea "c" definiu a *publicidade clandestina* como:

---

29. DIAS, Lucia Ancona Lopez de Magalhaes. **Publicidade e direito**. 3.ed. atual. e reform. São Paulo: Saraiva, 2018, p.79. Segundo Bruno Miragem, "O princípio da identificação decorre, diretamente, do que dispõe o artigo 36 do CDC, ao estabelecer que 'a publicidade deve ser veiculada de tal forma que o consumidor, fácil e imediatamente, a identifique como tal'. Trata-se de norma que deriva da boa-fé objetiva, estabelecendo deveres de lealdade e transparência entre as partes. Em face desta disposição, origina-se para o fornecedor o dever de caracterizar a publicidade, seja ela uma determinada peça ou toda uma campanha publicitária, a qual deve ser apresentada de tal modo que o público a quem se dirija possa identificá-la de modo apartado às demais informações que porventura sejam divulgadas ou veiculadas pelo mesmo meio de divulgação." (MIRAGEM, Bruno. **Curso de direito do consumidor.** 8.ed. rev., atual. e ampl.. São Paulo: Thomson Reuters Brasil, 2019, p.348).
30. GRINOVER, Ada Pellegrini *et al.*. **Código Brasileiro de Defesa do Consumidor:** comentado pelos autores do anteprojeto: direito material e processo coletivo: volume único. 13.ed., rev., atual. e ampl. Rio de Janeiro: Forense, 2022. [E-book].
31. DIAS, Lucia Ancona Lopez de Magalhaes. Publicidade e direito. 3.ed. atual. e reform. São Paulo: Saraiva, 2018, p.282-283. Nesse sentido ver: CARBALLO-CALERO, Pablo Fernández. **Pubblicità occulta e product placement.** Pádua: Cedam, 2004, p.13; UNNIA, Federico. **La pubblicità clandestina:** il camuffamento della pubblicità nei contesti informativi. Milão: Giuffre, 1997; PASQUALOTTO, Adalberto. Direito e publicidade em ritmo de descompasso. *In:* MARQUES, Claudia Lima; GSELL, Beate (Orgs.). **Novas tendências do direito do consumidor:** rede Alemanha-Brasil de pesquisas em direito do consumidor. São Paulo: Revista dos Tribunais, 2015, p.226-230; PASQUALOTTO, Adalberto. **Os efeitos obrigacionais da publicidade:** no código de defesa do consumidor. São Paulo: Revista dos Tribunais, 1997, p.87-90; MASSO, Fabiano Del. Direito do consumidor e publicidade clandestina: uma análise jurídica da linguagem publicitária. Rio de Janeiro: Campus Jurídico, Elsevier, 2009, p.88-92; ALVES, Fabrício Germano; BONIFÁCIO, Andressa de Brito. Proteção do consumidor contra a publicidade digital nativa furtivamente veiculada em redes sociais. *In:* COLOMBO, Cristiano; ENGELMANN, Wilson; FALEIROS JÚNIOR, José Luiz de Moura (Coords.). **Tutela jurídica do corpo eletrônico:** novos desafios ao direito digital. Indaiatuba, SP: Editora Foco, 2022, p.365-367.

> [...] a apresentação oral ou visual de produtos, de serviços do nome, da marca ou de actividades de um fabricante de mercadorias ou de um prestatário de serviços em programas em que essa apresentação seja feita de forma intencional pelo organismo de radiodifusão televisiva *com fins publicitários* e que *possa iludir o público quanto à natureza dessa apresentação*.[32]

Em similitude com o exposto, Fabrício Germano Alves expõe que a *publicidade furtiva* (*stealth marketing*) consiste em "uma técnica publicitária que tem a capacidade de ludibriar o consumidor no sentido de anular ou simplesmente dificultar sua capacidade de discernimento a respeito da condição de estar ou não sendo exposto a uma mensagem de natureza publicitária."[33]

Em se tratando da *publicidade oculta* – recorrente em âmbito digital –, a modalidade é *expressamente vedada pelo CDC*, com o propósito de se garantir ao consumidor o conhecimento efetivo de que a veiculação contém objetivo específico, traduzido na *promoção ou difusão de publicidade voltada à aquisição de produto ou serviço ofertado pelo fornecedor*[34], permitindo ao consumidor ter consciência do *conteúdo de caráter publicitário da mensagem* e, por conseguinte, consagrando-se a efetiva tutela do consumidor.

> O art. 36 adota o *princípio da identificação obrigatória da publicidade* segundo qual a publicidade, quando veiculada, tem o dever de ser identificada como tal, de modo fácil e imediato pelo consumidor. Visa o dispositivo legal, principalmente, proteger o consumidor, de modo a torná-lo consciente de que é o destinatário de uma mensagem publicitária e facilmente tenha condições de identificar o fornecedor (patrocinador), assim corno o produto ou o serviço oferecido. É a proibição da chamada *publicidade clandestina*.
>
> Ao adquirir um produto ou serviço, o consumidor deve fazê-lo de modo racional e consciente, sem ser enganado ou induzido pelos anúncios publicitários, harmonizando e equilibrando as relações contratuais.[35]

Nessa mesma linha de intelecção, Lucia Ancona Lopez de Magalhães Dias assevera que "O ocultamento é o elemento constitutivo da *fattispecie*, já que esta modalidade de publicidade ilícita consiste justamente na *total* ausência de identificação pelo consumidor de que certa comunicação representa uma atividade publicitária."[36]

---

32. UNIÃO EUROPEIA. Directiva 89/552/CE do Conselho das Comunidades Europeias, de 03 de outubro de 1989, relativa à coordenação de certas disposições legislativas, regulamentares e administrativas dos Estados-membros relativas ao exercício de actividades de radiodifusão televisiva. **Jornal Oficial das** Comunidades Europeias. 17 outubro 1989. Disponível em: https://eur-lex.europa.eu/legal-content/PT/TXT/PDF/?uri=CELEX:31989L0552. Acesso em: 20 dez. 2023, destaque nosso.
33. ALVES, Fabrício Germano. **Direito publicitário:** proteção do consumidor. São Paulo: Thomson Reuters Brasil, 2020, p.237.
34. MARQUES, Claudia Lima; BENJAMIN, Antônio Herman V.; MIRAGEM, Bruno. **Comentários ao código de defesa do consumidor.** 6.ed. rev., atual. e ampl. São Paulo: Thomson Reuters Brasil, 2019, p.1018.
35. GARCIA, Leonardo de Medeiros. **Código de Defesa do Consumidor Comentado:** artigo por artigo. 14.ed. rev., ampl. e atual. Salvador: JusPodivm, 2019, p.340. Nesse mesmo sentido ver: MARQUES, Claudia Lima. **Contratos no Código de Defesa do Consumidor,** 9.ed. São Paulo: Thomson Reuters Brasil, 2019, p.908; AFONSO, Luiz Fernando. **Proteção do Consumidor:** propaganda enganosa e prática de storytelling. São Paulo: Almedina, 2019, p.145-146; CARBALLO-CALERO, Pablo Fernández. **Pubblicità occulta e product placement.** Pádua: Cedam, 2004, p.20.
36. Segundo Lucia Ancona Lopez de Magalhães Dias, "O ocultamento é o elemento constitutivo da *fattispecie*, já que esta modalidade de publicidade ilícita consiste justamente na *total* ausência de identificação pelo consumidor de que certa comunicação representa uma atividade publicitária." (DIAS, Lucia Ancona Lopez de Magalhaes. **Publicidade e direito.** 3.ed. atual. e reform. São Paulo: Saraiva, 2018, p.288, destaque no original).

Com efeito, os princípios da boa-fé objetiva, informação, transparência e confiança assumem especial *relevância* no tocante à regulamentação e adequada difusão da atividade publicitária do fornecedor, notadamente, em relação a divulgação de produtos, serviços e marcas pelos *influencers* nas plataformas digitais.

O princípio da boa-fé objetiva se traduz numa regra comportamental imposta às partes, pautada em preceitos ético-jurídicos de honestidade, probidade, retidão e correção, no intuito de não frustrar a legítima confiança – expectativa da outra parte –, tendo ainda por finalidade estabelecer o equilíbrio nas relações jurídicas, com vistas ao seu adimplemento.[37-38]

> O mercado de consumo altera-se constantemente movido pelas necessidades e vontades de consumidores e fornecedores, o que dificulta a padronização legal de condutas nas práticas comerciais. Com o desenvolvimento do comércio eletrônico e das redes sociais, essa dificuldade fica maior. As redes sociais transformaram a comunicação e, nesse sentido, uma nova concepção de boa-fé das relações deve ser construída no mercado de consumo, o qual deve manter-se saudável, principalmente no momento da aproximação de fornecedores e consumidores que se opera com a divulgação da publicidade.[39]

Convém destacar, ainda, a relevante função assumida pelos *deveres anexos de conduta* (deveres de consideração, laterais ou instrumentais, entre outros), no contexto normativo do princípio da boa-fé objetiva.

A boa-fé objetiva passa a integrar as relações jurídica estabelecidas, por meio dos deveres anexos de conduta, de modo que, sua observância se impõe aos contratantes, *em todas as fases contratuais*, com a finalidade de se garantir o adimplemento contratual.

Dentre os deveres anexos de conduta categorizados pela doutrina contemporânea, podem ser vislumbrados, no tocante à atividade publicitária desenvolvida pelo

---

37. ROSENVALD, Nelson. **Dignidade humana e boa-fé no Código Civil**. São Paulo: Saraiva, 2005, p.80.
38. Para uma leitura aprofundada acerca do princípio da boa-fé objetiva, recomenda-se a leitura de: CORDEIRO, António Manuel da Rocha e Menezes. **Da boa-fé no direito civil**. 3. reimpressão. Coimbra: Almedina, 2007; MARTINS-COSTA, Judith. **A boa-fé no direito privado**: critérios para sua aplicação. 2.ed. São Paulo: Saraiva Educação, 2018; TOMASEVICIUS FILHO, Eduardo. **O princípio da boa-fé no direito civil**. São Paulo: Almedina, 2020; PINHEIRO, Rosalice Fidalgo. **Princípio da boa-fé nos contratos**: percurso teórico e sua recepção no direito brasileiro. Curitiba: Juruá, 2015; NORONHA, Fernando. **O direito dos contratos e seus princípios fundamentais**: autonomia privada, boa-fé e justiça contratual. São Paulo: Saraiva, 1994; FRITZ, Karina Nunes. **Boa-fé objetiva na fase pré-contratual**: a responsabilidade pré-contratual por ruptura das negociações. Curitiba: Juruá, 2008; SOARES, Renata Domingues Balbino Munhoz. **A boa-fé objetiva e o inadimplemento do contrato**: doutrina e jurisprudência. São Paulo: LTr, 2008; SILVA, Michael César. Convergências e assimetrias do princípio da boa-fé objetiva no direito contratual contemporâneo. In: BRAGA NETTO, Felipe Peixoto; SILVA, Michael César (Orgs.). **Direito privado e contemporaneidade**: desafios e perspectivas do direito privado no século XXI: volume II. Rio de Janeiro: Lumen Juris, 2018, p.99-141; LOBO, Fabíola Albuquerque; EHRHARDT JÚNIOR, Marcos; PAMPLONA FILHO, Rodolfo (Coords.). **Boa-fé e sua aplicação no Direito brasileiro**. 3.ed. rev., ampl. e atual.. Belo Horizonte: Fórum, 2021; EHRHARDT JÚNIOR, Marcos. **Responsabilidade civil pelo inadimplemento da boa-fé**. 2.ed. rev. e atual. Belo Horizonte: Fórum, 2017; MORSELLO, Marco Fábio. A boa-fé objetiva e os direitos dos passageiros no transporte aéreo: novos paradigmas. In: ROSENVALD, Nelson; VALLE DRESCH, Rafael de Freitas; WESENDONCK, Tula (Coords.). **Responsabilidade civil**: novos riscos. Indaiatuba, SP: Editora Foco, 2019, p.177-197.
39. AFONSO, Luiz Fernando. **Proteção do Consumidor**: propaganda enganosa e prática de storytelling. São Paulo: Almedina, 2019, p.132.

fornecedor e pelo influenciador digital, no âmbito do mercado de consumo digital, a incidência dos *deveres de proteção (ou cuidado), dos deveres de lealdade (ou cooperação)* e, principalmente, *dos deveres de informação (ou esclarecimento)*, os quais devem ser obrigatoriamente adimplidos pelas partes nas relações jurídicas de consumo entabuladas.

> São muitas as reflexões que o dever de informar impõe no direito privado atual. Por exemplo, a publicidade feita por influenciadores digitais se tornou algo natural e amplamente comum. O que nos parece inaceitável – no caso dos influenciadores digitais – é que eles promovam qualquer produto ou serviço *sem informar que receberam contrapartida financeira para isso*. Essa conduta, pouco transparente e até maliciosa, torna-os solidariamente responsável por eventuais danos, pois viola deveres de informação e agride, de modo mais amplo, a boa-fé objetiva. O público não sabe que está diante de uma publicidade e muitos deles – vulneráveis ou hipervulneráveis – são amplamente sujeitos a consumir o que os influenciadores dizem usar.[40]

O descumprimento, inobservância ou ofensa aos deveres anexos de conduta caracteriza a *violação positiva do contrato (v.p.c.)*[41], e, por consequência, impõe como efeito jurídico, o inadimplemento, passível, por conseguinte, de imputação de *responsabilidade civil* aos fornecedores e *influencers*, pela *prática comercial abusiva desenvolvida nas mídias sociais* e pela evidente *violação aos preceitos normativos da boa-fé objetiva*.

Ademais, *o princípio da informação* impõe a disponibilização de *toda e qualquer informação necessária e suficiente sobre o conteúdo contratual*. Salienta-se, ainda, que o Código de Defesa do Consumidor privilegia a *informação* como um de seus principais pilares para fins de assegurar a proteção do consumidor e o (re)equilíbrio da relação de consumo, inclusive, assumindo a informação um *caráter dúplice*, que se perfectibiliza pelo *direito de informação* do consumidor e pelo *dever de informar* do fornecedor.[42]

---

40. BRAGA NETTO, Felipe Peixoto. **Manual de direito do consumidor à luz da jurisprudência do STJ.** 18.ed. rev., atual. e ampl.. São Paulo: JusPodivm, 2023, p.84, destaque no original.
41. Nesse sentido ver: STAUB, Hermann. **Le violazioni positive del contratto.** Tradução de Giovanni Varanese. Nápoles: Edizioni Scientifiche Italiane, 2001.
42. Nesse sentido ver: LORENZETTI, Ricardo Luis. **Fundamentos do direito privado.** Trad. Vera Maria Jacob de Fradera. São Paulo, Revista dos Tribunais, 1998, p.514-515; KHOURI, Paulo Roberto Roque Antônio. **Direito do consumidor na sociedade da informação.** São Paulo, SP: Almedina, 2022, p.99-104; GENEROSO, Andre Mesquita; SILVA, Michael César; NOGUEIRA, Roberto Henrique Porto. Publicidade ilícita e mecanismos tecnológicos de direcionamento. In: BRANT, Cassio Augusto Barros (Coord.). REINALDO FILHO, Demócrito Ramos; ATHENIENSE, Alexandre Rodrigues (Orgs.). **Direito Digital e Sociedade 4.0.** Belo Horizonte: D'Plácido, 2020, p.643-644; SILVA, Michael César; NOGUEIRA, Roberto Henrique Pôrto. Direito à informação qualificada na relação médico-paciente: estudo das implicações da diferença entre certificado de pós-graduação *lato sensu* e título de especialista em dermatologia. **Revista de Informação Legislativa,** Brasília, a.48, n.189, p.243-257, jan./mar. 2011, p.252-253; SILVA, Rodrigo da Guia; NOGAROLI, Rafaella. Inteligência artificial e big data no diagnóstico e tratamento de doenças: novos desafios ao dever de informação e à proteção de dados sensíveis. In: FALEIROS JÚNIOR, José Luiz de Moura; LONGHI, João Victor Rozatti; GUGLIARA, Rodrigo (Coords.). **Proteção de Dados na Sociedade da Informação:** entre dados e danos. Indaiatuba: Editora Foco, 2021, p.357-380; BIONI, Bruno Ricardo. O dever de informar e a teoria do diálogo das fontes para a aplicação da autodeterminação informacional como sistematização para a proteção dos dados pessoais dos consumidores: convergências e divergências a partir da análise da ação coletiva promovida contra o Facebook e o aplicativo "Lulu". **Revista de Direito do Consumidor**, São Paulo, Revista dos Tribunais, a.23, v.94, p.283-324, jul./ago. 2014.

Outrossim, *o princípio da transparência* se manifesta pela *qualificação da informação* disponibilizada em relação ao conteúdo contratual, sendo que a informação prestada deve ser *clara, ostensiva, precisa e correta*, visando a sanar quaisquer dúvidas existentes no ato da contratação.

> A transparência faz com que se exija do predisponente, sobretudo, lealdade ao estabelecer o conteúdo da avença e lealdade ao informar sobre ela ao outro contratante, via de regra mero aderente, portanto vulnerável à vontade que está a definir seus termos gerais, exigindo-lhe destarte comportamento responsável.
>
> [...]
>
> Seu maior impacto na relação contratual está na necessidade de que uma informação contratual de qualidade seja oferecida ao contratante vulnerável, pois somente a partir dela é que também pode ser emitida uma vontade qualificada.
>
> [...]
>
> A transparência está em harmonia e consagra a confiança negocial, pois, quando o predisponente não informa com adequação os termos da avença, levando o aderente a assumir deveres contrários aos seus interesses patrimoniais e existenciais, caracteriza-se a violação da confiança depositada no outro e na sua postura contratual. E a confiança contratual nunca se fez tão importante, uma vez que cresce o desestímulo à leitura do instrumento previamente redigido, em face da incapacidade do aderente em alterá-lo, pois inexistente o poder de negociação. Do que adianta ler, se não posso modificá-lo? Assino-o e consumo o bem da vida! A confiança negocial há de ser garantida pelo respeito ao princípio da transparência.[43]

Por fim, o princípio da confiança consagra a necessidade de *adimplemento das legítimas expectativas despertadas* na contratação[44-45], pelo que o fornecedor deve assegurar que o conteúdo contratual da relação de consumo seja consentâneo ao conteúdo da publicidade veiculada e disponibilizada ao consumidor nas plataformas digitais.

---

43. NALIN, Paulo. **Do contrato:** conceito pós-moderno em busca de sua formulação na perspectiva civil-constitucional. 2.ed. Curitiba: Juruá, 2006, p.146-148.
44. Claudia Lima Marques assevera que a teoria da confiança "pretende proteger prioritariamente as expectativas legítimas que nasceram no outro contratante, que confiou na postura, nas obrigações assumidas e no vínculo criado através da declaração do parceiro. Protegem-se, assim, a boa-fé e a confiança que o parceiro depositou na declaração do outro contratante." (MARQUES, Claudia Lima. **Contratos no Código de Defesa do Consumidor:** o novo regime das relações contratuais. 9.ed. rev. atual. São Paulo: Thomson Reuters Brasil, 2019, p.268). Nesse sentido ver: BRANCO, Gerson Luiz Carlos. A proteção das expectativas legítimas derivadas das situações de confiança: elementos formadores do princípio da confiança e seus efeitos. **Revista de Direito Privado,** São Paulo, n.12, p.169-225, out./dez. 2002, p.185; MARTINS-COSTA, Judith; BRANCO, Gerson Luiz Carlos. **Diretrizes teóricas do novo Código Civil brasileiro.** São Paulo: Saraiva, 2002, p.133; MARTINS-COSTA, Judith. **A boa-fé no direito privado:** critérios para sua aplicação. 2.ed. São Paulo: Saraiva Educação, 2018, p.328; SCHREIBER, Anderson. **A proibição de comportamento contraditório:** tutela da confiança e venire contra factum proprium. 4.ed., rev. e atual. São Paulo: Atlas, 2016, p.59-62; BAGGIO, Andreza Cristina. **O direito do consumidor brasileiro e a teoria da confiança.** São Paulo: Revista dos Tribunais, 2012, p.113; MIRAGEM, Bruno. **Curso de direito do consumidor.** 8.ed. rev., atual. e ampl.. São Paulo: Thomson Reuters Brasil, 2019, p.329-331.
45. Nesse mesmo giro, Manuel António de Castro Portugal Carneiro da Frada preleciona que "De facto, é indiscutível que *nas exigências de probidade, lisura e correção de conduta que a boa fé traduz cabe a de não criar ou acalentar indevidamente expectativas em outrem,* bem como *prevenir a formação ou manutenção de representações falsas, temerárias ou infundadas em outrem (ou o respectivo risco).* Nesta veste, a regra da boa fé credibiliza a *formação e perduração das expectativas.*" (FRADA, Manuel António de Castro Portugal Carneiro da. **Teoria da confiança e responsabilidade civil.** Coimbra: Almedina, 2004, p.467, destaque no original). Nesse sentido ver: NEGREIROS, Teresa. **Teoria do contrato:** novos paradigmas. 2.ed. Rio de Janeiro: Renovar, 2006, p.141.

O *princípio da confiança* destaca-se, na contemporaneidade, como sendo de fundamental importância na análise do conteúdo substancial da boa-fé objetiva. Tal fato atribui-se, em razão da *valorização da confiança*, como mecanismo de efetivação do (re)equilíbrio contratual, corporificado no ordenamento jurídico, por meio inserção de normas de ordem pública e interesse social voltadas a atribuir garantia de proteção aos legítimos interesses e expectativas criados mutuamente pelas partes na relação jurídica contratual.[46]

Portanto, *a tutela da confiança*, e consequentemente, a atribuição de *Responsabilidade pela Confiança*, compreende a "*expectativa de cumprimento de determinados deveres de comportamento* a que os sujeitos se haveriam de ater no seu relacionamento, pois os demais deveriam poder contar com a sua observância"[47], evitando-se, assim a *frustração de expectativas legítimas* despertadas na contratação.

Nessa linha de raciocínio, Guilherme Magalhães Martins discorre sobre o contexto contemporâneo das discussões travadas no âmbito do comércio eletrônico, ao expor que "Na contratação eletrônica via internet, a confiança dos contratantes, que integra parte do conteúdo substancial da boa-fé, deve ser tutelada em face da especificidade do meio, garantindo uma expectativa legítima da parte sob o ponto de vista da segurança e informação."[48-49]

---

46. SILVA, Michael César. Convergências e assimetrias do princípio da boa-fé objetiva no direito contratual contemporâneo. *In*: BRAGA NETTO, Felipe Peixoto; SILVA, Michael César (Orgs.). **Direito privado e contemporaneidade:** desafios e perspectivas do direito privado no século XXI: volume II. Rio de Janeiro: Lumen Juris, 2018, p.123. Nesse sentido ver: FRADA, Manuel António de Castro Portugal Carneiro da. **Teoria da confiança e responsabilidade civil.** Coimbra: Almedina, 2004, p.433-434; MARQUES, Claudia Lima. **Confiança no comércio eletrônico e a proteção do consumidor:** um estudo dos negócios jurídicos de consumo no comércio eletrônico. São Paulo: Revista dos Tribunais, 2004, p.32-35; BAGGIO, Andreza Cristina. **O direito do consumidor brasileiro e a teoria da confiança.** São Paulo: Revista dos Tribunais, 2012, p.84-89; CANTO, Rodrigo Eidelvein do. **A vulnerabilidade dos consumidores no comércio eletrônico.** São Paulo: Revista dos Tribunais, 2015, p.103-107; BRAGA NETTO, Felipe Peixoto. **Novo Manual de Responsabilidade Civil.** 3.ed. rev., atual. e ampl. Salvador: JusPodivm, 2022, p.209-210.
47. FRADA, Manuel António de Castro Portugal Carneiro da. **Teoria da confiança e responsabilidade civil.** Coimbra: Almedina, 2004, p.79, destaque no original.
48. MARTINS, Guilherme Magalhães. Responsabilidade civil por acidente de consumo na Internet. 2.ed., **rev., atual. e ampl.** São Paulo: Thomson Reuters Brasil, 2020. [E-book]. Nesse sentido ver: LORENZETTI, Ricardo Luis. **Comércio Eletrônico.** Trad. Fabiano Menke. São Paulo: Revista dos Tribunais, 2004, p.402-403; MARTINS-COSTA, Judith. **A boa-fé no direito privado:** critérios para sua aplicação. 2.ed. São Paulo: Saraiva Educação, 2018, p.328; BRAGA NETTO, Felipe Peixoto. **Novo Manual de Responsabilidade Civil.** 3.ed. rev., atual. e ampl. Salvador: JusPodivm, 2022, p.61-62; 209-210; BERGSTEIN, LAÍS. Inteligência artificial nas práticas de *geopricing* e *geoblocking*: a tutela dos vulneráveis nos contratos eletrônicos. *In*: TEPEDINO, Gustavo; SILVA, Rodrigo da Guia (Coords.). **O direito civil na era da inteligência artificial.** São Paulo: Thomson Reuters Brasil, 2020, p.447-454.
49. Segundo Rafaella Nogaroli e José Luiz de Moura Faleiros Júnior, "Tanto a confiança quanto a boa-fé objetiva exercem as funções de assegurar expectativas e de direcionar condutas. Assegurar expectativas no sentido de que há uma confiança interpessoal gerada a partir da credibilidade depositada e da correção legitimamente esperada nas condutas humanas; e direcionar condutas como um autoencaminhamento de acordo com as legítimas expectativas depositadas." (NOGAROLI, Rafaella; FALEIROS JÚNIOR, José Luiz de Moura. Do consentimento informado ao processo de escolha esclarecida: uma resenha à obra *Consentimento do paciente no direito médico*", de Flaviana Rampazzo Soares (Indaiatuba, SP: Editora Foco, 2021). **Revista IBERC**, Belo Horizonte, v.4, n.2, p.179-185, maio/ago. 2021, p.181. Disponível em: https://revistaiberc.emnuvens.com.br/iberc/article/view/177. Acesso em: 20 dez. 2023).

[...] As informações devem ser verdadeiras, corretas e claras para o consumidor. Os anúncios, no rádio, na televisão, nos *outdoors*, nas revistas, nos jornais e em outros meios de comunicação, têm por objeto alcançar o público-alvo e estimulá-lo ao consumo de produtos e serviços, que devem corresponder às legítimas e normais expectativas dos consumidores, tais como veiculados.[50]

Ante ao exposto, Claudia Lima Marques preleciona que "os princípios da boa-fé, transparência e proteção da confiança despertada dominam o regime da publicidade no Brasil"[51], demonstrando a relevância assumida pelo sistema protetivo do consumidor em relação a regulamentação da atividade publicitária.

No âmbito da publicidade, a boa-fé objetiva também ganha concretude na análise dos *princípios da veracidade* e *da identificação* da mensagem publicitária, os quais são expressões dos deveres de lealdade e transparência nas relações de consumo. O princípio da transparência (art. 4º, *caput*, do CDC), derivação da boa-fé, apresenta reflexos diretos na publicidade, a qual, enquanto informação ao consumidor, deve respeitar os parâmetros da veracidade, proibida toda publicidade enganosa, ainda que por omissão. A transparência também impõe que a mensagem publicitária seja imediatamente identificada como tal pelos consumidores, vedado o uso de publicidade que oculte a sua natureza comercial.[52]

Destarte, a aplicação consentânea dos princípios da boa-fé objetiva, informação, transparência e confiança tem por objetivo impedir, ou mesmo minimizar, os impactos da *assimetria informacional*[53] interpartes, existente nas relações jurídicas de consumo, especialmente, no tocante à promoção de publicidade ilícita no mercado de consumo digital.[54]

---

50. FALEIROS JÚNIOR, José Luiz de Moura; DENSA, Roberta. Responsabilidade civil e novas práticas abusivas no mercado de games. *In*: FALEIROS JÚNIOR, José Luiz de Moura; LONGHI, João Victor Rozatti; GUGLIARA, Rodrigo (Coords.). **Proteção de Dados na Sociedade da Informação:** entre dados e danos. Indaiatuba, SP: Editora Foco, 2021, p.343.
51. MARQUES, Claudia Lima. **Contratos no Código de Defesa do Consumidor.** 9.ed. São Paulo: Thomson Reuters Brasil, 2019, p.909. Nesse sentido ver: FRADERA, Vera M. Jacob de. A interpretação da proibição de publicidade enganosa ou abusiva à luz do princípio da boa-fé: o dever de informar no Código de Defesa do Consumidor. **Revista de Direito do Consumidor**, São Paulo, Revista dos Tribunais, n.4, p.173-191, dez. 1992, p.182-184.
52. DIAS, Lucia Ancona Lopez de Magalhaes. **Publicidade e direito.** 3.ed. atual. e reform. São Paulo: Saraiva, 2018, p.76.
53. Para maiores sobre o fenômeno da assimetria informacional (ou informação assimétrica), recomenda-se a leitura de: AKERLOF, George A. The Market for "Lemons": quality uncertainty and the market mechanism. **The Quarterly Journal of Economics,** v.84, n.3, Aug., 1970, p.488-500. Available from: https://www.jstor.org/stable/1879431. Access on: Dec. 20, 2023; SZTAJN, Rachel; BAROSSI FILHO, Milton. Assimetria e incompletude informacional nas relações de consumo sob a perspectiva de *Law & Economics*. *In*: BRAGA NETTO, Felipe Peixoto; SILVA, Michael César (Orgs.). **Direito privado e contemporaneidade:** desafios e perspectivas do direito privado no século XXI: volume três. Indaiatuba, SP: Editora Foco, 2020, p.147-159; TOMASEVICIUS FILHO, Eduardo. **O princípio da boa-fé no direito civil.** São Paulo: Almedina, 2020, p.34-42; KHOURI, Paulo Roberto Roque Antônio. **Direito do consumidor na sociedade da informação.** São Paulo, SP: Almedina, 2022, p.25-33; LORENZETTI, Ricardo Luis. **Comércio Eletrônico.** Trad. Fabiano Menke. São Paulo: Revista dos Tribunais, 2004, p.363-365.
54. Nesse sentido ver: BARBOSA, Caio César do Nascimento; GUIMARÃES, Glayder Daywerth Pereira; SILVA, Michael César. Publicidade ilícita e sociedade digital: delineamentos da responsabilidade civil do *digital influencer*. *In*: BARBOSA, Mafalda Miranda; BRAGA NETTO, Felipe Peixoto; SILVA, Michael César; FALEIROS JÚNIOR, José Luiz de Moura (Coords.). **Direito Digital e Inteligência Artificial:** Diálogos entre Brasil e Europa. Indaiatuba, SP: Editora Foco, 2021, p.389-390; AMORIM, Ana Clara Azevedo de. Os influenciadores digitais e a publicidade oculta: abordagem comparada de direito luso-brasileiro. *In*: RIBEIRO, Cláudio José Silva; HIGUCHI, Suemi (Orgs.). **Anais do I congresso internacional em humanidades digitais no Rio de Janeiro.** Rio de Janeiro: CPDOC/FGV, 2018, p.123-128.

> A boa-fé nas relações de consumo tem conexão com os conceitos de vulnerabilidade e de transparência ao impor ao fornecedor o dever de aumentar a carga de informação sobre os produtos/serviços colocados no mercado de consumo. Além disso, a boa-fé e veracidade ganham força e espaço, afinal, em respeito à boa-fé, exige-se do fornecedor veracidade na divulgação dos seus produtos/serviços. Eis aqui, portanto, um dos fundamentos para a imputação de ilicitude às práticas publicitárias enganosas e abusivas.
>
> [...]
>
> Em respeito à boa-fé, que tem função intrínseca de corrigir o natural desequilíbrio contratual que presente na relação de consumo, exige-se do fornecedor que veicule informações objetivas verazes e completas, já que a publicidade constitui comunicação emitida em relação jurídica assimétrica e dirigida a agente reconhecidamente mais frágil.[55]

No contexto do sistema privado de autocontrole, se verifica o relevante papel desempenhado pelo *Conselho Nacional de Autorregulamentação Publicitária* (CONAR) na proteção do consumidor em relação a divulgação de publicidade ilícita no mercado de consumo.

O CONAR se qualifica como uma *organização não-governamental* composta por Agências de Publicidade, anunciantes e veículos de comunicação, que atua apenas em relação ao conteúdo veiculado em anúncios publicitários, decidindo suas questões apenas em relação a questões éticas e as disposições publicitárias.[56]

Há de se destacar que a ingerência do Poder Público, assim como a incessante atuação do CONAR no tocante ao desenvolvimento da atividade publicitária, pode ser explicada pela exigência de *dinamicidade* e *fluidez* no que se refere a essa necessidade de regulamentação. Tal fato se justifica, pois, o mercado publicitário é, em sua essência, plástico, célere, e incompatível com a morosidade intrínseca aos órgãos públicos. Nesse sentido, o CONAR se presta a tomar suas decisões pautado, dentre outros pilares, na eficiência e agilidade, com o propósito de não engessar ou obstar o exercício da atividade publicitária no país.[57]

O Conselho Nacional de Autorregulamentação Publicitária regulamenta e fiscaliza, no âmbito privado, o conteúdo ético da publicidade, possuindo como norte as disposições do Código Brasileiro de Autorregulamentação Publicitária (CBAP).

> O CONAR apresenta como finalidade maior zelar pela aplicação do Código Brasileiro de Autorregulamentação Publicitária, recebendo denúncias de consumidores, de autoridades, de associados ou mesmo de sua diretoria, em face de qualquer empresa do mercado publicitário. Se não houver conciliação e a denúncia for julgada procedente, o CONAR aplica sanção administrativa que, embora sem coerção legal, apresenta fortíssima coerção ética.[58]

---

55. AFONSO, Luiz Fernando. **Proteção do Consumidor:** propaganda enganosa e prática de storytelling. São Paulo: Almedina, 2019, p.133. Nesse sentido ver: PFEIFFER, Roberto Augusto Castellanos. **Defesa da concorrência e bem-estar do consumidor.** São Paulo: Revista dos Tribunais, 2015, p.89.
56. CONAR. Conselho Nacional de Autorregulamentação Publicitária. **Missão.** 2023. Disponível em: http://www.conar.org.br/. Acesso em 15 abr. 2023.
57. BASSO, Mateus Barreto. **Direito de Autor e Publicidade.** São Paulo: Almedina, 2021.
58. FADEL, Marcelo Costa. Breves comentários ao código de autorregulamentação publicitária do CONAR. **Revista de Direito do Consumidor,** São Paulo, Revista dos Tribunais, a.13, n.50, p.153-170, abr./jun. 2004, p.155; AFONSO, Luiz Fernando. **Proteção do Consumidor:** propaganda enganosa e prática de storytelling. São Paulo: Almedina, 2019, p.174.

Com efeito, o CONAR atua *de ofício ou por meio de denúncias*, no intuito de garantir a proteção dos interesses dos consumidores no tocante à publicidade ilícita veiculada. O referido Conselho *não possui poder de impor o cumprimento de suas decisões*, apenas recomendando aos anunciantes – por meio de *Representações* instauradas – a alteração, sustação ou advertência de conteúdo avaliado por uma de suas Câmaras. A despeito das disposições possuírem, tão somente, *caráter de recomendação*, não sendo cogentes as determinações do Conselho, usualmente são aceitas pelos agentes publicitários, os quais adequam seu conteúdo, em consonância com a ética e boa prática publicitária preceituadas pelo CONAR.[59]

> A crítica que se coloca ao controle *exclusivamente* privado se dá justamente pelo fato de as decisões do Conar só obrigarem os signatários de tal sistema de controle, não vinculando todos os agentes do mercado. Suas normas éticas, como dissemos, não são normas jurídicas, faltando-lhe o caráter de generalidade e coercitividade que somente a lei e os atos estatais possuem. [...]
>
> A despeito da inegável importância do Conar, inclusive para a proteção dos direitos dos consumidores, tendo em vista a agilidade de suas decisões, não podemos ignorar que, como entidade privada, não exerce "poder de polícia" para multar os anunciantes e/ou fiscalizar a colocação de produtos e serviços no mercado. O controle exclusivamente autorregulamentar mostra-se, assim, insuficiente para a efetiva defesa dos consumidores, verificando-se a melhor tutela no sistema misto, que no Brasil somente se tornou eficaz com o controle estatal exercido a partir da promulgação do Código de Defesa do Consumidor.[60]

Destaca-se, que no ano de 2022, das 266 (duzentas e sessenta e seis) Representações instauradas no CONAR, os 5 (cinco) temas mais recorrentes versavam sobre: i) apresentação verdadeira; ii) responsabilidade social; iii) identificação publicitária; iv) cuidados com o público infantil; v) diversos.[61]

Não obstante, segundo dados disponibilizados pelo CONAR, no ano de 2022, cerca de 80,2% (oitenta vírgula dois) das Representações tratavam de *publicidades veiculadas na Internet*, sendo essa uma informação que reflete uma mudança de comportamento dos consumidores no ambiente virtual, o reposicionamento dos fornecedores diante do incremento do mercado de consumo digital, bem como a alteração do paradigma de divulgação da publicidade diante da crescente utilização do marketing digital.[62]

Constatou-se, ainda, pela análise dos referidos dados, que a *publicidade ilícita* se apresentou como um tema recorrente nas atividades publicitárias realizadas por influenciadores digitais, sendo que a espécie de publicidade predominante nas Representações instauradas no CONAR fora a *publicidade velada ou oculta*, que contraria o artigo 36 do

---

59. SCHNEIDER, Ari. **Publicidade, ética e liberdade:** o trabalho do CONAR pelo respeito na propaganda. São Paulo: CONAR, 2018. Disponível em: http://www.conar.org.br/pdf/LivroConarPublicidadeEticaLiberdade.pdf. Acesso em: 20 dez. 2023.
60. DIAS, Lucia Ancona Lopez de Magalhaes. **Publicidade e direito.** 3.ed. atual. e reform. São Paulo: Saraiva, 2018, p.52, destaque no original.
61. CONAR. Conselho Nacional de Autorregulamentação Publicitária. **Um balanço da autorregulamentação publicitária em 2022.** 2023. Disponível em: http://www.conar.org.br/pdf/conar223.pdf. Acesso em: 20 dez. 2023.
62. CONAR. Conselho Nacional de Autorregulamentação Publicitária. **Um balanço da autorregulamentação publicitária em 2022.** 2023. Disponível em: http://www.conar.org.br/pdf/conar223.pdf. Acesso em: 20 dez. 2023.

Código de Defesa do Consumidor, o qual prevê que "a publicidade deve ser veiculada de tal forma que o consumidor, fácil e imediatamente, a identifique como tal."[63]

Ademais, em relação a divulgação de publicidade oculta, o artigo 28 do Código Brasileiro de Autorregulamentação Publicitária (CBAP) determina aos fornecedores, a observância a *transparência publicitária*, de modo que, deve a mensagem publicitária ser *clara e identificável*[64], em consonância com o disposto no artigo 36 do CDC.[65]

> Outro ponto importante relacionado à identificação publicitária é que muito comumente são utilizadas *hashtags* em redes sociais para tornar claro que o conteúdo é publicitário. No exemplo supra usado no Capítulo 2 que menciona a influenciadora digital Camila Coelho, pontuou-se que ela usou a *hashtag* #ad para tornar claro que o conteúdo de sua comunicação era publicitário.
>
> [...]
>
> Assim, o uso de *hashtags* pode ser uma medida para se cumprir com a obrigação legal de identificação publicitária, porém em caso de *hashtags* utilizadas de forma escondidas no texto do conteúdo, em inglês (como no caso da *hashtag* #ad), ocultadas e/ou abreviadas (como no caso da *hashtag* #publi), entende-se que há o risco do princípio da identificação publicitária não estar sendo respeitado, pois o consumidor não tem a obrigação de ficar "procurando" dentro do conteúdo a informação de que aquela comunicação é publicitária, conhecer outra língua ou conhecer abreviações. Aqui, entende-se que o melhor caminho é buscar agir de acordo com os princípios da transparência e confiança, fazendo uma análise casuística da comunicação publicitária, sempre buscando deixar claro o teor publicitário ao consumidor.
>
> [...]
>
> Para fins de entendimento do princípio da identificação publicitária dentro do *marketing* de influência, os artigos do CBAP supramencionados ajudam a compreender a razão de ser da regra. Em primeiro lugar, é direito do consumidor entender que a comunicação que ele está recebendo é publicitária para que ele possa compreender o que fará em relação àquela comunicação. Em segundo lugar, influenciadores digitais possuem uma relação de confiança com seus seguidores e pessoas que o acompanham – eles os acompanham, em tese, por acreditarem na credibilidade daquele influenciador. Ora, se o influenciador digital não é transparente com o consumidor em relação a determinado conteúdo por ele postado, que na verdade é parte de uma estratégia de comunicação publicitária, ele, em conjunto com o anunciante, estarão abusando da confiança do consumidor, explorando a falta de conhecimento da relação estabelecida de forma oculta entre influenciador e anunciante e se beneficiando da credulidade do consumidor. Em suma, o influenciador e o anunciante não estarão sendo éticos e transparentes, atuando contrariamente à boa-fé objetiva.
>
> Assim, apesar desses artigos estarem previstos no CBAP, que é norma de autorregulação, e não possui meios de *enforcement* geral, entende-se que ambos os artigos 23 e 28 na verdade são traduções dos princípios da boa-fé objetiva e transparência supracitados, estes sim, regras postas previstas no CDC.[66]

---

63. BRASIL. **Código de Defesa do Consumidor.** Lei 8.078, de 11 de setembro de 1990. Disponível em: http://www.planalto.gov.br/ccivil_03/LEIS/L8078.htm. Acesso em: 20 dez. 2023.
64. Art. 28. O anúncio deve ser claramente distinguido como tal, seja qual for a sua forma ou meio de veiculação. (CONAR. Conselho Nacional de autorregulamentação publicitária. **Código Brasileiro de Autorregulamentação Publicitária.** 1980. Disponível em: http://www.conar.org.br/codigo/codigo.Php. Acesso em: 20 dez. 2023).
65. Nesse sentido ver: ALVES, Fabrício Germano. **Direito publicitário:** proteção do consumidor. São Paulo: Thomson Reuters Brasil, 2020, p.152-153.
66. ANDRADE, Andressa Bizutti. O marketing de influência na comunicação publicitária e suas implicações jurídicas. **Internet & Sociedade**, São Paulo, v.1, n.2, p.31-53, 2020, p.42-43. Nesse sentido ver: MOSSE, Cassio Nogueira Garcia; MACHADO, Dante Vinicius de Oliveira. A publicidade, o direito e as redes sociais. *In:* MOSSE, Cassio Nogueira Garcia (Coord.); CARNEIRO, Tayná; FEIGELSON, Bruno (Orgs.). **Social Media Law:** o direito nas redes sociais. São Paulo: Thomson Reuters Brasil, 2021. [E-book].

Nessa mesma linha de intelecção, Felipe Peixoto Braga Netto preleciona que:

> Uma blogueira, por exemplo, ou um youtuber famoso, não poderia – ou pelo menos não deveria – *usar sua credibilidade para dar depoimentos pessoais sobre produtos, sem deixar claro que se trata de algo pago*. Em outras palavras: a publicidade em si, não é o problema, o problema é a publicidade disfarçada, sem que fique claro que se trata de publicidade. Sobretudo tendo presente que os seguidores, em geral, são crianças ou estão no início da adolescência (ou pouco mais que isso). Ainda estamos dando os primeiros passos nessa matéria, mas o direito não pode ficar indiferente a essa realidade.[67-68]

Por fim, para além das diretrizes de autorregulamentação da publicidade no Brasil, também, existem diversos instrumentos normativos para determinados setores que regulamentam a atividade publicitária, tais como: a *Lei 9.294/1996* (dispõe sobre as restrições ao uso e à propaganda de produtos fumígeros, bebidas alcoólicas, medicamentos, terapias e defensivos agrícolas); a *Resolução de Diretoria Colegiada (RDC) nº 96/2008 da Agência Nacional de Vigilância Sanitária* (dispõe sobre a propaganda, publicidade, informação e outras práticas cujo objetivo seja a divulgação ou promoção comercial de medicamentos); a *Lei 12.965/2014* (Marco Civil da Internet), a *Lei 13.709/2018* (LGPD), entre outros, bem como, os respectivos *termos de uso e políticas de privacidade das plataformas digitais*[69], os quais devem ser observados por todos aqueles que promovem a veiculação de publicidade, por meio de marketing de influência, no mercado de consumo digital.

> [...] os atores da cadeia publicitária que atuarem com *marketing* de influência devem estar cientes das normas das plataformas que irão utilizar para realizar tal atividade. Instagram, Facebook, Twitter, Linkedin, Youtube, TikTok, entre outras, possuem termos de uso aplicáveis a sua utilização que devem ser observados por seus usuários, incluindo-se influenciadores digitais. Caso essas regras das plataformas não sejam observadas, é possível que o conteúdo de *marketing* de influência acabe sendo retirado do ar.[70]

Em síntese, o Brasil acolhe um *sistema misto de proteção da publicidade*, em termos de regulamentação publicitária, o qual se perfectibiliza pela consagração de instrumentos aptos a nortear o conteúdo publicitário veiculado, com a finalidade de se evitar, *atuações antijurídicas e antiéticas*, que possam ofender aos interesses dos consumidores vulneráveis, bem como, de se reprimir, prontamente, às práticas comerciais abusivas perpetradas pelos fornecedores e seus representantes no mercado de consumo, de modo a garantir o equilíbrio da relação jurídica de consumo e a proteção do consumidor.

---

67. BRAGA NETTO, Felipe Peixoto. **Manual de direito do consumidor à luz da jurisprudência do STJ.** 14.ed. rev., atual. e ampl. Salvador: JusPodivm, 2019, p.362, destaque nosso. Para uma leitura aprofundada da temática no contexto das redes sociais, recomenda-se: PASQUALOTTO, Adalberto; BRITO, Dante Ponte de. Regime jurídico da publicidade nas redes sociais e a proteção do consumidor. **Revista FIDES**, v. 11, n. 1, p. 40-64, 2020.
68. Nessa mesma linha de intelecção, o *artigo 23 do CBAP* determina que "Os anúncios devem ser realizados de forma a não abusar da confiança do consumidor, não explorar sua falta de experiência ou de conhecimento e não se beneficiar de sua credulidade." (CONAR. Conselho Nacional de autorregulamentação publicitária. **Código Brasileiro de Autorregulamentação Publicitária.** 1980. Disponível em: http://www.conar.org.br/codigo/codigo.Php. Acesso em: 20 dez. 2023).
69. Acerca dos termos de uso e políticas de privacidade das plataformas digitais, remete-se a leitura de: BIONI, Bruno Ricardo. **Proteção de dados pessoais:** a função e os limites do consentimento. 3.ed. rev., atual. e ampl.. Rio de Janeiro: Forense, 2021. [E-book].
70. ANDRADE, Andressa Bizutti. O marketing de influência na comunicação publicitária e suas implicações jurídicas. **Internet & Sociedade,** São Paulo, v.1, n.2, p.31-53, 2020, p.44, destaque no original.

5
DIGITAL INFLUENCER

No contexto contemporâneo da sociedade hiperconectada e do hiperconsumo é notório o fenômeno, nas redes sociais, dos denominados *influenciadores digitais* (*digital influencers*), personalidades em ascensão na última década, que passaram a integrar o cotidiano de inúmeros indivíduos ao redor do mundo.

> Os influenciadores digitais são grandes formadores de opinião, sendo capazes de modificar comportamentos e mentalidade de seus seguidores, visto que em razão da exposição de seus estilos de vida, experiências, gostos, preferências e, principalmente, da interação social acabam conquistando a confiança dos usuários ora consumidores (conhecidos como seguidores).[1]

Cristiane Rubim Manzina da Silva sustenta que os influenciadores digitais se destacam nas plataformas digitais, notadamente, em função de sua capacidade e habilidade de mobilizar um grande número de seguidores, moldar opiniões e comportamentos, e incutir ou influenciar hábitos de consumo.[2]

> Nos meios digitais, destacamos os criadores de conteúdos – tais como youtubers, instagramers ou bloggers – que inspiram quem os segue nas redes sociais e assim atraem o investimento das marcas. Muitos destes designados "influenciadores digitais" eram já figuras públicas antes da criação das suas páginas ou canais online, mas muitos outros alcançaram notoriedade pela forma como interagem com os seus públicos e ditam tendências no mercado de consumo digital.[3]

Nesse giro, destaca-se que os influenciadores digitais, para além de sua capacidade de interferir nas decisões de consumo de seus seguidores, também, são capazes de influir em processos de sociabilidade do público consumidor. Desse modo, os *digital influencers* desenvolvem *relações de confiança* e criam um vínculo intimista com seus seguidores, por meio de numerosas estratégias de relacionamento, com o objetivo

---

1. GASPARATTO, Ana Paula Gilio; FREITAS, Cinthia Obladen de Almendra; EFING, Antônio Carlos. Responsabilidade civil dos influenciadores digitais. **Revista Jurídica Cesumar**, v.19, n.1, p.65-87, 2019, p.75. Disponível em: https://periodicos.unicesumar.edu.br/index.php/revjuridica/article/view/6493. Acesso em: 20 dez. 2023.
2. SILVA, Cristiane Rubim Manzina da; TESSAROLO, Felipe Maciel. Influenciadores digitais e as redes sociais enquanto plataforma de mídia. **Anais do XXXIX Congresso Brasileiro de Ciências da Comunicação.** São Paulo, 2016, p.5. Disponível em: http://portalintercom.org.br/anais/nacional2016/resumos/R11-2104-1.pdf. Acesso em: 20 dez. 2023.
3. COUTO, Rute. Celebridades na publicidade: influência e responsabilidade perante o consumidor. *In:* ALVES, Léo da Silva. (Coord.). **Juristas do Mundo:** Série Excelência Jurídica: volume 7. Publicação oficial do XVI Encontro Internacional de Juristas (Braga/Minho, Portugal). Brasília: Editora Rede, 2019, p.163. Nesse sentido ver: ALMEIDA, Marcos Inácio Severo de *et al.*. Quem Lidera sua Opinião? Influência dos formadores de opinião digitais no engajamento. **Revista de Administração Contemporânea,** Rio de Janeiro, v.22, n.1, p.115-137, 2018, p.117. Disponível em: https://rac.anpad.org.br/index.php/rac/article/view/1263. Acesso em: 20 dez. 2023.

fulcral de, posteriormente, obter lucro mediante a realização de publicidade digital de marcas, produtos e serviços nas redes sociais.[4]

Em consonância com o exposto, "os influenciadores digitais, chegam em um ponto, que deixam de apenas produzir conteúdo apenas por hobby, e começam a fazer daquilo que se gosta, por lucro"[5-6], demonstrando-se o evidente *proveito econômico* obtido no mercado de consumo digital, com a realização de atividade publicitária nas plataformas digitais.

Em função da inegável presença dos *digital influencers* nas mídias sociais de maior popularidade – *Instagram*, *TikTok*, *YouTube*, *Facebook*, *Snapchat* e *Twitter*[7] –, se constata que a atuação destas personalidades no ambiente digital é significativa, vez que se utilizam das redes sociais para promover conteúdos temáticos e, assim, estabelecer maior interação com terceiros, denominados de *seguidores* (*followers*).

5.1 O FENÔMENO DOS INFLUENCIADORES DIGITAIS NA CONTEMPORANEIDADE

Os influenciadores digitais se tornaram célebres intermediários nas relações de consumo no ambiente digital[8], visto que, possuem enorme facilidade de comunicação com seus seguidores, derivada de uma preexistente relação de *confiança, credibilidade* e *proximidade* entre o *influencer* e o público (usuários-consumidores).[9]

---

4. KARHAWI, Issaaf. Notas teóricas sobre influenciadores digitais e Big Brother Brasil: visibilidade, autenticidade e motivações. **E-Compós**, [S. l.], v.24, 2021, p.3. Disponível em: https://www.e-compos.org.br/e-compos/article/view/2182. Acesso em: 20 dez. 2023.
5. KARHAWI, Issaaf. **Influenciadores digitais e marcas:** um mapeamento exploratório. X Simpósio Nacional da ABCiber Conectividade, Hibridação e Ecologia das Redes Digitais. São Paulo, 2017, p.1679.
6. Nesse sentido, Issaaf Karhawi preleciona que "Se a motivação para a presença nas redes sociais digitais for monetária, profissional, há aí indícios de uma atividade como influenciador digital – talvez essa prática esteja em um momento ainda de legitimação, pode ser que já tenha alcançado a institucionalização ou a desejada etapa profissional." (KARHAWI, Issaaf. Influenciadoras digitais muçulmanas no Instagram: o caso de Mariam Cham. **43º Congresso Brasileiro de Ciências da Comunicação**, 2020, p.13. Disponível em: https://www.portalintercom.org.br/anais/nacional2020/resumos/R15-1160-1.pdf. Acesso em: 20 dez. 2023).
7. Em agosto de 2023, em um processo de *rebranding* a rede social *Twitter* iniciou processos internos para modificação de seu logo e nome, abandonando o clássico passarinho azul e adotando um X como novo logo e nome. Tal mudança se deu em razão das significativas alterações realizadas na referida rede social pelo seu dono, o bilionário Elon Musk, com o objetivo de tornar a rede social em um "super app" do ocidente, tal qual o *WeChat* na China. Sobre o tema, remete-se a: SHAH, Saqib; MARTIN, Alan. Why is Twitter now called X? The big rebranding explained. **Evening Standard**. Aug. 22, 2023. Available from: https://www.standard.co.uk/tech/x-twitter-logo-rebrand-why-elon-musk-b1096363.html. Access on: Dec. 20, 2023.
8. Para maiores informações sobre as *relações de consumo virtuais*, recomenda-se a leitura de: SILVA, Michael César; SANTOS, Wellington Fonseca dos. O direito do consumidor nas relações de consumo virtuais. *In*: BRAGA NETTO, Felipe Peixoto; SILVA, Michael César (Orgs.). **Direito privado e contemporaneidade:** desafios e perspectivas do direito privado no século XXI. Belo Horizonte: D' Plácido, 2014, p.279-306.
9. Mercedes Ramos Gutiérrez e Elena Fernández-Blanco sustentam que "El marketing de influencers hoy constituye una herramienta fundamental para las marcas en la generación de una relación directa y cercana con sus consumidores, basada en la confianza y credibilidad. Se trata de que la voz de la marca sea asumida por «personas que se considera tienen un alto nivel de influencia sobre el público por su elevado número de seguidores en redes sociales y/o medios de comunicaciones digitales y que interactúan tanto a través de tweets,

[...] influenciadores possuem como habilidades naturais credibilidade, entusiasmo e perícia, o que os leva a induzir ideias e ações sobre um grande número de pessoas. No caso das redes sociais, com a possibilidade de atingir usuários em diversas localizações ao redor do mundo, essa influência pode se tornar ainda maior.[10]

A conexão do *influencer* com os seguidores, realizada de forma descontraída, espontânea e informal, com contato direto, pessoal e acessível, se tornou um grande atrativo para a veiculação de publicidade digital – marketing de influência – de marcas, produtos e serviços oferecidos pelos fornecedores no mercado de consumo digital, de tal modo que, se estabelece uma *relação parassocial* entre influenciadores e seguidores[11], posto que, os consumidores desenvolvem um vínculo de confiança com o *digital influencer*.

Sob essa perspectiva, os consumidores, muitas das vezes, se espelham nessas *celebridades digitais (webcelebridades)*, preferindo a *credibilidade do influenciador* a de um fornecedor, marca ou celebridade tradicional com a qual nunca teve contato direto/pessoal.[12]

[...] verifica-se que o influenciador digital pode atuar em três frentes, inclusive de forma concomitante: (i) como produtor do conteúdo que será divulgado; (ii) como ator/modelo de conteúdo a ser divulgado; e/ou (iii) como veículo de divulgação, postando o conteúdo produzido em suas redes sociais.

Exemplificando: uma marca de tênis pode contratar um influenciador digital como parte da estratégia de *marketing* da empresa para que tal influenciador produza um conteúdo no qual ele apareça falando de forma positiva sobre o tênis da referida marca e poste em suas redes sociais para que tal comunicação atinja o público do influenciador. A contratação pode prever que a marca tem o direito de postar os conteúdos produzidos pelo influenciador também em suas redes sociais próprias ou, ao contrário, prever que tal postagem ocorrerá apenas nas redes sociais da marca. Nesse último cenário, o influenciador não utilizará suas próprias redes sociais para divulgar o produto; nesse caso, ele será contratado pela marca por sua credibilidade, não pelos seus seguidores diretos.[13]

videos y posts, como a través de mensajes en blogs u otros». (GUTIÉRREZ, Mercedes Ramos; FERNÁNDEZ-BLANCO, Elena. La regulación de la publicidad encubierta em el marketing de influencers para la generación Z ¿cumplirán los/as influencers el nuevo código de conducta de autocontrol? **Revista Prisma Social,** Madrid, Espanha, n.34, p. 61-87, 2021, p.64). Nesse sentido ver: FERREIRA, Eduardo Aranha; MIRANDA, Sandra. **O papel dos influenciadores digitais no processo de intenção de compra:** comunicação e consumo. Beau Bassin, Mauritius: Novas Edições Acadêmicas, 2019 [E-book]; MARTINS, Guilherme Magalhães; MUCELIN, Guilherme. Responsabilidades dos influenciadores digitais: influência online como comunicação mercadológica disciplinada pelo CDC. *In:* HACKEROTT, Nadia Andreotti Tüchumantel (Coord.). **Influenciadores digitais e seus desafios jurídicos.** São Paulo: Thomson Reuters Brasil, 2023, p.117.

10. DANTAS, Melina Simardel. **Desafios contemporâneos da Ciência da Informação:** influenciadores digitais como objetos de investigação. 2018. Dissertação de Mestrado. 2018. 122f. Dissertação (Mestrado em Ciência da Informação) – Universidade Federal de São Carlos. São Carlos, São Paulo, 2018, p. 73. Disponível em: https://repositorio.ufscar.br/handle/ufscar/10499. Acesso em: 20 dez. 2023.
11. CONDE, Rita; CASAIS, Beatriz. Micro, macro and mega-influencers on instagram: The power of persuasion via the parasocial relationship. **Journal of Business Research,** v.158, p.1-10, Mar. 2023, p.2-3. Available from: https://www.sciencedirect.com/science/article/pii/S0148296323000668. Access on: Dec. 20, 2023.
12. Segundo Maria Carolina Zanette, "A opinião do influente é levada em conta por aqueles que o seguem, quando estes fazem suas escolhas mediante recomendações partidas do mesmo. No mais, indivíduos adotam certos comportamentos dos influentes, ainda que não haja recomendações por parte desses últimos, o que representa uma forma de influência por contágio." (ZANETTE, Maria Carolina. **Influência digital:** o papel dos novos influentes no consumo. Curitiba: Appris, 2015, p.20).
13. ANDRADE, Andressa Bizutti. O marketing de influência na comunicação publicitária e suas implicações jurídicas. **Internet & Sociedade,** São Paulo, v.1, n.2, p.31-53, 2020, p.36. Nesse sentido ver: TOBON, Sandra; GARCÍA-MADARIAGA, Jesús. Influencers vs the power of the crowd: a research about social influence on

Logo, os consumidores se sentem mais confortáveis e seguros diante de uma publicidade efetuada pelo *influencer*, em razão de uma prévia relação de confiança, vez que os consumidores (*followers*) acompanham diariamente os influenciadores em seu *feed* nas redes sociais. Destaca-se, por oportuno, que o contato entre *influencer* e seguidor não se estabelece de forma distante e artificial, mas, sobretudo, de *forma íntima (direta e pessoal)*, se apartando dos inúmeros *spams* existentes na Internet e do modelo clássico de publicidade roteirizada das celebridades tradicionais.[14-15]

> Os influenciadores tornam-se a imagem pública da marca, ajudando a divulgar e dar conhecimento sobre uma determinada marca ao grande público. Assim, entre a marca e o influenciador, surge uma relação jurídica ou contratual que necessita de empresas ou plataformas intermediadoras. (Tradução nossa).[16]

Ana Paula Gilio Gasparatto, Cinthia Obladen de Almendra Freitas e Antônio Carlos Efing explicam que no ambiente digital, estas figuras "se tornam grandes aliados na divulgação e indicação de produtos e serviços, visto que eles conseguem impactar a vida dos seus seguidores, moldar comportamentos e motivar escolhas de consumo."[17]

---

digital era. **Estudios Gerenciales,** v.37, n.161, p.601-609, Oct./Dec. 2021, p.602. Available from: https://doi.org/10.18046/j.estger.2021.161.4498. Access on: Dec. 20, 2023.

14. Nesse sentido ver: BARBOSA, Caio César do Nascimento; BRITTO, Priscila Alves de; SILVA, Michael César. Publicidade Ilícita e Influenciadores Digitais: Novas Tendências da Responsabilidade Civil. **Revista IBERC**, Belo Horizonte, v. 2, n.2, p. 1-21, 2019, p.10.

15. Há de se destacar, todavia, que as celebridades possuem alto poder persuasivo, especialmente, em relação ao público infantojuvenil em razão de sua patente vulnerabilidade e ao desenvolvimento incompleto de sua personalidade, tornando-os, assim, alvos fáceis para campanhas publicitárias que se sustentam no prestígio, credibilidade e reputação das celebridades. Nesse sentido, Rute Couto preleciona que "Pela maior exposição e vulnerabilidade à comunicação comercial, os menores são particularmente permeáveis a estes mecanismos de persuasão. No que se refere à publicidade dirigida ao público infantil e juvenil, a participação de celebridades, bem como o uso de personagens infantis e mascotes, contribui para que as crianças projetem a sua felicidade nos produtos que os seus ídolos anunciam, o que pode ser potenciador de sentimentos de frustração e conflitos familiares, quando os consequentes apelos à compra por parte dos menores não sejam correspondidos pelos progenitores." (COUTO, Rute. Celebridades na publicidade: influência e responsabilidade perante o consumidor. In: ALVES, Léo da Silva. (Coord.). **Juristas do Mundo:** Série Excelência Jurídica: volume 7. Publicação oficial do XVI Encontro Internacional de Juristas (Braga/Minho, Portugal). Brasília: Editora Rede, 2019, p.162).

16. No original: "Los *influencers* se convierten en la imagen pública de la marca, ayudando a divulgar y dar a conocer al público en general una determinada marca. Por tanto, entre la marca y el *influencer* surge una relación jurídica o vínculo contractual que necesita de empresas o plataformas intermediadas para funcionar." (OLIVARES, Yolanda Aguilar. **Las prácticas agresivas desleales en el mercado y la tutela del consumidor.** 2019. 356 f. Tese (Doctorado en Derecho y Ciencias Sociales) – Escuela Internacional de Doctorado. EIDUNED. Madrid, 2019, p.259, destaque no original. Disponible en: http://e-spacio.uned.es/fez/eserv/tesisuned:ED-Pg-DeryCSoc-Yaguilar/AGUILAR_OLIVARES__Yolanda_Tesis.pdf. Acceso en: 20 dec. 2023).

17. GASPARATTO, Ana Paula Gilio; FREITAS, Cinthia Obladen de Almendra; EFING, Antônio Carlos. Responsabilidade civil dos influenciadores digitais. **Revista Jurídica Cesumar**, v.19, n.1, p.65-87, 2019, p.84. Disponível em: https://periodicos.unicesumar.edu.br/index.php/revjuridica/article/view/6493. Acesso em: 20 dez. 2023. Nesse sentido ver: BROWN, D.; HAYES, N.. **Influencer marketing:** who really influences your customers. Oxford: Elsevier, 2008, p.50; FERNANDES, Vera Mónica Almeida. **Blogs de Moda:** Os novos social media influencers e o impacto que estes criam na estratégia de comunicação das marcas. Lisboa, 2016. Dissertação de Mestrado – Departamento de Gestão e Estratégia Empresarial: Laurete International Universities de Lisboa, 2016, p.31; TOBON, Sandra; GARCÍA-MADARIAGA, Jesús. Influencers vs the power of the crowd: a research about social influence on digital era. **Estudios Gerenciales,** v.37, n.161, p.601-609, Oct./Dec. 2021, p.602. Available from: https://doi.org/10.18046/j.estger.2021.161.4498. Access on: Dec. 20, 2023.

Diante de tal contexto, as empresas buscam contratar os influenciadores digitais para difusão de suas marcas e produtos, em virtude da audiência, confiança e credibilidade que estes despertam, como, também, devido às redes sociais permitirem uma maior proximidade e interatividade entre os seguidores, que são consumidores em potencial.[18]

Outrossim, em função do inegável e expressivo *poder de influência* que exercem em determinados segmentos –, sendo que algumas destas figuras se apresentam como as mais influentes da atualidade, possuindo milhões de seguidores –, os fornecedores perceberam o elevado potencial lucrativo em vincular seu nome, marcas, produtos e serviços a estas personalidades da era digital.

> Esse novo modelo de negócio encabeçado pelos influenciadores digitais é o que tem definido as dinâmicas do mercado de Comunicação na atualidade. Blogueiros, youtubers, digital influencers, creators são os novos players da Comunicação e ditam as regras de relacionamento entre empresas/marcas e seus públicos/consumidores.
>
> [...]
>
> Estar ao lado de influenciadores pode trazer ganhos às empresas, uma vez que aponta uma postura positiva frente ao digital além de agregar valor ao produto com as características que a imagem do próprio influenciador carrega.[19]

Os fornecedores vislumbraram, na atuação dos *influencers* nas plataformas digitais, a possibilidade de performarem uma *alta rentabilidade e retorno na divulgação* de suas marcas, produtos e serviços no mercado de consumo digital.[20] Ademais, influenciadores promovem interações com seus seguidores, aumentam suas *taxas de engajamento*[21] e, por conseguinte, elevam o número de seguidores em suas redes sociais.

---

18. BRITO, Dante Ponte de. Responsabilização civil dos influenciadores digitais pela veiculação de publicidade ilícita nas redes sociais. *In*: EHRHARDT JÚNIOR, Marcos; CATALAN, Marcos; MALHEIROS, Pablo (Coords.). **Direito Civil e tecnologia:** tomo I. 2.ed. rev. e atual. Belo Horizonte: Fórum, 2021, p.469.
19. KARHAWI, Issaaf. Influenciadores digitais: o Eu como mercadoria. *In:* SAAD, Elizabeth; SILVEIRA, Stefanie C. (Orgs.). **Tendências em comunicação digital.** São Paulo: ECA/USP, 2016, p.51-52. Disponível em: http://www.livrosabertos.sibi.usp.br/portaldelivrosUSP/catalog/download/87/75/365-1?inline=1. Acesso em: 20 dez. 2023.
20. Ana Rita Vitorino Ferreira explicita que "Marketing influencer dá a oportunidade de criar uma melhor e mais profunda relação com os consumidores, entrega a estes um sentimento de confiança sendo que a palavra vem dos seus influenciadores favoritos, espalha a mensagem da marca de uma forma global através de word-of-mouth eletrónica, torna a estratégia de marketing mais focada no público-alvo e aumenta reconhecimento de marca por estas estarem aliadas a influenciadores que os consumidores seguem e admiram." (FERREIRA, Ana Rita Vitorino. **O impacto das redes sociais e influenciadores digitais nos negócios atuais.** 2021. Dissertação de Mestrado. 2021. 118f. Dissertação (Mestrado em Gestão) Faculdade de Ciências da Economia e da Empresa, Universidade Lusíada, 2021, p.31. Disponível em: http://repositorio.ulusiada.pt/handle/11067/5905. Acesso em: 20 dez. 2023).
21. Por oportuno, destaca-se que "O engajamento é uma variável-chave do comportamento do consumidor, por fornecer explicação para o relacionamento do indivíduo com marcas. Após o considerável crescimento no uso das redes sociais virtuais, pesquisadores de marketing se dedicaram ao estudo da dinâmica do engajamento nesses espaços. Uma das definições mais disseminadas se refere ao engajamento como uma valência positiva, relacionada a aspectos cognitivos, emocionais e comportamentais durante a interação entre consumidor e marca (Hollebeek, Glynn, & Brodie, 2014). Essa definição foi atualizada por Calder, Malthouse e Maslowska (2016) para incluir o que esses autores caracterizam como expressões comportamentais em ambientes virtuais." (ALMEIDA, Marcos Inácio Severo de *et al.*. Quem Lidera sua Opinião? Influência dos formadores de opinião digitais no engajamento. **Revista de Administração Contemporânea,** Rio de Janeiro, v.22, n.1, p.115-137, 2018, p.119. Disponível em: https://rac.anpad.org.br/index.php/rac/article/view/1263. Acesso em: 20 dez. 2023).

Esta visibilidade atraiu o mercado de bens e serviços e os *influencers* digitais passaram a ser a voz e o rosto de grandes marcas, o que tem sido muito lucrativo para ambas as partes, pois, a criação dos conteúdos das redes sociais são livres e conduzida integralmente pelas crenças e percepções daquele *influencer*, o que gera maior sensação de segurança para o consumidor, sobretudo por que para o seguidor a opinião emitida soa-lhe autêntica e livre de compromissos com o ofertante.[22]

Portanto, se estabelece uma relação de confiança e credibilidade entre o *influencer* e seus seguidores, de modo que estes passam a ser influenciados pelas ações dessas celebridades digitais, no sentido de impulsionar determinados comportamentos de consumo no ambiente digital, *sem que, na maioria das vezes, os consumidores percebam ou mesmo identifiquem se tratar de uma publicidade.*[23]

Apesar de muitas marcas ainda manterem seu prestígio no mercado, os influenciadores digitais, também encabeçam uma importante posição diante da relação próxima que guardam com seus seguidores, como explicitado alhures. A soma desses fatores se revelou uma forma de publicidade altamente rentável e eficaz, pois através desses perfis que exercem grande influência nos gostos e escolhas dos seguidores há uma relação de intimidade, que é o que as marcas mais desejam para envolver e encorajar o seguidor a consumir. É justamente esse o poder do *Instagram*: oferece naturalidade e espontaneidade que acentuam o efeito persuasivo em virtude da sutilidade do anúncio.[24]

Em vista disso, os fornecedores passaram, também, a examinar a *viabilidade de investimento em marketing digital*, com a respectiva contratação de *influencers*, sob a perspectiva analítica da constatação dos seguintes critérios: a relevância e autenticidade do influenciador digital em seu nicho (segmento) específico, o nível da *taxa de engajamento* obtida junto aos seguidores e *o retorno econômico do fornecedor com a atividade publicitária veiculada pelos digital influencers* nas mídias sociais.

Estar presente nas redes sociais digitais como Facebook, Twitter e Instagram permite que as empresas estabeleçam *uma relação de credibilidade e confiança que gera engajamento e cria influência entre seus usuários e consumidores*. Para uma marca, desenvolver e cultivar um perfil nas redes sociais, pode ser a oportunidade de conquistar a confiança do consumidor e, posteriormente, resultar numa melhora nos seus resultados de marketing.

E muito mais que estar nas redes sociais virtuais: é ter alguém que fale por esta marca, que atraia seguidores para seus produtos, que apresente o que você tem a oferecer ao mercado. Na era digital, *o garoto*

---

22. SIMAS, Danielle Costa de Souza; SOUZA JUNIOR, Albefredo Melo de. Sociedade em rede: os influencers digitais e a publicidade oculta nas redes sociais. **Revista de Direito, Governança e Novas Tecnologias**, Salvador, v.4, n.1, p.17-32, 2018, p.29, destaque no original.
23. Sobre o assunto recomenda-se a leitura de: GOANTA, Catalina; RANCHORDÁS, Sofia. The regulation of social media influencers: an introduction. *In*: GOANTA, Catalina; RANCHORDAS, Sofia (Eds.). **The regulation of social media influencers.** Massachusetts: Edward Elgar Publishing Inc., 2020, p.1-20; STUBB, Carolina; NYSTRÖM, Anna-Greta; COLLIANDER, Jonas. Influencer marketing: The impact of disclosing sponsorship compensation justification on sponsored content effectiveness. **Journal of Communication Management,** v.23, i.2, p.109-122, 2019, p.109. Available from: https://doi.org/10.1108/JCOM-11-2018-0119. Access on: Dec. 20, 2023; FERREIRA, Eduardo Aranha; MIRANDA, Sandra. **O papel dos influenciadores digitais no processo de intenção de compra:** comunicação e consumo. Beau Bassin, Mauritius: Novas Edições Acadêmicas, 2019. [E-book].
24. MOREIRA, Diogo Rais Rodrigues; BARBOSA, Nathalia Sartarello. O reflexo da sociedade do hiperconsumo no instagram e a responsabilidade civil dos influenciadores. **Revista Direitos Culturais**, Santo Ângelo, v.13, n.30, p.73-88, maio/ago. 2018, p.79.

propaganda cede lugar ao digital Influencers: não existe mais o comercial gravado, a fala decorada. Este apresenta-se com naturalidade, com ações do dia a dia, incluindo na sua rotina aquele produto ou serviço que pretende apresentar aos seus seguidores.[25]

Todavia, muitas são as vezes em que, a divulgação de publicidade realizada pelos influenciadores digitais, enseja ofensa à regulamentação publicitária estabelecida pela legislação consumerista (CDC) e pela autorregulamentação ética do CONAR.

Nessa linha de intelecção, constata-se, ainda, que a *prática comercial abusiva* de veiculação de *publicidade ilícita,* nas redes sociais, se apresenta como um problema reiteradamente vislumbrado em atividades publicitárias promovidas por *influencers* no ambiente digital.

Corroborando com esse entendimento, após surgimento do fenômeno contemporâneo da publicidade digital – marketing de influência –, o CONAR passou a ser, frequentemente, provocado por meio de *denúncias* ou ainda pela *atuação de ofício*, com a finalidade de se averiguar a *falta de identificação das mensagens publicitárias*, uma vez que os influenciadores e fornecedores se aproveitaram de uma lacuna – aqui nominada como *friendly advice*[26] – em que não é possível, *a priori*, saber tratar-se de uma *publicidade oculta* ou uma *opinião descompromissada* –sincera e amigável – emitida pelo influenciador digital.[27]

A despeito de o CONAR ter atuado, de modo incessante nos últimos anos, a veiculação de publicidade ilícita nas plataformas digitais, ainda, se apresenta como um obstáculo para preservação dos princípios éticos publicitários, haja vista a expressiva quantidade de influenciadores, que surgem no meio digital, tornando a atividade do referido Conselho dificultosa em analisar e julgar a ocorrência de eventuais violações éticas nas inúmeras publicidades realizadas no ambiente digital.

---

25. CARVALHO, Guilherme Juliani de. Redes sociais e influenciadores digitais: uma descrição das influências no comportamento de consumo digital. **Revista Brasileira de Pesquisas de Marketing, Opinião e Mídia,** São Paulo, v. 11, n. 3, p. 288-299, set./dez. 2018, p.291. Disponível em: http://www.revistapmkt.com.br/Portals/9/Revistas/v11n3/4Redes%20sociais%20e%20influenciadores%20digitais%20%20Uma%20descri%C3%A7_o%20das%20influ%C3%AAncias%20no%20comportamento%20de%20consumo%20digital.pdf. Acesso em: 20 dez. 2023, destaque nosso.
26. Para uma melhor compreensão da referida temática, remete-se à leitura do tópico 5.7.5, da presente obra, que discorre sobre controvérsia envolvendo *"friendly advice"*.
27. **Ementa:** Anúncio em redes sociais com o título acima, de responsabilidade da Desinchá e da influenciadora Rafaela Kalimann, atraiu reclamação de consumidor, que não considerou clara a natureza publicitária da peça. Em sua defesa, a influenciadora informou ter adicionado ao anúncio, tão logo comunicada pelo Conar da abertura da representação, sinalização de que se tratava de publicidade e prometeu mais atenção em próximas ocasiões para não repetir o problema. A Desinchá, em sua defesa, afirma considerar evidente a natureza do anúncio, inclusive por postagem anterior, na qual a influenciadora divulga sua parceria comercial com a anunciante. Conclui informando ter pedido alteração na postagem motivo desta representação. A relatora recomendou a alteração agravada por advertência à Desinchá. Para ela, cabe razão ao consumidor. "Não se pode assumir que se faça uma associação de conteúdo publicitário apenas pelo fato de haver uma pessoa pública exibindo um produto", escreveu ela em seu voto, que foi aprovado por unanimidade. (CONAR. Conselho Nacional de Autorregulamentação Publicitária. Representação nº 139/20. 3ª e 8ª Câmara do Conselho de Ética. Decisão: Alteração e advertência. Relator: Conselheira Priscilla Menezes Barbosa, julg. set. 2020. **CONAR.** Disponível em: http://www.conar.org.br/processos/detcaso.php?id=5564. Acesso em: 20 dez. 2023).

Nesse mesmo giro, Arthur Pinheiro Basan e Muriel Amaral Jacob asseveram que "é preciso revisitar os direitos fundamentais, agora expostos a novos riscos de danos, em uma sociedade em rede, amplamente conectada."[28]

Não obstante, se o modelo de publicidade digital por intermédio de influenciadores for veiculado de forma adequada, observando os padrões éticos e jurídicos estabelecidos, deverá prosperar, uma vez que se caracteriza como importante instrumento de divulgação de marcas, produtos e serviços no mercado de consumo digital.

5.2 DEFINIÇÃO DE *DIGITAL INFLUENCER*

A construção de uma definição envolvendo a figura dos *digital influencers* se apresenta como uma questão de grande relevância, no âmbito de estudo das controvérsias havidas no cenário contemporâneo da veiculação de *marketing de influência*, pois, permite estabelecer o adequado *significado* da nomenclatura, com a finalidade de se proceder a uma delimitação dos limites, contornos e repercussões incidentes sobre a atuação dos influenciadores digitais no mercado de consumo digital.

> Na primeira parte da década de 2010, era comum fazer referências aos blogueiros e blogueiras que, em vários ramos de atividade, começavam a se profissionalizar e cobrar pela exposição de marcas e produtos em seus blogs. Nessa fase, talvez a principal característica fosse que a atividade publicitária era realizada primordialmente dentro de uma plataforma (*blog*) em que havia relativo controle do seu detentor – em outras palavras, os blogueiros também era *publishers*.
>
> Contudo, a partir da segunda metade da década, com (i) a popularização de redes sociais muito voltadas à imagem (Instagram), e que cada vez mais concentraram a maior parte do tráfego habitual na rede, (ii) o surgimento do 4G e o aumento de disponibilidade de banda larga, que permitiram que plataformas de vídeo pudessem ser ainda mais acessadas, e (iii) a queda de popularidade de blogs e sites próprios, com formadores de opinião utilizando as redes sociais e plataformas de vídeo como principal meio de comunicação, é razoável dizer que o termo blogueira começa a perder sentido, e a expressão *influenciadora* passa a ganhar mais força.
>
> O uso dessa expressão também demonstra uma outra característica essencial desse tipo de profissional: sua ubiquidade, ou seja, o uso de sua influência transcende uma plataforma específica. Dessa forma, ainda que um influenciador possa ter presença mais forte em uma ou outra rede, a sua influência não depende dessa, pois há um potencial enorme de que o profissional carregue essa capacidade para outras plataformas e meios, inclusive tradicionais, com rádio e televisão.[29]

Issaaf Karhawi discorre sobre o contexto evolutivo do termo "influenciador digital", explicitando que:

> Até 2014, blogueiras de moda eram conhecidas apenas como *blogueiras de moda* ou *bloggers*. O mesmo para blogueiros de outros nichos; de games à decoração. Aqueles que trabalhavam com produção de conteúdo em outras plataformas, como o YouTube, por exemplo, eram, por sua vez, *vlogueiros* ou *vloggers*. Em 2015, no entanto, inicia-se um movimento de redefinição de nomenclaturas profissionais, uma *guinada discursiva*.

---

28. BASAN, Arthur Pinheiro; JACOB, Muriel Amaral. Habeas Mente: a responsabilidade civil como garantia fundamental contra o assédio de consumo em tempos de pandemia. **Revista IBERC**, Belo Horizonte, v.3, n.2, p.161-189, maio/ago., 2020, p.183.
29. RAMOS, Pedro Henrique. **Direito e mídia digital:** melhores práticas. Belo Horizonte: Dialética, 2021, destaque no original. [E-book]

[...]

O termo influenciador digital (e antes dele, sua versão em língua inglesa; *digital influencer*) passou a ser usado mais comumente, no Brasil, a partir de 2015. Um dos principais motivos pode estar atrelado à entrada de novos aplicativos na esfera de produção desses profissionais que deixaram de se restringir a apenas uma plataforma – só o YouTube, no caso dos vlogueiros; ou só o blog, no caso dos blogueiros.[30]

Com efeito, definir o que é um *digital influencer* é uma tarefa complexa, que exige uma criteriosa análise transdisciplinar, fundada em uma interconexão entre múltiplos conceitos nas diversas áreas do conhecimento. Para tanto, se faz necessário compreender o modo de exercício da atividade publicitária, a relação com o público consumidor (seguidores), a correlação entre o número de seguidores e o engajamento, o nicho de atuação, a maneira pela qual o *influencer* utiliza as redes sociais, bem como a produção de conteúdo específico.[31]

Nessa perspectiva, os *influencers* atuam como *formadores de opinião* – valendo-se de seu prestígio, credibilidade, reputação, confiança, capital social, reconhecimento em determinado segmento, produção de conteúdo consistente, dentre outros fatores – com a finalidade de maximizar a aceitação de determinadas marcas, produtos ou serviços dos fornecedores junto a seus seguidores, e demais usuários das mídias sociais, expostos à divulgação da atividade publicitária.

> Tornar-se um influenciador digital é percorrer uma escalada: produção de conteúdo; consistência nessa produção (tanto temática quanto temporal); manutenção de relações, destaque em uma comunidade e, por fim, influência. Um influenciador pode ser tanto aquele que estimula debates ou agenda temas de discussão em nichos, quanto aquele que influencia na compra de um lançamento de determinada marca. Em ambos os casos, o processo de solidificação em termos de crédito, capital e reputação são os mesmos. Toda essa construção é, ao fim, apropriada por marcas que identificam nos influenciadores uma ponte entre um produto e seus consumidores. Construir, gerenciar e manter reputação no ambiente digital é tanto um processo natural na "jornada de um influenciador" – como mostramos aqui – quanto uma competência profissional desse sujeito. Reputação, em termos de comunicação mercadológica, é elemento essencial na construção de imagem, identidade e posicionamento de marca. Assim, essa competência profissional do influenciador acaba servindo como estratégia de comunicação para indústrias mais diversas; ao optar por uma parceria comercial com um blogueiro, youtuber, instagramer, aproxima-se a marca de um nicho que já está definido pelas dinâmicas de construção de comunidade do próprio influenciador. Economi-

---

30. KARHAWI, Issaaf. Influenciadores digitais: conceitos e práticas em discussão. **Communicare:** Revista do Centro Interdisciplinar de Pesquisa, São Paulo, Faculdade Cásper Líbero, v.17 [dossiê influenciadores digitais], p.46-61, 2017, p.48;53. Disponível em: https://static.casperlibero.edu.br/uploads/sites/5/2020/12/comunicare17-especial.pdf. Acesso em: 20 dez. 2023.
31. Segundo Chen Lou e Shupei Yuan, um influenciador digital "É, antes de tudo, um gerador de conteúdo: alguém que tem um nível de experiência em uma área específica, que cultivou um número considerável de seguidores cativos, que é de valor de marketing para as marcas, produzindo regularmente conteúdo valioso nas redes sociais." (Tradução nossa). No original: "Es ante todo un generador de contenido: alguien que tiene un estado de experiencia en un área específica, que ha cultivado un número considerable de seguidores cautivos, que son de valor de marketing para las marcas, al producir regularmente contenido valioso, a través, delas redes sociales." (LOU, Chen; YUAN, Shupei. Influencer Marketing: how message value and credibility affect consumer trust of branded content on social media. **Journal of Interactive Advertising**, v.19, i.1, p.58-73, 12 Feb. 2019, p.59. Available from: https://www.tandfonline.com/doi/epdf/10.1080/15252019.2018.1533501. Access on: Dec. 20, 2023).

zando à marca, assim, um trabalho de segmentação, identificação de público e construção de reputação no ambiente digital.[32]

Ante ao exposto, os influenciadores digitais se apresentam, atualmente, como relevantes agentes impulsionadores do mercado de consumo digital, notadamente, em função da importância assumida, no contexto do marketing de influência de marcas, produtos e serviços, possuindo grande *visibilidade midiática*[33] em sua atuação nas plataformas digitais.

O Parlamento Europeu, por meio do documento intitulado *"The impact of influencers on advertising and consumer protection in the Single Market"*, estabeleceu uma definição acerca dos influenciadores digitais:

> Um influenciador é um criador de conteúdo com intenção comercial, que constrói relacionamentos baseados em confiança e autenticidade com seu público (principalmente em plataformas de mídia social) e se envolve online com atores comerciais por meio de diferentes modelos de negócios para fins de monetização.[34] (Tradução nossa)

Os *digital influencers* são indivíduos – e em algumas hipóteses, *animais* ou mesmo *avatares fictícios* – que exercem demasiada influência sobre um determinado público, possuindo a habilidade de criar e influenciar a mudança de opiniões, comportamentos e, até mesmo, conceber padrões por meio de diálogos diretos com seus seguidores. Sendo por muitas vezes criadores de conteúdo, produzem material de forma contínua nas redes sociais, em especial, nas plataformas do *Instagram, TikTok* e do *YouTube*, com conteúdo muitas vezes *exclusivos*, gerando, por conseguinte, uma conexão pessoal com seu público em diversos segmentos específicos, tais como, cultura, entretenimento, moda, medicina, jurídico, *pets*, lazer, humor, gastronomia, games, estilo de vida *(lifestyle)*, tecnologia, finanças, dentre outros nichos.

Para a caracterização de um indivíduo como influenciador digital, devem ser observados determinados critérios objetivos, dentre os quais, se destacam:

i) relação entre a quantidade de seguidores *versus* alcance/engajamento real;

ii) alto grau de influência sob o comportamento das pessoas que o seguem;

---

32. KARHAWI, Issaaf. Influenciadores digitais: conceitos e práticas em discussão. **Communicare:** Revista do Centro Interdisciplinar de Pesquisa, São Paulo, Faculdade Cásper Líbero, v.17 [dossiê influenciadores digitais], p.46-61, 2017, p.59-60. Disponível em: https://static.casperlibero.edu.br/uploads/sites/5/2020/12/comunicare17-especial.pdf. Acesso em: 20 dez. 2023.
33. Nesse sentido ver: THOMPSON, John B.. A nova visibilidade. **MATRIZes**, São Paulo, ECA-USP, v.1, n.2, p.15-38, abr. 2008. Disponível em: https://www.revistas.usp.br/matrizes/article/view/38190/40930. Acesso em: 20 dez. 2023.
34. No original: "An influencer is a content creator with a commercial intent, who builds trust and authenticity-based relationships with their audience (mainly on social media platforms) and engages online with commercial actors through different business models for monetisation purposes." (MICHAELSEN, Frithjof *et al.*. **The impact of influencers on advertising and consumer protection in the single market.** Publication for the committee on Internal Market and Consumer Protection (IMCO), Policy Department for Economic, Scientific and Quality of Life Policies, European Parliament, Luxembourg, 2022, p.9. Available from: https://www.europarl.europa.eu/thinktank/en/document/IPOL_STU(2022)703350. Access on: Dec. 20, 2023).

iii) utilização de meios informais para alcançar o público-alvo (espontaneidade);

iv) contato direto e pessoal com o público (proximidade);

v) atuação em nichos (segmentos) específicos;

vi) produção de conteúdo específico com regularidade;

vii) credibilidade;

viii) reputação;

ix) confiança dos seguidores;

x) autenticidade com seu público;

xi) obtenção de remuneração (direta ou indireta);

xii) utilização do marketing de influência.

Em síntese, diante dos argumentos analisados, os influenciadores digitais podem ser definidos como os indivíduos – e em algumas hipóteses, *animais* ou mesmo *avatares fictícios* – que atuam nas plataformas digitais, pelo contato direto e pessoal com o público, criando uma relação de proximidade, pela utilização de meios informais para alcançar segmentos específicos (nichos) da sociedade, especialmente, mediante a criação de conteúdo específico com regularidade, alcançando elevado grau de influência sob o comportamento de seus seguidores, e gerando cada vez mais engajamento, em função da credibilidade construída no cotidiano e da confiança alcançada junto ao seu público-alvo, sendo que se utilizam dessa relação para obtenção de remuneração (direita ou indireta) por meio da realização de atividade publicitária, em seus diversos formatos, nas redes sociais.[35]

Em uma conjuntura, na qual influenciadores digitais se destacam pela intensa produção de conteúdo e, criação de canais de comunicação com um vasto número de pessoas nas mídias sociais, esses indivíduos, passam a exercer *significativo grau de influência sobre seu público* e, por conseguinte, *alto engajamento de seus seguidores nas plataformas digitais.*

---

35. Nesse sentido ver: WEIMANN, Gabriel. **The influentials:** people who influence people (SUNY series, Human Communication Processes). New York: State University of New York Press, 1994; KISS, Christine; BICHLER, Martin. Identification of influencers: measuring influence in customer networks. **Decision Support Systems**, v.46, n.1, p.233-253, 2008; STUBB, Carolina; NYSTRÖM, Anna-Greta; COLLIANDER, Jonas. Influencer marketing: The impact of disclosing sponsorship compensation justification on sponsored content effectiveness. **Journal of Communication Management,** v.23, i.2, p.109-122, 2019, p.109. Available from: https://doi.org/10.1108/JCOM-11-2018-0119. Access on: Dec. 20, 2023; BARBOSA, Mafalda Miranda. Causalidade, imputação e responsabilidade por informações. *In:* BARBOSA, Mafalda Miranda; ROSENVALD, Nelson; MUNIZ, Francisco (Coords.). **Responsabilidade Civil e Comunicação:** IV jornadas luso-brasileiras de responsabilidade civil. Indaiatuba, SP: Editora Foco, 2021, p.304; TOBON, Sandra; GARCÍA-MADARIAGA, Jesús. Influencers vs the power of the crowd: a research about social influence on digital era. **Estudios Gerenciales,** v.37, n.161, p.601-609, Oct./Dec. 2021, p.603. Available from: https://doi.org/10.18046/j.estger.2021.161.4498. Access on: Dec. 20, 2023.

Os Influenciadores conseguem, de facto, exercer influência sobre o comportamento dos seus seguidores. Esta é uma influência que se manifesta em três tipos de comportamentos: a) o desencadear do processo de compra de um determinado produto, originado pelo despertar do reconhecimento de uma necessidade; b) o estímulo do conhecimento de marca, apresentando aos consumidores determinados produtos/ serviço proporcionados por uma marca, para que estes fiquem com o conhecimento da mesma e usem essa informação na eventualidade de necessitarem de um produto que responda a uma necessidade específica; c) e o processamento de informação de forma inconsciente na mente do consumidor, capaz de o condicionar mais tarde a tomar determinadas decisões de compra sem que esteja consciente da informação que impulsionou tal decisão.[36]

Essas novas *celebridades digitais (webcelebridade)* impactam de modo significativo a vida das pessoas que as seguem, de modo que são capazes de influir em seus hábitos diários, modificar comportamentos, incutir novos costumes, incorporar neologismos e gírias na linguagem e, até mesmo, recomendar ou não recomendar marcas, produtos ou serviços.

Nesse contexto, ainda, que os seguidores de um determinado influenciador digital não procedam à aquisição de um produto ou serviço publicizado pelo mesmo, estarão inexoravelmente expostos ao planejamento estratégico de marketing digital do fornecedor e, deste modo, tomarão conhecimento sobre sua existência e disponibilidade no mercado de consumo digital. Logo, é possível concluir que, futuramente, diante de uma situação que os seguidores (consumidores) necessitem de um produto ou serviço da categoria divulgada na atividade publicitária realizada pelo *digital influencer*, estarão mais suscetíveis a adquirir este em oposição aos demais ofertados no mercado de consumo.[37]

Ademais, salienta-se que, o processo de criação e desenvolvimento de uma personalidade digital é um longo percurso no qual existem inúmeros desafios e obstáculos. A despeito de a obtenção de seguidores muitas vezes *não ser tarefa difícil*, por outro lado outro, se tem como dificultosa a manutenção da *credibilidade e da confiança* alcançada nos nichos (segmentos) específicos de atuação dos influenciadores digitais.

Dessa maneira, nas hipóteses em que os *influencers* perdem a credibilidade ou a confiança adquirida junto ao seu público-alvo, denota-se que tal situação poderá conduzir inúmeros influenciadores digitais ao *esquecimento,* ou mesmo ao *cancelamento*[38], por seus seguidores e demais usuários das mídias sociais.

---

36. FERREIRA, Eduardo Aranha. **O papel dos influenciadores digitais no processo de intenção de compra dos seguidores.** 2018. 152f. Dissertação (Mestrado em Publicidade e Marketing) Escola Superior de Comunicação Social, Instituto Politécnico de Lisboa, Lisboa, Portugal, 2018, p.84. Disponível em: https://repositorio.ipl.pt/handle/10400.21/9540. Acesso em: 20 dez. 2023.
37. FERREIRA, Eduardo Aranha. **O papel dos influenciadores digitais no processo de intenção de compra dos seguidores.** 2018. 152f. Dissertação (Mestrado em Publicidade e Marketing) Escola Superior de Comunicação Social, Instituto Politécnico de Lisboa, Lisboa, Portugal, 2018, p.81. Disponível em: https://repositorio.ipl.pt/handle/10400.21/9540. Acesso em: 20 dez. 2023.
38. Segundo Ana Paula Canto de Lima e Gessica Almeida, "O cancelamento digital é um fenômeno que ocorre na internet, principalmente nas redes sociais; sob o alvo do cancelamento, recai críticas, boicotes. O objetivo é realmente cancelar a pessoa, a empresa ou no que ela representa. Como consequência, pode ocorrer o ostracismo, a perda de patrocínios, de contratos, de emprego e outras repercussões negativas. Isso normalmente ocorre após algum comportamento ou opinião considerados ofensivos, preconceituosos, discriminatórios ou inadequados,

[...] Esse *status*, no entanto, só é mantido se o influenciador mantiver o foco na sua produção de conteúdo e relacionamento com sua audiência. No processo de construção de reputação é primordial concentrar-se no conteúdo produzido. Um influenciador, geralmente, publica conteúdos com regularidade, consistência (linha editorial) e qualidade a fim de atender as exigências de seu público. Público esse que legitima o influenciador na medida em que ele constrói uma relação sincera, genuína e íntima com a comunidade a sua volta.[39]

Sob esse prisma, é importante destacar, ainda, que a compreensão de que a *quantidade de seguidores* é suficiente para caracterizar o indivíduo como influenciador digital se *demonstra equivocada*,[40-41] sendo notável o recente fenômeno dos *micro ou nanoinfluenciadores*, que possuem quantidade de seguidores relativamente ínfima, se comparados com grandes influenciadores de determinados segmentos, mas, que contam *com relevante grau de engajamento de seus seguidores.*[42]

> Em conclusão, é difícil determinar se um indivíduo com um grande número de seguidores é de fato um influenciador ou não e, em caso afirmativo, que tipo de influenciador essa pessoa é. O tipo de setor em que essa pessoa parece operar (ou produzir conteúdo sobre), a fonte de sua popularidade nas mídias sociais, um número muito significativo de seguidores/visualizações de conteúdo – a ser avaliado em comparação com o que é a norma em um determinado setor, e a existência de um negócio subjacente à operação do influenciador são boas regras práticas que capturam o funcionamento do marketing de influenciadores. No entanto, como a seção a seguir explica, o aspecto mais importante do marketing de influenciadores moderno continua sendo a capacidade de os criadores de conteúdo monetizarem o conteúdo nas mídias sociais.[43] (Tradução nossa)

---

sendo moralmente condenáveis." (LIMA, Ana Paula Canto de; ALMEIDA, Gessica. Influenciadores: liberdade de expressão, cultura do cancelamento e responsabilidade civil. *In*: HACKEROTT, Nadia Andreotti Tüchumantel (Coord.). **Influenciadores digitais e seus desafios jurídicos.** São Paulo: Thomson Reuters Brasil, 2023, p.154).

39. KARHAWI, Issaaf. Influenciadores digitais: o Eu como mercadoria. In: SAAD, Elizabeth; SILVEIRA, Stefanie C. (Orgs.). **Tendências em comunicação digital.** São Paulo: ECA/USP, 2016, p.46. Disponível em: http://www.livrosabertos.sibi.usp.br/portaldelivrosUSP/catalog/download/87/75/365-1?inline=1. Acesso em: 20 dez. 2023.

40. Segundo Issaaf Karhawi, "não são os números que definem a melhor parceria de negócio. O que define se um influenciador agregará ou não valor a sua marca, conseguirá converter consumidores em clientes ou não, *é o engajamento e influência que eles têm em seus nichos e não apenas o número de seguidores ou inscritos nos canais.* É essencial que o influenciador seja escolhido de acordo com os valores da empresa e a intenção da campanha/parceria." (KARHAWI, Issaaf. Influenciadores digitais: o Eu como mercadoria. In: SAAD, Elizabeth; SILVEIRA, Stefanie C. (Orgs.). **Tendências em comunicação digital.** São Paulo: ECA/USP, 2016, p.46. Disponível em: http://www.livrosabertos.sibi.usp.br/portaldelivrosUSP/catalog/download/87/75/365-1?inline=1. Acesso em: 20 dez. 2023, destaque nosso).

41. Issaaf Karhawi destaca, ademais, que "apesar dos números concederem popularidade e ampliarem a visibilidade, é a credibilidade que mantém a atividade do influenciador em voga. A credibilidade se constrói no cotidiano do influenciador, nas relações que estabelece com aquelas que o acompanham. O influencer tem que ser verdadeiro, agregar valor, passar confiança para seu público. O público seguidor conhece muito bem os influenciadores que segue." (KARHAWI, Issaaf. **Influenciadores digitais e marcas:** um mapeamento exploratório. X Simpósio Nacional da ABCiber Conectividade, Hibridação e Ecologia das Redes Digitais. São Paulo, 2017, p.1679).

42. "Pesquisas de mercado apontam que pode chegar a 86% o número de internautas que descobriram um produto por indicação de um influenciador e 73% que já compararam um produto ou serviço por indicação de um influenciador digital." (KARHAWI, Issaaf. Notas teóricas sobre influenciadores digitais e Big Brother Brasil: visibilidade, autenticidade e motivações. **E-Compós**, *[S. l.]*, v.24, 2021, p.3. Disponível em: https://www.e-compos.org.br/e-compos/article/view/2182. Acesso em: 20 dez. 2023).

43. No original: "In conclusion, it is difficult to determine whether an individual with a large number of followers is indeed an influencer or not, and if so, what kind of influencer this person is. The type of industry this person appears to operate in (or produce content about), the source of their social media popularity, a very significant

Constata-se, ademais, a existência dos denominados "*fake followers*" (seguidores falsos)[44], *contas de usuários fictícios que aumentam o número de seguidores*, proporcionando uma falsa sensação de grandeza ou de poder para terceiros que observam esses números dos influenciadores como se *seguidores reais fossem*.

Todavia, os *fake followers* servem apenas para proporcionar uma *falsa aparência de influência*, por meio de números inflados, não surtindo efeito no *engajamento real*, vez que os algoritmos das redes sociais, atualmente, são capazes de identificá-los e excluí-los de sua base de cálculo e monetização nas plataformas digitais.

> Para distinguir-se um influenciador com seguidores reais e outro com seguidores comprados, uma boa forma é checar a proporção entre interações e seguidores. Extrair a média de interações por post nos últimos doze posts do influenciador e dividir pelo número de seguidores. Se a proporção for muito baixa (menos de 0,1%), é bem provável que haja bastante seguidores comprados na base. Apesar dessa possibilidade de base inativa ou comprada, a métrica de fãs ou seguidores é importante para entender-se o potencial de propagação que o influenciador possui. Nesse ponto, para ir-se além do número de seguidores, outra forma de verificar a capacidade da audiência do influenciador é por meio de técnicas de análise de redes sociais (ARS).[45]

Acerca da utilização indevida de *fake followers* por influenciadores digitais, Victor Rozatti Longhi discorre que:

> Alinhada a essa nova realidade está a prática, hoje disseminada, de compra de "seguidores robôs", que dão *"fake likes"*, tecem comentários e aumentam o chamado "engajamento", critério em tese mais complexo para se aferir quais seguidores estariam ali somente para fazer número e quais, efetivamente, carregariam um potencial de consumo de produtos e serviços dos anunciantes. Aumentar a popularidade poderia impulsionar as vendas, atrair clientes ou até mesmo convencer pacientes e levar a uma posição de liderança de mercado frente à concorrência. Ao fim e ao cabo, o mercado se vê inundado por práticas pouco éticas daqueles que querem inflar os seus números nas redes sociais e acabam incrementando os riscos aos clientes. [...]

---

number of followers/content views – to be assessed by comparison to what the norm is in a certain industry, and the existence of a business underlying the influencer's operation are good rules of thumb that capture the functioning of influencer marketing. However, as the following section explains, the most important aspect of modern influencer marketing remains the ability for content creators to monetize content on social media." (GOANTA, Catalina; RANCHORDÁS, Sofia. The Regulation of Social Media Influencers: An Introduction. **University of Groningen Faculty of Law Research.** Paper No. 41/2019, p.1-19, 2019, p.8-9. Available from: https://papers.ssrn.com/sol3/papers.cfm?abstract_id=3457197. Access on: Dec. 20, 2023).

44. Para uma leitura aprofundada sobre a temática recomenda-se a leitura de: ANAND, Abhinav; DUTTA, Souvik; MUKHERJEE, Prithwiraj. Influencer Marketing with Fake Followers. **IIM Bangalore Research**, n.580, p.1-44, 2020. Available from: https://papers.ssrn.com/sol3/papers.cfm?abstract_id=3306088. Access on: Dec. 20, 2023; KHALIL, Ashraf; HAJJDIAB, Hassan; AL-QIRIM, Nabeel. Detecting Fake Followers in Twitter: A Machine Learning Approach. **International Journal of Machine Learning and Computing**, v.7, n.6, p.198-202, 2017. Available from: https://www.researchgate.net/publication/322299498_Detecting_fake_followers_in_twitter_A_machine_learning_approach. Access on: Dec. 20, 2023; LONGHI, João Victor Rozatti. **Responsabilidade civil e redes sociais:** retirada de conteúdo, perfis falsos, discurso de ódio e fake news. Indaiatuba, SP: Editora Foco, 2020, p.115-120.

45. ISHIDA, Gabriel. Métodos para identificação e características de influenciadores em mídias sociais. *In:* SILVA, Tarcízio; BUCKSTEGGE, Jaqueline; ROGEDO, Pedro (Orgs.). **Estudando cultura e comunicação com mídias sociais.** Brasília: IBPAD, 2018, p.259.

Os seguidores robôs são, essencialmente, uma espécie de conta inautêntica criada com base na violação dolosa do contrato com as redes sociais e que tem a finalidade de inflar, artificialmente, a quantidade de seguidores ou de interações entre o usuário e os *bots*, emulando seu engajamento.

[...]

Igualmente, o chamado nível de "engajamento" dos seguidores, já que estes "seguidores robôs" são muitas vezes movidos por algoritmos, curtindo fotos e vídeos, postando comentários, atendendo a determinado "comportamento" (Ex.: um usuário lança determinada informação sobre uma marca ou determinado político, e automaticamente, há uma resposta por parte desse robô).

[...]

A questão se agrava quando são envolvidos os chamados *influencers*, usuários de redes sociais que atuam profissionalmente ao impulsionar conteúdo publicitário. A prática abusiva da inflação de seguidores altera não somente a precificação nos contratos interempresariais de publicidade, mas, quando induzida, pode acarretar uma falsa impressão ao consumidor de aceitação do produto ou serviço, em clara hipótese de publicidade abusiva. Do ponto de vista de terceiros, empresas que atuem no mesmo ramo podem se sentir vítima de concorrência desleal.[46-47]

---

46. LONGHI, João Victor Rozatti. **Responsabilidade civil e redes sociais:** retirada de conteúdo, perfis falsos, discurso de ódio e fake news. Indaiatuba, SP: Editora Foco, 2020, p.140-141.
47. Sobre a temática em estudo, destaca-se, a atuação da Procuradoria Geral do Estado de Nova Iorque, Estados Unidos, a qual investigou a empresa Devumi LLC, pela venda de seguidores falsos, visualizações e curtidas, nas redes sociais, para influenciadores e anunciantes, tendo firmado acordo para encerrar a investigação. Em 30 de janeiro de 2019, a Procuradoria emitiu um comunicado à imprensa sobre o acordo firmado nos seguintes termos: "Devumi LLC e empresas relacionadas de propriedade de German Calas, Jr. – incluindo DisruptX Inc.; Social Bull Inc.; e Bytion Inc. (coletivamente, "Devumi") – vendiam seguidores falsos, "curtidas", visualizações e outras formas de endosso e atividade online para usuários de plataformas de mídia social. Devumi forneceu a atividade fraudulenta usando contas bot e sock-puppet. Essas contas de bots e fantoches fingiam falsamente expressar as opiniões positivas genuínas de pessoas reais. Em alguns casos, a Devumi fornecia contas falsas que copiavam perfis de mídia social de pessoas reais sem consentimento, incluindo nome e foto.
Além disso, Devumi vendeu endossos de influenciadores de mídia social sem revelar que os influenciadores haviam sido pagos por suas recomendações. Isso é especialmente preocupante quando se considera que as opiniões dos influenciadores podem ter uma influência particularmente forte sobre a reputação e as vendas de qualquer produto, empresa, serviço ou pessoa que eles endossam.
[...]
Os falsos seguidores, "curtidas" e outras atividades que Devumi vendia vinham de contas operadas por computador ("contas bot") ou de uma pessoa fingindo ser várias outras ("contas fantoches"). Essas contas, encontradas em plataformas de mídia social, incluindo Twitter, YouTube, LinkedIn, SoundCloud e Pinterest, fingiam expressar opiniões genuínas de pessoas reais, quando na verdade refletiam atividades falsas e pagas destinadas a enganar o público online e o público. Algumas atividades que Devumi vendia vinham de contas falsas que copiavam fotos e perfis de redes sociais de pessoas reais sem o conhecimento ou consentimento da pessoa cuja identidade havia sido copiada." (Tradução nossa)
No original: "Devumi LLC and related companies owned by German Calas, Jr. – including DisruptX Inc.; Social Bull Inc.; and Bytion Inc. (collectively, "Devumi") – sold fake followers, "likes," views and other forms of online endorsement and activity to users of social media platforms. Devumi supplied the fraudulent activity using bot and sock-puppet accounts. These bot and sock-puppet accounts falsely pretended to express the genuine positive opinions of real people. In some instances, Devumi supplied fake accounts that copied real people's social media profiles without consent, including their name and picture.
In addition, Devumi sold endorsements from social media influencers without disclosing that the influencers had been paid for their recommendations. This is especially troubling when considering that the opinions of influencers can have particularly strong influence over the reputation and sales for any product, company, service or person they endorse.
[...]

Uma vez analisados os aspectos propostos – com a reiterada e necessária ênfase na *questão do engajamento* –, percebe-se a relevância da influência gerada por tais personalidades, sendo que a relação e a identificação do público comum (seguidores) para com essas celebridades digitais (*influencers*) "as tornam potencializadoras de um discurso consumista, uma vez que instigam, nas seguidoras, o desejo de adquirir o mesmo *status* de pertencimento."[48]

A vida pessoal do influenciador é compartilhada com seus seguidores que, por sua vez, buscam se inspirar no ideal protagonizado pelo *influencer*, contribuindo para o consumo desenfreado com vistas ao alcance do *status* de pertencimento contemporâneo, intimamente, atrelado à questão do consumo, enquanto elemento que compõe a personalidade de uma pessoa.

> *Marketing influence* dá a oportunidade de criar uma melhor e mais profunda relação com os consumidores, entrega a estes um sentimento de confiança sendo que a palavra vem dos seus influenciadores favoritos, espalha a mensagem da marca de uma forma global através de *word-of-mouth* eletrónica, torna a estratégia de marketing mais focada no público-alvo e aumenta reconhecimento de marca por estas estarem aliadas a influenciadores que os consumidores seguem e admiram.[49]

Dennis Verbicaro Soares, Pastora do Socorro Teixeira Leal e Jéssica Gillet explicitam que "diante das técnicas de marketing e publicidade, as redes sociais conseguem de fato influenciar e fazer o consumidor pensar que ele necessita daquele bem ou serviço que está sendo mostrado, instigando, assim, ao consumismo."[50-51]

The fake followers, "likes," and other activity that Devumi sold came from computer-operated accounts ("bot accounts") or by one person pretending to be many other people ("sock-puppet accounts"). Such accounts, found on social media platforms including Twitter, YouTube, LinkedIn, SoundCloud, and Pinterest, pretended to express genuine opinions of real people, when they actually reflected false, paid-for activity aimed at deceiving online audiences and the public. Some activity Devumi sold came from fake accounts that copied real people's social media pictures and profiles without the knowledge or consent of the person whose identity had been copied." (NEW YORK STATE. **Attorney General James announces groundbreaking settlement with sellers of fake followers and "likes" on social media.** Settlement is first in the country to find that selling fake followers and "likes" is illegal deception and that fake activity using stolen identities is illegal impersonation. 2019. Available from: https://ag.ny.gov/press-release/2019/attorney-general-james-announces-groundbreaking-settlement-sellers-fake-followers. Access on: Dec. 20, 2023).

48. LIMA, Cláudia Borges de; COUTO, Kioko Nakayama Nenoki do; LUIZ, Michelly Jacinto Lima. O mito diretivo das digitais influencers como potencializador do discurso consumerista. **Revista Travessias**, Universidade Estadual do Oeste do Paraná, v.14, n.1 p.218-234, 2020, p.232. Disponível em: http://e-revista.unioeste.br/index.php/travessias/article/view/24188. Acesso em: 20 dez. 2023.

49. FERREIRA, Ana Rita Vitorino. **O impacto das redes sociais e influenciadores digitais nos negócios atuais.** 2021. Dissertação de Mestrado. 2021. 118f. Dissertação (Mestrado em Gestão) Faculdade de Ciências da Economia e da Empresa, Universidade Lusíada, 2021, p.31. Disponível em: http://repositorio.ulusiada.pt/handle/11067/5905. Acesso em: 20 dez. 2023.

50. SOARES, Dennis Verbicaro; LEAL, Pastora Do Socorro Teixeira; GILLET, Jéssica. Consumidor e redes sociais: a nova dimensão do consumismo no espaço virtual. **Revista Pensamento Jurídico**, v.14, n.1, p.224-247, 2020, p.235. Nesse sentido ver: BRIDGER, Darren. **Neuromarketing:** como a neurociência aliada ao design pode aumentar o engajamento e a influência sobre os consumidores. Tradução Afonso Celso da Cunha Serra. São Paulo: Autêntica Business, 2018.

51. Nesse sentido, Gilles Lipovetsky assevera que "nunca vivemos em um mundo material tão leve, fluido e móvel. Nunca a leveza criou tantas expectativas, desejos e obsessões. Nunca ela incentivou tanto o comprar e o vender." (LIPOVETSKY, Gilles. **Da leveza:** rumo a uma civilização sem peso. Barueri, São Paulo: Manole, 2016, p.19).

Logo, com crescente popularidade, os influenciadores digitais ditam padrões de comportamento e de consumo para incontáveis indivíduos nas mídias sociais, de modo a reinventar conceitos e se tornarem modelos a serem seguidos.[52]

> [...] o Youtuber consome algum conteúdo da mídia e, segundo os critérios de filtragem do seu canal, determina que tal conteúdo e relevante para ser comentado. Em seguida, produz o vídeo, edita-o e posta no Youtube. O internauta consome as notícias sob o ponto de vista do Youtuber, com uma dupla presença da mídia: a dos meios de comunicação e a do líder de opinião por meio da Internet. Apesar disso, o Youtuber apresenta-se como sujeito anônimo, pelo fato de não ser celebridade das mídias tradicionais, o que lhe proporciona certa legitimidade perante os assinantes de seu canal (e uma pessoa anônima falando para outros anônimos). Por essa razão, é reconhecido como líder, tornando-se, com o passar do tempo, uma celebridade midiática da Internet.[53]

Sob essa perspectiva, os *influencers* se destacam como uma *atrativa e rentável alternativa*, no contexto do marketing de influência, para impulsionar o mercado de consumo, por meio de veiculação de publicidade realizada nas plataformas digitais.

Nesse cenário, os fornecedores vislumbraram a viabilidade de se estabelecer novas estratégias de marketing, por intermédio do estabelecimento de *parcerias* com os influenciadores para criação e produção de conteúdo específico e relevante sobre marcas, produtos e serviços, participação em campanhas publicitárias, eventos de divulgação, criação e desenvolvimento de produtos e serviços, dentre outras possibilidades, com a finalidade de se conferir maior visibilidade, ampliação do alcance ao público consumidor e impacto dos seus produtos e serviços no mercado de consumo.

Com efeito, os fornecedores notaram, ainda, que os influenciadores digitais possuem certos atributos que lhes conferem *reputação, credibilidade, confiança, prestígio, espontaneidade e proximidade* junto aos seus seguidores, permitindo conquistar expressivo público (consumidores) nas redes sociais e, portanto, se tornando agentes capazes de otimizar a divulgação de marcas, produtos ou serviços no mercado de consumo digital.

Não obstante, no âmbito da atividade publicitária realizada pelos influenciadores digitais, se sobrelevam, dois tipos de parceria desenvolvidas com os fornecedores, quais sejam, a *produção de conteúdo específico* sobre marcas, produtos e serviços em ambiente digital e a *criação e desenvolvimento de produtos e serviços* segmentados para determinado público-alvo (consumidores/seguidores) junto aos fornecedores.

Por fim, o estabelecimento de parcerias com os *influencers*, tem por objetivo *agregar valor* as marcas, produtos e serviços dos fornecedores e potencializar as vendas

---

52. Sobre o assunto recomenda-se a leitura de: GOANTA, Catalina; RANCHORDÁS, Sofia. The regulation of social media influencers: an introduction. *In*: GOANTA, Catalina; RANCHORDAS, Sofia (Eds.). **The regulation of social media influencers.** Massachusetts: Edward Elgar Publishing Inc., 2020, p.1-20; WEIMANN, Gabriel. **The influentials:** people who influence people (SUNY series, Human Communication Processes). New York: State University of New York Press, 1994; KISS, Christine; BICHLER, Martin. Identification of influencers: measuring influence in customer networks. **Decision Support Systems**, v.46, n.1, p.233-253, 2008.
53. MOTTA, Bruna Seibert; BITTENCOURT, Maíra; VIANA, Pablo Moreno Fernandes. A influência de Youtubers no processo de decisão dos espectadores: uma análise no segmento de beleza, games e ideologia. **E-compos**, Brasília, v.17, n.3, p.1-25, set./dez. 2014, p.8.

no mercado de consumo, tendo por pressuposto a credibilidade, prestígio e reputação alcançados, bem como o engajamento e influência sobre seus seguidores nos segmentos específicos de atuação nas mídias sociais, proporcionando assim o incremento da atividade econômica desenvolvida e maior obtenção de lucro.

5.3 MODALIDADES DE INFLUENCIADORES DIGITAIS

A despeito do termo genérico *"digital influencer"*, a categoria dos influenciadores digitais não se apresenta como um grupo homogêneo, existindo diversas modalidades, as quais são merecedoras de atenção, para uma melhor compreensão acerca da atuação dos *influencers* no mercado de consumo digital.

A classificação dos *digital influencers*, em relação ao *número de seguidores*, é algo comum para usuários das redes sociais, de modo que, diversos sites jornalísticos, blogs e vídeos abordam essa questão recorrentemente. Todavia, observa-se haver divergências em relação ao critério utilizado para categorização dessas *webcelebridades*, notadamente, pelo fato de se pautar, exclusivamente, no número de seguidores, desconsiderando outras circunstâncias necessárias para a distinção dos influenciadores.

Numa perspectiva mais ampla e propositiva de classificação das celebridades digitais, verifica-se que em sua atuação nas mídias sociais, os influenciadores digitais são categorizados em uma série de nichos ou segmentos específicos e, inseridos em determinadas modalidades, construídas sob a perspectiva de critérios distintivos, dentre os quais: i) o número de seguidores nas plataformas digitais; ii) o engajamento (real) do influenciador com o público consumidor; iii) o grau de influência que exercem em seus seguidores.

A partir do referido contexto, os fornecedores procedem a uma análise criteriosa das modalidades de *influencers*, com a finalidade de se estabelecer o adequado *planejamento estratégico de marketing* a ser desenvolvido junto aos influenciadores no ambiente digital.

O diagnóstico acerca das modalidades de *influencers*, permite o delineamento de parcerias com os *digital influencers*, como por exemplo, a realização de campanhas publicitárias, a produção de conteúdo específico e relevante sobre marcas, produtos e serviços, eventos de divulgação, e a criação e desenvolvimento de produtos, de forma que, a depender da categoria na qual o influenciador esteja inserido, os objetivos e contornos da atividade publicitária, bem como, a modalidade de remuneração poderão variar substancialmente.

5.3.1 Mega *influencers*

A modalidade dos megainfluenciadores é composta, majoritariamente, por celebridades tradicionais (atores, cantores, esportistas renomados, humoristas, entre outros), bem como, por celebridades digitais (*influencers*).

Diante disso, o enquadramento de um indivíduo em uma categoria ou outra se torna uma tarefa dificultosa, haja vista que, existem celebridades tradicionais que se utilizam das plataformas digitais sem a pretensão de se tornar um influenciador digital, existem celebridades tradicionais que atuam como *influencers*, assim como influenciadores que passam a atuar como celebridades tradicionais.

Em regra, os influenciadores digitais se apresentam como indivíduos que, em razão de determinados atributos pessoais, adquiriram seguidores e engajamento, exclusivamente, por meio das mídias sociais. Lado outro, as celebridades convencionais são indivíduos que possuem uma carreira consolidada e fama prévia e, posteriormente, passaram a atuar de modo complementar nas redes sociais.[54]

Há de se destacar que a distinção entre celebridades e não celebridades é, muitas vezes, marcada por uma linha tênue, tendo em vista que, atualmente, diversos indivíduos crescem paralelamente como celebridades tradicionais e como influenciadores digitais, buscando ampliar seu alcance e a possibilidade de obtenção de lucros.

Pode-se citar, exemplificativamente, o emblemático caso de *Juliette Freire*, campeã do *reality show* Big Brother Brasil no ano de 2021. Juliette Freire adquiriu milhões de seguidores nas mídias sociais durante sua participação no referido programa de televisão, sem que tivesse conhecimento à época e, após sua saída do programa, passou a atuar de modo significativo nas redes sociais, bem como, iniciou sua carreira como cantora.[55]

A categorização de megainfluenciadores é representada por *figuras de grande destaque, fama e prestígio na mídia e no cotidiano digital-social* e, por conseguinte, possuindo elevado engajamento de seus seguidores e repercussão do conteúdo publicado nas plataformas digitais, com notável retorno econômico para fornecedores.

Os megainfluenciadores podem ser definidos como aqueles indivíduos que contam com *mais de 1 (um) milhão de seguidores* e, por esse motivo, possuem uma *relação mais distante* de seu público.[56] Tal situação se justifica, pois, se tem como naturalmente dificultosa uma atuação mais intimista do *influencer* com esse vasto número de seguidores.

Não obstante, os *mega influencers* são percebidos pelos usuários das redes sociais como figuras mais simpáticas e críveis do que as celebridades tradicionais, em razão do maior grau de proximidade que possuem com seus seguidores. Afinal, os influenciadores digitais se comunicam diuturnamente com seu público-alvo, por meio de *stories*

---

54. É comum que várias plataformas de influência e agências de marketing realizem subdivisões de personalidades entre celebridades e não celebridades, adentrando nesta última categoria influenciadores que começaram nas plataformas digitais e, na primeira, personalidades que possuíam carreira consolidada e, posteriormente, adentraram às redes sociais. Em geral, tal categorização serve para que seja definido com maior precisão o alcance do público-alvo e o real engajamento de tais personas.
55. INSTAGRAM. **Juliette**. 2023. Disponível em: https://www.instagram.com/juliette/. Acesso em: 20 dez. 2023.
56. BRITT, Rebecca K. *et. al*. Too Big to Sell? A Computational Analysis of Network and Content Characteristics among Mega and Micro Beauty and Fashion Social Media Influencers. **Journal of Interactive Advertising,** v.20, i.2, p.111-118, 2020. Available from: https://www.tandfonline.com/doi/abs/10.1080/15252019.2020.17 63873. Access on: Dec. 20, 2023.

e formatos correlatos, ao passo que as celebridades convencionais só eram vistas na mídia tradicional, sem contato direto e pessoal com o público.[57]

Segundo dados coletados em dezembro de 2023, no campo das celebridades tradicionais, isto é, personalidades que já eram famosas em outros formatos de mídia – como cinema, televisão, rádio, música, esportes, dentre outros – e, posteriormente, passaram a exercer marketing de influência, nas redes sociais, se destacam: *Cristiano Ronaldo* (615 milhões)[58], *Lionel Messi* (495 milhões)[59], *Selena Gomez* (430 milhões)[60], *Kylie Jenner* (399 milhões)[61], *Dwayne Johnson "The Rock"* (395 milhões)[62], *Ariana Grande* (380 milhões)[63], *Kim Kardashian* (364 milhões)[64], *Beyoncé* (319 milhões)[65], Khloé Kardashian (311 milhões)[66] e Kendall Jenner (294 milhões)[67].

Em relação aos perfis de brasileiros mais seguidos na plataforma do Instagram, de acordo com dados coletados em dezembro de 2023, destacam-se: Neymar (217 milhões)[68], Ronaldinho (74,8 milhões)[69], Marcelo Vieira (66,3 milhões)[70], Anitta (64,8

---

57. Nesse sentido: JIN, Seung-A Annie; PHUA, Joe. Following Celebrities' Tweets About Brands: The Impact of Twitter-Based Electronic Word-of-Mouth on Consumers' Source Credibility Perception, Buying Intention, and Social Identification With Celebrities. **Journal of Advertising**, v.43, i.2, p.181-195, 2014. Available from: https://www.scholars.northwestern.edu/en/publications/following-celebrities-tweets-about-brands-the-impact-of-twitter-b. Access on: Dec. 20, 2023; DJAFAROVA, Elmira; RUSHWORTH, Chloe. Exploring the credibility of online celebrities' Instagram profiles in influencing the purchase decisions of young female users. **Computers in Human Behavior**, v.68, p.1-7, 2017. Available from: https://www.sciencedirect.com/science/article/abs/pii/S0747563216307506. Access on: Dec. 20, 2023; DE VEIRMAN, Marijke; CAUBERGHE, Veroline; HUDDERS, Liselot. Marketing through Instagram influencers: the impact of number of followers and product divergence on brand attitude. **International Journal of Advertising**, v.36, i.5, p.798-828, 2017. Available from: https://www.tandfonline.com/doi/full/10.1080/02650487.2017.1348035. Access on: Dec. 20, 2023.
58. INSTAGRAM. **Cristiano**. 2023. Disponível em: https://www.instagram.com/cristiano/. Acesso em: 20 dez. 2023.
59. INSTAGRAM. **Leomessi**. 2023. Disponível em: https://www.instagram.com/leomessi/. Acesso em: 20 dez. 2023.
60. INSTAGRAM. **Selenagomez**. 2023. Disponível em: https://www.instagram.com/selenagomez/. Acesso em: 20 dez. 2023.
61. INSTAGRAM. **Kyliejenner**. 2023. Disponível em: https://www.instagram.com/kyliejenner/. Acesso em: 20 dez. 2023.
62. INSTAGRAM. **Therock**. 2023. Disponível em: https://www.instagram.com/therock/. Acesso em: 20 dez. 2023.
63. INSTAGRAM. **Arianagrande**. 2023. Disponível em: https://www.instagram.com/arianagrande/. Acesso em: 20 dez. 2023.
64. INSTAGRAM. **Kimkardashian**. 2023. Disponível em: https://www.instagram.com/kimkardashian/. Acesso em: 20 dez. 2023.
65. INSTAGRAM. **Beyonce**. 2023. Disponível em: https://www.instagram.com/beyonce/. Acesso em: 20 dez. 2023.
66. INSTAGRAM. **Khloekardashian**. 2023. Disponível em: https://www.instagram.com/khloekardashian. Acesso em: 20 dez. 2023.
67. INSTAGRAM. **Kendalljenner**. 2023. Disponível em: https://www.instagram.com/kendalljenner/. Acesso em: 20 dez. 2023.
68. INSTAGRAM. **Neymarjr**. 2023. Disponível em: https://www.instagram.com/neymarjr. Acesso em: 20 dez. 2023.
69. INSTAGRAM. **Ronaldinho**. 2023. Disponível em: https://www.instagram.com/ronaldinho. Acesso em: 20 dez. 2023.
70. INSTAGRAM. **Marcelotwelve**. 2023. Disponível em: https://www.instagram.com/marcelotwelve. Acesso em: 20 dez. 2023.

milhões)[71], Whindersson Nunes (59,7 milhões)[72], Tata Werneck (57 milhões)[73], Larissa Manoela (53,7 milhões)[74], Maisa (48,5 milhões)[75], Bruna Marquezine (45,2 milhões)[76] e Virginia Fonseca (44,7 milhões)[77].

Com a popularização das mídias sociais, nos últimos anos, muitos indivíduos passaram a contar com milhões de seguidores no *Instagram* e no *TikTok*, sendo considerada comum a ascensão repentina de figuras até então desconhecidas, impulsionando a carreira digital de tais indivíduos em questão de meses, semanas ou até mesmo dias.

Um caso que ilustra perfeitamente a situação descrita, é o de *Iran Santana Alves*, conhecido como *Luva de Pedreiro* – dono do bordão "Receba!" –, que em 25 de março de 2021, iniciou a produção de conteúdo digital voltado ao futebol, com vídeos na plataforma *TikTok*, os quais alcançaram, em questão de semanas, milhões de visualizações e curtidas e, por conseguinte, massivo engajamento de seus seguidores, sendo considerado, um fenômeno mundial das redes sociais.

O influenciador *Luva de Pedreiro* possuía, ao fim de 2023, mais de 20 (vinte) milhões de seguidores no *Instagram*[78], mais de 23 (vinte e três) milhões de seguidores no *TikTok*[79] e um canal no *YouTube*, com mais de 2 (dois) milhões de inscritos.[80] Ademais, destaca-se, ainda, que seu reconhecimento, prestígio e fama mundiais possibilitaram-lhe que se tornasse um *"embaixador"* dos produtos da empresa esportiva *Adidas*.[81]

Outro caso de enorme sucesso, se refere ao *streamer Casimiro*, que alcançou recorde de espectadores nas transmissões ao vivo, pelo seu canal no *YouTube* (*CazéTV*), durante a Copa do Mundo de 2022, nas quartas de final, alcançando a expressiva marca de mais de 5,9 (cinco vírgula nove) *milhões de espectadores simultâneos durante o jogo*.[82]

---

71. INSTAGRAM. **Anitta.** 2023. Disponível em: https://www.instagram.com/anitta. Acesso em: 20 dez. 2023.
72. INSTAGRAM. **Whinderssonnunes.** 2023. Disponível em: https://www.instagram.com/whinderssonnunes. Acesso em: 20 dez. 2023.
73. INSTAGRAM. **Tatawerneck.** 2023. Disponível em: https://www.instagram.com/tatawerneck. Acesso em: 20 dez. 2023.
74. INSTAGRAM. **Larissamanoela.** 2023. Disponível em: https://www.instagram.com/larissamanoela. Acesso em: 20 dez. 2023.
75. INSTAGRAM. **Maisa.** 2023. Disponível em: https://www.instagram.com/maisa. Acesso em: 20 dez. 2023.
76. INSTAGRAM. **Brunamarquezine.** 2023. Disponível em: https://www.instagram.com/brunamarquezine. Acesso em: 20 dez. 2023.
77. INSTAGRAM. **Virginia.** 2023. Disponível em: https://www.instagram.com/virginia?igshid=MzRlODBiNWFlZA%3D%3D. Acesso em: 20 dez. 2023.
78. INSTAGRAM. **Luvadepedreiro.** 2023. Disponível em: https://www.instagram.com/luvadepedreiro/. Acesso em: 20 dez. 2023.
79. TIKTOK. **Luvadepedreiro.** 2023. Disponível em: https://www.tiktok.com/search?q=luva%20de%20pedreiro&t=1679417410432. Acesso em: 20 dez. 2023.
80. YOUTUBE. **Luvadepedreiro.** 2023. Disponível em: https://www.youtube.com/@LUVADEPEDREIRO. Acesso em: 20 dez. 2023.
81. ISTO É. Luva de Pedreiro é novo embaixador da Adidas. **Isto é.** 2022. Disponível em: https://www.istoedinheiro.com.br/luva-de-pedreiro-e-novo-embaixador-da-adidas/. Acesso em: 20 dez. 2023.
82. LISBOA, Alveni. Casimiro chega a 6 milhões de usuários e quebra recorde na eliminação do Brasil. **Canaltech.** 2022. Disponível em: https://canaltech.com.br/internet/casimiro-chega-a-6-milhoes-de-usuarios-e-quebra-recorde-na-eliminacao-do-brasil-232591/. Acesso em: 20 dez. 2023.

Ao fim de 2023, o referido canal do *YouTube* (*CazéTV*) possuía mais de 8 (oito) milhões de inscritos.[83]

Os *mega influencers* são, costumeiramente, relacionados a grandes fornecedores na realização de publicidade, como marcas de projeção e renome internacional e, até mesmo campanhas governamentais, visto que possuem grande alcance e um público seguidor muito amplo, tornando, em regra, inviável a realização de publicidade para marcas que não atuam nacionalmente ou globalmente.[84]

É interessante notar que essas celebridades digitais ou *webcelebridades* chegam a cobrar vultosas quantias para realizar atividade publicitária no *Instagram*. Segundo a plataforma *Hopper HQ*, no ano de 2023, *Cristiano Ronaldo* faturou a quantia de $ 3,234,000 (três milhões duzentos e trinta quatro mil) dólares por *post* patrocinado; *Messi* $ 2,597,000 (dois milhões quinhentos e noventa e sete mil); *Selena Gomez* $ 2,558,000 (dois milhões quinhentos e cinquenta e oito mil); *Kylie Jenner* $ 2,386,000 (dois milhões trezentos e oitenta e seis mil); *Dwayne Johnson* ("The Rock") $ 2,326,000 (dois milhões trezentos e vinte seis mil); *Ariana Grande* $ 2,264,000 (dois milhões duzentos e sessenta e quatro mil); *Kim Kardashian* $ 2,176,000 (dois milhões cento e setenta e seis mil); *Beyoncé* $ 1,889,000 (um milhão oitocentos e oitenta e nove mil). Dentre os brasileiros, *Neymar* faturou a quantia de $ 1,141,000 (um milhão cento e quarenta e um mil) dólares por *post*.[85]

No âmbito do *TikTok*, a plataforma *Hopper HQ*, em 2022[86], indicou uma realidade de faturamento por *post* dos influenciadores um tanto quanto contrastante em relação a verificada no *Instagram*, com destaque para os *tiktokers*, *Charlie D'Amelio* que faturou a quantia de $ 105,770 (cento e cinco mil, setecentos e setenta) dólares por *post*; Khabane Lame (*Khaby Lame*) $ 92,270 (noventa e dois mil, duzentos e setenta); *Bella Poarch* $ 66,830 (sessenta e seis mil, oitocentos e trinta); *Addison Rae* $ 65,200 (sessenta e cinco mil e duzentos); *Will Smith* $ 53,750 (cinquenta e três mil, setecentos e cinquenta); *Kimberly Loaiza* $ 47,380 (Quarenta e sete mil, trezentos e oitenta).[87]

Destaca-se, por oportuno, que o relatório disponibilizado pela plataforma *Hopper HQ*, referente ao ano de 2023, permitia a distinção entre as "celebridades convencionais" e os influenciadores digitais que exercem a atividade publicitária como profissão. Sob essa perspectiva, os *influencers* que mais lucraram no referido período foram Khabane Lame (*Khaby Lame*) faturando a quantia de $ 325,000 (trezentos e vinte e cinco mil) dólares por *post*, Eleonora Pons (*Lele Pons*) com a quantia de $ 218,000 (duzentos e

---

83. YOUTUBE. **CazéTV**. 2023. Disponível em: https://www.youtube.com/@CazeTV. Acesso em: 20 dez. 2023.
84. RAMOS, Pedro Henrique. **Direito e mídia digital:** melhores práticas. Belo Horizonte: Dialética, 2021. [E-book].
85. HOPPER HQ. **Instagram Rich List 2023**. Available from: https://www.hopperhq.com/instagram-rich-list/. Access on: Dec. 20, 2023.
86. Destaca-se, por oportuno, que a *Hopper HQ* não havia publicado o "*TikTok Rich List* 2023" até a data de fechamento da obra.
87. HOPPER HQ. **TikTok Rich List 2022**. Available from: https://www.hopperhq.com/blog/2022-tiktok-rich-list/. Access on: Apr. 15, 2022.

dezoito mil) dólares por post, *Charlie D'Amelio* com a quantia de $ 192,000 (cento e noventa e dois mil) dólares por *post*, *Addison Rae* $ 154,000 (cento e cinquenta e quatro mil) dólares por *post* e *Riyaz Aly* $ 114,000 (cento e quatorze mil) dólares por *post*.[88]

Ademais, como estes influenciadores contam com um elevado número de seguidores, sua atividade publicitária atinge, indiretamente, grande parcela dos usuários das redes sociais, funcionando em efeito cascata e, dessa forma, aumentando significativamente a visibilidade do anunciante, bem como conferindo alcance mundial a sua marca, produto ou serviço. Desse modo, os fornecedores ultrapassam a abrangência que poderiam obter com os meios de comunicação de massa convencionais (rádio, televisão, jornal, revista e cinema) se aproveitando da migração dos consumidores para a Internet.[89]

5.3.2 Macro *influencers*

Os macroinfluenciadores, por sua vez, são aqueles que possuem entre *100 (cem) mil a 1 (um) milhão de seguidores.*[90] Diferentemente da maior parte dos mega *influencers*, essa categoria de influenciadores, em regra, adquiriram seu número de seguidores, exclusivamente, por meio de sua atuação na Internet produzindo conteúdo direcionado ao seu público-alvo.

Os *macro influencers* atuam de modo intermitente nas redes sociais, especialmente, no *Instagram*, *TikTok*, *YouTube* e *Twitter*.[91] Uma vez que esses influenciadores alcançaram seu espaço, tão somente, nas plataformas digitais, são capazes de compreender, com maior profundidade, seu campo de atuação, o tipo de conteúdo que seus seguidores interagem com maior frequência e, muitas outras métricas, que podem auxiliar a impulsionar a atividade publicitária dos fornecedores.

Os fornecedores contratam, majoritariamente, com essa categoria de influenciador, uma vez que possuem elevado grau de engajamento com seu público, tornando-os

---

88. HOPPER HQ. **Instagram Rich List 2023 – Influencer**. Available from: https://www.hopperhq.com/instagram-rich-list-niche/influencer/. Access on: Dec. 20, 2023.
89. Segundo Dante Ponte de Brito, "O uso dessas ferramentas digitais constitui campo fértil para inserção de mensagens sub-reptícias. Isso ocorre visto que, ao descreverem seus hábitos e experiências, os consumidores municiam o mercado publicitário com dados para que os anúncios sejam personalizados. Nesses casos, por vezes, não é revelado ao internauta, de modo claro, o eventual conteúdo publicitário de uma marca contido em um texto veiculado na rede." (BRITO, Dante Ponte de. **Publicidade subliminar na internet:** identificação e responsabilização nas relações de consumo. 2016. Tese de Doutorado. 2016. 257f. Tese (Doutorado em Direito) – Centro de Ciências Jurídicas da Universidade Federal de Pernambuco, Universidade Federal de Pernambuco, Recife, 2016, p.186).
90. YILMAZ, Melda; SEZEREL, Hakan; UZUNER, Yıldız. Sharing experiences and interpretation of experiences: a phenomenological research on Instagram influencers. **Current Issues in Tourism**, v.23, i.24, p.3034-3041, 2020. Available from: https://www.tandfonline.com/doi/abs/10.1080/13683500.2020.1763270. Access on: Dec. 20, 2023.
91. LOWE-CALVERLEY, Emily; GRIEVE, Rachel. Do the metrics matter? An experimental investigation of Instagram influencer effects on mood and body dissatisfaction. **Body Image**, v.36, p.1-4, 2021. Available from: https://www.sciencedirect.com/science/article/abs/pii/S174014452030406X. Access on: Dec. 20, 2023.

habilidosos comunicadores sobre marcas, produtos e serviços, implicando em uma alta rentabilidade e, paralelamente, contratos que não são tão onerosos para os fornecedores quanto os firmados com as celebridades convencionais ou *mega influencers*. Tal fato se justifica do ponto de vista econômico, em razão dos macroinfluenciadores ainda estarem se estabelecendo no mercado de consumo digital.

5.3.3 Micro *influencers*

Dentre as diversas categorias de influenciadores digitais, os microinfluenciadores são aqueles que existem em maior número nas redes sociais, especialmente, em plataformas como o *Instagram* e *TikTok*. Os *microinfluencers* são aqueles que possuem entre *1.000 (mil) e 100.000 (cem mil)* seguidores.[92] Em regra, os *influencers* dessa categoria possuem um *nicho muito bem delimitado* e interagem de *forma constante com seus seguidores*, por meio de ferramentas, como os *stories* e *reels* do *Instagram*.

A utilização dos mencionados influenciadores em campanhas publicitárias proporciona a aquisição de capital social[93], de modo que, os fornecedores utilizam a imagem, credibilidade e reputação desses *influencers* para construir uma *relação de confiabilidade* com o público consumidor (seguidores).

Segundo pesquisa realizada pela plataforma *Markerly*, o engajamento tende a atingir um pico em contas com *1 (um) mil a 10 (dez) mil seguidores*[94], sendo essa categoria de influenciadores relevante para o alcance de marcas parceiras.

Logo, os microinfluenciadores se apresentam como relevantes vetores de publicidade digital, notadamente, em razão de seu alto grau de proximidade e engajamento junto ao público consumidor.

Destacam-se, nessa categoria, influenciadores como *Emily Cho*, a qual possuía, em 2022, uma taxa de engajamento de 23,5% (vinte e três vírgula cinco por cento), *Daphne Morales* que possuía uma taxa de engajamento de 22% (vinte e dois por cento), *Briana Winkel* que possuía uma taxa de engajamento de 18,9% (dezoito vírgula nove por cento), *Ainsley Flewellen* que possuía uma taxa de engajamento de 15,8% (quinze vírgula oito), *Gabriella K* que possuía uma taxa de engajamento de 14,2% (quatorze vírgula dois), *Ciara Finlay* que possuía uma taxa de engajamento de 7,7% (sete vírgula sete),

---

92. ALASSANI, Rachidatou; GÖRETZ, Julia. Product Placements by Micro and Macro Influencers on Instagram. *In*: MEISELWITZ, Gabriele (Eds.). **Social Computing and Social Media:** Communication and Social Communities. HCII 2019. Lecture Notes in Computer Science. New York: Springer, v.11579, p.251-267, 2019. Available from: https://link.springer.com/chapter/10.1007/978-3-030-21905-5_20. Access on: Dec. 20, 2023.
93. BOCHENEK, Lucasz M.. Connecting with the Right Audiences for a Better Impact – Imperatives of the Influencer Marketing. *In*: BOCHENEK, Lucasz M. (Eds.). **Advocacy and Organizational Engagement:** Redefining the Way Organizations Engage. Bingley: Emerald Publishing Limited. 2019, p.91-110. Available from: https://www.emerald.com/insight/content/doi/10.1108/978-1-78973-437-920191006/full/html. Access on: Dec. 20, 2023. Nesse sentido ver: BOURDIEU, Pierre. O capital social – notas provisórias. *In*: NOGUEIRA, Maria Alice; CATANI, Afrânio (Orgs.). **Escritos de Educação.** 9.ed. Petrópolis: Vozes, 2007, p.67.
94. MARKERLY. **Instagram Marketing:** Does Influencer Size Matter? 2016. Available from: https://markerly.com/blog/instagram-marketing-does-influencer-size-matter/. Access on: Dec. 20, 2023.

Eric Gamble que possuía uma taxa de engajamento de 6,2% (seis vírgula dois)[95], desse modo, evidenciando as *altas taxas de engajamento dessa categoria de influenciadores* e, sua consequente, capacidade de maximizar a rentabilidade de "empresas" que focam em atingir determinado nicho com maior eficácia.

Os influenciadores dessa categoria são vislumbrados como *mais autênticos e com seguidores mais engajados*, ensejando, portanto, elevado retorno econômico para fornecedores[96], pois divulgam publicidade no ambiente digital, especialmente, voltada ao seu público seguidor, que tende a ser mais nichado, conquistando assim um grupo de seguidores fiéis à celebridade digital.[97]

Nota-se, inclusive, que enquanto marcas de alcance internacional optam pela atuação dos mega e macroinfluenciadores, *marcas nacionais de menor alcance* (como as regionais e as locais) preferem investir na categoria dos *micro influencers*, uma vez que, geralmente, estes influenciadores possuem menor "cachê" para anunciar em suas plataformas e possuem a vantagem de atingir seu público segmentado com maior abrangência proporcionalmente. Ademais, conseguem converter os seguidores em consumidores, de forma que poderão continuar adquirindo produtos ou serviços do anunciante mesmo após a veiculação da publicidade.[98]

Dessa maneira, o segmento dos microinfluenciadores possui a impressão, por parte do público consumidor, de intensa "autenticidade e confiabilidade" no exercício da atividade publicitária desenvolvida. Lado outro, ao contrário dos mega e macroinfluenciadores, que constantemente anunciam produtos e serviços em suas plataformas digitais, quase diariamente, estes *influencers* transmitem a sensação de que, quando anunciam algo, o fazem porque o aprovam suficientemente para indicar a seus seguidores, de forma em que os "micro-influenciadores costumam investir muito em sua marca pessoal, por isso muitos não promovem produtos nos quais não acreditam."[99]

5.3.4 Nano *influencers*

A última categoria de influenciadores digitais se refere aos nanoinfluenciadores, aqueles que possuem até *1.000 (mil) seguidores*. Esse grupo possui, interação constante e incessante com seus seguidores, conversando, muitas vezes, diretamente, com muitos deles por meio de ferramentas de *chat* das redes sociais.

---

95. AFLUENCER. **30 Microinfluencers with High Instagram Engagement Rates.** 2022. Available from: https://afluencer.com/instagram-microinfluencers-high-engagement-rates/. Access on: Dec. 20, 2023.
96. RAMOS, Pedro Henrique. **Direito e mídia digital:** melhores práticas. Belo Horizonte: Dialética, 2021. [E-book]
97. TARIQ, Haseeb. Por que micro-influenciadores são tão importantes. **Forbes.** 2019. Disponível em: https://forbes.com.br/negocios/2019/06/por-que-micro-influenciadores-sao-tao-importantes/. Acesso em: 20 dez. 2023.
98. AFLUENCER. **30 Microinfluencers with High Instagram Engagement Rates.** 2022. Available from: https://afluencer.com/instagram-microinfluencers-high-engagement-rates/. Access on: Dec. 20, 2023.
99. TARIQ, Haseeb. Por que micro-influenciadores são tão importantes. **Forbes.** 2019. Disponível em: https://forbes.com.br/negocios/2019/06/por-que-micro-influenciadores-sao-tao-importantes/. Acesso em: 20 dez. 2023.

Assim, como na categoria dos micro influenciadores, os fornecedores constataram que a utilização de nanoinfluenciadores, com objetivo de promoção de publicidade no ambiente digital, poderia maximizar, *de modo significativo,* a possibilidade de aquisição de determinada marca, produto ou serviço no mercado de consumo digital.[100] Esse modelo de marketing de influência, portanto, alterou a estrutura publicitária clássica, até então focada em publicidades televisivas e por radiodifusão, impondo novos contornos a atividade publicitária desenvolvida nas mídias sociais.

Os *nano influencers* são vislumbrados como um instrumento rentável de realização de publicidade por certos fornecedores, uma vez que tais indivíduos são capazes de disseminar ideias, recomendações, comportamentos, hábitos/tendências de consumo gestos e gostos para seu público-alvo (seguidores), com grande facilidade em razão de sua maior proximidade e intimidade, sendo este modelo utilizado com maior frequência por pequenos empreendimentos locais.

A referida estratégia de marketing se fundamenta no fato de que os fornecedores, por meio da análise criteriosa, de dados e estatísticas sobre a atuação de *digital influencers* nas mídias sociais, foram capazes de aferir o *grau de engajamento* dos seguidores dos nanoinfluenciadores e, assim perceberam uma forma eficiente de publicizar marcas, produtos e serviços aos consumidores de forma eficaz, direta e profícua, com a finalidade de se atingir melhores resultados com a atividade publicitária nas redes sociais.

Importante notar que, assim como na categoria dos *micro influencers*, possuir determinado número de seguidores *não qualifica automaticamente* uma pessoa em um influenciador digital. É bem verdade que na era da hiperconectividade, todos usuários denotam certo grau de influência em outras pessoas, mas para o enquadramento de um indivíduo como influenciador, demonstra ser imprescindível a análise dos critérios objetivos já elencados anteriormente.

5.4 INFLUENCIADORES DIGITAIS VIRTUAIS (ARTIFICIAIS)

A terminologia *influenciador digital virtual, influenciador virtual ou influenciador artificial,* se refere à utilização de *avatares fictícios,* desenvolvidos por meio de animações gráficas computadorizadas (CGI) ou Inteligências Artificiais (IA), criadas com atributos humanos, com aparente personalidade, gostos, interesses e expressão de ideias e pensamentos, com o intuito de criar um personagem "humanizado" capaz de atrair a atenção de consumidores e ampliar o engajamento junto ao seu público-alvo (seguidores) no mercado de consumo digital.

---

100. OLIVEIRA, Mariana; BARBOSA, Renata; SOUSA, Alexandre. The Use of Influencers in Social Media Marketing. *In:* ROCHA, Álvaro; REIS, José Luís; PETER, Marc K.; BOGDANOVIĆ, Zorica (Eds.). **Marketing and Smart Technologies:** Smart Innovation, Systems and Technologies. Springer, Singapore. v.167, 2019, p.112-124. Available from: https://link.springer.com/chapter/10.1007/978-981-15-1564-4_12. Access on: Dec. 20, 2023.

Como proposto da internet é alvo de constantes mudanças, recentemente houve uma onda destinada a encontrar alternativa para a abordagem típica de influenciadores e trazer algo novo para o ciberespaço. Com isso, surgiram os influenciadores virtuais, ou seja, personagens fictícios criados por inteligência artificial.

A combinação de imagens animadas e recursos gráficos tem sido um caminho para recriar com precisão as feições humanas, levando empresas e organizações a construir o seu próprio influenciador, o seu próprio personagem, para realizar atividades de mídia social digital dentro do poder de controle do seu proprietário.

Já é possível encontrar avatares influenciadores que representam top models, que desfilam em passarelas virtuais de alta costura ou avatares atores que podem ser vistos estrelando campanhas publicitárias ou filmes.[101]

Trata-se de *perfis criados digitalmente*, para realização de atividade publicitária, no âmbito das redes sociais, sendo que os seus criadores decidem *cada uma das características* desses influenciadores virtuais, tais como, cor dos olhos, cabelo, tamanho da boca, estilo de roupas, cor das roupas, dentre outras.

Destarte, todos os elementos visuais, e mesmo os não visuais, são pensados e escolhidos com o objetivo de aumentar o potencial engajamento do avatar e maximizar os lucros mediante a posterior realização de publicidade digital com esses personagens virtuais.

De acordo com um relatório realizado pelo *HypeAuditor*, em 2022, os influenciadores virtuais possuem, em regra, relevante engajamento nas principais plataformas digitais e fornecedores e marcas estão ativamente envolvidos em campanhas publicitárias com essa categoria de *influencers* e, em alguns casos, até mesmo, lançando seus próprios influenciadores digitais virtuais.[102]

A referida pesquisa revelou, ademais, que 43% (quarenta e três por cento) dos *virtual influencers* apresentaram taxas de crescimento no ano de 2022, todavia, 57% (cinquenta e sete por cento) apresentaram decréscimo em seu número de seguidores. Outrossim, 28% (vinte e oito por cento) dos influenciadores artificiais não realizaram nenhum tipo de publicação no mencionado ano.[103]

Em entrevista realizada pelo Jornal "*The Guardian*", em 2019, a psicóloga Linda Papadopoulos afirmou que a existência de influenciadores digitais virtuais "potencialmente permite que as empresas manipulem facilmente os jovens usando dados para criar uma série de imagens mais influentes."[104]

---

101. PINHEIRO, Patrícia Peck Garrido; NASCIMENTO, Camila Bruna do. Direito de imagem e proteção de dados pessoais dos influenciadores digitais. *In*: HACKEROTT, Nadia Andreotti Tüchumantel (Coord.). **Influenciadores digitais e seus desafios jurídicos.** São Paulo: Thomson Reuters Brasil, 2023, p.83.
102. BAKLANOV, Nick. The Top Virtual Instagram Influencers in 2022. **HypeAuditor.** 2022. Available from: https://hypeauditor.com/blog/the-top-virtual-instagram-influencers-in-2022/. Access on: Dec. 20, 2023.
103. BAKLANOV, Nick. The Top Virtual Instagram Influencers in 2022. **HypeAuditor.** 2022. Available from: https://hypeauditor.com/blog/the-top-virtual-instagram-influencers-in-2022/. Access on: Dec. 20, 2023.
104. No original: "potentially allows companies to easily manipulate young people by using live data to create the most influential series of images". (BOOTH, Robert. Fake online influencers a danger to children, say campaigners: Virtual personalities created by companies 'have potential to manipulate young people'. **The Guardian.** 2019. Available from: https://www.theguardian.com/media/2019/nov/04/fake-online-influencers-a-danger-to-children-say-campaigners. Access on: Dec. 20, 2023).

Linda Papadopoulos sustentou, ainda, que:

> Uma criança precisa de modelos, mas esses modelos estão sendo criados por profissionais de marketing. Eles não são reais e criam nada além de busca de atenção. Eles estão chamando a atenção e para quê? Eles não estão lá para educar e capacitar; eles estão lá para se envolver e eles fazem isso nos fazendo sentir medo, raiva e insegurança. A melhor coisa que podemos fazer por nossos filhos é fazê-los pensar criticamente, perguntar se estou sendo influenciado por um indivíduo ou um grupo? E por quê?[105] (Tradução nossa)

Os influenciadores digitais virtuais perfectibilizam uma estratégia de marketing concebida para engajar, sendo que, todos os elementos são desenvolvidos para maximizar o potencial de engajamento e, por conseguinte, estabelecer uma relação de proximidade e intimidade com o público-alvo.

Nesse giro, cada palavra inserida em uma frase, o tom de voz do influenciador virtual, as cores presentes em uma composição, a expressão facial representada pelo avatar e as decisões de publicação são fruto de um *script*, pensado e personalizado por especialistas, de diversos setores do marketing e da psicologia, que estabelecem as estratégias de divulgação da atividade publicitária realizada no mercado de consumo digital.

Portanto, cada pequeno elemento que compõe o perfil digital e o próprio avatar virtual é estruturado de modo a ensejar engajamento dos seguidores (consumidores) e, consequentemente, potencializar a possibilidade de aferição de lucro mediante a promoção de publicidade digital por meio desses avatares.

No contexto contemporâneo da hiperconexão, surgiram vários influenciadores digitais virtuais, sendo que aquele que mais se destaca, no mercado de consumo digital, atingindo o maior número de seguidores[106], é a influenciadora virtual 3D "*Lu do Magalu*", a qual teve sua primeira aparição, em 13 de agosto de 2009, no canal do Magazine Luiza no *YouTube*.[107]

No perfil do *Instagram* do "Magazine Luiza", é informado que a influenciadora artificial atua como *especialista digital do Magalu,* bem como, na promoção do combate à violência contra a mulher e antirracismo, assim como, em outras pautas relacionadas aos direitos humanos. Essas pautas, pensadas de modo mercadológico, renderam à *influencer digital*, parcerias com marcas renomadas, como Adidas, e Vogue, além do

---

105. No original: "A child needs role models but these role models are being created by marketeers. They aren't real and create nothing but attention-seeking. They are grabbing attention and for what? They are not there to educate and empower; they are there to engage and they do that by making us feel afraid, angry and insecure. The biggest thing we can do for our kids is get them to think critically, to ask, am I being influenced by an individual or a group? And why? (BOOTH, Robert. Fake online influencers a danger to children, say campaigners: Virtual personalities created by companies 'have potential to manipulate young people'. **The Guardian.** 2019. Available from:https://www.theguardian.com/media/2019/nov/04/fake-online-influencers-a-danger-to-children-say-campaigners. Access on: Dec. 20, 2023).
106. BAKLANOV, Nick. The Top Virtual Instagram Influencers in 2022. **HypeAuditor.** 2022. Available from: https://hypeauditor.com/blog/the-top-virtual-instagram-influencers-in-2022/. Access on: Dec. 20, 2023.
107. INSTAGRAM. **Lu do Magalu.** 2023. Disponível em: https://www.instagram.com/magazineluiza/. Acesso em: 20 dez. 2023. VIRTUAL HUMANS. **Lu do Magalu.** 2023. Available from: https://www.virtualhumans.org/human/lu-do-magalu. Access on: Apr. 15, 2013.

lançamento de músicas com a cantora brasileira Anitta como pode se verificar em seu perfil no Instagram.

Em âmbito mundial, segundo dados coletados no fim de 2023, pode-se, mencionar os influenciadores virtuais, *Nobody Sausage* (7,8 milhões de seguidores)[108], *Barbie* (3,5 milhões de seguidores)[109], *Lil Miquela* (2,6 milhões de seguidores)[110], *The Good Advice Cupcake* (2,4 milhões de seguidores)[111], *Guggimon* (1,4 milhões de seguidores)[112], *Janky* (1 milhão de seguidores)[113], *Noonoouri* (403 mil seguidores)[114], *Imma* (400 mil seguidores)[115], *Bermuda* (251 mil seguidores)[116], *Shudu.Gram* (241 mil seguidores)[117], *FNMeka* (184 mil seguidores)[118] e *Blawko* (133 mil seguidores).[119], de acordo com dados colhidos em 2023.

A despeito do Brasil ser considerado o país dos influenciadores digitais, poucos avatares foram criados, limitando-se, em regra, a influenciadores virtuais desenvolvidos por fornecedores de produtos ou serviços, dentre os quais, se destacam nas redes sociais, a *Lu do Magalu* (6,7 milhões de seguidores),[120] *CB da Casas Bahia* (3,7 milhões de seguidores),[121] *Nat Natura* (291,5 mil seguidores),[122] *Satiko* (36 mil seguidores)[123] e *Mara da Amaro* (6,1 mil seguidores)[124].

Segundo a plataforma *Hopper HQ*, no ano de 2023, os influenciadores virtuais receberam consideráveis quantias para realização de atividade publicitária no *Instagram*. Nesse cenário, destacam-se, *Lu do Magalu* faturou a quantia de $ 19,200 (dezenove mil

---

108. INSTAGRAM. **Nobody Sausage.** 2023. Disponível em: https://www.instagram.com/nobodysausage/. Acesso em: 20 dez. 2023.
109. INSTAGRAM. **Barbie.** 2023. Disponível em: https://www.instagram.com/barbie/. Acesso em: 20 dez. 2023.
110. INSTAGRAM. **Lilmiquela.** 2023. Disponível em: https://www.instagram.com/lilmiquela/. Acesso em: 20 dez. 2023.
111. INSTAGRAM. **Thegoodadvicecupcake.** 2023. Disponível em: https://www.instagram.com/thegoodadvicecupcake/. Acesso em: 20 dez. 2023.
112. INSTAGRAM. **Guggimon.** 2023. Disponível em: https://www.instagram.com/guggimon/. Acesso em: 20 dez. 2023.
113. INSTAGRAM. **Janky.** 2023. Disponível em: https://www.instagram.com/janky/. Acesso em: 20 dez. 2023.
114. INSTAGRAM. **Noonoouri.** 2023. Disponível em: https://www.instagram.com/noonoouri/. Acesso em: 20 dez. 2023.
115. INSTAGRAM. **Imma.gram.** 2023. Disponível em: https://www.instagram.com/imma.gram/. Acesso em: 20 dez. 2023.
116. INSTAGRAM. **Bermudaisbae.** 2023. Disponível em: https://www.instagram.com/bermudaisbae/. Acesso em: 20 dez. 2023.
117. INSTAGRAM. **Shudu.gram.** 2023. Disponível em: https://www.instagram.com/shudu.gram/. Acesso em: 20 dez. 2023.
118. INSTAGRAM. **FNMeka.** 2023. Disponível em: https://www.instagram.com/fnmeka/. Acesso em: 20 dez. 2023.
119. INSTAGRAM. **Blawko22.** 2023. Disponível em: https://www.instagram.com/blawko22/. Acesso em: 20 dez. 2023.
120. INSTAGRAM. **Lu do Magalu.** 2023. Disponível em: https://www.instagram.com/magazineluiza/. Acesso em: 20 dez. 2023.
121. INSTAGRAM. **CB da Casas Bahia.** 2023. Disponível em: https://www.instagram.com/casasbahia/. Acesso em: 20 dez. 2023.
122. TWITTER. **Nat Natura.** 2023. Disponível em: https://twitter.com/naturabroficial. Acesso em: 20 dez. 2023.
123. INSTAGRAM. **Satiko.** 2023. Disponível em: https://www.instagram.com/iamsatiko_/. Acesso em: 20 dez. 2023.
124. TWITTER. **Mara da Amaro.** 2023. Disponível em: https://twitter.com/amaro. Acesso em: 20 dez. 2023.

e duzentos) dólares por *post* patrocinado; *Nobody Sausage* $ 18,900 (dezoito mil e novecentos); *CB da Casas Bahia* $ 10,800 (dez mil e oitocentos); *Lil Miquela* $ 8,500 (oito mil e quintos); *Janky* $3,000 (três mil); *K/DA* $ 1,596 (mil quinhentos e noventa e seis); *Thalasya* $ 1,392 (mil trezentos e noventa e dois); *Noonoouri* $1,212 (mil duzentos e doze); *Imma* $ 1,197 (mil cento e noventa e sete); *Leya Love* $ 1,134 (mil cento e trinta e quatro).[125]

De modo geral, os perfis dos influenciadores digitais virtuais, nas plataformas digitais, objetivam criar uma persona muito próxima a um perfil real por meio da construção de uma história de vida.

> As pessoas que interagem nas redes sociais demonstram interesses e preferências sobre temas específicos. Isso é usado por perfis virtuais para criar histórias que imitam esses interesses mostrando diferentes áreas da vida cotidiana. Ao estudar os seguidores, podem ser desenvolvidas mensagens e comportamentos sociais em que as marcas terão um papel importante, estabelecendo um elo de ligação entre os avatares e os seus seguidores.[126] (Tradução nossa)

Em sentido congênere, Ben Robinson sustenta que:

> Miquela Sousa, mais conhecida como Lil Miquela, é a primeira influenciadora de mídia social gerada por computador. Desde a concepção de Miquela em 2017, ela conquistou mais de 2 milhões de seguidores no Instagram e obteve uma quantidade considerável de lucro publicitário para seus criadores ao modelar roupas de marcas como Prada, Samsung e Calvin Klein. Ela tem uma identidade e história de vida; ela é uma musicista progressiva de 19 anos e estudante de artes que apoia o BlackLivesMatter e os direitos dos transgêneros. Ela posa com um olhar aborrecido em locais proeminentes de Los Angeles como qualquer outro dos milhares de influenciadores de mídia social no Instagram. Suas legendas de fotos são coloquiais e modernas, e ela lançou várias músicas pop. Em 2018, a TIME a nomeou como uma das 25 'pessoas' mais influentes da internet.[127] (Tradução nossa)

---

125. HOPPER HQ. **Virtual Rich List 2023 – Influencer**. Available from: https://www.hopperhq.com/virtual-rich-list/. Access on: Dec. 20, 2023.
126. No original: "Las personas que interactúan en redes sociales muestran intereses y preferencias sobre temas concretos. Esto es utilizado por los perfiles virtuales para crear historias que imiten esos intereses mostrando diferentes ámbitos de la vida cotidiana. Al estudiar a los seguidores se pueden elaborar mensajes y conductas sociales en los que las marcas tendrán un papel importante, estableciendo un vínculo de conexión entre los avatares y sus seguidores." (RODRIGO-MARTÍN, Luis; RODRIGO-MARTÍN, Isabel; MUÑOZ-SASTRE, Daniel. Los Influencers Virtuales como herramienta publicitaria en la promoción de marcas y productos. Estudio de la actividad comercial de Lil Miquela. **Revista Latina de Comunicación Social**, n.79, p.69-90, 2021, p.79. Disponible en: http://nuevaepoca.revistalatinacs.org/index.php/revista/article/view/1540/3407. Acceso en: 20 dec. 2023).
127. No original: "Miquela Sousa, better known as Lil Miquela, is the first computer generated social media influencer. Since Miquela's conception in 2017, she has gained over 2 million Instagram followers and makes a considerable amount of advertising profit for her creators by modelling the clothing of brands including Prada, Samsung and Calvin Klein. She has an identity and life history; she is a progressive 19-year-old musician and arts student who supports BlackLivesMatter and transgender rights. She poses with a dull gaze in prominent Los Angeles locations like any other of the thousands of social media influencers on Instagram. Her photo captions are conversational and hip, and she has released a number of pop songs. In 2018, TIME named her as one of the 25 most influential 'people' on the Internet". (ROBINSON, Ben. Towards an Ontology and Ethics of Virtual Influencers. **Australasian Journal of Information Systems**, v.24, p.1-8, 2020, p.2. Available from: https://journal.acs.org.au/index.php/ajis/article/view/2807/989. Access on: Dec. 20, 2023).

Nessa linha de intelecção, verifica-se que fornecedores, marcas, pessoas e demais agentes envolvidos na criação de influenciadores virtuais o fazem de modo sistematicamente estruturado por meio da conjunção de conhecimentos da psicologia, computação, neurologia, dentre outras ciências, de modo a obter melhores resultados no tocante à potencialidade de efetivação de atividade publicitária realizada por esses perfis digitais.

É notável a ascensão dessas personalidades virtuais nas redes sociais, bem como os contratos de publicidade firmados pelas pessoas e "empresas" por detrás desses avatares. Progressivamente, mais fornecedores se atentam a esse novo modelo de marketing digital, e observam a viabilidade em se contratar esses influenciadores digitais em detrimento dos influenciadores reais, ou mesmo de criar um influenciador digital virtual para a própria marca, apresentando-se de modo descontraído para o público consumidor.

Esses influenciadores virtuais, mais do que os influenciadores reais, se apresentam como um potencial risco ao consumidor, pois, os fornecedores se utilizam de técnicas inovadoras de psicologia comportamental, para incentivar os seguidores a adquirirem produtos e serviços divulgados por esses avatares.

No âmbito da Representação 184/22,[128] movida contra Diageo Brasil e *Satiko* – influenciadora digital virtual representada pela apresentadora/atriz Sabrina Sato – o CONAR buscou apurar, mediante denúncia de consumidores, se a publicidade propalada pela *influencer* ofendia princípios basilares da ética publicitária expondo o público infantojuvenil a divulgação de bebidas alcoólicas, uma vez que a influenciadora é um avatar virtual e, portanto, poderia atrair a atenção de crianças e adolescentes. Ao apreciar o caso, o Conselho esclareceu que animações são um modelo genérico de entretenimento e que podem ser direcionadas a públicos diversos, sendo que, a *influencer* virtual *Satiko* não publicou nenhum conteúdo voltado ao público infanto juvenil, e que não é o fato de ser uma animação ou uma persona digital, que faz com que se torne uma personagem infanto-juvenil. Diante dos argumentos esposados, a relatora propôs o arquivamento da referida denúncia.

---

128. **Ementa:** Consumidor protestou no Conar contra anúncio no perfil da influenciadora digital do metaverso Satiko, de responsabilidade de Sabrina Sato, divulgando bebidas alcoólicas da Diageo. O consumidor teme que, por se tratar de uma animação, o anúncio possa atrair a atenção do público infanto-juvenil, podendo infringir princípio básico da ética publicitária. Além disso, o consumidor considera haver identificação publicitária deficiente na peça. Anunciante e influenciadora apresentaram defesa, na qual negam motivação à denúncia e que a postagem foi corrigida, com a inserção da informação sobre "parceria paga" e a hashtag "publi". A relatora aceitou os argumentos da defesa. "No mundo contemporâneo, em que a animação é parte integrante do universo adulto, com a própria existência do metaverso e personas digitais, como a Lu do Magalu, entendo que não é o fato de ser uma animação ou uma persona digital que faz com que se torne uma personagem infanto-juvenil: é preciso verificar, em primeiro lugar, o posicionamento de tal produto/persona e as características de seu perfil para entender o público a quem se destina", justificou a relatora, propondo o arquivamento. Seu voto foi aceito por unanimidade. (CONAR. Conselho Nacional de Autorregulamentação Publicitária. Representação nº 184/22. 2ª Câmara do Conselho de Ética. Decisão: Arquivamento. Relator: Conselheira Márcia Esteves, julg. dez. 2022. **CONAR.** Disponível em: http://www.conar.org.br/processos/detcaso.php?id=6200. Acesso em: 20 dez. 2023).

Diante de todo o exposto, impõe-se aos fornecedores pautarem a atuação dos influenciadores virtuais, na necessária observância dos preceitos normativos do princípio da boa-fé objetiva, notadamente, nos preceitos ético-jurídicos de honestidade, probidade, retidão e correção, com a finalidade de não se frustrar a legítima expectativa (confiança) dos seguidores, e, por conseguinte, assegurar a adequada proteção do consumidor no mercado de consumo digital.

5.5 FORMAS DE REMUNERAÇÃO DOS INFLUENCIADORES DIGITAIS

Os influenciadores digitais podem ser remunerados, de diferentes modos, no tocante ao exercício de atividade publicitária difundida nas redes sociais. Nesse contexto, o principal parâmetro para aferição da remuneração dos *influencers*, se fundamenta na classificação em relação ao número de seguidores, com destaque para os *mega influencers, macro influencers, micro influencers* e *nano influencers*.

O modelo de remuneração dos influenciadores digitais, em regra, ocorre por meio do *pagamento direto*, em moeda corrente, ou seja, uma remuneração estritamente monetária.

O referido padrão de remuneração é utilizado em contratações com caráter mais formal, sendo por esse motivo o modelo mais realizado por influenciadores, com grande volume de seguidores, uma vez que podem, com maior segurança jurídica, determinar cláusulas, estipular valores, condições e demais elementos relativos à formação do contrato.

Para além da remuneração em moeda corrente, é prática costumeira, principalmente, entre influenciadores das categorias micro e nano, o recebimento de produtos e serviços em troca da divulgação desses, prática essa conhecida como "mimos e recebidos".

Essa modalidade de remuneração é comum, sendo que o influenciador recebe determinada quantia de um determinado produto – que varia de produtos alimentícios até aparelhos eletrônicos e automóveis –, ou permuta por serviços, especialmente, relacionados à área da beleza e cuidados com o corpo, dentre outros, em troca da vinculação de sua imagem e fama, sem a formalização contratual para tanto, mas, implicitamente, existindo acordo firmado entre as partes no qual o *influencer* realiza a publicidade para o fornecedor em seu perfil, atestando que utiliza determinado produto ou serviço.

Destaca-se, inclusive, que o Guia Britânico "*Influencers' Guide to Making Clear that Ads are Ads*", explicita as diretrizes publicitárias a serem observadas pelos influenciadores, demonstrando de forma clara e sintética que "pagamento significa qualquer forma de pagamento monetário; comissão; empréstimo gratuito de um produto/serviço; um produto/serviço gratuito (seja solicitado ou recebido do nada); ou qualquer outra forma de incentivo".[129]

---

129. No original: "payment means any form of monetary payment; commission; a free loan of a product/service; a free product/service (whether requested or received out of the blue); or any other incentive". (ADVERTISING STANDARDS AUTHORITY. **Influencers' guide to making clear that ads are ads.** 2021, p.3. Available from: https://www.asa.org.uk/uploads/assets/9cc1fb3f-1288-405d-af3468ff18277299/INFLUENCERGuidanceupdatev6HR.pdf. Access on: Dec. 20, 2023).

Assim, o Guia Britânico aposta na amplitude do termo "pagamento" para demonstrar que, qualquer forma de contrapartida recebida pelo influenciador, o vincula a publicidade veiculada, não podendo a personalidade digital se eximir de responsabilidade ao alegar que, por exemplo, recebeu um produto ou serviço sem que o tenha solicitado ao fornecedor.

Ademais, nessa situação, a mera exposição do produto ou serviço é suficiente para que muitos dos seguidores do *influencer* busquem por aqueles e realizem, sua posterior aquisição, uma vez que existe uma profunda relação de confiabilidade e credibilidade entre influenciador e seguidores.

Nessas circunstâncias, a publicidade muitas vezes é velada (oculta), de tal modo que, o influenciador não é transparente em relação a realização desta, agindo como se fosse uma "dica amiga", descompromissada, – *friendly advice* –, quando, em verdade, promove atividade publicitária que se encontra em desconformidade com os preceitos éticos-legais determinados pelo sistema de proteção à publicidade no Brasil, seja por meio do Código de Defesa do Consumidor (CDC) e demais legislações esparsas, seja pelo Código Brasileiro de Autorregulamentação Publicitária (CBAP).

Um recente modelo de remuneração e investimentos na indústria brasileira se refere ao "*media for equity*", que consiste na concessão de uma porcentagem da participação societária para um influenciador que possua o potencial de alavancar os lucros da "empresa", sendo que tal estratégia, consolidada na Europa, é altamente rentável para as *startups*, que não precisam desembolsar altas quantias para estabelecer parceria com determinadas webcelebridades.

Nessa forma de remuneração, o influenciador auxilia na estratégia de marketing do fornecedor (assumindo funções como, por exemplo, *head* de criação de conteúdo) e participa da atividade publicitária envolvendo a divulgação da marca, produto ou serviço, com a finalidade de ampliar a base de consumidores, garantir uma maior visibilidade da empresa e otimizar o valor da marca no mercado de consumo, sendo o exemplo mais notável da utilização do referido modelo no Brasil, a parceria estabelecida entre a cantora Anitta e a *startup* brasileira Nubank.

Por fim, é relevante frisar que a divulgação de uma publicidade por um influenciador digital, repercute em um aumento de sua popularidade, principalmente, nas situações nas quais, atrela sua imagem e nome a marcas de renome, como Coca-Cola, Nike, Lacoste, dentre outras. Esse aumento na popularidade do influenciador digital é reputado como uma forma de *remuneração indireta*, a qual é avaliada nas etapas de formulação de uma relação contratual entre um fornecedor e um influenciador digital.

Os influenciadores digitais podem, ainda, utilizar-se de sistemas de *endorsement* (endosso) para obter sua remuneração. Essa situação é especialmente comum no *meio musical*, no qual fornecedores de instrumentos e equipamentos musicais firmam um contrato de patrocínio denominado *endorsement* com um determinado músico, com o objetivo de que, em todos os vídeos e apresentações musicais do mesmo, utilize os equipamentos e instrumentos do fornecedor e, por conseguinte, proceda a avaliação dos aspectos positivos dos mesmos.[130]

Nos canais de cultura *nerd* e *geek*, nos quais os *influencers* falam sobre filmes, mangás, histórias em quadrinhos, desenhos, séries e demais formas de conteúdo para entretenimento, é comum que esses influenciadores firmem contratos com fornecedores de acessórios, decoração e vestimenta voltados a esses temas para anunciar esses produtos, servindo como *product placement* (colocação do produto).

Consoante Lucia Ancona Lopez de Magalhaes Dias, as técnicas de *merchandising* (ou *product placement*):

> [...] consistem na exibição, aparentemente casual, de certo produto ou serviço em novelas, filmes, seriados e programas de entretenimento e, mais recentemente, em diversas plataformas digitais *(e.g.: blogs,* mídias sociais, aplicativos, *advergames)* que, também dependendo da situação, podem dificultar a percepção pelo consumidor quanto ao fim comercial visado.
>
> [...]
>
> Trata-se, pois, de técnica publicitária que se desenvolve em espaço de mídia não propriamente publicitário, dado que a exibição do produto, do serviço ou da marca vem inserida no conteúdo de um programa audiovisual. ou seja, durante a narrativa de um filme, de uma novela ou de qualquer outro programa de entretenimento, distinguindo-se da forma da publicidade tradicional.
>
> [...]
>
> O *product placement* tem sua origem diretamente vinculada ao cinema, como instrumento de financiamento de projetos audiovisuais, assumindo, ainda nos dias de hoje, uma grande importância econômica. [...].
>
> Mas, sem dúvida alguma, o *product placement* mais importante da história cinematográfica e que revelou a força do cinema como um instrumento publicitário é o do filme *E.T* (1982) de Steven Spielberg. Neste filme, o menino protagonista oferece um caramelo de chocolate da marca Reese's Pieces ao extraterrestre, com o fim de facilitar a comunicação entre eles.[131]

Em determinadas hipóteses, o próprio influenciador cria uma loja virtual na qual coloca à venda esses produtos. Nesses casos, a celebridade digital fala diretamente com seus seguidores e os engaja a adquirir esses produtos e assim "auxiliar na continuidade do canal e nas atividades do influenciador", como se observa em múltiplos vídeos na plataforma do *YouTube*. Esse tipo de canal angaria um público de seguidores muito amplo, com destaque para o público *infantojuvenil*, qualificado como consumidores hipervulneráveis.

Por fim, pode-se, ainda, citar a existência dos sistemas de *links afiliados*[132], uma possibilidade advinda das plataformas de *marketplace*, em que o influenciador recebe

---

130. SOUZA, Dan. Endorsee ou endorser: Qual a diferença? **Santo Angelo**. 2016. Disponível em: https://blog.santoangelo.com.br/endorsee-ou-endorser-qual-a-diferenca/. Acesso em: 20 dez. 2023.
131. DIAS, Lucia Ancona Lopez de Magalhaes. **Publicidade e direito**. 3.ed. atual. e reform. São Paulo: Saraiva, 2018, p.80;298-299. Nesse sentido ver: CARBALLO-CALERO, Pablo Fernández. **Pubblicità occulta e product placement**. Pádua: Cedam, 2004, p.164.
132. Sobre o tema se recomenda a leitura de: MICHAELSEN, Frithjof *et al.*. **The impact of influencers on advertising and consumer protection in the single market.** Publication for the committee on Internal Market and Consumer Protection (IMCO), Policy Department for Economic, Scientific and Quality of Life Policies, European Parliament, Luxembourg, 2022. Available from: https://www.europarl.europa.eu/thinktank/en/document/IPOL_STU(2022)703350. Access on: Dec. 20, 2023.

um percentual da venda de qualquer produto realizada por meio de um link atrelado à sua conta. Assim, o *influencer* recomenda produtos para seus seguidores e solicita que, caso utilizem a plataforma para adquirir qualquer produto, utilizem o link afiliado, pois assim o *digital influencer*, por sua vez, receberá uma pequena "comissão".

Por fim, verifica-se que são múltiplas as possibilidades de um influenciador alcançar lucro com sua influência e engajamento junto ao público consumidor (seguidores) e, geralmente, podem ser aplicadas de modo concomitante. Desse modo, os *influencers* se valem de inúmeras técnicas para aumentar sua rentabilidade juntamente a fornecedores de produtos ou serviços.

Há de se ressaltar, ainda, que quanto maior o número de seguidores de um influenciador e sua taxa de engajamento, maiores serão as oportunidades de obtenção de lucro advindas da sua criação de conteúdo, posto que sua visibilidade e projeção serão cada vez maiores.

Ademais, paulatinamente os *influencers* transformam essa atividade em sua principal fonte de renda, de modo que, a realização de contratos se perfaz como necessária para garantir maior proteção jurídica a todas as partes envolvidas na contratação.

5.6 CONTRATOS FIRMADOS PELOS INFLUENCIADORES DIGITAIS

A atuação dos influenciadores digitais na produção de conteúdo publicitário para fornecedores de produtos e serviços, ocasionou significativas alterações na sociedade contemporânea. Nesse sentido, se pode afirmar que a forma pela qual a atividade publicitária se estabelece, atualmente, difere em numerosos aspectos do modelo publicitário estabelecido antes do advento do novo paradigma tecnológico e do mercado de consumo digital.

Hodiernamente, vultosos investimentos em *marketing de influência* são realizados para divulgação de publicidade pelos mais diversos ramos da atividade econômica. Seja uma sociedade empresária multimilionária com alcance global, ou um microempresário que dá seus primeiros passos no mercado de consumo de um determinado bairro. Nesse cenário, a publicidade se torna, cada vez mais, um elemento fundamental para o sucesso de todo e qualquer fornecedor de produto ou serviço.

Os influenciadores digitais, notadamente, em razão de sua credibilidade e proximidade direta com seu público-alvo, se tornaram os protagonistas na veiculação de publicidade, passando a ser contratados para apresentar diversos produtos ou serviços para seus seguidores e demais consumidores no mercado de consumo digital.

Na contratação de um *influencer* para desenvolvimento do marketing digital de produtos ou serviços de determinado fornecedor, nas plataformas digitais do influenciador ou do próprio fornecedor, se busca alcançar o maior retorno possível, em relação aos custos despendidos com a atividade publicitária.

Para evitar eventuais consequências jurídicas negativas relacionadas a referida contratação – promoção de publicidade digital de produtos e serviços em redes sociais

– o contrato deverá, necessariamente, observar a disponibilização de *informações qualificadas (corretas, claras, precisas e ostensivas) acerca do conteúdo contratual* para garantir a adequada segurança jurídica aos contratantes (influenciador e fornecedores).

Portanto, o contrato a ser firmado terá por finalidade regulamentar efetivamente a relação jurídica contratual, de modo a coibir eventuais controvérsias relacionadas a fixação do objeto contratual, valor da contratação, formas de remuneração, os deveres (obrigações) e direitos de cada uma das partes, prazos, cláusula penal, situações de execução parcial do contrato, hipóteses de extinção contratual e imputação de responsabilidade civil.[133]

A despeito da relevância dos influenciadores digitais no cenário publicitário, muitas vezes *inexiste um contrato formal com cláusulas escritas e uma discriminação clara e ostensiva do conteúdo contratual*. Logo, no cotidiano, vislumbra-se que inúmeros contratos são firmados informalmente, acarretando, por conseguinte, enorme insegurança jurídica para os contratantes.

Ademais, mesmo nos casos em que inexiste um contrato formalizado entre as partes, há a possibilidade de imputação de responsabilidade do *influencer* e do fornecedor em razão da veiculação de publicidade ilícita, bem como, de eventuais danos aos consumidores.

Convém apontar, por oportuno, que os contratos estabelecidos entre influenciadores digitais e fornecedores podem ser estabelecidos por meio das seguintes espécies contratuais: *permuta, prestação de serviços, doação, parceria, agenciamento, contrato de confidencialidade (NDA – Non Disclosure Agreement), endorsement*[134], *patrocínio, licenciamento, cessão de direitos de imagem*[135], dentre outros.

---

133. Nesse sentido ver: RAMOS, Pedro Henrique; ANDRADE, Andressa Bizutti; VALENTE, Luiz Guilherme Veiga. Contratos de influenciadores digitais: aspectos teóricos e práticos. *In:* HACKEROTT, Nadia Andreotti Tüchumantel (Coord.). **Influenciadores digitais e seus desafios jurídicos.** São Paulo: Thomson Reuters Brasil, 2023, p.99-113; MOSSE, Cassio Nogueira Garcia. **Os contratos e as relações com os criadores de conteúdo digital:** uma necessidade em constante evolução. *In:* MOSSE, Cassio Nogueira Garcia (Coord.); CARNEIRO, Tayná; FEIGELSON, Bruno (Orgs.). **Social Media Law:** o direito nas redes sociais. São Paulo: Thomson Reuters Brasil, 2021. [E-book]; JABUR, Wilson Pinheiro; NUNES, Caio de Faro. Influenciadores digitais e o uso de imagem no e-commerce. *In:* HACKEROTT, Nadia Andreotti Tüchumantel (Coord.). **Aspectos jurídicos do e-commerce.** 2. ed. rev., atual. e ampl.. São Paulo: Thomson Reuters Brasil, 2022. [E-book].

134. Segundo o Jornal The Economic Times: "Endossos são uma forma de publicidade que usa personalidades famosas ou celebridades que possuem um alto grau de reconhecimento, confiança, respeito ou credibilidade entre as pessoas. Essas pessoas anunciam um produto emprestando seus nomes ou imagens para promover um produto ou serviço. Anunciantes e clientes esperam que tal aprovação, ou endosso por uma celebridade, influencie os compradores favoravelmente. Por exemplo, Sachin Tendulkar endossando motocicletas e biscoitos pode influenciar jovens ou crianças que o consideram um modelo a ser seguido." (Tradução nossa)

No original: "Endorsements are a form of advertising that uses famous personalities or celebrities who command a high degree of recognition, trust, respect or awareness amongst the people. Such people advertise for a product lending their names or images to promote a product or service. Advertisers and clients hope such approval, or endorsement by a celebrity, will influence buyers favorably. For example, Sachin Tendulkar endorsing motorcycles and biscuits can influence young men or children who look to him as role model." (THE ECONOMIC TIMES. What is 'Endorsements'. **The Economic Times.** 2023. Available from: https://economictimes.indiatimes.com/definition/endorsements. Access on: Dec. 20, 2023).

135. Patrícia Peck Garrido Pinheiro e Camila Bruna do Nascimento destacam que "Inclusive por disposições concernentes ao direito contratual, a cessão de direitos de imagem deve contemplar um conjunto de diretrizes como a duração da cessão, a finalidade do uso e do tratamento, o tipo de imagem cedida, ou seja, se apenas

Todavia, nada obsta, que outras espécies de contratos sejam realizadas de modo a melhor atender aos interesses e objetivos dos contratantes.

Em síntese, os contratos firmados entre *influencer* e fornecedor de produtos ou serviços para a realização de atividade publicitária deverão observar os seguintes elementos:

i) delimitação do objeto do contrato;

ii) estabelecimento do conteúdo contratual;

iii) direitos e obrigações dos contratantes;

iv) especificação quanto aos meios de divulgação da publicidade (rede social, televisão, cinema, rádio, dentre outras);

v) questões relacionadas aos *direitos de personalidade* (imagem, nome, voz, honra dados pessoais, privacidade, dentre outros);

vi) correlação da atividade com questões relativas à propriedade intelectual, industrial e aos direitos autorais;

vii) análise de eventuais hipóteses ensejadoras de responsabilidade civil;

viii) utilização ou não de *cláusula de exclusividade* e *cláusula de não-concorrência* na atuação do *influencer*, devendo-se observar a delimitação temporal da cláusula (prazo de vigência), segmentos da exclusividade, especificidades e limitações impostas pela referida cláusula, dentre outras questões pertinentes a temática;

ix) utilização ou não de *cláusula de confidencialidade* no contrato;

x) questões específicas pertinentes ao Direito Civil, Empresarial, Consumidor, Penal, Digital e Trabalhista;

xi) análise da regulamentação estabelecida pela Lei Geral de Proteção de Dados;

xii) observância às regulamentações éticas do CONAR e legais do Código de Defesa do Consumidor relacionadas à veiculação de publicidade no ambiente digital, notadamente, a observância da *identificação publicitária*;

xiii) estabelecimento ou não de cláusula penal no instrumento contratual;

xiv) valor da contratação e forma(s) de remuneração do *influencer*;

xv) reembolso ou não das despesas operacionais relacionadas à contratação do influenciador;

xvi) detalhamento do cronograma de execução da atividade publicitária contratada;

---

o nome ou uma fotografia, vídeos com voz ou apresentação de outros atributos físicos, locais de publicação, natureza onerosa da contraprestação, se a cessão é exclusiva ou não e se se estende a terceiros ou parceiros." (PINHEIRO, Patrícia Peck Garrido; NASCIMENTO, Camila Bruna do. Direito de imagem e proteção de dados pessoais dos influenciadores digitais. *In*: HACKEROTT, Nadia Andreotti Tüchumantel (Coord.). **Influenciadores digitais e seus desafios jurídicos.** São Paulo: Thomson Reuters Brasil, 2023, p.81). Nesse sentido ver: RAMOS, Pedro Henrique; ANDRADE, Andressa Bizutti; VALENTE, Luiz Guilherme Veiga. Contratos de influenciadores digitais: aspectos teóricos e práticos. *In*: HACKEROTT, Nadia Andreotti Tüchumantel (Coord.). **Influenciadores digitais e seus desafios jurídicos.** São Paulo: Thomson Reuters Brasil, 2023, p.104-105.

xvii) possibilidade ou não de aprovação prévia pelo contratante das publicações do *influencer* antes de sua divulgação, bem como a obrigação de proceder a sua correção;

xviii) prazo da contratação;

xix) possibilidade ou não de utilização de *cláusula de mediação* nos contratos firmados;

xx) hipóteses de extinção do contrato;

xxi) estabelecimento do foro de eleição contratual.

A verificação dos elementos supramencionados na contratação se presta a garantir a *segurança jurídica* a todas as partes envolvidas no contrato, regulamentando a relação jurídica contratual estabelecida, desde antes de sua assinatura até depois de sua execução, uma vez que os contratantes deverão nortear sua atuação pelos preceitos normativos relacionados aos princípios da boa-fé objetiva e da função social dos contratos.

5.7 TÉCNICAS DE PUBLICIDADE DOS INFLUENCIADORES DIGITAIS

Na infindável corrida por seguidores, taxas de engajamento progressivamente maiores e multiplicação de contratos com fornecedores de produtos e serviços, diversas são as técnicas utilizadas por criadores de conteúdo na Internet para obter maior projeção e alcance.

Muitos indivíduos, objetivando meros números irreais apelam à compra de seguidores – *bots* – todavia tal prática revela-se pouco efetiva ao produtor de conteúdo, visto que estes "*seguidores robôs*" apenas aumentam a quantidade total de pessoas que seguem determinado influenciador, *mas não aumentam as taxas de engajamento real*, caracterizando, assim, uma falsa aparência de relevância.

Nesse sentido, a utilização de estratégias de *marketing* voltadas à divulgação de conteúdo nas plataformas digitais se consolidou como um dos mecanismos de efetivação de publicidade digital, expressando duplo ganho, pois, de um lado, *a personalidade aufere lucro com a publicidade*, de outro lado, *a webcelebridade se projeta como figura relevante nas redes sociais*, aumentando, por conseguinte, o engajamento de suas postagens.

As técnicas publicitárias realizadas pelos influenciadores digitais se aproveitam do denominado "*neuromarketing*", com o intuito de incitar às emoções e sentimentos dos consumidores, despertando o consumismo desenfreado, sendo notável que na contemporaneidade digital "as publicidades baseadas em fórmulas de *neuromarketing* geralmente são apresentadas de maneira dissimulada e disfarçada, ferindo um dos direitos fundamentais mais essenciais à civilização ocidental: a liberdade."[136]

---

136. BASAN, Arthur Pinheiro. **Publicidade digital e proteção de dados pessoais:** O direito ao sossego. Indaiatuba, SP: Editora Foco, 2021. [E-book].

5.7.1 Unboxing

Unboxing, em tradução livre, representa o ato de tirar algo de dentro de uma caixa, todavia a mera tradução do termo não revela suas complexas questões atreladas ao ato realizado na Internet.

Inicialmente, a simples ideia de tirar algo de uma caixa pode parecer algo banal e até tedioso para alguns, mas o modelo de vídeos denominado *unboxing* angaria cada vez mais adeptos, existindo, até mesmo, canais de grande relevância na plataforma do *YouTube* voltados somente a produção desse tipo de conteúdo.[137-138]

Com os paulatinos avanços da Internet e, sobretudo, do comércio eletrônico, os vídeos de *unboxing* se tornaram extremamente populares no ambiente digital.

A priori, os vídeos eram publicados por consumidores, os quais pretendiam auxiliar outras pessoas a realizarem uma escolha segura em suas possíveis aquisições de produtos. Contudo, atualmente, o modelo de vídeos passou a ser produzido, majoritariamente, por influenciadores digitais e canais de comunicação especializados.

Diante da modificação desse cenário, os fornecedores perceberam a possibilidade de implementar um novo mecanismo de divulgação publicitária, por meio do envio dos produtos recentemente lançados aos *influencers*, para que estes para realizem de vídeos de *unboxing*. Esse novo novel modelo publicitário tem o objetivo de se aproveitar da credibilidade dos influenciadores junto a seus seguidores para apresentar os produtos ao público consumidor e, por conseguinte, incrementar as vendas e o lucro da atividade econômica.

Os vídeos de *unboxing* usualmente não apresentam detalhes de utilização do produto, sendo compostos, exclusivamente, pela abertura da caixa, montagem e exposição do produto com a apresentação de suas características básicas.[139]

O referido modelo de vídeos possui extrema popularidade com crianças e adolescentes, especialmente, os vídeos de desempacotamento de brinquedos. Marina Ramos-Serrano e Paula Herrero-Diz aduzem que as crianças e adolescentes sentem prazer em ver outra criança abrindo brinquedos e sentem motivação em também os comprar.[140]

---

137. Nesse sentido ver: MARSH, Jackie. 'Unboxing' videos: co-construction of the child as cyberflâneur, **Discourse: Studies in the Cultural Politics of Education**, v.37, i.3, p.369-380, 2016. Available from: eprints.whiterose.ac.uk/94116/1/Unboxing.pdf. Access on: Dec. 20, 2023.
138. Segundo a Comisión de Influencers de IAB Spain, tem-se que: "La realización de campañas publicitarias en YouTube nos permite realizar promociones de marcas o clientes de una forma más extensa, debido a la duración habitual de los contenidos de esta plataforma y por la facilidad que supone el uso de creadores acordes a los productos." (COMISIÓN DE INFLUENCERS DE IAB SPAIN. **Libro Blanco:** Marketing de Influencers. Madrid: IAB Spain, 2022, p.24).
139. Nesse sentido ver: CRAIG, David; CUNNINGHAM, Stuart. Toy unboxing: living in a (nunregulated) material world. **Media International Australia (MIA)**, v.163, i.1, p.77-86, 2017. Available from: https://journals.sagepub.com/doi/pdf/10.1177/1329878X17693700. Access on: Dec. 20, 2023.
140. RAMOS-SERRANO, Marina; HERRERO-DIZ, Paula. Unboxing and brands: youtubers phenomenon through the case study of EvanTubeHD. **Prisma Social – Revista de Ciencias Sociales**, n.1, p.90-120, 2016. Available from: https://idus.us.es/bitstream/handle/11441/41670/4_nespecial_unboxing-brands_90-120.pdf?sequence=1&isAllowed=y. Access on: Dec. 20, 2023.

Nesse sentido, verifica-se a existência, na plataforma do *YouTube*, de canais com expressivos números de inscritos, segundo dados colhidos em 2023, como *Unbox Therapy* (21,4 milhões de inscritos)[141] e *Marques Brownlee* (18 milhões de inscritos)[142]. Ademais, constata-se, ainda, canais voltados especificamente ao público infantil como *Vlad and Niki* (106 milhões de inscritos)[143] e *Ryan's World* (36 milhões de inscritos)[144].

Por fim, destaca-se que realização dos vídeos de *unboxing* se tornaram um modelo publicitário rentável para fornecedores, principalmente, na hipótese em que publicados conjuntamente a um vídeo de *review*.

5.7.2 Review

Review, em tradução livre, resenha, representa o ato de realizar uma análise crítica ou informativa a respeito de determinado produto ou serviço.

O *review* é, costumeiramente, produzido em sequência a um vídeo de *unboxing*, no qual o criador de conteúdo apresenta especificidades de utilização do produto ou serviço, suas características, impressões e demais dados e informações capazes de influenciar a possibilidade de aquisição do produto ou serviço por seus seguidores.[145]

O modelo de vídeos e fotos de *review* atrai muitas visualizações, uma vez que, os consumidores utilizam esses vídeos e *posts* como parâmetro para suas futuras aquisições de produtos ou serviços. Os *reviews* apresentam o produto ou serviço, realizam avaliações e, ao final, emitem as impressões do *influencer* acerca dos mesmos. Posteriormente, o influenciador adquire a confiança dos consumidores e sua opinião passa a influir de modo decisivo em seus hábitos de consumo, funcionando como um norteamento para a tomada de decisão sobre a possibilidade de aquisição ou não de determinado produto ou serviço.

> Também as marcas, atraídas por este novo canal de divulgação, têm apostado no formato e muitas passaram a enviar os seus lançamentos para os YouTubers, na expectativa de que estes venham a fazer um review 'espontâneo' do produto nos seus canais ou mesmo negoceiam com os YouTubers um pagamento de avaliações, ou reviews patrocinados.[146]

---

141. YOUTUBE. **Unbox Therapy.** 2023. Disponível em: https://www.youtube.com/c/unboxtherapy/featured. Acesso em: 20 dez. 2023.
142. YOUTUBE. **Marques Brownlee.** 2023. Disponível em: https://www.youtube.com/c/mkbhd/featured. Acesso em: 20 dez. 2023.
143. YOUTUBE. **Vlad and Niki.** 2023. Disponível em: https://www.youtube.com/c/VladandNiki/featured. Acesso em: 20 dez. 2023.
144. YOUTUBE. **Ryan´s World.** Disponível em: https://www.youtube.com/@RyansWorld. Acesso em: 20 dez. 2023.
145. Martim Farinha e Jorge Morais Carvalho explicitam que "As *reviews* (comentários, opiniões, análises) feitas por outros consumidores são, muitas vezes, fundamentais na decisão de contratar. [...] tendo sido integradas nas estratégias de marketing dos profissionais, em particular dos intermediários que atuam no mercado digital." (FARINHA, Martim; CARVALHO, Jorge Morais. Os desafios do mercado digital para o direito dos contratos de consumo à luz do direito europeu. In: EHRHARDT JÚNIOR, Marcos; CATALAN, Marcos; MALHEIROS, Pablo (Coords.). **Direito Do Consumidor e Novas Tecnologias.** Belo Horizonte: Fórum, 2021, p.321).
146. LINHARES, Gabriela Correia Lima. **O Youtube pode fazer comprar?** Motivações e impactos no consumidor de vídeos com reviews de produtos. 2016. Dissertação de Mestrado. 2016. 70f. Dissertação (Mestrado em Marketing) – Instituto Superior de Economia e Gestão. Universidade de Lisboa. Alvalade, Lisboa, 2016, cap. 3.

No Brasil, de acordo com dados colhidos no fim de 2023, 3 (três) eram os principais canais do *YouTube* que realizavam ativamente essa estratégia de marketing, quais sejam, o TecMundo (4,03 milhões de inscritos)[147], o CanalTech (3,34 milhões de inscritos)[148], e o Escolha Segura (2,15 milhões de inscritos)[149]. Ademais, os referidos canais, diligentemente, costumam informar aos consumidores, nas hipóteses em que os vídeos possuem algum tipo de patrocínio, atuando em consonância com os preceitos ético-jurídicos norteadores da atividade publicitária.

A plataforma do *YouTube* é a favorita dos influenciadores digitais no tocante a publicação de vídeos de *review*, todavia, a divulgação de *posts* e *stories* no *Instagram* realizando essa técnica de publicidade se demonstra expressiva. Ressalta-se, contudo, que no *Instagram*, em diversas postagens, os criadores de conteúdo *não apresentam informação transparente* aos consumidores *acerca de se tratar de uma publicação patrocinad*a, apesar dos termos de uso da plataforma determinarem tal indicação.

> Dependendo da perspectiva, o YouTube pode ser considerado uma plataforma de compartilhamento de vídeos, com foco no ato de publicação de conteúdo, um meio de transmissão, enfatizando a disseminação de conteúdo para grandes audiências, um meio participativo, destacando o potencial de engajamento do público, ou toda uma economia de mídia, fomentando uma cultura e ecologia próprias.[150] (Tradução nossa)

Insta frisar que, o referido modelo de vídeos não é realizado, tão somente, por *influencers* e canais especializados, de forma que usuários das plataformas digitais recorrentemente publicam, em seus perfis, vídeos dessa natureza.

> As resenhas de vídeo estão marcando presença em sites de fornecedores como Amazon.com e BestBuy.com, sites independentes como CNET e DpReview e mídias sociais como Twitter e Facebook. Comerciantes de todo o mundo estão começando a incentivar os clientes a enviar avaliações on-line em formatos de vídeo. Recentemente, a Proctor and Gamble convidou os usuários a postar análises de produtos em vídeo para um novo produto, Tide Pods, lançado em 2012. Para sua surpresa, recebeu centenas de respostas dos consumidores, ainda que a criação de uma análise de vídeo exija mais esforço e suporte técnico do que postar uma resenha textual.[151] (Tradução nossa)

---

147. YOUTUBE. **TecMundo.** 2023. Disponível em: https://www.youtube.com/c/tecmundo/videos. Acesso em: 20 dez. 2023.
148. YOUTUBE. **Canaltech.** 2023. Disponível em: https://www.youtube.com/user/canaltechbr. Acesso em: 20 dez. 2023.
149. YOUTUBE. **Escolha Segura.** 2023. Disponível em: https://www.youtube.com/c/escolhaseguratv/videos. Acesso em: 20 dez. 2023.
150. No original: "Depending on perspective, YouTube can be regarded as a video-sharing platform, with a focus on the act of publishing content, a broadcast medium, emphasizing the dissemination of content to vast audiences, a participatory medium, highlighting the potential for engaging the audience, or an entire media economy, fostering a culture and ecology of its own". (JAAKKOLA, Maarit. Vernacular reviews as a form of co-consumption: The user-generated review videos on YouTube. **MedieKultur:** Journal of media and communication research, v.34, n.65, p.10-30, 2018, p.15. Available from: https://tidsskrift.dk/mediekultur/article/view/104485. Access on: Dec. 20, 2023).
151. No original: "Video reviews are making their presence on vendor websites such as Amazon.com and BestBuy.com, independent sites such as CNET and DpReview, and social media such as Twitter and Facebook. Merchants across the globe are starting to encourage customers to upload online reviews in video formats. Recently, Proctor and Gamble, invited users to post video product reviews for a new product, Tide Pods, launched in 2012. Much to their surprise, this received hundreds of responses from consumers even though creating a video review

Em conclusão, verifica-se que a técnica do *review* vem se demonstrando extremamente relevante para os fornecedores no mercado de consumo digital, de modo que, passaram a assimilar esse tipo de conteúdo e integrá-los na publicidade de seus produtos e serviços, em diversos sites e mídias sociais, uma vez que a impressão de um influenciador digital se tornou aspecto relevante para a aquisição de produtos e serviços no ambiente digital.

5.7.3 Gameplay

Especificamente, no que diz respeito à publicidade de jogos eletrônicos, os *gameplays* se estabelecem como o principal modelo adotado pelos influenciadores digitais que atuam no segmento dos *gamers*.

Os *gameplays* se referem ao ato de jogar determinado jogo eletrônico e, concomitantemente, fazer comentários sobre o jogo. Nesse formato, comumente, o influenciador digital interage com o público (seguidores) por meio de interfaces de troca de mensagens disponibilizadas pelas plataformas de *stream* como o *YouTube* e *Twitch*.

Em entrevista à Revista Exame, Ryan Wyatt revelou que, em 2020, o *YouTube* teve mais de 100 (cem) bilhões de horas assistidas somente em conteúdo de jogos.[152] Destaca-se, ainda, que o mercado de jogos se apresenta como aquele em maior ascensão nos últimos anos, rendendo para fornecedores lucros que superam a indústria da música e do cinema somados.[153]

Os *gameplays* influenciam diretamente a escolha do consumidor em adquirir, ou não, determinado jogo, uma vez que uma impressão assertiva de seu influenciador *gamer* favorito pode ser o fator determinante nessa escolha.

Os fornecedores, atentos a esse modelo de vídeos, criaram a prática de disponibilizar um acesso antecipado de seus jogos aos influenciadores digitais, os quais publicam inúmeros vídeos sobre o jogo nas datas próximas a seu lançamento, impactando positivamente os lucros da indústria de games.

Há de se frisar, ainda, que não é incomum que fornecedores contratem influenciadores digitais para falar bem de seus jogos e disponibilizar vídeos em suas redes sociais. Inúmeros são os casos em que o fornecedor envia para o influenciador *diversos presentes*

---

requires more effort and technical support than posting a text review". (XU, Pei; CHEN, Liang; SANTHANAM, Radhika. Will video be the next generation of e-commerce product reviews? Presentation format and the role of product type. **Decision Support Systems**, v.73, p.85-96, 2015, p.85. Available from: https://www.sciencedirect.com/science/article/abs/pii/S0167923615000469. Access on: Dec. 20, 2023).

152. AGRELA, Lucas. YouTube teve 100 bilhões de horas assistidas de vídeos sobre games em 2020. **Exame**. 2020. Disponível em: https://exame.com/tecnologia/youtube-teve-100-bilhoes-de-horas-assistidas-de-videos-sobre-games-em-2020/. Acesso em: 20 dez. 2023.

153. WAKKA, Wagner. Mercado de games agora vale mais que indústrias de música e cinema juntas. **Canaltech**. 2021. Disponível em: https://canaltech.com.br/games/mercado-de-games-agora-vale-mais-que-industrias-de-musica-e-cinema-juntas-179455/. Acesso em: 20 dez. 2023.

diretamente conectados ao conteúdo do jogo, como adesivos, *action figures,* bonés, itens de colecionador, dentre outros, como uma modalidade de *remuneração indireta.*

Os *gameplays,* nas hipóteses em que realizados por *digital influencers,* possuem a capacidade de interferir na capacidade de compra de um consumidor, o qual, por sua vez, acredita que o influenciador produz o conteúdo simplesmente porque o jogo possui qualidade e o agradou, sendo que, em verdade, na sua grande maioria, os *influencers gamers* recebem direta ou indiretamente remuneração pela produção desses vídeos.

5.7.4 Embaixadores de marcas

Inicialmente, convém salientar que a terminologia "*garoto-propaganda*" entra em declínio no âmbito da atividade publicitária, com o advento do marketing de influência e a utilização de *influencers,* de maneira cada vez mais abrangente, nas mídias sociais.

Nesse cenário, os fornecedores vislumbraram a possibilidade de desenvolvimento de parcerias com os influenciadores para participação em campanhas publicitárias, eventos de divulgação, criação e desenvolvimento de produtos ou serviços, produção de conteúdo específico, dentre outras possibilidades.

Nas hipóteses em que as *celebridades digitais* ou *webcelebridades* atuam de forma mais contundente na realização de publicidade e, especialmente, por meio de uma relação de maior proximidade e, exclusividade, juntamente ao fornecedor, passam a ser denominados como *embaixadores da marca*.

> Um influenciador pode ser embaixador de uma marca ou mesmo figurar em comerciais televisivos. Esse tipo de ação revela como o ciclo comercial já prevê espaço para a incorporação de influenciadores digitais. A empresa telefônica Vivo, por exemplo, lançou em novembro de 2015, a campanha Vivo Tudo Turbo em que quatro youtubers protagonizam as campanhas televisivas com o slogan "Internet é tudo". Os influenciadores Jout Jout, Depois das Onze, Japa e Cellbit, que participaram da campanha, juntos somam mais de 8,7 milhões de seguidores em suas redes e canais no YouTube. Outra empresa a eleger um influenciador como o rosto de sua campanha foi a Tresemmé, em julho de 2015. A peça publicitária foi protagonizada por Camila Coelho, blogueira e youtuber de beleza, com quase 2,5 milhões de inscritos apenas em seu canal no YouTube.
>
> Em julho de 2014, a marca de chocolates KitKat marcou sua entrada no mercado brasileiro com uma ação multiplataforma com a parceria de influenciadores. A campanha reuniu Joe Penna, do canal Mystery Guitar Man (quase três milhões de inscritos), Iberê Thenório, do Manual do Mundo (mais de cinco milhões de inscritos) e Bruna Vieira, autora do blog Depois dos Quinze e escritora infanto-juvenil. Com a hashtag #meubreak, os creators produziram vídeos mostrando como dão uma pausa em suas rotinas. A reunião de trechos desses vídeos deu origem a uma campanha televisiva da marca.[154]

---

154. KARHAWI, Issaaf. Influenciadores digitais: o Eu como mercadoria. *In:* SAAD, Elizabeth; SILVEIRA, Stefanie C. (Orgs.). **Tendências em comunicação digital.** São Paulo: ECA/USP, 2016, p.53. Disponível em: http://www.livrosabertos.sibi.usp.br/portaldelivrosUSP/catalog/download/87/75/365-1?inline=1. Acesso em: 20 dez. 2023.

O Dicionário Cambridge define o termo *"Brand Ambassador"* (embaixador de marca) como "uma pessoa que é paga ou recebe produtos gratuitos de uma empresa em troca de vestir ou usar seus produtos e tentar encorajar outros a fazer o mesmo."[155]

A terminologia não é novidade, sendo que grandes estrelas de cinema já possuíam tal título antes do advento das plataformas digitais, como por exemplo, a parceria do astro George Clooney com a marca *Nespresso*, com a qual realiza atividade publicitária em diversos comerciais e estampa incontáveis *outdoors*. Não obstante, o termo assumiu considerável renome, nas redes sociais, por representar uma posição respeitável perante o consumidor, que acredita no comprometimento da personalidade com a marca e, logo, concretiza uma associação direta fundada na credibilidade e confiança.

Em suma, a personalidade digital passa a ser o rosto da marca, atuando em nome dela quando necessário e servindo como ponte de conexão com o público consumidor. Logo, o fornecedor investe em sua própria imagem com uma personalidade que compartilhe dos valores da marca e seja capaz de ampliar a base de consumidores por meio de sua influência. Nesse sentido, Luis V. Casaló, Carlos Flavián e Sergio Ibáñez-Sánchez explicitam que, *não somente o influenciador gera valor ao seguidor, assim como o seguidor gera valor ao influencer.*[156]

Na contemporaneidade, em regra, os embaixadores são megainfluenciadores, com milhões de seguidores, representando marcas de alto relevância no mercado de consumo digital. A título exemplificativo pode-se citar a atuação do cantor sertanejo e influenciador Gusttavo Lima, embaixador da marca de cerveja Bohemia, e a influenciadora Juliette, que representa as marcas Havaianas, Americanas, L'Occitane, Mondial, Globoplay e Avon como embaixadora.

Nesse mesmo giro, se destaca Iran Santana Alves – o *Luva de Pedreiro* – o qual quebrou recordes de engajamento de seus seguidores com conteúdo especificamente voltado ao futebol. Ademais, seu reconhecimento, credibilidade e autenticidade possibilitou que se tornasse um "embaixador" dos produtos da marca esportiva *Adidas*.[157]

A atuação dos influenciadores que são *embaixadores de marcas* se diferencia das demais formas publicitárias pertinentes ao mercado de consumo digital, se aproximando das publicidades realizadas por celebridades tradicionais antes da revolução tecnológica dos primeiros anos do século XXI.

---

155. No original: "a person who is paid or given free products by a company in exchange for wearing or using its products and trying to encourage others to do so." (CAMBRIDGE DICIONARY. **Brand Ambassador.** Available from: https://dictionary.cambridge.org/pt/dicionario/ingles/brand-ambassador. Access on: Dec. 20, 2023).
156. CASALÓ, Luis V.; FLAVIÁN, Carlos; IBÁÑEZ-SÁNCHEZ, Sergio. Influencers on Instagram: Antecedents and consequences of opinion leadership. **Journal of Business Research,** v.117, p.510-519, Sept. 2020, p.516. Available from: https://www.sciencedirect.com/science/article/pii/S0148296318303187?via%3Dihub. Access on: Dec. 20, 2023.
157. ISTO É. Luva de Pedreiro é novo embaixador da Adidas. **Isto é.** 2022. Disponível em: https://www.istoedinheiro.com.br/luva-de-pedreiro-e-novo-embaixador-da-adidas/. Acesso em: 20 dez. 2023.

Nesse sentido, ainda que emprestem suas plataformas para divulgação de produtos e serviços (usualmente com textos roteirizados), os embaixadores comumente atuam em comerciais para televisão e *YouTube*, estampam *outdoors*, produtos ou serviços e, comparecem a eventos relacionados à marca. Ademais, é usual que assumam posições criativas junto aos fornecedores, como é o caso de Juliette Freire, anunciada em fevereiro de 2022, como *head* de inovação para a linha de cuidados pessoais da Mondial Eletrodomésticos.[158]

Pela relevante posição que possuem, atualmente, no mercado de consumo digital, os embaixadores de marcas podem, ainda, criar *conteúdo exclusivo* para as mídias digitais, voltado para divulgação de produtos ou serviços, ampliando, por consequência, a extensão publicitária da marca e, assim, angariando possíveis novos consumidores.

5.7.5 Friendly advice

A veiculação de conteúdo publicitário nas plataformas digitais, por intermédio da atuação de influenciadores digitais, representa uma estratégia de marketing de influência frequentemente utilizada por fornecedores no mercado de consumo digital.

Todavia, em inúmeras situações, se verifica que a atividade publicitária realizada por *influencers* não observa os *deveres anexos de conduta (laterais, fiduciários ou de consideração)* – de informação, esclarecimento, cooperação, lealdade, proteção, cuidado, dentre outros –, bem como, os preceitos normativos delineados pelos princípios da boa-fé objetiva, informação, transparência e confiança, em consonância com ditames estabelecidos pelo Código de Defesa do Consumidor (art. 36 do CDC) e pelo Código Brasileiro de Autorregulamentação Publicitária (art. 28 do CBAP).

> Estas novas técnicas publicitárias traduzem opiniões aparentemente pessoais, que simulam experiências relativas aos produtos, continuando a verificar-se um engano dos consumidores relativo à finalidade promocional das mensagens. No ordenamento jurídico português, a hipótese enquadra-se na alínea b) do artigo 8.º do Decreto-Lei n.º 57/2008, de 26 de março, que qualifica como enganosa em qualquer circunstância a prática comercial que consiste em "alegar falsamente ou dar a impressão de que o profissional não está a agir para fins relacionados com a sua atividade comercial, industrial, artesanal ou profissional ou apresentar-se falsamente como consumidor". Daqui decorre a atual dimensão eminentemente emocional e simbólica do princípio da identificabilidade, em detrimento da perspectiva racional das decisões de consumo, que esteve na origem da proibição da publicidade oculta.[159]

Nesse sentido, é comum que o influenciador digital objetive compartilhar com seus seguidores uma experiência positiva com determinado produto ou serviço, sem receber nenhuma contrapartida para tanto.

---

158. FORBES. Juliette se une às celebridades que entraram para o C-Level das empresas. **Forbes**. 2022. Disponível em: https://forbes.com.br/forbes-mulher/2022/02/juliette-se-une-as-celebridades-que-entraram-para-o-c-level-das-empresas/. Acesso em: 20 dez. 2023.
159. AMORIM, Ana Clara Azevedo de. Os influenciadores digitais e a publicidade oculta: abordagem comparada de direito luso-brasileiro. *In*: RIBEIRO, Cláudio José Silva; HIGUCHI, Suemi (Orgs.). **Anais do I congresso internacional em humanidades digitais no Rio de Janeiro**. Rio de Janeiro: CPDOC/FGV, 2018, p.126.

O *friendly advice* (conselho amigável) pode ser definido como uma opinião amiga, descompromissada, que se perfectibiliza por meio de uma indicação ou recomendação emitida pelo influenciador, que decide compartilhar com seu público-alvo (seguidores) determinado conteúdo ou parte de seu conhecimento em relação a determinado produto ou serviço em função de uma *experiência prévia, de forma neutra e desinteressada*.

Destaca-se que o *friendly advice* representa situações em que não se verifica a existência de promoção de uma publicidade, mas de *meros conselhos, indicações ou dicas* por parte do influenciador a seus seguidores. Nessas hipóteses, a personalidade digital recomenda o produto ou serviço não pelo recebimento de algum tipo de retribuição ou remuneração, mas como uma *mera recomendação pessoal a seus seguidores*.

Certo é que o fornecedor ou mesmo a "marca", indiretamente e, não propositalmente, se beneficia da opinião amiga do influenciador. Entretanto, uma vez que a recomendação descompromissada do *influencer* (*friendly advice*) é desprovida de qualquer contrapartida do fornecedor, *não resta caracterizada como atividade publicitária* e, portanto, à luz do Código de Defesa do Consumidor e do Código Brasileiro de Autorregulamentação Publicitária (CBAP), não será possível, em princípio, imputar ao influenciador responsabilidade relacionada ao conteúdo compartilhado.

A problemática, contudo, reside na falta de parametrização ou de critérios objetivos acerca do que pode ou não ser considerado como atividade publicitária e do que seja ou não caracterizado como *friendly advice*.

Aproveitando-se de tal lacuna, alguns influenciadores anunciam produtos e serviços alegando "não ser uma publicidade", mas uma *mera opinião*. Em verdade, os *influencers* recebem contrapartidas para tanto e, portanto, deveriam observar obrigatoriamente os princípios ético-jurídicos impostos pelo CDC e CBAP.

Ocorre que, o efeito psicológico em anúncios publicitários, *que não assumem essa natureza é mais impactante*, uma vez que os consumidores se sentem mais atraídos pela atividade publicitária que *não aparenta ser uma publicidade*[160], atuando de forma aparentemente benéfica no subconsciente do consumidor médio, sendo que tal técnica de *marketing* é atrelada ao fato de que os influenciadores possuem certa liberalidade e espontaneidade na criação de seu conteúdo.

Destarte, "na era da informação digital, é comum que influenciadores digitais, nas redes sociais, anunciem produtos ou serviços como se fosse uma opinião pessoal, quando em verdade se trata de *uma estratégia de marketing para vendas*."[161]

---

160. Nesse sentido ver: SOARES, Renata Domingues Balbino Munhoz. Responsabilidade civil e contratos na transversalidade do Direito: o exemplo do *fashion law* para *influencers*, *blockchain* e *visual law*. In: SAAD, Martha Solange Scherer (Org.); PINTO, Felipe Chiarello de Souza; SMANIO, Gianpaolo Poggio; JUNQUEIRA, Michelle Asato (Coords.). **Perspectivas, possibilidades e desafios do Direito Civil:** v.1. Londrina: Editora Thoth, 2023, p.154.

161. ALMEIDA, Maryane Caroline Pedroza de; MELO, Laiz Mendes Souza e. Publicidade ilícita: uma violação aos direitos básicos do consumidor. **Revista FIDES**, v.11, n.1, 2020, p.209, destaque nosso. Disponível em: http://revistafides.ufrn.br/index.php/br/article/view/461. Acesso em: 20 dez. 2023.

Contudo, o *princípio da identificação publicitária*, consagrado no artigo 36 do Código de Defesa do Consumidor preceitua que "a publicidade deve ser veiculada de tal forma que o consumidor, fácil e imediatamente, a identifique como tal", o que, também, é preconizado no artigo 28 do Código Brasileiro de Autorregulamentação Publicitária, o qual deslinda que "o anúncio deve ser claramente distinguido como tal, seja qual for a sua forma ou meio de veiculação."[162]

A despeito da previsão legal e ética de identificação da publicidade veiculada, "o princípio da identificação publicitária, apesar de importantíssimo, ainda não é plenamente respeitado pelos agentes que realizam marketing de influência"[163], no âmbito do mercado de consumo digital, demandando, por conseguinte, uma atuação contundente dos órgãos de defesa ao consumidor com a finalidade de se coibir tal prática abusiva.

> Dessa maneira, através da publicidade clandestina o "inimigo" se faz passar por "amigo" ou mesmo por pessoa neutra, tendo em vista que o publicitário se coloca como um despretensioso agente informativo, dissimulando o fato de estar vinculado aos interesses lucrativos do anunciante. Além disso, vale sempre lembrar que a publicidade visa incitar as pessoas ao consumo sendo, necessariamente, tendenciosa, porque unilateral. Qualifica-se, assim, como um "monólogo", de ouvintes mudos e condicionados, exigindo do Direito, portanto, maior proteção ao vulnerável que é destinatário dessas mensagens. Daí porque a publicidade, seja clandestina, dissimulada ou subliminar, deve ser considerada ilícita, uma vez que invisível e não identificável pelo consumidor. Isso não somente pela exigência legal do princípio da identificação, mas também pela capacidade de induzir o consumidor em erro, possuindo alta carga de enganosidade.[164]

Uma vez que inexistem parâmetros estabelecidos pelo ordenamento jurídico brasileiro que possibilitem a real e eficaz diferenciação entre um mero conselho e uma publicidade oculta, os influenciadores, se aproveitando dessa área cinzenta, realizam a publicidade de produtos e serviços sem a necessária indicação, mascarando a divulgação de publicidade oculta como se fosse uma simples recomendação pessoal.

A lacuna se demonstra como um véu para que *influencers* e fornecedores, em manifesta inobservância aos preceitos ético-jurídicos norteadores boa-fé objetiva, informação, transparência e confiança se utilizam deste formato para, de forma encoberta, promoverem publicidade disfarçada como uma "dica amiga". Todavia, ainda, que se trate de *opinião meramente pessoal e descompromissada*, o fornecedor ostenta a prerrogativa de solicitar que o influenciador adapte o conteúdo, haja vista que certamente aufere bônus com a divulgação (positiva) de caráter espontâneo, sendo esse, também, o entendimento do CONAR.

Na Representação 211/16, o CONAR recebeu várias denúncias de consumidores contra postagens no *Instagram* do perfil da *digital influencer* Gabriela Pugliesi divulgando a cerveja Skol Ultra, sendo possível se vislumbrar hipótese de *friendly advice* em

---

162. Nesse sentido ver: BRAGA NETTO, Felipe Peixoto. **Novo Manual de Responsabilidade Civil**. 3.ed. rev., atual. e ampl. Salvador: JusPodivm, 2022, p.541-543.
163. ANDRADE, Andressa Bizutti. O marketing de influência na comunicação publicitária e suas implicações jurídicas. **Internet & Sociedade**, São Paulo, v.1, n.2, p.31-53, 2020, p.42.
164. BASAN, Arthur Pinheiro. **Publicidade digital e proteção de dados pessoais:** O direito ao sossego. Indaiatuba, SP: Editora Foco, 2021. [E-book].

relação ao produto. Diante das denúncias, o CONAR abriu a referida Representação contra a fornecedora AMBEV e Gabriela Pugliesi. No caso em análise, a *influencer* veiculou *post* que não continha qualquer identificação a respeito de se tratar de um anúncio publicitário, de modo que atentou contra aos preceitos da boa-fé (objetiva) e da responsabilidade social. Acrescenta-se, ademais, que o CONAR considerou as postagens como publicidade oculta, recomendando sua alteração agravada por advertência.[165]

Neste sentido, a Representação de 049/20, movida em face do influenciador Saulo Pôncio e da "empresa" *Nutrin Group* questionou a ausência de identificação publicitária em *post*, bem como a inexistência de menção a cuidados no uso do produto veiculado (vitamina suplementar com benefícios capilares), o que poderia configurar o caráter enganoso por omissão.[166]

Na referida representação, o fornecedor argumentou em sua defesa a existência de contrato prévio e liberalidade do influenciador na criação do conteúdo e na realização da publicidade. Complementarmente, solicitou, ainda, ao *influencer* que alterasse o *post*, modificando-o para que restasse clara a mensagem publicitária existente.

Na Representação 139/20, em que se averiguava a falta de identificação publicitária da influenciadora Rafaela Kalimann, em relação a produto da "empresa" Desinchá, a Relatora Conselheira Priscilla Menezes Barbosa indicou que "não se pode assumir que

---

165. **Ementa:** O Conar recebeu reclamação de dezesseis consumidores contra postagem em mídia social onde Gabriela Pugliesi divulga apresentação da cerveja Skol. Os consumidores denunciaram o fato de a mensagem não estar claramente identificada como publicidade, a ausência de frase de advertência como prevista no Código, entre outras queixas. Consideraram que os anúncios podem induzir ao consumo de álcool por menores de idade. Não houve manifestação por parte dos responsáveis pelo blog. Já a Ambev negou o caráter publicitário das mensagens, alegando que elas foram publicadas por livre iniciativa de Gabriela. Informou a Ambev que é fornecedora exclusiva de cervejas e refrigerantes para estabelecimento de propriedade da blogueira. Informou ainda que solicitou a ela a interrupção da divulgação das mensagens. O relator iniciou seu voto esclarecendo que a ausência de defesa por parte de Gabriela Pugliese o faz considerar como verdadeiras as denúncias trazidas pelos consumidores. Ele não aceitou as alegações da Ambev e considerou, sim, as postagens como publicidade, ainda que velada. A partir disso, constatou a violação de diferentes dispositivos do Código, pelo que recomendou a sua alteração agravada por advertência a Gabriela Pugliese e Ambev porque, além de desrespeitarem o Código, "faltaram com boa-fé e responsabilidade social". Seu voto foi acolhido por maioria. (CONAR. Conselho Nacional de Autorregulamentação Publicitária. Representação nº 211/16. 2ª, 4ª Câmara do Conselho de Ética. Decisão: Alteração e advertência. Relator: Conselheiro Paulo Celso Lui, julg. fev. 2016. **CONAR.** Disponível em: http://www.conar.org.br/processos/detcaso.php?id=4259. Acesso em: 20 dez. 2023).
166. **Ementa:** Consumidor questionou no Conar a natureza publicitária de postagens em redes sociais, em desacordo com recomendações do Código. Além disso, as postagens propalam crescimento de cabelo decorrente do uso do produto, sem qualquer menção a cuidados no seu uso. A anunciante Nutrin Group defendeu-se, informando que, de fato, contratou o influenciador Saulo Poncio para divulgação do seu produto, Gummy Men, um suplemento alimentar, mas que a postagem objeto desta representação é ação espontânea dele, após uso do produto. A defesa informa que a partir da notificação do processo ético movido pelo Conar, solicitou a Saulo que identificasse a postagem como publicidade. O relator propôs a alteração das postagens, de forma a enquadrá-las nas recomendações do Código. Seu voto foi aceito por unanimidade. (CONAR. Conselho Nacional de Autorregulamentação Publicitária. Representação nº 049/20. 3ª, 4ª e 8ª Câmara do Conselho de Ética. Decisão: Alteração. Relator: Conselheiro Paulo Fernandes Neto, julg. maio 2020. **CONAR.** Disponível em: http://www.conar.org.br/processos/detcaso.php?id=5483. Acesso em: 20 dez. 2023).

se faça uma associação de conteúdo publicitário apenas pelo fato de haver uma pessoa pública exibindo um produto."[167-168]

Destarte, nos referidos casos, o CONAR se posicionou no sentido de que a mensagem publicitária veiculada, deve obrigatoriamente ser identificada como tal, sem que existam artifícios capazes de induzir o consumidor a acreditar que se trata de opinião pessoal acerca de determinado produto ou serviço.

Lado outro, na Representação 010/21, o Relator Conselheiro Hiram Baroli entendeu que postagem da influenciadora Ju Ferraz acerca de máscara facial da "empresa" Lupo, na qual houve citação do produto por parte da *influencer*, representava *mera iniciativa exclusiva da personalidade e de caráter editorial*, não envolvendo qualquer negociação com a Lupo, de forma que, *não haveria publicidade oculta*, tendo a influenciadora atuado em consonância com o Guia de Publicidade por Influenciadores Digitais.[169]

---

167. **Ementa:** Anúncio em redes sociais com o título acima, de responsabilidade da Desinchá e da influenciadora Rafaela Kalimann, atraiu reclamação de consumidor, que não considerou clara a natureza publicitária da peça. Em sua defesa, a influenciadora informou ter adicionado ao anúncio, tão logo comunicada pelo Conar da abertura da representação, sinalização de que se tratava de publicidade e prometeu mais atenção em próximas ocasiões para não repetir o problema. A Desinchá, em sua defesa, afirma considerar evidente a natureza do anúncio, inclusive por postagem anterior, na qual a influenciadora divulga sua parceria comercial com a anunciante. Conclui informando ter pedido alteração na postagem motivo desta representação. A relatora recomendou a alteração agravada por advertência à Desinchá. Para ela, cabe razão ao consumidor. "Não se pode assumir que se faça uma associação de conteúdo publicitário apenas pelo fato de haver uma pessoa pública exibindo um produto", escreveu ela em seu voto, que foi aprovado por unanimidade. (CONAR. Conselho Nacional de Autorregulamentação Publicitária. Representação nº 139/20. 3ª e 8ª Câmara do Conselho de Ética. Decisão: Alteração e advertência. Relator: Conselheira Priscilla Menezes Barbosa, julg. set. 2020. **CONAR.** Disponível em: http://www.conar.org.br/processos/detcaso.php?id=5564. Acesso em: 20 dez. 2023).
168. Nesse mesmo sentido, remete-se à leitura da *Representação nº 294/18 do Conar* envolvendo a fornecedora Desinchá e a influenciadora digital Gabriela Pugliesi. **Ementa:** Consumidora paulistana enviou e-mail ao Conar denunciando publicidade em redes sociais do produto denominado Desinchá. Segundo a denunciante, a peça publicitária pode levar o consumidor ao engano, levando-o a crer que não há risco no consumo do produto, que conteria diuréticos em sua fórmula. A Desinchá negou em sua defesa tratar-se de publicidade; a blogueira teria agido espontaneamente, depois de ter recebido amostras do produto. A defesa considerou este fato sinal de que o produto surte os resultados prometidos. Juntou laudos que demonstrariam os benefícios do produto. Já a blogueira Gabriela Pugliesi comprometeu-se em futuras postagens a empregar linguagem adequada, recomendando a seus seguidores que consultem profissionais especializados sobre o consumo do produto. A relatora não aceitou os argumentos da anunciante, considerando ser publicitária a postagem. Levando em conta que, pelo seu formato, ela já não mais está em exibição, propôs a advertência à Desinchá e Gabriela Pugliesi, sendo acompanhada por unanimidade. (CONAR. Conselho Nacional de Autorregulamentação Publicitária. Representação nº 294/18. 6ª Câmara do Conselho de Ética. Decisão: Advertência. Relator: Conselheira Milena Seabra, julg. fev. 2019. **CONAR.** Disponível em: http://www.conar.org.br/processos/detcaso.php?id=5112. Acesso em: 20 dez. 2023).
169. **Ementa:** Postagem em redes sociais não é identificada como publicidade, apesar de citar produto e marca de máscara facial. A representação foi motivada por queixa de consumidor. A influenciadora Ju Ferraz enviou defesa ao Conar, informando que a postagem é de iniciativa exclusiva dela, tendo caráter editorial, não envolvendo qualquer negociação com a Lupo, que confirmou estas informações em manifestação enviada ao Conselho de Ética. O relator levou em conta as definições presentes no Guia de Publicidade por Influenciadores Digitais. No documento recém-lançado pelo Conar, a caracterização de Publicidade por Influenciador centra-se em três elementos cumulativos: – a divulgação de produto, serviço, causa ou outro sinal a eles associado; – a compensação ou relação comercial, ainda que não financeira, com Anunciante e/ou Agência; e – a ingerência por parte do anunciante e/ou agência sobre o conteúdo da mensagem (controle editorial na postagem do Influenciador). Por isso, o relator recomendou o arquivamento, entendendo que a comunicação foi ato espontâneo de Ju

Assim, apenas haverá publicidade oculta ilícita se, da apresentação ou análise de conteúdo da mensagem, o consumidor médio for incapaz de distinguir a sua finalidade promocional, acreditando, equivocadamente, tratar-se de informação neutra e desinteressada do próprio veículo de comunicação ou de qualquer outra natureza. Neste caso, a mensagem -pelos seus próprios elementos, configuração ou conteúdo não demonstra de forma suficiente a sua finalidade publicitária.[170]

No âmbito internacional, demonstra-se ser fundamental a análise jurisprudencial do *Bundesgerichtshof (BGH)* – a Corte Infraconstitucional Germânica –, acerca daquilo que pode ou não ser considerado publicidade (velada, clandestina ou oculta) no âmbito das redes sociais.

O BGH, teve a oportunidade de se manifestar sobre a controvérsia, ao analisar 3 (três) processos envolvendo as influenciadoras digitais alemãs, Cathy Hummels, Leonie Hanne e Luisa-Maxime Huss, as quais foram processadas por uma Associação, denominada *Verband Sozialer Wettbewerb*, que alegou que as *influencers* infringiram o *direito concorrencial (Lauterkeisrecht)* ao promoverem a divulgação de publicidade velada em diversas postagens.[171]

Nas 3 (três) decisões judiciais proferidas pelo *Bundesgerichtshof (BGH)*, o entendimento esposado, proferidas em processos distintos, o entendimento da Corte foi no sentido de que para configurar publicidade deveria existir contrapartida para tanto. Assim, *sem a existência de contraprestação*, restaria configurada uma *opinião pessoal* em um *post* descompromissado, *não sendo caracterizada atividade publicitária* e, portanto, nos referidos casos se compreendeu que as *influencers* não incorreram em publicidade oculta e prática concorrencial desleal, de acordo com a legislação alemã.

Ainda, definiu a Corte Infraconstitucional Alemã que "nem toda postagem configura publicidade. Uma publicação só configura ação comercial em favor de outra empresa se a postagem for remunerada por meio de uma contraprestação ou se 'excessivamente promocional.'"[172]

Destaca-se, ainda, que em apenas 1 (um) dos 3 (três) casos julgados – o da *digital influencer* Luisa-Maxime Huss –, o *Bundesgerichtshof (BGH)* considerou *violação às práticas publicitárias*, na qual a influenciadora recebeu contraprestação para anunciar determinado produto em seu perfil, mas *não demonstrou se tratar de um anúncio publicitário*, violando, desse modo, o §3a da UWG c/c § 6 inc. 1 n. 1 da Lei de Telecomunicações

---

Ferraz, não se configurando publicidade. Seu voto foi aceito por unanimidade. (CONAR. Conselho Nacional de Autorregulamentação Publicitária. Representação nº 010/21. 6ª Câmara do Conselho de Ética. Decisão: Arquivamento. Relator: Conselheiro Hiram Baroli, mar. set. 2021. **CONAR**. Disponível em: http://www.conar.org.br/processos/detcaso.php?id=5654. Acesso em: 20 dez. 2023).

170. DIAS, Lucia Ancona Lopez de Magalhaes. **Publicidade e direito**. 3.ed. atual. e reform. São Paulo: Saraiva, 2018, p.288.
171. FRITZ, Karina Nunes. BGH diz que nem toda postagem de produtos por influenciadores digitais é publicidade. **Migalhas.** 2021. Disponível em: https://www.migalhas.com.br/coluna/german-report/351584/bgh--toda-postagem-de-produtos-por-influenciadores-e-publicidade. Acesso em: 20 dez. 2023.
172. FRITZ, Karina Nunes. BGH diz que nem toda postagem de produtos por influenciadores digitais é publicidade. **Migalhas.** 2021. Disponível em: https://www.migalhas.com.br/coluna/german-report/351584/bgh--toda-postagem-de-produtos-por-influenciadores-e-publicidade. Acesso em: 20 dez. 2023.

(Telemediengesetz – TMG), o § 58 inc. 1 do diploma de radiodifusão *(Rundfunkstaatsvertrag – RStV)* e o § 22 inc. 1 do diploma da mídia *(Medienstaatsvertrag – MStV)*, normas que exigem a indicação expressa da mensagem publicitária.[173]

Ainda que o posicionamento do Tribunal alemão apresente parâmetros objetivos que venham a contribuir com a discussão sobre a delimitação dos contornos da atividade publicitária, muitos influenciadores continuam a mascarar o aspecto publicitário de seus *posts* sob o argumento do *friendly advice*.

Na Suécia, a *Swedish Consumer Agency* apreciou um caso no qual um influenciador digital promoveu a divulgação, em suas redes sociais, de óculos de sol, sem apresentar esclarecimentos suficientes acerca da natureza publicitária das postagens. Na situação, a Agência sueca considerou a prática como uma forma de *concorrência desleal*. A decisão considerou que *não é suficiente a mera indicação de parceria*, devendo ser publicizado, de forma ainda mais clara (transparente), que a postagem se trata de conteúdo pago, em adequação às rígidas normas consumeristas do país.[174]

A referida decisão apresenta relevantes esclarecimentos sobre a atuação dos influenciadores nas redes sociais, notadamente, em relação à observância dos requisitos legais relativos à divulgação de publicidade, principalmente, no que tange à necessidade de identificação publicitária no ambiente digital.

Verifica-se, portanto, que simples utilização de "*tags*" ou do "perfil da marca" em uma publicação que se compartilha um *conselho amigo,* não são elementos suficientes para comprovação de veiculação de publicidade oculta. Em mesmo sentido, o mero ato de atribuir elogios ao atendimento de um estabelecimento *não representa uma publicidade velada.*

---

173. FRITZ, Karina Nunes. BGH diz que nem toda postagem de produtos por influenciadores digitais é publicidade. **Migalhas.** 2021. Disponível em: https://www.migalhas.com.br/coluna/german-report/351584/bgh--toda-postagem-de-produtos-por-influenciadores-e-publicidade. Acesso em: 20 dez. 2023.

174. **Ementa:** 1. O Tribunal de Patentes e Mercados determina a aplicação de uma multa de 200.000 coroas suecas a Kenza Zouiten AB, em razão da veiculação de uma publicidade de óculos de sol no Instagram e em blog, de modo que se constatou a hipótese do Apêndice 9 e 29 respectivamente, essencialmente de modo que não foi claramente evidente pelas publicações que se tratava de uma forma de marketing. 2. O Tribunal de Patentes e Mercados nega provimento ao pedido nas demais partes. 3. O Tribunal de Patentes e Mercados obriga o fornecedor de produtos a Kenza Zouiten AB pelos seus custos legais de 145.650 coroas suecas, das quais 136.650 coroas suecas referem-se a honorários advocatícios, juntamente com juros sobre o valor de acordo com o § 6 da Lei de Juros (1975: 635) a partir deste dia até o pagamento. (Tradução nossa)

No original: "**Domslut:** 1. Patent- och marknadsdomstolen förbjuder Kenza Zouiten AB, vid vite om 200.000, kr, att medverka till marknadsföring av solglasögon genom att på Instagram respektive blogg utforma marknadsföringen på sätt som skett enligt bilaga 9 respektive 29, eller på väsentligen samma sätt, så att det inte tydligt framgår att det är fråga om marknadsföring. 2. Patent- och marknadsdomstolen avslår käromålet i övriga delar. 3. Patent- och marknadsdomstolen förpliktar Konsumentombudsmannen att ersätta Kenza Zouiten AB för dess rättegångskostnad med 145 650 kr, varav 136 650 kr avser ombudsarvode, jämte ränta på beloppet enligt 6 § räntelagen (1975:635) från denna dag till dess betalning sker." (SCHWEDEN. Stockholms Tingsrätt. PMT 798-19. Stefan Johansson; Daniel Severinsson; Boel Hilding Berggren, dom. 31 jan. 2020. **Patent- och marknadsdomstolen,** Stockholm, publ. 31 jan. 2020. Tillgänglig i: https://reklamvarlden.se/Juridik/Stockholms%20TR%20PMT%20798-19%20Aktbil%20105%2C%20DOM%20-%20Kenza%20Zouiten%20AB%2C%20Konsum.pdf. Tillträde kl: 20 dec. 2023).

Contudo, ante a dificuldade em se definir, com precisão, os contornos do *friendly advice*, o mais adequado é que sejam realizadas denúncias ao CONAR, nos casos de suspeita de publicidade oculta, para que o Conselho possa, em Representação própria, analisar as circunstâncias particulares de cada caso e, se necessário, recomendar a alteração do conteúdo, com vistas a sugerir aos agentes a clara identificação da publicidade veiculada.

Em síntese, as frágeis linhas que separam o *friendly advice* da divulgação de publicidade velada, não permitem, *aprioristicamente*, uma exata e satisfatória diferenciação pelos consumidores das referidas situações no mercado de consumo digital, sendo, portanto, *dificultosa a tarefa de distinguir o conteúdo editorial do conteúdo publicitário*.

Tal fato se justifica, pois alguns influenciadores e fornecedores, se aproveitam da lacuna do *friendly advice* para desrespeitar os ditames ético-normativos estabelecidos pela legislação consumerista e pelo CONAR (artigos 36 do CDC e 28 do CBAP).

Desse modo, não seria recomendável coibir as postagens pautadas em uma opinião amiga, descompromissada, e de livre iniciativa do *influencer*, sem a devida comprovação de se tratar de uma prática comercial engendrada pelo fornecedor.

Por fim, para fins de uma identificação objetiva e criteriosa das referidas situações, é imprescindível que se proceda *a uma análise acurada, detalhada e individualizada de cada caso concreto*, por meio da verificação minuciosa *de toda atividade digital* desenvolvida nas redes sociais do *influencer*, que permita a adequada diferenciação entre o *friendly advice* e a promoção de atividade publicitária clandestina (oculta ou velada) realizada pelos influenciadores digitais no ambiente virtual.

5.8 A REGULAMENTAÇÃO DA ATIVIDADE PUBLICITÁRIA DOS INFLUENCIADORES DIGITAIS

Em se tratando da atividade publicitária desenvolvida pelos influenciadores digitais nas redes sociais, múltiplos foram os Projetos de Lei, que objetivaram a regulamentação de alguns dos elementos relativos à promoção de *marketing* de influência pelas celebridades digitais, seja com a finalidade de normatizar a profissão de *influencer* ou estabelecer parâmetros adequados da referida atuação nas plataformas digitais.

> No Brasil, foram apresentados, notadamente nos últimos cinco anos, alguns projetos de lei com o objetivo de regulamentar a profissão dos influenciadores digitais blogueiros youtubers ou denominações correlatas, além de outros aspectos conexos às suas atividades, como a transparência na remuneração de usuário por provedores de aplicação de internet e direito de defesa e portabilidade em caso de bloqueio de conta em rede social.[175]

---

175. SOUZA, Nathalia Vogas de. **Influenciadores digitais mirins:** quando a brincadeira vira trabalho? 2023. Dissertação de Mestrado. 2023. 175f. Dissertação (Mestrado em Direito) Faculdade de Direito, Centro de Ciências Sociais – UERJ, Universidade Estadual do Rio de Janeiro , 2023. Disponível em: https://www.bdtd.uerj.br:8443/handle/1/19992. Acesso em: 20 dez. 2023.

Inicialmente, convém mencionar o Projeto de Lei 10937/2018,[176] apresentado pelo Deputado Eduardo da Fonte – PP/PE, o qual dispunha sobre a regulamentação do ofício de Influenciador Digital Profissional. O referido Projeto de Lei foi apensado ao Projeto de Lei 4289/2016,[177] o qual dispunha sobre a profissão de *vlogueiro* e *blogueiro*, juntamente ao Projeto de Lei 8569/2017.[178] Contudo, em janeiro de 2019, o Projeto de Lei 4289/2016 fora arquivado.

Pode-se, ainda, citar o Projeto de Lei 4175/2012[179] e o Projeto de Lei 6555/2013[180], os quais visavam a instituir o Dia Nacional do Blogueiro. Entretanto, ambos, também, restaram arquivados.

Atualmente, encontra-se em trâmite legislativo o Projeto de Lei 10919/2018,[181] o qual aguarda o parecer do Relator na Comissão de Ciência e Tecnologia, Comunicação e Informática (CCTCI). O referido Projeto de Lei realiza alterações no Código de Defesa do Consumidor, com o intuito de tornar obrigatória a identificação publicitária na exibição e na divulgação patrocinada de produtos e serviços, independentemente, da forma ou meio de veiculação.

A alteração legislativa proposta busca ofertar maior segurança aos consumidores em relação à atividade publicitária desempenhada nas redes sociais pelos *influencers*, assim como garantir que os preceitos determinados pelo Código de Defesa do Consumidor sejam efetivamente cumpridos, conferindo, desse modo, uma maior proteção ao consumidor vulnerável no ambiente digital.

Logo, a proposta de alteração legislativa mencionada nada mais faz do que explicitar, de forma mais compreensível e específica, uma obrigatoriedade já existente no CDC. Todavia, ainda assim, se apresenta como um aprimoramento para a defesa dos direitos dos consumidores, uma vez que tal delimitação legal, de forma expressa, promove maior visibilidade e compreensão mais simplificada da temática pelos consumidores, fornecedores e *influencers*.

Por fim, pode-se, ainda, mencionar o Projeto de Lei 2259/22,[182] o qual estipula regras específicas para a atuação dos influenciadores digitais mirins. O mencionado Projeto de Lei tem como escopo a garantia de maior proteção às crianças e adolescen-

---

176. BRASIL. **Projeto de Lei 10937/2018.** Portal da Câmara dos Deputados. Disponível em: https://www.camara.leg.br/proposicoesWeb/fichadetramitacao?idProposicao=2185136. Acesso em: 20 dez. 2023.
177. BRASIL. **Projeto de Lei 4289/2016.** Portal da Câmara dos Deputados. Disponível em: https://www.camara.leg.br/proposicoesWeb/fichadetramitacao?idProposicao=2076726. Acesso em: 20 dez. 2023.
178. BRASIL. **Projeto de Lei 8569/2017.** Portal da Câmara dos Deputados. Disponível em: https://www.camara.leg.br/proposicoesWeb/fichadetramitacao?idProposicao=2151337. Acesso em: 20 dez. 2023.
179. BRASIL. **Projeto de Lei 4175/2012.** Portal da Câmara dos Deputados. Disponível em: https://www.camara.leg.br/propostas-legislativas/551396. Acesso em: 20 dez. 2023.
180. BRASIL. **Projeto de Lei 6555/2013.** Portal da Câmara dos Deputados. Disponível em: https://www.camara.leg.br/proposicoesWeb/fichadetramitacao?idProposicao=596039. Acesso em: 20 dez. 2023.
181. BRASIL. **Projeto de Lei 10919/2018.** Portal da Câmara dos Deputados. Disponível em: https://www.camara.leg.br/proposicoesWeb/fichadetramitacao?idProposicao=2184914. Acesso em: 20 dez. 2023.
182. BRASIL. **Projeto de Lei 2259/22.** Portal da Câmara dos Deputados. Disponível em: https://www.camara.leg.br/proposicoesWeb/fichadetramitacao?idProposicao=2333956. Acesso em: 20 dez. 2023.

tes que atuam como influenciadores nas redes sociais. Para tanto, determina normas que proíbem que a atividade realizada pelos incapazes repercuta de modo negativo na frequência escolar, assim como o estabelecimento da necessidade da anuência dos pais para que as crianças e adolescentes possam atuam como influenciadores digitais.

O PL 2259/22 estabelece que todas as receitas provenientes de patrocínio, monetização de visualizações e outras fontes similares geradas pela atividade do influenciador digital mirim devem ser depositadas em uma conta específica, em nome do jovem influenciador. Sendo que, a retirada desses depósitos só será permitida após o influenciador completar 16 anos – tornando-se relativamente incapaz – excetuando, somente, as quantias destinadas ao pagamento das despesas relacionadas à educação, alimentação e saúde, as quais podem ser sacadas mensalmente, desde que devidamente comprovadas, de acordo com as diretrizes de um regulamento.

Na hipótese na qual os patrocinadores, fornecedores e outros anunciantes, não cumpram a regra de depósito na conta específica estarão sujeitos ao pagamento de multas, que podem chegar a até o equivalente a 1 (um) mil cestas básicas, calculadas com base no valor divulgado pelo Procon, praticado na capital do Estado onde a criança ou adolescente reside. As multas serão destinadas ao Fundo Social de Solidariedade, ou uma entidade similar, localizada na cidade de residência do influenciador mirim.

5.8.1 Guia de Publicidade por Influenciadores Digitais

Em 09 dezembro de 2020, o Conselho Nacional de Autorregulamentação Publicitária (CONAR) publicou o *"Guia de Publicidade por Influenciadores Digitais"*. O referido documento "apresenta orientações para a aplicação das regras do Código Brasileiro de Autorregulamentação Publicitária ao conteúdo comercial em redes sociais, em especial aquele gerado pelos Usuários, conhecidos como 'Influenciadores Digitais' ou 'Influenciadores.'"[183]

O Guia do CONAR foi elaborado pelo *Grupo de Trabalho para a Publicidade Digital*, formado por membros da Associação Brasileira dos Anunciantes (ABA), Associação Brasileira das Agências de Publicidade (ABAP), Associação Brasileira das Emissoras de Rádio e Televisão (EBERT), o Conselho de Ética e o Corpo Técnico do CONAR, bem como o *Interactive Advertising Bureau Brasil (IAB)*.[184] Constata-se, portanto, que é produzido *tão somente por agentes publicitários*, olvidando-se, em sua constituição, das diversas associações de proteção ao consumidor, em âmbito nacional, que poderiam subsidiar e enriquecer a formulação do documento, apresentando um viés protetivo ao consumidor.

---

183. CONAR. Conselho Nacional de Autorregulamentação Publicitária. **Guia de Publicidade por Influenciadores Digitais.** 2020. Disponível em: www.conar.org.br/pdf/guia-influenciadores.pdf. Acesso em: 20 dez. 2023.
184. CONAR. Conselho Nacional de Autorregulamentação Publicitária. **Guia de Publicidade por Influenciadores Digitais.** 2020. Disponível em: www.conar.org.br/pdf/guia-influenciadores.pdf. Acesso em: 20 dez. 2023.

Destaca-se que o referido documento não tem por objetivo exaurir o tema, sendo que explicita, em seu texto, que as céleres mudanças e evoluções tecnológicas, no âmbito das mídias sociais, podem demandar a proposição de futuras recomendações, com a finalidade de se garantir a promoção de publicidade responsável no mercado de consumo digital.[185]

A exposição de motivos do Guia de Publicidade por Influenciadores Digitais esclarece que:

> Em geral, os Influenciadores abordam temas de diversas naturezas, sendo o caráter orgânico do conteúdo produzido por cada um deles a base da relação de confiança entre os Influenciadores e seus seguidores. Por isso sobressai a necessidade de que essa relação seja pautada pela transparência em todos os seus âmbitos, em especial no conteúdo de caráter publicitário, e de que sempre seja revelada a motivação da postagem quando difundida a partir de interação com Anunciante e/ou Agência. Esclarecer essa relação promove, ao mesmo tempo, a correta e leal comunicação com o público, bem como o dever de ostensividade e identificação publicitária previsto no Código Brasileiro de Autorregulamentação Publicitária.[186]

Nessa perspectiva, a transparência, a boa-fé objetiva, a veracidade, a correta e leal comunicação com o público consumidor, assim como o dever de ostensividade e identificação publicitária são salientados como princípios estruturantes da publicidade realizada por Influenciadores Digitais no âmbito das redes sociais.

De forma geral, o Guia de Publicidade por Influenciadores Digitais se limita a apresentar determinadas definições e recomendações aos agentes envolvidos na publicidade de produtos ou serviços nas plataformas digitais.

Nos termos do Guia disponibilizado pelo CONAR:

> **Publicidade por Influenciador:** é assim considerada para a autorregulamentação publicitária a mensagem de terceiro destinada a estimular o consumo de bens e/ou serviços, realizada pelos chamados Influenciadores Digitais, a partir de contratação pelo Anunciante e/ou Agência. Em geral, três elementos cumulativos são necessários para caracterizar a referida publicidade:
>
> i) a divulgação de produto, serviço, causa ou outro sinal a eles associado;
>
> ii) a compensação ou relação comercial, ainda que não financeira, com Anunciante e/ou Agência; e
>
> iii) a ingerência por parte do Anunciante e/ou Agência sobre o conteúdo da mensagem (controle editorial na postagem do Influenciador).[187]

A leitura primária da definição efetuada não revela grandes reveses, no entanto, quando analisada, pormenorizadamente, a questão da exigência de contratação pelo Anunciante ou pela Agência suscita uma série de problematizações, bem como a exigência cumulativa dos 3 (três) requisitos caracterizadores da publicidade pelos Influenciadores Digitais.

---

185. CONAR. Conselho Nacional de Autorregulamentação Publicitária. **Guia de Publicidade por Influenciadores Digitais.** 2020. Disponível em: www.conar.org.br/pdf/guia-influenciadores.pdf. Acesso em: 20 dez. 2023.
186. CONAR. Conselho Nacional de Autorregulamentação Publicitária. **Guia de Publicidade por Influenciadores Digitais.** 2020. Disponível em: www.conar.org.br/pdf/guia-influenciadores.pdf. Acesso em: 20 dez. 2023.
187. CONAR. Conselho Nacional de Autorregulamentação Publicitária. **Guia de Publicidade por Influenciadores Digitais.** 2020. Disponível em: www.conar.org.br/pdf/guia-influenciadores.pdf. Acesso em: 20 dez. 2023.

Hodiernamente, verifica-se que grande parte dos Influenciadores Digitais atuam profissionalmente, sem a existência de um contrato que regulamente a atividade publicitária desenvolvida para o fornecedor. Ademais, muitas das vezes, não recebem remuneração direta, por sua atuação nas plataformas digitais, sendo que, em verdade, percebem uma retribuição indireta, por meio do recebimento de brindes, mimos ou convites em geral, implicando na contraprestação por parte do Influenciador Digital, que deverá efetuar a publicidade do produto ou serviço recebido.

O Guia de Publicidade por Influenciadores Digitais do CONAR trata do tema sob o título de "Mensagens Ativadas". Apesar disso, afasta a incidência das normas de autorregulamentação nesses casos, como se observa:

> **Mensagem Ativada ("recebidos/brindes"):** é assim considerada a referência feita por Usuário a produto, serviço, causa ou outro sinal característico a eles associado, a partir de conexão ou benefício não remuneratório oferecido por Anunciante ou Agência, sem que tenha havido controle editorial sobre a referência.
>
> Exemplificadamente: as postagens de retribuição, agradecimento por brindes ("recebidos"), viagens, hospedagens, experiências, convites, etc.
>
> Para os fins da autorregulamentação publicitária, os referidos conteúdos não configuram anúncios, por não possuírem natureza comercial, com os três requisitos acima descritos.
>
> Entretanto, considerando que tal conteúdo se submete ao princípio da transparência, ao direito à informação e tendo em conta que tal conexão ou benefício pode afetar o teor da mensagem, é necessária a menção da relação que originou a referência. Pode ser necessária, ainda, a orientação pelo Anunciante e/ou Agência, a ser observada pelo Influenciador, acerca da regulamentação aplicável.[188]

Logo, nos casos em que os influenciadores recebem mimos, brindes e convites em geral, não se verifica a incidência do referido Guia de Publicidade por Influenciadores Digitais, haja vista que, na visão do CONAR, o modelo não representa uma forma publicitária por não possuir natureza comercial.

Entretanto, constata-se que a realização de publicidade de produtos ou serviços pelo recebimento de mimos, brindes e convites em geral, *configura modalidade publicitária de natureza comercial*, posto que todos os agentes envolvidos na atividade publicitária conhecem a natureza da operação e agem com o fim específico de concretizar uma publicidade mediante a remuneração indireta do influenciador digital.

Nessa linha de intelecção, em consonância com os preceitos normativos da boa-fé objetiva, informação, transparência e confiança, se impõe como um dever, a todos envolvidos no contexto do marketing de influência, notadamente, aos influenciadores digitais, *a obrigatoriedade de identificação da publicidade veiculada no âmbito das plataformas digitais*.

> **Identificação:** o referido conteúdo deve ser claramente identificado como publicitário. Quando não estiver evidente no contexto, é necessária a menção explícita da identificação publicitária, como forma de assegurar o cumprimento deste princípio, por meio do uso das expressões: "publicidade", "publi", "publipost" ou

---

188. CONAR. Conselho Nacional de Autorregulamentação Publicitária. **Guia de Publicidade por Influenciadores Digitais.** 2020. Disponível em: www.conar.org.br/pdf/guia-influenciadores.pdf. Acesso em: 20 dez. 2023.

outra equivalente, conforme exemplos na tabela anexa, considerando o vocábulo que for compreensível para o perfil de seguidores com quem se pretende comunicar. Levando em conta o volume e diversidade de conteúdos nas redes, enfatiza-se a necessidade atual de adoção padronizada da aplicação dos termos ou ferramentas de identificação publicitária, como forma de garantir a pronta percepção sobre a natureza da mensagem divulgada.[189-190-191]

A identificação publicitária passa assim a ser compreendida como um dos principais elementos que devem ser verificados na publicidade efetuada pelos influenciadores digitais nas redes sociais. Nesse giro, a identificação da publicidade possibilita ao consumidor a percepção de que para a realização da publicação o influenciador recebeu algum tipo de remuneração, distinguindo-a, portanto, do conceito de *friendly advice*.

> **Conteúdo Gerado pelo Usuário sem relação com o Anunciante ou Agência:** em regra, a menção de produtos, serviços, marcas, causas e/ou sinais característicos pelos Usuários, feita de modo espontâneo (sem que tenha sido precedida de qualquer interação, comunicação ou contato com o Anunciante e/ou a Agência) não constitui publicidade. A conduta ativa dos Anunciantes e Agências compartilhando as mensagens de usuário em seus próprios perfis e canais oficiais implica em divulgação autônoma, deixando de constituir mera postagem do usuário, configurando tal postagem do Anunciante novo conteúdo de natureza publicitária e sujeito a conformar-se a todas as regras aplicáveis.[192]

O *friendly advice* (opinião amiga) evidencia situações nas quais não se verifica a existência de uma publicidade, *mas de meros conselhos ou dicas* por parte do influenciador a seu público, sendo que nessas hipóteses, a personalidade digital promove o produto ou serviço não pelo recebimento de algum tipo de retribuição, *mas como mera recomendação pessoal*.

Contata-se, portanto, que o Guia de Publicidade por Influenciadores Digitais do CONAR representa um tímido avanço na imputação de deveres de informação, transparência e retidão comportamental na atuação dos *influencers*, envolvidos na produção de conteúdo publicitário nas plataformas digitais. Não obstante, apesar de haver uma clara e evidente preocupação com a identificação da publicidade, o próprio Guia afasta

---

189. CONAR. Conselho Nacional de Autorregulamentação Publicitária. **Guia de Publicidade por Influenciadores Digitais.** 2020. Disponível em: www.conar.org.br/pdf/guia-influenciadores.pdf. Acesso em: 20 dez. 2023.
190. Nesse mesmo sentido, Carlise Nascimento Borges preleciona que "As publicações nos blogs e em suas redes sociais podem acontecer de forma espontânea ou de forma patrocinada, neste caso em parceria com alguma marca. Este tipo de publicação é classificado como publieditorial ou, como é mais conhecido no meio digital, *publipost* ou apenas *publi*." (BORGES, Carlise Nascimento. A nova comunicação e o advento dos digital influencers: pesquisa realizada sobre blogueiras de moda. In: XVIII CONGRESSO DE CIÊNCIAS DA COMUNICAÇÃO NA REGIÃO CENTRO-OESTE, 2016, Goiânia. MÉDOLA, Ana Silvia Lopes Davi; BARBOSA, Maria do Carmo Silva; FERREIRA, Adriana Rodrigues (Orgs.). **Anais** [...]. São Paulo: Sociedade Brasileira de Estudos Interdisciplinares da Comunicação (Intercom), 2016, p.7).
191. Lucia Ancona Lopez de Magalhães Dias expõe que a identificação da natureza publicitária da mensagem digital poderá também ser alcançada por meio de identificação própria, como por exemplo, "anúncio patrocinado", "publicidade", "informe publicitário", "oferecimento da empresa tal", dentre outros possíveis *disclaimers* sobre a natureza comercial da mensagem veiculada. (DIAS, Lucia Ancona Lopez de Magalhaes. **Publicidade e direito.** 3.ed. atual. e reform. São Paulo: Saraiva, 2018, p.330).
192. CONAR. Conselho Nacional de Autorregulamentação Publicitária. **Guia de Publicidade por Influenciadores Digitais.** 2020. Disponível em: www.conar.org.br/pdf/guia-influenciadores.pdf. Acesso em: 20 dez. 2023.

sua incidência nos casos de mimos, brindes e convites em geral, em claro descompasso com as proposições jurídicas que abordam a temática na contemporaneidade.

5.8.2 Experiências internacionais na regulamentação publicitária do *Digital Influencer*

Os *digital influencers* se estabelecem como os protagonistas do mercado de consumo digital, tendo por pressuposto a confiabilidade, credibilidade, reputação e engajamento que essas personalidades digitais despertam em seus seguidores, atuando de modo contínuo nas mídias sociais para a promoção de produtos e serviços para seu público-alvo (consumidores).

No contexto internacional, se verifica a presença de Entidades ou Agências voltadas à regulamentação da atividade publicitária, com a finalidade de se implementar a defesa do consumidor no ambiente digital.

Com o desenvolvimento do marketing de influência no mercado publicitário mundial, notadamente, por meio da atuação dos influenciadores digitais, vários Estados constataram a premente necessidade de se regulamentar, especificamente, a referida atividade, especialmente, no tocante a obrigatoriedade de *identificação da publicidade* divulgada pelos *influencers*, nas plataformas digitais, com o propósito de se proteger, efetivamente, os consumidores no mercado de consumo digital.

Com o objetivo de complementar as legislações existentes, assim como de suprir as eventuais lacunas referentes à ausência de definições legais no tocante à atividade realizada por influenciadores digitais, se constatou significativo aumento na *criação de Diretrizes ou Guias criados por Entidades ou Agências de autorregulamentação*, as chamadas "*soft laws*", com o intuito de regulamentar a atividade supracitada, bem como de guarnecer os consumidores com algum grau de proteção nesse cenário de incertezas, garantindo maior clareza e transparência na comunicação da atividade publicitária realizada por influenciadores.[193]

---

193. Segundo Luiz Werneck e Talita Sabatini Garcia, "Em diversos países, órgãos reguladores começaram a implementar normas e diretrizes para garantir que os influenciadores seguissem padrões de conduta, especialmente no que diz respeito à transparência na identificação de conteúdo publicitário e parcerias comerciais, de forma a proteger os consumidores contra práticas enganosas ou abusivas, visando ainda diferenciar a liberdade de expressão versus conteúdo patrocinado.
Em linhas gerais, a maioria dos países que regulamentou a atividade passou a exigir que os influenciadores revelem claramente quando estão promovendo um produto ou serviço em parceria com uma marca (no Brasil versa sobre o princípio da identificação publicitária). Os guias indicam como deve ser identificado o conteúdo publicitário, estabelecem cuidados para publicidades direcionadas ao público infantil e para produtos controlados, como medicamentos, bebidas alcoólicas e outros. Sendo que, em determinados países, é inclusive prevista a responsabilidade do influenciador sobre o conteúdo por ele divulgado." (WERNECK, Luiz; GARCIA, Talita Sabatini. Normas de autorregulamentação do setor (guias nacionais e internacionais). *In*: HACKEROTT, Nadia Andreotti Tüchumantel (Coord.). **Influenciadores digitais e seus desafios jurídicos.** São Paulo: Thomson Reuters Brasil, 2023, p.90).

Nesse sentido, a nível global, 2 (duas) Diretrizes autorregulatórias referentes ao marketing de influência foram adotadas para propor soluções adequadas a controvérsia.

O *"ICC Advertising and Marketing Communications Code"* (Código de Comunicações de Publicidade e Marketing da Câmara de Comércio Internacional)[194], criado em 2018, estabeleceu parâmetros e definições do que seria considerado como comunicação e práticas publicitárias aceitas, fornecendo, desse modo, um arcabouço para que os Estados possam regulamentar a matéria, seja por meio de Leis (*hard law*) ou de Diretrizes/Guias (*soft law*).

Ademais, o Código de Comunicações de Publicidade e Marketing da Câmara de Comércio Internacional, desde sua 10ª (décima) revisão em 2018, passou a ser aplicado, de forma expressa, a influenciadores, bem como a *blogueiros* e *vlogueiros*, em seu artigo 23.

> A responsabilidade de observar o Código também se aplica a outros participantes do ecossistema de marketing, incluindo influenciadores, blogueiros, vlogueiros, redes afiliadas, empresas de análise de dados e tecnologia de anúncios, bem como aos responsáveis pela preparação de algoritmos e pelo uso de inteligência artificial para fins de comunicação de marketing. (Tradução nossa)[195]

O referido Código estabelece, ainda, uma série de obrigações específicas às celebridades digitais, bem como sua responsabilidade pelos produtos e serviços que promovem.

Noutro giro, se destaca o *"ICPEN Guidelines for Digital Influencers"* (Diretrizes da Rede Internacional de Proteção de Fiscalização dos Consumidores para Influenciadores Digitais)[196], de 2016, que já se prestava a apresentar aos influenciadores digitais uma orientação geral para realização de publicidade transparente e confiável, de modo a respeitar os interesses dos consumidores.

A despeito da existência das Diretrizes internacionais retromencionadas, diversos países constataram a necessidade de estabelecer parâmetros específicos para a divulgação de atividade publicitária realizada em ambiente digital.

A partir desse cenário, os Estados propuseram a criação de Guias/Diretrizes ou Leis, com a finalidade de se regulamentar a publicidade desenvolvida por *influencers* nas plataformas digitais, sobretudo, vedando-se a prática de publicidade oculta e falta de identificação publicitária, garantindo que o usuário (consumidor) se encontre devidamente protegido contra práticas comerciais abusivas nas redes sociais.

---

194. ICC, International Chamber of Commerce. **ICC Advertising and Marketing Communications Code.** 2018. Available from: https://iccwbo.org/news-publications/policies-reports/icc-advertising-and-marketing-communications-code/. Access on: Dec. 20, 2023.
195. No original: "The responsibility to observe the Code also applies to other participants in the marketing eco-system, including market influencers, bloggers, vloggers, affiliate networks, data analytics and ad tech companies as well as those responsible for preparing algorithms and the use of artificial intelligence for marketing communications purposes". (ICC, International Chamber of Commerce. **ICC Advertising and Marketing Communications Code.** 2018. Available from: https://iccwbo.org/news-publications/policies-reports/icc-advertising-and-marketing-communications-code/. Access on: Dec. 20, 2023).
196. ICPEN, International Consumer Protection and Enforcement Network. **ICPEN Guidelines for Digital Influencers.** 2016. Available from: https://iccwbo.org/news-publications/policies-reports/icc-advertising-and-marketing-communications-code/. Access on: Dec. 20, 2023.

5.8.2.1 Estados Unidos

Nos Estados Unidos, ao contrário da experiência brasileira, a Agência reguladora – *Federal Trade Commission* (FTC) – é uma entidade governamental, possuindo poder de regulamentação e fiscalização.

O FTC, criado em 26 de setembro de 1914, se define como uma Agência federal bipartidária que atua "protegendo os consumidores e a concorrência, impedindo práticas comerciais anticompetitivas, enganosas e injustas por meio de aplicação da lei, advocacia e educação sem sobrecarregar a atividade comercial legítima."[197]

Diferentemente do Conselho Nacional de Autorregulamentação Publicitária (CONAR), a atuação do FTC não se encontra restrita à publicidade, abrangendo outras funções, com o intuito principal de proteger a figura do consumidor estadunidense e promover a concorrência.

O combate à publicidade ilícita nos Estados Unidos visa a atingir o potencial máximo de eficácia, sendo que a Agência edita regulamentações, Guias de boas práticas, e até mesmo, promove ações judiciais objetivando a coibição de condutas atentatórias ao consumidor no mercado de consumo.

Como relevante exemplo de atuação do FTC, se destaca o polêmico caso envolvendo a renomada *griffe* de roupas "*Lord &Taylor*" que, em 2015, contratou dezenas de *influencers*, pagando entre US$1000,00 (um mil) e US$4000,00 (quatro mil) dólares a cada influenciadora, para postarem uma foto no *Instagram*, em horário determinado, utilizando um de seus vestidos (recebidos "gratuitamente"). Além disso, nenhum *post* continha clara identificação publicitária, havendo apenas a marcação da conta do *Instagram* da Lord &Taylor e uma *hashtag* desenvolvida pelo fornecedor. A referida ação publicitária alcançou em 2 (dois) dias, *11,4 (onze vírgula quatro) milhões de usuários* e levou ao rápido esgotamento dos estoques do vestido em razão do grande volume de vendas.[198]

> A ordem de consentimento proposta para resolver a reclamação da FTC proíbe a Lord & Taylor de deturpar que a publicidade comercial paga é de uma fonte independente ou objetiva. Também proíbe a empresa de deturpar que qualquer endossante é um consumidor independente ou comum e exige que a empresa divulgue qualquer conexão material inesperada entre ela e qualquer influenciador ou endossante. Por fim, estabelece um programa de monitoramento e revisão para as campanhas de endosso da empresa.[199] (Tradução nossa).

---

197. No original: "protecting consumers and competition by preventing anticompetitive, deceptive, and unfair business practices through law enforcement, advocacy, and education without unduly burdening legitimate business activity". (FEDERAL TRADE COMISSION. **What we do.** 2021. Available from: https://www.ftc.gov/about-ftc/what-we-do. Access on: Dec. 20, 2023).
198. FEDERAL TRADE COMISSION. **Lord and Taylor settles FTC charges it deceived consumers through.** 2016. Available from: https://www.ftc.gov/news-events/press-releases/2016/03/lord-taylor-settles-ftc-charges-it-deceived-consumers-through. Access on: Dec. 20, 2023.
199. No original: "The proposed consent order settling the FTC's complaint prohibits Lord & Taylor from misrepresenting that paid commercial advertising is from an independent or objective source. It also prohibits the company from misrepresenting that any endorser is an independent or ordinary consumer, and requires the company to disclose any unexpected material connection between itself and any influencer or endorser.

Ainda que o Federal Trade Commission possuísse, à época, um Guia básico de publicidade, denominado "*Use of Endorsements and Testimonials in Advertising*" (Uso de Endossos e Testemunhos em Publicidades), casos envolvendo publicidade ilícita e influenciadores digitais começaram a se tornar cada vez mais frequentes.

Em abril de 2017, uma iniciativa do FTC "enviou mais de 90 (noventa) cartas lembrando aos influenciadores e profissionais de marketing que os influenciadores devem divulgar de forma clara e visível seus relacionamentos com as marcas ao promover ou endossar produtos por meio das mídias sociais."[200]

A ação da Agência possuía caráter meramente educativo e preventivo, com o objetivo de alertar sobre os cuidados necessários para a veiculação de publicidade nas redes sociais, posto que, ante à novidade de anúncios publicitários desenvolvida por *influencers* nas plataformas digitais, algumas dessas personalidades desconheciam os aspectos jurídicos de observância obrigatória de identificação da publicidade.

O alerta apontava, sobretudo, acerca da obrigatoriedade de demonstrar aos consumidores que o *post* veiculado representa uma publicidade, explicitando a conexão entre influenciador e patrocinador e, assim, deixando clara a *natureza comercial* da publicidade. Nesse sentido, buscou-se impedir que os consumidores (seguidores) fossem levados a acreditar se tratar de um *friendly advice* ou mero *product placement*.

> Os Guias de Publicidade da FTC estabelecem que, se houver uma "conexão material" entre um influenciador e um anunciante – em outras palavras, uma conexão que possa afetar o peso ou a credibilidade que os consumidores atribuem à publicidade – essa conexão deve ser divulgada de forma clara e visível, a menos que já está claro no contexto da comunicação. Uma conexão material pode ser um relacionamento comercial ou familiar, pagamento monetário ou o presente de um produto gratuito. É importante ressaltar que os Guias de publicidade se aplicam a profissionais de marketing e influenciadores.[201]

Finally, it establishes a monitoring and review program for the company's endorsement campaigns." (FEDERAL TRADE COMISSION. **Lord and Taylor settles FTC charges it deceived consumers through.** 2016. Available from: https://www.ftc.gov/news-events/press-releases/2016/03/lord-taylor-settles-ftc-charges-it-deceived-consumers-through. Access on: Dec. 20, 2023).

200. No original: "sent out more than 90 letters reminding influencers and marketers that influencers should clearly and conspicuously disclose their relationships to brands when promoting or endorsing products through social media." (FEDERAL TRADE COMISSION. **FTC Staff Reminds Influencers and Brands to Clearly Disclose Relationship.** 2017. Available from: https://www.ftc.gov/news-events/press-releases/2017/04/ftc-staff-reminds-influencers-brands-clearly-disclose. Access on: Dec. 20, 2023).

201. No original: "The FTC's Endorsement Guides provide that if there is a "material connection" between an endorser and an advertiser – in other words, a connection that might affect the weight or credibility that consumers give the endorsement – that connection should be clearly and conspicuously disclosed, unless it is already clear from the context of the communication. A material connection could be a business or family relationship, monetary payment, or the gift of a free product. Importantly, the Endorsement Guides apply to both marketers and endorsers." (FEDERAL TRADE COMISSION. **FTC Staff Reminds Influencers and Brands to Clearly Disclose Relationship.** 2017. Available from: https://www.ftc.gov/news-events/press-releases/2017/04/ftc-staff-reminds-influencers-brands-clearly-disclose. Access on: Dec. 20, 2023).

Segundo Dante Ponte de Brito, esse "alerta ajuda a lembrar ao endossante e ao anunciante que a relação de publicidade entre eles nas redes sociais deve ser clara, ou seja, de fácil identificação pelo consumidor."[202]

Nesse novo cenário publicitário, a comunicação enviada demonstra-se como um marco nos Estados Unidos, para que as disposições ético-jurídicas referentes à publicidade digital fossem devidamente observadas pelos fornecedores, com o propósito de coibir eventuais condutas abusivas dos anunciantes e *influencers*.

Destarte, em novembro de 2019, a Agência criou e disponibilizou em seu sítio eletrônico o *"Disclosures 101 for Social Media Influencers"*[203], um Guia que contêm os *direcionamentos ético-jurídicos* que os influenciadores devem seguir ao endossarem anúncios publicitários em suas mídias sociais. Destaca-se, por oportuno, que a transparência é elencada como elemento chave para tal vinculação.

O Guia estabelece diretrizes para a atuação de tais personalidades digitais nas hipóteses nas quais optam por vincular sua imagem, fama, credibilidade e influência a determinado produto, serviço ou marca.

Ao longo do referido Guia, em múltiplas oportunidades, é destacada a necessidade de o influenciador informar seu público de forma clara que o *post*, vídeo ou foto – qualquer seja a plataforma digital – deve conter explicitamente os dizeres que indiquem a vinculação ao anunciante ou marca, fazendo, deste modo, referência ao fornecedor para que o formato não conduza os consumidores a entendimentos dúbios.

Algumas das diretrizes são pautadas por preceitos éticos, como não divulgar um produto ou serviço que não experimentou ou não classificar positivamente ao público, produto ou serviço que considera negativo. Logo, "você não pode falar sobre sua experiência com um produto que não experimentou. Se você é pago para falar sobre um produto e o achou terrível, não pode dizer que é ótimo."[204]

Impõe-se, ainda, a indicação de palavras-chave que evidenciem, de forma explícita, o vínculo do influenciador digital com o fornecedor ou anunciante, de forma que não exista confusão acerca da relação contratual entre esses agentes.

Portanto, o Guia orienta a linguagem simples e clara, sem que o influenciador utilize termos que possam causar confusão no público ou que não sejam suficientemente claros, não sendo permitida a utilização de terminologias vagas.

---

202. BRITO, Dante Ponte de. Responsabilização civil dos influenciadores digitais pela veiculação de publicidade ilícita nas redes sociais. *In*: EHRHARDT JÚNIOR, Marcos; CATALAN, Marcos; MALHEIROS, Pablo (Coords.). **Direito Civil e tecnologia:** tomo I. 2.ed. rev. e atual. Belo Horizonte: Fórum, 2021, p.473-474.
203. FEDERAL TRADE COMISSION. **Disclosures 101 for Social Media Influencers.** 2021. Available from: https://www.ftc.gov/system/files/documents/plain-language/1001a-influencer-guide-508_1.pdf. Access on: Dec. 20, 2023.
204. No original: "You can't talk about your experience with a product you haven't tried. If you're paid to talk about a product and thought it was terrible, you can't say it's terrific." (FEDERAL TRADE COMISSION. **Disclosures 101 for Social Media Influencers.** 2021. Available from: https://www.ftc.gov/system/files/documents/plain-language/1001a-influencer-guide-508_1.pdf. Access on: Dec. 20, 2023).

Nesse giro, o Guia assevera, ainda, que "Não use termos vagos ou confusos como 'ad', 'publi' ou 'collab' ou termos independentes como 'obrigado' ou 'embaixador' e fique longe de outras abreviações e taquigrafias quando possível."[205]

Ademais, constata-se no Guia a necessidade do *influencer*, ao realizar uma *live*, reiterar, periodicamente, o vínculo com o anunciante relacionado à transmissão ao vivo: "Se fizer uma publicidade em uma transmissão ao vivo, a divulgação deve ser repetida periodicamente para que os espectadores que veem apenas parte da transmissão percebam se tratar de uma publicidade."[206]

O *Federal Trade Commission* não foi o primeiro a traçar diretrizes aptas para definir e pautar padrões de comportamento da atuação destas personalidades digitais, mas a regulamentação da Agência despertou atenção especial dos fornecedores, influenciadores e profissionais do marketing.

5.8.2.2 Austrália

Na Austrália, a ACL – *"Australian Consumer Law"* (Lei Australiana do Consumidor) é parte integrante da CCA – *"Competition and Consumer Act 2010"* (Lei da Concorrência e do Consumidor de 2010),[207] por meio do anexo II, sendo este o diploma legal que prevê regras relativas à publicidade no país.

Por especial intermédio das seções 18 e 29 do referido anexo, o legislador australiano determina de forma clara a vedação de veiculação de publicidade enganosa ou que possa de qualquer forma enganar os consumidores, ou ainda, que contenha informações incorretas acerca do produto ou serviço ofertado pela publicidade, inclusive, na televisão, rádio, meios escritos, Internet e nas redes sociais.

Complementarmente às disposições estatuídas na Lei Australiana do Consumidor, a Austrália possui extensa autorregulamentação para a atividade de influenciadores digitais. Um dos pilares estruturais da estrutura de autorregulamentação das atividades realizadas por *influencers* diz respeito ao *Código de Ética* formulado pela AANA – *Australian Association of National Advertisers* (Associação Australiana de Anunciantes Nacionais),[208] o qual, por sua vez, apresenta definições de atividades realizadas por

---

205. No original: "Don't use vague or confusing terms like 'sp,' 'spon,' or "collab," or stand-alone terms like 'thanks' or 'ambassador', and stay away from other abbreviations and shorthand when possible." (FEDERAL TRADE COMISSION. **Disclosures 101 for Social Media Influencers.** 2021. Available from: https://www.ftc.gov/system/files/documents/plain-language/1001a-influencer-guide-508_1.pdf. Access on: Dec. 20, 2023).
206. No original: "If making an endorsement in a live stream, the disclosure should be repeated periodically so viewers who only see part of the stream will get the disclosure." (FEDERAL TRADE COMISSION. **Disclosures 101 for Social Media Influencers.** 2021. Available from: https://www.ftc.gov/system/files/documents/plain-language/1001a-influencer-guide-508_1.pdf. Access on: Dec. 20, 2023).
207. AUSTRALIA, Australian Government. **Competition and Consumer Act 2010.** Compilation nº 143. 2023. Available from: https://www.legislation.gov.au/Details/C2023C00043/. Access on: Dec. 20, 2023.
208. AANA, Australian Association of National Advertisers. **Code of Ethics.** 2021. Available from: https://aana.com.au/self-regulation/codes-guidelines/code-of-ethics/. Access on: Dec. 20, 2023.

influenciadores, as quais são consideradas publicidade e normas de boas práticas para *influencers*.

O Código de Ética da AANA, ao abordar a questão do *marketing* realizado por influenciadores digitais, é enfático ao determinar que tais comunicações devem ser claras, transparentes e distinguíveis, ou seja, sua natureza publicitária deve ser apresentada de modo claro e inequívoco aos consumidores, assim como eventuais relações com fornecedores devem ser dispostas de forma transparente, por meios facilmente compreensíveis, como por exemplo, pela utilização de termos e *hashtags*, tais como, *ad, Advert, Advertising, Branded Content, Paid Partnership, Paid Promotion*, dentre outras.

Outro dos pilares da estrutura de autorregulamentação dos *influencers* diz respeito ao AIMCO – "*Australian Influencer Marketing Council*" (Conselho Australiano de Marketing de Influenciadores)[209], fundado em 2019, como uma associação que reúne múltiplos agentes envolvidos no setor de *marketing*, como Agências de Publicidade, influenciadores digitais, marcas, fornecedores, dentre outros.

O Conselho Australiano de Marketing de Influenciadores edita, desde 2020, um Código de Práticas para seus membros, de modo a fomentar e aprimorar esse setor no país, notadamente, por meio de boas práticas de conduta voltadas ao público consumidor.

> **O Código de Prática de Marketing de Influenciadores da AIMCO** delineia e incentiva a adoção de padrões apropriados da indústria para apoiar os padrões profissionais dentro do marketing de influenciadores na Austrália.
>
> A AIMCO trabalha com todas as camadas do ecossistema de marketing de influenciadores para definir as melhores práticas aplicáveis e fornecer recursos a todas as partes.[210] (Tradução nossa)

O Código de Práticas de Marketing de Influenciadores da AIMCO estabelece importantes critérios para influenciadores e fornecedores, com a finalidade de se aperfeiçoar o exercício da atividade publicitária, em ambiente digital, e ofertar maior segurança e transparência para o público consumidor.

5.8.2.3   China

O regime de publicidade e marketing na China é regulamentado, desde 2015, por intermédio da 中华人民共和国广告法 (Lei de Publicidade da República Popular da

---

209. AIMCO, Australian Influencer Marketing Council. **Code of Practice**. 2023. Available from: https://www.aimco.org.au/news/codeofpracticeupdate. Access on: Dec. 20, 2023.
210. No original: "**The AiMCO Influencer Marketing Code of Practice** delineates and encourages the adoption of appropriate industry standards in order to support professional standards within influencer marketing in Australia.
    AIMCO works with all layers of the influencer marketing ecosystem to define applicable best practice and to resource all parties." (Destaque no original) (AIMCO, Australian Influencer Marketing Council. **Best Practice**. 2023. Available from: https://www.aimco.org.au/best-practice. Access on: Dec. 20, 2023).

China),[211] a qual foi adotada na 1994ª Reunião do Comitê Permanente da 10ª Assembleia Popular Nacional, em 27 de outubro de 2015, em substituição à Lei anterior homônima que vigorava no país desde 1995.[212]

A referida lei não menciona de forma expressa os termos 数字影响者 (influenciador digital), ou mesmo 数字营销 (marketing digital), todavia, seus conceitos são abrangidos na lei por intermédio da definição de anunciante apresentada no artigo 2º da referida Lei, o qual determina que:

> O termo "anunciante", conforme utilizado nesta Lei, refere-se a uma pessoa física, jurídica ou outra organização que concebe, produz e publica anúncios por conta própria ou confia a terceiros a promoção de bens ou serviços.[213] (Tradução nossa)

Em função da abrangência da definição legal do termo "anunciante" da lei retromencionada, se possibilita a eventual imputação de responsabilidade aos influenciadores digitais na República Popular da China nos casos em que violem as diretrizes éticas estatuídas pela Lei de Publicidade do país.

Em 2022, o Governo da China restringiu os assuntos que influenciadores digitais poderiam abordar na Internet, por meio do 国家广播电视总局 文化和旅游部 关于印发《网络主播行为规范》的通知 (Aviso da Administração Estatal de Rádio e Televisão e do Ministério da Cultura e Turismo sobre a Impressão e Distribuição do "Código de Conduta para Influenciadores"), o qual tornou imperativo que todos os influenciadores digitais do país obtivessem certificação do Estado para tratar de certos temas, permitindo que somente indivíduos com "certificações relevantes em suas respectivas áreas" pudessem abordar temas de direito, medicina, finanças, dentre outros.

Ademais, o Código de Conduta para Influenciadores determina, por meio do seu artigo 14, um rol de condutas proibitivas para influenciadores, os quais não podem, dentre outras condutas, criticar o Governo da China, criticar o socialismo ou o comunismo, criticar o Partido Comunista ou as tradições chinesas, emitir opiniões que ameacem a segurança nacional, fomentar escândalos ou fofocas, promover condutas ou conteúdo sexuais, ou mesmo sensuais.

No referido rol, ainda, se verifica a proibição de condutas ou falas que incentivem as pessoas a beberem, fumar, gastar energia ou água em excesso, mostrar um estilo de vida estravagante ou bens de alto valor, utilizar tecnologias de *deep fake* ou *deep voice* para personificar líderes do Estado ou do Partido Comunista.

---

211. 中华人民共和国. 中华人民共和国广告法. 2015年. 可在: https://www.gov.cn/guoqing/2020-12/24/content_5572939.htm. 访问: 2023 年 12 月 20 日.
212. 中华人民共和国.中华人民共和国广告法.1995年度.可在：https://www.gov.cn/bumenfuwu/2012-11/05/content_2600189.htm. 访问: 2023 年 12 月 20 日.
213. No original: 本法所称广告主，是指为推销商品或者服务，自行或者委托他人设计、制作、发布广告的自然人、法人或者其他组织。(中华人民共和国.中华人民共和国广告法.2015年.可在：https://www.gov.cn/guoqing/2020-12/24/content_5572939.htm. 访问: 2023 年 12 月 20 日.)

O referido Código de Conduta para Influenciadores ademais, destaca, em seu artigo 17, as medidas legais cabíveis contra influenciadores, na hipótese em que não se atentem às determinações elencadas ao longo do Código. De modo que, *influencers* que violarem as normas poderão receber avisos caso sua infração seja leve; no caso de reiteração ou de conduta grave, ter suas contas banidas e o nome incluído na "lista negra", ser proibido de transmitir em qualquer plataforma; no caso de cometimento de algum crime, serão investigados e responsabilizado com as medidas cabíveis.[214]

5.8.2.4 Índia

Na Índia, o *Consumer Protection Act – 1986* (Lei de Proteção ao Consumidor de 1986)[215] era a legislação que continha provisões legais gerais para a proteção do consumidor. Todavia, diante dos numerosos avanços tecnológicos experienciados na última década, o Parlamento da Índia verificou a necessidade de atualizar a referida lei para melhor ofertar proteção ao público consumidor, especialmente, diante de novas práticas de *marketing* digital e do surgimento dos influenciadores digitais.

Nesse giro, em 2019, a Índia editou o *Consumer Protection Act – 2019* (Lei de Proteção ao Consumidor de 2019).[216] A nova legislação indiana se prestou a atualizar o texto anterior, realizando as alterações necessárias para um novo cenário do Direito do Consumidor, permeado por novos riscos e danos causados, sobretudo, pelos avanços tecnológicos.

> A Lei de 2019 varia da de 1986 de várias maneiras, a saber, ampliando o escopo ao lidar com mais 3 práticas comerciais desleais, comércio eletrônico, responsabilidade pelo produto, contratos desleais; introduzindo um novo órgão regulador denominado Autoridade Central de Defesa do Consumidor e tornando mais rígidas as penalidades já existentes.[217] (Tradução nossa)

As alterações legislativas delineadas pela regulamentação estabelecida pela Lei de Proteção ao Consumidor de 2019, tornaram possível a responsabilização de influen-

---

214. 中华人民共和国. 国家广播电视总局 文化和旅游部 关于印发《网络主播行为规范》的通知. 2022年. 可在：http://www.nrta.gov.cn/art/2022/6/22/art_113_60757.html. 访问：2023 年 12 月 20 日.
215. No original: "第十七条网络表演、网络视听平台和经纪机构要严格履行法定职责义务，落实主体责任。根据本行为规范，加强对网络主播的教育培训、日常管理和规范引导。建立健全网络主播入驻、培训、日常管理、业务评分档案和"红黄牌"管理等内部制度规范。对向上向善、模范遵守行为规范的网络主播进行正向激励；对出现违规行为的网络主播，要强化警示和约束；对问题性质严重、多次出现问题且屡教不改的网络主播，应当封禁账号，将相关网络主播纳入"黑名单"或"警示名单"，不允许以更换账号或更换平台等形式再度开播。对构成犯罪的网络主播，依法追究刑事责任。对违法失德艺人不得提供公开进行文艺表演、发声出镜机会，防止转移阵地复出。网络表演、网络视听经纪机构要加强对网络主播的管理和约束，依法合规提供经纪服务，维护网络主播合法权益"。(中华人民共和国. 国家广播电视总局 文化和旅游部 关于印发《网络主播行为规范》的通知. 2022年. 可在：http://www.nrta.gov.cn/art/2022/6/22/art_113_60757.html. 访问：2023 年 12 月 20 日).
216. PARLIAMENT OF INDIA. **Consumer Protection Act.** 1986. Available from: https://www.indiacode.nic.in/handle/123456789/1868?sam_handle=123456789/1362. Access on: Dec. 20, 2023.
217. PARLIAMENT OF INDIA. **Consumer Protection Act.** 2019. Available from: https://www.indiacode.nic.in/handle/123456789/15256?sam_handle=123456789/1362. Access on: Dec. 20, 2023.

ciadores digitais pela divulgação de publicidade ilícita, ensejando, deste modo, maior proteção ao consumidor vulnerável no contexto das redes sociais.

Em fevereiro de 2021, ante ao crescente número de casos de fraudes e condutas ilícitas, envolvendo a atividade publicitária desenvolvida por influenciadores digitais, um modelo de Guia foi disponibilizado pela *Advertising Standards Council of India* (Conselho de Padrões de Publicidade da Índia)[218], como parâmetro norteador de conduta para os *influencers*.

Diversas similitudes presentes em diretrizes de outras nações podem ser observadas no documento, como a necessidade de indicação de termos que caracterizem a parceria e a transparência nos anúncios. O referido Conselho disponibilizou a versão teste com intuito de coletar *feedbacks* do público em geral (incluindo influenciadores e consumidores) para realizar as adequações necessárias antes de gerar uma versão final.

Diferentemente de outros Guias, a diretriz indiana discorre sobre as 8 (oito) plataformas digitais mais populares no país – *Instagram, Facebook, Twitter, Pinterest, YouTube, Vlog, Snapchat, Blogger* –, especificando, como deverá ser realizada a identificação de mensagem publicitária em cada uma delas.[219]

5.8.2.5 Reino Unido

No Reino Unido, o "*Consumer Protection from Unfair Trading Regulations 2008250*" (Regulamento 2008250 de Proteção do Consumidor contra o Comércio Desleal)[220] de 2008 é o instrumento legal que confere normas gerais relativamente à proteção do consumidor, no tocante a práticas comerciais agressivas ou omissivas que possam, de qualquer modo, enganar os consumidores.

Segundo explica Amy Ralston:

> Ela inclui um dever geral para as empresas agirem de maneira justa e honesta, o que se estende à forma como os produtos são comercializados – incluindo conteúdo de anúncios em mídias sociais e, portanto, a qualquer anúncio de influenciadores ou criadores de conteúdo de mídias sociais.[221] (Tradução nossa)

---

218. No original: "The 2019 Act varies from the 1986 in multiple ways viz., widening the scope by dealing with 3 more unfair trade practices, E-commerce, Product liability, Unfair Contracts; by introducing a new regulatory body named Central Consumer Protection Authority and by making the already existing penalties more stricter". (H., Taj Reefa. Comparative analysis of Consumer Protection Act, 1986 with the 2019 Act. **Indian Journal of Integrated Research in Law,** New Delhi, v.II, i.I, p.1-8, 2022. Available from: https://ijirl.com/wp-content/uploads/2022/01/COMPARATIVE-ANALYSIS-OF-CONSUMER-PROTECTION-ACT-1986-WITH-THE-2019-ACT.pdf Access on: Dec. 20, 2023.
219. INDIA, Advertising Standards Council of India. **Guidelines for "Influencer advertising on digital media"** - draft for stakeholder consultation. Feb. 2021. Available from: https://images.assettype.com/afaqs/2021-02/0b608628-7f01-433e-98e5-185916c4b12e/ASCI_Guidelines.pdf. Access on: Dec. 20, 2023.
220. INDIA, Advertising Standards Council of India. **Guidelines for "Influencer advertising on digital media"** - draft for stakeholder consultation. Feb. 2021. Available from: https://images.assettype.com/afaqs/2021-02/0b608628-7f01-433e-98e5-185916c4b12e/ASCI_Guidelines.pdf. Access on: Dec. 20, 2023.
221. UNITED KINGDOM. **Consumer Protection from Unfair Trading Regulations 2008250**. 2008. Available from: https://www.legislation.gov.uk/uksi/2008/1277/contents/made. Access on: Dec. 20, 2023.

Dessa forma, impõe-se a toda e qualquer pessoa, física ou jurídica, que realize qualquer atividade de natureza publicitária, a observância das normas e princípios elencados no Regulamento 2008250, com o objetivo de conferir maior proteção aos consumidores.

Verifica-se, ainda, que no ano de 2008, o CMA – *"Competition and Markets Authority"* (Autoridade de Mercados e Concorrência) publicou uma diretriz para auxiliar fornecedores a entender e cumprir a referida legislação, o *"The Consumer Protection from Unfair Trading Regulations: a basic guide for business"* (Regulamento de Proteção do Consumidor Contra o Comércio Desleal: um guia básico para empresas), sanando diversas dúvidas sobre a norma.[222]

No ano de 2019, o CMA publicou o primeiro Guia, especificamente, focado em influenciadores digitais, o *"Social media endorsements: being transparent with your followers"* (Publicidade nas redes sociais: sendo transparente com seus seguidores)[223], apresentando relevantes normatizações, acerca do dever de transparência, na hipótese de realização de qualquer publicidade por influenciadores digitais, independentemente, da forma de remuneração.

O referido Guia foi, ainda, atualizado em 2022, sendo, inclusive, renomeado para *"Hidden ads: Being clear with your audience"* (Publicidade oculta: Sendo claro com sua audiência).[224] Com essa atualização, os deveres de confiança, transparência e boa-fé foram acentuados e instruções de como realizar publicidades de forma transparente foram disponibilizadas aos influenciadores.

Em 2021, o Governo Britânico, por meio de sua Agência governamental, *Competition and Markets Authority* (Autoridade de Mercados e Concorrência) em parceria com a *Advertising Standards Authority* (Autoridade de Padrões de Publicidade) e o *Committee of Advertising Practice* (Comitê de Práticas de Publicidade) desenvolveram um instrumento norteador para influenciadores digitais.

O Guia, denominado *"Influencers' guide to making clear that ads are ads"* (Guia para Influenciadores deixarem claro que anúncios são anúncios), possui diretrizes extremamente específicas e didáticas do que é permitido ou não e o que os influenciadores devem fazer para se adequar às normas de proteção ao consumidor.

---

222. No original: "They include a general duty for businesses to act in a fair and honest way which extends to the way products are marketed – including ad content on social media and, therefore, to any advertisement by influencers or social-media content creators." (RALSTON, Amy. **Influencer Marketing Rules – CMA enforces consumer protection law.** 2022. Available from: https://www.stephens-scown.co.uk/intellectual-property-2/influencer-marketing-rules-cma-enforces-consumer-protection-law/#:~:text=What%20is%20the%20CPR%202008,creators)%20when%20dealing%20with%20consumers. Access on: Dec. 20, 2023).
223. CMA, Competition and Markets Authority. **The Consumer Protection from Unfair Trading Regulations: a basic guide for business.** 2008. Available from: https://assets.publishing.service.gov.uk/government/uploads/system/uploads/attachment_data/file/284446/oft979.pdf. Access on: Dec. 20, 2023.
224. CMA, Competition and Markets Authority. **Social media endorsements: being transparent with your followers.** 2019. Available from: https://assets.publishing.service.gov.uk/government/uploads/system/uploads/attachment_data/file/284446/oft979.pdf. Access on: Dec. 20, 2023.

Dentre as disposições contidas no referido Guia, é possível encontrar, de forma sintética, o direcionamento dado quanto as formas de contrapartidas recebidas, sendo que, a partir deste ponto, qualquer *post* relacionado ao produtor *necessariamente* implicará na incidência das normas de proteção consumerista.

> Quando uma marca faz um pagamento a um influenciador, quaisquer postagens que promovam ou endossem a marca ou seus produtos/serviços ficam sujeitas à lei de proteção ao consumidor. Pagamento significa qualquer forma de pagamento monetário; comissão; empréstimo gratuito de um produto/serviço; um produto/serviço gratuito (seja solicitado ou recebido do nada); ou qualquer outro incentivo.[225] (Tradução nossa)

Em sentido complementar, o Guia aponta que "não há nada de errado em estar sendo remunerado para criar conteúdo, mas é necessário que isto seja esclarecido ao público."[226]

O Guia britânico, também, indica que a publicidade veiculada deverá ser claramente identificada como tal, sendo que, caso contrário, poder-se-á estar violando a legislação do país. Neste sentido, explicita, ainda, que o "CMA tem poder de investigar e promover as medidas legais para interromper eventuais lacunas que possam ferir os interesses coletivos dos consumidores."[227]

5.8.2.6 União Europeia

A análise referente aos Estados Membros da União Europeia revela que as atividades desempenhadas por influenciadores digitais, em regra, *não são abordadas por legislações específicas*. Entretanto, múltiplos Guias de Recomendação de Condutas foram publicados pelos Estados Membros, os quais são aplicados de forma concomitante às legislações consumeristas específicas, assim como as disposições legais concernentes à publicidade de produtos e serviços.

No tocante aos Estados Membros da União Europeia, alguns apresentam uma estrutura legislativa robusta em relação às obrigações relativas às atividades de marketing

---

225. CMA, Competition and Markets Authority. **Hidden ads: Being clear with your audience.** 2022. Available from:https://assets.publishing.service.gov.uk/government/uploads/system/uploads/attachment_data/file/284446/oft979.pdf. Access on: Dec. 20, 2023.
226. No original: "When a brand gives an influencer a payment, any posts then promoting or endorsing the brand or its products/services become subject to consumer protection law. Payment means any form of monetary payment; commission; a free loan of a product/ service; a free product/service (whether requested or received out of the blue); or any other incentive". (ADVERTISING STANDARDS AUTHORITY. **Influencers' guide to making clear that ads are ads.** 2021, p.3. Available from: https://www.asa.org.uk/uploads/assets/9cc1fb3f-1288-405d-af3468ff18277299/INFLUENCERGuidanceupdatev6HR.pdf. Access on: Dec. 20, 2023).
227. No original: "there's nothing wrong with getting paid to create content, but you need to be upfront about this with your audience." (ADVERTISING STANDARDS AUTHORITY. **Influencers' guide to making clear that ads are ads.** 2021, p.4. Available from: https://www.asa.org.uk/uploads/assets/9cc1fb3f-1288-405d-af3468ff18277299/INFLUENCERGuidanceupdatev6HR.pdf. Access on: Dec. 20, 2023). Nesse sentido ver: WERNECK, Luiz; GARCIA, Talita Sabatini. Normas de autorregulamentação do setor (guias nacionais e internacionais). *In:* HACKEROTT, Nadia Andreotti Tüchumantel (Coord.). **Influenciadores digitais e seus desafios jurídicos.** São Paulo: Thomson Reuters Brasil, 2023, p.91).

realizadas por influenciadores digitais. Outrossim, observa-se que os Estados Membros, com legislação mais abrangente e detalhada, são aqueles que, em regra, qualificam as atividades realizadas pelos *influencers* como *atividade publicitária*, ocasionando, portanto, a aplicação do sistema de proteção à publicidade vigente em consonância com legislações específicas sobre a regulamentação da atividade econômica desenvolvida por influenciadores digitais.

Insta frisar que, a União Europeia *não possui nenhuma legislação aplicável a todos os seus membros* no tocante à regulamentação da atividade de influenciadores digitais. Todavia, por meio do *EASA – "European Advertising Standards Alliance"* (Aliança Europeia de Padrões de Publicidade) desenvolveu, em 2008, o Guia "*Best Practice Recommendation on Digital Marketing Communications*" (Recomendação de melhores práticas em comunicações de marketing digital).[228]

O referido Guia foi atualizado em 2015, com o desígnio de reafirmar as responsabilidades dos indivíduos que realizam o marketing digital e ampliar a autorregulamentação publicitária para todas as formas de comunicação de marketing, incluindo-se, *os meios digitais*, bem como quaisquer formas futuras de comunicação de marketing digital que *ainda não tenham sido desenvolvidas*. A mencionada alteração tornou o marketing realizado por influenciadores digitais objeto das normas estabelecidas pelo EASA.

Em 2018, o EASA publicou o Guia "*Best Practice Recommendation on Influencer Marketing*" (Recomendação de melhores práticas em marketing de influenciadores),[229] com a finalidade de regulamentar, de forma específica, a atividade publicitária realizada por influenciadores digitais, discorrendo, sobre a definição de marketing de influenciadores, o controle editorial das publicações, a conexão material entre anunciantes e influenciadores, o reconhecimento de publicações com caráter publicitário e, até mesmo, a responsabilidade atribuída aos *influencers* e fornecedores, dentre outras questões.

Por fim, em 19 de outubro de 2022 a União Europeia criou "*The Digital Services Act*" (Lei dos Serviços Digitais), com *vacatio legis* até 25 de agosto de 2023. A referida Lei se presta a combater conteúdos ilegais, a desinformação e a fraude comercial, com particular atenção para os menores de idade.[230]

Especificamente no que se refere à atividade desempenhada por influenciadores digitais e publicidade digital nas redes sociais por fornecedores, constata-se que é imposto às plataformas o dever de rotular todos os anúncios e informar aos usuários quem

---

228. No original: "CMA has power to investigate and take legal action to stop breaches of the law which may harm the collective interests of consumers". (ADVERTISING STANDARDS AUTHORITY. **Influencers' guide to making clear that ads are ads.** 2021, p.9. Available from: https://www.asa.org.uk/uploads/assets/9cc1fb3f-1288-405d-af3468ff18277299/INFLUENCERGuidanceupdatev6HR.pdf. Access on: Dec. 20, 2023).
229. EASA – European Advertising Standards Alliance. **Best Practice Recommendation on Digital Marketing Communications.** 2015. Available from: https://www.easa-alliance.org/wp-content/uploads/2022/04/EASA-Best-Practice-Recommendation-on-Digital-Marketing-Communications.pdf. Access on: Dec. 20, 2023.
230. EASA – European Advertising Standards Alliance. **Best Practice Recommendation on Influencer Marketing.** 2018. Available from: https://www.easa-alliance.org/wp-content/uploads/2022/04/EASA-Best-Practice-Recommendation-on-Digital-Marketing-Communications.pdf. Access on: Dec. 20, 2023.

os está promovendo, a vedação da publicidade direcionada com base em perfis para crianças, a proibição relativa à realização de publicidade com base em dados sensíveis dos usuários, bem como a necessidade de informar os consumidores de forma clara acerca do motivo pelo qual determinados conteúdos lhes são recomendados e a garantia da possibilidade de não participar desses sistemas de recomendação de conteúdo.

5.8.2.7 Portugal

No cenário legislativo português, verifica-se a presença de um arcabouço jurídico norteador do sistema de publicidade, cuja finalidade é consagrar a defesa do consumidor, notadamente, em relação à atividade publicitária desenvolvida pelo fornecedor, com destaque para a *Constituição da República Portuguesa* (1976), a *Lei de Defesa do Consumidor* (Lei n.º 24/96), o *Código da Publicidade* (Decreto-Lei n.º 330/90), a legislação pertinente às *Práticas Comerciais Desleais* (Decreto-Lei n.º 57/2008), aos *Contratos de Créditos a Consumidores* (Decreto-Lei n.º 133/2009) e às *Práticas de Publicidade em Saúde* (Decreto-Lei n.º 238/2015).

Ante ao contexto exposto, destaca-se que a Constituição da República Portuguesa, em seu *artigo 60º*, regulamentou, em sentido amplo, os *"Direitos dos Consumidores"*, estabelecendo em seu *nº 2*, a vedação à publicidade oculta.[231]

Ademais, o Código da Publicidade, em seu *artigo 8º, nº1*, determinou a *obrigatoriedade de identificação da mensagem publicitária*, delineada por meio do *princípio da identificabilidade*[232], com vistas a garantir a proteção do consumidor e de suas legítimas expectativas, ante a atividade publicitária promovida pelo fornecedor no mercado de consumo.

Rute Couto discorre sobre a necessidade de adequação do Código da Publicidade português, ante ao advento de um novo paradigma tecnológico, sobretudo, devido as controvérsias havidas pela utilização do *marketing* de influência nas plataformas digitais.

> Em 2015, esteve em consulta pública a revisão do Código da Publicidade português, cujo projeto previa a inclusão expressa dos sítios de internet e redes sociais como suportes publicitários, a identificação inequívoca como publicidade da promoção de bens ou serviços sob a aparência de opinião pessoal de quem a veicula, mediante contrapartida financeira ou material e a referência às figuras públicas no âmbito da publicidade testemunhal. Gorada, neste particular, aquela revisão, subsiste a necessidade de uma regulamentação específica destas temáticas no ambiente digital, porquanto a tutela dos consumidores não é suficientemente acautelada pelo regime jurídico vigente.[233]

---

231. EUROPEAN UNION. **The Digital Services Act.** Oct, 19, 2022. Available from: https://eur-lex.europa.eu/legal-content/EN/TXT/?uri=CELEX%3A32022R2065&qid=1666857835014. Access on: Dec. 20, 2023.
232. Artigo 60.º "A publicidade é disciplinada por lei sendo proibidas todas as formas de publicidade oculta, indireta ou dolosa". (PORTUGAL. **Constituição da República Portuguesa.** Decreto de 10 de abril de 1976. Disponível em: https://www.pgdlisboa.pt/leis/lei_mostra_articulado.php?nid=4&tabela=leis. Acesso em: 20 dez. 2023).
233. Artigo 8.º "A publicidade tem de ser inequivocamente identificada como tal, qualquer que seja o meio de difusão utilizado." (PORTUGAL. **Código da Publicidade.** Decreto-Lei n.º 330/90. Disponível em: https://dre.pt/web/guest/legislacao-consolidada/-/lc/122033593/202103101731/73697759/diploma/indice. Acesso em: 20 dez. 2023).

Lado outro, no tocante a autorregulamentação, em 2021, foi publicado o *Guia português para influenciadores e anunciantes*, o qual foi desenvolvido pela *Direção Geral do Consumidor (DGC)*, autoridade pública ligada ao Ministério da Economia, cujo objetivo é "contribuir para a definição e execução da política de defesa dos consumidores em Portugal", com a intenção de "sensibilizar todos os intervenientes para o cumprimento da lei em matéria de publicidade e de proteção dos consumidores, assim como promover boas práticas na comunicação comercial, no meio digital."[234]

O referido Guia apresentou uma definição de influenciador digital, como sendo:

> Pessoa ou personagem no meio digital que possui o potencial de influenciar os outros, independentemente do número de consumidores seus seguidores que acompanham as suas publicações. Influenciadores também são criadores de conteúdos digitais e uma fonte importante de informação e de influência para os consumidores que nestes confiam.[235]

O Guia lusitano, tal como verificado na experiência norte-americana e na brasileira, estabeleceu como diretriz precípua a necessidade de *identificação da publicidade*, destacando-se, ainda, que "sempre que exista uma *relação comercial entre o influenciador e o anunciante*, essa relação tem de ser *sempre identificada de forma clara e inequívoca*, no *início da publicação*", de modo a "garantir que o *consumidor percebe imediatamente que está perante um conteúdo comercial*", recomendando-se, para tanto, como "boas práticas" aos influenciadores, *a utilização de meios identificadores da publicidade*, como *hashtags* (#pub, #patrocínio, #parceria, #oferta) ou mesmo, o uso de palavras de fácil identificação, *desde que inseridas no início da publicação*, evitando-se assim a possibilidade de dubiedade ou confusão nos consumidores no ambiente digital.[236]

O Guia português estabelece, também, parâmetros de *comunicação responsável*, quanto a divulgação de publicações patrocinadas que se relacionam a divulgação de bebidas alcoólicas, produtos de saúde (como suplementos alimentares) e dirigidas a menores de idade, explicitando que "Nas publicações com conteúdo comercial, para além de cumprir as regras legais, deve adotar-se um padrão de responsabilidade social em especial nas matérias que envolvam: crédito aos consumidores, alegações de saúde, práticas de publicidade em saúde, menores, publicidade testemunhal, bebidas alcoólicas e jogos e apostas."[237]

---

234. COUTO, Rute. Celebridades na publicidade: influência e responsabilidade perante o consumidor. *In*: ALVES, Léo da Silva. (Coord.). **Juristas do Mundo:** Série Excelência Jurídica: volume 7. Publicação oficial do XVI Encontro Internacional de Juristas (Braga/Minho, Portugal). Brasília: Editora Rede, 2019, p.163.
235. DIREÇÃO-GERAL DO CONSUMIDOR. **Guia informativo sobre regras e boas práticas na comunicação comercial no meio digital:** guia para influenciadores e anunciantes. 2021, p.3. Disponível em: https://www.consumidor.gov.pt/pagina-de-entrada/guia-infornativo-sobre-regras-e-boas-praticas-na-comunicacao-comercial-no-meio-digital.aspx. Acesso em: 20 dez. 2023.
236. DIREÇÃO-GERAL DO CONSUMIDOR. **Guia informativo sobre regras e boas práticas na comunicação comercial no meio digital:** guia para influenciadores e anunciantes. 2021, p.4. Disponível em: https://www.consumidor.gov.pt/pagina-de-entrada/guia-infornativo-sobre-regras-e-boas-praticas-na-comunicacao-comercial-no-meio-digital.aspx. Acesso em: 20 dez. 2023.
237. DIREÇÃO-GERAL DO CONSUMIDOR. **Guia informativo sobre regras e boas práticas na comunicação comercial no meio digital:** guia para influenciadores e anunciantes. 2021, p.5-6. Disponível em: https://www.consumidor.gov.pt/pagina-de-entrada/guia-infornativo-sobre-regras-e-boas-praticas-na-comunicacao-comercial-no-meio-digital.aspx. Acesso em: 20 dez. 2023, destaque nosso.

Por fim, o referido Guia estabeleceu uma síntese das principais diretrizes norteadoras a serem observadas por fornecedores e *influencers,* no tocante a promoção de atividade publicitária desenvolvida nas plataformas digitais, a saber:

> 1) Os influenciadores devem respeitar o princípio da identificabilidade através da identificação clara e inequívoca da publicidade quando o conteúdo digital é comunicação comercial.
>
> 2) Os intervenientes no meio digital devem respeitar a legislação em matéria de publicidade, incluindo as menções obrigatórias.
>
> 3) Os anunciantes devem garantir que os influenciadores contratados respeitam as regras legais e que mencionam a relação comercial existente.
>
> 4) Todos os intervenientes no marketing digital são corresponsáveis pelos conteúdos que divulgam.[238]

As 4 (quatro) diretrizes elencadas demonstram a relevância da identificação publicitária realizada pelo influenciador digital, de modo a não frustrar a legítima expectativa dos seguidores.

5.8.2.8 França

No âmbito legislativo francês, destaca-se o advento da *Lei francesa de nº 2004-575*, denominada *Lei de Confiança Digital*, que ao regulamentar a atividade publicitária em França, determinou a imprescindibilidade da *identificação da publicidade* divulgada, em seu *artigo 20,* ao dispor que "Qualquer publicidade, sob qualquer forma, acessível por um serviço de comunicação pública online, deve poder ser claramente identificada como tal. Deve identificar claramente a pessoa física ou jurídica por conta da qual é efetuada."[239]

Constata-se, portanto, que toda e qualquer forma de publicidade disponibilizada *on-line*, efetuada por qualquer pessoa, inclusive, os influenciadores digitais, *deve ser claramente identificada como tal*, assim como a identidade da pessoa física ou jurídica a que diz respeito.

Logo, a inobservância da obrigatoriedade estabelecida no artigo 20 da Lei 2004-575, implica, por conseguinte, no enquadramento da conduta como *prática comercial enganosa*, ao não tornar claramente identificável a pessoa em cujo nome uma comunicação comercial é feita, a qual, por sua vez, consubstancia uma ofensa criminal de acordo com a Lei 2008-776[240] e o Código do Consumidor Francês.[241]

---

238. DIREÇÃO-GERAL DO CONSUMIDOR. **Guia informativo sobre regras e boas práticas na comunicação comercial no meio digital:** guia para influenciadores e anunciantes. 2021, p.9. Disponível em: https://www.consumidor.gov.pt/pagina-de-entrada/guia-infornativo-sobre-regras-e-boas-praticas-na-comunicacao-comercial-no-meio-digital.aspx. Acesso em: 20 dez. 2023.

239. DIREÇÃO-GERAL DO CONSUMIDOR. **Guia informativo sobre regras e boas práticas na comunicação comercial no meio digital:** guia para influenciadores e anunciantes. 2021, p.10. Disponível em: https://www.consumidor.gov.pt/pagina-de-entrada/guia-infornativo-sobre-regras-e-boas-praticas-na-comunicacao-comercial-no-meio-digital.aspx. Acesso em: 20 dez. 2023.

240. No original: "Toute publicité, sous quelque forme que ce soit, accessible par un service de communication au public en ligne, doit pouvoir être clairement identifiée comme telle. Elle doit rendre clairement identifiable la personne physique ou morale pour le compte de laquelle elle est réalisée." (FRANCE, Assemblée Nationale. **Loi N° 2004-575.** 2004. Disponible sur: https://www.legifrance.gouv.fr/loda/id/JORFTEXT000000801164. Accès à: 20 déc. 2023).

241. FRANCE, Assemblée Nationale. **Loi N° 2008-776.** 2008. Disponible sur: https://www.legifrance.gouv.fr/loda/id/JORFTEXT000019283050/. Accès à: 20 déc. 2023.

Adicionalmente, em 2010, a ARPP – *"Autorité de Régulation Professionnelle de la Publicité"* (Autoridade Reguladora de Publicidade Profissional), publicou o Guia denominado *"Recommandation Communication Publicitaire"* (Recomendações à Comunicação Publicitária),[242] no qual apresenta regras comuns a todas as comunicações digitais. O referido Guia foi utilizado, em múltiplas ocasiões nos anos posteriores, de modo a consagrar segurança e proteção aos consumidores e às legítimas expectativas despertadas por meio da atividade publicitária realizada por fornecedores e, especialmente, por influenciadores digitais.

Na França, ainda, no ano de 2020, a Assembleia Nacional aprovou a *Lei 2020-1266*,[243] a qual regulamentou a exploração comercial da imagem dos *youtubers* mirins em plataformas digitais, mediante uma série de requisitos para que crianças e adolescentes, menores de 16 anos, pudessem atuar como influenciadores digitais. A citada lei apresenta determinações acerca do trabalho infantojuvenil realizado pelos *influencers* e os equipara às crianças/adolescentes que desempenham trabalhos como, apresentadores de televisão, estrelas de novelas e cinema e modelos publicitários.

Em 9 de junho de 2023, a França aprovou a *Lei nº 2023-451*, primeira legislação a nível global com a finalidade de se regulamentar a influência comercial e combater os abusos perpetrados por influenciadores nas redes sociais.[244]

A mencionada legislação, por meio dos artigos 3º e 4º, proibiu que *influencers* promovessem, direta ou indiretamente, determinados conteúdos relacionados a produtos, atos, processos, técnicas e métodos, com finalidade estética, descritos no Código de Saúde Pública francês. A Lei vedou, ainda, a divulgação de uma série de produtos e serviços, restrições relativas a publicações com animais, sites e serviços de dicas para apostas online, dentre outras condutas, sob pena de até 2 (dois) anos de prisão e multa de € 300.000,00 (trezentos mil) euros, além das eventuais sanções estabelecidas no Código do Consumidor, Código do Trabalho e Código da Segurança Interna, se cabíveis.

De modo complementar, os artigos 5º e 6º da lei francesa estabelecem, também, a obrigação de informações relativas à promoção de certos bens e serviços, notadamente, por meio de uma declaração *clara*, *legível* e *identificável* na imagem ou vídeo, ou em todos os demais formatos, durante toda a publicação, com dizeres como *"Publicité"* (Publicidade) ou *"Collaboration commerciale"* (Colaboração comercial).

O legislador foi enfático ao estabelecer que:

---

242. FRANCE, Assemblée Nationale. **Code de la Consommation**. 2016. Disponible sur: https://www.legifrance.gouv.fr/codes/texte_lc/LEGITEXT000006069565. Accès à: 20 déc. 2023.
243. ARPP, Autorité de Régulation Professionnelle de la Publicité. **Recommandation Communication Publicitaire**. 2010. Disponible sur: https://www.arpp.org/nous-consulter/regles/regles-de-deontologie/recommandation-communication-publicitaire-numerique/#toc_1_2. Accès à: 20 déc. 2023.
244. FRANCE, Assemblée Nationale. **Loi Nº 2020-1266**. 2020. Disponible sur: https://www.legifrance.gouv.fr/jorf/id/JORFTEXT000042439054?r=g4vXqOd0Je. Accès à: 20 déc. 2023.

A ausência de indicação da verdadeira intenção comercial de uma comunicação, efetuada nas condições previstas no primeiro parágrafo do presente I pelas pessoas referidas no artigo 1.º da presente lei, constitui uma prática comercial enganosa por omissão na acepção do artigo L. 121-3 do Código do Consumidor.[245] (Tradução nossa)

Constata-se, ainda, que com o advento da *Lei 2023-451*, influenciadores franceses que realizem a publicação de determinada imagem ou vídeo que contenha modificações estéticas na aparência do rosto ou corpo, de qualquer pessoa, deverá utilizar os dizeres "*Images retouchées*" (Imagens retocadas) na postagem, de acordo com os critérios de *ostensiva identificação* retromencionados. De modo similar, caso a imagem seja fruto de uma inteligência artificial deverá ostentar os dizeres "*Images virtuelles*" (Imagens virtuais).

No tocante à responsabilidade dos influenciadores digitais, a *Lei 2023-451* determinou, por intermédio do artigo 6º, a atribuição de *responsabilidade objetiva* dos influenciadores digitais, com fundamento na legítima confiança despertada pela publicidade. Por fim, por meio do inciso III do artigo 8º da referida lei, se estabeleceu que os *influencers* respondem de *forma solidária* ao fornecedor de produtos ou serviços pelos danos causados a terceiros na execução do contrato de influência comercial que os vincula.

5.8.2.9 Alemanha

Na Alemanha, o sistema jurídico prevê que todo conteúdo publicitário deve ser identificado como tal, em consonância com o princípio da identificação publicitária, de modo a consagrar maior proteção e segurança ao público consumidor.

Em se tratando de influenciadores digitais, atualmente, *inexiste regulamentação específica* sobre sua atuação no tocante à realização de atividade publicitária em ambiente digital, aplicando-se as previsões estabelecidas na "*Gesetz gegen den unlauteren Wettbewerb*" – UWG (Lei Contra Concorrência Desleal),[246] na "*Telemediengesetz*" – TMG (Lei de Telemídia),[247] e no "*Rundfunkstaatsvertrag*" – RStV (Tratado de Radiodifusão).[248]

Em consonância com as leis retromencionadas, a diferenciação entre publicações de conteúdo publicitário e de conteúdo editorial é rígida no país, considerando-se como

---

245. FRANCE, Assemblée Nationale. **Loi N° 2023-451**. 2023. Disponible sur: https://www.legifrance.gouv.fr/jorf/id/JORFTEXT000047663185. Accès à: 20 déc. 2023.
246. No original: "L'absence d'indication de la véritable intention commerciale d'une communication, réalisée dans les conditions prévues au premier alinéa du présent I par les personnes mentionnées à l'article 1er de la présente loi, constitue une pratique commerciale trompeuse par omission au sens de l'article L. 121-3 du code de la consommation. (FRANCE, Assemblée Nationale. **Loi N° 2023-451**. 2023. Disponible sur: https://www.legifrance.gouv.fr/jorf/id/JORFTEXT000047663185. Accès à: 20 déc. 2023).
247. DEUTSCHLAND. **Gesetz gegen den unlauteren Wettbewerb**. 2004. Verfügbar in: https://www.gesetze-im-internet.de/uwg_2004/. Zugang unter: 20 dec. 2023.
248. DEUTSCHLAND. **Telemediengesetz**. 2007. Verfügbar in: https://www.gesetze-im-internet.de/tmg/. Zugang unter: 20 dec. 2023.

conteúdo publicitário *todo aquele que direta ou indiretamente promove a aquisição de produto ou serviço*. Ressalta-se que, para uma publicação ser considerada como de cunho publicitário, determinados critérios adicionais devem ser analisados, como por exemplo, o recebimento de alguma contraprestação (remuneração) ou a ingerência do comunicador em relação ao que pode, ou não, ser dito em relação ao produto ou serviço divulgado.

Em agosto de 2021, a *Lei Contra Concorrência Desleal da Alemanha* foi atualizada, com a finalidade de estabelecer parâmetros distintivos entre a publicação de *conteúdo editorial e de conteúdo publicitário*. Em análise à referida Lei, se constatou que a atualização contribuiu com o aprimoramento dos critérios necessários à identificação da natureza da atividade publicitária realizada na Alemanha.

Apesar da citada Lei não tratar, especificamente, sobre a atuação de influenciadores digitais nas redes sociais, se vislumbra como possível a aplicabilidade da mesma, em relação à produção de conteúdo publicitário desenvolvido pelos *influencers* no mercado de consumo digital.

Não obstante, nas hipóteses em que os influenciadores divulguem *conteúdo editorial* sobre produto e serviço, *sem qualquer tipo de relação comercial publicitária* com o fornecedor ou marca, se verifica que a atuação dos influenciadores digitais se qualifica como uma *mera dica ou aconselhamento aos seus seguidores*.[249] Nessa situação, o ônus da prova relativamente à inexistência da relação publicitária com o fornecedor recairia sobre aquele que promove a atividade publicitária, isto é, o influenciador digital.[250]

Na Alemanha, em 2022, a "*Landesmedienanstalten*" (Autoridade Estatal de Comunicação Social) publicou um Guia denominado "*Werbekennzeichnung bei Online-Medien*" (Rotulagem publicitária em mídia online), cuja normativa apresenta *disposições sobre a divulgação de publicidade digital nas mídias sociais*, abordando questões como a identificação publicitária, informação, boa-fé, "*product placement*", dentre outras questões.[251]

O Guia visou, ainda, a disciplinar e orientar a atuação dos influenciadores digitais, no tocante a promoção de atividade publicitária em ambiente digital, em consonância com as disposições legais relativas à publicidade na Alemanha, com a finalidade de se evitar eventuais danos aos consumidores no mercado de consumo digital.

---

249. DEUTSCHLAND. **Rundfunkstaatsvertrag.** 1991. Verfügbar in: https://www.die-medienanstalten.de/fileadmin/user_upload/Rechtsgrundlagen/Gesetze_Staatsvertraege/RStV_22_nichtamtliche_Fassung_medienanstalten_final_web.pdf. Zugang unter: 20 dec. 2023.
250. Nessa hipótese, se entende como possível compreender que na referida situação, a atuação dos influenciadores digitais se enquadraria como um "*friendly advice*".
251. DEUTSCHLAND. **Gesetz gegen den unlauteren Wettbewerb.** 2004. Verfügbar in: https://www.gesetze-im-internet.de/uwg_2004/. Zugang unter: 20 dec. 2023.

5.8.2.10 Finlândia

Na Finlândia, não existe uma definição única e abrangente do que seja publicidade, de modo que múltiplos conceitos, de diversas leis esparsas, são utilizados de forma complementar. No entanto, de modo geral, se considera publicidade como sendo a ação que se presta a promover as vendas de determinada "empresa" ou aumentar o perfil da marca perante os consumidores no mercado de consumo.[252]

O Guia Finlandês denominado de *Vaikuttajamarkkinointi Sosiaalisessa Mediassa* (Marketing de Influenciadores nas Redes Sociais)[253], publicado em 2019, determinou *requisitos mínimos para a promoção de anúncios publicitários nas plataformas digitais* e, também, orientou a todos os envolvidos (fornecedores, Agências de Publicidade, profissionais de marketing e influenciadores, dentre outros), sobre as boas práticas e condutas éticas, na divulgação de atividade publicitária nas mídias sociais.

As instruções apresentadas no Guia atuam de forma complementar à legislação finlandesa de proteção ao consumidor, notadamente, a "*Kuluttajansuojalaki*" (Lei de Defesa do Consumidor),[254] especialmente, no que concerne ao reconhecimento de publicidade nas redes sociais, requisitos de transparência para realização de marketing nas mais diversas plataformas e proteção às crianças e adolescentes no ambiente digital.

5.8.2.11 Polônia

Na Polônia, o conceito legal do que é publicidade é fruto da conjunção de múltiplos dispositivos normativos, notadamente, a "*Ustawa z dnia 29 grudnia 1992 r. o radiofonii i telewizji*" (Lei de 29 de dezembro de 1992 sobre Radiodifusão)[255], "*Ustawa z dnia 16 kwietnia 1993 r. o zwalczaniu nieuczciwej konkurencji*" (Lei de 16 de abril de 1993 sobre o combate à concorrência desleal)[256] e a "*Ustawa z dnia 23 sierpnia 2007 r. o przeciwdziałaniu nieuczciwym praktykom rynkowym*" (Lei de 23 de agosto de 2007 sobre combate a práticas desleais de mercado).[257]

---

252. LANDESMEDIENANSTALTEN. **Werbekennzeichnung bei Online-Medien**. 2022. Verfügbar in: https://www.die-medienanstalten.de/fileadmin/user_upload/die_medienanstalten/Service/Merkblaetter_Leitfaeden/Leitfaden_Werbekennzeichnung_Online-Medien_vers_23.pdf. Zugang unter: 20 dec. 2023.
253. SUOMI, Suomen Eduskunta. **Kuluttajansuojalaki.** 1978. Saatavilla osoitteesta: https://www.finlex.fi/fi/laki/ajantasa/1978/19780038. Pääsy: 20 jou. 2023.
254. SUOMI, Kilpailu- ja kuluttajavirasto. **Vaikuttajamarkkinointi sosiaalisessa mediassa.** 2019. Saatavilla osoitteesta: https://www.kkv.fi/en/consumer-affairs/facts-and-advice-for-businesses/the-consumer-ombudsmans-guidelines/influencer-marketing-in-social-media/. Pääsy: 20 jou. 2023.
255. SUOMI, Suomen Eduskunta. **Kuluttajansuojalaki.** 1978. Saatavilla osoitteesta: https://www.finlex.fi/fi/laki/ajantasa/1978/19780038. Pääsy: 20 jou. 2023.
256. POLSKA. **Ustawa z dnia 29 grudnia 1992 r. o radiofonii i telewizji.** Dostępne w: https://lexlege.pl/ustawa-o-radiofonii-i-telewizji/. Dostęp pod adresem: 20 gru. 2023.
257. POLSKA. **Ustawa z dnia 16 kwietnia 1993 r. o zwalczaniu nieuczciwej konkurencji.** Dostępne w: https://sip.lex.pl/akty-prawne/dzu-dziennik-ustaw/zwalczanie-nieuczciwej-konkurencji-16795259. Dostęp pod adresem: 20 gru. 2023.

A Suprema Corte Polonesa, em interpretação integrativa dos dispositivos retromencionados, apresentou uma definição ampla sobre publicidade, definindo-a como qualquer declaração dirigida a potenciais consumidores, sobre produtos, serviços, marcas ou fornecedores, de modo a promover, por meios diretos ou indiretos, a aquisição de determinado produto ou serviço ou estimular uma vontade no consumidor em adquiri-los.[258]

À luz do Sistema Jurídico Polonês, os influenciadores digitais produzem tanto conteúdo de natureza editorial quanto conteúdo publicitário, a depender de suas falas, publicações e condutas perante o público consumidor, seja pela criação de conteúdo descompromissado e descontraído, ou pela criação de conteúdo cujo propósito seja incitar os consumidores a adquirir produtos ou serviços no mercado de consumo.

Destaca-se, por fim, que na Polônia inexiste um Guia ou normativa de autorregulamentação acerca da atividade publicitária realizada por influenciadores digitais. Por esse motivo, diversos setores da indústria e da sociedade têm se debruçado sobre o tema, apresentando contribuições para essa regulamentação, com a finalidade de se assegurar a adequada proteção ao consumidor no mercado de consumo digital, especialmente, em relação à publicidade de criptoativos nas plataformas digitais.

5.8.2.12 Espanha

Na Espanha, a "*Ley 34/1988, de 11 de noviembre, General de Publicidad*" (Lei Geral de Publicidade 34/1988) é o dispositivo legal que se presta a definir o termo "publicidade" no regime jurídico do país.[259] A referida lei foi, ainda, atualizada em múltiplas ocasiões, com o intuito de se compatibilizar os interesses dos fornecedores com os direitos dos consumidores, garantindo de forma mais eficiente a proteção dos consumidores no mercado de consumo.

A Lei Geral de Publicidade 34/1988 da Espanha, em seu artigo 2, define "publicidade" como sendo:

> Qualquer forma de comunicação feita por uma pessoa física ou jurídica, pública ou privada, no exercício de uma atividade comercial, industrial, artesanal ou profissional, com o fim de promover direta ou indiretamente a contratação de bens móveis ou imóveis, serviços, direitos e deveres.[260] (Tradução nossa)

Em razão da ampla definição do termo publicidade estabelecida na legislação espanhola, os influenciadores digitais são compreendidos como *sujeitos que realizam uma*

---

258. POLSKA. **Ustawa z dnia 23 sierpnia 2007 r. o przeciwdziałaniu nieuczciwym praktykom rynkowym.** Dostępne w: https://sip.lex.pl/akty-prawne/dzu-dziennik-ustaw/przeciwdzialanie-nieuczciwym-praktykom-rynkowym-17379633. Dostęp pod adresem: 20 gru. 2023.
259. SĄD NAJWYŻSZY. Sygn. akt V CSK 83/05. Izba Cywilna Wydział V. wyrok. 26 Sty. 2006. **System Analizy Orzeczeń Sądowych.** Warszawa, 26 Sty. 2006. Dostępne w: https://www.saos.org.pl/judgments/163982. Dostęp pod adresem: 20 gru. 2023.
260. ESPAÑA. **Ley 34/1988, de 11 de noviembre, General de Publicidad.** Disponible en: https://www.boe.es/buscar/act.php?id=BOE-A-1988-26156. Acceso en: 20 dec. 2023.

atividade publicitária e, portanto, nos termos da Lei Geral de Publicidade 34/1988 e da "*Ley 3/1991, de 10 de enero, de Competencia Desleal*" (Lei de Concorrência Desleal)[261], diante da ausência de identificação publicitária, o influenciador digital e o fornecedor de produtos e serviços são *solidariamente responsáveis* por eventuais danos causados aos consumidores nas redes sociais.

Em 2020, com o objetivo de se regulamentar a atividade publicitária realizada por influenciadores digitais no país, o Governo da Espanha, a *Asociación Española de Anunciantes* e o AUTOCONTROL (Agência não governamental de autorregulamentação publicitária da Espanha) publicaram o "*Código de Conducta sobre el uso de Influencers en la publicidade*" (Código de Conduta sobre o uso de Influenciadores na publicidade), o qual teve sua entrada em vigor em 1º de janeiro de 2021.[262]

O referido Código de Conduta estabelece regras que se prestam a nortear a atividade publicitária desenvolvida entre influenciadores e fornecedores de produtos e serviços, especialmente, em relação à necessária observância aos princípios da informação, transparência, boa-fé e confiança (legítima expectativa) aplicáveis no tocante à divulgação de publicidade no âmbito das plataformas digitais.

Em 2022, a Espanha editou a "*Ley 13/2022, de 7 de julio, General de Comunicación Audiovisual*" (Lei de Comunicação Geral Audiovisual)[263], com a finalidade de se determinar normas claras e evitar práticas abusivas em comunicações audiovisuais televisivas, radiofônicas e digitais. A referida Lei apresentou princípios, normas e deveres a serem seguidos pelos agentes que publicam conteúdo audiovisual na Espanha, com especial enfoque, na questão da dignidade da pessoa humana e respeito para com as mulheres.

Um dos pontos relevantes da mencionada Lei, diz respeito à determinação legal de transparência relativamente à natureza do conteúdo publicado, de modo que, conteúdos de natureza publicitária, independentemente, da forma de remuneração, devem ser *claramente identificados como conteúdo publicitário*, garantindo-se, assim, maior proteção ao consumidor exposto ao conteúdo audiovisual.

5.8.2.13 Suécia

Na Suécia, a *Marknadsföringslag* (Lei de Marketing), promulgada em 2008, é o principal instrumento de regulamentação publicitária. A Lei, abrange diversas ques-

---

261. No original: Toda forma de comunicación realizada por una persona física o jurídica, pública o privada, en el ejercicio de una actividad comercial, industrial, artesanal o profesional, con el fin de promover de forma directa o indirecta la contratación de bienes muebles o inmuebles, servicios, derechos y obligaciones. (ESPAÑA. **Ley 34/1988, de 11 de noviembre, General de Publicidad.** Disponible en: https://www.boe.es/buscar/act.php?id=BOE-A-1988-26156. Acceso en: 20 dec. 2023).
262. ESPAÑA. **Ley 3/1991, de 10 de enero, de Competencia Desleal.** Disponible en: https://www.boe.es/buscar/act.php?id=BOE-A-2022-11311. Acceso en: 20 dec. 2023.
263. AUTOCONTROL. **Código de Conducta sobre el uso de Influencers en la publicidade.** 2020. Disponible en: https://www.autocontrol.es/wp-content/uploads/2020/10/codigo-de-conducta-publicidad-influencers.pdf. Acceso en: 20 dec. 2023.

tões legais, dentre as quais, o *marketing de influência*. Todavia, sua aplicação se mostra controversa em determinados casos, posto que a Lei de Marketing *somente é aplicada* nas hipóteses relacionadas à divulgação de efetiva *publicidade* (*conteúdo publicitário*), sendo, portanto, afastada nas situações envolvendo *conteúdo editorial*.[264]

As disposições da *Marknadsföringslag* previstas no 9 § 1 st. MFL – *reklamidentifiering* – e no 9 § 2 st. MFL – *och sändarangivelse* –[265], respectivamente, *identificação publicitária e identificação do transmissor*, são particularmente relevantes para a avaliação do conteúdo como editorial ou publicitário.

Destarte, nas hipóteses em que se constate a realização de *publicidade oculta*, aplicar-se-á a *Marknadsföringslag*. Entretanto, são crescentes as hipóteses nas quais se mostra dificultosa a tarefa de se distinguir um conteúdo de natureza editorial de um conteúdo de natureza publicitária.

Diante disso, a *Konsumentverket* (Agência Sueca do Consumidor), Autoridade Governamental responsável por regulamentar a publicidade no país, realizou uma investigação, no ano de 2018, com o escopo de analisar e avaliar o quadro geral de regulamentação publicitária do país e sua (in)compatibilidade com as mudanças estruturais que transcorreram nos últimos anos, sobretudo, em razão do surgimento e popularização da Internet, das plataformas digitais e do mercado de consumo digital.

O estudo, denominado de "*Ett reklamlandskap i förändring – konsumentskydd och tillsyn i en digitaliserad värld*" (Um cenário publicitário em mudança – proteção e supervisão do consumidor em um mundo digitalizado), concluiu que a atividade publicitária realizada por meio de estratégias de marketing com a utilização de influenciadores digitais é tema que suscita controvérsias do ponto de vista de proteção do consumidor. Entretanto, sob a perspectiva de análise do estudo, não se verificaram deficiências na *Marknadsföringslagen*, de modo que, se propôs a implementação de um contínuo trabalho com *educação, aconselhamento e orientações* ao público consumidor e aos influenciadores digitais, como forma de se minimizar a possibilidade de ocorrência de eventos danosos advindos da prática publicitária realizada por *influencers*.[266]

O referido estudo, concluiu, ainda, que a Agência Sueca do Consumidor deve dispor de instrumentos de supervisão mais rigorosos, assim como, suscitou a necessidade de novas formas de soluções técnicas para que a referida Agência possa realizar uma supervisão ativa e eficaz no ambiente digital, para além dos métodos tradicionais de análise publicitária, notadamente, nos casos de conteúdo direcionado para o público infantojuvenil.

---

264. ESPAÑA. **Ley 13/2022, de 7 de julio, General de Comunicación Audiovisual.** Disponible en: https://www.boe.es/buscar/act.php?id=BOE-A-2022-11311. Acceso en: 20 dec. 2023.
265. CURAN, Sabrina. **I betalt samarbete med...** En analys av den marknadsrättsliga gråzonen vid influencer-marknadsföring. 2020. 34f. Kandidatuppsats på juristprogrammet. Juridiska Fakulteten Vid Lunds Universitet. Lund, 2020, p.27. Tillgänglig i: https://lup.lub.lu.se/luur/download?func=downloadFile&recordOId=9010570&fileOId=9021398. Tillträde kl: 20 dec. 2023.
266. SCHWEDEN. **Marknadsföringslag (2008:486).** 2008. Tillgänglig i: https://www.riksdagen.se/sv/dokument-lagar/dokument/svensk-forfattningssamling/marknadsforingslag-2008486_sfs-2008-486. Tillträde kl: 20 dec. 2023.

5.9 A HERANÇA DIGITAL DE PERFIS DE INFLUENCIADORES DIGITAIS

O surgimento e expressiva atuação dos influenciadores no ambiente digital ocasionou incontestes alterações no corpo social, singularmente, no que se refere à publicidade no mercado de consumo digital. Não obstante, os *influencers* não se limitam a usufruir de suas redes sociais para projeção de atividade publicitária, de sorte que, simultaneamente, se utilizam do espaço supramencionado para o próprio exercício de sua personalidade.

Nas palavras de Everilda Brandão Guilhermino:

> A vida, cada vez mais experenciada em um meio virtual, faz com que os bens corpóreos passem a ficar em segundo plano na lista de interesses das pessoas na era contemporânea, lançando novas perguntas e gerando novas demandas que clamam por soluções justas e modernas.[267]

À vista disso, exsurgem estudos sobre os bens digitais, a natureza jurídica das mídias sociais, a possibilidade de sua transmissão em vida, da sucessão *causa mortis*, dentre outras questões, que possuem o condão de aprofundar os debates acerca dessa novel realidade, a qual se impõe com o advento das novas tecnologias e com a hiperconectividade.

Em relação à natureza jurídica dos *'bens digitais'*, Bruno Torquato Zampier Lacerda[268], Carlos Nelson Konder e Ana Carolina Brochado Teixeira[269] prelecionam que os bens digitais podem possuir *natureza patrimonial, existencial ou dúplice (híbrida)*.

Nessa perspectiva, Ana Carolina Brochado Teixeira expõe que os perfis de influenciadores em redes sociais se qualificam como *situações jurídicas dúplices*, notadamente:

> Quando a inserção de dados pessoais na Internet se presta a objetivos financeiros, como é o caso dos blogueiros, *influencers* e *youtubers*. Essas contas são monetizadas e a inserção voluntária dos dados pessoais na rede tem propósito financeiro, de modo que tem uma parcela existencial e outra patrimonial.[270]

Dessa maneira, relativamente às plataformas digitais dos influenciadores digitais, verifica-se que, em regra, possuem *caráter dúplice (híbrida)*, posto que são utilizadas para veiculação de publicidade – *caráter patrimonial* –, bem como, para mero deleite da pessoa por meio do compartilhamento de aspectos diversos de sua vida – *caráter existencial* –.

---

267. SCHWEDEN. **Ett reklamlandskap i förändring** – konsumentskydd och tillsyn i en digitaliserad värld. Stockholm: Norstedts Juridik, 2018. Tillgänglig i: https://www.regeringen.se/contentassets/d9e443d926cb4ee4abcc58de7976c001/ett-reklamlandskap-i-forandring--konsumentskydd-och-tillsyn-i-en-digitaliserad-varld-sou-20181.pdf. Tillträde kl: 20 dec. 2023.
268. GUILHERMINO, Everilda Brandão. Direito de Acesso e Herança Digital. *In:* TEIXEIRA, Ana Carolina Brochado; LEAL, Lívia Teixeira (Coords.). **Herança Digital:** controvérsias e alternativas. Indaiatuba, SP: Editora Foco, 2021. [E-book]
269. LACERDA, Bruno Torquato Zampier. **Bens digitais:** cybercultura, redes sociais, e-mails, músicas, livros, milhas aéreas, moedas virtuais. 2.ed. Indaiatuba, SP: Editora Foco, 2021.
270. KONDER, Carlos Nelson; TEIXEIRA, Ana Carolina Brochado. O enquadramento dos bens digitais sob o perfil funcional das situações jurídicas. *In:* TEIXEIRA, Ana Carolina Brochado; LEAL, Lívia Teixeira (Coords.). **Herança Digital:** controvérsias e alternativas. Indaiatuba, SP: Editora Foco, 2021. [E-book].

> Constata-se que inúmeras hipóteses da vida concreta, a partir do diálogo fato e norma, estão em uma zona de obscuridade, de modo a dificultar a classificação em existenciais ou patrimoniais. No que tange aos bens digitais, esse é o caso de perfis em redes sociais e canais no Youtube que veiculam a divulgação de produtos e marcas de forma associada ao estilo de vida pessoal do influencer; sites de relacionamento com modalidades premium, em que o pagamento acontece para facilitar o acesso a dados de outra pessoa e, assim, promover a busca e o encontro pretendido; e, ainda os social games, nos quais os participantes interagem entre si, atrelados a redes sociais e com base em dados nelas disponíveis, para construir uma identidade no ciberespaço.
>
> Diante desses bens fronteiriços, faz-se essencial a busca da funcionalidade concreta e casuística que exerce naquele recorte fático, retomando o objetivo fundamental da instrumentalização das situações patrimoniais às existenciais: a realização da dignidade da pessoa humana.[271]

Adicionalmente, Aline de Miranda Valverde Terra, Milena Donato Oliva e Filipe Medon asseveram que:

> Pelo exemplo formulado, verifica-se que o armazenamento digital não se restringe a bens dotados de valor patrimonial. Ao contrário. Na sociedade contemporânea, em que boa parte das interações humanas se estabelece por meio de redes sociais, inúmeros bens dotados de valor existencial são diuturnamente armazenados digitalmente, a exemplo dos próprios perfis nas redes sociais, formados por vasto conteúdo disponibilizado pelos seus titulares: escritores postam textos, fotógrafos compartilham imagens, humoristas divulgam esquetes.[272]

As mídias sociais são, essencialmente, uma *projeção da própria personalidade de determinado indivíduo*, qualificando-se como um espaço virtual no qual pessoas compartilham momentos, acontecimentos, vitórias, preferências, gostos e desgostos, dentre outras características intrínsecas a seu próprio eu. Não obstante, da mesma forma são utilizadas, por determinados indivíduos, para divulgação de publicidade digital, caracterizando forma de obtenção de ganhos patrimoniais.

Assim, a temática relativa à sucessão *causa mortis* de perfis de influenciadores digitais se expõe como questão de significativa importância na contemporaneidade. De um lado, é de interesse dos sucessores do eventual *de cujos*, em razão de sua *valoração patrimonial e potencial obtenção de lucros futuros*. Entretanto, lado outro, possuem elementos intimistas, pessoais e existenciais, os quais dizem respeito apenas ao influenciador digital e que, em determinadas situações, pode *desejar que seus sucessores não tenham acesso*.

> A morte embora seja um fato certo na vida de toda e qualquer pessoa, vem, muitas vezes, acompanhada não só de questões de ordem emocional, mas também de ordem patrimonial. E são essas últimas questões que interessam para o direito das sucessões.

---

271. Nesse sentido ver: TEIXEIRA, Ana Carolina Brochado. Herança digital dos influenciadores. *In:* HACKEROTT, Nadia Andreotti Tüchumantel (Coord.). **Influenciadores digitais e seus desafios jurídicos.** São Paulo: Thomson Reuters Brasil, 2023, p.203-205.
272. KONDER, Carlos Nelson; TEIXEIRA, Ana Carolina Brochado. O enquadramento dos bens digitais sob o perfil funcional das situações jurídicas. *In:* TEIXEIRA, Ana Carolina Brochado; LEAL, Lívia Teixeira (Coords.). **Herança Digital:** controvérsias e alternativas. Indaiatuba, SP: Editora Foco, 2021. [E-book]. Nesse sentido ver: LONGHI, João Victor Rozatti. **Responsabilidade civil e redes sociais:** retirada de conteúdo, perfis falsos, discurso de ódio e fake news. Indaiatuba, SP: Editora Foco, 2020, p.115-119.

Esse é o ramo do direito responsável pelo cuidado da sucessão *causa mortis* e acompanha o homem desde sempre, já que a morte é inerente ao ser humano. No entanto, embora as regras atinentes ao tema tenham sofrido inúmeras alterações ao longo dos anos, fato é que a interferência de outras ciências tem afetado sobremaneira o direito das sucessões e colocado em xeque as regras até então vigentes.[273]

Faz-se, portanto, necessário analisar o regramento sucessório pátrio para compreender quais as disposições legais são aplicáveis, ou não, ao hipotético caso de morte de um influenciador digital, de modo a respeitar suas vontades e garantir os direitos de seus sucessores.

Nas democracias liberais, espera-se que o Estado exerça uma função promotora e garantidora de direitos fundamentais. Indubitavelmente, os bens digitais viabilizarão o exercício de alguns destes direitos, tais como a imagem, o nome, a privacidade, a liberdade de expressão e a propriedade. É tarefa estatal, portanto, mirar sua proteção à titularidade e ao efetivo exercício desta gama de novos direitos, seja a partir da aplicação do arcabouço legislativo já existente, ou através da criação de novos dispositivos legais que especifiquem o tratamento a ser dispensado aos ativos virtuais.[274]

A definição de um perfil de rede social de um *influencer* como um bem digno de proteção à inviolabilidade da vida privada resultará em sua intransmissibilidade, em consonância com os preceitos protetivos da intimidade e privacidade estabelecidos pela Constituição da República de 1988, pelo Código Civil e pela Lei Geral de Proteção de Dados.

De forma distinta, sua definição como patrimônio transmissível implicará na complexa tarefa de proceder à apuração de seu valor, no descortinamento das informações do perfil para um número determinado de pessoas e, por fim, na transmissão da titularidade para os sucessores.

Ressalta-se, também, que a legislação sucessória pátria carece de instrumentos hábeis para tratar da referida controvérsia relativa à sistematização da categoria de *herança digital*[275], de modo que, a doutrina e a jurisprudência apresentam múltiplos entendimentos acerca da temática, seja a favor da transmissibilidade ou da intransmissibilidade.[276]

---

273. TERRA, Aline de Miranda Valverde; OLIVA, Milena Donato; MEDON, Filipe. Acervo digital: controvérsias quanto à sucessão causa mortis. *In:* TEIXEIRA, Ana Carolina Brochado; LEAL, Lívia Teixeira (Coords.). **Herança Digital:** controvérsias e alternativas. Indaiatuba, SP: Editora Foco, 2021. [E-book]
274. VALADARES, Maria Goreth Macedo; COELHO, Thais Câmara Maia Fernandes; Aspectos processuais relacionados à herança digital. *In:* TEIXEIRA, Ana Carolina Brochado; LEAL, Lívia Teixeira (Coords.). **Herança Digital:** controvérsias e alternativas. Indaiatuba, SP: Editora Foco, 2021. [E-book]
275. LACERDA, Bruno Torquato Zampier. Bens digitais: em busca de um microssistema próprio. *In:* TEIXEIRA, Ana Carolina Brochado; LEAL, Lívia Teixeira (Coords.). **Herança Digital:** controvérsias e alternativas. Indaiatuba, SP: Editora Foco, 2021. [E-book]
276. Segundo Gabrielle Bezerra Sales Sarlet, a herança digital pode ser definida como "a composição de um conjunto de dados, de ativos digitais que, em síntese, são bens digitalizados, em regra, guardados na internet em uma nuvem." (SARLET, Gabrielle Bezerra Sales. Notas sobre a identidade e o problema da herança digital: uma análise jurídica acerca dos limites da proteção póstuma dos direitos da personalidade na internet no ordenamento jurídico brasileiro. **Revista de Direito Civil Contemporâneo,** São Paulo, Revista dos Tribunais, a.5, v.17, p.33-59, out./dez., 2018, p.5).

Atualmente, os termos e condições das plataformas digitais, se destacam como os principais instrumentos de regulamentação da controvérsia, posto que, o contrato firmado entre usuário (influenciador digital) e rede social representa uma disposição, em vida, volitiva, a respeito da possibilidade, ou não, da transferência de seu perfil digital na hipótese de sua morte.

Nessa perspectiva, no âmbito das redes sociais, se pode mencionar as seguintes iniciativas de regulamentação sobre a herança digital estabelecidas pelos termos de uso:

i) no *Facebook*, há a possibilidade do perfil do herdeiro requerer a conversão do perfil de uma pessoa falecida em uma página memorial;

ii) no *Twitter* se permite que os familiares do falecido procedam ao *download* dos *tweets* públicos da pessoa, bem como que solicitem a exclusão do perfil caso assim queiram;

iii) O *Google* consente que até 10 (dez) pessoas, previamente escolhidas pelo falecido, recebam as informações acumuladas em vida pela pessoa;

iv) O *Instagram*, distintamente, permite grande possibilidade de escolha sendo que os familiares *de cujos* podem optar pela exclusão da conta ou pela transformação do perfil em um memorial.

Com a finalidade de apresentar soluções à controvérsia analisada foi proposto, na Câmara dos Deputados, o Projeto de Lei 5820/2019,[277] o qual tem como objetivo conferir nova redação ao artigo 1.881 do Código Civil, em especial, pela inserção de um §4º, que prevê a possibilidade de codicilo em vídeo para a herança digital, nos seguintes termos: "§4º Para a herança digital, entendendo-se essa como vídeos, fotos, livros, senhas de redes sociais, e outros elementos armazenados exclusivamente na rede mundial de computadores, em nuvem, o codicilo em vídeo dispensa a presença das testemunhas para sua validade".

Ademais, o Projeto de Lei 1144, de 2021[278], dispõe sobre os dados pessoais inseridos na Internet após a morte do usuário, apresentando as seguintes proposições acerca da temática em estudo:

i) sugere a alteração dos parágrafos únicos dos arts. 12 e 20 do Código Civil, para incluir "qualquer pessoa com legítimo interesse" como legitimado para requerer a tutela *post mortem* de direitos da personalidade, inclusive, por

---

277. Nesse sentido, se remete à leitura de: TEIXEIRA, Ana Carolina Brochado; LEAL, Lívia Teixeira (Coords.). **Herança Digital:** controvérsias e alternativas. Indaiatuba, SP: Editora Foco, 2021. [E-book]; LEAL, Livia Teixeira. **Internet e morte do usuário:** propostas para o tratamento jurídico post mortem do conteúdo inserido na rede. Rio de Janeiro: LMJ Mundo Jurídico, 2018; FRITZ, Karina Nunes; MENDES, Laura Schertel. Case Report: Corte alemã reconhece a transmissibilidade da herança digital. **Revista de Direito da Responsabilidade**, Coimbra, a.1, p.525-555, 2019. Disponível em: https://revistadireitoresponsabilidade.pt/2019/case-report-corte-alema-reconhece-a-transmissibilidade-da-heranca-digital-karina-nunes-fritz-e-laura-schertel-mendes/. Acesso em: 20 dez. 2023.

278. BRASIL. **Projeto de Lei 5820/2019.** Portal da Câmara dos Deputados. Disponível em: https://www.camara.leg.br/proposicoesWeb/fichadetramitacao?idProposicao=2228037. Acesso em: 20 dez. 2023.

meio da exclusão da conta da pessoa falecida, igualando o rol dos 2 (dois) dispositivos legais;

ii) prevê que integram a herança os conteúdos e dados pessoais inseridos na Internet que possuam natureza econômica, inclusive, os perfis de redes sociais utilizados para fins econômicos, desde que, a transmissão seja compatível com os termos do contrato;

iii) exclui da herança, o conteúdo de mensagens privadas, exceto, se utilizadas com finalidade exclusivamente econômica;

iv) estabelece que os provedores de aplicações devem excluir as contas públicas de usuários brasileiros mortos, mediante comprovação do óbito, exceto se houver previsão contratual em sentido contrário e manifestação do titular dos dados pela manutenção da conta após a morte, ou no caso de perfis em redes sociais com finalidade econômica;

v) determina que, na hipótese de manutenção da conta, o encarregado pelo gerenciamento não poderá alterar o conteúdo inserido pelo titular dos dados, e não terá acesso ao conteúdo de mensagens privadas, exceto, aquelas com finalidade econômica;

vi) prevê o dever dos provedores de aplicações de manutenção dos dados e registros pelo prazo de 1 (um) ano a partir da data do óbito, no caso de exclusão da conta, ressalvado o requerimento em sentido contrário.

Em síntese, a controvérsia relacionada a possibilidade de transmissão sucessória de influenciadores digitais, ainda, não possui soluções sedimentadas, de modo que, a doutrina e a jurisprudência se encontram construindo os fundamentos jurídicos, da temática em estudo, com a finalidade de se apresentar soluções adequadas a referida controvérsia.

6
NICHOS DE ATUAÇÃO DOS *DIGITAL INFLUENCERS*

Os influenciadores digitais se inseriram de modo significativo na vida das pessoas, por meio de sua atuação nas plataformas digitais, perfectibilizada pela produção de conteúdo específico e constante para seus seguidores, seja pela divulgação de vídeos, fotos ou mesmo por textos (postagens) no *feed*. Nessa linha de intelecção, constata-se que, hodiernamente, é impossível pensar nas redes sociais sem considerar os principais propulsores dessas plataformas, os denominados *digital influencers*.

Com expressiva presença nas mídias sociais, os influenciadores digitais se dividem em diversos segmentos, cada qual com tópicos delimitados e um público determinado interessado em modalidades de conteúdo específicas. Nesse contexto, inúmeros são os nichos de atuação dos *digital influencers*, com ênfase para as categorias do entretenimento, cultura, *fashion*, medicina, direito (jurídico), *lifestyle*, tecnologia, *fitness*, infantojuvenil, finanças, esportes, *pets*, *gamers*, entre outros.

> Influenciadores dedicam-se a temas mais variados. Há, por exemplo, grande número de *Youtubers* voltados ao público infanto-juvenil que se ocupam de falar sobre jogos eletrônicos, comentando-os e recomendando-os – o que claramente se insere numa relação de consumo. Por outro lado, existem celebridades que compartilham suas visões de vida saudável, oferecendo informações sobre alimentação ou exercícios físicos, ainda que, muitas vezes, sem a necessária qualificação profissional. Prosperam *influencers*, ainda, em diversas áreas, como política, entretenimento, esportes e beleza.[1]

Para cada um dos nichos existentes, os influenciadores objetivam criar engajamento junto ao público-alvo, que consome o conteúdo produzido por meio de publicações com conteúdo compartilhável, de fácil compreensão e que origine algum tipo de sensação, sentimento, emoção ou crença no comportamento ou hábitos de consumo dos usuários da respectiva rede social. Destarte, a atuação dos *influencers* nas plataformas digitais gera uma relação de confiança, credibilidade e a ampliação do número de seguidores, e, por conseguinte, retroalimenta o poder de influência dos mesmos nos respectivos segmentos.

---

1. ODY, Lisiane Feiten Wingert; D'AQUINO, Lúcia Souza. A responsabilidade dos influencers: uma análise a partir do Fyre Festival, a maior festa que jamais aconteceu. **Civilística.com,** Rio de Janeiro, a.10, n.3, p.1-18, 2021, p.9.

6.1 INFLUENCIADORES MIRINS

As mídias sociais tiveram seu cenário amplamente modificado nos últimos anos. Em sua origem tinham como público-alvo, estritamente, jovens que buscavam novas amizades ou relacionamentos. Gradualmente, muito em razão de sua popularidade com esse grupo, as redes sociais experienciaram a primeira onda de novas contas de crianças e adolescentes, as quais afirmavam em seus perfis possuírem uma idade superior a real para que pudessem se cadastrar nesses sites.

Com a entrada desse novo segmento no ambiente digital, grandes mudanças ocorreram no âmbito das plataformas digitais. Inicialmente, se buscaram instrumentos para vedar ou proibir que os infantes tivessem acesso a esses sites. Entretanto, não se obteve muito sucesso, uma vez que tais sites não possuíam mecanismos hábeis para confirmar a idade de seus usuários, que não a própria autodeclaração etária.

Diante da impossibilidade de realizar esse tipo de limitação de forma acertada, bem como da incorporação quase simbiótica, de crianças e adolescentes com as redes sociais, se procedeu a uma reformulação dessas plataformas, notadamente, dos termos de utilização, de modo a torná-las mais acessíveis, abertas e com certa curadoria de conteúdo por parte de moderadores e outros usuários, com a finalidade de não se expor o público, especialmente, os infantes, a conteúdos sensíveis (inapropriados).

Nesse contexto, com expressiva e notável presença nas redes sociais, sobretudo, no *YouTube*, *TikTok* e no *Instagram*, emergiram os chamados "*influencers* mirins".

> As novas formas de mídia transformaram a abordagem publicitária dirigida as crianças. Os anunciantes percebendo a crescente e cada vez mais precoce conectividade de crianças à Internet e redes sociais, aproveitaram este espaço para anunciar seus produtos e serviços. Desta forma, ao passo que a comunicação mercadológica busca atingir este público alvo, merece destaque o surgimento dos influenciadores mirins.[2]

Os influenciadores mirins se apresentam como crianças e adolescentes que, por meio das mídias sociais, adquirem enorme poder de influência sobre o público infantojuvenil, ao atuarem como produtores de conteúdo do referido segmento, promovendo entretenimento, narrando acontecimentos do dia a dia e, também, divulgando novos produtos e serviços, em sua maioria relacionados ao setor de brinquedos, games, alimentação e moda, dentre outros.[3]

---

2. EFING, Antônio Carlos; MOREIRA, Angelina Colaci Tavares. Influenciadores mirins: reflexos da publicidade digital direcionada às crianças. **Civilistica.com**, Rio de Janeiro, a.10, n.3, p.1-18, 2021, p.10. Disponível em: http://civilistica.com/influenciadores-mirins/. Acesso em: 20 dez. 2023. Nesse sentido ver: CRAVEIRO, Pâmela Saunders Uchôa. Publicidade e infância: estratégias persuasivas direcionadas para crianças na internet. **Revista Culturas Midiáticas**, João Pessoa, a.IX, n.16, p.16-32, jan./jun. 2016, p.19.
3. Segundo Pâmela Saunders Uchôa Craveiro, os *youtubers mirins* podem ser definidos como "as crianças que mantêm canais no site YouTube e produzem vídeos com temáticas variadas: tutoriais de maquiagem, dicas de jogos e brincadeiras, desafios a serem realizados com amigos, dicas de moda, receitas, relatos sobre seu cotidiano etc. Algumas dessas crianças possuem grande popularidade, são seguidas por milhares de fãs e seus vídeos possuem milhões de visualizações, o que as tornam relevantes para o mercado publicitário. É comum visualizar, nos canais dos principais youtubers mirins, vídeos com relatos de suas experiências com produtos "doados"

Por fim, tema de grande atualidade e ainda de poucas respostas definitivas refere-se aos critérios para a exibição de produtos em canais do YouTube, notadamente se protagonizadas por crianças, em seus próprios canais ou de terceiros, por meio dos chamados *youtubers* mirins ou influenciadores, mensagens – direcionadas naturalmente para uma audiência tipicamente infantil – cuja natureza publicitária não nos parece adequadamente identificada.[4]

Acerca da temática em estudo, Lívia Inglesis Barcellos explicita relevante distinção entre a atuação dos *influenciadores mirins* e a atuação dos *influenciadores digitais (adultos)*, que produzem conteúdo específico para crianças e adolescentes:

> É importante ressaltar que existem canais infantis que apresentam crianças como atores do discurso, os chamados youtubers mirins; mas também há canais com mensagem infantil apresentados por adultos. Contudo, esse procedimento não os converte em youtubers mirins; apenas ostentam, como nicho e público, as crianças, e proporcionam a elas seu conteúdo infantil.[5]

Nesse contexto, cada vez mais, os jovens desejam se tornar influenciadores digitais, almejando conquistar a relevância digital de seus "novos ídolos". Tornar-se um *influencer* para as novas gerações é sinônimo de prestígio, sucesso e da realização de suas ambições pessoais.

> Mas os jovens não apenas confiam nos influenciadores, eles querem ser eles: 86% da Geração Z e dos millennials entrevistados afirmaram que postariam conteúdo patrocinado por dinheiro, e 54% se tornariam um influenciador se tivessem a oportunidade, de acordo com o relatório da empresa de pesquisas Morning Consult, que entrevistou 2.000 americanos com idades entre 13 e 38 anos sobre a cultura do influenciador.[6] (Tradução nossa).

Acompanhados pelos genitores ou responsáveis legais, tais influenciadores cativam o público infantojuvenil com conteúdo aparentemente leve, que os aproxima de outras crianças e adolescentes, uma vez que produzem entretenimento direcionado ao referido público-alvo, comunicando-se de forma quase pessoal com seus espectadores.[7]

---

a eles por marcas específicas, além de relatos de viagens e passeios patrocinados por empresas." (CRAVEIRO, Pâmela Saunders Uchôa. Publicidade e infância: estratégias persuasivas direcionadas para crianças na internet. **Revista Culturas Midiáticas**, João Pessoa, a.IX, n.16, p.16-32, jan./jun. 2016, p.28). Nesse sentido ver: LINN, Susan. **Crianças do consumo:** a infância roubada. Tradução Cristina Tognelli. São Paulo: Instituto Alana, 2006, p.27.

4. DIAS, Lucia Ancona Lopez de Magalhaes. **Publicidade e direito.** 3.ed. atual. e reform. São Paulo: Saraiva, 2018, p.317.
5. BARCELLOS, Lívia Inglesis. **Youtubers mirins e o incentivo ao consumo:** uma leitura semiótica. 2020. Dissertação de Mestrado. 2020. 123f. Dissertação (Mestrado em Comunicação) Faculdade de Arquitetura, Artes e Comunicação – FAAC, Universidade Estadual Paulista "Júlio de Mesquita Filho" – UNESP, 2020, p.53. Disponível em: https://repositorio.unesp.br/handle/11449/202527. Acesso em: 20 dez. 2023.
6. No original: "But young people don't only trust influencers, they want to be them: 86% of Gen Z and millennials surveyed would post sponsored content for money, and 54% would become an influencer given the opportunity, according to the report by research firm Morning Consult, which surveyed 2,000 Americans ages 13 to 38 about influencer culture." (LOCKE, Taylor. 86% of young people say They want to post social media content for money. **CNBC.** 2019. Available from: https://www.cnbc.com/2019/11/08/study-young-people-want-to-be-paid-influencers.html#:~:text=But%20young%20people%20don't,ages%2013%20to%2038%20about. Access on: Dec. 20, 2023).
7. Pâmela Saunders Uchôa Craveiro expõe que "Embora tenhamos identificado um grande número de formatos e estratégias de publicidade que dialogam de maneira distinta com as crianças no ambiente on-line, verificamos

Atualmente, essas celebridades mirins são a forma mais eficaz de se realizar a divulgação de um produto, principalmente para o público infanto-juvenil, que são espectadores assíduos desses canais. Algumas dessas crianças são verdadeiras celebridades e chegam a ganhar milhões em um ano com publicidade.[8-9]

Noutro giro, se verifica um fenômeno peculiar nas redes sociais, consubstanciado pela existência de perfis digitais de crianças (ou mesmo recém-nascidos) que, *mesmo sem a criação de conteúdo de entretenimento*[10], ostentam altos números de seguidores e relevante engajamento, como é o caso de Maria Alice (filha da influenciadora digital Virginia Fonseca e do cantor Zé Felipe), nascida em maio de 2021. A criança, com a tenra idade de apensas 3 (três) meses, já angariava mais de 5,1 (cinco vírgula um) milhões de seguidores em agosto de 2021.[11]

Com o nascimento da segunda filha do casal, Maria Flor, em 22 de outubro de 2022, o perfil no *Instagram* pertencente à Maria Alice foi atualizado, passando a ser denominado de "mariasbaby", o qual contava, segundo dados colhidos no fim de 2023, com 7,7 (sete vírgula sete) milhões de seguidores.[12]

---

que há uma tendência à *hibridização entre publicidade e entretenimento*. Nesse processo de hibridização, entra em vigor um processo comunicativo mais penetrante, que prioriza a participação ativa da criança como consumidora e *promove um embaçamento das fronteiras entre o que é e o que não é publicidade na internet*. Além de *dificultar a identificação do conteúdo publicitário por parte do público infantil*, esse novo modelo de comunicação publicitária, que oferece conteúdo midiático sem um apelo evidenciado ao consumo do produto ou marca que o patrocina, *dificulta a identificação da intenção persuasiva por trás daquele conteúdo narrativo*." (CRAVEIRO, Pâmela Saunders Uchôa. Publicidade e infância: estratégias persuasivas direcionadas para crianças na internet. **Revista Culturas Midiáticas**, João Pessoa, a. IX, n.16, p.16-32, jan./jun. 2016, p.30, destaque nosso). Nesse sentido ver: LINN, Susan. **Crianças do consumo:** a infância roubada. Tradução Cristina Tognelli. São Paulo: Instituto Alana, 2006, p.22.

8. OLIVEIRA, Júlio Moraes. A publicidade infantil realizada pelos youtubers mirins. *In*: OLIVEIRA, Júlio Moraes (Org.). **Direito do Consumidor Contemporâneo.** Belo Horizonte: Editora D' Placido, 2019, p.109.
9. Claudia Pontes Almeida assevera que "Os youtubers mirins têm se tornado celebridades, de modo que possuem fãs, publicam livros, fazem tarde de autógrafos e vendem um estilo de vida, com muito glamour, para milhares de crianças que não se satisfazem mais em apenas ter os brinquedos que eles têm. A influência dos youtubers mirins tem inspirado outras crianças a criarem seus próprios canais, o que poderá eternizar esse tipo de entretenimento nada saudável à infância." (ALMEIDA, Claudia Pontes. Youtubers mirins, novos influenciadores e protagonistas da publicidade dirigida ao público infantil: uma afronta ao Código de Defesa do Consumidor e às leis protetivas da infância. **Revista Luso-Brasileira de Direito do Consumo,** v.6, n.23, p.155-181, 2016, p.167). Nesse sentido ver: BRAGAGLIA, Ana Paula; FERREIRA, Andre Luis do Nascimento. Os youtubers mirins e a felicidade através do consumo. **Revista Temática**, João Pessoa, a. XII, n.12, p.57-73, dez. 2016, p.63.
10. É relevante destacar, nesse sentido, a existência de dois tipos de influenciadores mirins: aqueles com perfis exclusivamente administrados pelos pais, que apenas postam fotos/vídeos do menor, sem a participação ativa ou própria da criança e aqueles efetivamente administrados pelos menores (ainda que com ajuda dos responsáveis legais), em que a criança/adolescente atua na linha de frente na produção de conteúdo direcionado ao seu público.
11. REVISTA CARAS. Perfil de Maria Alice se torna o segundo com mais engajamento no Instagram. **Revista Caras.** 2021. Disponível em: https://caras.uol.com.br/bebe/perfil-de-maria-alice-se-torna-o-segundo-com-mais-engajamento-no-instagram.phtml. Acesso em: 20 dez. 2023.
12. INSTAGRAM. **Mariasbaby.** 2023. Disponível em: https://www.instagram.com/mariasbaby/. Acesso em: 20 dez. 2023.

As crianças, possuem, ainda, um perfil comercial, "mariasbabystore",[13] que contava com mais de 374 (novecentos e setenta e quatro) mil seguidores, voltado à venda de produtos para bebês, com uma linha de produtos próprios, sendo que, no referido perfil as infantes participam, junto a sua mãe, de inúmeras publicidades.

É notável que os perfis dos influenciadores mirins conseguem maximizar o engajamento ao produzir conteúdo focado em seu nicho de atuação, qual seja, a produção de entretenimento infantojuvenil, apresentando em seus perfis vídeos de brincadeiras, relatos de acontecimentos cotidianos, *unboxing* de novos produtos, efetivando a promoção de determinados serviços, dentre outras condutas atrativas para o público infantojuvenil.[14]

> Por meio de performances diárias, os *youtubers* colocam em circulação o capital social, atraindo nos canais milhões de outras crianças. Essas práticas produzem uma grande rede de conexões baseada no volume de *likes* e visualizações produzidos. [...]
>
> Muitos deles gravam vídeos em que exibem produtos como roupas e brinquedos, falam sobre marcas e dão dicas de uso. Uma prática comum em vídeo de youtubers mirins é o chamado *"unboxing"*, em que se filma a abertura da embalagem de um produto novo, mostrando em detalhes seus itens e características.[15-16-17]

---

13. INSTAGRAM. **Mariasbabystore.** 2023. Disponível em: https://www.instagram.com/mariasbabystore/. Acesso em: 20 dez. 2023.
14. Segundo lecionam Patrícia Martins Garcia e Cleide Aparecida Gomes Rodrigues Fermentão, "Essa realidade se agrava quando se trata de informações destinadas ao público infantojuvenil, que além de possuir a vulnerabilidade atribuída aos consumidores, é detentor da vulnerabilidade em razão de sua incapacidade civil, seja absoluta ou relativa." (GARCIA, Patrícia Martins; FERMENTÃO, Cleide Aparecida Gomes Rodrigues. Publicidade abusiva perante o dever solidário de proteção infantojuvenil. **Revista de Direito do Consumidor,** São Paulo, Thomson Reuters Brasil, v.124, a.28, p.317-339, 2019, p.318).
15. MOURA, Ana Luiza; CARVALHO, Eric de. Youtubers Mirins: relações públicas, publicidade infantil e responsabilidade social. **Communicare:** Revista do Centro Interdisciplinar de Pesquisa, São Paulo, Faculdade Cásper Líbero, v.19, e.1, p.44-55, 2019, p.48, destaque no original. Disponível em: https://static.casperlibero.edu.br/uploads/sites/5/2020/12/comunicare191.pdf. Acesso em: 20 dez. 2023.
16. Para maiores informações sobre o conceito de "capital social", remete-se a leitura de: BOURDIEU, Pierre. O capital social – notas provisórias. *In:* NOGUEIRA, Maria Alice; CATANI, Afrânio (Orgs.) **Escritos de Educação.** 9.ed. Petrópolis: Vozes, 2007, p.67.
17. Claudia Pontes Almeida analisa a prática comercial dos fornecedores de envio de presentes aos youtubers mirins, enfatizando que: "Enviar 'presentes' para os youtubers mirins se tornou uma prática bastante comum para os fabricantes, não só de produtos infantis, mas de alimentos, acessórios para a casa, tudo que pode ser divulgado de forma barata e eficaz.
    Com relação ao custo de uma publicidade feita pelos vendedores mirins, não se sabe ao certo se é apenas o valor do produto enviado ou se as empresas fazem um contrato com os responsáveis pelos youtubers. De qualquer forma, certamente o custo da publicidade feita pelos pequenos vendedores é menor do que todo o custo que envolve um comercial televisivo. Já a eficácia é evidente diante dos números apresentados e alcançados pela 3ª geração de apresentadores do Youtube.
    Os apresentadores mirins mais famosos já possuem uma programação mensal destinada, exclusivamente, a apresentar os "presentes" que foram recebidos, e a forma como os presentes são abertos revela a "experiência" dos youtubers em demonstrar os produtos.
    [...]
    Com relação aos presentes enviados para os youtubers, cabe acrescentar que a Procuradoria da República do Estado de São Paulo instaurou um inquérito civil a pedido do Instituto Alana, no começo do mês de julho de 2016, para investigar o envio de produtos aos youtubers mirins e a "possível" prática de publicidade abusiva.
    Embora as empresas, o portal do Youtube e os pais e responsáveis pelos youtubers mirins não entendam que há qualquer abusividade no envio dos produtos e na forma como os "presentes" são apresentados nos canais, o fato é que a prática é abusiva e precisa ser restrita. Não se pode dizer que exista uma lacuna na lei e que seria

Ante ao exposto, Lucia Ancona Lopez de Magalhaes Dias sintetiza com precisão, o contexto hodierno de utilização da referida técnica de marketing pelos influenciadores mirins:

> Tornou-se bastante comum, e verdadeira febre na internet, a prática do que se denominou nos Estados Unidos de *unboxing*, que, pela tradução simples, consiste no ato de desempacotar um produto, especialmente brinquedos. Tais vídeos, protagonizados por crianças, têm chamado a atenção não apenas pela sua viralidade e número de *views* – em regra, impressionantes -, mas sobretudo por ser um novo meio de exposição das crianças ao *marketing*.
>
> Sem pretender trazer outras discussões nesta obra sobre a atividade (profissional) exercida pelas crianças que protagonizam tais vídeos, presumindo-se, naturalmente, a aprovação e tutela parental, restringimo-nos, neste capítulo, a identificar, do ponto de vista da principiologia própria que informa a publicidade, os limites e as regras que devem informar a veiculação de tais "publicidades", em especial à luz do princípio da identificação da mensagem publicitária, tendo em vista, para tanto, a menor capacidade de discernimento do seu público-alvo, qual seja, a própria criança de *vulnerabilidade agravada*.
>
> Com efeito, verifica-se na atualidade a existência de diversos formatos de vídeos que podem chamar a atenção da audiência infantil. Além do já mencionado *unboxing* – mais frequente e adorado na internet -, podemos imaginar tipos de *videoblog (vlog), video game,* ou ainda, a simples aparição do influenciador como convidado em certo programa ou evento para "desvendar" ou "demonstrar" certo produto.
>
> Uma primeira reflexão que se deve fazer sobre tais vídeos caminha no sentido de que, ao contrário do que se pode imaginar, na maior parte das vezes, eles apresentam natureza publicitária, *i.e.* intuito comercial. Tal intuito pode ser revelado tanto diretamente – quando o influenciador é formalmente contratado pelo anunciante – quanto indiretamente, na hipótese, por exemplo, de a criança receber em sua casa, ainda que gratuitamente e sem qualquer solicitação prévia, produtos para demonstração. Em ambos os casos, parece-nos correto afirmar que o anunciante deseja motivar o chamado *unboxing* para uma audiência infantil, de modo que, verificado tal intuito comercial e consequente aproveitamento por parte da empresa, tais vídeos se qualificam como verdadeiras "peças publicitárias", cujos resultados gerados recaem igualmente sobre o anunciante, corresponsável pelo cumprimento da legislação.
>
> Segundo a mais recente orientação do Children's Advertising Review Unit – CARU (órgão de autorregulamentação dos EUA, específico para crianças), tais vídeos patrocinados consistem efetivamente em publicidade veiculada na internet. Podem ser enquadrados na mais ampla modalidade do que se denominou de *native advertising*, ("publicidade nativa" ou, ainda, "publicidade de conteúdo patrocinado"), assim definida pelo FTC como a publicidade cujo "conteúdo tem semelhança com as notícias, artigos de destaque, comentários sobre produtos, entretenimento e outros materiais *on-line.*" E podem induzir os consumidores em erro mais facilmente ao tornar menos nítida a distinção entre publicidade e conteúdo não comercial. Para o CARU, tanto a contratação direta quanto o envio de produtos pelo anunciante configuram intuito comercial.
>
> [...]
>
> Em se tratando, portanto, de vídeo patrocinado ou de alguma forma contratado, fundamental que a natureza publicitária do seu conteúdo esteja clara e adequadamente revelada ao público infantil – e tal eficácia deverá ser avaliada à luz das dificuldades próprias que a criança tem de bem compreender a sua natureza comercial, presumida que é a sua menor capacidade de discernimento.

---

necessária uma legislação específica para regular o espaço virtual. As leis que protegem as crianças contra a publicidade infantil veiculada na televisão são as mesmas que devem proteger as crianças que assistem os conteúdos postados no Youtube. (ALMEIDA, Claudia Pontes. Youtubers mirins, novos influenciadores e protagonistas da publicidade dirigida ao público infantil: uma afronta ao Código de Defesa do Consumidor e às leis protetivas da infância. **Revista Luso-Brasileira de Direito do Consumo,** v.6, n.23, p.155-181, 2016, p.172-176).

Neste particular, enormes desafios se avizinham. É consenso que, diferentemente do formato tradicional, os vídeos lançados pelos influenciadores na internet sugerem uma "espontaneidade" às mensagens que são, em sua grande maioria, de cunho comercial. Por essas razões são facilmente confundidos com "entretenimento" ou "conteúdo editorial", podendo adquirir contornos de publicidade oculta para a venda de produtos ou serviços.

Assim, e sem pretender esgotar o tema, de pronto, o que se verifica é a imediata necessidade de que todo e qualquer vídeo patrocinado traga um adequado destaque de que se trata de uma publicidade. A ausência de tais informações, sempre que não for possível identificar, fácil e imediatamente pela sua forma e/ou conteúdo, que se está diante de uma mensagem publicitária, é igualmente de responsabilidade da empresa que estimula a divulgação de seus produtos. A capacidade de identificação deverá levar em conta o público-alvo, no caso, as crianças, presumida a sua menor capacidade de discernimento, seu limitado vocabulário e conhecimento linguístico.[18]

Os perfis e canais dos *influencers* mirins podem ser monetizados e auferir renda de inúmeros modos como o *Adsense* – monetização do conteúdo junto à plataforma pela visualização e retenção do público –, publicidades inseridas dentro dos vídeos, recebimento de produtos e serviços para indicação dos fornecedores, dentre outros. Diante desse fato, não é incomum que os influenciadores mirins utilizem seus canais de comunicação como uma relevante *fonte de renda*.

Ser um youtuber mirim de sucesso é um negócio bastante promissor, e isso se constata pelo comportamento da família diante da atividade desenvolvida pelos pequenos. Não é incomum ouvir relatos de famílias inteiras que deixaram seus empregos para investirem na carreira do filho, ou que já estejam pensando no futuro e preparando os "herdeiros", cuja herança são os assinantes do canal.[19]

Nessa perspectiva, muita atenção deve ser dada aos *influencers* mirins, posto que, em determinadas situações, podem sofrer severos impactos relacionados a atuação nas mídias sociais, tais como, os altos períodos destinados às gravações, pouco tempo de descanso e, até mesmo, a completa subtração de seus lucros por seus pais ou responsáveis legais, os quais passam a enxergar no infante uma fonte de renda para a família.

A autonomia dos pais e do próprio influenciador mirim para realização de atos da vida civil não são plenas, uma vez que precisam respeitar as regras estabelecidas em lei para a garantia do melhor interesse do menor. Tais regras também não podem ser interpretadas de maneira a inviabilizar o exercício da atividade de influenciador, se esse for um latente desejo do menor e não apresentar prejuízos ao seu pleno desenvolvimento, bem como inviabilizar a administração do patrimônio conquistado.[20]

Constata-se que, crianças e adolescentes *não são impedidos* de atuarem como influenciadores digitais, todavia, é fundamental a efetiva diligência da família, da

---

18. DIAS, Lucia Ancona Lopez de Magalhaes. **Publicidade e direito.** 3.ed. atual. e reform. São Paulo: Saraiva, 2018, p.318-321, destaque no original.
19. ALMEIDA, Claudia Pontes. Youtubers mirins, novos influenciadores e protagonistas da publicidade dirigida ao público infantil: uma afronta ao Código de Defesa do Consumidor e às leis protetivas da infância. **Revista Luso-Brasileira de Direito do Consumo,** v.6, n.23, p.155-181, 2016, p.176.
20. DUQUE, Bruna Lyra; VERMELHO, Schamyr Pancieri. Pequenos Influenciadores, Grandes Desafios: administração de bens dos influenciadores mirins. *In:* TEIXEIRA, Ana Carolina Brochado; FALEIROS JÚNIOR, José Luiz de Moura; DENSA, Roberta (Coords.). **Infância, Adolescência e Tecnologia:** o estatuto da criança e do adolescente na sociedade da informação. Indaiatuba, SP: Editora Foco, 2022, p.393.

sociedade e, sobretudo, do Estado no sentido de implementar instrumentos adequados de tutela com a finalidade de se consagrar a proteção aos direitos de personalidade dos hipervulneráveis no ambiente digital.

Nesse contexto, Lucia Ancona Lopez de Magalhaes Dias apresentou um interessante caso ocorrido no Direito Comparado, com o *youtuber* mirim norte-americano "Evan Snyder" conhecido como *EvanTubeHD*, em que o *CARU (Children's Advertising Review Unit)* recomendou ajustes na divulgação do conteúdo publicitário patrocinado voltado às crianças e adolescentes nas plataformas digitais, devido ao *discernimento reduzido dos infantes*.

> No caso "Evantube", um garoto chamado Evan de dez anos de idade, com três canais próprios no YouTube e mais de dois milhões de seguidores, o CARU recomendou que, para além do texto, fosse verbalizado pelo *youtuber* um áudio que indicasse de modo claro que os vídeos são propagandas, a ser divulgado no início de sua exibição e antes mesmo que ele começasse. Segundo a decisão, as mídias digitais – diferentemente das tradicionais – não dispõem de métodos conhecidos pelas crianças para as alertarem sobre a presença de conteúdo publicitário (como ocorre na TV, por exemplo, com os intervalos comerciais). Sem essas "divulgações padronizadas" na internet, os vídeos patrocinados, como aqueles no EvanTube channel, poderiam dar a impressão de que são opiniões imparciais e independentes.
>
> Recomendou, assim, que os canais no *YouTube* divulguem às crianças que os vídeos patrocinados com os produtos de uma marca são "publicidade" (por meio da palavra *ad* ou *advertising*), em locução oral, e não apenas na forma escrita, haja vista as dificuldades próprias das crianças muitas vezes em lerem os chamados *disclosures*.[21-22]

Outra relevante questão relacionada aos influenciadores mirins, se apresenta no tocante ao problema da *adultização das crianças e adolescentes*, que atuam como *influencers* nas plataformas digitais, que impõem severas consequências ao processo de desenvolvimento da personalidade dos infantes.

> Além do aspecto da exploração da imagem infantil, especialistas alertam que muitos pais projetam suas emoções infantilizados na vida dos rebentos e, na ânsia de serem imitados e admirados pelos filhos, acabam por adultizá-lo, tolerando e incentivando comportamentos que não são apropriados para a infância. Como o uso de roupas sensuais, crianças dançando músicas inadequadas para a idade, tirando fotos com atitudes de adultos, só para mencionarmos alguns.[23]

A *adultização* de crianças e adolescentes não é tema recente, de modo que, há muito, esse grupo sofre com influências e estímulos que objetivam lhes imprimir características, gestos, atos e condutas incompatíveis com sua idade e amadurecimento físico e mental.

---

21. DIAS, Lucia Ancona Lopez de Magalhaes. **Publicidade e direito**. 3.ed. atual. e reform. São Paulo: Saraiva, 2018, p.321, destaque no original.
22. O influenciador digital mirim Evan Snyder possui, atualmente, mais de *7 (sete) milhões* de seguidores em seu canal (*EvanTubeHD*) do *YouTube*. (YOUTUBE. **EvanTubeHD**. 2023. Disponível em: https://www.youtube.com/@evantube/. Acesso em: 20 dez. 2023).
23. GOLDHAR, Tatiane Gonçalves Miranda; MIRANDA, Glícia Thais Salmeron. A exposição de crianças e adolescentes com fins comerciais nas redes sociais, mecanismos de proteção e a responsabilidade civil dos pais ou responsáveis. *In*: EHRHARDT JÚNIOR, Marcos (Coord.). **Vulnerabilidade e novas tecnologias**. Indaiatuba, São Paulo: Editora Foco, 2023, p.263.

O caso de maior repercussão relacionado a erotização precoce de influenciadores mirins no Brasil, se refere à cantora Melody, outrora conhecida como MC Melody, nome artístico de Gabriella Abreu Severiano, a qual possuía ao fim de 2023 mais de 13,2 (treze vírgula dois) milhões de seguidores no Instagram.[24] A influenciadora mirim, nascida em 2007, foi alvo de numerosos debates acerca da *hipersexualização infantil*, desde os seus 8 (oito) anos de idade, época em que o Ministério Público de São Paulo abriu um inquérito para investigar o pai da *influencer* por suspeita de violação ao direito ao respeito e à dignidade de crianças e adolescentes.[25] Nas mídias sociais da influenciadora mirim é possível vislumbrar a utilização de um visual adultizado nas postagens divulgadas pela cantora, bem como fotos com poses e clipes musicais com coreografias, letras e cenas com conteúdo erotizado.

Outro caso de destaque em relação à temática, diz respeito à atriz Mel Maia, a qual possuía ao fim de 2023 mais de 22,9 (vinte e dois vírgula nove) milhões de seguidores no Instagram.[26] A *influencer*, nascida em 2004, protagonizou numerosas situações de erotização precoce em suas plataformas digitais, durante sua adolescência, ao publicar múltiplas fotos nas redes sociais com teor adultizado, gerando intensas polêmicas relativas à hipersexualização de crianças e adolescentes e o exercício abusivo da autoridade parental.

A referida adultização, também descrita como uma *hipersexualização precoce dos infantes* repercute de numerosas formas em sua personalidade e, assim, impactam seu desenvolvimento psicoemocional de modo significativo.[27] Faz-se necessária atenção especial do Ministério Público nesses casos, de modo a resguardar não somente a imagem do infante, mas, sobretudo, seu desenvolvimento psicoemocional salutar.

Para além das problemáticas suscitadas é, ainda, fundamental que sejam efetivamente tutelados os direitos das crianças e adolescentes no tocante à proteção de seus dados sensíveis na Internet.

> Não há dúvidas de que a Internet, em razão das potencialidades e recursos que oferece, apresenta novas oportunidades para a realização dos direitos de crianças e adolescentes. Além disso, o acesso permanente a tecnologias digitais pode ajudá-los a realizar uma série de direitos civis, políticos, culturais, econômicos e sociais. Contudo, diante dos diversos sujeitos que nela interagem e das

---

24. INSTAGRAM. **Melodyoficial3**. 2023. Disponível em: https://www.instagram.com/melodyoficial3/?hl=pt. Acesso em: 20 dez. 2023.
25. SENRA, Ricardo. Ministério Público abre inquérito sobre 'sexualização' de MC Melody. **BBC Brasil.** 2015. Disponível em: https://www.bbc.com/portuguese/noticias/2015/04/150424_salasocial_inquerito_mcmelody_rs. Acesso em: 20 dez. 2023.
26. INSTAGRAM. **Melissamelmaia**. 2023. Disponível em: https://www.instagram.com/melissamelmaia/. Acesso em: 20 dez. 2023.
27. TEIXEIRA, Ana Carolina Brochado; MEDON, Filipe. A hipersexualização infantojuvenil na internet e o papel dos pais: liberdade de expressão, autoridade parental e melhor interesse da criança. *In:* EHRHARDT JÚNIOR, Marcos; LOBO, Fabíola Albuquerque; ANDRADE, Gustavo (Coords.). **Liberdade de Expressão e Relações Privadas.** Belo Horizonte: Fórum, 2021, p.345-362.

sofisticadas formas de tratamento de dados disponíveis, ela apresenta também riscos de violação ou abuso a direitos dos menores.[28-29]

Ademais, muitas vezes os infantes vislumbram, nas mídias sociais, comentários ou conteúdos que estimulam condutas deletérias, perigosas ou, até mesmo que, *per si*, causam danos aos mesmos. Sob esta ótica, é imperativo (re)pensar os limites de utilização das redes sociais por crianças e adolescentes, de modo a garantir, em maior grau, sua incolumidade psíquica e emocional.[30]

José Luiz de Moura Faleiros Júnior e Fernanda Pantaleão Dirscherl suscitam ser dever dos pais ou responsáveis legais cuidar para que as crianças e adolescentes utilizem as novas tecnologias digitais de modo responsável, zelando pelo resguardo dos infantes, bem como para a formação e desenvolvimento de sua personalidade em ambiente digital.[31]

6.1.1 *Sharenting* e *(over)sharenting*

Progressivamente, crianças e adolescentes se utilizam das plataformas digitais como *YouTube, Instagram* e *TikTok* para a criação de conteúdo para o público infanto-juvenil. A "habilidade de certas crianças em gerar conteúdo, gerenciar e criar uma comunidade de seguidores tem chamado a atenção de marcas que desejam se comunicar de forma empática."[32]

---

28. TEFFÉ, Chiara Spadaccini de. Dados Sensíveis de Crianças e Adolescentes: aplicação do melhor interesse e tutela integral. *In:* TEIXEIRA, Ana Carolina Brochado; FALEIROS JÚNIOR, José Luiz de Moura; DENSA, Roberta (Coords.). **Infância, Adolescência e Tecnologia:** o estatuto da criança e do adolescente na sociedade da informação. Indaiatuba, SP: Editora Foco, 2022, p.299.
29. Nesse mesmo sentido, Ana Carolina Brochado e Carla Moutinho prelecionam sobre *a vulnerabilidade digital de crianças e adolescentes* no ambiente virtual e os riscos advindos dos avanços tecnológicos, destacando que "Vive-se num mundo eminentemente tecnológico, em que se depara com o uso da tecnologia diuturnamente, nas mais diversas atividades. Crianças e adolescentes estão em contato direto com essas inovações, que já fazem parte do seu dia a dia. Não há dúvidas das inúmeras vantagens que a *internet* tem, evidenciadas no tempo de isolamento social em razão dos riscos da Covid-19. No entanto, também se conhece os riscos que ela se apresenta, principalmente para aqueles que não estão prontos para usá-la, ou seja, com malícia suficiente para distinguir os riscos dos benefícios para se proteger." (TEIXEIRA, Ana Carolina Brochado; NERY, Maria Carla Moutinho. Vulnerabilidade digital de crianças e adolescentes: a importância da autoridade parental para uma educação nas redes. *In:* EHRHARDT JÚNIOR, Marcos; LOBO, Fabíola Albuquerque (Orgs.). **Vulnerabilidade e sua compreensão no direito brasileiro.** Indaiatuba, SP: Editora Foco, 2021, p.135).
30. Acerca da temática recomenda-se a leitura de: TEFFÉ, Chiara Spadaccini de. Dados Sensíveis de Crianças e Adolescentes: aplicação do melhor interesse e tutela integral. *In:* TEIXEIRA, Ana Carolina Brochado; FALEIROS JÚNIOR, José Luiz de Moura; DENSA, Roberta (Coords.). **Infância, Adolescência e Tecnologia:** o estatuto da criança e do adolescente na sociedade da informação. Indaiatuba, SP: Editora Foco, 2022, p.299-328.
31. FALEIROS JÚNIOR, José Luiz de Moura; DIRSCHERL, Fernanda Pantaleão. Proteção de Dados de Crianças e Adolescentes em Redes Sociais: uma leitura do artigo 14 da LGPD para além do mero controle parental. *In:* TEIXEIRA, Ana Carolina Brochado; FALEIROS JÚNIOR, José Luiz de Moura; DENSA, Roberta (Coords.). **Infância, Adolescência e Tecnologia:** o estatuto da criança e do adolescente na sociedade da informação. Indaiatuba, SP: Editora Foco, 2022, p.347-360.
32. No original: "The skills shown by some children to generate content, manage it and create a community of followers has aroused the interest of those brands that wish to communicate empathically". (TUR-VIÑES, Victoria; NÚÑEZ-GÓMEZ, Patrícia; GONZÁLEZ-RÍO, María José. Kid influencers on YouTube. A space for responsibility. **Revista Latina de Comunicación Social,** n.73, p.1211-1230, 2018, p.1212. Available from: http://www.revistalatinacs.org/073paper/1303/62en.html. Access on: Dec. 20, 2023).

Nesse viés, os pais ou os responsáveis legais das crianças e adolescentes passaram a empregar esforços para a *monetização do conteúdo criado*,[33] por meio do próprio sistema de remuneração da plataforma do *YouTube* e, também, por conteúdos publicitários veiculados pelos próprios filhos nas redes sociais.

> [...] o mercado de consumo foi desenvolvido, inicialmente, quase com exclusividade, para o público adulto. No entanto, no final do século XX e início do século XXI, a criança e o adolescente passaram também a fazer parte da festa do consumo.
>
> Elas deixaram de ser apenas um "subconsumidor" para ser um "megaconsumidor". Por toda parte, os produtos destinados ao público infantojuvenil tomam as prateleiras, os espaços de publicidade em todos os produtos e serviços, especialmente no mundo do entretenimento.[34]

Entretanto, em algumas situações se verifica um exercício abusivo da autoridade parental,[35] que se perfectibiliza pela *(super)exposição de crianças e adolescentes em mídias sociais*, por meio de difusão excessiva de diversos aspectos relativos aos direitos da personalidade dos infantes com intuito lucrativo, com evidentes prejuízos à saúde, discernimento e desenvolvimento psicológico do público infantojuvenil, a partir do momento em que são colocados em situações que ultrapassam o limite do mero entretenimento legal.[36]

> É preciso, acima de tudo, compreender que a imagem dos filhos não pertence aos pais. Independentemente de a exposição ter ou não finalidade econômica, é dever dos pais tomar todos os cuidados e providências para proteger, não só a imagem, mas todos os atributos da personalidade do filho.[37]

---

33. Segundo Ana Carolina Brochado Teixeira e Maria Carla Moutinho Nery, "Ao retratar essas fotos nas redes, os pais 'coisificam' seus filhos como se eles não tivessem personalidade própria, utilizam e monetizam a imagem deles como se fossem a extensão de si mesmos sem perceber a propagação dos dados sensíveis da criança e dos danos provenientes desta conduta. Isso porque eles pensam na conotação lúdica das fotos e na ingenuidade da postagem, sem levar em consideração que a inocência é da criança e não dos inúmeros amigos virtuais. Estes muitas vezes são desconhecidos tanto da criança como de seus pais, embora sejam tratados com um grau de intimidade como se da família fossem. Ao assim proceder, os pais maculam não só a intimidade e a privacidade dos seus filhos, mas se utilizam também do direito de imagem destes, como se eles fossem os titulares." (TEIXEIRA, Ana Carolina Brochado; NERY, Maria Carla Moutinho. Vulnerabilidade digital de crianças e adolescentes: a importância da autoridade parental para uma educação nas redes. *In*: EHRHARDT JÚNIOR, Marcos; LOBO, Fabíola Albuquerque (Orgs.). **Vulnerabilidade e sua compreensão no direito brasileiro.** Indaiatuba, SP: Editora Foco, 2021, p.142).
34. DENSA, Roberta. **Proteção jurídica da criança consumidora:** entretenimento, classificação indicativa, filmes, jogos, jogos eletrônicos, exposição de arte. Indaiatuba, SP: Editora Foco, 2018, p.XVIII. Nesse sentido ver: LORENZETTI, Ricardo Luis. **Comércio Eletrônico.** Trad. Fabiano Menke. São Paulo: Revista dos Tribunais, 2004, p.376-377.
35. Sobre a temática recomenda-se a leitura de: BERLINI, Luciana Fernandes. Da responsabilidade civil nas relações paterno-filiais: a compensação por danos morais em razão do exercício abusivo da autoridade parental. *In*: ROSENVALD, Nelson; MILAGRES, Marcelo (Coords.). **Responsabilidade Civil:** Novas Tendências. 2.ed. Indaiatuba, SP: Editora Foco, 2018, p.453-463.
36. Acerca da temática recomenda-se a leitura de: MENEZES, Joyceane Bezerra de; MORAES, Maria Celina Bodin de. Autoridade parental e privacidade do filho menor: o desafio de cuidar para emancipar. **Revista Novos Estudos Jurídicos**, v.20, n.2, p.501-532, 2015. Disponível em: https://www.researchgate.net/publication/281393318_AUTORIDADE_PARENTAL_E_PRIVACIDADE_DO_FILHO_MENOR_O_DESAFIO_DE_CUIDAR_PARA_EMANCIPAR. Acesso em: 20 dez. 2023.
37. SILVEIRA, Ana Cristina de Melo. Alice no "País das maravilhas": Crianças fofinhas nas redes – Do encantamento ao inferno. **Migalhas.** 2022. Disponível em: https://www.migalhas.com.br/coluna/migalhas-de-responsabilidade-civil/359862/criancas-fofinhas-nas-redes--do-encantamento-ao-inferno. Acesso em: 20 dez. 2023.

No contexto de uma sociedade hiperconectada exsurge o denominado *sharenting*. Trata-se da exposição excessiva, normalmente, por parte dos pais, de fotos, vídeos, notícias e demais formas de conteúdo sobre aspectos da vida de seus filhos nas redes sociais.[38]

Filipe José Medon Affonso preleciona que o "neologismo vem da junção das palavras de língua inglesa *share* (compartilhar) e *parenting* (cuidar, exercer a autoridade parental)",[39] e que a referida prática não se restringe aos pais, de forma que tios, amigos e pessoas próximas também podem ser "expositores".[40]

> O excessivo compartilhamento da vida de uma criança, por parte de seus pais ou responsáveis legais, como forma de entretenimento e de interação com os amigos virtuais foi denominado de *sharenting*, importado da língua inglesa, resultado da junção do verbo *to share* (compartilhar) com o termo *parenting* (parentalidade). Felipe Medon acrescenta ao termo "sharenting" um comportamento comissivo por parte dos pais no exercício exagerado do compartilhamento de fotos dos seus filhos nas redes sociais.
>
> [...]
>
> A vontade dos pais de dividir o cotidiano da própria vida, na qual o filho está inserido, finda por desconsiderar o direito à intimidade e a privacidade da criança, no mais das vezes, devassadas na Internet sem qualquer cerimônia e, em alguns casos, com o objetivo publicitário. Há uma exposição excessiva das crianças, por meio de fotos e vídeos, os quais são eternizados nas redes sociais ao longo dos anos. Esta exposição, apesar de não ter a intenção de ofender a vida privada dessas crianças, quando elas crescerem e passarem a ter próprias vontades, tomarem suas próprias decisões, podem ser alvo de piadas desagradáveis por parte dos colegas de colégio e se envergonharem do comportamento dos próprios pais, que pode lhes causar danos.[41]

Constata-se que o referido fenômeno possui implicações diretas com os direitos fundamentais das crianças e adolescentes. Portanto, se faz necessário, *compatibilizar o exercício da autoridade parental de compartilhamento dos aspectos e elementos da vida dos infantes com a imprescindível proteção dos direitos da personalidade da criança e do adolescente*, notadamente, seu nome, imagem, privacidade e intimidade, dentre outros.[42]

---

38. STEINBERG, Stacey B. Sharenting: Children's Privacy in the Age of Social Media. **Emory Law Journal,** v.66, i.4, p.839-884, 2017. Available from: https://scholarship.law.ufl.edu/cgi/viewcontent.cgi?article=1796&context=facultypub. Access on: Dec. 20, 2023. Nesse mesmo sentido ver: BESSANT, Claire. Sharenting: balancing the conflicting rights of parents and children. **Communications Law,** v.23, n.1, p.7-24, 2018.
39. AFFONSO, Filipe José Medon. Little Brother Brasil: pais quarentenados, filhos expostos e vigiados. **Jota.** 2020. Disponível em: https://www.jota.info/opiniao-e-analise/artigos/big-little-brother-brasil-pais-quarentenados-filhos-expostos-e-vigiados-14042020. Acesso em: 20 dez. 2023.
40. AFFONSO, Filipe José Medon. (Over)sharenting: a superexposição da imagem e dos dados da criança na internet e o papel da autoridade parental. *In:* TEIXEIRA, Ana Carolina Brochado; DADALTO, Luciana (Coords.). **Autoridade Parental:** dilemas e desafios contemporâneos. 2.ed. Indaiatuba, SP: Editora Foco, 2021. [E-book].
41. TEIXEIRA, Ana Carolina Brochado; NERY, Maria Carla Moutinho. Vulnerabilidade digital de crianças e adolescentes: a importância da autoridade parental para uma educação nas redes. *In:* EHRHARDT JÚNIOR, Marcos; LOBO, Fabíola Albuquerque (Orgs.). **Vulnerabilidade e sua compreensão no direito brasileiro.** Indaiatuba, SP: Editora Foco, 2021, p.141.
42. Nesse sentido ver: BOLESINA, Iuri; FACCIN, Talita de Moura. A responsabilidade civil por sharenting. **Revista da Defensoria Pública do Estado do Rio Grande do Sul,** a.11, n.27, p.208-229, 2021. Disponível em: https://revista.defensoria.rs.def.br/defensoria/article/view/285. Acesso em: 20 dez. 2023; TEIXEIRA, Ana Carolina Brochado; MULTEDO, Renata Vilela. A responsabilidade dos pais pela exposição excessiva dos filhos menores nas redes sociais: o fenômeno do sharenting. *In:* TEIXEIRA, Ana Carolina Brochado; ROSENVALD, Nelson; MULTEDO, Renata Vilela (Orgs.). **Responsabilidade Civil e o Direito de Família:** o direito de danos na parentalidade e conjugalidade. Indaiatuba, SP: Editora Foco, 2021. [E-book];

Vislumbra-se, atualmente, a primeira geração de crianças e adolescentes que ao adentrar no ambiente digital, por meio das redes sociais, já possuía algum conteúdo sobre sua pessoa previamente postado na Internet.[43] A conjuntura descrita se torna, especialmente, complexa na hipótese em que se constata que grande parte dessas crianças e adolescentes *não são favoráveis a tais postagens*, uma vez que, comumente, são expostas a situações as quais julgam desagradáveis, vexatórias ou constrangedoras.

> O problema que enfrentamos hoje é a superexposição das vidas pessoas dentro das redes sociais. Cada vez mais os usuários alimentam as redes sociais com fotografias do seu dia a dia, e acabam compartilhando fotos de crianças e adolescentes. E nesse momento temos em sério embate entre a liberdade dos pais e familiares publicarem fotos de crianças e adolescentes, e na maioria das vezes sem o consentimento deles ou mesmo sem a ciência dos menores.[44]

Outra controvérsia diz respeito ao aspecto da privacidade, uma vez que as postagens efetuadas pelos pais ou responsáveis legais representam riscos que, muitas vezes, os infantes não estariam dispostos a se submeter, tais como o de roubo de identidade, criação de perfis falsos, golpes, pedofilia, dentre outros.[45]

> A proteção da privacidade é um dos temas mais delicados na matéria dos direitos da personalidade, pois o potencial de ofensas à privacidade cresceu abruptamente com o desenvolvimento tecnológico e também com a dificuldade dos instrumentos de tutela tradicionais do ordenamento realizarem adequadamente esta proteção.[46]

As pegadas digitais – *digital footprint*[47] – são deixadas cada vez mais cedo, usualmente, antes mesmo do nascimento dos infantes. Progressivamente, os pais comparti-

---

TEIXEIRA, Ana Carolina Brochado; MULTEDO, Renata Vilela. A responsabilidade dos pais pela exposição excessiva dos filhos menores nas redes sociais: o fenômeno do sharenting. *In:* EHRHARDT JÚNIOR, Marcos; CATALAN, Marcos; MALHEIROS, Pablo (Coords.). EHRHARDT JÚNIOR, Marcos; CATALAN, Marcos; MALHEIROS, Pablo (Coords.). **Direito Civil e Tecnologia:** tomo II. 2.ed. rev., ampl. e atual.. Belo Horizonte: Fórum, 2022, p.465-482.

43. BLUM-ROSS, Alicia; LIVINGSTONE, Sonia. Sharenting: parent blogging and the boundaries of the digital self. **Popular Communication,** v.15, i.2, p.110-125, 2017. Available from: https://eprints.lse.ac.uk/67380/1/Blum-Ross_Sharenting_revised_2nd%20version_2017.pdf. Access on: Dec. 20, 2023.
44. MARTINS, Guilherme Magalhães; GUIMARÃES, João Alexandre Silva Alves. Direito ao Esquecimento como Resposta à Superexposição de Crianças e Adolescentes. *In:* TEIXEIRA, Ana Carolina Brochado; FALEIROS JÚNIOR, José Luiz de Moura; DENSA, Roberta (Coords.). **Infância, Adolescência e Tecnologia:** o estatuto da criança e do adolescente na sociedade da informação. Indaiatuba, SP: Editora Foco, 2022, p.422.
45. SIIBAK, Andra; TRAKS, Keily. The dark sides of sharenting. **Catalan Journal of Communication and Cultural Studies,** v.11, i.1, p.115-121, 2019. Available from: https://www.researchgate.net/publication/333607170_The_dark_sides_of_sharenting. Access on: Dec. 20, 2023. Nesse mesmo sentido ver: GOLDHAR, Tatiane Gonçalves Miranda; MIRANDA, Glícia Thais Salmeron. A exposição de crianças e adolescentes com fins comerciais nas redes sociais, mecanismos de proteção e a responsabilidade civil dos pais ou responsáveis. *In:* EHRHARDT JÚNIOR, Marcos (Coord.). **Vulnerabilidade e novas tecnologias.** Indaiatuba, São Paulo: Editora Foco, 2023, p.258.
46. DONEDA, Danilo. Os direitos da personalidade no Código Civil. *In:* TEPEDINO, Gustavo (Coord.). **A parte geral do novo Código Civil:** Estudos na perspectiva civil-constitucional. 3.ed. Rio de Janeiro: Renovar: 2007, p.53.
47. BROSCH, Anna. When the Child is Born into the Internet: Sharenting as a Growing Trend among Parents on Facebook. **The New Educational Review,** v.43, i.1, p.225-235, 2016. Available from: https://depot.ceon.pl/handle/123456789/9226. Access on: Dec. 20, 2023.

lham cada vez mais sobre seus filhos, seja por meio de fotos do ultrassom, do primeiro banho, da primeira amamentação, ou diversas outras ocasiões que julguem especiais ou merecedoras de uma postagem nas redes sociais.

Logo, o espaço atribuído às informações de natureza privada dos infantes é reduzido consideravelmente, visto que diversas informações e dados pessoais a respeito de crianças e adolescentes, são postados na Internet pelos seus próprios pais ou responsáveis legais.[48-49]

> O problema se agrava quando os pais criam contas individuais em nome dos filhos para relatar a vida da criança desde a barriga da mãe, com as fotos dos meses de gravidez, o nascimento, a maternidade, o primeiro mês, o batismo, o primeiro aniversário, o primeiro dia na escola e assim por diante. Com o confinamento, as fotos das festinhas escolares e da vida social foi substituída pelas *lives* da rotina infantil, acrescida de dicas de brincadeiras, receitas infantis e cartazes coloridos para dar força aos profissionais de saúde que estão trabalhando na quarentena.[50-51]

---

48. Nesse sentido ver: VERSWIJVELA, Karen; WALRAVEA, Michel; HARDIESA, Kris; HEIRMAN, Wannes. Sharenting, is it a good or a bad thing? Understanding how adolescents think and feel about sharenting on social network sites. **Children and Youth Services Review,** v.104, p.1-10, 2019. Available from: https://www.sciencedirect.com/science/article/abs/pii/S0190740919303482. Access on: Dec. 20, 2023.
49. Nesse mesmo sentido, Pedro Hartung, Isabella Henriques e Marina Pita destacam que "a hiperexposição indevida desses dados pessoais coletados e processados relativos a educação, saúde, comportamento, gostos e desejos – inclusive dados sensíveis ligados a biometria, genética, religião, opinião política, filosófica ou dados referentes à saúde ou à vida sexual – pode, inclusive, servir de base para discriminação em processos de admissão em trabalho, educação e contratação de planos de saúde. A hiperexposição indesejada de dados pessoais pode comprometer, assim, o desenvolvimento sadio desses indivíduos no presente, por gerar mais estresse e ansiedade no indivíduo e na família, mas também no futuro, em função do "rastro digital" dessas informações e do mau uso por empresas de saúde, contratação e seleção de profissionais, ou processos seletivos de educação, além do impacto em sua reputação." (HENRIQUES, Isabella; PITA, Marina; HARTUNG, Pedro. A proteção de dados pessoais de crianças e adolescentes. *In:* BIONI, Bruno *et al.* (Coords.). **Tratado de proteção de dados pessoais.** 2.ed. rev., ampl. e atual.. Rio de Janeiro: Forense, 2023, p.204).
50. TEIXEIRA, Ana Carolina Brochado; NERY, Maria Carla Moutinho. Vulnerabilidade digital de crianças e adolescentes: a importância da autoridade parental para uma educação nas redes. *In:* EHRHARDT JÚNIOR, Marcos; LOBO, Fabíola Albuquerque (Orgs.). **Vulnerabilidade e sua compreensão no direito brasileiro.** Indaiatuba, SP: Editora Foco, 2021, p.141.
51. A exemplificar esta coleta cada vez mais precoce, se tem o caso da influenciadora digital Mayra Cardi, que pretendia transmitir, ao vivo e sem cortes, pelas redes sociais, seu parto humanizado em casa. Só não conseguiu realizá-lo porque, após algumas intercorrências, foi obrigada a induzir o parto num hospital. A filha, quando tinha pouco mais de um ano de idade, já possuía perfil no Instagram com cerca de 664 mil seguidores, cuja apresentação descrevia: "Sophia Cardi Aguiar. Mamãe @mayracardi e papai @arthuraguiar deixarão registrado aqui momentos meus". Tamanha é a popularidade desse tipo de transmissão que, após intensa mobilização, o Facebook e o Instagram deixaram de censurar fotos e vídeos de parto vaginal. Numa exibição ainda mais primitiva, o humorista e influenciador digital Whindersson Nunes divulgou em suas redes sociais fotos posando com a mãe de seu filho ao lado de uma televisão com a imagem da primeira ultrassonografia do nascituro. (AFFONSO, Filipe José Medon. (Over)sharenting: a superexposição da imagem e dos dados pessoais de crianças e adolescentes a partir de casos concretos. **Revista Brasileira de Direito Civil – RDBCivil,** Belo Horizonte, v. 31, n. 2, p. 265-298, abr./jun. 2022, p.277).

A investigação do *sharenting*, no contexto do direito pátrio, necessariamente se estabelece em torno dos direitos de personalidade da criança e do adolescente, do exercício abusivo da autoridade parental, da autonomia e liberdade de expressão dos infantes.[52]

Segundo Felipe Medon, alguns questionamentos podem exsurgir a respeito do *sharenting*:

> Haveria algum limite a essa exposição? Poderia um dos genitores pleitear a cessação dessa exposição? Faria alguma diferença ter intuito lucrativo? Poderia o Ministério Público intervir? Dependeria de autorização judicial em qualquer caso? Quais são os limites do poder familiar?[53]

A prática do *sharenting* se demonstra usual no cenário dos influenciadores digitais mirins, pois, diversos responsáveis legais se utilizam das crianças e adolescentes para a criação de conteúdo para suas próprias redes sociais ou para as redes sociais dos infantes (criadas e administradas pelos pais ou responsáveis legais), com a finalidade de angariar seguidores, adquirir engajamento e, desse modo, auferir lucro por meio de atividade publicitária em ambiente digital.[54]

Com os avanços tecnológicos e o surgimento das plataformas digitais, os indivíduos, passaram a compartilhar cada vez mais conteúdo digital sobre si e sobre aqueles com quem convivem. Logo, se demonstra desmedido exigir que os pais ou responsáveis legais deixem de publicar qualquer conteúdo sobre seus filhos, nas mídias sociais, mas, de igual modo, é imoderada a prática do *(over)sharenting*, por constituir-se em *exercício abusivo da autoridade parental*, com consequências danosas ao desenvolvimento da personalidade dos infantes.[55]

> Assim, inicialmente, a superioridade do interesse da criança revela em situações nas quais é o interesse dela *versus* o de outrem que está em jogo, enquanto o melhor interesse da criança se manifesta em hipóteses onde o interesse da criança participa de uma escolha comparativa de opções.[56]

---

52. Sobre o assunto recomenda-se a leitura de: EBERLIN, Fernando Büscher von Teschenhausen. Sharenting, liberdade de expressão e privacidade de crianças no ambiente digital: o papel dos provedores de aplicação no cenário jurídico brasileiro. **Revista Brasileira de Políticas Públicas**, v.7, n.3, p.256-273, 2017.
53. AFFONSO, Filipe José Medon. Influenciadores digitais e o direito à imagem de seus filhos: uma análise a partir do melhor interesse da criança. **Revista Eletrônica da Procuradoria Geral do Estado do Rio de Janeiro – PGE-RJ**, Rio de Janeiro, v.2, n.2, p.1-26, 2019, p.2.
54. SILVA, Michael César; BARBOSA, Caio César do Nascimento; GUIMARÃES, Glayder Daywerth Pereira. Influenciadores digitais mirins e (over)sharenting: uma abordagem acerca da superexposição de crianças e adolescentes nas redes sociais. *In:* TEIXEIRA, Ana Carolina Brochado; FALEIROS JÚNIOR, José Luiz de Moura; DENSA, Roberta (Coords.). **Infância, Adolescência e Tecnologia**: o estatuto da criança e do adolescente na sociedade da informação. Indaiatuba, SP: Editora Foco, 2022, p.397-420.
55. Acerca da temática recomenda-se a leitura de: TEPEDINO, Gustavo; MEDON, Filipe. A superexposição de crianças por seus pais na internet e o direito ao esquecimento. *In:* SARLET, Gabrielle Bezerra Sales; TRINDADE, Manoel Gustavo Neubarth; MELGARÉ, Plínio (Coords.). **Proteção de dados:** temas controvertidos. Indaiatuba, SP: Editora Foco, 2021. [E-book].
56. MEIRELLES, Rose Melo Venceslau. O princípio do melhor interesse da criança. *In:* MORAES, Maria Celina Bodin de Moraes (Coord.). **Princípios do Direito Civil Contemporâneo.** Rio de Janeiro: Renovar, 2006, p.470.

Nessa linha de intelecção, a liberdade de escolha dos infantes – *autodeterminação informativa* – é fator determinante na verificação de existência de responsabilidade dos pais ou responsáveis legais pela prática do *(over)sharenting*.[57]

> Já nos manifestamos no sentido de que a criança e o adolescente desenvolvem autonomia de forma progressiva e que eles têm o direito de autodeterminação. No entanto, ao mesmo tempo, é dever dos pais garantir a educação e criação por meio da imposição de limites necessários para a saudável convivência em sociedade e com a família e para a proteção da vida e saúde das crianças. É árdua a tarefa dos pais.[58]

As crianças e adolescentes se encontram em uma relevante fase de desenvolvimento da própria personalidade e, por esse motivo, demandam do Estado, da família e da sociedade, uma série de medidas protetivas em seu favor. Assim, se estabeleceu um regime de *tutelas específicas*, por meio de diversos diplomas legais, os quais lhes garantem especial tratamento e objetivam possibilitar o adequado processo de formação física e psicológica dos infantes bem como resguardá-los de eventuais riscos ou lesões a seus direitos fundamentais.

> O menor está protegido devido à sua vulnerabilidade. Porque é uma pessoa em formação, porque não é autônomo, mas sim frágil, a lei veio assegurar-lhe a sua proteção através da incapacidade. Essa incapacidade é, em particular, contratual que o impede, em princípio, adquirir bens e serviços. Esses poucos elementos sugerem que eles não podem ser consumidores. Nem o código do consumidor nem o código de proteção e defesa do consumidor parecem permitir que os menores realizem atos do consumo. No entanto, muitas empresas se oferecem para vender produtos de consumo voltados para crianças e adolescentes, como brinquedos, sem esquecer os muitos serviços correspondentes apenas ao público infantojuvenil. Os menores são, portanto, alvo da oferta de consumo, e dos muitos anúncios que incitam crianças e adolescentes a consumir evidenciam a existência de uma real atração dos profissionais pelo consumo dessa faixa etária. Esse mundo consumista acentua sua vulnerabilidade, apresentando um perigo real aos menores e esses medos são multiplicados pelo crescente uso de novas tecnologias por menores. Esses fatores exigem o reconhecimento do menor como consumidor e o estudo da ambivalência desse consumo (A) para considerar o reconhecimento da proteção ao consumista que reconhece sua vulnerabilidade agravada por consumo eletrônico (B). (Tradução nossa)[59]

---

57. TARGINO, Sandra Simone Valladão. O sharenting e o direito à indenização dos filhos. *In:* BARBOSA, Mafalda Miranda; ROSENVALD, Nelson; MUNIZ, Francisco (Coords.). **Responsabilidade Civil e Comunicação:** IV jornadas luso-brasileiras de responsabilidade civil. Indaiatuba, SP: Editora Foco, 2021, p.399-408.
58. DENSA, Roberta. Criança consumidora: a responsabilidade dos pais em relação aos filhos frente aos desafios da sociedade de consumo. *In:* ROSENVALD, Nelson; MILAGRES, Marcelo (Coords.). **Responsabilidade Civil:** Novas Tendências. Indaiatuba, SP: Editora Foco, 2018, p.411. Nesse sentido ver: TEIXEIRA, Ana Carolina Brochado; NERY, Maria Carla Moutinho. Vulnerabilidade digital de crianças e adolescentes: a importância da autoridade parental para uma educação nas redes. *In:* EHRHARDT JÚNIOR, Marcos; LOBO, Fabíola Albuquerque (Orgs.). **Vulnerabilidade e sua compreensão no direito brasileiro.** Indaiatuba, SP: Editora Foco, 2021, p.135.
59. No original: "The minor is protected because of its vulnerability. Because he's a little man, because he is not autonomous but fragile, the law has come to ensure its protection through the incapacity. This incapacity is in particular contractual preventing him, in principle, from acquiring goods and services. These few elements suggest that they cannot be consumers. Neither the consumer code nor the consumer protection and defense code seem to allow minors to do consumption's acts. However, many businesses offer to sell consumption's products for children and adolescents, such as toys, without forgetting the many services corresponding only to a juvenile public. Minors are therefore targeted by the consumption offer, and the many advertisements inciting children and adolescents to consume show the existence of a professionals' real attraction for a consumption of this age group. This consumerist world accentuates their vulnerability by presenting a real

Destaca-se, portanto, que "as crianças e os adolescentes no decorrer da história humana foram elevados ao patamar de titulares dos próprios direitos. Ascenderam, assim, como protagonistas das próprias escolhas e vontades",[60] sendo-lhes assegurados direitos imprescindíveis à promoção de sua plena formação sem que terceiros lhe retirem suas escolhas.

> Quando se trata de pessoas maiores e capazes, parece haver pouco espaço para discussão. Afinal, se a vontade era hígida e livre de quaisquer vícios do consentimento, a pessoa que posta determinado conteúdo na rede se sujeita às repercussões daquela postagem. A situação se difere, contudo, quando a postagem se refere a terceiros. E, especialmente quando diz respeito a crianças, cuja vontade é ignorada, o quadro começa a ser digno de nota, principalmente quando tais postagens decorrem do exercício eventualmente abusivo da autoridade parental.[61]

Corroborando com esse entendimento, o ordenamento jurídico brasileiro reconhece a *hipervulnerabilidade do público infantojuvenil* e estabelece que a proteção dos infantes deve ser preservada em sua máxima amplitude, sendo que o Estatuto da Criança e do Adolescente se demonstra como a legislação específica para nortear os direitos desse grupo social, em consonância com os preceitos normativos previstos no Código de Defesa do Consumidor (art.37, §2º c/c art.39, IV), no Código Civil e na Constituição da República de 1988.

> Na análise, aparecem as duas faces da proteção à criança e ao adolescente, uma direta (proteção da criança e do adolescente como sujeito), que encontra legislação própria no Estatuto da Criança e do Adolescente e no Código Civil de 2002 e uma indireta, enquanto igualdade na família, de direitos e de qualificações (art. 227, §6º, da CF), as quais se entrelaçam.
>
> [...]
>
> O pluralismo vem da própria identificação da criança e do adolescente como sujeito de direitos a proteger, hoje, sujeito de direitos fundamentais, *ex vi* arts. 226 e 227 da CF/1988. No direito pós-moderno, significa afirmar que hoje a expressão 'melhor interesse' (*best interest*), 'bem-estar' ou a expressão do art. 43 do ECA, 'vantagem' para a criança deve ser interpretada à luz da Convenção dos Direitos da Criança da ONU, à luz dos direitos básicos assegurados no ECA, exatamente como faz a Convenção de Haia.[62]

---

danger to minors and these fears are multiplied by the increasing use of new technologies by minors. These factors require to recognize the minor as a consumer and to study the ambivalence of this consumption (A) to consider the recognition of consumerist protection recognizing its aggravated e-consumption vulnerability (B)". (PERON, Maxime. Consumer Law Facing the Advent of the Child E-Consumer. *In:* WEI, Dan; NEHF, James P.; MARQUES, Claudia Lima. (Eds.). **Innovation and the Transformation of Consumer Law:** National and International Perspectives. Singapore: Springer, 2020, p.131-132).

60. MARUM, Mariana Garcia Duarte. **O direito à privacidade ameaçado pelo sharenting:** podem os pais serem responsabilizados civilmente à luz do direito civil português? 2020. Tese de Doutorado. 2020. 139f. Tese (Doutorado em Direito) Universidade de Coimbra, 2020, p.59. Disponível em: https://eg.uc.pt/handle/10316/92768. Acesso em: 20 dez. 2023.
61. TEPEDINO, Gustavo; MEDON, Filipe. A superexposição de crianças por seus pais na internet e o direito ao esquecimento. *In:* SARLET, Gabrielle Bezerra Sales; TRINDADE, Manoel Gustavo Neubarth; MELGARÉ, Plínio (Coords.). **Proteção de dados:** temas controvertidos. Indaiatuba, SP: Editora Foco, 2021. [E-book].
62. MARQUES, Claudia Lima; MIRAGEM, Bruno. **O novo direito privado e a proteção dos vulneráveis.** 2.ed. rev., atual. e ampl. São Paulo: Revista dos Tribunais, 2014, p.133. Nesse sentido ver: SCHMITT, Cristiano Heineck. **Consumidores Hipervulneráveis:** a proteção do idoso no mercado de consumo. São Paulo: Atlas, 2014, p.217.

As redes sociais proporcionam uma *exposição massiva da vida* – pública e privada – de quem a compartilha (*oversharing*), sendo que tal prática assume diferente concepção na hipótese em que os pais ou responsáveis legais *se utilizam abusivamente da imagem e nome dos infantes* (*oversharenting*) para promoção pessoal e finalidade lucrativa, afrontando, assim, direitos da personalidade da criança e do adolescente. Nesse mesmo giro, deve ser destacada, ainda, a necessidade de proteção integral do público infantojuvenil, com a finalidade de se resguardar sua identidade pessoal em ambiente digital.

> A formação da identidade baseia-se no processo de construção de significados fundamentados em atributos culturais. A identidade leva em consideração suprimentos oriundos de diversas áreas, tais como religião, história, entre outras. A partir desse fundamento, faz uso da memória coletiva e fantasias para conquistar e preservar seu espaço na sociedade.[63]

Desse modo, a proteção do direito à imagem e a vida privada das crianças e adolescentes, resta abalada nessa perspectiva virtual, pois se cria uma identidade digital que nem sempre parte da iniciativa dos próprios infantes. Ademais, o "menor é penalizado a viver com uma identidade digital que ele não escolheu para si, já que a prática do *sharenting* 'rouba-lhe' o poder de deliberar sobre as próprias escolhas, de construir a própria identidade e de caminhar por si mesmo."[64]

> A privacidade das crianças que têm suas rotinas expostas na internet é violada frontalmente e não há como imaginar um mecanismo de proteção que envolva a possibilidade de seu fornecimento, a partir do momento em que se constatam o risco e a vulnerabilidade de exposição de um direito de personalidade.
>
> [...]
>
> Há, portanto, em tais exposições, uma presunção de violação dos direitos fundamentais de crianças e adolescentes, que sujeita os seus responsáveis legais a uma responsabilidade civil de danos que podem vir a ser irreparáveis.[65-66]

---

63. PORTO, Renato. Pequenos navegantes: a influência da mídia nos hábitos de consumo do público infanto-juvenil. *In:* MARTINS, Guilherme Magalhães; LONGHI, João Victor Rozatti (Coords.). **Direito Digital:** direito privado e internet. 4.ed. Indaiatuba, SP: Editora Foco, 2021, p.622.
64. MARUM, Mariana Garcia Duarte. **O direito à privacidade ameaçado pelo sharenting:** podem os pais serem responsabilizados civilmente à luz do direito civil português? 2020. Tese de Doutorado. 2020. 139f. Tese (Doutorado em Direito) Universidade de Coimbra, 2020, p.91. Disponível em: https://eg.uc.pt/handle/10316/92768. Acesso em: 20 dez. 2023.
65. BRASILEIRO, Luciana; HOLANDA, Maria Rita. A proteção de dados pessoais na infância e o dever parental de preservação da privacidade. *In:* EHRHARDT JÚNIOR, Marcos; LOBO, Fabíola Albuquerque (Coords.). **Privacidade e sua compreensão no direito brasileiro.** Belo Horizonte: Fórum, 2019, p.277-278.
66. Tatiane Goldhar e Glícia Miranda destacam que "A responsabilidade dos pais ou responsáveis devem considerar as transformações do universo digital, para adotarem medidas de prevenção e proteção, evitando-se o uso dos perfis de crianças e adolescentes, como instrumentos de manipulação e exposição em razão dos interesses pessoais e econômicos dos adultos e responsáveis pela garantia dos direitos dispostos na norma constitucional e infraconstitucional.
   A superexposição no mundo virtual pode interferir negativamente na construção da própria identidade desse indivíduo em formação, das noções de privacidade, imagem e consumo. Essas crianças e adolescentes podem ter a vida de imagem, posts e fotos como referencial de autoimagem para suas vidas, como o padrão da normalidade consolidando conceitos diferenciados do que é público e particular e assim projetarem esses conceitos para seus relacionamentos, profissão e, assim, atraindo problemas e situações de risco sem que se possa ainda identificar os tipos de danos físicos e psicológicos, somente levantados por meio de estudos e pesquisas que já podem estar sendo catalogadas." (GOLDHAR, Tatiane Gonçalves Miranda; MIRANDA, Glícia

Ainda que as próprias crianças e adolescentes expressem o desejo de se tornar uma celebridade digital, tal como seus ídolos da nova geração, os responsáveis legais devem se nortear pelo *melhor interesse dos infantes*, não desvirtuando os objetivos e necessidades de seus filhos com outros interesses ou fins, principalmente, econômicos.

Entretanto, são rotineiros os episódios, em que os pais ultrapassam os limites estabelecidos para o exercício da autoridade parental, violando os direitos preconizados aos infantes na legislação pátria e, por conseguinte, perpetrando a prática do *(over)sharenting*.

O *princípio do melhor interesse da criança*, assim, se perfaz como a garantia de ordem na temática, devendo ser obedecido rigorosamente. A primeira menção ao termo surge em 1813 na *Supreme Court of Pennsylvania*, no paradigmático caso *Commonwealth v. Addicks*[67] ocasião em que a referida Corte decidiu que a conduta da esposa adúltera em relação ao marido não influenciava os cuidados que ela dispensava aos filhos.

Introduzia-se, assim, a chamada "*Tender Years Doctrine*",[68] indicando que, nos *anos tenros da criança*, ela dependia de cuidados dos seus genitores, que seriam as pessoas responsáveis por cuidar e zelar pela integridade e necessidades da prole.

A evolução do termo "melhor interesse do menor" evoluiu *a posteriori*, sendo que, no Brasil, foi ratificado pela Convenção Internacional sobre os Direitos da Criança, (posteriormente Decreto 99.710/90), sendo refletido em outros dispositivos legais, como a própria Constituição da República de 1988, em seu artigo 227:

> Art. 227. É dever da família, da sociedade e do Estado assegurar à criança, ao adolescente e ao jovem, com absoluta prioridade, o direito à vida, à saúde, à alimentação, à educação, ao lazer, à profissionalização, à cultura, à dignidade, ao respeito, à liberdade e à convivência familiar e comunitária, além de colocá-los a salvo de toda forma de negligência, discriminação, exploração, violência, crueldade e opressão.[69]

De mesmo modo, o Estatuto da Criança e do Adolescente (ECA) estabelece, em seu artigo 4º:

> Art. 4º É dever da família, da comunidade, da sociedade em geral e do poder público assegurar, com absoluta prioridade, a efetivação dos direitos referentes à vida, à saúde, à alimentação, à educação, ao esporte, ao lazer, à profissionalização, à cultura, à dignidade, ao respeito, à liberdade e à convivência familiar e comunitária.[70]

Thais Salmeron. A exposição de crianças e adolescentes com fins comerciais nas redes sociais, mecanismos de proteção e a responsabilidade civil dos pais ou responsáveis. *In*: EHRHARDT JÚNIOR, Marcos (Coord.). **Vulnerabilidade e novas tecnologias.** Indaiatuba, São Paulo: Editora Foco, 2023, p.270).

67. SUPREME COURT OF PENNSYLVANIA. Commonwealth v. Addicks. **Caselaw Access Project Harvard Law School.** 1816. Available from: https://cite.case.law/serg-rawle/2/174/. Access on: Dec. 20, 2023.
68. ARTIS, Julie E. Judging the Best Interests of the Child: Judges' Accounts of the Tender Years Doctrine. **Law and Society Review,** v.38, i.4, p.769-806, 2004. Available from: https://onlinelibrary.wiley.com/doi/abs/10.1111/j.0023-9216.2004.00066.x. Access on: Dec. 20, 2023.
69. BRASIL. **Constituição da República Federativa do Brasil.** 1988. Disponível em: http://www.planalto.gov.br/ccivil_03/constituicao/constituicao.htm. Acesso em: 20 dez. 2023.
70. BRASIL. **Estatuto da Criança e do Adolescente.** Lei nº 8.069. 1990. Disponível em: http://www.planalto.gov.br/ccivil_03/leis/l8069.htm. Acesso em: 20 dez. 2023.

Denota-se que a axiologia principiológica que envolve o melhor interesse do menor visa, em suma, a assegurar à criança e adolescente direitos considerados como básicos, de modo que suas necessidades sejam supridas e sua formação seja adequada, evitando-se, desse modo, a perpetração de práticas que possam afetar seu livre desenvolvimento salutar.

> Desse modo, o princípio do melhor interesse da criança tem principal suporte a condição da criança como pessoa humana, mas, além disso, merecedora de proteção especial devido à sua especial posição de pessoa em desenvolvimento. Pautadas nesta ideia estão todos os direitos e deveres que devem observância ao melhor interesse da criança.[71]

Logo, se conclui, que a superexposição de crianças e adolescentes nas mídias sociais acaba, de certo modo, por repercutir negativamente o desenvolvimento físico e psicológico dos mesmos, uma vez que evidencia *plena ofensa a seus direitos*, notadamente, os direitos da personalidade, preconizados no Código Civil, em especial, ao nome, imagem, privacidade e intimidade.[72]

> Nesse sentido, a exposição exagerada de informações sobre crianças e adolescentes pode representar ameaça à intimidade, à vida privada e à imagem delas, direitos estes constitucionalmente garantidos pela Constituição Federal de 1988, no artigo 5º, inciso X. Tem-se, nessas situações, uma verdadeira colisão de direitos fundamentais: o direito à liberdade de expressão dos pais ou responsáveis versus o direito à privacidade, à intimidade e à imagem dos filhos.[73]

O surgimento de novas tecnologias acaba por impor a necessidade de regulamentação específica de certos casos que restam como desamparados ante a carência de diretrizes legais.

As crianças e adolescentes, na condição de absolutamente ou relativamente incapazes – a depender de sua idade e discernimento –, por si só não são plenamente capazes para a realização de determinados atos da vida civil. Logo, seus pais, na posição de responsáveis legais, devem nortear-se pelo melhor interesse daqueles, com a finalidade de se garantir o adequado e necessário desenvolvimento físico e psicológico dos infantes.

Os influenciadores digitais se tornaram agentes formadores de opinião no ambiente digital, visto que possuem enorme facilidade de comunicação com seus seguidores e ostentam considerável presença nas mídias sociais, sendo que "por meio da fama obtida nas redes sociais, tais celebridades digitais são hodiernamente capazes de ditar padrões

---

71. MEIRELLES, Rose Melo Venceslau. O princípio do melhor interesse da criança. *In:* MORAES, Maria Celina Bodin de Moraes (Coord.). **Princípios do Direito Civil Contemporâneo.** Rio de Janeiro: Renovar, 2006, p.466-467.
72. Sobre o assunto recomenda-se a leitura de: TEFFÉ, Chiara Spadaccini de. Considerações sobre a proteção do direito à imagem na internet. **Revista de informação legislativa:** RIL, v.54, n.213, p.173-198, jan./mar. 2017. Disponível em: https://www12.senado.leg.br/ril/edicoes/54/213/ril_v54_n213_p173. Acesso em: 20 dez. 2023.
73. ROSA, Conrado Paulino da; PAULO, Lucas Moreschi; BURILLE, Cíntia. (Over)Sharenting: entre a hipervulnerabilidade e a expansão dos influenciadores digitais mirins. **Revista Pensar,** Fortaleza, v.28, n.2, p.1-10, abr./jun. 2023, p.6. Disponível em: https://ojs.unifor.br/rpen/article/view/14373/7101. Acesso em: 15, abr. 2023.

de comportamento para milhares – e por vezes milhões – de indivíduos conectados nas plataformas digitais."[74-75]

Nessa perspectiva, os influenciadores mirins, com auxílio de seus responsáveis legais, conseguem exercer *relevante influência sobre o público infantojuvenil*, ao estabelecer padrões de consumo e contribuir para a formação de opinião e modelo de comportamento de crianças e adolescentes, considerado como o público-alvo desse segmento.

> Uma das principais razões pelas quais as crianças são hoje um dos alvos preferidos da publicidade é que elas se tornam consumidoras de três formas diferentes: utilizando os bens anunciados, convencendo seus pais a adquiri-los e também fidelizando-se às empresas anunciantes, tornando-se também futuros consumidores (eis que não são todas as crianças que têm acesso a dinheiro para que possam consumir).
>
> A influência exercida pelas crianças sobre os pais, aliás, tem despertado cada vez mais o mercado, eis que uma pesquisa recentemente demonstrou que mais de 80% das compras das famílias sofrem influência das crianças (aqui não se fala somente em produtos de consumo infantil, mas em compras que revertem para toda a família e até mesmo automóveis).[76]

Os influenciadores mirins possuem maior atuação nas plataformas do *YouTube* e *TikTok*, onde possuem liberdade criativa para transmitir seus vídeos para o público infantojuvenil. Destaca-se, ainda, que as referidas plataformas possuem maior expressão para as crianças e adolescentes, as quais preferem os formatos de vídeos como forma de entretenimento, em relação a plataformas como o *Instagram* que servem, em regra, como mídia de apoio para os influenciadores mirins.

> O YouTube é a maior plataforma de vídeos do mundo e o Brasil é o segundo país em consumo desses vídeos. De acordo com a segunda edição da pesquisa Geração YouTube, realizada, em 2014, pelo ESPM Media Lab, crianças de 0 a 12 anos foram responsáveis por bilhões de visualizações de vídeos no YouTube até setembro de 2015. Ainda acerca dessa audiência, uma pesquisa realizada pela startup OpenSlate, apontou uma lista com os 10 canais mais bem pagos da plataforma, os quais incluem DisneyCollectorBR, Little Baby Boom e Get Movies, todos direcionados ao público infantil.[77]

---

74. BARBOSA, Caio César do Nascimento; GUIMARÃES, Glayder Daywerth Pereira; SILVA, Michael César. A responsabilidade civil dos influenciadores digitais em tempos de coronavírus. *In:* FALEIROS JÚNIOR, José Luiz de Moura; LONGHI, João Victor Rozatti; GUGLIARA, Rodrigo (Coords.). **Proteção de Dados na Sociedade da Informação:** entre dados e danos. Indaiatuba, SP: Editora Foco, 2021, p.317.
75. Nesse sentido remete-se a: CARVALHO, Guilherme Juliani de. Redes sociais e influenciadores digitais: uma descrição das influências no comportamento de consumo digital. **Revista Brasileira de Pesquisas de Marketing, Opinião e Mídia,** São Paulo, v.11, n.3, p.288-299, set./dez. 2018, p.293. Disponível em: http://www.revistapmkt.com.br/Portals/9/Revistas/v11n3/4Redes%20sociais%20e%20influenciadores%20digitais%20%20Uma%20descri%C3%A7_o%20das%20influ%C3%AAncias%20no%20comportamento%20de%20consumo%20digital.pdf. Acesso em: 20 dez. 2023).
76. D'AQUINO, Lúcia Souza. **Criança e publicidade:** hipervulnerabilidade? Rio de Janeiro: Lumen Juris, 2017, p.26-27. Nesse sentido ver: VERONESE, Josiane Rose Petry; ZANETTE, Sandra Muriel Zadróski. **Criança, consumo e publicidade:** por uma sociedade fraterna. Curitiba, Paraná: Juruá, 2018, p.82-97.
77. MOURA, Ana Luiza; CARVALHO, Eric de. Youtubers Mirins: relações públicas, publicidade infantil e responsabilidade social. **Communicare:** Revista do Centro Interdisciplinar de Pesquisa, São Paulo, Faculdade Cásper Líbero, v.19, e.1, p.44-55, 2019, p.48. Disponível em: https://static.casperlibero.edu.br/uploads/sites/5/2020/12/comunicare191.pdf. Acesso em: 20 dez. 2023.

Contudo, para além dos milhões de *views* nos vídeos destes influenciadores mirins, notórios são os casos em que os responsáveis legais, em busca de fama e lucros, expõem os infantes de forma demasiadamente desnecessária, ultrapassando a esfera legal do mero entretenimento e, assim, por conseguinte, acabam por prejudicá-los.

A prática do *(over)sharenting* pode ser verificada, contemporaneamente, no perfil das redes sociais de inúmeras crianças e adolescentes. Todavia, as que vivenciam o fenômeno em maior profundidade são aquelas que pertencem ao grupo dos influenciadores digitais mirins.

O referido segmento de influenciadores é composto, exclusivamente, por crianças e adolescentes, que realizam atividades de marketing de influência junto ao público infantojuvenil.

A título de exemplo, pode-se citar o canal "Vlad and Niki", na plataforma do *YouTube*, o qual, segundo dados colhidos no fim de 2023, já contava com mais de 106 (cento e seis) milhões de inscritos na plataforma,[78] e o canal "Ryan´s World", do jovem Ryan Kaji, que contava com mais de 36 (trinta e seis) milhões de inscritos.[79]

Nessa linha de intelecção, Vidal Serrano e Adriana Cerqueira de Souza prelecionam que "diante, ainda, de um indivíduo especialmente vulnerável, hipossuficiente por razões físicas, surgem questões de alta indagação acerca dos limites da publicidade e do incentivo ao consumo voltado a esse público tão especialmente protegido."[80]

Os influenciadores mirins atuam nas redes sociais de modo massivo, produzindo conteúdo de forma incessante, e realizando atividade publicitária de produtos e serviços voltados ao púbico infantojuvenil, notadamente, de brinquedos, jogos eletrônicos, roupas e acessórios de moda.

> Nos conteúdos protagonizados pelos youtubers mirins a publicidade é velada e o entretenimento tão dissimulado que não enganam somente as crianças, mas também os pais que, em sua grande maioria, ainda não conseguem ver qualquer ilegalidade no conteúdo que os seus filhos assistem nos canais infantis.[81]

Em sua atuação nas plataformas digitais, se verifica que os influenciadores mirins auferem lucros elevados, evidenciando-se, assim, a urgência em se analisar a controvérsia em estudo pelos mais diversos prismas jurídicos.

A exposição dos filhos por meio das mídias sociais – *sharenting* – é uma prática que se estabelece *dentro dos limites da autoridade parental* e, geralmente, não ofende o direito ao

---

78. YOUTUBE. **Vlad and Niki**. 2023. Disponível em: https://www.youtube.com/c/VladandNiki/featured. Acesso em: 20 dez. 2023.
79. YOUTUBE. **Ryan´s World**. Disponível em: https://www.youtube.com/@RyansWorld. Acesso em: 20 dez. 2023.
80. SERRANO, Vidal; SOUZA, Adriana Cerqueira de. A discussão legal da publicidade comercial dirigida ao público infantil. *In*: Fontenelle, Lais (Org.). **Criança e consumo:** 10 anos de transformação. São Paulo: Alana, 2016, p.346.
81. ALMEIDA, Claudia Pontes. Youtubers mirins, novos influenciadores e protagonistas da publicidade dirigida ao público infantil: uma afronta ao Código de Defesa do Consumidor e às leis protetivas da infância. **Revista Luso-Brasileira de Direito do Consumo**, v.6, n.23, p.155-181, 2016, p.172.

nome, imagem, privacidade ou intimidade das crianças e adolescentes, pois as postagens são esporádicas e inexiste qualquer expressão de vontade da criança ou do adolescente no sentido de proibir a publicação nas redes sociais. Lado outro, o *(over)sharenting* pode ser compreendido como um *exercício abusivo da autoridade parental*, uma vez que se caracteriza por meio da *superexposição dos infantes* em plataformas digitais.[82]

Nessa perspectiva, uma vez que à luz dos ditames constitucionais, os pais são responsáveis pelas crianças e adolescentes,[83] depreende-se que esses devem *zelar pela incolumidade psicológica e física dos filhos*, abstendo-se de postagens que possam ensejar, situações de desconforto, angústia, constrangimento ou humilhação, que afetem o desenvolvimento da personalidade da criança ou do adolescente.

Ademais, em consonância com o princípio da proteção integral e do melhor interesse da criança e do adolescente, os pais/responsáveis legais devem buscar *minimizar a exposição desmedida dos filhos, prestigiando*, desse modo, *os direitos da personalidade dos infantes*, especialmente, o nome, imagem, privacidade e intimidade.

A busca pela *compatibilização entre o compartilhamento de conteúdo e a necessária proteção das crianças e adolescentes* se demonstra uma tarefa cada vez mais difícil, devido ao fato que os indivíduos, contemporaneamente, compartilham cada vez mais informações, dados, fotos e vídeos sobre o cotidiano.[84]

O segmento dos influenciadores mirins, crescem, exponencialmente em número, nas plataformas digitais, alcançando novos públicos, obtendo renome, prestígio social e vantagens econômicas advindas da realização de publicidade digital nas mídias sociais. Se outrora, o sonho das crianças e adolescentes era se tornar um jogador de futebol, ator ou médico, hoje, *sonham em se tornar influenciadores digitais*.

Há de se ressaltar, todavia, que a atuação dos influenciadores mirins se assemelha em grandes aspectos ao *trabalho artístico infantil* e, como tal, demandaria uma série de pressupostos para que a criança ou adolescente pudesse exercer suas atividades nas plataformas digitais, especialmente, alvará específico expedido por um Juiz da Vara da Infância e da Juventude, de modo a garantir que seus estudos não sejam prejudicados, bem como que possuam tempo para o lazer e o devido acompanhamento psicológico.[85]

---

82. AFFONSO, Filipe José Medon. (Over)sharenting: a superexposição da imagem e dos dados da criança na internet e o papel da autoridade parental. *In:* TEIXEIRA, Ana Carolina Brochado; DADALTO, Luciana (Coords.). **Autoridade Parental:** dilemas e desafios contemporâneos. 2.ed. Indaiatuba, SP: Editora Foco, 2021. [E-book].
83. Art. 229. Os pais têm o dever de assistir, criar e educar os filhos menores, e os filhos maiores têm o dever de ajudar e amparar os pais na velhice, carência ou enfermidade. (BRASIL. **Constituição da República Federativa do Brasil.** 1988. Disponível em: http://www.planalto.gov.br/ccivil_03/constituicao/constituicao.htm. Acesso em: 20 dez. 2023).
84. RAMOS, André Luiz Arnt. Sharenting: Notas sobre liberdade de expressão, autoridade parental, privacidade e melhor interesse de crianças e adolescentes. *In:* EHRHARDT JÚNIOR, Marcos; LOBO, Fabíola Albuquerque; ANDRADE, Gustavo (Coords.). **Liberdade de Expressão e Relações Privadas.** Belo Horizonte: Fórum, 2021, p.363-378.
85. DENSA, Roberta; DANTAS, Cecília. Regulamentação sobre o trabalho dos youtubers mirins na França e no Brasil. **Migalhas.** 2020. Disponível em: https://www.migalhas.com.br/coluna/migalhas-de-responsabilidade-civil/337127/regulamentacao-sobre-o-trabalho-dos-youtubers-mirins-na-franca-e-no-brasil. Acesso em: 20 dez. 2023.

Outro ponto que suscita controvérsias na temática diz respeito aos proveitos obtidos (remuneração) pela publicidade digital realizada pelas crianças e adolescentes, pois, em algumas situações, os pais e responsáveis pelos influenciadores mirins passam a gozar imoderadamente dos ganhos dos infantes, sem considerar as futuras necessidades socioeconômicas.[86]

Nesse giro, a França aprovou a *Lei n.2020-1266*, de 19 de outubro de 2020, que regulamentou a exploração comercial da imagem dos *youtubers* mirins em plataformas digitais[87], determinando uma série de requisitos para que as crianças e adolescentes possam exercer suas atividades em redes sociais.

> A partir da publicação da lei, a atividade das crianças menores de 16 anos em que tiverem sua imagem divulgada nas plataformas de vídeo online estarão regulamentadas pela lei. Assim, com o intuito de responder ao fenômeno crescente das 'crianças youtubers', a nova norma traz uma nova relação de trabalho e um novo enquadramento à atual forma de atividade envolvida em redes como Instagram, Facebook, TikTok e outros.
>
> De acordo com a norma, as crianças 'influencers' terão sua atividade protegidas pelo código do trabalho exatamente como as previsões dirigidas às crianças que desempenham trabalhos nas mídias e canais de comunicação franceses, tais como, apresentadores de televisão, estrelas de novelas e cinema e modelos publicitários menores de 16 anos. Sendo assim, colocou-se fim, naquele país, em relação à discussão levantada pelas plataformas de que as atividades desenvolvidas por esses menores nas redes seriam momentos de legítimo lazer.
>
> Dessa forma, os pais ou responsáveis deverão demandar autorização individual perante a administração responsável do Estado para a vinculação de vídeos e conteúdos gerados pelos filhos em meio digital. Além disso, os responsáveis pela criança terão uma nova obrigação financeira perante a atividade do infantes: com o advento da lei, a receita obtida pelos filhos através de sua atividade on-line deverá ser submetida a uma espécie de poupança federal (Caisse des Dépôts et consignations), ficando sob vigilância do Estado até que a criança atinja a maioridade ou ainda seja emancipada pelos pais.
>
> Na França, tais regras já são aplicadas às crianças que trabalham como atrizes e apresentadoras em mídias e canais de telecomunicações e são submetidas a fim de evitar que os pais usem o dinheiro da criança apenas em benefício próprio, assegurando, assim, o empenho correto dos valores recebidos.
>
> Além disso, com a maior vigilância do Estado sobre o desempenho dessas crianças on-line, outras questões pertinentes ao trabalho serão supervisionadas, tais como horários, duração de turnos, obrigações e outros aspectos das normas trabalhistas, impondo-se limites para que não haja prejuízo da vida escolar e de lazer da criança.[88]

A lei francesa remonta à garantia norte-americana denominada de "*Coogan Account*", proteção estabelecida em lei pelo Estado da Califórnia[89], que determina a existência de *uma conta fiduciária para artistas infantis que trabalham*, com 15%

---

86. Acerca do comportamento abusivo dos pais em relação aos filhos, no tocante a assuntos relativos a dinheiro, remete-se a leitura de: LAS CASAS, Fernanda. O incesto financeiro de ativos digitais. **Magis:** Portal Jurídico. 2023. Disponível em: https://magis.agej.com.br/o-incesto-financeiro-de-ativos-digitais/. Acesso em: 20 dez. 2023.
87. FRANCE, Assemblée Nationale. **Loi N° 2020-1266**. 2020. Disponible sur: https://www.legifrance.gouv.fr/jorf/id/JORFTEXT000042439054?r=g4vXqOd0Je. Accès à: 20 déc. 2023.
88. DENSA, Roberta; DANTAS, Cecília. Regulamentação sobre o trabalho dos youtubers mirins na França e no Brasil. **Migalhas.** 2020. Disponível em: https://www.migalhas.com.br/coluna/migalhas-de-responsabilidade-civil/337127/regulamentacao-sobre-o-trabalho-dos-youtubers-mirins-na-franca-e-no-brasil. Acesso em: 20 dez. 2023.
89. Os Estados de Nova York, Illinois, Kansas, Louisiana, Nevada, Novo Mexico, North Carolina, Pennsylvania e Tennessee também promulgaram leis semelhantes à do Estado da Califórnia.

(quinze por cento) dos ganhos brutos da criança depositados na conta até que atinjam a maioridade. Contudo, é importante notar que a legislação, atualmente, abrange apenas artistas "convencionais" (atores, cantores, atletas), sem alcance à figura dos influenciadores mirins.

> Em 2018, os legisladores da Califórnia consideraram um projeto de lei que adicionaria "publicidade em mídia social" à definição de emprego na lei de entretenimento infantil, oferecendo aos "influenciadores infantis" as mesmas proteções essenciais que as crianças que trabalham na mídia tradicional. Mas os críticos acreditaram que a versão do projeto de lei que acabou sendo aprovada foi enfraquecida, isentando os menores se suas performances nas redes sociais não forem remuneradas e tiverem menos de uma hora. (Tradução nossa)[90]

Logo, é imprescindível que a atuação de influencers mirins que exercem atividades de marketing de influência nas mídias sociais seja *efetivamente regulamentada*, como preconizado em França, com a finalidade de se conferir a adequada proteção as crianças e adolescentes no ambiente virtual, tanto no cenário nacional quanto internacional.

Exemplificativamente, se tem casos notórios de celebridades mirins que em decorrência de sua excessiva exposição ao longo de seu crescimento sofreram uma série de abalos psicológicos e financeiros, como nos notórios casos de Jennette McCurdy, Lindsay Lohan, Britney Spears e Demi Lovato, dentre outros, que repercutem ainda hoje na mídia[91].

No Brasil, o caso mais emblemático relacionado à temática em estudo, diz respeito ao canal do *YouTube* "Bel", outrora denominado "Bel para Meninas" que contava, ao fim de 2023, com mais de 7,37 (sete vírgula trinta e sete) milhões de inscritos.[92]

Segundo o jornalista João Batista Júnior, em uma série de vídeos publicados na plataforma de vídeos, a mãe da criança cometia determinados abusos, como em um vídeo no qual a mãe da criança aparecia zombando da filha após esta vomitar diante das câmeras, ou mesmo outro vídeo no qual a mãe fez com que a filha comesse uma refeição com aspecto desagradável.[93] Diante das diversas situações vexatórias as quais

---

90. No original: "In 2018, California lawmakers considered a bill that would add 'social media advertising' to the definition of employment in child entertainment law, affording 'kidfluencers' the same essential protections as children who work in traditional media. But critics felt the version of the bill that ultimately passed was watered down, exempting minors if their social media performances are unpaid and shorter than an hour". (MORGAN STANLEY. **Coogan Accounts**: Protecting Your Child Star's Earnings. 2022. Available from: https://www.morganstanley.com/articles/trust-account-for-child-performer#:~:text=Coogan%20Accounts%3A%20A%20Brief%20History&text=Known%20as%20the%20Coogan%20Act,accordance%20with%20strict%20investment%20guidelines. Access on: Dec. 20, 2023).
91. Nos últimos anos, chamaram atenção da mídia dois casos envolvendo ex-estrelas mirins, Britney Spears e Jennette McCurdy. Em 2021, foi amplamente noticiado o fim da curatela sob a qual Britney Spears vivia desde 2008, bem como a decorrência da batalha judicial que travou com seu pai. E, em 2022, Jennette McCurdy destacou, em sua autobiografia, os abusos psicológicos da mãe, que chegou até a burlar o preenchimento da "*Coogan Account*", de forma que o percentual de 15% garantido por lei nunca chegou até a atriz de "iCarly".
92. YOUTUBE. **Bel**. 2023. Disponível em: https://www.youtube.com/user/belparameninas. Acesso em: 20 dez. 2023.
93. BATISTA JÚNIOR, João. A polêmica do canal 'Bel para meninas': "Exposição vexatória e degradante". **VEJA**. 2020. Disponível em: https://veja.abril.com.br/blog/veja-gente/a-polemica-do-canal-bel-para-meninas-exposicao-vexatoria-e-degradante/. Acesso em: 20 dez. 2023.

a mãe, supostamente, expunha a filha nas redes sociais, os usuários levantaram a *hashtag* #SaveBelParaMeninas com o intuito de alertar a comunidade e as autoridades competentes para a situação da jovem.

Diante da referida situação, a mãe de Bel decidiu privar, temporariamente, grande parte dos vídeos em que a infante aparecia, chegando a expor sua versão dos fatos na Internet e declarando que a repercussão com o conteúdo produzido no canal do *YouTube* era "monstruosa" e "covarde", destacando, que tudo se tratava de uma "fake news".[94]

As denúncias dos usuários resultaram na abertura de um inquérito por parte do Ministério Público de Minas Gerais para apurar o conteúdo do canal e averiguar se a infante era de fato sujeita a um tratamento degradante. Desde então não houve mais notícias sobre o caso e o canal "Bel" continuou a publicar vídeos com assiduidade após curto lapso temporal.

Constata-se que as situações de extrema exposição relacionadas aos influenciadores mirins – *(over)sharenting* – podem repercutir em danos psicológicos variados para a criança ou adolescente, implicando em clara violação dos preceitos constitucionais de proteção aos infantes e, também, das disposições protetivas estabelecidas no Estatuto da Criança e do Adolescente.

A exploração comercial da imagem dos influenciadores mirins não possui vedação no Brasil. Entretanto, não pode implicar, em nenhuma hipótese, em situações vexatórias, degradantes, exposição a risco, humilhação, desconforto ou constrangimento à criança ou adolescente, sob pena de eventual *perda da autoridade parental*, nos termos dos artigos 1.638, IV e 1.637 do Código Civil.[95]

O limite entre o *sharenting* e o *(over)sharenting* é muitas vezes tênue, existindo uma área cinzenta que dificulta sua identificação. Entretanto, diante das circunstâncias do caso concreto, a análise do impacto psicológico nos infantes e sua vontade em ter, ou não, sua imagem exposta nas plataformas digitais, devem ser os fatores preponderantes no deslinde da controvérsia.

Destarte, no âmbito do mercado de consumo digital, os responsáveis legais dos influenciadores mirins não podem se aproveitar da superexposição indevida da imagem das crianças e adolescentes, com o intuito de obtenção de lucro pela realização de atividades relacionadas ao marketing de influência.

---

94. BEL. Sobre as fake news dos últimos dias. **YouTube.** 2020. Disponível em: https://www.youtube.com/watch?v=_6Zp4dXmHls. Acesso em: 20 dez. 2023; BEL. O que aconteceu?. **YouTube.** 2020. Disponível em: https://www.youtube.com/watch?v=NDANHUJWsGY. Acesso em: 20 dez. 2023.
95. Art. 1.637. Se o pai, ou a mãe, abusar de sua autoridade, faltando aos deveres a eles inerentes ou arruinando os bens dos filhos, cabe ao juiz, requerendo algum parente, ou o Ministério Público, adotar a medida que lhe pareça reclamada pela segurança do menor e seus haveres, até suspendendo o poder familiar, quando convenha. Art. 1.638. Perderá por ato judicial o poder familiar o pai ou a mãe que: [...] IV – incidir, reiteradamente, nas faltas previstas no artigo antecedente. (BRASIL. **Código Civil – Lei 10.406.** 2002. Disponível em: http://www.planalto.gov.br/ccivil_03/leis/2002/l10406compilada.htm. Acesso em: 20 dez. 2023).

Os hipervulneráveis possuem proteção especial estabelecida pelo Estatuto da Criança e do Adolescente, bem como pela própria Constituição da República de 1988. Nesse ínterim, as autoridades competentes, especialmente, o Ministério Público deve se atentar aos casos envolvendo influenciadores mirins, de modo a resguardá-los de eventuais danos, violações a seus interesses e direitos da personalidade, com a finalidade de se preservar o adequado desenvolvimento físico e psicológico das crianças e adolescentes no ambiente digital.

Por fim, com a finalidade de contribuir para o deslinde das questões identificadas em relação aos influenciadores mirins e a prática do (*over*)*sharenting*, se vislumbram as seguintes soluções acerca da controvérsia em estudo: i) *tutela específica*, nos termos do art. 536 Código de Processo Civil,[96] com o objetivo de se determinar a exclusão dos *posts* (obrigação de fazer), bem como impedir a publicação de fotos e vídeos das crianças e adolescentes, que atuam como *influencers* mirins, sem o consentimento dos mesmos (obrigação de não fazer), sob pena de aplicação de multa; ii) *imputação de responsabilidade civil*, nos termos do art. 187 do Código Civil, em razão do exercício abusivo da autoridade parental.

6.2 PÚBLICO INFANTOJUVENIL

As crianças e adolescentes são indivíduos que se encontram em fase de formação física, intelectual e psicológica incompleta, possuindo, portanto, o discernimento reduzido se comparados a um adulto. Por esse motivo, o público infantojuvenil, qualificado como *consumidores hipervulneráveis,* é consideravelmente mais suscetível a adquirir produtos e serviços do que um consumidor adulto, o qual possui maior compreensão e entendimento acerca dos aspectos da vida em sociedade.

> Etimologicamente, vulnerabilidade é proveniente da palavra latina *vulnus* e significa "ferida/lesão", assim, vulnerável ou *vulnerabilis* é aquele que pode ser ferido ou lesado. Pode-se afirmar, nesse sentido, que os menores são sujeitos vulneráveis por excelência, tendo em vista que ainda não dispõem de condições cognitivas, sociais e jurídicas para se autodeterminarem e, portanto, precisam de proteção.[97]

Convém ressaltar que as crianças e adolescentes – público infantojuvenil – se encontram em uma situação de patente *vulnerabilidade agravada – hipervulnerabilidade*

---

96. Art. 536. No cumprimento de sentença que reconheça a exigibilidade de obrigação de fazer ou de não fazer, o juiz poderá, de ofício ou a requerimento, para a efetivação da tutela específica ou a obtenção de tutela pelo resultado prático equivalente, determinar as medidas necessárias à satisfação do exequente.
    § 1º Para atender ao disposto no caput, o juiz poderá determinar, entre outras medidas, a imposição de multa, a busca e apreensão, a remoção de pessoas e coisas, o desfazimento de obras e o impedimento de atividade nociva, podendo, caso necessário, requisitar o auxílio de força policial. (BRASIL. **Código de Processo Civil**. Lei nº 13.105, de 16 de março de 2015. Disponível em: https://www.planalto.gov.br/ccivil_03/_ato2015-2018/2015/lei/l13105.htm. Acesso em: 20 dez. 2023.)
97. DADALTO, Luciana; PIMENTEL, Willian. Bioética e Direito Digital: uma ponte para o futuro da proteção dos menores. *In:* TEIXEIRA, Ana Carolina Brochado; FALEIROS JÚNIOR, José Luiz de Moura; DENSA, Roberta (Coords.). **Infância, Adolescência e Tecnologia:** o estatuto da criança e do adolescente na sociedade da informação. Indaiatuba, SP: Editora Foco, 2022, p.108

–, a qual se consubstancia em sua *deficiência de julgamento e experiência*.[98] Logo, se tem como imprescindível que o Estado conceba proteção eficiente e adequada para que os infantes possam exercer, de forma livre, desimpedida e desembaraçada a sua autonomia privada, assim como possibilitar as condições necessárias a um amadurecimento salutar e apropriado ao desenvolvimento da personalidade das crianças e adolescentes.[99]

O conceito de criança e adolescente pode ser extraído pela Lei n°. 8.069/1990, denominada Estatuto da Criança e do Adolescente (ECA), que prevê que é considerada criança, a pessoa menor de 12 (doze) anos, enquanto adolescente é aquele que possui entre 12 (doze) e 18 (dezoito anos).[100] Neste mesmo diploma legal, se dispõe, ainda, sobre a proteção integral à criança e ao adolescente.[101]

Constata-se que o legislador pátrio buscou conferir uma proteção jurídica ampliada às crianças e aos adolescentes, pois a capacidade física e intelectual dos infantojuvenis é reduzida se comparada à de um adulto, razão pela qual se encontram mais sujeitos à eventuais degradações físicas e psicológicas.[102]

> Não restam dúvidas de que o progresso tecnológico unido ao fenômeno da globalização comportam muito benefícios, mas também perigos. Quando o produto de tal processo é destinado ao público adulto, menores são os riscos, portanto, menor a exigência de salvaguarda de tais interesses. Mas, quando o usuário é um sujeito menor de idade e com reduzida capacidade psíquica, torna-se necessário que o ordenamento apresente mecanismos suficientes para tutelar este sujeito em especial situação de vulnerabilidade.

---

98. Para maiores informações sobre a *hipervulnerabilidade de crianças e adolescentes* no âmbito consumerista, remete-se a leitura de: NISHIYAMA, Adolfo Mamoru; DENSA, Roberta. A Proteção dos Consumidores Hipervulneráveis: os portadores de deficiência, os idosos, as crianças e os adolescentes. **Revista de Direito do Consumidor,** São Paulo, Revista dos Tribunais, v.19, n.76, p.13-45, out./dez. 2010; SCHMITT, Cristiano Heineck. **Consumidores Hipervulneráveis:** a proteção do idoso no mercado de consumo. São Paulo: Atlas, 2014, p.227-231; BERTONCELLO, Káren Rick Danilevicz. Os efeitos da publicidade na "vulnerabilidade agravada": como proteger as crianças consumidoras? **Revista de Direito do Consumidor,** São Paulo, Revista dos Tribunais, v.22, n.90, p.69-90, nov./dez. 2013; CARVALHO, Diógenes Faria de; OLIVEIRA, Thaynara de Souza. A proteção do consumidor-criança frente à publicidade no Brasil. **Revista de Direito do Consumidor,** São Paulo, Revista dos Tribunais, v.23, n.94, p.181-214, jul./ago. 2014.
99. Em sentido congênere, na ocasião da IX Jornada de Direito Civil, o Conselho da Justiça Federal aprovou o Enunciado n° 677 do CJF, o qual estabelece que: "A identidade pessoal também encontra proteção no ambiente digital". (CONSELHO DA JUSTIÇA FEDERAL. **IX Jornada de Direito Civil:** enunciados aprovados pelo Conselho da Justiça Federal. Disponível em: https://www.cjf.jus.br/cjf/corregedoria-da-justica-federal/centro-de-estudos-judiciarios-1/publicacoes-1/jornadas-cej/enunciados-aprovados-2022-vf.pdf. Acesso em: 20 dez. 2023.)
100. Art. 2°. Considera-se criança, para os efeitos desta Lei, a pessoa até doze anos de idade incompletos, e adolescente aquela entre doze e dezoito anos de idade. Parágrafo único. Nos casos expressos em lei, aplica-se excepcionalmente este Estatuto às pessoas entre dezoito e vinte e um anos de idade. (BRASIL. **Estatuto da Criança e do Adolescente.** Lei n° 8.069. 1990. Disponível em: http://www.planalto.gov.br/ccivil_03/leis/l8069.htm. Acesso em: 20 dez. 2023).
101. Art. 1°. Esta Lei dispõe sobre a proteção integral à criança e ao adolescente. (BRASIL. **Estatuto da Criança e do Adolescente.** Lei n° 8.069. 1990. Disponível em: http://www.planalto.gov.br/ccivil_03/leis/l8069.htm. Acesso em: 20 dez. 2023).
102. Nessa linha de intelecção, destaca-se, ainda, que as "crianças são titulares de direitos humanos, como quaisquer pessoas. Aliás, em razão de sua condição de pessoa em desenvolvimento, fazem jus a um tratamento diferenciado, sendo correto afirmar, então, que são possuidoras de mais direitos que os próprios adultos." (ROSSATO, Luciana Alves; LÉPORE, Paulo Eduardo; CUNHA, Rogério Sanches. **Estatuto da Criança Comentado.** São Paulo: Revista dos Tribunais, 2010, p.51).

Isto porque a criança se apresenta desprovida, por sua própria natureza, de uma série de conhecimentos, habilidades, capacidade de perceber o perigo, riqueza de experiência, velocidade de raciocínio, a exigir uma tutela especial.[103]

A Convenção das Nações Unidas sobre os Direitos da Criança de 1989, ressaltando a inexistência de uma formação completa, expressou, também, que "a criança por motivo da sua falta de maturidade física e intelectual, tem necessidade de uma proteção e cuidados especiais, notadamente de proteção jurídica adequada, tanto antes como depois do nascimento."[104]

Por sua vez, a Constituição da República Federativa do Brasil de 1988, em seu artigo 227, conferiu especial atenção ao público infantojuvenil, ao estabelecer que a proteção à criança e ao adolescente se impõe como um *dever da família, da sociedade e do Estado*, que deve ser assegurado com absoluta prioridade.[105]

> A proteção da criança e de seus direitos da personalidade torna-se imprescindível dado o reconhecimento de sua natural fragilidade e é na família que a criança deve receber a primeira e especial proteção, devendo zelar o núcleo pelo pleno desenvolvimento de suas capacidades e aptidões com o fito de realizá-la como pessoa humana.
>
> De fato, existe consenso quanto à necessidade de uma proteção ampla e efetiva da criança, considerando sua peculiar condição de pessoa em formação e, portanto, vulnerável.[106]

Ante ao exposto, depreende-se que o preceito de ordem constitucional objetivou conferir uma ampla, efetiva e irrestrita proteção às crianças e adolescentes ao lhes assegurar, de maneira especial, acesso à saúde, cultura, vida, educação, lazer, profissionalização, dignidade, além de resguardá-los de qualquer forma de discriminação, negligência, exploração, violência ou crueldade.

O referido dispositivo possui profunda relevância, posto que determina que a responsabilidade pelo crescimento salutar das crianças e adolescentes não se restringe aos pais ou responsáveis legais.[107] Desse modo, a despeito de serem os pais, as pessoas

---

103. BROKAMP, Elys Gonçalves da Cunha. A necessidade de proteção da criança diante do mercado de consumo: conflito entre liberdade e intervenção. **Temas de Direito do Consumidor**. Rio de Janeiro: Lumen Juris, 2010, p.162.
104. ONU. Organização das nações unidas. **Convenção das Nações Unidas sobre os Direitos da Criança. 1989.** Disponível em: https://www.unicef.org/brazil/pt/resources_10120.html. Acesso em: 20 dez. 2023.
105. Art. 227. É dever da família, da sociedade e do Estado assegurar à criança, ao adolescente e ao jovem, com absoluta prioridade, o direito à vida, à saúde, à alimentação, à educação, ao lazer, à profissionalização, à cultura, à dignidade, ao respeito, à liberdade e à convivência familiar e comunitária, além de colocá-los a salvo de toda forma de negligência, discriminação, exploração, violência, crueldade e opressão. (BRASIL. **Constituição da República Federativa do Brasil.** 1988. Disponível em: http://www.planalto.gov.br/ccivil_03/constituicao/constituicao.htm. Acesso em: 20 dez. 2023).
106. BROKAMP, Elys Gonçalves da Cunha. A necessidade de proteção da criança diante do mercado de consumo: conflito entre liberdade e intervenção. **Temas de Direito do Consumidor**. Rio de Janeiro: Lumen Juris, 2010, p.161.
107. Quanto à responsabilidade dos pais perante a criança recomenda-se a leitura: DENSA, Roberta. **Criança consumidora:** a responsabilidade dos pais em relação aos filhos frente aos desafios da sociedade de consumo. *In:* ROSENVALD, Nelson; MILAGRES, Marcelo (Coords.). **Responsabilidade Civil:** Novas Tendências. Indaiatuba, SP: Editora Foco, 2018, p.403-418; TEPEDINO, Gustavo. A tutela constitucional da criança e do adolescente: projeções civis e estatutárias. *In:* SARMENTO, Daniel; IKAWA, Daniela; PIOVESAN, Flavia (Coords.). **Igualdade, diferença e Direitos humanos.** Rio de Janeiro: Lumen Juris, 2010, p.865-885.

com maior proximidade e afeto com os infantes, esse dever é igualmente imposto a toda a sociedade e ao Estado, sendo conferida prioridade absoluta na implementação de direitos fundamentais de crianças e adolescentes na ordem jurídica brasileira.

> Não absolvo os pais da responsabilidade sobre o bem-estar dos filhos em um mundo movido pelo comércio, mas a maioria dos pais com quem converso está fazendo o seu melhor no que, com freqüência, parece uma luta opressiva e sem fim. Diante dos *ataques comerciais implacáveis, brilhantemente planejados e bem financiados direcionados às crianças*, espera-se que os pais sejam guardiões inflexíveis e seus protetores exclusivos. [...] Após anos de exploração sobre como a publicidade e a sua prática afetam às crianças, cheguei à conclusão de que dizer aos pais para 'simplesmente dizerem não' a cada pedido dispendioso relacionado ao marketing não é seguro, razoável ou tão simplista de acordo com os valores familiares quanto dizer a um viciado para 'simplesmente dizer não' às drogas.[108]

A profunda relevância do dispositivo em comento está em conferir à sociedade responsabilidade pelo pleno desenvolvimento das crianças e adolescentes. Nessa linha de intelecção, as ações dos mais diversos setores da sociedade devem ser sempre pautadas pelo respeito e pela valorização da condição dos infantes, sob pena de violação a tão relevante mandamento constitucional.

Logo, se compreende que os agentes publicitários e os fornecedores de produtos ou serviços destinados ao público infantojuvenil possuem o dever constitucional de respeito à condição de *maior vulnerabilidade das crianças e adolescentes*[109] no mercado de consumo.

---

108. LINN, Susan. **Crianças do consumo:** a infância roubada. Tradução Cristina Tognelli. São Paulo: Instituto Alana, 2006, p.55-56, destaque nosso.
109. Virgílio Afonso da Silva preleciona sobre a constitucionalidade de se limitar a publicidade dirigida às crianças, ao expor que a "atividade publicitária é uma forma de expressão e, nesse sentido, pode ser considerada como protegida (por meio de atribuição) pelo direito geral de liberdade de expressão. Diante disso, a pergunta acerca da extensão de sua garantia exige uma resposta dupla. Em primeiro lugar, se considerarmos, como considerei neste parecer, que a liberdade publicitária é garantida constitucionalmente, isso significa que ela merece, em abstrato, a mesma proteção que merecem outros direitos também garantidos constitucionalmente. Mas, e essa é a segunda parte da resposta, isso não significa que a liberdade publicitária não possa ser restringida por medidas estatais. Significa apenas, como também foi mencionado várias vezes ao longo deste parecer, que qualquer restrição à liberdade publicitária deve passar no teste da proporcionalidade. Há diversas formas de restrição à liberdade de expressão publicitária que devem ser consideradas proporcionais e, por isso, constitucionais, como ficou demonstrado neste parecer.

[...] É necessário partir do pressuposto de que a combinação de algumas normas constitucionais (liberdade de expressão, livre iniciativa, por exemplo) são suficientes para justificar um direito à publicidade garantido em nível constitucional. Sustentar algo diverso teria como consequência ter que aceitar que qualquer restrição legal à publicidade teria que ser tolerada, o que não é plausível. Além disso, pensando os direitos fundamentais como direitos de suporte fático amplo, é necessário aceitar que, *prima facie*, o direito à publicidade também inclui o direito de vender produtos a crianças. Contudo, esse direito *prima facie* pode ser restringido, como já se salientou diversas vezes. Mais do que isso, ele já é restringido atualmente pelo Código de Defesa do Consumidor, que, em seu art. 37, § 2º, inclui no conceito de publicidade abusiva aquela que se aproveite da deficiência de julgamento e experiência da criança. Assim, embora o direito exista *prima facie*, medidas restritivas, mas proporcionais, já existem e outras poderão vir a ser tomadas". (PROJETO CRIANÇA E CONSUMO. **A Constitucionalidade da Restrição da Publicidade de Alimentos e de Bebidas Não Alcoólicas voltada ao Público Infantil.** Parecer do Professor Virgílio Afonso da Silva. São Paulo: Instituto Alana, 2012, p.30-31. Disponível em: http://criancaeconsumo.org.br/wp-content/uploads/2014/02/Parecer_Virgilio_Afonso_6_7_12.pdf. Acesso em: 20 dez. 2023).

A publicidade dirigida a crianças abusa do poder de persuasão intrínseco a qualquer comunicação comercial, com ferramentas lúdicas e grande capacidade de identificação com as crianças, influenciando-as na escolha de certo produto e muitas vezes promovendo valores distorcidos que irão impactar profundamente a sua formação enquanto ser humano. Essa indução à formação de desejos de consumo de produtos, *em indivíduos legal e faticamente hipervulneráveis*, extrapola os limites da ética publicitária, ou ainda, a ética da convivência do ser humano que se baseia no respeito mútuo. *É desonesto e configura prática abusiva, ilegal e antiética investir tão pesadamente nesse tipo de ações.*[110]

No âmbito infraconstitucional, outra relevante norma de tutela contra a prática de publicidade infantil ilícita, se encontra prevista no artigo 37 do Código de Defesa de Consumidor, o qual veda toda publicidade enganosa ou abusiva. Nesse sentido, aduz a normativa consumerista que é abusiva a publicidade que se *aproveita da deficiência de julgamento da criança*.

A proteção jurídica delineada pelo Código de Defesa de Consumidor consagra o mandamento constitucional do artigo 227 da Constituição da República de 1988, ao conferir maior amplitude da defesa às crianças e adolescentes que são considerados *hipervulneráveis*.

Trata-se de *vulnerabilidade agravada* ou *hipervulnerabilidade*, tendo em vista que todo consumidor pessoa física é presumidamente vulnerável, entretanto, tal vulnerabilidade é, ainda, mais intensa no que concerne às crianças e adolescentes, pois, *não possuem o completo discernimento,* ou seja, a plena capacidade de compreender determinadas situações, sendo, portanto, mais suscetíveis de serem manipuladas.[111]

A hipervulnerabilidade da criança decorre de sua capacidade reduzida de julgamento e de sua inexperiência quanto aos aspectos práticos da contratação e do funcionamento do mercado de consumo. Isso a torna um alvo fácil das mensagens publicitárias, dada a dificuldade de analisar criticamente as informações incentivadoras do consumo propaladas pelos fornecedores, além de, na maioria dos casos, sequer conseguir distinguir quando a comunicação é feita com fins comerciais.

Os infantes são "consumidores invisíveis", pois atuam indiretamente no mercado de consumo por intermédio da influência que exercem nas decisões de compras familiares, motivo pelo qual necessitam de maior proteção no que diz respeito à publicidade.

---

110. HENRIQUES, Isabella Vieira Machado. Controle social e regulação da publicidade infantil: o caso da comunicação mercadológica de alimentos voltada às crianças. **Revista Eletrônica de Comunicação, Informação e Inovação em Saúde,** Rio de Janeiro, Fiocruz, v.4, n.4, p.72-84, nov., 2010, p.77, destaque nosso. Disponível em: http://basessibi.c3sl.ufpr.br/brapci/_repositorio/2015/12/pdf_961f67e969_0000019036.pdf. Acesso em: 20 dez. 2023.
111. Nessa linha de raciocínio, Antônio Morais da Silveira Junior e Dennis Verbicaro sustentam que a necessidade de proteção qualificada aos hipervulneráveis se justifica, devido ao fato de que "nos primeiros anos de vida, há um número muito grande de sinapses do tipo "excitatórias" se comparado às sinapses "inibitórias". Essa situação faz com que a criança aja por impulso, uma vez que não há uma força contrária capaz de frear seus anseios. O equilíbrio entre os dois tipos de sinapses só chega na adolescência, no período que compreende os 16 aos 17 anos de idade. Até essa faixa etária, as escolhas se dão por impulso, sem reflexão prévia." (SILVEIRA JUNIOR, Antônio Morais da; VERBICARO, Dennis. A tutela normativa da publicidade infantil na relação de consumo e seus desafios. **Revista de Direito do Consumidor,** São Paulo, Revista dos Tribunais, v.112, n.26, p.201-226, jul./ago., 2017, p.205).

> A criança possui uma fragilidade maior decorrente da sua deficiência de julgamento, inexperiência e condição de pessoa em desenvolvimento, razão pela qual a Constituição Federal instituiu o princípio geral da prioridade de proteção à criança em seu art. 227. E o Código de Defesa do Consumidor observa esse princípio constitucional ao estatuir, em seu art. 37, § 2.º, que toda a publicidade que se aproveite dessa condição de hipervulnerável do infante será considerada abusiva. Da mesma forma, o art. 39, inciso IV, do estatuto consumerista prevê a proteção das crianças contra qualquer conduta negocial do fornecedor que "prevalecer-se da fraqueza ou ignorância do consumidor, tendo em vista sua idade, saúde, conhecimento ou condição social, para impingir-lhe seus produtos ou serviços". O Estatuto da Criança e do Adolescente também traz importante norma em seu art. 17, que estatui o direito ao respeito, o qual deve ser observado mediante a inviolabilidade da integridade física, psíquica e moral da criança e do adolescente.[112]

Por essa razão, o legislador brasileiro optou por conferir máximo amparo às crianças e adolescentes, considerando-se a ausência de formação física e psicológica completa, capaz de fornecer maior experiência para lidar com as relações sociais e mercadológicas. Evidencia-se, portanto, ser imperativo uma atuação consentânea e consciente do fornecedor, no que concerne à atividade publicitária dirigida ao público infantojuvenil, sobretudo, em ambiente digital.

> Em outros sistemas jurídicos, sinaliza-se que a importância dos *digital influencers* no mercado de consumo digital é acompanhada pela insuficiência das normas existentes para sua disciplina, levando à construção, pela via interpretativa, de um dever de correção (*duty to trade fairly*) aplicável de modo geral, a todas as pessoas envolvidas na atividade de marketing dos influenciadores digitais. Isso é especialmente relevante no tocante a influenciadores digitais cuja atuação se direcione a crianças. Nestes casos, inclusive, tais influenciadores tanto podem ser adultos quanto crianças que testemunham a qualidade e demais atributos positivos de produtos e serviços divulgados e direcionados para influenciar outras crianças, sem a aparência de publicidade, que é promovida de modo clandestino. Em muitas aplicações da internet, o conteúdo de entretenimento infantil é entremeado de mensagens publicitárias, cujo direcionamento pode ser definido, inclusive, por intermédio do tratamento de dados do consumidor.[113]

Diógenes Faria de Carvalho e Thaynara de Souza Oliveira ao examinar a vulnerabilidade agravada, de crianças e adolescentes, explicitam que:

> [...] Essa vulnerabilidade em relação à atuação negocial dos fornecedores no mercado ocorre principalmente por intermédio da publicidade infantil e das avançadas técnicas de marketing.
>
> Destarte, na busca pela igualdade, a vulnerabilidade fática potencializada da criança fundamenta um tratamento especial. A mitigação da desigualdade material nas relações de consumo em que se inserem os infantes passa pelo reconhecimento de sua hipervulnerabilidade, inclusive pela legislação.
>
> Ademais, o próprio CDC reconhece, no âmbito da publicidade, a vulnerabilidade agravada do infante, ao estabelecer, no art. 37, § 2º, o caráter abusivo da publicidade que venha a aproveitar-se da sua deficiência de julgamento.
>
> Outrossim, afora o âmbito da publicidade, o estatuto consumerista ainda reconhece claramente a hipervulnerabilidade dessa categoria de consumidores quando enuncia que é vedado ao fornecedor de produtos ou serviços, entre outras práticas abusivas, "prevalecer-se da fraqueza ou ignorância do consumidor,

---

112. CANTO, Rodrigo Eidelvein do. **A vulnerabilidade dos consumidores no comércio eletrônico.** São Paulo: Revista dos Tribunais, 2015, p.70-71.
113. MIRAGEM, Bruno. Princípio da vulnerabilidade: perspectiva atual e funções no direito do consumidor contemporâneo. *In*: MIRAGEM, Bruno; MARQUES, Claudia Lima; MAGALHÃES, Lucia Ancona Lopez de. (Orgs.). **Direito do Consumidor**: 30 anos do CDC. São Paulo: Forense, 2020, p.254-255.

tendo em vista sua idade, saúde, conhecimento ou condição social, para impingir-lhe seus produtos ou serviços" (art. 39, IV).

Parece evidente que a especificidade do consumidor criança no que diz respeito à sua condição de hipervulnerável tenha sido reconhecida no Brasil, tanto pela lei, quanto pela doutrina e jurisprudência.

Ressalta-se que, com espeque nessa aplicação de uma vulnerabilidade especial das crianças, pretende-se resgatar a dignidade da pessoa humana dessa categoria também no âmbito da relação consumerista.

A hipervulnerabilidade dos infantes, em face da tutela da dignidade da pessoa humana, propõe-se como um critério jurídico a ser utilizado no exame das relações de consumo em que as crianças se inserem e, em particular, quando se tratar da publicidade abusiva.[114]

Deste modo, a proteção contra a publicidade ilícita no Brasil, interpretada a partir de uma hermenêutica civil-constitucional, consagra a necessidade de se implementar o "programa constitucional de promoção da dignidade humana"[115] na esfera privada, com a finalidade de se garantir a efetiva proteção dos hipervulneráveis na sociedade de consumo digital.[116]

> [...] a criança não sabe que não precisa ter a coleção inteira das bonecas ou os carrinhos anunciados, nem todas as sandálias anualmente lançadas, para viver, brincar, ser feliz, ter amigos etc. No entanto, costumeiramente, além e não ensinar isso, a publicidade diz o contrário, pois, ainda que não o faça de forma expressa, insinua que a brincadeira, a felicidade e os amigos serão encontrados por meio do consumo de algum produto ou serviço [...].[117]

Cristiano Chaves de Farias, Felipe Peixoto Braga Netto e Nelson Rosenvald asseveram que há "na sociedade, grupos mais vulneráveis, mais sujeitos a sofrer violências ou restrições degradantes de modo geral",[118] tornando, assim, necessária uma atuação positiva do Estado no sentido de protegê-los efetivamente. Nesse mesmo giro, Fernando Moreira Freitas da Silva, Michel Canuto de Sena e Paulo Roberto Haidamus de Oliveira Bastos sustentam, ainda, que "É importante enfatizar que, em matéria de infância e de adolescência, a prática judiciária exige do magistrado um perfil diferenciado, detentor de maior sensibilidade, de conhecimentos particulares a partir de sua experiência e de uma visão multidisciplinar."[119]

---

114. CARVALHO, Diógenes Faria de; OLIVEIRA, Thaynara de Souza. Categoria jurídica de 'consumidor-criança' e sua hipervulnerabilidade no mercado de consumo brasileiro. **Revista Luso-brasileira de Direito do Consumo**, Curitiba, v.5, n.17, p.207-230, mar. 2015, p.224-225. Disponível em: https://core.ac.uk/download/pdf/79131879.pdf. Acesso em: 20 abr. 2022.
115. FIUZA, César. Perigos de uma hermenêutica civil-constitucional. **Revista da Faculdade Mineira de Direito**, Belo Horizonte, v.11, n.22, p.65-75, jul. 2008, p.69.
116. Nesse sentido ver: SILVA, Cristofer Paulo Moreira Rocha; SILVA, Michael César; CRUZ, Rayenne dos Santos Lima. Responsabilidade civil e novas tecnologias: desafios e impactos contemporâneos na publicidade infantil. **Revista Meritum**, Belo Horizonte, v.16, n.3, p.100-123, 2021. Disponível em: http://revista.fumec.br/index.php/meritum/issue/view/427. Acesso em: 15 abr. 2022.
117. HENRIQUES, Isabella Vieira Machado. **Publicidade abusiva.** Curitiba: Juruá, 2006, p.147.
118. FARIAS, Cristiano Chaves de; ROSENVALD, Nelson; BRAGA NETTO, Felipe Peixoto. **Novo Tratado de Responsabilidade Civil.** 2.ed. São Paulo: Saraiva, 2017, p.819-820.
119. DA SILVA, Fernando Moreira Freitas; SENA, Michel Canuto de; BASTOS, Paulo Roberto Haidamus de Oliveira. A tutela da criança e do adolescente no mercado de consumo: uma análise transfronteiriça entre Brasil e Itália. **GEOFRONTER**, v.6, n.1, p.1-14, 2020. Disponível em: https://periodicosonline.uems.br/index.php/GEOF/article/view/4833/pdf. Acesso em: 20 dez. 2023.

Destarte, em razão desta vulnerabilidade agravada (hipervulnerabilidade) do público infantil, entende-se que o *princípio da identificação da publicidade* deve receber maior valoração, incidindo de forma mais intensa nas relações de consumo. Nesse sentido, como a criança possui *maior dificuldade de compreender determinadas situações*, se impõem aos fornecedores, responsáveis pela divulgação dos anúncios publicitários, o dever jurídico de *facilitar e ampliar a identificação da publicidade* voltada aos infantes.

> Exige-se, para fins de respeito a menor capacidade de discernimento da criança, que a mensagem publicitária imersa em conteúdo circundante de blog ou rede social (Instagram, Facebook, Tiktok etc.), quando direcionado a criança, seja perceptível e distinta do restante do conteúdo daquele canal. Em termos práticos, deve o influenciador ou youtuber, quando contratado pelo anunciante, deixar claro no conteúdo apresentado que há uma relação com a marca, não apenas por indicadores próprios (#publicidade; #parceria paga), mas por outros meios que possibilite tal *distinção* (e.g., locução verbal; espaço específico da marca dentro do vídeo, adotando um intervalo ou mudança de espaço dentro do conteúdo; há liberdade para a criação desse *disclosure*, desde que possibilite identificação e distinção de que se trata de um conteúdo publicitário).[120]

Uma das maiores problemáticas da publicidade infantil se encontra no *alto poder de influência na mentalidade das crianças e adolescentes*, pois eles não conseguem confrontar o real objetivo do anúncio publicitário – a venda do produto ou serviço –, com as suas reais necessidades para um desenvolvimento adequado.[121]

Ademais, as campanhas publicitárias se utilizam de uma importante técnica explorada pelos profissionais do marketing, denominada de *fator amolação (ou fator insistência ou fator NAG)*.[122]

---

120. DIAS, Lucia Ancona Lopez de Magalhaes. Influenciador Digital: publicidade testemunhal em ambiente virtual. *In:* TEIXEIRA, Ana Carolina Brochado; FALEIROS JÚNIOR, José Luiz de Moura; DENSA, Roberta (Coords.). **Infância, Adolescência e Tecnologia:** o estatuto da criança e do adolescente na sociedade da informação. Indaiatuba, SP: Editora Foco, 2022, p.378.

121. João Pedro Schmidt e Alex Silva Gonçalves discorrem sobre os *impactos negativos da publicidade infantil ilícita*, ao explicitar que "a publicidade causa diversos impactos negativos nas crianças e nos adolescentes, como: estresse familiar, obesidade infantil, erotização precoce, violência e alcoolismo. Estudos apontam outras variedades de problemas em decorrência da publicidade, contudo, para o objetivo deste artigo, é suficiente observar os principais efeitos ocasionados no público infantil e as melhores alternativas para sua proteção." (SCHMIDT, João Pedro; GONÇALVES, Alex Silva. Publicidade infantil, regulação estatal e formação de valores em prol do consumo consciente. **Revista de Direito do Consumidor,** São Paulo, Revista dos Tribunais, v.114, n.26, p.147-178, nov./dez., 2017, p.160).

122. Igor Rodrigues de Britto leciona que a "estratégia de estimular as crianças e influenciarem as escolhas do pai, ou ainda, de pedir insistentemente bens de consumo aos seus responsáveis, até que estes, cansados de negar às petições dois seus filhos os atendam, ou porque sentem necessidade de compensar a ausência de um dia inteiro de trabalho, ou porque consideram que existem muitas outras batalhas a enfrentar na educação de suas crianças, faz parte do manual de técnicas publicitárias para crianças.
[...]
O 'fator amolação' corresponde a estratégia que mais afeta o poder familiar que os pais devem exercer em seus filhos, em prol de seu desenvolvimento, e o que mais perturba a harmonia familiar e a liberdade dos pais no exercício da educação para o consumo dos seus filhos, inerente ao referido poder familiar." (BRITTO, Igor Rodrigues de. **Proteção dos Direitos Fundamentais da criança na sociedade de consumo e o controle da atividade publicitária no Brasil.** 2009. Dissertação de Mestrado. 2009. 263f. Dissertação (Mestrado em Direito e Garantias Fundamentais) Faculdade de Direito de Vitória, Vitória, 2009, p.142. Disponível em: http://www.dominiopublico.gov.br/download/teste/arqs/cp136456.pdf. Acesso em: 20 dez. 2023).

Trata-se da *exploração do poder de insistência das crianças e adolescentes junto aos seus responsáveis para que adquiram o produto ou serviço desejado*. Os infantes solicitam, insistentemente, a compra do objeto de seu desejo se valendo de inúmeros apelos, como o choro, chantagem emocional, dentre outros. Salienta-se, ademais, que tal forma de intervenção na autoridade familiar é considerada como ilícita.[123]

Segundo Susan Linn, "o impacto da amolação das crianças é estimado como responsável por 46% das vendas em negócios-chave direcionados às crianças",[124] sendo, inclusive, considerada "causa direta de conflitos familiares."[125]

A atividade publicitária destinada às crianças e adolescentes pode, assim, trazer consequências indesejáveis ao convívio familiar, já que a insistência pode levar a sérias discussões e estresse entre os infantes e os responsáveis legais. Ademais, estes podem não querer realizar a aquisição de determinado produto ou serviço por inúmeros motivos, tais como, a ausência de capacidade econômica, a inconveniência do produto ou serviço, questões relacionadas à saúde e segurança, dentre outros.

> Há consequências, e entre as piores está o efeito do marketing na vida familiar. Os pais podem manter-se firmes e se recusar a comprar, eles podem acostumar mal as crianças cedendo a cada pedido ou podem prejudicar suas finanças ao comprar mais do que realmente podem. O conflito a respeito de artigos anunciados para crianças é uma causa de stress familiar, e os profissionais de marketing estão cientes deste fato.[126]

João Pedro Schmidt e Alex Silva Gonçalves explicitam que os pais ou responsáveis legais possuem o poder compra, mas, em muitos casos, *a criança detém o poder de decisão*.[127] Significa dizer que a palavra final pertence aos responsáveis legais que possuem a disponibilidade econômica para firmar a aquisição. Entretanto, no processo de tomada de decisão as crianças e adolescentes possuem forte capacidade para influenciar a decisão final, ainda que sejam indivíduos com desenvolvimento em construção. Sendo assim, percebe-se que a *publicidade destinada à criança possui grande eficiência para a comercialização dos produtos objetos do marketing*.[128]

---

123. SCHMIDT, João Pedro; GONÇALVES, Alex Silva. Publicidade infantil, regulação estatal e formação de valores em prol do consumo consciente. **Revista de Direito do Consumidor,** São Paulo, Revista dos Tribunais, v.114, n.26, p.147-178, nov./dez., 2017, p.160. Nesse sentido ver: LINN, Susan. **Crianças do consumo:** a infância roubada. Tradução Cristina Tognelli. São Paulo: Instituto Alana, 2006, p.58-59.
124. LINN, Susan. **Crianças do consumo:** a infância roubada. Tradução Cristina Tognelli. São Paulo: Instituto Alana, 2006, p.58.
125. BRITTO, Igor Rodrigues de. **Proteção dos Direitos Fundamentais da criança na sociedade de consumo e o controle da atividade publicitária no Brasil.** 2009. Dissertação de Mestrado. 2009. 263f. Dissertação (Mestrado em Direito e Garantias Fundamentais) Faculdade de Direito de Vitória, Vitória, 2009, p.147. Disponível em: http://www.dominiopublico.gov.br/download/teste/arqs/cp136456.pdf. Acesso em: 20 dez. 2023.
126. LINN, Susan. **Crianças do consumo:** a infância roubada. Tradução Cristina Tognelli. São Paulo: Instituto Alana, 2006, p.56.
127. SCHMIDT, João Pedro; GONÇALVES, Alex Silva. Publicidade infantil, regulação estatal e formação de valores em prol do consumo consciente. **Revista de Direito do Consumidor,** São Paulo, Revista dos Tribunais, v.114, n.26, p.147-178, nov./dez., 2017, p.161. Nesse sentido ver: SCHMITT, Cristiano Heineck. **Consumidores Hipervulneráveis:** a proteção do idoso no mercado de consumo. São Paulo: Atlas, 2014, p.228.
128. Nesse mesmo sentido, Susan Linn assevera que "de fato, a indústria do marketing propositadamente se coloca entre pais e filhos em muitos casos, provocando potencialmente toda sorte de caos na vida familiar."

Destarte, se verifica uma evidente *ingerência inconstitucional dos publicitários na relação entre pais e filhos*, visto que os anúncios publicitários são capazes de comprometer o exercício regular da autoridade familiar. A inconstitucionalidade reside na violação do princípio da prioridade absoluta da criança e adolescente, extraído do artigo 227 da Carta Magna de 1988,[129] pois o respeito as peculiaridades dos infantes e ao seu desenvolvimento salutar é um preceito constitucional, que se dirige à sociedade, aos pais ou responsáveis legais e ao Estado.[130]

Conforme já asseverado anteriormente, o público infantojuvenil se apresenta como consumidores em patente *situação de hipervulnerabilidade*, sendo esta, ainda, *intensificada em razão das novas tecnologias digitais*. Nesse prisma, as informações e dados passaram a ser transmitidos de forma muito mais rápida e dinâmica nas plataformas digitais, facilitando, assim, o acesso a bens de consumo disponibilizados, por intermédio da Internet, evidenciando-se a premente necessidade de proteção desse público prioritário.

A temática publicitária em relação às crianças e adolescentes se torna excepcionalmente complexa no cenário contemporâneo das redes sociais, pois no ambiente digital os infantes são bombardeados continuamente com diversas publicidades a todo o momento.

> Considerando, por fim, a maior fragilidade das crianças na Internet, parece-nos fortemente recomendável que os anunciantes criem "filtros" na Internet, de modo a melhor protegê-las nesse espaço virtual. Tal orientação se faz ainda mais necessária tendo em vista que na Internet, diferentemente das mídias tradicionais, não há restrições de horários de exibição. Os cuidados dos anunciantes devem ser, pois, redobrados.[131]

Na plataforma de compartilhamento de vídeos do *YouTube, TikTok e Instagram* não é incomum a existência de canais ou perfis de influenciadores digitais direcionados para o público infantojuvenil, de modo que, crianças e adolescentes, de todo o mundo,

---

(LINN, Susan. **Crianças do consumo:** a infância roubada. Tradução Cristina Tognelli. São Paulo: Instituto Alana, 2006, p.57).

129. Art. 227. É dever da família, da sociedade e do Estado assegurar à criança, ao adolescente e ao jovem, com absoluta prioridade, o direito à vida, à saúde, à alimentação, à educação, ao lazer, à profissionalização, à cultura, à dignidade, ao respeito, à liberdade e à convivência familiar e comunitária, além de colocá-los a salvo de toda forma de negligência, discriminação, exploração, violência, crueldade e opressão. (BRASIL. **Constituição da República Federativa do Brasil.** 1988. Disponível em: http://www.planalto.gov.br/ccivil_03/constituicao/constituicao.htm. Acesso em: 20 dez. 2023).

130. Igor Rodrigues Britto preconiza que "a condição de desenvolvimento em que se encontra a criança significa que, na infância, a personalidade do ser está em formação. Por essa razão, e por considerarmos a personalidade um bem jurídico de primeira utilidade, pois é a condição para o exercício pleno de demais direitos fundamentais, tem-se o direito à formação da personalidade humana adulta, que é condição especial em que se encontra a criança, um direito humano fundamental." (BRITTO, Igor Rodrigues de. **Proteção dos Direitos Fundamentais da criança na sociedade de consumo e o controle da atividade publicitária no Brasil.** 2009. Dissertação de Mestrado. 2009. 263f. Dissertação (Mestrado em Direito e Garantias Fundamentais) Faculdade de Direito de Vitória, Vitória, 2009, p.153. Disponível em: http://www.dominiopublico.gov.br/download/teste/arqs/cp136456.pdf. Acesso em: 20 dez. 2023).

131. DIAS, Lucia Ancona Lopez de Magalhaes. **Publicidade e direito.** 3.ed. atual. e reform. São Paulo: Saraiva, 2018, p.322.

passam seus dias assistindo esses *influencers* comentarem sobre séries, desenhos, filmes, jogos eletrônicos, brincadeiras, produtos eletrônicos, brinquedos, hobbies e muito mais.

Insta frisar que as crianças e adolescentes se encontram imersas em um universo digital aparentemente preparado para suas necessidades enquanto hipervulneráveis, quando, em verdade, *o ambiente está preparado para se aproveitar de suas deficiências de julgamento e compreensão, para assim incitar, de modo direto ou indireto, a aquisição imoderada de bens e serviços.*

Em vista aos elementos suscitados, em março de 2023, o Governador do Estado norte-americano de Utah, Spencer Cox, sancionou 2 (duas) leis – *Senate Bill 152*[132] e *Senate Bill 311*[133] –, as quais têm por objetivo *limitar o acesso de crianças e adolescentes às plataformas digitais* de entretenimento (*TikTok, Instagram, Facebook, YouTube*, dentre outras).

As referidas leis estabeleceram a *exigência do consentimento parental para criação de contas de infantojuvenis nas plataformas digitais*, além de *proibir menores de 18 anos de acessar às redes sociais entre as 22:30 horas e 06:30 horas*. Ademais, se *criou, ainda, a exigência de verificação de idade para qualquer pessoa que deseje utilizar alguma mídia social no âmbito do Estado de Utah.*[134]

Complementarmente, a legislação estadual aprovada visa a impedir que "empresas" do setor da tecnologia se utilizem de recursos algorítimicos considerados como "viciantes", uma vez que tais métodos causam efeitos psicoemocionais deletérios aos usuários, notadamente, as crianças e adolescentes.[135]

A identificação publicitária se exterioriza, nesse contexto, como um princípio de imprescindível relevância, pois, esse público padece da hipervulnerabilidade, dentre outros motivos, em razão de sua limitada capacidade de compreensão acerca da natureza e conteúdo dessas peças publicitárias, *sendo induzidos a consumir* produtos e serviços.

Em fevereiro de 2017, o CONAR julgou as Representações 129A/16, 129B/16 e 129C/16, respectivamente, "McDonald's – McLanche Feliz e Victor Soares", "McLanche Feliz e Gameblast TV" e "McLanche Feliz e Garotas Geek"[136] nas quais se discutiu a

---

132. UTAH STATE LEGISLATURE. **Senate Bill 152.** 2023. Available from: https://le.utah.gov/~2023/bills/static/SB0152.html. Access on: Dec. 20, 2023.
133. UTAH STATE LEGISLATURE. **Senate Bill 311.** 2023. Available from: https://le.utah.gov/~2023/bills/static/HB0311.html. Access on: Dec. 20, 2023.
134. UTAH. **Utah Protecting Minors Online.** 2023. Available from: https://socialmedia.utah.gov/. Access on: Dec. 20, 2023.
135. SINGH, Maanvi. Utah bans under-18s from using social media unless parents consent. **The Guardian.** 2023. Available from: https://www.theguardian.com/us-news/2023/mar/23/utah-social-media-access-law-minors. Access on: Dec. 20, 2023.
136. **Ementa:** Estas representações, envolvendo três ações publicitárias do McDonald's em redes sociais, foram abertas a partir de denúncia enviada ao Conar pelo Ministério Público Federal, que questionou se o anunciante não estaria estimulando o consumo por crianças de alimentos ricos em gordura saturada, sódio e açúcar, em desacordo com as recomendações do Código Brasileiro de Autorregulamentação Publicitária. As peças publicitárias, em formato denominado unboxing, foram protagonizadas por blogueiros, vloggers e youtubers. A anunciante negou, em sua defesa, motivação à denúncia, alegando que as ações não podem ser definidas

questão do estímulo do consumo de alimentos ricos em gordura saturada, sódio e açúcar a crianças e adolescentes, realizado pelo McDonald's em parceria com diversos influenciadores digitais.

Por unanimidade, o Conselho decidiu pela *sustação das campanhas publicitárias*, bem como pela recomendação de *advertência ao Mcdonalds*, de modo a intensificar a importância de que os fornecedores respeitassem os regramentos delineados no Código de Ética Publicitária, com a finalidade de não fomentar situações agressivas de indução ao consumo infantil, por meio da utilização de influenciadores digitais, em sua comunicação nas plataformas digitais.

Na Representação 223/16, o CONAR decidiu acerca de uma campanha publicitária realizada pelo canal de influenciadores "Brinquedos e Surpresas" e pelos fornecedores "Ferrero e DTC", no qual é apresentado um Kinder Ovo que possui como brindes brinquedos do desenho animado *Peppa Pig*.[137]

---

como publicidade. O que houve, argumentou, foram ações convencionais de relações públicas, como o envio de *press releases*, sendo a sua divulgação pelos comunicadores responsabilidade exclusiva de cada um deles, sem aprovação prévia pelo anunciante. No mérito, o McDonald's argumentou que não há apelo imperativo de consumo dirigido a menor de idade nas peças, que elas não impõem a necessidade de aquisição dos brinquedos inclusos na promoção, tampouco estimulam o consumo excessivo. Relatados e julgados em conjunto, os três processos éticos tiveram recomendação de sustação agravada por advertência ao anunciante. Em seu voto, o relator considerou que o Código contempla os casos em tela, invocando o seu artigo 15, que define o que pode ser considerado como um "anúncio", lembrando a sua associação a espaços ou tempo pagos pelo anunciante. No entanto, ponderou o relator, há outras expressões publicitárias, como ponto de venda, rotulagem etc., que não são diretamente pagas, mas nem por isso resta descaracterizada a sua natureza. O relator acredita que o mesmo conceito possa ser estendido às ações do McDonald's. "Os investimentos na produção e distribuição dos kits aos blogueiros caracterizariam corresponsabilidade do anunciante, ao provocarem consequências práticas, gerando publicidade para a marca", escreveu ele em seu voto. "São investimentos que, conscientemente, induzem a uma publicidade mesmo que feita por vias indiretas". Indo além, ele citou o artigo 37, lembrando que menores de idade não devem ser usados para vocalizar apelos de consumo e que o formato jornalístico não é apropriado para mensagens ao target. Por isso, propôs a sustação. Já a sua recomendação de advertência ao McDonald's é para que não provoque situação agressivas de indução ao consumo infantil e que, voltando a utilizar influenciadores digitais na sua comunicação, o faça de forma transparente e cumprindo as recomendações do Código. Seu voto foi aprovado por unanimidade. (CONAR. Conselho Nacional de Autorregulamentação Publicitária. Representação nº 129A/16 – 129B/16 – 129C/16. 5ª, 6ª, 7ª e 8ª Câmaras do Conselho de Ética. Decisão: Sustação agravada por advertência. Relator: Conselheiro Luiz Celso de Piratininga Jr., julg. fev. 2017. **CONAR**. Disponível em: http://www.conar.org.br/processos/detcaso.php?id=4524. Acesso em: 20 dez. 2023).

137. **Ementa:** Anúncio veiculado em internet em formato *unboxing* no canal Brinquedos e Surpresas mostra Kinder Ovo que oferece como brindes brinquedos da linha *Peppa Pig*. A direção do Conar propôs representação contra a ação por entender que há estímulo à compra por meio da oferta de itens colecionáveis, o que pode levar ao consumo excessivo, em desacordo com as recomendações do Código. Ferrero e DTC, em defesas enviadas ao Conar, negaram qualquer relacionamento com o canal Brinquedos e Surpresas, apontando ser ele o único responsável pelo anúncio. Este, por sua vez, negou o caráter publicitário do material, considerando-o conteúdo editorial. O Brinquedos e Surpresos confirmou ao Conar que as duas empresas não contrataram a ação, sequer enviando os produtos para a gravação. A relatora propôs advertência às três empresas, mesmo considerando que o material não tem caráter publicitário, para que se mantenham atentas aos preceitos recomendados pela autorregulamentação. Seu voto foi aceito por unanimidade. Já o autor do voto complementar sugeriu a sustação da ação, voto aprovado por maioria. A Ferrero ingressou com recurso contra a decisão, considerando-a excessiva e reiterando que não teve qualquer envolvimento na ação publicitária. O relator do recurso considerou indiscutível o caráter publicitário da ação, mas acolheu a ponderação do anunciante, propondo a revogação da advertência à Ferrero e à DTC, por considerar que restou provado que a divulgação dos produtos de uma e outra não se deu em caráter oneroso. Já a recomendação de sustação agravada por advertência ao canal Brinquedos

No vídeo publicado na plataforma do *YouTube*, o canal Brinquedos e Surpresas – voltado ao público infantil – realizou o *unboxing* de um Kinder Ovo e a apresentação dos "brindes" que acompanham o chocolate. O Conselho considerou que restou evidenciado o estímulo à compra do referido produto, por meio da oferta de itens colecionáveis, o que pode levar ao consumo excessivo por crianças e adolescentes. Ponderou-se, ademais, a possibilidade de advertir os fornecedores em relação ao vídeo, sendo que, todavia, apurou-se tratar de conteúdo editorial do canal Brinquedos e Surpresas, sem qualquer envolvimento dos fornecedores Ferrero e DTC, de modo que, não se fez necessária a referida medida.

No mesmo sentido, na Representação 106/18, o CONAR analisou a denúncia de uma consumidora contra o fornecedor Ferrero e o influenciador digital Luccas Neto, na qual o *influencer* realizou o "unboxing" de um Kinder Ovo Gigante contendo *100 (cem) unidades de Kinder Ovo*. A denúncia se fundamentou na *falta de identificação publicitária* e na *inobservância das normas regulamentares pertinentes à publicidade destinada às crianças e adolescentes*. A Câmara Especial de Recursos do CONAR, *recomendou a alteração do anúncio agravada por advertência à Ferrero e Luccas Neto*.[138]

Os casos em epígrafe expõem alguns dos riscos relacionados à divulgação de publicidade de produtos e serviços, em plataformas digitais, especificamente desenvolvida para atingir o público infantojuvenil, por intermédio de influenciadores digitais. Para se evitar prejuízos ao desenvolvimento da personalidade dos infantes, aos fornecedores e *influencers* devem atuar em conformidade com as diretrizes consubstanciadas no Código de Ética Publicitária e no Código de Defesa do Consumidor, notadamente, no tocante à necessidade de identificação publicitária dos anúncios voltados às crianças e adolescentes no mercado de consumo digital.

---

e Surpresas foi mantida pelo relator do recurso ordinário. Seu voto foi aceito por unanimidade. (CONAR. Conselho Nacional de Autorregulamentação Publicitária. Representação nº 223/16. 5ª, 6ª, 7ª e 8ª Câmaras do Conselho de Ética e Câmara Especial de Recursos. Decisão: Sustação e advertência. Relator: Conselheiros Letícia Lindenberg de Azevedo, José Maurício Pires Alves (voto complementar) e Ricardo Gonçalves Melo, julg. mar. 2017. **CONAR**. Disponível em: http://www.conar.org.br/processos/detcaso.php?id=4572. Acesso em: 20 dez. 2023).

138. **Ementa:** O Conar abriu processo ético contra publicidade em internet protagonizada por blogueiro popular entre público infantil, na qual há ingestão de grande quantidade de chocolate. A representação foi provocada por denúncia de consumidora de Guariba (SP), para quem a publicidade pode estimular prática nociva a menores de idade, em desrespeito ao Código. A direção do Conar também questionou a identificação publicitária da ação. A defesa enviada pelo blogueiro negou que a peça objeto da representação do Conar seja publicidade. Já a Ferrero argumentou que o blogueiro assumiu a responsabilidade pela ação e que só tomou conhecimento dela quando cientificada pelo Conar. Por entender que este caso específico não se enquadrou na jurisprudência firmada no Conselho de Ética para publicidade do gênero, o relator propôs o arquivamento da representação, sendo acompanhado por maioria de votos. A direção do Conar recorreu da decisão e, na Câmara Especial de Recursos viu seu entendimento acolhido, sendo *recomendada a alteração agravada por advertência à Ferrero do Brasil e Luccas Neto*. O autor do voto vencedor ponderou que a iniciativa do blogueiro não afasta a responsabilidade da empresa fabricante do produto. (CONAR. Conselho Nacional de Autorregulamentação Publicitária. Representação nº 106/18. 2ª, 4ª Câmaras do Conselho de Ética e Câmara Especial de Recursos. Decisão: Alteração e advertência. Relator: Conselheiros Herbert Zeizer e Vitor Morais de Andrade (voto vencedor), julg. set. 2018. **CONAR**. Disponível em: http://www.conar.org.br/processos/detcaso.php?id=4990. Acesso em: 20 dez. 2023).

Considerando a característica da publicidade por influenciadores, imersa ou integrada ao conteúdo editorial circundante, todos os envolvidos na divulgação da publicidade devem ser particularmente cuidadosos para que a identificação da natureza publicitária seja aprimorada, assegurando o reconhecimento pelas crianças e adolescentes do intento comercial, devendo ser perceptível e destacada a distinção da publicidade em relação aos demais conteúdos gerados pelo influenciador.[139]

Logo, constata-se que toda a sociedade é responsável pelo desenvolvimento adequado das crianças e adolescentes, motivo pelo qual se impõe que a atividade publicitária, promovida pelos fornecedores e influenciadores, seja compatibilizada com os ditames normativos delineados para assegurar a devida proteção do público infantojuvenil.

Dessa forma, os pais ou responsáveis legais, a sociedade e o Estado não são os únicos e, exclusivos, encarregados pela tutela de crianças e adolescentes no ambiente digital, mas, também, os fornecedores de produtos e serviços e *influencers*, pela divulgação de publicidade ilícita nas plataformas digitais, devendo nortear sua conduta em consonância com os preceitos ético-jurídicos da boa-fé objetiva, bem como os princípios da informação, transparência, confiança e da função social dos contratos, tendo em vista a premissa constitucional de construção de uma sociedade mais justa e igualitária.

6.3 *MOMFLUENCERS*

Paralelamente ao nicho dos influenciadores mirins, se verifica, ainda, o nicho relativo às mães *influencers* – *momfluencers* –. Essa categoria engloba perfis que apresentam sua rotina familiar, preparação de alimentos, dicas de saúde e bem-estar para outras mães, assim como outros conteúdos que possam engajar seu público-alvo (seguidores).

> Eu não espio meus vizinhos. (Eu seria presa.) Mas passei horas fazendo algo equivalente e completamente legal: seguindo outras mães online. Madison Fisher fornece imagens de tudo, desde o monumental (o nascimento de seus gêmeos) até o mundano (preparação de refeições), para milhões de seguidores no YouTube e Instagram. Ela é uma das milhares de mães nas redes sociais – apelidadas de 'momfluencers' – que abrem suas vidas para o meu consumo.[140] (Tradução nossa)

As *momfluencers* representam, indubitavelmente, a categoria de influenciadores digitais que, em maior grau, compartilham aspectos tidos como íntimos e privados de suas vidas, bem como da vida de seus familiares mais próximos. Por meio da exploração da imagem de seu núcleo familiar, em especial, das crianças, essas influenciadoras alcançam relevante número de seguidores e engajamento nas principais plataformas digitais.

---

139. CONAR. Conselho Nacional de Autorregulamentação Publicitária. **Guia de Publicidade por Influenciadores Digitais.** 2020. Disponível em: www.conar.org.br/pdf/guia-influenciadores.pdf. Acesso em: 20 dez. 2023.
140. No original: "I don't spy on my neighbours. (I would be arrested.) But I've spent hours doing a completely legal equivalent: trailing fellow mothers online. Madison Fisher provides footage of everything, from the monumental (the birth of her twins) to the mundane (meal prep), to millions of followers on YouTube and Instagram. She is one of thousands of mothers on social media – dubbed 'momfluencers' – who open up their lives for my consumption." (SEBAG-MONTEFIORE, Clarissa. Honey, I sold the kids. **Aeon.** 2023. Available from: https://aeon.co/essays/why-arent-children-protected-from-their-parents-monetising-them. Access on: Dec. 20, 2023).

> Uma coisa é certa: você não pode ser uma momfluencer sem que tenha filhos. Ou sem colocar essas crianças na mira do público – entregando-as em uma bandeja digital para espectadores sempre ávidos por conteúdo. E você não pode ser uma momfluencer sem colocar seus filhos para trabalhar.[141] (Tradução nossa)

A exposição da imagem das crianças e adolescentes é tema que gera numerosas controvérsias, notadamente, pois os infantes são incapazes, sendo, portanto, representados ou assistidos, por seus pais nos atos da vida civil, possuindo pouca ou nenhuma liberdade de escolha no tocante expor ou não sua imagem na Internet ou noção sobre os impactos dessa exposição na formação de sua personalidade, bem como no decorrer de sua vida pelas *digital footprint* deixadas no ambiente virtual.

> [...] Ficamos (com razão) indignados se um vestido é manufaturado por uma trabalhadora de oito anos em Bangladesh; mas não pensamos duas vezes se esse mesmo vestido for publicizado para nós por uma criança de oito anos desprotegida e não remunerada nos Estados Unidos. Crianças influenciadoras não estão sendo mantidas fora da escola. Eles não vivem na extrema pobreza e não vão perder um membro se uma máquina apresentar defeito. Mas isso não quer dizer que a exposição delas não cause estresse mental. Apresentar sua infância para um público global externo, invisível e adulto, pode atrapalhar você – basta perguntar a Macaulay Culkin.[142] (Tradução nossa)

As *momfluencers* dependem, em grande grau, de seus filhos para produzir conteúdo, pois, de fato, as crianças são uma fonte inesgotável de comentários engraçados, fofos, bobos, inocentes e despertam nos seguidores sentimentos e emoções positivas como carinho, afeto, fofura, dentre outros.

Por esse motivo, os infantes, principalmente, os de tenra idade, são colocados em papel de destaque por essa categoria de influenciadores, sendo submetidos a longas cargas horárias em sessões de fotos, gravações de *reels* e *stories* para o Instagram, bem como de vídeos para o *YouTube*, *TikTok* e outras mídias sociais.

É inegável que as *momfluencers* possuem grande preocupação com seus filhos, de modo que, grande parte de seu conteúdo gira entorno desse tópico – *como ser uma boa mãe* –. Entretanto, em diversos casos essas *influencers* expõem seus filhos de forma imoderada praticando o *(over)sharenting* e os sujeitam a abdicar de parte de seu tempo de lazer e brincadeiras para participar da criação de conteúdo para as redes sociais.

---

141. No original: "One thing is certain: you can't be a momfluencer without kids. Or without pushing those kids into the public eye – handing them on a digital platter to ever-ravenous spectators hankering for access. And you can't be a momfluencer without putting your kids to work." (SEBAG-MONTEFIORE, Clarissa. Honey, I sold the kids. **Aeon**. 2023. Available from: https://aeon.co/essays/why-arent-children-protected-from-their-parents-monetising-them. Access on: Dec. 20, 2023).
142. No original: "We are (rightly) outraged if a dress is assembled by an eight-year-old sweatshop worker in Bangladesh; but we don't think twice if that same dress is marketed to us by an unpaid, unprotected eight-year-old in the US. Influencer kids are not being kept out of school. They don't live in crushing poverty and are not going to lose a limb if a machine malfunctions. But that's not to say that their exposure extracts no mental toll. Performing your childhood for an outside, unseen and adult global audience can mess you up – just ask Macaulay Culkin." (SEBAG-MONTEFIORE, Clarissa. Honey, I sold the kids. **Aeon**. 2023. Available from: https://aeon.co/essays/why-arent-children-protected-from-their-parents-monetising-them. Access on: Dec. 20, 2023).

> Momfluencers amam seus filhos tanto quanto qualquer outra pessoa, é claro. Mas isso não quer dizer que sua comoção não seja manipuladora e talvez cínica. A maioria das momfluencers não são mães batalhadoras da classe trabalhadora que vivem em habitações públicas e sobrevivem com vale-refeição, mas mulheres de classe média que já vivem com conforto material e cuja mensagem para o resto de nós é consumir, consumir, consumir. Uma mãe em Ohio, cuja filha está vendendo a mais recente Barbie é, aparentemente inocente – a alegria da infância! – promovendo conscientemente um sistema no qual o materialismo desenfreado se tornou um sinal distorcido de sucesso moral e bem-estar pessoal. Momfluencers não estão oferecendo o que pretendem oferecer: uma família idílica, alcançável para todos. Eles estão retocando suas vidas para se adequar aos ideais consumistas e cooptando seus filhos como adereços para vender e receber bens materiais.[143] (Tradução nossa)

O nicho das *momfluencers* se estabelece por meio de habilidosas comunicadoras, que transmitem aos seus seguidores uma noção de segurança, paz e traquejo na organização de uma casa, dos afazeres domésticos e do cuidado com a família. Por esse motivo, desenvolvem em seu público uma noção de que se tiverem os mesmos comportamentos que as *momfluencers*, poderão tornar suas vidas mais fáceis e aprazíveis.

Consequentemente, o segmento das mães influenciadoras realizada, de modo contínuo, múltiplas atividades publicitárias, por meio de suas plataformas digitais, dos mais diversos produtos e serviços disponibilizados no mercado de consumo digital, despertando em seus seguidores uma latente necessidade de consumir, sob a premissa de que os produtos e serviços divulgados, tornarão suas vidas mais próxima àquela exposta pelas *momfluencers* nas redes sociais.

6.4 *FASHION INFLUENCERS*

A moda, sendo uma *forma de comunicação*[144], possui amplo espaço na sistemática contemporânea das mídias sociais. Nesse contexto, se destaca o relevante papel assumido pelos influenciadores digitais no segmento da moda, notadamente, por meio da realização de atividade publicitária nas plataformas digitais, com a finalidade de divulgar produto, serviço ou marca da indústria da moda.

No âmbito da moda, os influenciadores digitais passaram a ser denominados de "*fashion influencer*" (influenciador da moda), termo que ganhou proeminência nos

---

143. No original: "Momfluencers love their kids as much as anyone else, of course. But that's not to say that their hustle isn't manipulative, and perhaps cynical. Most momfluencers aren't struggling working-class mothers living in public housing and surviving on food stamps, but middle-class women who already exist in material comfort, and whose message to the rest of us is consume, consume, consume. A mother in Ohio, whose child is hawking the latest Barbie, is, through the most innocent-seeming means – childhood joy! – knowingly promoting a system in which rampant materialism has become a warped sign of moral success and personal wellbeing. Momfluencers aren't offering what they purport to offer: an idyllic family, attainable for everyone. They're airbrushing their lives to fit consumerist ideals, and co-opting their children as props in order to sell, and receive, material goods." (SEBAG-MONTEFIORE, Clarissa. Honey, I sold the kids. **Aeon**. 2023. Available from: https://aeon.co/essays/why-arent-children-protected-from-their-parents-monetising-them. Access on: Dec. 20, 2023).
144. CAETANO, Joaquim *et al.*. **Marketing e Comunicação em Moda:** Uma nova realidade. Lisboa: Escolar Editora, 2011. Nesse sentido ver: LIPOVETSKY, Gilles. **O Império do Efêmero:** A moda e o seu destino nas sociedades modernas. Alfragide: Publicações Dom Quixote, 2010.

últimos anos, uma vez que, esses *influencers* conseguem expressar novas tendências e comportamentos, de diversos setores da indústria da moda, especialmente, no cenário do mercado de consumo digital e das redes sociais.[145]

> A moda é uma indústria criativa que merece uma atenção especial, dado o seu potencial comercial. A indústria da moda mundial está em expansão; ela vai além do 'haute couture', que é diferente do prêt-à--porter (pronto para vestir) e de artigos de grife. Hoje, a indústria da moda abrange uma grande variedade de produtos, incluindo joias, perfumes e acessórios como cachecóis, bolsas e cintos. Uma criação exclusiva de uma peça de moda artesanal é bem diferente da moda produzida em escala industrial. Portanto, os produtos de design de moda deveriam ser protegidos por direitos autorais ou por marcas comerciais antes de ingressarem em mercados nacionais ou internacionais altamente competitivos.[146]

No contexto de uma sociedade hiperconectada, é necessário compreender que "a indústria da moda possui grande importância socioeconômica perante todo o mundo, pois, além de movimentar grandes valores econômicos, engloba diversos segmentos de mercado, desde a produção até o marketing final dos produtos destinados a venda."[147-148]

A indústria da moda, em seus diversos setores – têxtil, vestuário (confecção de roupas e acessórios), calçadista, produtos de luxo, joias, cosméticos, beleza, esportes, entre outros – se apresenta como um relevante mercado de consumo, com destaque para o comércio eletrônico realizado em ambiente digital, contemporaneamente, denominado de *mercado de consumo digital*. Nesse cenário, os *fashion influencers* assumem papel estratégico na atividade publicitária desenvolvida pelos fornecedores em plataformas

---

145. Nessa linha de intelecção, Issaaf Karhawi sustenta que "Assim, o mercado de influência digital se amplia e não se resume apenas ao estereótipo das precursoras do campo. Após a passagem pelas diferentes etapas de profissionalização, tem-se que, atualmente, há blogosferas dentro de blogosferas (ou mercados de influência dentro de mercados de influência). Fala-se das influenciadoras de moda plus size e body positive, das blogueiras de beleza negra, das blogueiras de moda inclusiva que dividem o digital com as influenciadoras de look do dia e as influenciadoras celebridades." (KARHAWI, Issaaf. Influenciadoras digitais de moda e beleza: do look do dia ao consumo de ativismo. **Revista Eco-Pós**, [S.l.], v.24, n.3, p.423-453, 2021, p.450. Disponível em: https://revistaecopos.eco.ufrj.br/eco_pos/article/view/27617. Acesso em: 20 dez. 2023).
146. NAÇÕES UNIDAS. **Relatório de economia criativa 2010**: economia criativa uma, opção de desenvolvimento. Brasília: Secretaria da Economia Criativa/Minc; São Paulo: Itaú Cultural, 2012, p.156.
147. QUINELATO, Pietra Daneluzzi. Uma perspectiva da moda no tempo e no surgimento do fashion law. *In*: DOMINGUES, Juliana Oliveira (Coord.). **Fashion Law**: O Direito está na moda. São Paulo: Editora Singular, 2020. [E-book].
148. No cenário apresentado, diante da relevância da indústria da moda, se desenvolveu "O denominado 'Fashion Law', ou Direito da Moda, em cuja base estão diversas disciplinas jurídicas (direito civil, direito empresarial, direito internacional, direito ambiental, direito do consumidor, direito do trabalho, direito penal, propriedade intelectual e tantas outras), necessita da convivência com a peculiaridade da indústria da moda, em toda a sua amplitude e com todas as suas especificidades." (SOARES, Renata Domingues Balbino Munhoz. Responsabilidade civil e contratos na transversalidade do Direito: o exemplo do *fashion law* para *influencers*, *blockchain* e *visual law*. *In*: SAAD, Martha Solange Scherer (Org.); PINTO, Felipe Chiarello de Souza; SMANIO, Gianpaolo Poggio; JUNQUEIRA, Michelle Asato (Coords.). **Perspectivas, possibilidades e desafios do Direito Civil**: v.1. Londrina: Editora Thoth, 2023, p.153). Para maiores informações acerca do *Fashion Law*, remete-se à leitura de: SOARES, Renata Domingues Balbino Munhoz (Coord.). **Fashion law**: Direito da Moda. São Paulo: Almedina, 2019. [E-book]; DOMINGUES, Juliana Oliveira (Coord.). **Fashion Law**: O Direito está na moda. São Paulo: Editora Singular, 2020. [E-book]; ROSINA, Mônica Steffen Guise; CURY, Maria Fernanda. (Orgs.). **Fashion law**: direito da moda no Brasil. São Paulo: Thomson Reuters Brasil, 2018; ABREU, Lígia Carvalho; COUTINHO, Francisco Pereira (Coords.). **Direito da moda**: vol. I. Lisboa: CEDIS, 2019; SOUZA, Regina Cirino Alves Ferreira de (Coord.). **Fashion law**: direito da moda. Belo Horizonte: D'Plácido, 2019.

digitais, em especial, no *Instagram*, *TikTok* e *YouTube*, com a finalidade de promoverem a divulgação de produtos, serviços e marcas do setor da moda.

> Assim, os influenciadores digitais, ao se tornarem especialistas no conjunto de itens consumidos por nichos específicos, podem contribuir para a fidelização de consumidores por determinadas marcas, que representam o eixo estruturante dos conteúdos por eles produzidos e veiculados em canais digitais dedicados. A indústria da moda foi um dos setores econômicos que aderiu à comunicação focada, realizada por influenciadores digitais.[149] (Tradução nossa).

O nicho de atuação relacionado a moda é amplo, de forma que os influenciadores atuam como vetores de comunicação de novas tendências aos potenciais consumidores, ditando modelos (ou hábitos) de consumo e comportamentos, bem como, moldando opiniões para os seguidores que neles se espelham.

> [...] as blogueiras de moda são precursoras de um novo perfil profissional no campo da comunicação. Elas não apenas levam informação de moda e beleza para públicos até então afastados dessa informação (elitizada pelas revistas especializadas da área), como também constroem comunidades de leitores e seguidores que confiam em suas opiniões. Ao consolidar um público e se estabelecer como marca, ou veículo de mídia, as blogueiras começam a estabelecer parcerias comerciais com empresas do ramo e monetizar o conteúdo que produzem para o blog (com posts pagos, publieditoriais, banners, parcerias comerciais, campanhas publicitárias, ações de embaixadoras de marcas etc). Ou seja, transformam o simples ato de "ter um blog" em "ser blogueira", ou seja, ser uma profissional da comunicação.[150]

Neste sentido, de acordo com dados coletados no fim de 2023, destacam-se como relevantes influenciadores no nicho da moda: Cole Sprouse (32,7 milhões)[151], Chiara Ferragni (29,6 milhões)[152], Camila Coelho (10,1 milhões)[153], Olivia Palermo (8,2 milhões)[154], Karen Wazen Bakhazi (8,1 milhões)[155], Julie Sariñana (7,8 milhões)[156],

---

149. No original: "Therefore, digital influencers, by becoming experts in the set of items consumed by specific niches, can contribute to enhance consumer loyalty by certain brands, which represent the structuring axis of the content produced by them and broadcast on dedicated digital channels. The fashion industry was one of the economic sectors that adhered to focused communication, carried out by digital influencers." (SCHÜNKE, Christian *et al.*. The Contribution of digital influencers for co-creation of value in fashion brands. **Brazilian Journal of Marketing (BJMkt)**, São Paulo, v.20, n.2, p.226-251, apr./june, 2021, p.235).
150. KARHAWI, Issaaf. Influenciadores digitais: o Eu como mercadoria. In: SAAD, Elizabeth; SILVEIRA, Stefanie C. (Orgs.). **Tendências em comunicação digital**. São Paulo: ECA/USP, 2016, p.43-44. Disponível em: http://www.livrosabertos.sibi.usp.br/portaldelivrosUSP/catalog/download/87/75/365-1?inline=1. Acesso em: 20 dez. 2023. Nesse sentido ver: FERNANDES, Vera Mónica Almeida. **Blogs de Moda:** Os novos social media influencers e o impacto que estes criam na estratégia de comunicação das marcas. Lisboa, 2016. Dissertação de Mestrado – Departamento de Gestão e Estratégia Empresarial: Laurete International Universities de Lisboa, 2016, p.32.
151. INSTAGRAM. **Colesprouse**. 2023. Disponível em: https://www.instagram.com/colesprouse/. Acesso em: 20 dez. 2023.
152. INSTAGRAM. **Chiaraferragni**. 2023. Disponível em: https://www.instagram.com/chiaraferragni/. Acesso em: 20 dez. 2023.
153. INSTAGRAM. **Camilacoelho**. 2023. Disponível em: https://www.instagram.com/camilacoelho. Acesso em: 20 dez. 2023.
154. INSTAGRAM. **Oliviapalermo**. 2023. Disponível em: https://www.instagram.com/oliviapalermo/. Acesso em: 20 dez. 2023.
155. INSTAGRAM. **Karenwazen**. 2023. Disponível em: https://www.instagram.com/karenwazen/. Acesso em: 20 dez. 2023.
156. INSTAGRAM. **Sincerelyjules**. 2023. Disponível em: https://www.instagram.com/sincerelyjules/. Acesso em: 20 dez. 2023.

Aimee Song (7,3 milhões)[157], Negin Mirsalehi (7 milhões)[158], Alexa Chung (6,3 milhões)[159] e Lauren Conrad (6 milhões)[160].

Com o advento das mídias sociais, as tendências da moda se difundem de forma célere, sendo que, os influenciadores possuem alto potencial de convencimento – com base em uma sensação de confiança e credibilidade preestabelecida – junto aos seus seguidores, e, por conseguinte, influenciam a aquisição de produtos ou serviços no mercado de consumo.

> [...]. Hoje as chamadas "blogueiras" tornaram-se ícones de moda e de comportamento e estão conquistando espaços e investimentos nos veículos de comunicação. As blogueiras tornaram-se grandes formadoras de opinião ou, em uma linguagem mais atual, digital influencers.
>
> Quando as pessoas se tornam "seguidoras" desse tipo de personalidade, elas provavelmente desenvolvem algum tipo de sentimento de confiança naquela pessoa que está por trás daqueles textos ou fotos. Independente do conteúdo, as pessoas querem saber a posição de uma blogueira sobre determinado assunto, produto ou serviço oferecido e assim forma-se uma opinião de determinada marca ou tendência.[161]

Se antes os blogs e revistas possuíam maior relevância, atualmente, o conteúdo visual – e não escrito – é o que chama a atenção dos novos consumidores, que se tornaram o público-alvo de maior destaque na relação comercial.

> O crescimento de plataformas como o YouTube, a entrada da noção de influenciador digital, o crescimento de plataformas de redes sociais como o Instagram afastou o público da leitura dos blogs. O conteúdo produzido pelas blogueiras em múltiplas plataformas causou uma reação no público: ao poder escolher em qual mídia consumir, os blogs passaram a ser preteridos.[162]

Logo, é possível concluir que tais personalidades digitais atuam como vetores das tendências atuais de consumo, em especial, nas hipóteses em que se encontram relacionadas à moda, emitindo opiniões referentes à maneira de se vestir, quais modelos de

---

157. INSTAGRAM. **Aimeesong.** 2023. Disponível em: https://www.instagram.com/aimeesong/. Acesso em: 20 dez. 2023.
158. INSTAGRAM. **Negin_mirsalehi.** 2023. Disponível em: https://www.instagram.com/negin_mirsalehi/. Acesso em: 20 dez. 2023.
159. INSTAGRAM. **Alexachung.** 2023. Disponível em: https://www.instagram.com/alexachung/. Acesso em: 20 dez. 2023.
160. INSTAGRAM. **Laurenconrad.** 2023. Disponível em: https://www.instagram.com/laurenconrad/. Acesso em: 20 dez. 2023.
161. BORGES, Carlise Nascimento. A nova comunicação e o advento dos digital influencers: pesquisa realizada sobre blogueiras de moda. *In*: XVIII CONGRESSO DE CIÊNCIAS DA COMUNICAÇÃO NA REGIÃO CENTRO-OESTE, 2016, Goiânia. MÉDOLA, Ana Silvia Lopes Davi; BARBOSA, Maria do Carmo Silva; FERREIRA, Adriana Rodrigues (Orgs.). **Anais** [...]. São Paulo: Sociedade Brasileira de Estudos Interdisciplinares da Comunicação (Intercom), 2016, p.7.
162. KARHAWI, Issaaf. **De blogueira à influenciadora:** motivações, *ethos* e etapas profissionais na blogosfera de moda brasileira. 2018. Tese de Doutorado. 330f. Tese (Doutorado em Ciências da Comunicação) Universidade de São Paulo, São Paulo, 2018, p.193. Disponível em: https://teses.usp.br/teses/disponiveis/27/27152/tde-17092018-163855/pt-br.php. Acesso em: 20 dez. 2023.

roupas se encontram em voga para determinada ocasião, evento ou estação, quais acessórios possuem melhor padrão com certos modelos de roupa, dentre outros elementos.

> Os líderes de opinião influenciam as opiniões dos consumidores com seu estilo pessoal e comentários sobre tendências. Outros recorrem a eles para obter conselhos e informações. Especialmente na moda, os líderes de opinião podem ser encontrados em editores de revistas, designers, estilistas de celebridades e consumidores de moda. Comunidades online, especialmente blogs, permitiram que consumidores desconhecidos construíssem uma identidade de formadora de opinião de moda porque o público pode alcançá-los facilmente online (Schau & Gilly 2003, 394). Os líderes de opinião de moda são considerados especialistas em moda ou como detentores de um conhecimento único sobre moda pelos buscadores de opinião de moda (Bertrandias & Goldsmith 2006, 27-28; Kretz & de Valck 2010, 319). Os líderes de opinião geralmente mostram seus conhecimentos visual e verbalmente, ou seja, com fotos de estilo pessoal e nomes de designers e varejistas.[163]

É notável e compreensível a rápida ascensão dos *fashion influencers* nas redes sociais, assumindo o *status* de comunicadores e divulgadores das últimas tendências da moda para seus seguidores, que se espelham, principalmente, no comportamento e hábitos de consumo dos *influencers* no segmento da moda.

Nessa perspectiva, no âmbito do mercado de consumo digital, é relevante destacar que as "marcas procuram se aproximar do seu público-alvo através dos influenciadores digitais com a produção de conteúdo. Um dos tipos de conteúdo são os publieditoriais, posts pagos com objetivo de divulgar, anunciar ou vender determinado produto"[164], com a finalidade de otimizar a atividade publicitária de produtos, serviços e marcas, junto aos consumidores.

Portando, os influenciadores digitais representam uma relevante estratégia de *marketing* dos fornecedores para atingir o público-alvo desejado.

> A opinião dos consumidores é influenciada pela troca de opiniões entre consumidores, que ocorre no mundo online. A influência é definida como a intenção de formar um ambiente propício para afetar a opinião de uma pessoa sobre uma determinada marca e os *bloggers* são influenciadores digitais que conseguem influenciar os outros nas suas opiniões. Isto acontece porque hoje, os consumidores valorizam a opinião de outros consumidores que já experimentaram determinado produto ou marca. Esta perspectiva indica que se as marcas estiverem presentes em *blogs* de moda, no mundo online, onde os consumidores e influenciadores trocam a opiniões entre si, pode influenciar a opinião dos consumidores

---

163. No original: "Opinion leaders influence consumers opinions with their personal style and comments about trends. Others turn to them for advice and information. Especially in fashion, opinion leaders can be found in magazine editors, designers, celebrity stylists, and fashion consumers. Online communities, especially blogs, have enabled unknown consumers to build a fashion opinion leader identity because the public can reach them easily online (Schau & Gilly 2003, 394). Fashion opinion leaders are regarded as experts in fashion or as having a unique knowledge about fashion by fashion opinion seekers (Bertrandias & Goldsmith 2006, 27-28; Kretz & de Valck 2010, 319). Opinion leaders usually show their expertise visually and verbally, i.e. with pictures of personal style and names of designers and retailers." (KULMALA, Marianne. **Electronic word-of-mouth in consumer fashion blogs:** a netnographic study. 2011. Dissertation (Master in Marketing). University of Tampere, School of Management, Marketing, 2011, p.15. Available from: http://tampub.uta.fi/bitstream/handle/10024/82564/gradu05048.pdf?sequence=1. Access on: Apr. 15 2023).
164. LOPES, Poliana; BRANDT, Karine. We Love Fashion Blogs: estratégias de aproximação da Petite Jolie com produtoras de conteúdo digitais. **Revista Temática**, v.12, n.3, p.124-137, 2016, p.130.

sobre as marcas, porque os influenciadores digitais e a influência têm a intenção de afetar a opinião de uma pessoa.¹⁶⁵

Com efeito, a indústria da moda vislumbrou a possibilidade de implementar diversas estratégias comerciais com esteio na utilização do marketing de influência, dentre as quais, se ressalta a contratação de influenciadores digitais para promoção de marcas, produtos ou serviços *em plataformas digitais do influenciador* ou *dos fornecedores*.

Nesse cenário, se verificou um elevado investimento em marketing de influência pela indústria da moda, perfectibilizado por meio da contratação de inúmeros influenciadores digitais para a divulgação de produtos e serviços relacionados à moda, em seus mais diversos setores, obtendo, por conseguinte, um excelente retorno para fornecedores e marcas em relação a atividade publicitária realizada nas plataformas digitais, notadamente, pela credibilidade, intimidade e proximidade direta dos *influencers* com o público consumidor (seguidores) do segmento da moda.

O universo digital, dominado pelos "*millennials*" e gerações posteriores, proporcionou espaço para que conteúdos de moda fossem reinventados e impulsionados por novas técnicas publicitárias, criando padrões de identificação social destinados à experiência do usuário (*user experience – UX*).

> As praças das cidades europeias e os shoppings das cidades asiáticas e americanas foram substituídos em alguns aspectos pelo ambiente digital, quanto à agregação e socialização. Além disso, o digital revelou a importância do conteúdo gerado pelo usuário, que para os Millennials se torna a principal fonte e é considerada a mais confiável. Fontes de inspiração e, portanto, de relacionamento com marcas, também se tornaram digitais.¹⁶⁶ (Tradução nossa)

Nesse giro, os seguidores acompanham, diuturnamente, todo o conteúdo publicitário divulgado pelos *influencers* nas plataformas digitais, espelhando-se no estilo de vida dos mesmos, por meio de modelos de pertencimento alcançáveis, pela aquisição de roupas, joias, sapatos e demais acessórios anunciados pelos *fashion influencers*. O *status* de pertencimento é alcançado, em parte, pela busca pela reprodução da imagem visual dos influenciadores, direcionando tendências de consumo para seus seguidores.

---

165. FERNANDES, Vera Mónica Almeida. **Blogs de Moda:** Os novos social media influencers e o impacto que estes criam na estratégia de comunicação das marcas. Lisboa, 2016. Dissertação de Mestrado – Departamento de Gestão e Estratégia Empresarial: Laurete International Universities de Lisboa, 2016, p.52.
166. No original: "The squares of the European cities and the mall of the Asian and American cities have been replaced in some ways by the digital environment, as for aggregation and socialization. In addition, the digital has revealed the importance of user-generated content, that for Millennials becomes the main source and it is considered the most reliable. Sources of inspiration, and therefore of relationships with brands, also become digital". (GUERINI, Nicola. Fashion versus Fashion: where is the change going? The impact of dismantling old rules of the industry and the role of the Made in Italy in front of new changes. *In:* SOARES, Renata Domingues Balbino Munhoz (Coord.). **Fashion law:** Direito da Moda. São Paulo: Almedina, 2019. [E-book].

Outra empresa a eleger um influenciador como o rosto de sua campanha foi a Tresemmé, em julho de 2015. A peça publicitária foi protagonizada por Camila Coelho, blogueira e youtuber de beleza, com quase 2,5 milhões de inscritos apenas em seu canal no YouTube.[167]

Portanto, a indústria de moda se valeu, principalmente, nos últimos anos, de tais celebridades digitais para se posicionar de forma ainda mais intensa no mercado de consumo, com crescimento exponencial e alcançando elevadas margens de lucro[168], uma vez que o desejo de identificação com os *influencers* por parte dos seguidores é notório, posto que os influenciadores de moda são reconhecidos como "*gurus da moda*" para a geração *millenial*.

Issaaf Karhawi descreve com precisão o contexto das parcerias estabelecidas entre os fornecedores e os *digital influencers* no âmbito da indústria da moda:

> Outra possibilidade de parceria com influenciadores é a criação e desenvolvimento de produtos. Várias marcas têm lançado mão dessa prática há anos. Em 2011, por exemplo, a Tracta, marca de maquiagem da Farmaervas, lançou o projeto TractaBlogs. O projeto, que perdura até hoje, consiste na criação de batons assinados por blogueiras de beleza. As jovens têm liberdade durante todo o processo de desenvolvimento do produto: vão à fábrica da Farmaervas, escolhem a cor, textura e fixação do batom que é vendido no ecommerce da Tracta. Nesse projeto, as blogueiras não estabelecem vínculo com a empresa, mas recebem por royalties. Portanto, tudo depende do poder de venda da própria blogueira.
>
> Outro exemplo é o da marca de joias Monte Carlo que lançou em março de 2016 o *Jolie by Youtubers*, uma coleção de pingentes para pulseiras assinada pelas youtubers de beleza e moda Boca Rosa, Niina Secrets e Taciele Alcoela; pela youtuber Kéfera e pela blogueira e escritora Bruna Vieira. Os pingentes estão à venda em todas as lojas físicas da Monte Carlo. Neste tipo de parceria, o foco está tanto na expertise do influenciador quanto na sua imagem e assinatura.[169]

Logo, é fundamental, no âmbito das relações jurídicas de consumo, a disponibilização de informações qualificadas (claras, precisas, ostensivas e corretas) ao consumidor sobre a realização de parcerias desenvolvidas entre fornecedores e *digital influencer*, bem como de promoção de atividade publicitária de produto, serviço ou marca dos fornecedores no mercado de consumo digital.

Lado outro, *a falta de identificação do caráter publicitário nas postagens*, ofende preceitos normativos do Direito do Consumidor e éticos do CONAR, bem como os termos de uso das plataformas digitais.

---

167. KARHAWI, Issaaf. Influenciadores digitais: o Eu como mercadoria. *In*: SAAD, Elizabeth; SILVEIRA, Stefanie C. (Orgs.). **Tendências em comunicação digital.** São Paulo: ECA/USP, 2016, p.53. Disponível em: http://www.livrosabertos.sibi.usp.br/portaldelivrosUSP/catalog/download/87/75/365-1?inline=1. Acesso em: 20 dez. 2023.
168. HASSAN, Siti Hasnah; TEO, Shao Zhen; RAMAYAH, T.; AL-KUMAIM, Nabil Hasan. **PlosONE.** mar. 29, 2021. Available from: https://journals.plos.org/plosone/article?id=10.1371/journal.pone.0249286. Access on: Dec. 20, 2023.
169. KARHAWI, Issaaf. Influenciadores digitais: o Eu como mercadoria. *In*: SAAD, Elizabeth; SILVEIRA, Stefanie C. (Orgs.). **Tendências em comunicação digital.** São Paulo: ECA/USP, 2016, p.54. Disponível em: http://www.livrosabertos.sibi.usp.br/portaldelivrosUSP/catalog/download/87/75/365-1?inline=1. Acesso em: 20 dez. 2023. Nesse sentido ver: KAC, Larissa Andréa Carasso. A relação entre os influenciadores digitais e os anunciantes: aspectos legais pertinentes a esta contratação na indústria da moda. *In*: SOUZA, Regina Cirino Alves Ferreira. **Fashion Law:** direito da moda. São Paulo: D´Plácido, 2019.

Contudo, é relevante destacar que nas hipóteses em que o *influencer* divulga fotos, vídeos ou *posts* em suas redes sociais, sem o intuito de promover produto, serviço ou marca, se caracteriza o denominado *"friendly advice"* (aconselhamento amigo).

Nesse sentido, se torna uma tarefa árdua, proceder ao exame e distinção sobre a identificação de publicidade oculta divulgada pelo *influencer* do aconselhamento amigo realizado pelo influenciador junto aos seus seguidores. Essa zona cinzenta demonstra que não é possível, aprioristicamente, averiguar e diferenciar, adequadamente, a divulgação de atividade publicitária (seja por mero *product placement* ou outras técnicas publicitárias) do exercício do *friendly advice* pelos influenciadores digitais nas mídias sociais.

Para tanto, é necessário proceder a uma análise criteriosa da produção de conteúdo e das postagens realizadas pelo influenciador digital nas redes sociais, com a finalidade de se permitir a adequada compreensão sobre a atuação do *influencer*, qualificando-a como conteúdo patrocinado veiculado por meio de publicidade oculta (não identificada) ou de verdadeiro aconselhamento amigo da celebridade digital aos seus seguidores, sem qualquer conteúdo econômico.

Especificamente no segmento da moda, tal controvérsia se evidencia pelo fato dos *influencers*, em sua atuação nas redes sociais, utilizarem, rotineiramente, roupas e acessórios de marcas renomadas na produção de conteúdo para seus seguidores, sem necessariamente estarem sendo patrocinados ou tendo firmado parcerias com os referidos fornecedores, de modo que, os produtos ou marcas seriam somente parte da composição dos elementos constitutivos das postagens.

Não obstante, em determinadas circunstâncias, se verifica que alguns influenciadores digitais e fornecedores se aproveitam dessa situação para promover a produção de conteúdo sobre produtos, serviços ou marcas nas plataformas digitais, *sem qualquer identificação acerca da natureza da atividade publicitária patrocinada*, constatando-se a prática comercial abusiva de veiculação de publicidade oculta, clandestina ou furtiva.[170]

Um dos casos mais famosos relacionados a divulgação de publicidade oculta em plataformas digitais, envolveu a renomada *griffe* de roupas americana *"Lord & Taylor"* e *diversas influenciadoras digitais do segmento da moda*, em uma estratégia de marketing de influência realizada no *Instagram* em 2015.

> Para divulgar o bem, a anunciante decidiu fazer uso da chamada publicidade nativa e, por isso, assinou um contrato com a Nylon, revista de moda online, para publicar um artigo sobre a coleção Design Lab com uma foto do vestido de Paisley. Além disso, solicitou a publicação de uma foto do vestido de Paysley em seu Instagram. Posteriormente, recrutou uma equipe de influenciadores de moda que tinham muitos seguidores nas plataformas digitais. Realizou a entrega do vestido para 50 influenciadores e pagou entre

---

[170]. Nesse sentido ver: MUDGE, Amy Ralph. Native advertising, influencers, and endorsements: Where is the line between integrated content and deceptively formatted advertising? **Antitrust**, v.31, n.3, p.80-85, Summer, 2017. Available from: https://www.lexology.com/library/detail.aspx?g=602f96a4-365b-45a1-a4c6-76c183f12b20. Access on: Dec. 20, 2023.

US$ 1.000 e US$ 4.000 para postar fotos de si mesmas no vestido no Instagram no mesmo fim de semana, sob a campanha 'bomba produto' – o mesmo fim de semana em que Nylon postou a foto do vestido Lord &Taylor.[171] (Tradução nossa)

Com efeito, o vestido utilizado pelas influenciadoras se esgotou em questão de dias, tendo a campanha publicitária atingido quase *11,4 (onze vírgula quatro) milhões de usuários* do *Instagram*[172], traduzindo-se em verdadeiro sucesso comercial obtido pela estratégia de marketing de influência realizado com as personalidades digitais.

> Um dos primeiros e mais marcantes casos de marketing de influência no campo da moda ocorreu em 2015, incentivado pela empresa americana Lord and Taylor (imagem 1). Esta marca pediu a 50 instagramers líderes para carregar uma foto no mesmo dia e ao mesmo tempo com um determinado vestido da sua nova coleção, fazendo com que a peça esgotasse depois de alguns dias. Com essa iniciativa, a marca conseguiu que o vestido fosse visto pelos consumidores como um must-have, estimulando-os a adquiri-lo. Com este exemplo, a indústria entendeu que a capacidade de convicção é intensamente superior se vier de uma voz próxima ao consumidor, na qual ele tenha confiança e possa ter uma conexão, apesar de seus esforços publicitários.[173] (Tradução nossa)

A referida ação publicitária se utilizou de técnicas de marketing de persuasão e convencimento, mascaradas como se *não fossem um anúncio*, mas sim *mera utilização de um modelo de roupa pelas influenciadoras*, proporcionando aos seguidores o desejo de compra subconsciente, de forma em que o vestido foi visto como um "*must-have*".

Outrossim, a estratégia de marketing de influência, fora considerada como um dos *primeiros e mais notórios casos relacionados à publicidade oculta*, uma vez que as fotos não continham clara identificação publicitária, mesmo sendo atividade publicitária remunerada pela *"Lord & Taylor"*.

---

171. No original: "Con el fin de promocionar el bien, el anunciante decidió hacer uso de la denominada publicidad nativa por lo que firmó un contrato para que Nylon, una revista de moda en línea, publicara un artículo sobre la colección Design Lab con una foto del vestido de Paisley. Adicionalmente, solicitó la publicación de una foto del vestido de Paysley en su Instagram. Posteriormente procedió a reclutar un equipo de influenciadores de la moda que contaban con un número masivo de seguidores en plataformas sociales. Hizo entrega del vestido a 50 influenciadores y les pagó entre $ 1,000 y $ 4,000 para publicar fotos de ellos mismos con el vestido en Instagram en un fin de semana específico bajo la campaña "bomba producto" – el mismo fin de semana en el que Nylon publicó la foto con el vestido de Lord & Taylor". (RODRÍGUEZ CORZO, Cristina. **¿Engaño al consumidor?:** nuevas formas de publicidad en la era digital y sus retos regulatorios en Colombia. 2018. Tesis de Maestría. 2018. 47f. Tesis (Maestría en Derecho Privado) Facultad de Derecho, Universidad de los Andes, 2018, p.18. Disponible en: https://repositorio.uniandes.edu.co/handle/1992/34954?show=full. Acceso en: 20 dec. 2023).
172. FEDERAL TRADE COMISSION. **Lord and Taylor settles FTC charges it deceived consumers through.** 2016. Available from: https://www.ftc.gov/news-events/press-releases/2016/03/lord-taylor-settles-ftc-charges-it-deceived-consumers-through. Access on: Dec. 20, 2023.
173. No original: "One of the first and most outstanding cases of influence marketing in the field of fashion was launched in 2015, encouraged by the American firm Lord and Taylor (image 1). This brand asked 50 leading instagramers to upload a photo on the same day and at the same time with a particular dress from their new collection, making the garment run out after a few days. With this initiative, the brand achieved that the dress was seen by consumers as a must have, stimulating them to acquire it. With this example the industry understood that the capacity for conviction is powerfully superior if it comes from a close voice, in which it has trust and may have a trademark despite its advertising efforts". (GONZÁLEZ FERNÁNDEZ, Cristina *et al.*. Fashion influencers and Instagram. A quasi-perfect binomial. **Studies in Communication Sciences**, v.18, n.2, p.425-437, 2019, p.428).

O Federal Trade Commission (FTC) analisou o caso, sendo que, posteriormente, se firmou um acordo com a grife americana, no qual assumiu o desrespeito às normas de publicidade, nos seguintes termos:

> A varejista americana Lord & Taylor concordou em fechar um acordo com a Comissão Federal do Comércio, relativamente às acusações de que teria enganado os consumidores pagando por anúncios, inclusive por meio de um artigo no site Nylon e uma publicação na conta do Instagram Nylon, sem revelar que as postagens, na verdade, eram publicidades pagas para promover a coleção de roupas 2015 do laboratório de design da empresa.
>
> A denúncia da Comissão também acusa a empresa de que, como parte do lançamento do laboratório de design da empresa, Lord & Taylor pagou 50 'influenciadoras' do segmento da moda para postar fotos no Instagram de si mesmas usando o mesmo vestido da nova coleção, todavia não informou ao público que deu o vestido para as influenciadoras, assim como milhares de dólares, como forma de remuneração pela realização da publicidade.
>
> Ao fechar o acordo, Lord & Taylor está proibida de informar de forma inadequada que os anúncios pagos são de uma fonte independente e é obrigada a garantir que suas influenciadoras divulguem claramente a natureza publicitária quando forem compensadas em troca de suas publicações.[174] (Tradução nossa)

Destarte, o referido caso teve repercussões de grande relevância para o estudo e regulamentação da publicidade realizada por influenciadores digitais, uma vez que o acontecimento expôs a premente necessidade de estabelecimento de regulamentação para a veiculação de conteúdo publicitário nas plataformas digitais pelas personalidades virtuais.

Por fim, os fornecedores perceberam que a utilização de estratégias de marketing com *influencers* possuía alto impacto no público-alvo, posto que os influenciadores digitais desenvolvem atividade publicitária junto aos seguidores, com credibilidade, intimidade e proximidade.

No âmbito brasileiro, inúmeras são as Representações no CONAR envolvendo a *ausência de identificação publicitária* em produtos e serviços relacionados à moda.

Na Representação 256/20, um consumidor considerou que anúncios nas redes sociais das influenciadoras Bruna Marquezine e Isabella Fiorentino Hawilla, promovendo produtos da Arezzo, desatendiam recomendações relacionadas à correta identificação

---

174. No original: "National retailer Lord & Taylor has agreed to settle Federal Trade Commission charges that it deceived consumers by paying for native advertisements, including a seemingly objective article in the online publication Nylon and a Nylon Instagram post, without disclosing that the posts actually were paid promotions for the company's 2015 Design Lab clothing collection.
    The Commission's complaint also charges that as part of the Design Lab rollout, Lord & Taylor paid 50 online fashion "influencers" to post Instagram pictures of themselves wearing the same paisley dress from the new collection, but failed to disclose they had given each influencer the dress, as well as thousands of dollars, in exchange for their endorsement.
    In settling the charges, Lord & Taylor is prohibited from misrepresenting that paid ads are from an independent source, and is required to ensure that its influencers clearly disclose when they have been compensated in exchange for their endorsements". (FEDERAL TRADE COMISSION. **Lord and Taylor settles FTC charges it deceived consumers through.** 2016. Available from: https://www.ftc.gov/news-events/press-releases/2016/03/lord-taylor-settles-ftc-charges-it-deceived-consumers-through. Access on: Dec. 20, 2023).

da sua natureza publicitária. Diante da ciência da Representação, a fornecedora (Arezzo) solicitou, de forma imediata, às influenciadoras a correção das postagens.[175]

Já na Representação 158/20,[176] consumidores consideraram que uma publicidade veiculada pela influenciadora de moda Thássia Naves, não estava claramente identificada como tal, sendo que a situação poderia induzir os seguidores a pensarem se tratar de um aconselhamento amigo (*friendly advice*). No referido caso, o Relator concordou com os termos das denúncias dos consumidores e recomendou a alteração agravada por advertência à "empresa" L'Occitane e Thassia Naves, sendo acompanhado por unanimidade em seu voto.

Interessante notar que após a publicação do *Guia de Publicidade por Influenciadores Digitais* do CONAR, em dezembro de 2020, as Representações envolvendo a falta da correta identificação publicitária diminuíram, uma vez que as personalidades digitais, de forma preventiva, passaram a adotar a menção do termo *"publi"* e a indicação da *"tag"* parceria paga.

O termo *"publi"*, inclusive, se tornou notório no ambiente virtual, sendo considerado o mais utilizado em termos gerais, ainda que o CONAR permita outras formas de identificação, desde que claras ao consumidor.

Na mencionada Representação 158/20, julgada anteriormente ao advento do referido Guia, a influenciadora Thassia Naves inseriu a *hashtag* "*ad*" na postagem (diminutivo de *advertising*), de forma também disfarçada, ao final do texto elaborado. A direção do CONAR, contudo, entendeu que o termo escolhido poderia não ser

---

175. **Ementa:** Consumidor enviou e-mail ao Conar, considerando que anúncios em redes sociais das influenciadoras Bruna Marquezine e Isabella Fiorentino Hawilla, promovendo produtos da Arezzo, desatendem recomendações do Código em relação à correta identificação da sua natureza publicitária. A anunciante confirmou manter contrato de divulgação com as influenciadoras e que solicitou a elas, tão logo informada da representação em trânsito no Conar, que corrigissem as postagens, o que foi feito de imediato. No mérito, a anunciante considerou serem evidentes os propósitos publicitários das postagens. Também, as duas influenciadoras enviaram explicações ao Conar, em linha com os argumentos da Arezzo. A relatora votou pela alteração das postagens que deram origem a esta representação, considerando "a necessidade de padronização para que as publicidades sejam de fácil e clara identificação pelos consumidores". Seu voto foi aceito por unanimidade. (CONAR. Conselho Nacional de Autorregulamentação Publicitária. Representação nº 256/20. 7ª Câmara do Conselho de Ética. Decisão: Alteração. Relator: Conselheira Camila Felix Moreira, julg. maio 2021. **CONAR.** Disponível em: http://www.conar.org.br/processos/detcaso.php?id=5706. Acesso em: 20 dez. 2023).
176. **Ementa:** Pouco mais de uma dezena de reclamações de consumidores motivaram esta representação, contra postagem em redes sociais de produto L'Occitane, divulgado por Thassia Naves. Os consumidores consideram que a publicidade não está claramente identificada como tal, podendo ser confundida com conteúdo editorial. A direção do Conar notou que, após as denúncias, foi inserida a informação "#AD" na postagem, mas de forma diluída, apenas ao final do texto e com escolha de termo que pode não ser compreendido por larga parcela de consumidores. Em suas defesas, influenciadora e anunciante reconhecem falha em não mencionar a natureza publicitária da postagem, por isso tendo sido feita a correção. O relator concordou com os termos das denúncias dos consumidores e recomendou a alteração agravada por advertência à L'Occitane e Thassia Naves, sendo acompanhado por unanimidade. (CONAR. Conselho Nacional de Autorregulamentação Publicitária. Representação nº 158/20. 6ª Câmara do Conselho de Ética. Decisão: Alteração e advertência. Relator: Conselheiro Péricles D'Ávila Mendes Neto, julg. out. 2020. **CONAR.** Disponível em: http://www.conar.org.br/processos/detcaso.php?id=5569. Acesso em: 20 dez. 2023).

compreendido por larga parcela dos seguidores, determinando a urgente necessidade de alteração.

No âmbito da Europa, a Assembleia Nacional Francesa votou, em março de 2023, um projeto de lei que obriga influenciadores e celebridades a sinalizarem, em suas fotos postadas em redes sociais, se utilizaram filtros ou aplicativos de montagem (edição de fotografias)[177]. A intenção da referida legislação é de "diminuir o impacto psicológico" causado pelos inalcançáveis padrões de beleza impostos por tais celebridades, sendo que muitas dessas fotos postadas passam por um processo de edição para refletir em uma aparência melhorada que, em verdade, é irreal.

A legislação francesa, inclusive, é pioneira, ao definir "influenciador" como "qualquer pessoa que usa sua notoriedade para compartilhar conteúdo digital que promova bens ou causas, de forma direta ou indireta, em troca de contrapartida financeira".[178]

A legislação, ainda, prevê que qualquer pessoa que se enquadre nessa definição será obrigado a divulgar de forma "clara, legível e identificável" e "durante toda a promoção" se estava sendo pago para anunciar bens, serviços ou causas. A lei esclarece que a regulamentação para os anunciantes, também, se aplica aos influenciadores, ampliando, assim, a responsabilidade dos mesmos.

Por fim, resta, ainda, analisar a utilização pela indústria da moda dos denominados *influenciadores digitais virtuais ou influenciadores artificiais*, que desenvolvem atividade publicitária de marketing de influência, em diversos setores da moda.[179]

Nesse contexto, *influencers virtuais* promovem diversas *marcas e produtos* da indústria da moda, por meio da divulgação de lojas de departamento, lojas de roupas, marcas de *streetwear* e marcas de luxo, dentre outras, com destaque para os influenciadores: *Lil Miquela*[180] (Calvin Klein, Prada, PacSun Soho Store, Omweekend Clouthes); *Noonoouri*[181] (Dior, Valentino, Versace, Balenciaga, Diesel); *Imma.gram*[182] (Valentino, Hermes, Tiffany e Co., Prada, Diesel, Balenciaga, Fendi, Carl F. Bucherer Swiss Luxury

---

177. HOLLMANN, Tom. La loi influenceurs votée à l'Assemblée, ce qu'en pensent les interesses. **HuffPost.** 2023. Disponible sur: https://www.huffingtonpost.fr/france/video/la-loi-influenceurs-votee-a-l-assemblee-ce-qu-en-pensent-les-interesses-clx2_215797.html. Accès à: 20 déc. 2023.
178. TIMSIT, Annabelle. Should influencers fess up about their filters? France may force them to. **The Washington Post.** 2023. Available from: https://www.washingtonpost.com/world/2023/04/05/france-influencer-bill-filters/. Access on: Dec. 20, 2023.
179. Nesse sentido ver: PINHEIRO, Patrícia Peck Garrido; NASCIMENTO, Camila Bruna do. Direito de imagem e proteção de dados pessoais dos influenciadores digitais. *In:* HACKEROTT, Nadia Andreotti Tüchumantel (Coord.). **Influenciadores digitais e seus desafios jurídicos.** São Paulo: Thomson Reuters Brasil, 2023, p.83.
180. INSTAGRAM. **Lilmiquela.** 2023. Disponível em: https://www.instagram.com/lilmiquela/. Acesso em: 20 dez. 2023.
181. INSTAGRAM. **Noonoouri.** 2023. Disponível em: https://www.instagram.com/noonoouri/. Acesso em: 20 dez. 2023.
182. INSTAGRAM. **Imma.gram.** 2023. Disponível em: https://www.instagram.com/imma.gram/. Acesso em: 20 dez. 2023.

Watches, Marimekko – Finnish Lifestyle Design); *Blawko22*[183] (Balenciaga, Gucci, Nike); *Janky*[184] (Tommy Hilfiger, Nike, Redbull, Golf Wang Store e *Collabs* com joalherias), *Guggimon*[185] (Tommy Hilfiger, Nike, Redbull, Gucci, Ross Dress for Less, Moschino).

6.5 SAÚDE

A área relativa à saúde, também, assume relevante destaque no nicho dos influenciadores digitais. É cada vez mais comum vislumbrar médicos, cirurgiões dentistas, fisioterapeutas, nutricionistas, dentre outros profissionais do segmento da saúde, atuando em plataformas digitais, por meio de perfis digitais pessoais e/ou profissionais, com milhares de seguidores, palestrando sobre conteúdos de sua respectiva área, respondendo dúvidas e, ainda, promovendo marcas, produtos ou serviços.

Daí a necessidade de se proceder a um exame criterioso sobre a atuação dos referidos profissionais, nas redes sociais, para se verificar se a atividade publicitária realizada no ambiente digital, *se encontra ou não*, em consonância com as determinações do Decreto-lei 4.113/1942, os preceitos normativos estabelecidos pelo Código de Defesa do Consumidor, pelo Código Brasileiro de Autorregulamentação Publicitária do CONAR e demais regulamentações normativas dos Conselhos Profissionais de cada segmento específico da área da saúde.

6.5.1 Médicos Influenciadores (*Doctor Influencers or Medical Influencers*)

O marketing de influência para profissionais de medicina não é vedado, sendo, portanto, considerado lícito, desde que seja norteado pelos limites legais e éticos, estabelecidos pelo Decreto-lei 4.113/1942, pelo Código de Defesa do Consumidor (CDC), pelo Código Brasileiro de Autorregulamentação Publicitária (CBAP) do Conselho de Autorregulamentação Publicitária (CONAR) e pelas Resoluções do Conselho Federal de Medicina (CFM).

> Compreender que o avanço tecnológico integra a realidade da maior parte dos seres humanos é basilar para prosseguir a questão das redes sociais e medicina. O médico antes de ser profissional é cidadão como os demais e está inserido na dinâmica do uso da web, seja com um perfil pessoal ou utilizando-se de um perfil profissional, ou seja, está incluído nos dados acima mencionados.[186]

Contudo, a realidade demonstra que alguns influenciadores digitais do mencionado ramo se utilizam de suas plataformas digitais como meio de *autopromoção*,

---

183. INSTAGRAM. **Blawko22.** 2023. Disponível em: https://www.instagram.com/imma.gram/. Acesso em: 20 dez. 2023.
184. INSTAGRAM. **Janky.** 2023. Disponível em: https://www.instagram.com/janky/. Acesso em: 20 dez. 2023.
185. INSTAGRAM. **Guggimon.** 2023. Disponível em: https://www.instagram.com/guggimon/. Acesso em: 20 dez. 2023.
186. MACHADO, Yasmin Aparecida Folha. Redes sociais e a publicidade médica: breve análise entre Brasil e Portugal. **Revista de Direito e Medicina** [recurso eletrônico], São Paulo, Thomson Reuters Brasil, n.5, p.1-14, jan./abr. 2020.

sensacionalismo e mercantilização da profissão, em patente descumprimento aos preceitos éticos preconizados pelo Conselho Federal de Medicina.

> O profissional da área da saúde, em especial o médico, é livre para produzir seu marketing mediante publicidade. Entretanto, essa liberdade não é tão ampla como pode parecer; na verdade, é cuidadosamente regulamentada pelo CEM e por resoluções autárquicas, que definem o que pode ou não ser feito em relação à publicidade médica.[187]

A questão da regulamentação da publicidade médica, sobretudo, nas mídias digitais, é temática que promove grandes debates acerca da zona cinzenta ocasionada pelas lacunas existentes com relação aos avanços tecnológicos contemporâneos que, guiados pela manifesta celeridade cotidiana, não permitem que regulamentações com maior eficácia e especificidades surjam no ritmo considerado como necessário.

Sobre este tema, disserta Lunélia Amaral Lima:

> É notório que há uma preocupação do Conselho Federal de Medicina (CFM) em acrescentar normas referentes às condutas médicas no campo digital, uma vez que as resoluções tratam também sobre o uso da publicidade médica em sites e portais na Internet. Entretanto, as novas resoluções existentes se referem às publicações na Internet como um todo, sem nenhum tipo de especificação em relação ao uso dos recursos e à dinâmica das possibilidades de exposição, exibição e publicização existentes nas redes e mídias sociais digitais. Ainda não há nenhuma regulamentação que cite por exemplo, WhatsApp, Instagram, Facebook ou YouTube, a fim de estabelecer de forma clara qual deve ser a conduta médica nesses territórios.[188]

Paula Moura Francesconi de Lemos Pereira e Carolina Silva Mildemberger, por sua vez, destacam que:

> O objetivo das restrições éticas publicitárias é zelar e promover o bom desempenho ético da Medicina e de seus profissionais, manter uma publicidade e propaganda voltada para fins informacionais para atender os interesses da população em geral – saúde pública –, e divulgação dos serviços médicos sem que haja autopromoção, sensacionalismo ou um viés mercantilista, já que o centro de interesse é a saúde, a vida humana. Todavia, ela precisa observar o novo ambiente cibernético que envolve todas as áreas de atuação profissional, inclusive a Medicina.[189]

Ainda que exista uma carência de normas e regulamentações de viés específico para todos nichos presentes no universo digital, o conteúdo normativo existente é cristalino no sentido de que "*influenciadores médicos*" devem nortear sua atuação nas

---

187. ROMEIRO, Dandara Araruna; MASCARENHAS, Igor de Lucena; GODINHO, Adriano Marteleto. Descumprimento da ética médica em publicidade: impactos na responsabilidade civil. **Revista Bioética**, Conselho Federal de Medicina, v.30, n.1, p.27-35, 2022, p.29-30. Nesse sentido ver: MACHADO, Yasmin Aparecida Folha. Redes sociais e a publicidade médica: breve análise entre Brasil e Portugal. **Revista de Direito e Medicina** [recurso eletrônico], São Paulo, Thomson Reuters Brasil, n.5, p.1-14, jan./abr. 2020.
188. LIMA, Lunélia Amaral. Consumo, vida saudável e redes sociais digitais: a influência dos médicos a partir do Instagram. *In*: **Intercom – Sociedade Brasileira de Estudos Interdisciplinares da Comunicação XXIV Congresso de Ciências da Comunicação na Região Sudeste – Vitória – ES – 03 a 05/06/2019.** 2019, p.4. Disponível em: https://portalintercom.org.br/anais/sudeste2019/resumos/R68-0757-1.pdf. Acesso em: 20 dez. 2023.
189. PEREIRA, Paula Moura Francesconi de Lemos; MILDEMBERGER, Carolina Silva. Publicidade médica em tempos de pandemia do novo coronavírus. **Revista dos Tribunais**, São Paulo, Thomson Reuters Brasil, v.109, n.1017, p.385-391, jul. 2020, p.386.

plataformas digitais de modo a não interferirem demasiadamente em normas de seu campo de atuação, por meio das disposições do Decreto-lei 4.113/1942, do Código de Ética Médica, Manual de Publicidade Médica e Resoluções do CFM, bem como pelos ditames gerais estabelecidas pelo Código de Defesa do Consumidor e pelo Código Brasileiro de Autorregulamentação Publicitária.

O Decreto-lei 4.113/1942 regula a propaganda de médicos, cirurgiões, dentistas, parteiras, massagistas, enfermeiros, de casas de saúde e de estabelecimentos congêneres, e a de preparados farmacêuticos. A lei de caráter regulamentar estabelece vedações, relativas à publicidade, aos profissionais da saúde de forma taxativa, assim como a imposição de penalidades na hipótese de descumprimento do Decreto-Lei.

Em relação às diretrizes que concernem ao exercício da profissão médica, o *Manual de Publicidade Médica* (Resolução CFM n°.1974/2011) dispunha sobre as disposições regulamentares da publicidade médica.[190]

A Resolução CFM n°.1974/2011, estabelecia em seu artigo 2°, *a obrigatoriedade de inclusão de determinados dados na mensagem publicitária a ser realizada pelo profissional da seara médica*, dentre os quais, se destacavam o nome do profissional; sua especialidade e/ou área de atuação, quando registrada no Conselho Regional de Medicina; seu número de inscrição no Conselho Regional de Medicina; e o número de registro de qualificação de especialista, se houver.[191]

> De acordo com o entendimento e posicionamento do CFM, é importante atentar para a proibição de publicar autorretratos (*selfies*), imagens e/ou áudios que caracterizem sensacionalismo, autopromoção ou concorrência desleal nas mídias sociais, bem como a necessidade de resguardar o sigilo e a imagem do paciente (ainda que este autorize a divulgação). Neste aspecto, ficam vedados também anúncios publicitários que disseminem o "antes e depois" de procedimentos, assim como a publicação por terceiros de reiterados elogios a técnicas e resultados obtidos.
>
> [...]
>
> É notória a atual influência das redes sociais – chamadas "mídias sociais" pelo CFM –, que movem a sociedade de tal forma que são possivelmente o meio mais utilizado para captar clientes-pacientes, parceiros e compradores. Esse universo tão vasto, aparentemente ilimitado e "sem dono", viabiliza número expressivo de mensagens publicitárias, atingindo público incalculável e permitindo que conteúdos sejam veiculados de maneira irresponsável, como se fosse possível encobrir sua deslealdade.
>
> [...]
>
> De modo geral, na propaganda ou publicidade de serviços médicos é vedado usar expressões como "o melhor", "o mais eficiente", "o único capacitado", "resultado garantido" ou outras com sentido semelhante. Proíbe-se ainda sugerir que o serviço médico ou o profissional é o único capaz de tratar o problema de saúde; assegurar resultados ao paciente ou seus familiares; apresentar de forma abusiva, enganosa ou

---

190. CONSELHO FEDERAL DE MEDICINA. **Resolução CFM n°1974/11.** 2011. Disponível em: https://portal.cfm.org.br/publicidademedica/arquivos/cfm1974_11.pdf. Acesso em: 20 dez. 2023.
191. CONSELHO FEDERAL DE MEDICINA. **Resolução CFM n°1974/11.** 2011. Disponível em: https://portal.cfm.org.br/publicidademedica/arquivos/cfm1974_11.pdf. Acesso em: 20 dez. 2023.

sedutora imagens de alterações corporais causadas por suposto tratamento; *e mesmo usar celebridades para divulgar seu serviço e influenciar pessoas leigas*.[192]

Destarte, a Resolução n.º CFM n°. 1.974/2011, em suas disposições, visava a estabelecer regras acerca do tipo de publicidade permitida ao profissional da medicina, de forma genérica, de modo que, não se aprofundou nas alterações ocasionadas pelo surgimento e desenvolvimento exponencial do cenário tecnológico contemporâneo, notadamente, pelo surgimento das plataformas digitais e sua incorporação no cotidiano das pessoas.

> Outra forma de publicidade médica, que é vedada, é a que ocorre por via transversa, quando o próprio paciente ou terceiros expõem sua imagem e o médico apenas republica. Esses casos estão regulados pelo art. 13, parágrafo 4º, da Resolução 1.974/2011, aplicável, principalmente em razão das novas ferramentas digitais, quando os pacientes ou terceiros em suas mídias sociais publicam de modo reiterado e/ou sistemático suas imagens mostrando o "antes e depois", elogios a técnicas e resultados. É o que ocorre, por exemplo, quando os pacientes publicam em suas páginas sociais e os médicos repostam nos *stories* do *Instagram* ou no *feed* de notícias, compartilhamentos em *Facebook,* entre outros métodos. Nesses casos, caberá aos Conselhos Regionais de Medicina investigar.[193]

Ademais, o *Código de Ética Médica* (Resolução CFM 2.217/2018)[194], também, regulamenta sobre a publicidade permitida aos profissionais da medicina. A normatização apresenta um viés voltado para o comportamento do profissional perante o paciente e a sociedade. Todavia, de igual modo, não dispõe de diretrizes específicas e claras para os profissionais que atuavam nas plataformas digitais.

Em 13 de setembro de 2023 foi publicada no Diário Oficial da União, a Resolução CFM 2.336/2023 do Conselho Federal de Medicina[195] com o desígnio de atualizar as disposições relativas às regras de publicidade e propaganda médica. Destaca-se que que o novo regramento fora publicado com *vacatio legis* de 180 (cento oitenta) dias, entrando em vigor em 11 (onze) de março de 2024.

Não obstante, para adequada aplicação da Resolução retromencionada, se faz necessária a publicação do novo Manual da Comissão de Divulgação de Assuntos Médicos (Codame) do CFM, sendo o referido documento responsável por complementar, em diversos pontos, a normativa do Conselho Federal de Medicina.[196]

---

192. ROMEIRO, Dandara Araruna; MASCARENHAS, Igor de Lucena; GODINHO, Adriano Marteleto. Descumprimento da ética médica em publicidade: impactos na responsabilidade civil. **Revista Bioética,** Conselho Federal de Medicina, v.30, n.1, p.27-35, 2022, p.30, destaque nosso.
193. MILDEMBERGER, Carolina Silva; PEREIRA, Paula Moura Francesconi de Lemos. Publicidade médica nas mídias sociais: proposta de um modelo contemporâneo no Brasil. *In:* KFOURI NETO, Miguel; NOGAROLI, Rafaella. (Coords). **Debates contemporâneos em Direito Médico e Saúde.** 2.ed. São Paulo: Thomson Reuters Brasil, 2022, p.508.
194. CONSELHO FEDERAL DE MEDICINA, **Código de Ética Médica.** Resolução CFM nº 2.217, de 27 de setembro de 2018, modificada pelas Resoluções CFM nº 2.222/2018 e 2.226/2019 / Conselho Federal de Medicina – Brasília: Conselho Federal de Medicina, 2019.
195. CONSELHO FEDERAL DE MEDICINA. **Resolução CFM nº2.336/23.** 2023. Disponível em: https://sistemas.cfm.org.br/normas/visualizar/resolucoes/BR/2023/2336. Acesso em: 20 dez. 2023.
196. Ressalta-se, por oportuno, que até a data de fechamento da obra o referido Manual do Codame não havia sido publicado.

Nesse mesmo giro, alguns Conselhos Regionais de Medicina (CRM's), como o do Estado de Minas Gerais, promoveram um Guia específico para a atuação médica nas redes sociais, indicando o que seria permitido e o que seria vedado, com a finalidade de esclarecer para o médico influenciador os limites de sua atuação ética na seara médica.

O Guia do Conselho Regional de Medicina de Minas Gerais dispõe da seguinte forma:

> As redes sociais representam uma verdadeira revolução na forma de interação entre as pessoas, inclusive de médicos e pacientes. Mas, levando em conta as regras relacionadas à publicidade médica, os profissionais da Medicina precisam estar cientes sobre como se comportar digitalmente.
>
> Esse é um terreno desconhecido para muitos médicos que se aventuram na Internet sem saber o que pode e não pode ser publicado. E, caso as postagens infrinjam de alguma forma o Código de Ética Médica, eles podem ser punidos.[197]

Para além de definir e explicitar o que é considerado permitido nas plataformas digitais e o que não é, o mencionado Guia do CRM-MG, ressalta que as redes sociais devem ser aliadas dos profissionais de medicina e que devem compreender uma *função de cunho educativo*.[198]

Ainda que o referido Guia funcione como uma espécie de *Manual de boas maneiras* para os profissionais da medicina, não trata especificamente da atuação de influenciadores médicos, nas hipóteses de divulgação de atividade publicitaria relacionada à medicina, possuindo apenas um *teor ético*.

Já a *Resolução CFM 2.126/2015*, por sua vez, regulamentou a vedação da participação de anúncios de "empresas" ou produtos ligados à medicina, independentemente, da natureza, bem como indica a proibição de publicações de autorretrato, ou a divulgação de imagens e/ou áudios que caracterizem sensacionalismo, autopromoção ou concorrência desleal.[199]

> No que tange a publicidade médica nas mídias sociais, definidas pelo próprio CFM, como *sites, blogs, Facebook, Twitter, Instagram, YouTube, WhatsApp* e similares, algumas alterações ocorreram no ano de 2015, com a Resolução 2.126/2015 do CFM. No entanto, independentemente dos ajustes efetuados pela referida resolução, ainda não atende ao novo contexto cibernético, o que impõe uma releitura. Não foi por outro motivo que foi aberto processo de consulta pública pelo CFM para colher sugestões de médicos e entidades representativas do segmento tendo por objetivo o aperfeiçoamento das normas que regulamentam a propaganda e publicidade médicas.

---

197. CONSELHO REGIONAL DE MEDICINA DE MINAS GERAIS. **Publicidade médica:** O que pode e não pode nas redes sociais? 2020. Disponível em: https://www.crmmg.org.br/wp-content/uploads/2020/07/Publicidade-medica-O-que-pode-e-nao-pode-nas-redes-sociais.pdf. Acesso em: 20 dez. 2023.
198. CONSELHO REGIONAL DE MEDICINA DE MINAS GERAIS. **Publicidade médica:** O que pode e não pode nas redes sociais? 2020. Disponível em: https://www.crmmg.org.br/wp-content/uploads/2020/07/Publicidade-medica-O-que-pode-e-nao-pode-nas-redes-sociais.pdf. Acesso em: 20 dez. 2023.
199. CONSELHO FEDERAL DE MEDICINA. **Resolução CFM nº 2126/2015**. 2015. Disponível em: https://sistemas.cfm.org.br/normas/visualizar/resolucoes/BR/2015/2126. Acesso em: 20 dez. 2023.

Entre as restrições que envolvem a publicidade médica ganham destaque: i) a exposição da imagem do paciente pelos médicos; ii) a reprodução pela paciente dos serviços médicos em mídias sociais; iii) os valores divulgados de consulta; e iv) as especialidades médicas divulgadas.[200]

Por fim, o CONAR, por meio do "Anexo G" do Código Brasileiro de Autorregulamentação Publicitária (CBAP), destaca, ainda, os cuidados que a categoria médica deve observar na promoção de anúncios publicitários:

> A publicidade submetida a este Anexo não poderá anunciar:
>
> a cura de doenças para as quais ainda não exista tratamento apropriado, de acordo com os conhecimentos científicos comprovados; métodos de tratamentos e diagnósticos ainda não consagrados cientificamente; especialidade ainda não admitida para o respectivo ensino profissional; a oferta de diagnóstico e/ou tratamento à distância; produtos protéticos que requeiram exames e diagnósticos de médicos especialistas.[201]

Entretanto, mesmo com diversas regulamentações apresentando disposições proibitivas sobre a atividade publicitária, alguns médicos, principalmente, relacionados à dermatologia, cirurgia plástica e nutrição, desrespeitam as normativas, abusando do sensacionalismo e da autopromoção atrelando seu perfil pessoal/profissional a determinadas marcas.

> Inegavelmente o direito ao uso da tecnologia é universal e irrestrito, com isso, não pode o médico ter acesso restringido ao uso de redes sociais a fim de tornar sua profissão conhecida. O que aconselha-se, portanto, é que a publicidade seja utilizada de forma consciente, ética, discreta e moderada.[202]

Compreende-se que esses influenciadores médicos devem seguir os mesmos parâmetros seguidos por influenciadores de outras áreas nas hipóteses nas quais aceitem vincular sua influência, boa fama (reputação), confiança e credibilidade à determinada marca, produto ou serviço de um fornecedor, promovendo obediência aos preceitos ético-jurídicos.

Ademais, em razão do alto grau de risco envolvido em suas profissões médicas, devem se atentar aos possíveis efeitos que sua influência terá para o seu público-alvo, de modo a não incentivar a aquisição de produtos ou serviços que não possuam a devida comprovação médica. Complementarmente, devem pautar sua atuação nos preceitos éticos da medicina, de modo a não banalizar procedimentos que possam gerar eventuais danos aos seguidores-consumidores, uma vez que "quando se trata da publicidade dos

---

200. MILDEMBERGER, Carolina Silva; PEREIRA, Paula Moura Francesconi de Lemos. Publicidade médica nas mídias sociais: proposta de um modelo contemporâneo no Brasil. *In:* KFOURI NETO, Miguel; NOGAROLI, Rafaella. (Coords). **Debates contemporâneos em Direito Médico e Saúde.** 2.ed. São Paulo: Thomson Reuters Brasil, 2022, p.506-507, destaque no original.
201. CONAR. Conselho Nacional de autorregulamentação publicitária. **Código Brasileiro de Autorregulamentação Publicitária.** 1980. Disponível em: http://www.conar.org.br/codigo/codigo.Php. Acesso em: 20 dez. 2023.
202. MACHADO, Yasmin Aparecida Folha. Redes sociais e a publicidade médica: breve análise entre Brasil e Portugal. **Revista de Direito e Medicina** [recurso eletrônico], São Paulo, Thomson Reuters Brasil, n.5, p.1-14, jan./abr. 2020.

serviços médicos, não podem estes profissionais olvidar que devem respeito às normas do Código de Defesa do Consumidor."[203]

Lunélia Amaral Lima explicita que "ao buscar perfis de profissionais da saúde influentes nas redes sociais é evidente que há um reforço de identidade relacionado diretamente com os propósitos oferecidos a se consumir em tal conexão",[401] daí a necessidade de tais profissionais agirem, nas mídias sociais, de modo a zelar tal identificação para com os seus seguidores, potenciais consumidores ou pacientes.

Nos autos da Apelação Cível 1014594-28.2019.8.26.0554, julgada pelo Tribunal de Justiça do Estado de São Paulo, a Corte analisou um caso no qual determinada influenciadora digital da área médica, com formação em fisioterapia, realizou serviços dermatológicos, especificamente "preenchimento labial e aplicação de *laser*" em uma cliente pelo valor de R$ 3.190,00 (três mil cento e noventa reais), a qual, passados alguns dias "passou a sentir muita dor e seus lábios incharam em demasia."[204]

A autora alegou que "diante da necessidade de tomar medicação, ficou constatado que a ré não era médica, pois não poderia prescrever o antibiótico. Diante disso, viu-se vítima de golpe, pois a ré não é e nunca foi médica e, portanto, não poderia realizar os procedimentos."[205]

---

203. SILVA, José Carlos Loureiro da. A publicidade de serviços médicos e suas repercussões no direito do consumidor. *In:* FERRAZ, Anna Cândida da Cunha; LEISTER, Margareth Anne (Coords.). **II Colóquio de Pesquisa:** Panorama de pesquisa em direito. Osasco: EDIFIEO, 2012. [E-book].
204. **Ementa:** Responsabilidade civil indenização por danos morais. Procedência decretada Autora que busca indenização por danos morais em razão de procedimentos estéticos realizados junto à clínica ré pela corré Livia que teria se apresentado como médica dermatologista, sendo que não é e nunca foi médica Conjunto probatório evidencia que houve descumprimento do dever de informação e sendo enganosa a publicidade, os prejuízos ocasionados à autora são passíveis de indenização pelas rés, conforme legislação consumerista -Desfecho encontrado pelo juízo a quo deve ser mantido, porquanto avaliado na origem todo o conjunto probatório produzido, deforma percuciente assim consignou na r. sentença – Dano moral configurado – Dever de indenizar caracterizado Valor arbitrado (R$ 31.900,00), que atende aos critérios da razoabilidade e proporcionalidade ao dano sofrido que se mostra razoável e em consonância com a regra do artigo 944 do Código Civil. Honorários sucumbenciais devidos pelo autor que devem majorados conforme previsão contida no Artigo 85 do Código de Processo Civil, diante do trabalho adicional realizado em grau recursal – Recurso improvido. (SÃO PAULO. Tribunal de Justiça. Apelação Cível nº 1014594-28.2019.8.26.0554. 8ª Câmara de Direito Privado. 1ª Vara Cível. Foro de Santo André. Relatora: Salles Rossi. julg. 27 jan. 2022. **Diário da Justiça Eletrônico,** São Paulo, 28 de janeiro de 2022. Disponível em: https://esaj.tjsp.jus.br/cposg/search.do;jsessionid=892C7855A1E35784FB4B0E29F1332943.cposg1?conversationId=&paginaConsulta=0&cbPesquisa=NUMPROC&numeroDigitoAnoUnificado=1014594-28.2019&foroNumeroUnificado=0554&dePesquisaNuUnificado=1014594-28.2019.8.26.0554&dePesquisaNuUnificado=UNIFICADO&dePesquisa=&tipoNuProcesso=UNIFICADO. Acesso em: 20 dez. 2023).
205. SÃO PAULO. Tribunal de Justiça. Apelação Cível nº 1014594-28.2019.8.26.0554. 8ª Câmara de Direito Privado. 1ª Vara Cível. Foro de Santo André. Relatora: Salles Rossi. julg. 27 jan. 2022. **Diário da Justiça Eletrônico,** São Paulo, 28 de janeiro de 2022. Disponível em: https://esaj.tjsp.jus.br/cposg/search.do;jsessionid=892C7855A1E35784FB4B0E29F1332943.cposg1?conversationId=&paginaConsulta=0&cbPesquisa=NUMPROC&numeroDigitoAnoUnificado=1014594-28.2019&foroNumeroUnificado=0554&dePesquisaNuUnificado=1014594-28.2019.8.26.0554&dePesquisaNuUnificado=UNIFICADO&dePesquisa=&tipoNuProcesso=UNIFICADO. Acesso em: 20 dez. 2023.

Ademais, em suas redes sociais, a ré apresentava informações da área da dermatologia, de modo que, qualquer pessoa imaginaria ser a profissional não uma fisioterapeuta, mas, de fato, uma médica dermatológica.

Nos termos da referida decisão, destacou-se, ainda, que "o conjunto probatório evidencia que houve descumprimento do dever de informação e sendo enganosa a publicidade, os prejuízos ocasionados à autora são passíveis de indenização pelas rés, conforme legislação consumerista."[206]

Nesse compasso, Carolina Silva Mildemberger e Paula Moura Francesconi de Lemos Pereira, ao analisarem as controvérsias relacionadas à *publicidade médica nas mídias sociais*, prelecionam que:

> Ademais, o profissional deve se atentar no que produz de conteúdo para seu consumidor/paciente, principalmente no ambiente virtual, local propenso a produzir efeitos diversos ao que se pretende. O que poderia ser considerado inofensivo como a publicação do relato de um paciente satisfeito pode levar a consequências indesejadas como a repreensão do Conselho de Classe, por causa do não cumprimento da norma vigente pela referida resolução.
>
> Além disso, esta conduta pode até acarretar a eventual responsabilidade civil criada pela expectativa de resultado similar ao que tinha sido apresentado nas redes sociais [...].
>
> A violação às normas éticas publicitárias tem sido constante, basta acessar as redes sociais que é possível verificar o mercantilismo, a autopromoção, o uso indevido da imagem do paciente. A importância do tema, demanda um olhar crítico e um estudo mais aprofundado, a fim de se estabelecer um modelo contemporâneo e realista de propaganda e publicidade médica em que o médico se sinta satisfeito com a forma de que seu serviço é descrito e divulgado, confiante de que não haverá violações éticas, ao mesmo tempo que se protege o consumidor/usuário/paciente com informações verdadeiras, seguras.[207]

Considerando que os seguidores, de maneira geral, buscam por um estilo de vida mais saudável ou cuidados adicionais para incorporarem ao seu dia a dia, e, sobretudo, pela credibilidade/confiança transmitida perante os pacientes, os influenciadores médicos devem zelar rigorosamente pela atividade publicitária que divulgam ou compartilham em suas redes sociais, de modo a buscar preservar a saúde, a vida humana, a segurança do paciente e o bem-estar daqueles que os acompanham no ambiente digital.

> A mensagem publicitária tem importância mercadológica para o profissional no sentido de reforçar sua marca. Contudo, deve ser veiculada de forma muito cautelosa, na medida em que anúncio publicitário deturpado ou abusivo pode gerar expectativas inalcançáveis nos pacientes em potencial, e, claro, atra-

---

206. SÃO PAULO. Tribunal de Justiça. Apelação Cível nº 1014594-28.2019.8.26.0554. 8ª Câmara de Direito Privado. 1ª Vara Cível. Foro de Santo André. Relatora: Salles Rossi. julg. 27 jan. 2022. **Diário da Justiça Eletrônico,** São Paulo, 28 de janeiro de 2022. Disponível em: https://esaj.tjsp.jus.br/cpopg/search.do;jsessionid=892C7855A1E35784FB4B0E29F1332943.cpopg1?conversationId=&paginaConsulta=0&cbPesquisa=NUMPROC&numeroDigitoAnoUnificado=1014594-28.2019&foroNumeroUnificado=0554&dePesquisaNuUnificado=1014594-28.2019.8.26.0554&dePesquisaNuUnificado=UNIFICADO&dePesquisa=&tipoNuProcesso=UNIFICADO. Acesso em: 20 dez. 2023.
207. MILDEMBERGER, Carolina Silva; PEREIRA, Paula Moura Francesconi de Lemos. Publicidade médica nas mídias sociais: proposta de um modelo contemporâneo no Brasil. *In:* KFOURI NETO, Miguel; NOGAROLI, Rafaella. (Coords). **Debates contemporâneos em Direito Médico e Saúde.** 2.ed. São Paulo: Thomson Reuters Brasil, 2022, p.489-490.

í-los pela "promessa" que o médico oferece em sua divulgação – trata-se do princípio da vinculação da mensagem publicitária.[208]

Deste modo, para além das publicidades que veicula, o influenciador médico deve se atentar à sua função social e seu papel perante a sociedade, evitando publicar ou compartilhar *conteúdos com potencial lesivo ou danoso para seu público* (seguidores-consumidores), como por exemplo informações de cunho falso (*fake news*), tratamentos/remédios sem comprovação de eficácia, procedimentos estéticos desnecessários, entre outros.

6.6 LIFESTYLE

Os influenciadores digitais que, atuam no segmento do *lifestyle*, compartilham o *cotidiano de seu estilo de vida*, por meio da publicação de fotos, textos e vídeos, em suas redes sociais, com o desígnio primário de alcançar maior engajamento junto aos seus seguidores e, por conseguinte, aumento da fama (popularidade) e número de seguidores. Não obstante, também, realizam atividade publicitária para fornecedores, com a finalidade de obtenção de retorno financeiro no mercado de consumo digital.

Nesse giro, os *influencers* possuem uma posição ativa no *compartilhamento de seu estilo de vida* para aqueles que os seguem. Ademais, é costumeiro que apresentem conteúdos diversificados sobre questões relacionadas ao seu dia a dia.

O objetivo desses influenciadores é justamente o compartilhamento de seu *lifestyle* (estilo de vida), oscilando entre o cotidiano corriqueiro que lhes aproxima de seus seguidores, mas, também, estabelecendo ideais e padrões (comportamento, hábitos de consumo) para que as pessoas possam almejar. Assim, por meio de *stories, reels,* vídeos no *TikTok* ou *vlogs* (vídeo blogs), fotos, *tweets,* dentre outros, os influenciadores compartilham sua rotina, desde o momento em que acordam até o momento em que vão dormir. Nesse ínterim, mostram rotinas de exercício, alimentos que estão preparando (ou comendo em determinado restaurante), fazem "*tours*" em lojas, dentre diversas outras atividades.

A vida pessoal do *influencer* é então compartilhada com seus seguidores, que por sua vez, não apenas os acompanham como mera forma de entretenimento, mas, obtêm inspiração para mudar o próprio estilo de vida.

Destarte, é necessário pontuar que "as pessoas optam por seguir quem, de alguma maneira, contribui com algo em suas vidas, nem que seja de forma momentânea"[209],

---

208. ROMEIRO, Dandara Araruna; MASCARENHAS, Igor de Lucena; GODINHO, Adriano Marteleto. Descumprimento da ética médica em publicidade: impactos na responsabilidade civil. **Revista Bioética**, Conselho Federal de Medicina, v.30, n.1, p.27-35, 2022, p.31.
209. SACCHITIELLO, Bárbara. Por que as pessoas seguem os influenciadores? **Meio e Mensagem.** 2019. Disponível em: https://www.meioemensagem.com.br/home/midia/2019/12/19/redes-sociais-por-que-as-pessoas-seguem-as-outras.html. Acesso em: 20 dez. 2023.

sendo a referida modalidade de influenciadores muito atrativa para as fornecedores e marcas, pois permite atingir efetivamente um maior público consumidor, que pode ser facilmente convencido pela personalidade digital de que o anúncio veiculado é um "*must*" para o estilo de vida que pretende seguir, aproximando-a do influenciador pelo *status* de pertencimento, uma vez que "influenciadores de mídia social promovem marcas por meio de suas vidas pessoais, tornando-as identificáveis para o consumidor médio."[210]

Ademais, ao promover fornecedores e marcas de forma aparentemente orgânica, como parte de sua rotina pessoal, o influenciador digital, que já possui uma preexistente relação de confiança com seus seguidores, consegue ser um eficiente agente de atividade publicitária para que os consumidores-receptores adquiram algum produto ou serviço com base na busca auto pessoal de pertencimento e, também, na ideia de *felicidade paradoxal*.

O filósofo Pierre Lévy[211] discorre sobre uma sociedade conectada pela cibercultura, em que as pessoas são conectadas por meio da internet, ocasionando um fenômeno de inclusão com caráter participativo e socializante. Logo, é intrínseca aos seres humanos, a busca pela aceitação e reafirmação de seu papel social nas plataformas digitais. Estar conectado se transformou em sinônimo de *inclusão social* e, consumir o que está em voga se equipara ao pertencimento.

Em consonância, Yuval Noah Harari destaca que:

> Durante milhões de anos, os humanos adaptaram-se a viver em pequenos bandos de não mais de algumas dezenas de pessoas. Mesmo hoje em dia, para a maioria de nós é impossível conhecer de fato mais de 150 indivíduos, não importa quantos amigos no Facebook alardeamos ter. Sem esses grupos, os humanos sentem-se solitários e alienados.[212]

Atos de consumo provocariam, portanto, uma dita felicidade paradoxal – encarada como um aumento na qualidade de vida –, e o desejo seria satisfeito a partir do consumo.[213] Nessa perspectiva, segundo Zygmunt Bauman, "o consumo é um investimento em tudo que serve para o 'valor social' e a autoestima do indivíduo."[214]

---

210. No original: "social media influencers promote brands through their personal lives, making them relatable to the average consumer." (GLUCKSMAN, Morgan. The rise of social media influencer marketing on lifestyle branding: A case study of Lucie Fink. **Elon Journal of Undergraduate Research in Communications.** v.8, n.2, 2017, p.75). Nesse sentido ver: ABIDIN, Crystal. Communicative intimacies: influencers and perceived interconnectedness. **ADA New Media: Journal of Gender, New Media, and Technology**, College Park, i.8, nov. 2015. Available from: https://scholarsbank.uoregon.edu/xmlui/bitstream/handle/1794/26365/ada08-commu-abi-2015.pdf?sequence=1&isAllowed=y. Access on: Dec. 20, 2023.
211. LÉVY, Pierre. **Cibercultura.** São Paulo: Editora 34, 1999.
212. HARARI, Yuval Noah. **21 lições para o século 21.** São Paulo: Companhia das Letras, 2018.
213. Acerca da felicidade paradoxal, recomenda-se a leitura de: LIPOVETSKY, Gilles. **A Felicidade Paradoxal:** ensaio sobre a sociedade de hiperconsumo. São Paulo: Companhia das Letras, 2007.
214. BAUMAN, Zygmunt. **Vida para consumo:** a transformação das pessoas em mercadoria. Rio de Janeiro: Zahar, 2008, p.76.

Logo, o consumidor contemporâneo molda seus hábitos de consumo para que possa ser aceito socialmente, mas, também, para que ocorra em seu âmago a sensação prazerosa de satisfação, resultando na felicidade paradoxal.

> A subjetivação do consumo nada mais é que uma feérica busca pela concretização de experiências ainda desconhecidas. A novidade é o combustível do hiperconsumidor, é com ela que esse novo 'homo consumericus' intentará renovar, de modo cíclico e incessante, o agora.[215]

Assim, o consumismo hipermoderno é afetado pelo ciclo inerente às pessoas de busca pela renovação, impulsionado, nesse contexto, principalmente, pelo ideal de perfectibilização da vida social criado pelos influenciadores.

Essas figuras digitais se apresentam como instrumentos valorosos para o impulsionamento de fornecedores e marcas, estabelecendo ideais de consumo para o alcance do pertencimento em seus seguidores, ainda que a consequência direta seja, em certos níveis, a busca desenfreada por esse *ideal de vida perfeita e utópica*, pautada em experiências artificiais, a qual nunca poderá ser atingida por completo pelos consumidores. A distinção entre o que mostrado por tais influenciadores e sua vida real *não é nítido para os seguidores*, os quais se espelham em tais celebridades digitais, seguindo fielmente suas dicas de consumo e, alcançando uma felicidade efêmera para depois reiniciar o ciclo de consumo.

O corpo social hodierno é levado a acreditar, pelo verniz de confiança, que o conteúdo publicizado nas postagens dessas personalidades digitais, em suas redes sociais, é um retrato autêntico da vida pessoal deles, sem filtros, *o que não ocorre na realidade*. O impulso desenfreado ao consumo para preencher vazios sentimentais, criados, por vezes, pelos ideais de perfeição veiculados pelos *influencers*, é um verdadeiro problema da era digital. Portanto, quando a felicidade passa (afinal, é efêmera em sua essência), ela só é preenchida novamente por novos atos de consumo, impulsionados pelos influenciadores digitais.[216]

Deste modo, é necessário que sejam estabelecidos mecanismos – éticos e legais – regulamentadores da atuação dos influenciadores, no mercado de consumo digital, que possam, em certa medida, minimizar os impactos gerados pela atividade publicitária, especialmente, no tocante ao estímulo desenfreado do consumo de produtos e serviços.

6.7 *PET INFLUENCERS*

No amplo espectro de possibilidades que norteiam a realização de estratégias de marketing de influência, exsurgiu, no âmbito das redes sociais, um novo segmento de influenciador digital, os denominados *"pet influencers"*.

---

215. FACHIN, Luiz Edson. Da Felicidade Paradoxal à Sociedade de Riscos: Reflexões sobre Risco e Hiperconsumo. *In*: LOPEZ, Teresa Ancona; LEMOS, Patrícia Faga Iglecias; RODRIGUES JUNIOR, Otavio Luiz (Coords.). **Sociedade de Risco e Direito Privado:** Desafios normativos, Consumeristas e Ambientais. v.1, São Paulo: Atlas, 2013, p.385.
216. Nesse sentido ver: DEBORD, Guy. **A sociedade do espetáculo.** Trad. Estela dos Santos Abreu. Rio de Janeiro: Contraponto, 1997.

O termo *"pet influencers"* é destinado aos animais que possuem perfis em redes sociais, criados por seus tutores ou cuidadores, os quais compartilham diversos momentos deles. A referida categoria consegue obter elevadas taxas de engajamento de seus seguidores,[217] alçando maior relevância no mercado de consumo digital, e, possuindo atuação destacada nos setores de moda, alimentação, vestuário, ração, delivery, serviços de streaming, dentre outros.

O segmento de influenciadores pets é composto por animais das mais variadas espécies, sendo que os tutores produzem conteúdo para as plataformas digitais, em especial, o *YouTube, Instagram e TikTok*, alcançando em determinados casos, enorme poder de influência sobre os seus seguidores, e tornando-se capazes de alterar significativamente os hábitos de consumo e comportamento do público consumidor.

Ademais, os *pet influencers* atuam, ainda, como *embaixadores de diversas marcas*, realizando atividade publicitária, em variados ramos econômicos, com expressivo retorno econômico aos fornecedores.

Algumas dessas "celebridades animais" possuem expressivo número de seguidores nas redes sociais, sendo a plataforma do *Instagram* a que conta com o maior número dessa categoria de influenciadores, com destaque, segundo dados coletados no fim de 2023, para o lulu-da-Pomerânia Jiff (9,3 milhões de seguidores),[218] a gata Nala (4,4 milhões de seguidores),[219] o pug Doug (3,7 milhões de seguidores),[220] Tucker o Golden Retriever (3,5 milhões de seguidores),[221] husky Gudan (1,6 milhões de seguidores)[222] Kilica Carrijo (1 milhão de seguidores),[223] o gato Chico (577 mil seguidores),[224] entre outros.

Na plataforma do *TikTok*, destacam-se, Cat Sonya (19.5 milhões de seguidores),[225] Mada e Bica (8.7 milhões de seguidores),[226] Huxley the Panda Puppy (6.2 milhões de

---

217. AMARAL, Denise Meira do. Conheça os pet influencers que faturam até R$ 80 mil por mês. **Folha de São Paulo.** 2021. Disponível em: https://www1.folha.uol.com.br/mpme/2021/03/conheca-os-pet-influencers-que-faturam-ate-r-80-mil-por-mes.shtml/. Acesso em: 20 dez. 2023.
218. INSTAGRAM. **Jiffpom.** 2023. Disponível em: https://www.instagram.com/jiffpom/. Acesso em: 20 dez. 2023.
219. INSTAGRAM. **Nala_Cat.** 2023. Disponível em: https://www.instagram.com/nala_cat/. Acesso em: 20 dez. 2023.
220. INSTAGRAM. **Itsdougthepug.** 2023. Disponível em: https://www.instagram.com/itsdougthepug/. Acesso em: 20 dez. 2023.
221. INSTAGRAM. **Tuckerbudzyn.** 2023. Disponível em: https://www.instagram.com/tuckerbudzyn/. Acesso em: 20 dez. 2023.
222. INSTAGRAM. **Gudan_ohusky.** 2023. Disponível em: https://www.instagram.com/gudan_ohusky/?hl=pt-br. Acesso em: 20 dez. 2023.
223. INSTAGRAM. **Kiliquinha.** 2023. Disponível em: https://www.instagram.com/kiliquinha/. Acesso em: 20 dez. 2023.
224. INSTAGRAM. **Canseidesergato.** 2023. Disponível em: https://www.instagram.com/canseidesergato/. Acesso em: 20 dez. 2023.
225. TIKTOK. **Sonyakisa8.** 2023. Disponível em: https://www.tiktok.com/@sonyakisa8. Acesso em: 20 dez. 2023.
226. TIKTOK. **Madaebica.** 2023. Disponível em: https://www.tiktok.com/@madaebica. Acesso em: 20 dez. 2023.

seguidores),[227] Sean the sheepman (3.9 milhões de seguidores),[228] Maori Blue (3.2 milhões de seguidores),[229] e Eggnog The Bulldog (1.8 milhões de seguidores).[230]

O nicho dos influenciadores *pets* protagoniza numerosas campanhas publicitárias nas mídias sociais. Muito para além de produtos *pets*, os donos/tutores dos animais os utilizam para publicizar produtos/serviços para humanos, tais como, cervejas, aplicativos de *delivery*, redes de lanchonete, aplicativos de idiomas e, até mesmo, serviços de *streaming*.

No Brasil, um dos casos de maior notoriedade envolvendo *pet influencers*, diz respeito a uma publicidade realizada pela rede de lanchonetes Burger King, na ocasião do lançamento do petisco canino *Dogpper* no país, na qual a rede estimulava que tutores de *pets* pedissem o *Dogpper* juntamente com seus combos de lanches em pedidos para entrega.[231]

Contudo, o caso de maior repercussão no Brasil, ocorreu em 2023, e diz respeito ao influenciador digital Agenor Tupinambá, o qual se viu envolto em uma grande polêmica junto ao IBAMA, a deputada estadual do Amazonas Joana Darc, do partido União Brasil, e a ativista da causa animal Luisa Mell.[232]

O *influencer* ribeirinho amazonense compartilhava em seus perfis, nas redes sociais, a rotina de uma *capivara* chamada *Filó*, a qual era tratada como animal de estimação por Agenor, o que levou sua produção de conteúdo a uma grande viralização, alcançando expressivos números nas plataformas digitais como *TikTok e Instagram*.[233-234]

Após tornar-se, nacionalmente conhecido, uma suposta denúncia de autoria da ativista da causa animal Luísa Mell, resultou em uma notificação do IBAMA por abuso, maus-tratos e exploração animal, as quais culminaram em uma multa de 17 (dezessete) mil reais, além da exclusão de todos os vídeos que continham a capivara Filó.

Na ocasião, a deputada Joana Darc se posicionou em defesa do influenciador digital Agenor e da capivara Filó, alegando que ele "está sendo perseguido como se fosse um criminoso, sendo que todo mundo sabe que aqui no Amazonas os animais convivem com as pessoas, principalmente no interior."[235]

---

227. TIKTOK. **Huxleythepandapuppy.** 2023. Disponível em: https://www.tiktok.com/@huxleythepandapuppy. Acesso em: 20 dez. 2023.
228. TIKTOK. **Seanthesheepman.** 2023. Disponível em: https://www.tiktok.com/@seanthesheepman. Acesso em: 20 dez. 2023.
229. TIKTOK. **Maoriblue.** 2023. Disponível em: https://www.tiktok.com/@maoriblue. Acesso em: 20 dez. 2023.
230. TIKTOK. **Eggnogthebulldog.** 2023. Disponível em: https://www.tiktok.com/@eggnogthebulldog. Acesso em: 20 dez. 2023.
231. BURGER KING. **Dogpper.** 2023. Disponível em: https://burgerking.com.br/dogpper. Acesso em: 20 dez. 2023.
232. BARRUCHO, Luís. Entenda a polêmica envolvendo a capivara Filó. **BBC News.** 2023. Disponível em: https://www.bbc.com/portuguese/articles/c887jy7ge99o. Acesso em: 20 dez. 2023.
233. INSTAGRAM. **agenor.tupinamba.** 2023. Disponível em: https://www.instagram.com/agenor.tupinamba/. Acesso em: 20 dez. 2023.
234. TIKTOK. **agenor.tupinamba.** 2023. Disponível em: https://www.tiktok.com/@agenor.tupinamba. Acesso em: 20 dez. 2023.
235. BARRUCHO, Luís. Entenda a polêmica envolvendo a capivara Filó. **BBC News.** 2023. Disponível em: https://www.bbc.com/portuguese/articles/c887jy7ge99o. Acesso em: 20 dez. 2023

Ato contínuo, a ativista Luísa Mell utilizou suas redes sociais para acusar o influenciador de maus-tratos em relação a outros animais, bem como acusá-lo de ir a um rodeio, como forma de desqualificar o *influencer* e fortalecer a narrativa de que ele somente utilizava a capivara Filó para obtenção de ganhos pessoais.[236]

Em seguida, o influenciador digital, em resposta as alegações, emitiu nota de esclarecimento e declarou:

> Ano passado fui convidado para participar do 'Autazes Fest', evento tradicional da minha cidade. E eu fui. Um certo momento, fui chamado para ficar no meio da arena enquanto um porco foi solto para que crianças corressem atrás dele. Infelizmente, é uma situação tradicional em rodeios e que faz parte da realidade onde cresci. Hoje a minha visão é outra.[237]

Por fim, a capivara Filó foi entregue ao IBAMA. Todavia, o *influencer* recebeu a guarda provisória do animal por meio de decisão judicial do Magistrado Márcio André Lopes Cavalcante, do TRF (Tribunal Regional Federal) da 1ª Região, o qual nos autos do processo nº1018960-19.2023.4.01.3200 declarou que a capivara "vive em perfeita e respeitosa simbiose com a floresta", pondo fim, momentaneamente, a esse imbróglio de repercussão nacional.[238]

Convêm, ainda, destacar, em relação à atuação dos *pet influencers* no mercado de consumo digital, que o cotidiano dos influenciadores animais é compartilhado com seus seguidores, por meio de diversas postagens apresentando situações bem-humoradas e que proporcionam leveza e descontração. Ademais, o segredo para a popularidade dessas celebridades animais é científico: estudos demonstram que fotos e vídeos de animais podem deixar uma pessoa feliz de forma instantânea, aumentando a serotonina e a dopamina no cérebro e proporcionando tranquilidade.[239]

---

236. BARRUCHO, Luís. Entenda a polêmica envolvendo a capivara Filó. **BBC News.** 2023. Disponível em: https://www.bbc.com/portuguese/articles/c887jy7ge99o. Acesso em: 20 dez. 2023
237. BARRUCHO, Luís. Entenda a polêmica envolvendo a capivara Filó. **BBC News.** 2023. Disponível em: https://www.bbc.com/portuguese/articles/c887jy7ge99o. Acesso em: 20 dez. 2023
238. **Ementa:** Recebi hoje, no plantão judiciário, às 22:03. Trata-se de ação proposta por AGENOR BRUCE TUPINAMBÁ envolvendo a capivara Filó. Conforme se tornou de notório conhecimento, o autor, residente em Autazes (AM), por meio das redes sociais, mostrava a rotina de uma capivara, que ele deu o nome de Filó. O IBAMA autuou o requerente e, posteriormente, exigiu a entrega do animal, o que foi feito, ficando a capivara no Centro de Triagem de Animais Silvestres (CETAS). Ocorre que, diante da suspeita de que o animal não estivesse em condições adequadas, a Comissão de Proteção aos Animais da ALEAM e a Deputada Estadual Joana Darc impetraram mandado de segurança pedindo autorização para averiguar, juntamente com Médicos Veterinários, as condições em que a capivara estava vivendo no CETAS. A Deputada e os Médicos Veterinários estiveram no local e elaboraram laudo que constatou uma série e irregularidades. Diante disso, o autor requer que lhe seja deferida a guarda provisória da capivara Filó. (AMAZONAS. Tribunal Regional Federal da 1ª Região. Procedimento Comum Cível nº1018960-19.2023.4.01.3200. 9ª Vara Federal Cível da SJAM. Relator: Juiz Márcio André Lopes Cavalcante. julg. 29 abr. 2023. **Diário da Justiça Eletrônico,** Amazonas, publ. 30 abr. 2023. Disponível em: https://revistacenarium.com.br/wp-content/plugins/embedpress/assets/pdf/web/viewer.html?file=https%3A%2F%2Frevistacenarium.com.br%2Fwp-content%2Fuploads%2F2023%2F04%2FDecisao-2.pdf. Acesso em: 20 dez. 2023).
239. CBC. Cuteness power: Why watching animal videos is good for your brain. **CBC.** 2017. Available from: https://www.cbc.ca/news/canada/british-columbia/cuteness-cute-kawaii-power-krigolso-uvic-joshua-dale-japan-1.3984970. Access on: Dec. 20, 2023.

O referido nicho conta com resultados publicitários consideráveis, sendo que o mercado de *pets* no Brasil, deve encerrar 2023, com um crescimento de 10,6% (dez vírgula seis por cento) em seu faturamento, com um valor de R$ 46,42 (quarenta e seis, vírgula quarenta e dois) bilhões de reais.[240]

Ademais, segundo pesquisa realizada pelo *Fortune Business Insights*, o mercado *pet* mundial foi avaliado em 235 (duzentos e trinta e cinco) bilhões de dólares em 2022, apresentando projeções de crescimento para 246 (duzentos e quarenta e seis) bilhões de dólares em 2023 e de mais de 368 (trezentos e sessenta e oito) bilhões de dólares até 2030.[241]

Verifica-se que as campanhas publicitárias dos *pet influencers*, no ambiente digital, não se limitam apenas a produtos e serviços específicos para os animais, uma vez que muitos perfis contam com tais celebridades para a promoção de diversos produtos, serviços ou marcas destinadas aos seres humanos. Nesse sentido, "não apenas esses influenciadores animais estão ganhando dinheiro em nível humano, eles também estão vendendo produtos humanos."[242]

Afinal, o impacto da figura do *pet* é imediato aos seguidores, de modo que, no *feed*, "as pessoas vão parar de rolar para dar uma olhada em um cachorro fofo, não importa o que estejam vendendo."[243]

No âmbito da Representação 084/21 do CONAR, se averiguou a falta de identificação publicitária, em um anúncio envolvendo a "empresa" *Labgard Animal Health* e o *pet influencer* "Gato Chico". A "empresa" indicou que a identificação publicitária integraria a peça, e em mesmo sentido, os tutores (donos) do "influenciador animal", gato Chico (@canseidesergato), indicaram ter adotado medidas para sanar o problema.[244]

---

240. ABINPET, Associação Brasileira da Industria de Produtos para Animais de Estimação. Apesar de gargalo tributário, indústria pet deve faturar R$ 46,4 bilhões em 2023, com base no faturamento do 1º trimestre. **ABINPET.** 2023. Disponível em: https://abinpet.org.br/2023/05/apesar-de-gargalo-tributario-industria-pet-deve-faturar-r-464-bilhoes-em-2023-com-base-no-faturamento-do-1o-trimestre/. Acesso em: 20 dez. 2023.
241. FORTUNE BUSINESS INSIGHTS. The global pet care market size was valued at $235.32 billion in 2022 & is projected to grow from $246.66 billion in 2023 to $368.88 billion by 2030. **Fortune Business Insights**. 2023. Disponível em: https://www.fortunebusinessinsights.com/pet-care-market-104749. Acesso em: 20 dez. 2023.
242. No original: "not only are these pet influencers making human level money, they are selling human products". (LINDIMORE, Jessica. People, Property, Or Pet-Influencers? Louis D. Brandeis School of Law University of Louisville. **Journal of Animal and Environmental Law,** v.12, p.44-57, 2020, p.45).
243. No original: "people will stop scrolling to take a look at a cute dog, no matter what they're selling". (MEDIA UPDATE. Marketing with pet influencers 101: A Q&A with Justin Kline. **Media Update.** 2021. Available from: https://www.mediaupdate.co.za/marketing/151156/marketing-with-pet-influencers-101-a-qa-with-justin-kline. Access on: Dec. 20, 2023).
244. **Ementa:** Anúncio nas redes sociais do influenciador @canseidesergato não foi claramente identificado como publicidade, segundo denúncia enviada ao Conar por consumidor. Anunciante e influenciador defenderam-se no Conar. A Labgard Animal Health afirma que a identificação publicitária integra a peça, enquanto o influenciador informa ter adotado medidas para sanar o problema. O relator, notando a contradição nas defesas recebidas, recomendou a advertência à anunciante, sendo acompanhado por unanimidade. (CONAR. Conselho Nacional de Autorregulamentação Publicitária. Representação nº 084/21. 5ª e 8ª Câmara do Conselho de Ética. Decisão: Advertência. Relator: Conselheiro Carlos Roberto Alves, julg. maio 2022. **CONAR.** Disponível em: http://www.conar.org.br/processos/detcaso.php?id=6040. Acesso em: 20 dez. 2023).

Ademais, segundo matéria publicada em 2023, no jornal Folha de São Paulo, algumas contas do segmento de influenciadores *pet* faturam mais de 1 (um) milhão de reais por ano com a divulgação de produtos e serviços.[245]

Nas redes sociais, se vislumbra, ainda, que os influenciadores *pet* participam de campanhas de produtos para humanos, "*podcasts*", filmes, séries, possuem livros publicados e, inclusive, atuam como embaixadores para diversas marcas dos mais variados segmentos econômicos.

A ascensão dos *pet influencers* revela algumas controvérsias, notadamente, em relação à *utilização de publicidade oculta*, a *superexposição dos pets nas plataformas sociais*, bem como a temática relacionada ao *abuso do direito no exercício da tutela do animal*.

A utilização de marketing de influência, com o objetivo de alcançar consumidores, sem proceder à devida identificação publicitária, se tornou algo usual nas mídias sociais, de forma que, diversos *influencers* perpetram a referida prática comercial abusiva.

Especificamente no que se refere aos influenciadores *pets*, se constata com base na análise dos principais perfis que, em regra, essa categoria realiza a identificação das campanhas publicitárias por meio de *hashtags* como #ad ou #publi. Entretanto, em certas hipóteses, sobretudo, os micro e nano *pet influencers* não efetuam essa identificação, configurando-se, portanto, em *publicidade oculta*.

Para além da problemática relativa à publicidade oculta promovida por esses perfis, se constata a prática do *oversharing* em relação aos *pets*, isto é, a *superexposição dos pets nas redes sociais*, assim como o potencial *exercício abusivo da tutela do animal*.

No contexto de uma sociedade hiperconectada, cada vez mais, tutores de *pets* buscam compartilhar com usuários das mídias sociais o dia a dia de seus animais. Contudo, essa exposição deve se dar de forma moderada, em respeito ou observância do bem-estar do animal e do efetivo cuidado que lhes é devido. Os animais, ainda que não configurem sujeitos de direito, devem ser tratados com zelo e, portanto, *não podem ser expostos a cargas e rotinas de gravação intensas*, sendo necessário que se garanta sua segurança, saúde e alimentação.

Outrossim, nas hipóteses em que, se verificar o exercício abusivo do direito de tutela dos animais, haverá, por conseguinte, a possibilidade de se efetivar a perda do referido direito e, por conseguinte, de sua guarda.

Em síntese, questionamentos pairam em relação aos cuidados que os animais famosos recebem de seus tutores. Se por um lado, muitos destes tutores passam a auferir grande parte de sua própria renda a partir da exploração de imagem e fama do *pet*, por vezes dependendo total e, exclusivamente, do proveito econômico relacionado ao faturamento de patrocinadores nas plataformas digitais de seus animais, certo é que

---

245. COSTA, Mariana. Tutores contam como conduzir negócio com pet influencer; leia depoimentos. **Folha de São Paulo.** 2023. Disponível em: https://www1.folha.uol.com.br/mpme/2023/07/tutores-contam-como-conduzir-negocio-com-pet-influencer-leia-depoimentos.shtml. Acesso em: 20 dez. 2023.

o *pet influencer* deve ser cuidado de forma adequada, não devendo ser negligenciado ou malcuidado.

Por fim, há de se compreender que o *pet* não é o responsável pelas postagens e publicações, de forma que, se apresenta como um mero instrumento utilizado por tutores para obtenção de renda por intermédio das plataformas digitais. Ademais, se destaca, ainda, que as numerosas vantagens econômicas recebidas pelo tutor (dono) do animal, muitas vezes sequer, são convertidas em um aumento da qualidade de vida dos *pets*.

Os tutores de *pet influencers* são as verdadeiras figuras responsáveis por criar ou produzir o conteúdo publicitário, escolher acerca da realização ou não de publicidades no perfil do *pet*, dentre outras escolhas relativas ao controle editorial e publicitário dos perfis nas redes sociais atribuídas aos animais.

Nessa linha de intelecção, com fundamento na teoria do risco da atividade e nos preceitos normativos delineados pelo Código de Defesa do Consumidor, com destaque, aos princípios da boa-fé objetiva, informação, transparência e confiança, se impõem a atribuição de responsabilidade civil, objetiva e solidária, aos tutores, por todo o conteúdo publicitário disponibilizado nesses perfis, e pelos eventuais danos causados aos consumidores pela publicidade ilícita de que participam.

Se faz necessário, portanto, garantir a efetiva proteção da legítima expectativa dos consumidores criada pela publicidade digital veiculada pelos tutores, nos perfis em mídias sociais dos *pet* influencers, bem como, ainda, garantir o bem-estar, segurança e saúde dos animais no exercício da atividade publicitária desenvolvida no ambiente digital.

6.8 *GAMER INFLUENCERS*

Dentre os diversos nichos de atuação dos influenciadores digitais, um dos que obtêm maior profusão nas redes sociais se refere ao segmento dos *gamers*.

No referido segmento de atuação, os influenciadores digitais denominados de *"gamer influencers"*, atuam, especialmente, junto ao público infantojuvenil, com a finalidade de se produzir conteúdo voltados a jogos eletrônicos diversos. De modo geral, se pode dividir os *gamer influencers* em 2 (duas) categorias, a dos *analistas de jogos* e a dos *streamers*.

A primeira categoria (analistas de jogos) diz respeito a influenciadores que criam conteúdo de forma reiterada para plataformas como *YouTube* ou *Instagram* abordando de forma analítica ou opinativa aspectos de jogos, equipamentos tecnológicos, consoles, computadores, tecnologias de modo geral e acessórios diversos voltados ao público *gamer*.

Lado outro, a segunda categoria (*streamers*) engloba os influenciadores que agendam *lives*, notavelmente, em mídias sociais como a *Twitch*, *Facebook Gaming* ou *YouTube*, nas quais passam horas jogando determinado jogo enquanto conversam pelo *chat* com seus seguidores, criando, assim, uma relação muito maior de conexão com seu público.

> os esports despontam enquanto fenômeno de grande relevância social, política e econômica. Eles não só passam a movimentar uma grande quantidade de recursos ao redor do globo, mas também (b) tensionam a indústria dos games a (re)enquadrar a experiência de jogo, produzindo assim um efeito de rede que afeta desde as práticas de game design (jogos agora precisam ser streamable, isto é, transmitíveis ao vivo por diversas plataformas digitais, possuir ligas e campeonatos organizados) até as práticas de consumo.[246]

Há de se destacar, ainda, que as categorias dos influenciadores *gamers* não são excludentes, de modo que determinado influenciador pode se utilizar de ambos os modelos para promover seu conteúdo nas redes sociais.

No contexto mundial, de acordo com levantamento realizado no fim de 2023, se destacam MrBeast (220 milhões de seguidores),[247] PewDiePie (111 milhões de seguidores),[248] JuegaGerman (49 milhões de seguidores),[249] Fernanfloo (46,8 milhões de seguidores),[250] ElrubiusOMG (40,3 milhões de seguidores),[251] Vegetta777 (34 milhões de seguidores),[252] Markiplier (36,1 milhões de seguidores),[253] Jacksepticeye (30,5 milhões de seguidores).[254]

No Brasil, se verifica a existência de múltiplos canais *gamers*, dentre os quais, no fim de 2023, se destacam, Rezende Evil (32,4 milhões de seguidores),[255] Authentic Games (20,1 milhões de seguidores),[256] Robin Hood Gamer (20,4 milhões de seguidores),[257]

---

246. FALCÃO, Thiago; MARQUES, Daniel; MUSSA, Ivan; MACEDO, Tarcízio. No limite da utopia: Cultura gamer, neoliberalismo e regulação dos esports no Brasil. **Revista FAMECOS**, [S. l.], v.30, n.1, p.3, 2023. Disponível em: https://revistaseletronicas.pucrs.br/ojs/index.php/revistafamecos/article/view/43088. Acesso em: 20 dez. 2023.
247. YOUTUBE. **MrBeast**. 2023. Disponível em: https://www.youtube.com/user/mrbeast6000. Acesso em: 20 dez. 2023.
248. YOUTUBE. **PewDiePie**. 2023. Disponível em: https://www.youtube.com/channel/UC-lHJZR3Gqxm24_Vd_AJ5Yw. Acesso em: 20 dez. 2023.
249. YOUTUBE. **JuegaGerman**. 2023. Disponível em: https://www.youtube.com/c/JuegaGerman. Acesso em: 20 dez. 2023.
250. YOUTUBE. **Fernanfloo**. 2023. Disponível em: https://www.youtube.com/user/Fernanfloo. Acesso em: 20 dez. 2023.
251. YOUTUBE. **elrubiusOMG**. 2023. Disponível em: https://www.youtube.com/c/elrubiusOMG. Acesso em: 20 dez. 2023.
252. YOUTUBE. **Vegetta777**. 2023. Disponível em: https://www.youtube.com/user/vegetta777. Acesso em: 20 dez. 2023.
253. YOUTUBE. **Markiplier**. 2023. Disponível em: https://www.youtube.com/c/markiplier. Acesso em: 20 dez. 2023.
254. YOUTUBE. **Jacksepticeye**. 2023. Disponível em: https://www.youtube.com/c/jacksepticeye. Acesso em: 20 dez. 2023.
255. YOUTUBE. **Rezendeevil**. 2023. Disponível em: https://www.youtube.com/c/rezendeevil. Acesso em: 20 dez. 2023.
256. YOUTUBE. **AuthenticGames**. 2023. Disponível em: https://www.youtube.com/user/AuthenticGames. Acesso em: 20 dez. 2023.
257. YOUTUBE. **Robin Hood Gamer**. 2023. Disponível em: https://www.youtube.com/c/RobinHoodGamer1. Acesso em: 20 dez. 2023.

Tazer Craft (15,1 milhões de seguidores),[258] NOBRU (14,7 milhões de seguidores),[259] Play Hard (13,8 milhões de seguidores),[260] Coisa de Nerd (11,1 milhões de seguidores),[261] JP Plays (11 milhões de seguidores).[262]

Constata-se que os principais influenciadores digitais que criam conteúdo para o nicho *gamer* contam com um grande volume de seguidores, bem como de visualizações e engajamento do público-alvo. Ademais, esses influenciadores digitais, usualmente, buscam se aproximar de seus seguidores promovendo conteúdos diversos de entretenimento como curiosidades, brincadeiras, compras, dentre outras formas de conteúdo, que se expandem para além de jogar determinado jogo eletrônico.

É notável o poder de persuasão desses *influencers* no público consumidor, especialmente, em relação a aquisição de consoles de videogame, jogos, serviços de *streaming*, aparelhos tecnológicos e aos novos "produtos *gamers*".[263]

Nessa perspectiva, diante da vulnerabilidade dos consumidores e, sobretudo, ante a *hipervulnerabilidade* de crianças e adolescentes, público majoritário desse nicho de entretenimento, a imprescindível observância aos preceitos éticos jurídicos da boa-fé objetiva, informação, translparência, confiança, se estabelecem como princípios estruturantes e, merecedores de especial atenção, no tocante a atuação desses criadores de conteúdo no mercado de consumo digital.

Em síntese, os *gamer influencers* devem nortear sua conduta, de modo a restringir comportamentos que possam expor seu público-alvo a eventuais riscos, bem como promover a atividade publicitária realizada, de modo claro e inequívoco, sempre em consonância com os ditames legais emanados pela Constituição da República, pelo Código de Defesa do Consumidor e pelo Estatuto da Criança e do Adolescente, bem como com os ditames éticos estabelecidos pelo Código Brasileiro de Autorregulamentação Publicitária do CONAR.

6.9 FINANÇAS

A área de finanças, atualmente, se consubstancia como um tópico em ascensão na *internet*, sendo que as buscas por esse assunto no Brasil cresceram de modo paulatino nos últimos anos, intensificando-se de modo significativo a partir de 2020, com a incerteza econômica desencadeada pela pandemia de Covid-19.[264]

---

258. YOUTUBE. **TazerCraft.** 2023. Disponível em: https://www.youtube.com/user/TazerCraft. Acesso em: 20 dez. 2023.
259. YOUTUBE. **NOBRU.** 2023. Disponível em: https://www.youtube.com/c/NobruTV. Acesso em: 20 dez. 2023.
260. YOUTUBE. **PlayHard.** 2023. Disponível em: https://www.youtube.com/c/boplayhard. Acesso em: 20 dez. 2023.
261. YOUTUBE. **Coisa de Nerd.** 2023. Disponível em: https://www.youtube.com/c/coisadenerd. Acesso em: 20 dez. 2023.
262. YOUTUBE. **JP Plays.** 2023. Disponível em: https://www.youtube.com/c/JPPlays. Acesso em: 20 dez. 2023.
263. Produtos gamers referem-se a uma nova categoria de produtos compostos especialmente por itens com leds, cores fortes, aparências modernas e futuristas de modo a atrair o máximo de atenção possível.
264. VALORINVEST. Pandemia fez brasileiro sofrer com finanças, mas inspirou a pensar mais no futuro. **ValorInvest.** 2020. Disponível em: https://valorinveste.globo.com/educacao-financeira/noticia/2020/11/23/pandemia-fez-brasileiro-sofrer-com-financas-mas-inspirou-a-pensar-mais-no-futuro.ghtml. Acesso em: 20 dez. 2023.

À medida que as buscas pelo assunto cresceram, diversos canais na plataforma do *YouTube* surgiram, e, por conseguinte, ocorreu um aumento expressivo do conteúdo sobre finanças pessoais, investimentos e demais tópicos relacionados à temática.

Nesse cenário, surgiram os influenciadores digitais do segmento de finanças, com significativa presença na plataforma digital do *YouTube*, sendo que os canais de finanças foram aqueles que alcançaram o maior aumento, seja em número de visualizações ou de seguidores, com destaque para os canais brasileiros "Me Poupe"[265], "Clube do Valor"[266], "O Primo Rico"[267], "Primo Pobre"[268], "Bruno Perini – Você MAIS Rico"[269], "Economista Sincero"[270], dentre outros.

> Influenciadores digitais financeiros ou influenciadores digitais: são influenciadores digitais que produzem conteúdo sobre investimentos, finanças pessoais e educação financeira, podendo engajar investidores em mídias sociais diversas e/ou outros meios de divulgação; [...].[271]

Samir Alves Daura e Rafael Ferreira Bizelli asseveram que:

> É complexa a relação estabelecida entre o *influencer* digital que atua no ramo de investimentos e finanças pessoais e seus seguidores. Em primeiro lugar, diversas são as formas de atuação, tais como orientações sobre como formar uma reserva financeira, ensinamentos sobre como adquirir valores mobiliários, atuar na bolsa de valores e realizar outros tipos de investimentos, incentivo à geração de renda, explicações sobre como investir em criptomoedas, entre várias outras. Há, inclusive, influenciadores que atuam no ramo de apostas desportivas, o que obviamente não pode ser encarado como medida de educação financeira, mas sim como atividade potencialmente causadora do endividamento.[272]

Logo, a atuação dos *influencers* de finanças deve ocorrer em conformidade com os ditames legais e éticos, especialmente, os preceitos norteadores impostos à atividade de finanças, regulamentada, no Brasil, pela Comissão de Valores Mobiliários (CVM).

---

265. YOUTUBE. **Me Poupe.** 2023. Disponível em: https://www.youtube.com/c/Mepoupenaweb. Acesso em: 20 dez. 2023.
266. YOUTUBE. **Clube do Valor.** 2023. Disponível em: https://www.youtube.com/c/ClubedoValor. Acesso em: 20 dez. 2023.
267. YOUTUBE. **O Primo Rico.** 2023. Disponível em: https://www.youtube.com/c/ThiagoNigro. Acesso em: 20 dez. 2023.
268. YOUTUBE. **Primo Pobre.** 2023. Disponível em: https://www.youtube.com/c/PrimoPobre. Acesso em: 20 dez. 2023.
269. YOUTUBE. **Bruno Perini – Você MAIS Rico.** 2023. Disponível em: https://www.youtube.com/c/Voc%C3%AAmaisrico. Acesso em: 20 dez. 2023.
270. YOUTUBE. **Economista Sincero.** 2023. Disponível em: https://www.youtube.com/c/EconomistaSincero. Acesso em: 20 dez. 2023.
271. ANBIMA, Associação Brasileira das Entidades dos Mercados Financeiro e de Capitais. **Regras e procedimentos para contratação de influenciadores digitais.** 2023. Disponível em: https://www.anbima.com.br/data/files/29/47/49/82/CDE8A810B1E0B8A8B82BA2A8/1.%20RP%20Influenciador%20digital_13.09.23.pdf. Acesso em: 20 dez. 2023
272. DAURA, Samir Alves; BIZELLI, Rafael Ferreira. Influenciadores Digitais de Finanças e o risco do superendividamento: do crédito ao investimento responsável. *In:* MONTEIRO FILHO, Carlos Edison do Rêgo; MARTINS, Guilherme Magalhães; ROSENVALD, Nelson; DENSA, Roberta (Coords.). **Responsabilidade Civil nas relações de consumo.** Indaiatuba, SP: Editora Foco, 2022, p.541.

> Na busca por um público cada vez maior e maximização do engajamento nas redes sociais esses produtores de conteúdo recorrem a títulos sensacionalistas, indicações de investimento mascaradas e imagens apelativas para atrair a atenção de potenciais seguidores.[273]

Insta frisar que, em regra, influenciadores digitais de finanças se utilizam, no início de seus vídeos, de expressões como "esta não é uma recomendação de investimentos" com o intuito de buscar afastar qualquer eventual responsabilização ensejada pela Comissão de Valores Mobiliários (CVM) em razão de uma atuação indevida nas redes sociais, por meio da recomendação de investimentos, *sem a devida certificação legal para o exercício dessa atividade.*

Todavia, segundo a própria CVM, a mera utilização desses alertas *não é suficiente para descaracterizar um conteúdo como recomendação de aplicações*. Ademais, a atividade de recomendação de investimentos possui *caráter profissional* e, portanto, se faz necessário *o credenciamento para o exercício da atividade de análise de valores mobiliários.*[274]

Salienta-se, por oportuno, que a natureza profissional da atividade pode ser vislumbrada nas hipóteses em que exista uma constância na divulgação de análises e recebimento direto, ou indireto, de algum tipo de remuneração, monetária ou não.

Em nota emitida pela Gerência de Acompanhamento de Investidores Institucionais da CVM, em 2020, restou explicitado que "A linguagem utilizada é um dos parâmetros avaliados para verificar se há serviço profissional prestado. Fica claro que discursos mais assertivos ou apelativos comprovam a tentativa do influencer de convencer e induzir os investidores."[275]

Na plataforma de vídeos do *YouTube*, com poucos cliques é possível encontrar diversos vídeos com títulos sensacionalistas como "Como Ficar Rico Investindo", "Quanto ganhei fazendo Day Trade", "Estratégia para ganhar dinheiro com Day Trade", entre muitos outros títulos chamativos e, muitas vezes, abusivos ou enganosos.

Verifica-se, ainda, a prática do *Pump and Dump* pelos influenciadores digitais, isto é, a *manipulação de mercado,* por intermédio da divulgação de boatos ou notícias falsas ou enganosas, com o objetivo de inflar artificialmente o preço de determinado valor mobiliário.[276]

---

273. GUIMARÃES, Clayton Douglas Pereira; GUIMARÃES, Glayder Dayworth Pereira. "Esta não é uma recomendação de investimentos" – Responsabilidade Civil de Produtores de Conteúdo de Finanças. **Magis:** Portal Jurídico. 2022. Disponível em: https://magis.agej.com.br/esta-nao-e-uma-recomendacao-de-investimentos-responsabilidade-civil-de-produtores-de-conteudo-de-financas/. Acesso em: 20 dez. 2023.
274. LARGHI, Nathália. Atenção influenciadores: CVM esclarece dúvidas sobre quem pode recomendar investimentos. **Valor Investe.** 2020. Disponível em: https://valorinveste.globo.com/objetivo/hora-de-investir/noticia/2020/11/11/atencao-influenciadores-cvm-esclarece-duvidas-sobre-quem-pode-recomendar-investimentos.ghtml. Acesso em: 20 dez. 2023.
275. LARGHI, Nathália. Atenção influenciadores: CVM esclarece dúvidas sobre quem pode recomendar investimentos. **Valor Investe.** 2020. Disponível em: https://valorinveste.globo.com/objetivo/hora-de-investir/noticia/2020/11/11/atencao-influenciadores-cvm-esclarece-duvidas-sobre-quem-pode-recomendar-investimentos.ghtml. Acesso em: 20 dez. 2023.
276. SIMÕES, Luiz Felipe. Pump and Dump: a prática que influencers usam para ganhar dinheiro. **Estadão.** 2021. Disponível em: https://einvestidor.estadao.com.br/educacao-financeira/como-influencers-usam-pump-

A referida prática pode, também, ser vislumbrada nas hipóteses em que intencionalmente uma pessoa influente recomenda a compra de determinado valor mobiliário, comprada a um preço baixo, na expectativa de que seus seguidores comprem o ativo em questão e, assim, elevem o valor dos papéis no mercado, para depois os vender a um preço superior ao despendido na aquisição.

O complexo cenário de finanças, economia doméstica, aplicação no mercado de capitais e no mercado de *criptoativos,* torna-se cada vez mais acessível a qualquer pessoa, independentemente, de seu grau econômico e de instrução formal, sendo que, inúmeros criadores de conteúdo disponibilizam gratuitamente, ou a custos reduzidos dicas, aulas e tutoriais para esse público consumidor.

Convêm explicitar que uma parcela desses *influencers* atua em consonância com as diretrizes norteadoras da CVM e, com os preceitos ético-jurídicos estabelecidos pelo Código de Defesa do Consumidor e pelo Código Brasileiro de Autorregulamentação Publicitária (CBAP). Lado outro, parcela de influenciadores digitais atua, *em total desconformidade com os ditames legais e autorregulamentares*, ocasionando diversos danos a seus seguidores.

A título de exemplo, pode-se citar, caso ocorrido em abril de 2021, no qual um *Day Trader* de 32 (trinta e dois) anos de idade cometeu suicídio após acumular dívidas de mais de R$ 200.000,00 (duzentos mil) reais operando no mercado financeiro. O *trader* que era formado em contabilidade, e que conhecia o mercado financeiro, adquiriu um curso que prometia ganhos rápidos em pouco tempo por meio da prática de *Day Trade*, todavia, amargou grandes perdas.[277]

O caso representa apenas uma das muitas tragédias advindas de indicações de investimento realizadas indevidamente nos últimos anos, ocasionando, em certos casos, a ruína financeira, perdas monetárias expressivas, ou mesmo, em casos extremos, o avassalador desespero que leva um indivíduo a tirar a própria vida.

Noutro giro, com vistas a proporcionar a regulamentação da contratação e atuação de influenciadores, nas redes sociais, no tocante à divulgação de publicidade para instituições financeiras, em setembro de 2023, a Associação Brasileira das Entidades dos Mercados Financeiro e de Capitais (ANBIMA) publicou uma norma que se traduz em regras e procedimentos para contratação de influenciadores digitais.[278]

---

and-dump-para-lucrar#:~:text=%E2%80%9CA%20linguagem%20utilizada%20%C3%A9%20um,da%20GAIN,%20ligada%20%C3%A0%20SIN. Acesso em: 20 dez. 2023.

277. INVESTING. Day trader brasileiro perde R$ 200 mil e comete suicídio. **Investing.** 2021. Disponível em: https://br.investing.com/news/cryptocurrency-news/day-trader-brasileiro-perde-r-200-mil-e-comete-suicidio-852923. Acesso em: 20 dez. 2023.

278. ANBIMA, Associação Brasileira das Entidades dos Mercados Financeiro e de Capitais. **Regras e procedimentos para contratação de influenciadores digitais.** 2023. Disponível em: https://www.anbima.com.br/data/files/29/47/49/82/CDE8A810B1E0B8A8B82BA2A8/1.%20RP%20Influenciador%20digital_13.09.23.pdf. Acesso em: 20 dez. 2023.

As referidas regras e procedimentos determinam aos influenciadores, a obrigatoriedade de uma comunicação explícita, escrita ou verbal, nas postagens que veiculem publicidade patrocinada ou em colaboração com fornecedores do segmento. Ademais, a regulamentação estipula, ainda, que as instituições financeiras são responsáveis pelo teor das publicações contratadas, como descrito no artigo 3º.

> Art. 3º. As instituições participantes são responsáveis por todas as publicidades relacionadas aos produtos de investimento, serviços de intermediação no exterior e/ou atividade de distribuição do Código divulgadas pelos influenciadores digitais contratados, cabendo à instituição participante garantir, além do estabelecido em contrato, que os influenciadores digitais observem:
>
> I. Os requisitos previstos neste normativo e nas regras de publicidade aplicáveis ao Código de Distribuição; e
>
> II. A veracidade das informações divulgadas e sua completude, de modo a não levar o investidor a erro.[279]

Adicionalmente, a norma determina que toda interação comercial deverá ser estabelecida, por meio de um contrato, que explicite os meios autorizados para divulgação da publicidade, os tipos de produtos de investimento[280], obrigação de o influenciador digital exercer as ações de publicidade com boa-fé, transparência e diligência, número de inserções a serem feitas nas mídias sociais e sua periodicidade, obrigação de o influenciador digital explicitar nas postagens – de forma clara – que se trata de publicidade de produtos de investimento, descrição da remuneração do influenciador digital, procedimento que será adotado pela instituição participante para monitorar a atuação do influenciador digital e a vigência do contrato.

Insta frisar que a norma impõe aos influenciadores digitais de finanças se nortearem, no exercício da atividade publicitária desenvolvida, a imprescindível observância aos preceitos da boa-fé objetiva, transparência e diligência nas postagens.

> § 1º. Para fins do disposto no inciso IV deste normativo, será considerada válida a menção verbal ou escrita na própria publicidade ou, ainda, a adição de hashtags mencionando minimamente que se trata de publicidade e vinculando ao distribuidor (#parceria e #nomedainstituição).[281]

Portanto, se impõe aos *influencers* da área financeira, em maior grau ou intensidade, notadamente, em atenção aos ditames impostos pela CVM, nortear sua atuação pelos

---

279. ANBIMA, Associação Brasileira das Entidades dos Mercados Financeiro e de Capitais. **Regras e procedimentos para contratação de influenciadores digitais.** 2023. Disponível em: https://www.anbima.com.br/data/files/29/47/49/82/CDE8A810B1E0B8A8B82BA2A8/1.%20RP%20Influenciador%20digital_13.09.23.pdf. Acesso em: 20 dez. 2023.

280. A Associação Brasileira das Entidades dos Mercados Financeiro e de Capitais define Produtos de Investimento como sendo "ativos financeiros, ativos de crédito privado, ativos imobiliários e quaisquer outros bens e direitos de qualquer natureza, passíveis de aquisição pelos veículos de investimento, quando considerados em conjunto." (ANBIMA, Associação Brasileira das Entidades dos Mercados Financeiro e de Capitais. **Regras e procedimentos para contratação de influenciadores digitais.** 2023. Disponível em: https://www.anbima.com.br/data/files/29/47/49/82/CDE8A810B1E0B8A8B82BA2A8/1.%20RP%20Influenciador%20digital_13.09.23.pdf. Acesso em: 20 dez. 2023).

281. ANBIMA, Associação Brasileira das Entidades dos Mercados Financeiro e de Capitais. **Regras e procedimentos para contratação de influenciadores digitais.** 2023. Disponível em: https://www.anbima.com.br/data/files/29/47/49/82/CDE8A810B1E0B8A8B82BA2A8/1.%20RP%20Influenciador%20digital_13.09.23.pdf. Acesso em: 20 dez. 2023.

regramentos emanados pela boa-fé objetiva, informação, transparência e confiança, bem como, aos preceitos éticos do CONAR, de modo que, devem se atentar as suas palavras, atos e expressões, uma vez que podem, a depender das circunstâncias do caso concreto, convencer e, até, induzir indevidamente os seus seguidores no processo de tomada de decisão de aplicações financeiras, o que poderá ensejar prejuízos aos eventuais investidores do mercado financeiro.

Em síntese, nas hipóteses em que os influenciadores digitais de finanças atuem em desconformidade com os preceitos normativos e éticos, de observância cogente àqueles que exercem o serviço de análise de valores mobiliários, deve-se impor a correspectiva responsabilidade nas esferas penal, administrativa e civil.

6.10 TECNOLOGIA

O nicho dos influenciadores digitais de tecnologia representa, indubitavelmente, um dos de maior escopo, notadamente, pois o conteúdo desse grupo possua a capacidade de transpor as barreiras do segmento que possui interesse no tópico e, também, alcançar pessoas comuns que, tão somente, buscam informações relativas às novas tecnologias e ao lançamento de novos produtos e serviços do segmento de tecnologia.

O principal tipo de conteúdo produzido por esse *influencer* se refere ao *unboxing* e o *review*, sendo estes, em regra, por meio de vídeos, seja na plataforma do *YouTube*, *Instagram* ou *TikTok*. Os criadores de conteúdo dessa categoria buscam, ainda, educar o público consumidor, seja por meio da análise de produtos, explicações sobre novas tecnologias, ou mesmo vídeos desmistificando compreensões incorretas acerca de determinado tipo de tecnologia, aparelho eletrônico e a forma correta de os utilizar.

No Brasil, em razão de sua projeção para além da bolha dos aficionados por tecnologia, se destacam os canais do *YouTube*, *TecMundo*[282] e *CanalTech*[283], ambos voltados a tornar a vida do consumidor mais simples pela análise e comparação de produtos, serviços e aparelhos de tecnologia dos mais diversos tipos.

No âmbito dos influenciadores de tecnologia, se ressaltam o especialista em programação *Fábio Akita*[284], o qual aborda temas relativos à programação, de forma geral, sob um linguajar acessível com o condão de ensinar sobre o tema, bem como contar sobre suas experiências pessoais no mundo da programação, e *Diolinux*[285], o qual analisa diversos temas de tecnologia, especialmente, com enfoque no ecossistema Linux e suas mais diversas distribuições.

---

282. YOUTUBE. **TecMundo.** 2023. Disponível em: https://www.youtube.com/c/tecmundo/videos. Acesso em: 20 dez. 2023.
283. YOUTUBE. **Canaltech.** 2023. Disponível em: https://www.youtube.com/user/canaltechbr. Acesso em: 20 dez. 2023.
284. YOUTUBE. **Fábio Akita.** 2023. Disponível em: https://www.youtube.com/@Akitando. Acesso em: 20 dez. 2023.
285. YOUTUBE. **Diolinux.** 2023. Disponível em: https://www.youtube.com/@Diolinux. Acesso em: 20 dez. 2023.

No tocante aos *influencers* desse segmento é imprescindível que se atentem a seu dever informacional, de modo que, devem, em todas as hipóteses, declarar de forma clara, transparente e inequívoca, as situações nas quais produzem conteúdo com o auxílio, patrocínio, ou qualquer tipo de ligação comercial ou remunerada, com determinada marca ou fornecedor de produtos e serviços da seara tecnológica, sob pena de serem eventualmente responsabilizados de forma solidária com o fornecedor, em relação à publicidade oculta praticada, assim como aos danos perpetrados aos consumidores.

Nesse sentido, devem nortear sua atuação, enquanto criadores de conteúdo, pela boa-fé objetiva, informação, transparência e confiança, em consonância aos preceitos éticos do CONAR e preceitos normativos do CDC.

7
A RESPONSABILIDADE DOS INFLUENCIADORES DIGITAIS

Ao longo do complexo decurso histórico da humanidade, o estudo e a apreciação da responsabilidade civil se estabeleceu como uma das principais preocupações das mais diversas sociedades. Contemporaneamente, os riscos e danos aumentaram significativamente, notadamente, pela incorporação de avanços tecnológicos, os quais ensejaram a necessidade de uma revisitação dos modelos jurídicos da responsabilidade civil, em suas múltiplas matizes, com a finalidade de se buscar, propositivamente, a "adequação do regime de responsabilidade civil diante dos desafios tecnológicos"[1] emergentes na sociedade.

Logo, ao passo que novos riscos e, por conseguinte, novos danos surgem em sociedade, o Direito é instado a apresentar soluções às problemáticas atuais, seja por meio da regulamentação de determinadas situações fáticas, seja por meio da atuação do Poder Judiciário, na compensação ou prevenção de determinados interesse jurídicos, com o intuito de se garantir a efetiva proteção aos indivíduos.

> A *responsabilidade civil* consiste na efetivação da reparabilidade abstrata do dano em relação a um sujeito passivo da relação jurídica que se forma. Reparação e sujeito passivo compõem o binômio da *responsabilidade civil*, que então se enuncia como o *princípio que subordina a reparação à sua incidência na pessoa do causador do dano.*[2]

A responsabilidade civil busca, mais do que a mera compensação dos danos, estimular a prevenção, com o intuito de minimizar danos futuros e desincentivar condutas que possam ensejar riscos ou danos a terceiros, bem como promover a restituição dos lucros ilícitos obtidos pelo ofensor.

Nos dizeres de Nelson Rosenvald e Felipe Peixoto Braga Netto:

> [...] O adjetivo *responsável* arrasta em seu séquito uma diversidade de complementos: alguém é responsável pelas consequências de seus atos, mas também é responsável pelos outros, na medida em que estes são postos sob seu encargo ou seus cuidados e, eventualmente, bem além dessa medida. Em última instância, somos responsáveis por tudo e por todos. Nesses empregos difusos, a referência à obrigação não desa-

---

1. MARTINS, Guilherme Magalhães; ROSENVALD, Nelson. Apresentação. *In:* MARTINS, Guilherme Magalhães; ROSENVALD, Nelson (Coords.). **Responsabilidade civil e novas tecnologias.** Indaiatuba, SP: Editora Foco, 2020, p.III.
2. PEREIRA, Caio Mário da Silva. **Responsabilidade Civil.** 13.ed. rev., atual. e ampl. Atualizador Gustavo Tepedino. Rio de Janeiro: Forense, 2022, p.32, destaque no original.

pareceu; tornou-se obrigação de cumprir certos deveres, de assumir certos encargos, de atender a certos compromissos que extrapola a reparação.[3]

Nesse cenário, a responsabilidade civil, contemporaneamente, assumiu um papel fundamental, com o objetivo de se assegurar a efetiva *prevenção ou reparação* de danos injustos em sociedade, tendo por pressuposto o exame das circunstâncias do caso concreto.

Por fim, é relevante destacar que a possibilidade de atribuição de responsabilidade civil ao influenciador digital é tema pouco debatido na doutrina e na jurisprudência, sendo que os estudos desenvolvidos, nacional e internacionalmente, se demonstram, ainda, incipientes e, portanto, insuficientes a proporcionar a devida análise crítica da temática em sua completude.

7.1 A RESPONSABILIDADE CIVIL DOS INFLUENCIADORES DIGITAIS PELA VEICULAÇÃO DE PUBLICIDADE ILÍCITA NAS REDES SOCIAIS

No contexto contemporâneo de uma sociedade hiperconectada e do hiperconsumo, pautada em um novo paradigma tecnológico e em um mercado de consumo digital, *novas tecnologias, novos riscos e danos* exsurgem e, por conseguinte, repercutem no cotidiano das pessoas, com significativos impactos na vida em sociedade, donde se releva a controvérsia relacionada *a possibilidade de imputação de responsabilidade civil dos digital influencers pela veiculação de publicidade ilícita em plataformas digitais.*

Logo, em vista aos inúmeros desafios tecnológicos vivenciados pela sociedade contemporânea, se demonstra fundamental a investigação criteriosa e sistematizada da problematização em estudo, com a finalidade de se apresentar soluções jurídicas adequadas.

A atuação dessas celebridades virtuais em ambiente digital, relacionando sua *imagem, prestígio e credibilidade* a determinados fornecedores – por meio de divulgação de produtos, serviços e marcas nas redes sociais – constitui o ponto central da temática, uma vez que a publicidade promovida pelos *influencers* junto ao seu público-alvo (consumidores), em diversas situações, assume contornos de uma *prática comercial abusiva,* passível de atribuição de responsabilidade civil.

> [...] O desenvolvimento da internet, contudo, transformou o modo como se realiza a publicidade neste meio, seja por uma maior simbiose entre o conteúdo informativo e de entretenimento próprio do meio e mensagens publicitárias (publicidade clandestina), seja como a expansão da denominada publicidade testemunhal, pela qual celebridades ou pessoas que tenham reconhecida credibilidade ou apreço social testemunham, expressamente ou de modo implícito, sob vantagens relativas a produtos ou serviços que anunciam.

---

3. ROSENVALD, Nelson; BRAGA NETTO, Felipe Peixoto. **Responsabilidade Civil:** Teoria Geral. Indaiatuba, SP: Editora Foco, 2024, p.11.

A publicidade testemunhal sempre levantou dúvidas sobre a extensão da responsabilidade daqueles que dela participavam atestando qualidade e demais atributos de produtos e serviços anunciados. No caso da internet, contudo, observa-se uma articulação entre a noção tradicional de publicidade testemunhal – na qual alguém participa, episodicamente, exclusivamente para atestar a qualidade do produto ou serviço (e.g. celebridades, atores, esportistas reconhecidos) – com a organização de um modelo de divulgação de produtos e serviços pela própria pessoa que presta não só o testemunho expresso ou tácito, mas dirige a comunicação com o público, orientada a esta promoção. Trata-se do fenômeno dos influenciadores digitais (*digital influencers*), que registram ter fins em redes sociais (Facebook, Instagram, Twitter, YouTube etc.), desenvolvendo estratégias para conquista de seguidores e manifestação de apresso (*likes*, curtidas) a mensagens publicadas (*posts*) ou vídeos, com o objetivo de aumentar seu reconhecimento e capacidade de influência no ambiente digital como um todo. Em determinadas redes sociais há, inclusive, a remuneração do *digital influencer* conforme o número de acessos ao conteúdo que publica, por vezes associado à veiculação de publicidade tradicional. Todavia, em boa parte dos casos, a publicidade de produtos e serviços é organizada a partir de relação entre o próprio *digital influencer* e o fornecedor, sem intermediação da plataforma.

[...]

A participação das celebridades na publicidade testemunhal fora da internet, ou dos veículos de comunicação que divulgam a mensagem publicitária, não é suficiente, segundo entendimento majoritário, para qualificá-los como fornecedores, integrantes da cadeia de fornecimento. A atuação dos influenciadores digitais, porém, não se restringe a testemunhar qualidades do produto ou do serviço, tão pouco seus "canais" ou "programas" são simples veículos para divulgação. Ao contrário, combinam essa atuação com a definição de estratégias para alcance do maior número de pessoas e maximização do retorno econômico relativo aos produtos e serviços que divulgam. Organizam-se considerando a vulnerabilidade digital do consumidor, ou ainda, em relação às crianças, sua vulnerabilidade agravada. Tais características permitem, ao tomar o conjunto de sua atuação, identificá-los como integrantes da cadeia de fornecimento.[4]

Nesse viés, ao passo que os influenciadores se destacam como expressivos impulsionadores do consumo virtual, se faz necessário que se estabeleçam *os contornos, limites e parâmetros objetivos* de apreciação de sua atuação profissional nas plataformas digitais, evitando-se assim a existência de condutas danosas causadas pelo exercício abusivo da atividade publicitária.

Ressalta-se que não se pretende proibir ou defender a extinção da publicidade, nem mesmo defende-se a limitação do desenvolvimento das tecnologias. Visa-se, isso sim, apontar a necessária limitação de publicidades direcionadas e nocivas, promovidas de maneira desleal e abusiva, quando não solicitadas, se tornando importunadoras. Afinal, no direito do consumidor, a proteção é a finalidade maior, em razão da vulnerabilidade da parte, razão pela qual toda prática empresarial de pressão abusiva ou agressiva, visando tão somente ofertar produtos e serviço, deve ser coibida.[5]

Nessa conjuntura, diante do surgimento da figura do *digital influencer*, é imprescindível que se discuta o devido enquadramento legal, a natureza da responsabilidade

---

4. MIRAGEM, Bruno. Princípio da vulnerabilidade: perspectiva atual e funções no direito do consumidor contemporâneo. *In*: MIRAGEM, Bruno; MARQUES, Claudia Lima; MAGALHÃES, Lucia Ancona Lopez de. (Orgs.). **Direito do Consumidor**: 30 anos do CDC. São Paulo: Forense, 2020, p.253-255. Nesse sentido ver: MIRAGEM, Bruno. **Curso de direito do consumidor.** 8.ed. rev., atual. e ampl.. São Paulo: Thomson Reuters Brasil, 2019, p.352.
5. BASAN, Arthur Pinheiro; JACOB, Muriel Amaral. Habeas Mente: a responsabilidade civil como garantia fundamental contra o assédio de consumo em tempos de pandemia. **Revista IBERC,** Belo Horizonte, v.3, n.2, p.161-189, maio/ago., 2020, p.184.

civil, bem como as hipóteses que permitem sua responsabilização e, por fim, os deveres impostos as celebridades digitais (*webcelebridades*) no tocante ao exercício da atividade publicitária.[6]

> Poderíamos naturalmente equacionar se novas realidades de actividade económica que hoje existem na *Internet* (e que os chamados *streamers* ou *influencers* são exemplo mais flagrante) fogem a esta noção de utilizador de rede, mas isso afastar-nos-ia do tema que nos propomos tratar neste estudo. Para o propósito da nossa análise, consideramos utilizadores da rede todos aquele que usam a *Internet* com amadorismo e difundindo informações ou conteúdos de forma eventual ou esporádica. Características da sua conduta que não os eximem – é certo – de toda a responsabilidade, pois estão seguramente adstritos a deveres genéricos de comportamento *(on line)*, mas que não se equiparam às exigências de comportamento que apenas incidem sobre as operadoras; sendo que o vasto campo da responsabilidade contratual está via de regra vinculado a quem intervém "profissionalmente" na rede, buscando proveitos.[7]

A utilização da *Internet* e, por conseguinte, das mídias sociais cresce exponencialmente a cada ano. Nesse contexto, emergem novos influenciadores digitais, os

---

6. Mafalda Miranda Barbosa analisa a controvérsia relacionada a responsabilidade civil dos influenciadores digitais nas redes sociais, explicitando tratar-se de um *problema de imputação*, para concluir que:

    "Problemas particularmente relevantes, do ponto de vista que nos interessa, colocam-se igualmente a propósito de uma eventual responsabilidade dos *influencers*/influenciadores de redes sociais. Referimo-nos às pessoas famosas que, alcançando credibilidade num nicho de mercado específico, usam a sua capacidade de influenciar os outros para ditar tendências, promover produtos e serviços e, assim, obter ganhos financeiros para si e para terceiros. Trata-se de uma realidade com importância crescente que, a par da figura do *prosumer* (o consumidor que cria conteúdo em rede, através das suas avaliações de mercado), tem ditado uma alteração do paradigma de comunicação de muitas marcas.

    O certo é que esta nova realidade não é imune ao surgimento de danos. Basta para tanto que o produto, serviço ou ideia que promovem se venham a mostrar lesivos dos terceiros que o adquirem ou que a seguem. Coloca-se, então, o problema da eventual responsabilidade desses influenciadores, a qual suscita questões várias e de variada índole.

    As principais dificuldades prendem-se com a concretização e a articulação dos pressupostos responsabilizatórios. Desde logo, e perante a falta de uma relação contratual entre aqueles influenciadores e os terceiros/consumidores ou influenciados, suscitam-se problemas ao nível da ilicitude.

    [...]
    A linha divisória inicial para se apurar acerca da eventual responsabilidade passa por distinguir as pessoas que proferem a sua opinião sobre uma determinada matéria e aquelas que, fazendo-o, sabem a priori que influenciarão muitas outras. Repare-se que a cisão não se reporta a um critério objetivo, que nos leve a separar as informações dos conselhos e recomendações. Do que se trata, a este nível, é de estabelecer os contornos de uma esfera de risco que, preliminarmente, se edifica. Porque esta se estabelece em concreto, a partir da preterição dos deveres do tráfego que a situação sub iudice faz emergir, então percebe-se que aquele que, consciente do impacto das suas afirmações, não conforma a sua conduta de acordo com o cuidado que lhe era exigível faz convolar uma primitiva esfera de responsabilidade pelo outro (no sentido da role responsibility) numa esfera de responsabilidade perante outro (no sentido da liability), para onde devem ser reconduzidas todas as lesões que poderiam (em termos de possibilidade e não de probabilidade) ter sido evitadas com o cumprimento dos deveres omitidos ou violados." (BARBOSA, Mafalda Miranda. Causalidade, imputação e responsabilidade por informações. *In*: BARBOSA, Mafalda Miranda; ROSENVALD, Nelson; MUNIZ, Francisco (Coords.). **Responsabilidade Civil e Comunicação:** IV jornadas luso-brasileiras de responsabilidade civil. Indaiatuba, SP: Editora Foco, 2021, p.304-306).

7. FRADA, Manuel A. Carneiro da; FACHANA, João. Ainda «vinho novo em odres velhos»? Revisitando a responsabilidade civil das "operadoras de Internet". *In*: LUPION, Ricardo; ARAUJO, Fernando (Orgs.). **Direito, tecnologia e empreendedorismo:** uma visão luso-brasileira. Porto Alegre, RS: Editora Fi, 2020, p.438.

quais objetivam promover, por meio do marketing de influência, produtos, serviços e marcas de fornecedores a seus seguidores. Constata-se, por oportuno, que mais de *2 (dois) bilhões de pessoas* utilizam a *Internet* por intermédio de *smartphones*, de modo que a *Internet* móvel se consubstancia como o maior mercado consumidor da história.[8]

Vislumbra-se, portanto, como imperiosa, atual e relevante a discussão envolvendo a *possibilidade de imputação de responsabilidade civil dos influenciadores digitais* pela ocorrência de danos provenientes da veiculação de publicidade ilícita nas redes sociais.

Dessarte, contemplando o hodierno posicionamento da doutrina brasileira sobre a possibilidade atribuição de responsabilidade civil dos *influencers*, se constata haver *dissenso doutrinário* sobre qual a modalidade de responsabilidade civil – *subjetiva ou objetiva* – deve ser atribuída a esse grupo, no contexto contemporâneo das controvérsias relacionadas a atuação dos influenciadores no mercado de consumo digital.

7.1.1. A responsabilidade civil subjetiva dos *digital influencers*

Uma primeira corrente, acolhe a atribuição de responsabilidade civil dos influenciadores digitais, sob a vertente *subjetiva*, pela qual o *digital influencer* atuaria como *mero representante* do fornecedor, anunciando produtos e serviços *sem possuir o devido conhecimento técnico*. Nesse mesmo giro, asseveram, ainda, haver *inexistência de fundamentação legal* para aplicação da responsabilidade objetiva.[9]

> Importante notar, contudo, o crescente recurso da chamada 'publicidade de conteúdo patrocinado' veiculada especialmente no âmbito das mídias sociais. Geralmente tais publicidades são realizadas por meio de terceiros 'afiliados' ou 'influenciadores' que postam ou divulgam imagens ou textos em favor de certa marca ou produto, em decorrência de uma contratação direta com o anunciante ou mesmo em virtude de um interesse comercial mútuo. Tais pessoas, quando realizam *marketing* para o anunciante (não se tratando, assim, de uma opinião genuína declarada no âmbito da *free media*), devem, portanto, ostentar a natureza publicitária de suas declarações, evitando-se com isso confusão com eventual conteúdo editorial do *site*, página, *blog*, aplicativo, entretenimento, etc., no qual estão inseridas. Mesmo quando não recebem um 'texto escrito' ou 'predefinido' pelo anunciante, gozando de certa liberdade e 'espontaneidade' em suas publicações, é importante que esses terceiros revelem claramente a natureza publicitária de suas mensagens, sempre que do seu próprio conteúdo ou forma utilizada não resulte evidente que de publicidade se trata. Naturalmente que para estas pessoas – assim como para as celebridades e os veículos – aplicam-se as mesmas variáveis quanto à ausência de responsabilidade *objetiva* em relação aos produtos ou serviços anunciados. Em qualquer hipótese, o anunciante responde tanto pela forma quanto pelo conteúdo das mensagens patrocinadas.

---

8. BRIDGER, Darren. **Neuromarketing:** como a neurociência aliada ao design pode aumentar o engajamento e a influência sobre os consumidores. Tradução Afonso Celso da Cunha Serra. São Paulo: Autêntica Business, 2018, p.202.
9. DIAS, Lucia Ancona Lopez de Magalhaes. **Publicidade e direito.** 3.ed. atual. e reform. São Paulo: Saraiva, 2018, p.433. Em sentido congênere ver: BRASIL, Deilton Ribeiro; GUIMARÃES, Bruna Stephani Miranda. Responsabilidade civil dos influenciadores digitais pela publicidade enganosa ou abusiva. **Revista Acadêmica de Direito da Unigranrio,** v.12, n.2, p.33-62, 2022. Disponível em: http://publicacoes.unigranrio.edu.br/index.php/rdugr/article/view/7552. Acesso em: 20 dez. 2023; DAVANZO, Danilo Augusto. A responsabilidade civil do influenciador digital. *In:* MOSSE, Cassio Nogueira Garcia (Coord.); CARNEIRO, Tayná; FEIGELSON, Bruno (Orgs.). **Social Media Law:** o direito nas redes sociais. São Paulo: Thomson Reuters Brasil, 2021. [E-book].

Parece razoável, portanto, assumir que as celebridades (assim como os chamados 'influenciadores de *marketing*') apenas respondam de modo subsidiário e se agirem com *dolo* ou *culpa grave* . Agem dolosamente se endossarem características por elas sabidamente enganosas e, mesmo assim, emprestam a sua imagem. Também se pode esperar, em certos casos, que a celebridade tenha a diligência de verificar a exatidão das informações prestadas antes de referendar o produto anunciado. Evidentemente que não responderá pelos eventuais estudos ou informações enganosas apresentadas pelo fornecedor. Trata-se aqui, observe-se ainda, de uma *diligência ordinária*, da qual também não se exige qualquer conhecimento técnico ou *expertise* para compreensão da enganosidade ou abusividade (excetuada as hipóteses em que a celebridade é o próprio *expert* ou perito no assunto). Em nenhuma situação, porém, poderá ser atribuída à pessoa testemunhante uma responsabilidade objetiva ou mesmo um cuidado extremo na verificação de informações, cuja demonstração da veracidade, como dissemos, incumbe ao fornecedor-anunciante.[10]

Logo, para a referida corrente, a imputação de responsabilidade civil pela veiculação de publicidade ilícita seria, exclusivamente, atribuída aos fornecedores de produtos/serviços, sendo que os influenciadores digitais tão somente responderiam nas hipóteses em que contribuíssem efetivamente para os prejuízos causados aos seus seguidores.

A mencionada corrente se baseia, portanto, no sistema de imputação de responsabilidade delineado pelo Código Civil, aduzindo que os influenciadores *não integrariam a relação jurídica de consumo* e, por esse motivo, não responderiam com esteio nas disposições do Código de Defesa do Consumidor.

A opção por tal fundamentação jurídica enfraquece a proteção do consumidor exposto à atividade publicitária realizada pelos influenciadores no mercado de consumo digital. Ademais, ignora o fato dos *influencers*, facultativamente, atrelarem sua imagem e prestígio aos produtos, serviços e marcas dos fornecedores, divulgados nas redes sociais, influindo de modo determinante nos hábitos de consumo e liberdade de escolha do consumidor, notadamente, em função da confiança e credibilidade dos influenciadores junto ao seu público-alvo (seguidores).

7.1.2 A responsabilidade civil objetiva dos *digital influencers*

Uma segunda corrente doutrinária compreende que a atuação dos influenciadores digitais nas redes sociais ensejaria a responsabilidade civil sob a vertente *objetiva*.

Nessa linha de raciocínio, os fornecedores devem ser responsabilizados objetivamente pela divulgação de *publicidade ilícita* nas plataformas digitais, considerada *prática comercial abusiva*[11], com fundamento no *risco da atividade econômica* desenvolvida, no *proveito econômico* obtido e na inobservância aos princípios contratuais e consumeristas,

---

10. DIAS, Lucia Ancona Lopez de Magalhaes. **Publicidade e direito.** 3.ed. atual. e reform. São Paulo: Saraiva, 2018, p.432-434.
11. Felipe Peixoto Braga Netto assevera com proficiência que o "abuso de direito é uma hipótese de responsabilidade objetiva, que deve ser analisado à luz de critérios funcionais e finalísticos. Pode funcionar como limite ao exercício dos direitos subjetivos – e importantes expedientes conceituais foram desenvolvidos nesse sentido, tais como a teoria dos atos próprios (*venire contra factum proprium*) e a teoria do adimplemento substancial (*substantial performance*), dentre outras." (BRAGA NETTO, Felipe Peixoto. **Novo Manual de Responsabilidade Civil.** 3.ed. rev., atual. e ampl. Salvador: JusPodivm, 2022, p.197).

que norteiam o sistema legal de publicidade no Brasil, especialmente, os princípios da identificação da publicidade, boa-fé objetiva, informação, transparência, confiança e função social dos contratos.

Argumenta-se, ainda, que os *digital influencers* que atuam no mercado de consumo digital para promover ou participar de atividade publicitária ilícita, responderiam *objetiva e solidariamente*, com esteio nos preceitos estabelecidos no Código de Defesa do Consumidor.[12]

> Nesse contexto, em razão do poder de persuasão que os influenciadores digitais exercem sobre seus seguidores, usuários de internet por meio da sociedade de exposição, bem como a confiança dispensada a eles e a vantagem econômica que recebem, entende-se que a responsabilidade dos influenciadores digitais é objetiva, tendo em vista os princípios da boa-fé e solidariedade, sem esquecer a necessária opção do legislador em proteger a parte mais vulnerável da relação consumerista que é o consumidor.[13]

A referida discussão, envolvendo a atribuição de responsabilidade civil aos *influencers*, prospera paralelamente à divergência relacionada à imputação de responsabilidade civil das *celebridades tradicionais*, que participam de publicidades, na qual

---

12. GASPARATTO, Ana Paula Gilio; FREITAS, Cinthia Obladen de Almendra; EFING, Antônio Carlos. Responsabilidade civil dos influenciadores digitais. **Revista Jurídica Cesumar**, v.19, n.1, p.65-87, 2019. Disponível em: https://periodicos.unicesumar.edu.br/index.php/revjuridica/article/view/6493. Acesso em: 20 dez. 2023; BAGATINI, Júlia; ALBRECHT, Diego Alan Schofer. Digital Influencer e a responsabilidade consumerista. **Revista Derecho y Cambio Social**, n.59, p.330-344, 2020; SOUZA, Luciana Cristina de; ALMEIDA, Fabíola Fonseca Fragas de. Responsabilidade dos influenciadores digitais por publicidade oculta segundo o código de defesa do consumidor. *In*: **I Seminário On-line de Estudos Interdisciplinares** – On-line, 2020. Disponível em: https://www.doity.com.br/anais/iseminarioonlinedeestudosinterdisciplinares/trabalho/141685. Acesso em: 20 dez. 2023; BRITO, Dante Ponte de. Responsabilização civil dos influenciadores digitais pela veiculação de publicidade ilícita nas redes sociais. *In*: EHRHARDT JÚNIOR, Marcos; CATALAN, Marcos; MALHEIROS, Pablo (Coords.). **Direito Civil e tecnologia**: tomo I. 2.ed. rev. e atual. Belo Horizonte: Fórum, 2021, p.465-478; BARBOSA, Caio César do Nascimento; GUIMARÃES, Glayder Daywerth Pereira; SILVA, Michael César. A responsabilidade civil dos influenciadores digitais em tempos de coronavírus. *In*: FALEIROS JÚNIOR, José Luiz de Moura; LONGHI, João Victor Rozatti; GUGLIARA, Rodrigo (Coords.). **Proteção de Dados na Sociedade da Informação**: entre dados e danos. Indaiatuba, SP: Editora Foco, 2021, p.311-331; SAMPAIO, Marília de Ávila e Silva; MIRANDA, Thainá Bezerra. A responsabilidade civil dos influenciadores digitais diante do Código de Defesa do Consumidor. **Revista de Direito do Consumidor**, São Paulo, Thomson Reuters Brasil, v.133, p.175-204, 2021; SOUSA, Erica Fernanda Miranda; MENDES, Gillian Santana de Carvalho; BATISTA, Camila Campos. O protagonismo do digital influencer: uma análise da responsabilidade civil por dano ao consumidor frente a expansão do e-commerce. **Revista Meritum**, Belo Horizonte, v.16, n.2, p.104-122, 2021; SILVA, Carlos Mendes Monteiro da; BRITO, Dante Ponte de. Há responsabilização dos influenciadores digitais pela veiculação de publicidade ilícita nas redes sociais? **Revista de Direito do Consumidor**, São Paulo, Thomson Reuters Brasil, v.30, n.133, p.205-221, jan./fev. 2021; ODY, Lisiane Feiten Wingert; D'AQUINO, Lúcia Souza. A responsabilidade dos influencers: uma análise a partir do Fyre Festival, a maior festa que jamais aconteceu. **Civilística.com**, Rio de Janeiro, a.10, n.3, p.1-18, 2021, p.13; BECKER, Maria Alice Ely. **A responsabilidade dos influenciadores digitais**: análise das novas tecnologias, implicações e discussões necessárias. Porto Alegre: Livraria do Advogado, 2023, p.86; MARTINS, Guilherme Magalhães; MUCELIN, Guilherme. Responsabilidades dos influenciadores digitais: influência online como comunicação mercadológica disciplinada pelo CDC. *In*: HACKEROTT, Nadia Andreotti Tuchumantel (Coord.). **Influenciadores digitais e seus desafios jurídicos**. São Paulo: Thomson Reuters Brasil, 2023, p.133.
13. GASPARATTO, Ana Paula Gilio; FREITAS, Cinthia Obladen de Almendra; EFING, Antônio Carlos. Responsabilidade civil dos influenciadores digitais. **Revista Jurídica Cesumar**, v.19, n.1, p.65-87, 2019. Disponível em: https://periodicos.unicesumar.edu.br/index.php/revjuridica/article/view/6493. Acesso em: 20 dez. 2023.

parte da doutrina brasileira acolhe o entendimento de se qualificar como *subjetiva*[14] e parte como *objetiva*.[15]

Insta frisar que, a atuação dos influenciadores digitais se demonstra *distinta daquela realizada* pelas celebridades tradicionais, haja vista que os *influencers* assumem a posição de *produtores de conteúdo temático/personalizado,* possuindo, em regra, *liberdade de criação do conteúdo* veiculado em suas plataformas digitais.[16]

Não obstante, ainda que os influenciadores sejam considerados "meros representantes" dos fornecedores, devem assumir responsabilidade pelos prejuízos causados aos consumidores, e, pelo consequente retorno lucrativo da publicidade ilícita propalada nas mídias sociais.

Diante dos argumentos apresentados, a imputação de *responsabilidade civil objetiva* aos influenciadores digitais se delineia como mais adequada ao deslinde da controvérsia, com fundamento na violação aos preceitos normativos da *boa-fé objetiva,* da *função social dos contratos* e no *risco da atividade econômica* desempenhada.

Ademais, os influenciadores digitais obtêm inegável *proveito econômico* com a realização de atividade publicitária no mercado de consumo digital.

Nesse sentido, destaca-se, ainda, existir um *caráter facultativo* de vinculação de imagem, credibilidade, fama e influência por parte dos *digital influencers* a determinado produto ou serviço do fornecedor. Desse modo, os *influencers* devem nortear sua conduta no mercado de consumo digital pela imprescindível observância aos *princípios da boa-fé objetiva e da função social dos contratos,* com o objetivo de se evitar a perpetração de eventual prática comercial abusiva lesiva aos interesses dos consumidores (seguidores).

Destarte, os influenciadores *não são obrigados a se vincular*, mas na hipótese de aceitarem a vinculação publicitária com contrapartidas – *remuneração direta (em pecúnia) ou indireta* (os denominados "mimos e recebidos" e demais contrapartidas deste

---

14. Sobre a controvérsia relativa à responsabilidade civil das celebridades tradicionais, Lucia Ancona Lopez de Magalhães Dias leciona que as celebridades "não podem assumir responsabilidade idêntica à do fornecedor, notadamente porque em muitas situações atuam como mero 'porta-voz' do anunciante." (DIAS, Lucia Ancona Lopez de Magalhaes. **Publicidade e direito**. 3.ed. atual. e reform. São Paulo: Saraiva, 2018, p. 432).
15. Noutro giro, Paulo Jorge Scartezzini Guimarães suscita que as celebridades que participam das publicidades devem cumprir "seu dever jurídico originário, agindo de forma prudente, colocando acima dos seus interesses econômicos a preocupação em não enganar ou não permitir que se enganem os consumidores; [...].

    Esta responsabilidade civil, para atingir os objetivos desta nova sociedade (prevenção do dano e efetiva reparação) não pode ter como sustentáculo o elemento subjetivo da culpa, e assim deverá ser fundada, como regra, na causação do dano. Temos, pois, para os casos aqui analisados, uma responsabilidade objetiva." (GUIMARÃES, Paulo Jorge Scartezzini. **A publicidade ilícita e a responsabilidade civil das celebridades que dela participam**. 2.ed. São Paulo: Revista dos Tribunais, 2007, p.223).
16. Nesse sentido ver: GUIÑEZ-CABRERA, Nataly; MANSILLA-OBANDO, Katherine; JELDES-DELGADO, Fabiola. La transparencia publicitaria en los influencers de las redes sociales. **Retos (Revista de Ciencias de la Administración y Economía)**, Universidad Politécnica Salesiana, v.10, n.20, p.265-281, 2020, p.267.

modelo) – assumem *responsabilidade civil objetiva e solidária*[17] com o fornecedor pelos danos causados pela divulgação de publicidade ilícita nas redes sociais.[18]

> Realizada uma determinada postagem pelo influenciador digital, fazendo publicidade oculta de determinado produto e serviço (*merchandising* ou *tie in*), o qual vem a ser adquirido por seus seguidores e, em sua utilização gera dano a quaisquer destes, é inegável o dever solidário do influenciador, juntamente com os demais fornecedores, com fundamento na solidariedade, prevista no artigo 7º, parágrafo único, do Código de Defesa do Consumidor, sendo esta responsabilidade objetiva.[19]

No âmbito da relação jurídica de consumo, se demonstra, ainda, ser imprescindível a observância aos *princípios da informação, transparência e confiança*, com a finalidade de se resguardar os interesses dos consumidores e preservar as legítimas expectativas despertadas pela publicidade ilícita veiculada no mercado de consumo.

Nessa esteira, ressalta-se, também, que os consumidores se encontram em posição de patente *vulnerabilidade* – econômica, técnica, digital e, principalmente, *informativa* – perante os fornecedores, anunciantes e influenciadores digitais, sobretudo, pela *assimetria de informações* existente na relação jurídica de consumo.[20]

> [...] em razão da própria racionalidade do Direito do Consumidor, nessa seara a intensidade jurisgênica da boa-fé será conformada conjugadamente ao postulado fático-normativo da vulnerabilidade do consumidor, impondo deveres que acrescem (ou otimizam) os deveres de fonte legal de equilíbrio e de transparência.[21]

Sob esta perspectiva, Diogo Rais Rodrigues Moreira e Nathalia Sartarello Barbosa lecionam que:

> Apesar de serem "sujeitos comuns", os influenciadores digitais são verdadeiros profissionais da web e têm, portanto, a obrigação de respeitar os princípios de boa-fé e transparência em prol dos consumidores, devendo deixar explícita a sua relação comercial com a empresa do produto divulgado. Ainda não é tão frequente a identificação da publicidade, sendo inclusive mais interessante para o próprio fornecedor que o post aparente apresentar uma opinião desinteressada como se fosse um conselho ou uma indicação, pois é nítida a predileção por publicações autênticas, assim como visto anteriormente, em detrimento de textos patrocinados fruto de uma relação contratual. Ocorre que, ao conduzir o consumidor a erro quanto à origem das alegações veiculadas, trata-se de publicidade enganosa, sendo, portanto, ilícita.

---

17. DIAS, Lucia Ancona Lopez de Magalhaes. **Publicidade e direito**. 3.ed. atual. e reform. São Paulo: Saraiva, 2018, p. 326.
18. Nesse sentido ver: BRITO, Dante Ponte de. Responsabilização civil dos influenciadores digitais pela veiculação de publicidade ilícita nas redes sociais. *In*: EHRHARDT JÚNIOR, Marcos; CATALAN, Marcos; MALHEIROS, Pablo (Coords.). **Direito Civil e tecnologia**: tomo I. 2.ed. rev. e atual. Belo Horizonte: Fórum, 2021, p.477.
19. SOUZA, Luciana Cristina de; ALMEIDA, Fabíola Fonseca Fragas de. Responsabilidade dos influenciadores digitais por publicidade oculta segundo o código de defesa do consumidor. *In*: **I Seminário On-line de Estudos Interdisciplinares** – On-line, 2020. Disponível em: https://www.doity.com.br/anais/iseminarioonlinedeestudosinterdisciplinares/trabalho/141685. Acesso em: 20 dez. 2023.
20. Nesse mesmo sentido ver: AMORIM, Ana Clara Azevedo de. Os influenciadores digitais e a publicidade oculta: abordagem comparada de direito luso-brasileiro. *In*: RIBEIRO, Cláudio José Silva; HIGUCHI, Suemi (Orgs.). **Anais do I congresso internacional em humanidades digitais no Rio de Janeiro**. Rio de Janeiro: CPDOC/FGV, 2018, p.123-128.
21. MARTINS-COSTA, Judith. **A boa-fé no direito privado**: critérios para sua aplicação. 2.ed. São Paulo: Saraiva Educação, 2018, p.328.

A liberdade de criação do conteúdo dos *digital influencers*, justamente um dos motivos do sucesso da parceria com as marcas, implica no envolvimento direto com o produto ou com o serviço, ou seja, a publicidade passa pelo seu crivo. Isso os coloca numa posição ao lado dos fornecedores, devendo ambos responder objetiva e solidariamente pelos anúncios ilícitos e por eventuais danos que o produto da marca divulgado causar.

[...]

O que se conclui com esse artigo, portanto, é que, a princípio, os influenciadores digitais devem ser responsabilizados solidariamente pela reparação dos danos causados aos consumidores pelos produtos divulgados com o auxílio da sua imagem. Posteriormente, analisada sua participação, poderão mover as respectivas ações regressivas contra os demais culpados.

Além disso, com fundamento no princípio da transparência, a informação correta é direito básico do consumidor. Os seguidores devem saber que não se trata de mera expressão de preferência por um determinado produto, senão de uma divulgação paga. Portanto, todos aqueles que participam de uma publicidade têm a obrigação legal de prestar a informação de forma completa, respeitando os princípios de boa-fé e transparência em prol dos consumidores. Isso se aplica principalmente aos influenciadores digitais que têm envolvimento direto com o produto ou com o serviço, tendo a publicidade passado pelo seu crivo, e cuja participação influenciará em muito na decisão do consumidor.[22]

Deste modo, constata-se que caberia aos fornecedores, anunciantes e *digital influencers*, no âmbito da atividade publicitária desenvolvida, nortearem sua conduta/comportamento pelos ditames legais emanados pelos princípios da boa-fé objetiva e da função social dos contratos, em consonância com os princípios da confiança, informação e transparência, bem como, pelas normativas éticas estabelecidas pelo CONAR.

As práticas comerciais fundamentada, na lei de proteção do consumidor (lei 8.078/90) orientam os fornecedores e publicitários a pautarem suas ações na boa-fé, na confiança negocial, na realização da função social do contrato, na solidariedade, na transparência dos atos, entre outros princípios, objetivando o fim precípuo de se atender à dignidade humana, enquanto fundamento da República.[23]

Considerando a liberdade de criação de conteúdo dos influenciadores, devem estes envidar esforços no sentido de produzir e postar conteúdos adequados, em observância aos preceitos éticos e jurídicos vigentes no ordenamento jurídico brasileiro.[24]

---

22. MOREIRA, Diogo Rais Rodrigues; BARBOSA, Nathalia Sartarello. O reflexo da sociedade do hiperconsumo no instagram e a responsabilidade civil dos influenciadores. **Revista Direitos Culturais**, Santo Ângelo, v.13, n.30, p.73-88, maio/ago. 2018, p.85-87. Nesse sentido ver: BARBOSA, Mafalda Miranda. Causalidade mínima. *In*: BRAGA NETTO, Felipe Peixoto; SILVA, Michael César (Orgs.). **Direito privado e contemporaneidade:** desafios e perspectivas do direito privado no século XXI: volume três. Indaiatuba, SP: Editora Foco, 2020, p.19; EFING, Antônio Carlos; BERGSTEIN, Laís Gomes; GIBRAN, Fernanda Mara. A ilicitude da publicidade invisível sob a perspectiva da ordem jurídica de proteção e defesa do consumidor. **Revista de Direito do Consumidor,** São Paulo, Revista dos Tribunais, a.21, v.81, p.91-116, jan./mar. 2012.
23. EFING, Antônio Carlos; BAUER, Fernanda Mara Gibran; ALEXANDRE, Camila Linderberg. Os deveres anexos da boa-fé e a prática do neuromarketing nas relações de consumo: análise jurídica embasada em direitos fundamentais. **Revista Opinião Jurídica**, Fortaleza, v.11, n.15, p.38-53, 2013. Disponível em: https://periodicos.unichristus.edu.br/opiniaojuridica/article/view/294/150. Acesso em: 20 dez. 2023.
24. BARBOSA, Caio César do Nascimento; GUIMARÃES, Glayder Daywerth Pereira; SILVA, Michael César. A responsabilidade civil dos influenciadores digitais em tempos de coronavírus. *In*: FALEIROS JÚNIOR, José Luiz de Moura; LONGHI, João Victor Rozatti; GUGLIARA, Rodrigo (Coords.). **Proteção de Dados na Sociedade da Informação:** entre dados e danos. Indaiatuba, SP: Editora Foco, 2021, p.320.

Nesse mesmo giro, no âmbito da União Europeia, se destaca o relevante papel desenvolvido pela *European Advertising Standards Alliance* (EASA)[25], organização que atua para promover um *marketing (publicidade) responsável e confiável*, estabelecendo parâmetros adequados sobre as questões de *autorregulamentação publicitária na Europa*.

Sobre a liberdade na criação de conteúdo editorial, em relação ao marketing dos influenciadores, a *European Advertising Standards Alliance*:

> Define o marketing de influenciadores com base em dois critérios a serem atendidos: "(i) conteúdo editorial de marcas patrocinadoras com controle dominante com roteiro de mensagem, cenário ou discurso pré-sugerido para o influenciador antes de sua publicação, e; (ii) uma compensação pela comunicação de marketing compartilhada pelo influenciador, que pode assumir diferentes formas, desde acordos contratuais formais que definem pagamentos monetários até a mera oferta de bens gratuitos ou outros compromissos recíprocos em benefício do influenciador".[26] (Tradução nossa).

Destarte, *a liberdade de criação de conteúdo, a remuneração e a credibilidade* se mostram como critérios apropriados para imputação de responsabilidade aos influenciadores, pois diversos *influencers* se apresentam como produtores de conteúdo, percebem contrapartidas e frustram as legítimas expectativas despertadas nos seus seguidores, assumindo, desse modo, a posição de *garantidores das informações fornecidas ao público consumidor*.

Lado outro, o renome e o grande poder de influência dessas personalidades digitais, bem como, o consequente retorno lucrativo da publicidade realizada, pode ser explicado pela *espontaneidade* e *aproximação direta* que possuem com seus seguidores.

> O influenciador digital, *digital influencer, creator*, ou a denominação vigente que for, é um sujeito que preserva o seu Eu. Enquanto uma celebridade está distante, sob holofotes, traçando um caminho de sucesso que parece muito distante de quem os assiste no cinema ou na televisão, os influenciadores digitais estão no *Facebook*, no *Instagram*, no *Snapchat*, em espaços ocupados por "pessoas comuns" com quem dialogam em igualdade. É por esse motivo, também, que revistas e sites de veículos tradicionais de mídia não têm a mesma reputação que os influenciadores digitais. A proximidade desses sujeitos de seus públicos, de sua rede, a partir da escrita íntima, do uso da primeira pessoa (no caso dos *blogs, Instagram, Twitter*) e da pessoalidade cria uma aproximação entre o criador de conteúdo e seus públicos. É nessa sustentação

---

25. Destaca-se, por oportuno, que a *European Advertising Standards Alliance* (EASA) é composta por organizações autorreguladoras de publicidade, membros da indústria (anunciantes, agências e a mídia) e empresas de reprodução digital pura (empresas com presença comercial nos mercados europeu e mundial). (EUROPEAN ADVERTISING STANDARDS ALLIANCE. **About us.** 2023. Available from: https://www.easa-alliance.org/about-us/. Access on: Dec. 20, 2023).
26. No original: "Defines influencer marketing based on two criteria to be met: '(i) editorial content from sponsoring brands having a dominant control with a pre-suggested message script, scenario or speech for the influencer before its publication, and; (ii) a compensation for the marketing communication shared by the influencer, which can take different forms, from formal contractual agreements defining monetary payments to a mere provision of free goods or other reciprocal commitments for the benefit of the influencer.'" (MICHAELSEN, Frithjof *et al.*. **The impact of influencers on advertising and consumer protection in the single market.** Publication for the committee on Internal Market and Consumer Protection (IMCO), Policy Department for Economic, Scientific and Quality of Life Policies, European Parliament, Luxembourg, 2022, p.16. Available from: https://www.europarl.europa.eu/thinktank/en/document/IPOL_STU(2022)703350. Access on: Dec. 20, 2023).

que se ergue o capital simbólico dos blogueiros e, muito fortemente, das blogueiras de moda que são encaradas como melhores amigas de suas leitoras.²⁷

Ao passo que as celebridades tradicionais – famosos astros do futebol, cinema e televisão, dentre outros – se utilizam de *scripts* e *briefings* para atuarem em publicidades, os influenciadores digitais, em regra, *renunciam ao caráter roteirizado* das mesmas para evidenciar a *espontaneidade e naturalidade* na realização de publicidade nas redes sociais.

Ademais, os *digital influencers*, usualmente, atuam como *produtores de conteúdos específicos*, que possuem liberdade criativa para divulgar produtos, serviços ou marcas dos fornecedores, da forma que desejarem, não seguindo *"scripts"* em que devem atuar em caráter superficial e artificial, renunciando ao fator criativo e espontâneo.

Tal situação se demonstra relevante na construção da confiabilidade dos *influencers*, uma vez que, se desconectam do controle criativo do fornecedor e, passam a desenvolver a atividade publicitária nas mídias sociais, de modo *natural e livre de artificialidades*, o que lhes permite uma *maior facilidade de aproximação junto ao público consumidor*.

Portanto, em sua atuação nas plataformas digitais, os influenciadores devem levar em consideração a *relação de credibilidade* que possuem com seu público-alvo, advinda da *confiança* pré-estabelecida entre as partes, com a finalidade de se não frustrar as *legítimas expectativas* criadas nos consumidores pelas informações veiculadas na publicidade de produtos, serviços ou marcas.[28]

> [...] a confiança identifica-se com a geração de expectativas legítimas suscitadas na contraparte durante as negociações, com vistas à consagração da justiça contratual nas relações jurídicas contratuais, sendo, por conseguinte, imprescindível a *tutela jurídica da confiança*, sob pena de imputação de responsabilidade pré-contratual por frustração de legítimas expectativas.[29-30]

---

27. KARHAWI, Issaaf. Influenciadores digitais: o Eu como mercadoria. *In*: SAAD, Elizabeth; SILVEIRA, Stefanie C. (Orgs.). **Tendências em comunicação digital.** São Paulo: ECA/USP, 2016, p.46-47. Disponível em: http://www.livrosabertos.sibi.usp.br/portaldelivrosUSP/catalog/download/87/75/365-1?inline=1. Acesso em: 20 dez. 2023.
28. Nesse sentido ver: FERREIRA, Eduardo Aranha; MIRANDA, Sandra. **O papel dos influenciadores digitais no processo de intenção de compra:** comunicação e consumo. Beau Bassin, Mauritius: Novas Edições Acadêmicas, 2019. [E-book].
29. SILVA, Michael César. Convergências e assimetrias do princípio da boa-fé objetiva no direito contratual contemporâneo. *In*: BRAGA NETTO, Felipe Peixoto; SILVA, Michael César (Orgs.). **Direito privado e contemporaneidade:** desafios e perspectivas do direito privado no século XXI: volume II. Rio de Janeiro: Lumen Juris, 2018, p.123. Nesse sentido ver: FRADA, Manuel António de Castro Portugal Carneiro da. **Teoria da confiança e responsabilidade civil.** Coimbra: Almedina, 2004, p.433-434; MARQUES, Claudia Lima. **Confiança no comércio eletrônico e a proteção do consumidor:** um estudo dos negócios jurídicos de consumo no comércio eletrônico. São Paulo: Revista dos Tribunais, 2004, p.32-35; BRAGA NETTO, Felipe Peixoto. **Novo Manual de Responsabilidade Civil.** 3.ed. rev., atual. e ampl. Salvador: JusPodivm, 2022, p.209-210; BAGGIO, Andreza Cristina. **O direito do consumidor brasileiro e a teoria da confiança.** São Paulo: Revista dos Tribunais, 2012, p.84-89; CANTO, Rodrigo Eidelvein do. **A vulnerabilidade dos consumidores no comércio eletrônico.** São Paulo: Revista dos Tribunais, 2015, p.103-107.
30. Para o aprofundamento da temática relacionada a *Responsabilidade pela Confiança*, recomenda-se a leitura de: FRADA, Manuel António de Castro Portugal Carneiro da. **Teoria da confiança e responsabilidade civil.** Coimbra: Almedina, 2004; ROSENVALD, Nelson; BRAGA NETTO, Felipe Peixoto. **Responsabilidade Civil:** Teoria Geral. Indaiatuba, SP: Editora Foco, 2024, p.219-223.

Consoante ao exposto, a confiança tem por finalidade conferir equilíbrio as relações negociais, com enfoque naquelas que comportem patente *assimetria entre os contratantes*.

> A confiança é base da vida social, tanto nas relações negociais, quanto de todas aquelas que resultam da vida ordinária. Os fios que tecem essas relações se formam pelo comportamento ativo e probo, mas também pela realidade dada, com o respeito ao outro, à palavra empenhada e às legítimas expectativas geradas.[31]

Complementarmente, deverá o *digital influencer*, ainda, em sua atuação no mercado de consumo digital, se atentar aos preceitos normativos da *função social dos contratos* consubstanciada no artigo 421 do Código Civil, a qual "constitui, em termos gerais, a expressão da socialidade no Direito Privado, projetando em seus corpos normativos e nas distintas disciplinas jurídicas a diretriz constitucional da solidariedade social."[32]

Destarte, a publicidade realizada pelos influenciadores digitais nas redes sociais deverá considerar tanto a *boa-fé objetiva* quanto a *função social dos contratos*, sendo que o conteúdo abusivo que ofenda os ditames estabelecidos no Código de Defesa do Consumidor e no Código Brasileiro de Autorregulamentação Publicitária poderá ensejar danos aos consumidores, visto que percebem a mensagem publicitária transmitida como sendo verdadeira e sem arestas.

No contexto da sociedade digital, no qual os fornecedores vislumbram nos *influencers* efetivo instrumento de divulgação publicitária, se torna imprescindível que toda e qualquer publicidade veiculada por essas personalidades digitais, observe os preceitos emanados pelos princípios da boa-fé objetiva e da função social dos contratos, sob pena imputação de *responsabilidade objetiva* pelos eventuais prejuízos causados aos seus seguidores.

> A responsabilidade civil atribuída aos influenciadores demonstra-se como objetiva, fundamentada nos preceitos normativos norteadores da *boa-fé objetiva* e da *função social dos contratos*, tal como pela veiculação e promoção de publicidade ilícita com poderio de indução de comportamento ao seu público, relacionando-se a preexistência de confiança.[33]

Assim, caso os influenciadores digitais aceitem vincular sua imagem, reputação e credibilidade à publicidade de determinado fornecedor, deverão se comportar no

---

31. MIRAGEM, Bruno. A proteção da confiança no direito privado: notas sobre a contribuição de Claudia Lima Marques para a construção do conceito no direito brasileiro. **Revista de Direito do Consumidor,** São Paulo, Revista dos Tribunais, v.114, a.26, nov./dez. 2017, p.405. Disponível em: https://revistadedireitodoconsumidor.emnuvens.com.br/rdc/article/view/1083. Acesso em: 20 dez. 2023. Nesse sentido ver: ASCENSÃO, José de Oliveira. Cláusulas gerais e segurança jurídica no Código Civil de 2002. **Revista Trimestral de Direito civil,** Rio de Janeiro, a.7, v.28, p.77-91, out./dez., 2006, p.87.
32. MARTINS-COSTA, Judith. Reflexões sobre o princípio da função social dos contratos. **Revista Direito FGV**, v.1, n.1, p.41-66, 2005, p.41. Disponível em: http://bibliotecadigital.fgv.br/ojs/index.php/revdireitogv/article/view/35261. Acesso em: 20 dez. 2023.
33. BARBOSA, Caio César do Nascimento; GUIMARÃES, Glayder Daywerth Pereira; SILVA, Michael César. A responsabilidade civil dos influenciadores digitais em tempos de coronavírus. *In:* FALEIROS JÚNIOR, José Luiz de Moura; LONGHI, João Victor Rozatti; GUGLIARA, Rodrigo (Coords.). **Proteção de Dados na Sociedade da Informação:** entre dados e danos. Indaiatuba, SP: Editora Foco, 2021, p.329.

sentido de não prejudicar seu público-alvo (seguidores), com esteio na necessária observância as normativas ético-jurídicas estabelecidas pelo CDC e CBAP.

Nesse mesmo giro, os *digital influencers* necessitam analisar, de modo criterioso e pormenorizado, os riscos aos quais expõem seus seguidores ao atrelar sua credibilidade, prestígio e influência a determinados anúncios publicitários. Não obstante, caso optem pela vinculação, deverão se atentar às *regulamentações legais e éticas* que lhes são impostas, sob pena de atribuição de responsabilidade civil objetiva pelos danos causados aos consumidores.

> [...] Contudo, de uma forma geral, para a adequação dessa complexa ponderação que envolve três centros de interesses, creio que a melhor solução de compromisso entre a ordem econômica, a tutela dos consumidores e a proteção das próprias celebridades, demanda um ônus de informar qualificado a quem contrata a celebridade; um "dever de se informar" por parte de quem empresta a sua fama a uma publicidade respeitante às qualidades e riscos por meio da publicação de fotos, textos e vídeos, em suas redes sociais, não apenas para obterem retorno que comercializará (principalmente em produtos conexos a sua área de atuação, v.g. famoso cabeleireiro ao aderir a produto de beleza) e, uma percepção mínima por parte do público do que objetivamente consiste em uma "expectativa" e o que de fato aquele produto possa lhe proporcionar e, além disso, se efetivamente vale a pena se vincular com aquele fornecedor.[34]

Nessa linha de intelecção, com a finalidade de se assegurar as legítimas expectativas despertadas pela divulgação de publicidade no ambiente digital, os influenciadores devem apresentar *informações qualificadas* (corretas, claras, adequadas e ostensivas) na divulgação de peças publicitárias, levando-se em consideração a relação de credibilidade existente entre os *influencers* e seus seguidores (*followers*).

Sob a perspectiva de atribuição de *responsabilidade civil objetiva* aos *influencers* em sua atuação nas mídias sociais, é possível, ainda, vislumbrar 3 (três) hipóteses nas quais se constata a *inobservância aos deveres anexos de conduta – violação positiva do contrato* – e, por conseguinte, ofensa ao *princípio da boa-fé objetiva*:

i) situações nas quais ocorre a divulgação de *publicidade não identificada* nas plataformas digitais: hipóteses nas quais se caracteriza a *violação do dever anexo de informação e de cooperação (ou lealdade);*

ii) situações nas quais a *publicidade resta devidamente identificada*, mas o influenciador digital não adota *cautelas ou diligências* adequadas e suficientes em relação às informações que *sabe ou deveria saber* em relação aos produtos/serviços, que *não apresentam as características* veiculadas na publicidade do fornecedor: nessas hipóteses, caracteriza-se, também, a *violação do dever anexo de informação;*

iii) situações nas quais a *publicidade se encontra devidamente identificada*, mas o influenciador digital *não adota cautelas ou diligências* adequadas e suficientes para proteger o consumidor (seguidores): hipóteses nas quais o *influencer* promove publicidade

---

34. ROSENVALD, Nelson. **O direito civil em movimento:** desafios contemporâneos. 2.ed. Salvador: JusPodivm, 2018, p.212.

de fornecedor envolvido com a ocorrência de *fraudes ou golpes,* caracterizando-se a *violação do dever anexo de proteção* (ou cuidado);

> De toda forma, em matéria de responsabilidade civil, cada caso é um caso e deverá ser analisado à luz das especificidades que iluminam o contexto. Quem sabia – *ou deveria saber* – que o produto ou serviço que anuncia não tem as propriedades anunciadas ou, pior, trata-se de empresa com histórico de golpes e fraudes, estará sujeito à responsabilização.[35]

Outrossim, é possível, ainda, vislumbrar a possibilidade de enquadramento dos influenciadores digitais como *fornecedores equiparados,* sendo considerados como *intermediários* que atuam perante o potencial consumidor como se fornecedor fosse.[36]

O conceito de *fornecedor equiparado* fora desenvolvido no Direito do Consumidor brasileiro por *Leonardo Roscoe Bessa*[37], para abarcar determinadas atividades que, também, *se enquadrariam aos preceitos normativos do Código de Defesa do Consumidor* e, por conseguinte, ensejariam a *ampliação do campo de incidência* do diploma legal consumerista, em similitude com a figura do consumidor equiparado do artigo 17 do CDC.

> [...] a situação de vulnerabilidade principal no consumo – por exemplo, dos sujeitos de direito cujos dados foram remetidos para um banco de dados ou foram expostos a uma prática comercial, aos efeitos externos de um contrato (agora ainda mais com a função social dos contratos e com a boa-fé objetiva aumentando a eficácia dos contratos entre fortes e fracos) – levou a uma espécie de ampliação do campo de aplicação do CDC, através de uma nova visão mais alargada do art. 3º. É o que denomina de *fornecedor-equiparado,* aquele terceiro na relação de consumo, um terceiro apenas intermediário ou ajudante da relação de consumo principal, mas que atua frente a um consumidor (aquele que tem seus dados cadastrados como mau pagador e não efetuou sequer uma compra) ou a um grupo de consumidores (por exemplo, um grupo formado por uma relação de consumo principal, como a de seguro de vida em um grupo organizado pelo empregador e pago por este), com se fornecedor fosse (comunica o registro no banco de dados, comunica que é estipulante nos seguro de vida em grupo etc.).[38]

A teorização proposta se fundamenta, portanto, numa *perspectiva ampliada de aplicação do conceito de fornecedor* previsto no artigo 3º do Código de Defesa do Consumidor, com o intuito de se otimizar a proteção do consumidor no ordenamento jurídico brasileiro.

Nessa esteira, Adalberto Pasqualotto assevera que "há certas empresas e organizações que, embora não mantenham relação econômica direta com o consumidor em razão da sua atividade peculiar, afetam-no indiretamente pela natureza do serviço que prestam." A partir do mencionado contexto, "constatando essa realidade, Leonardo

---

35. BRAGA NETTO, Felipe Peixoto. **Manual de direito do consumidor à luz da jurisprudência do STJ.** 18.ed. rev., atual. e ampl.. São Paulo: JusPodivm, 2023, p.401.
36. BARBOSA, Caio César do Nascimento; GUIMARÃES, Glayder Daywerth Pereira; SILVA, Michael César. Reflexões acerca da responsabilidade civil dos influenciadores digitais na sociedade 4.0. *In:* BARBOSA, Mafalda Miranda; ROSENVALD, Nelson; MUNIZ, Francisco (Coords.). **Responsabilidade Civil e Comunicação:** IV jornadas luso-brasileiras de responsabilidade civil. Indaiatuba, SP: Editora Foco, 2021, p.9-27.
37. BESSA, Leonardo Roscoe. Fornecedor equiparado. **Revista de Direito do Consumidor** [recurso eletrônico], São Paulo, Revista dos Tribunais, a.16, n.61, p.126-141, jan./mar., 2007.
38. MARQUES, Claudia Lima. **Contratos no Código de Defesa do Consumidor.** 9.ed. São Paulo: Thomson Reuters Brasil, 2019, p.461-462.

Roscoe Bessa cunhou o conceito de fornecedor equiparado, em oportuna analogia ao conceito de consumidor equiparado."[39]

> O mesmo raciocínio pode ser utilizado *em relação às atividades publicitárias*. Até a edição do CDC, não havia no Brasil qualquer tratamento sistemático do assunto. Neste caso, mais uma vez, a preocupação maior é com a atividade em si, considerando seu alto grau de convencimento e potencial agressividade a valores que integram a dignidade da pessoa humana. É secundário, ou mesmo desnecessário, exigir os requisitos indicados pelo *caput* do art. 3º para concluir pela incidência da disciplina própria do CDC. Não importa pesquisar se a atividade foi remunerada (direta ou indiretamente) e ainda se o autor e todos aqueles que colaboraram para sua criação e veiculação atuam profissionalmente no mercado de consumo. *Em relação à publicidade, todos que, direta ou indiretamente, a promovem são fornecedores equiparados*.[40]

De modo complementar, Samir Alves Daura e Rafael Ferreira Bizelli sustentam a respeitos dos influenciadores digitais que atuam na área de finanças e investimentos:

> Os influenciadores atuam nas diversas áreas de interesse da população. Dentre eles, um tipo específico tem ganhado destaque: o *influencer* de finanças e investimentos, que orienta os seus seguidores em temas de educação financeira. Diante da relação de intensa confiança que se espera entre esses novos profissionais do mundo digital e os seus seguidores, importante é caracterizá-los como *fornecedores equiparados*, a partir da incidência da *boa-fé objetiva e dos deveres anexos de cuidado, informação, lealdade e transparência*, posto que a violação do padrão de conduta esperada levará à *responsabilização civil objetiva* daquele que se aproveita da sua condição de prestígio para causar danos a terceiros.[41]

Ante aos argumentos suscitados pode-se concluir que a responsabilidade civil atribuída aos *digital influencers*, pela postagem de *publicidade ilícita* nas plataformas digitais, deverá se qualificar como *objetiva e solidária* em relação aos fornecedores.

> A propósito da responsabilização das celebridades pela difusão de publicidade ilícita, acompanhamos a análise de Samy Garson, que distingue três hipóteses, consoante o grau de participação na veiculação da informação publicitária. Em primeiro lugar, nos casos em que a figura pública apenas associa a voz a uma dada comunicação comercial, dificilmente se vislumbra responsabilidade civil pela informação veiculada, salvo casos extremos, como por exemplo, na situação de a celebridade oculta através de um personagem, propagar um preconceito racial. Já se a celebridade associa a sua imagem, sem efetuar qualquer depoimento, a responsabilidade civil pode existir em caso de "incompatível associação" entre a celebridade e o produto ou serviço publicitado. Por último, temos os casos em que as celebridades dão o seu testemunho,

---

39. PASQUALOTTO, Adalberto. Direito e publicidade em ritmo de descompasso. *In:* MARQUES, Claudia Lima; GSELL, Beate (Orgs.). **Novas tendências do direito do consumidor:** rede Alemanha-Brasil de pesquisas em direito do consumidor. São Paulo: Revista dos Tribunais, 2015, p.241.
40. BESSA, Leonardo Roscoe. Fornecedor equiparado. **Revista de Direito do Consumidor** [recurso eletrônico], São Paulo, Revista dos Tribunais, a.16, n.61, p.126-141, jan./mar., 2007, p.84-85, destaque nosso.
41. DAURA, Samir Alves; BIZELLI, Rafael Ferreira. Influenciadores Digitais de Finanças e o risco do superendividamento: do crédito ao investimento responsável. *In:* MONTEIRO FILHO, Carlos Edison do Rêgo; MARTINS, Guilherme Magalhães; ROSENVALD, Nelson; DENSA, Roberta (Coords.). **Responsabilidade Civil nas relações de consumo.** Indaiatuba, SP: Editora Foco, 2022, p.546, destaque nosso. Nesse sentido ver: LIMA, Clarissa Costa de. O dever de informação nos contratos de crédito ao consumo em direito comparado francês e brasileiro: a sanção para falta de informação dos juros remuneratórios. **Revista de Direito do Consumidor**, São Paulo, Revista dos Tribunais, a.18, n.69, p.9-31, jan./mar. 2009; AQUINO JÚNIOR, Geraldo Frazão de. A hipervulnerabilidade do consumidor de serviços financeiros digitais. *In:* EHRHARDT JÚNIOR, Marcos (Coord.). **Vulnerabilidade e novas tecnologias.** Indaiatuba, SP: Editora Foco, 2023, p.141-159; VERBICARO, Dennis. **Algoritmos de Consumo:** discriminação, determinismo e solução online de conflitos na era da inteligência artificial. São Paulo: Thomson Reuters Brasil, 2023. [E-book].

com conselhos, recomendações ou informações sobre o bem ou serviço que promovem. Na medida em que conscientemente participam na veiculação da mensagem publicitária, podem ser civilmente responsáveis pelos prejuízos decorrentes de uma mensagem ilícita, exceto se elas próprias foram induzidas em erro pelo anunciante ou pela agência de publicidade.[42]

Nessa esteira argumentativa, é importante ressaltar, ainda, que a responsabilidade civil dos influenciadores digitais se impõe devido ao fato de que: "a) fazem parte da cadeia de consumo, respondendo solidariamente pelos danos causados; b) recebem vantagem econômica e; c) se relacionam diretamente com seus seguidores que são consumidores."[43]

Rute Couto sustenta, ainda, que "A responsabilidade dos sujeitos da atividade publicitária pela difusão de publicidade ilícita deve, pois, ser estendida a quem contribui para a divulgação da mensagem, em troca de um benefício patrimonial ou extrapatrimonial."[44]

Ademais, Rui Moreira Chaves preleciona que em relação à responsabilidade das celebridades, se constata que, uma vez que essa participa da campanha publicitária de forma volitiva, não possuindo nenhuma obrigação de fazê-lo, e percebe vultuosa remuneração por essa associação a seu nome, voz e rosto, tornar-se-á solidariamente responsável ao fornecedor, caso o produto ou serviço anunciado não corresponda às expectavas criadas nos consumidores.[45]

Logo, em razão da obtenção de vantagens econômicas pelos *influencers*, com as atividades promovidas em suas mídias sociais, devem assumir a correspectiva responsabilidade pelos prejuízos causados aos consumidores.

> Diante do exposto, percebe-se que o CDC adotou a responsabilidade objetiva como regra geral, baseando-se na teoria do risco. Nesse passo, a responsabilidade dos influenciadores digitais deve, outrossim, ser objetiva, pois, além de estes receberem vantagens econômicas, os consumidores adquirem os produtos baseados na confiança depositada nessas celebridades digitais. O rompimento dessa confiança viola os princípios da boa-fé, da transparência e da confiança e, consequentemente, dá ensejo ao dever de responsabilização, independentemente da comprovação de culpa.[46]

---

42. COUTO, Rute. Celebridades na publicidade: influência e responsabilidade perante o consumidor. *In*: ALVES, Léo da Silva. (Coord.). **Juristas do Mundo:** Série Excelência Jurídica: volume 7. Publicação oficial do XVI Encontro Internacional de Juristas (Braga/Minho, Portugal). Brasília: Editora Rede, 2019, p.164.
43. GASPARATTO, Ana Paula Gilio; FREITAS, Cinthia Obladen de Almendra; EFING, Antônio Carlos. Responsabilidade civil dos influenciadores digitais. **Revista Jurídica Cesumar**, v.19, n.1, p.65-87, 2019, p.75. Disponível em: https://periodicos.unicesumar.edu.br/index.php/revjuridica/article/view/6493. Acesso em: 20 dez. 2023. Nesse sentido ver: SOUZA, Luciana Cristina de; ALMEIDA, Fabíola Fonseca Fragas de. Responsabilidade dos influenciadores digitais por publicidade oculta segundo o Código de Defesa do Consumidor. *In*: **I Seminário On-line de Estudos Interdisciplinares** – On-line, 2020. Disponível em: https://www.doity.com.br/anais/iseminarioonlineedeestudosinterdisciplinares/trabalho/141685. Acesso em: 20 dez. 2023.
44. COUTO, Rute. Celebridades na publicidade: influência e responsabilidade perante o consumidor. *In*: ALVES, Léo da Silva. (Coord.). **Juristas do Mundo:** Série Excelência Jurídica: volume 7. Publicação oficial do XVI Encontro Internacional de Juristas (Braga/Minho, Portugal). Brasília: Editora Rede, 2019, p.164.
45. CHAVES, Rui Moreira. **Regime Jurídico da Publicidade.** São Paulo: Almedina, 2005, p.349.
46. BRITO, Dante Ponte de. Responsabilização civil dos influenciadores digitais pela veiculação de publicidade ilícita nas redes sociais. *In*: EHRHARDT JÚNIOR, Marcos; CATALAN, Marcos; MALHEIROS, Pablo (Coords.). **Direito Civil e tecnologia:** tomo I. 2.ed. rev. e atual. Belo Horizonte: Fórum, 2021, p.476-477.

Em síntese, deve ser atribuída *responsabilidade civil objetiva e solidária* aos influenciadores digitais pelos danos causados pela divulgação de publicidade ilícita em suas redes sociais, com fundamento no *risco da atividade econômica* desenvolvida e na *inobservância aos princípios* da *boa-fé objetiva* e da *função social dos contratos,* tendo por suporte os preceitos legais estatuídos pelo Código de Defesa do Consumidor e éticos estabelecidas pelo Conselho Nacional de Autorregulamentação Publicitária.

> Portanto, caso as condutas dos influenciadores digitais causem danos aos consumidores, individual ou coletivamente, real ou em potencial, a depender do caso em apreço concretamente, por conta do risco que criam ao realizar tais atividades, devem ser responsabilizados nas formas como prevê a norma de proteção ao consumidor, de modo objetivo e solidário (art. 7º, parágrafo único, e arts. 12, 14 e 25, CDC) à cadeia de fornecimento, de maneira a observar o direito básico do consumidor à efetiva prevenção e reparação de danos patrimoniais e morais, individuais, coletivos e difusos (art. 6º, VI, CDC).[47]

Não obstante, em relação aos *consumidores hipervulneráveis* – especificamente, crianças, adolescentes, deficientes, idosos e analfabetos –, a controvérsia em estudo, no tocante à identificação publicitária em plataformas digitais, deve ser realizada de forma, ainda, *mais acurada.*

Destarte, não é suficiente que o influenciador digital insira em suas mídias sociais ou mesmo nos posts, *a mera identificação da publicidade realizada,* por meio de *hashtags*. Notadamente, em função da situação de *vulnerabilidade agravada* (ou *hipervulnerabilidade*) de determinados agrupamentos sociais, que *demandam uma maior qualificação da informação disponibilizada*, com a finalidade de se explicitar de forma clara, precisa, ostensiva e adequada[48], o real significado dessas expressões, porquanto essa categoria de consumidores *não detém o devido discernimento*, necessário para avaliar tratar-se ou não de uma publicidade, *e não de mero conteúdo editorial,* ressoando na *redução de sua capacidade de escolha* no tocante ao exercício efetivo de sua autonomia privada na relação de consumo.

> Insofismavelmente, o tratamento desenfreado dos dados pessoais torna o usuário parte (hiper)vulnerável, posto que, na maioria das vezes, esse não tem o conhecimento de que seus dados estão sendo coletados, tratados e compartilhados com outras empresas para os mais variados fins. Nesse compasso, violações a diversos direitos dos consumidores, redução da sua capacidade de escolha, discriminações e supressão da privacidade são práticas contumazes (embora espúrias) que se visou combater com a edição de uma Lei Geral de Proteção de Dados.

---

47. MARTINS, Guilherme Magalhães; MUCELIN, Guilherme. Responsabilidades dos influenciadores digitais: influência online como comunicação mercadológica disciplinada pelo CDC. *In*: HACKEROTT, Nadia Andreotti Tüchumantel (Coord.). **Influenciadores digitais e seus desafios jurídicos.** São Paulo: Thomson Reuters Brasil, 2023, p.133.
48. Art. 31. A oferta e apresentação de produtos ou serviços devem assegurar informações corretas, claras, precisas, ostensivas e em língua portuguesa sobre suas características, qualidades, quantidade, composição, preço, garantia, prazos de validade e origem, entre outros dados, bem como sobre os riscos que apresentam à saúde e segurança dos consumidores. (BRASIL. **Código de Defesa do Consumidor**. Lei 8.078, de 11 de setembro de 1990. Disponível em: http://www.planalto.gov.br/ccivil_03/LEIS/L8078.htm. Acesso em: 20 dez. 2023).

Isso está claro, no art. 2º da Lei 13.709/2018, que estabelece os fundamentos que a legislação busca avançar; dentre eles, destacam-se a autodeterminação informativa e o livre desenvolvimento da personalidade.[49]

Acrescenta-se, ademais, que mesmo em relação ao consumidor comum, com o decurso do tempo, a mera utilização de hashtags – *#ads, #publi, #publipost,* dentre outras – *não se mostrará como critério suficiente* para descaracterizar a ocorrência de publicidade oculta. Invariavelmente porque, diante da massiva quantidade de publicações com as referidas marcações nas redes sociais, o consumidor se habitua a ver tais termos e adquire certo torpor em relação a essas mensagens, de modo que, *as marcações perdem seu sentido e se convertem em vocábulos vazios e desprovidos de qualquer significado.*[50]

Há de se frisar, o fato de que tais marcações são apresentadas nas legendas das publicações dos influenciadores digitais, de forma que, em regra, *não são sequer percebidas* pelos consumidores. Impõe-se, portanto, a indispensabilidade em abordar a publicidade de forma mais direta, clara e transparente ao consumidor, primordialmente, por meio de inserção no conteúdo produzido pelo influenciador.

Por fim, constata-se que a oferta de soluções adequadas para a temática da atuação publicitária dos influenciadores digitais, contempla a: i) adoção de legislações específicas para influenciadores; ii) aplicação da legislação existente de proteção ao consumidor aos influenciadores; iii) publicação de diretrizes e códigos de conduta para estabelecer boas práticas aos *influencers*; iv) utilização de ferramentas digitais de monitoramento e fiscalização das atividades realizadas por influenciadores digitais; v) oferta de treinamento e certificação de influenciadores; vi) promoção da educação digital e apoio os consumidores, assim como; vii) padronização das ferramentas e instrumentos de divulgação de publicidade *online* juntamente às redes sociais e influenciadores digitais.[51]

7.1.3 A prevenção de danos e a responsabilidade civil dos influenciadores digitais

No contexto da sociedade contemporânea, para além da reparação dos prejuízos causados aos consumidores, a *prevenção dos danos* assume novos contornos e, papel

---

49. VALLE DRESCH, Rafael de Freitas; FALEIROS JÚNIOR, José Luiz de Moura. Reflexões sobre a responsabilidade civil na lei geral de proteção de dados (Lei n.13.709/2018). *In:* ROSENVALD, Nelson; VALLE DRESCH, Rafael de Freitas; WESENDONCK, Tula (Coords.). **Responsabilidade civil:** novos riscos. Indaiatuba, SP: Editora Foco, 2019, p.73.
50. DEUTSCHLAND. Bundesgerichtshof. **I ZR 90/20 (Influencer I), I ZR 125/20 (Influencer II), I ZR 126/20 (Influencer III).** I. Zivilsenat des Bundesgerichtshofs. beu.29 jul. 2021. Mitteilung der Pressestelle, Karlsruhe, ver. 9 sep. 2021. Verfügbar in: http://juris.bundesgerichtshof.de/cgi-bin/rechtsprechung/document.py?Gericht=bgh&Art=en&nr=122152&pos=0&anz=1. Zugang unter: 20 dec. 2023.
51. MICHAELSEN, Frithjof *et al.*. **The impact of influencers on advertising and consumer protection in the single market.** Publication for the committee on Internal Market and Consumer Protection (IMCO), Policy Department for Economic, Scientific and Quality of Life Policies, European Parliament, Luxembourg, 2022, p.82. Available from: https://www.europarl.europa.eu/thinktank/en/document/IPOL_STU(2022)703350. Access on: Dec. 20, 2023.

fundamental no âmbito da responsabilidade civil, notadamente, diante da multiplicação e maximização dos riscos sociais e do advento de novos danos.

> De qualquer modo, o certo é que precaução, prevenção e todas as técnicas de administração de risco partem do princípio de que a potencial lesão ao interesse tutelado deve ser objeto de controle, tanto quanto a lesão em si. A rigor, a preocupação com os riscos de lesão já, há muito, ocupa o pensamento do direito civil-constitucional, para o qual a tutela dos interesses fundados em valores constitucionais não se limita a uma tutela de tipo negativo clássico, destinada a reprimir sua lesão, mas abrange também uma tutela negativa preventiva ou inibitória, no sentido de evitar situações potencialmente lesiva a tais interesses, bem como uma tutela positiva, comprometida em promover a sua máxima realização.[52]

Hodiernamente, constata-se que a busca por segurança jurídica e de minimização dos riscos em sociedade é uma questão primordial do Direito, não cabendo a este somente aguardar pela ocorrência de uma lesão a determinado interesse jurídico concretamente merecedor de tutela para atuar. Nesse contexto, a responsabilidade civil apresenta um olhar retroativo e, sincronicamente, prospectivo.

> O princípio da prevenção, no âmbito da responsabilidade civil, é observado tanto na inafastabilidade do Poder Judiciário para evitar lesão ou ameaça de direitos (art. 5º, inciso XXV, CF/88) bem como nos direitos da personalidade (art. 12, CC), e ainda, nos microssistemas de tutela aos vulneráveis (CDC e outros), sendo caracterizado pelos riscos certos, de potencial efeito danoso, para evitar lesão ao interesse juridicamente tutelável.[53]

Nesse cenário, a prevenção e a precaução dos danos se tornam algumas das principais tarefas no âmbito da responsabilidade civil, de modo que, são até mesmo, corporificadas dentro do Direito por intermédio de 2 (dois) princípios autônomos e complementares, *o princípio da prevenção e o princípio da precaução*, os quais objetivam reduzir riscos e incertezas e, desse modo, minimizar a ocorrência de potenciais eventos danosos conhecidos ou desconhecidos.

> Para enfrentar riscos e ameaças iminentes, de forma a antecipar certa carga de segurança social, o direito se acautela lançando mão dos princípios da prevenção e da precaução. Ambos se manifestam na atitude ou na conduta de antecipação de riscos graves e irreversíveis. O princípio da prevenção será aplicado quando o risco de dano for atual, concreto e real. Trata-se do perigo, que é o risco conhecido, como por exemplo, o limite de velocidade nas estradas ou os exames médicos que antecedem uma intervenção cirúrgica. Já o princípio da precaução deve ser aplicado no caso de riscos potenciais ou hipotéticos, abstratos e que possam levar aos chamados danos graves e irreversíveis. É o *"risco do risco"*.[54]

Especificamente no que concerne à responsabilidade civil dos influenciadores digitais, diante dos riscos aos consumidores potencialmente expostos as práticas comerciais abusivas realizadas por *influencers* no mercado de consumo digital, se contata ser

---

52. SCHREIBER, Anderson. **Novos paradigmas da responsabilidade civil.** 6.ed. São Paulo: Atlas, 2015, p.229.
53. FERREIRA, Keila Pacheco. **Responsabilidade Civil Preventiva:** função, pressupostos e aplicabilidade. 2014. 273 f. Tese (Doutorado em Direito) – Faculdade de Direito. Universidade de São Paulo. São Paulo, São Paulo, 2014, p.234. Disponível em: https://www.teses.usp.br/teses/disponiveis/2/2131/tde-27102016-092601/publico/TeseCorrigida_Integral_Keila_Pacheco_Ferreira.pdf. Acesso em: 20 dez. 2023.
54. FARIAS, Cristiano Chaves de; ROSENVALD, Nelson; BRAGA NETTO, Felipe Peixoto. **Novo Tratado de Responsabilidade Civil.** 2.ed. São Paulo: Saraiva, 2017, p.70.

imprescindível a observância aos deveres anexos de conduta (deveres de cuidado, informação, lealdade ou cooperação, dentre outros), bem como, aos preceitos normativos delineados pela boa-fé objetiva, função social dos contratos, informação, transparência e confiança, no tocante a atividade publicitária desenvolvida pelos influenciadores em suas plataformas digitais.

Logo, é relevante explicitar que os *influencers,* fornecedores, patrocinadores, anunciantes e os provedores de conteúdo devem se atentar às funções preventiva e precaucional da responsabilidade civil,[55] de forma a evitar a ocorrência de danos.

Nesse contexto, os princípios da precaução e da prevenção, assumem função basilar no deslinde da controvérsia relacionada à imputação de responsabilidade civil dos influenciadores digitais, uma vez que inibem práticas potencialmente ensejadoras de danos aos consumidores, por meio da atribuição de responsabilidade civil, de modo claro e inequívoco, aos agentes causadores do evento danoso.

7.2 TRATAMENTO DE DADOS PESSOAIS DE CONSUMIDORES, *PROFILING* E DISCRIMINAÇÃO ALGORÍTMICA: DESAFIOS, PERSPECTIVAS E REPERCUSSÕES DA PROTEÇÃO DO CONSUMIDOR NO MERCADO DE CONSUMO DIGITAL

A sociedade contemporânea perpassou por inúmeras transformações, dentre as quais, se destacam os avanços tecnológicos incidentes sobre a sociedade e as relações humanas, os quais, por sua vez, culminaram no desenvolvimento de um novo paradigma tecnológico, e por conseguinte, de um mercado de consumo digital, ensejando, assim, novos desafios jurídicos, éticos e sociais no tocante à proteção do consumidor no ambiente virtual.

Nesse contexto, o fenômeno da hiperconexão possibilitou que as plataformas digitais se inserissem, intensamente, na vida em sociedade, garantindo maior protagonismo aos indivíduos pela divulgação de suas opiniões, comportamentos e hábitos de consumo no ambiente digital.[56]

Diante dessa conjuntura, as redes sociais, marcadas, sobretudo, pela comunicação transfronteiriça, dinâmica e célere, permitiram a ocorrência de uma *revolução digital* no que diz respeito ao mercado de consumo, remodelando os padrões publicitários outrora estabelecidos. Outrossim, fornecedores de produtos e serviços avistam na Internet uma oportunidade de maximizar seus lucros mediante a divulgação de marketing digital, em especial, por meio da atuação dos *digital influencers* nas mídias sociais.

---

55. ROSENVALD, Nelson; BRAGA NETTO, Felipe Peixoto. **Responsabilidade Civil:** Teoria Geral. Indaiatuba, SP: Editora Foco, 2024, p.163-187.
56. LACERDA, Bruno Torquato Zampier. **Bens digitais:** cybercultura, redes sociais, e-mails, músicas, livros, milhas aéreas, moedas virtuais. 2.ed. Indaiatuba, SP: Editora Foco, 2021, p.35-39.

A publicidade, portanto, perpassou por uma verdadeira metamorfose para se adequar ao espaço virtual, mediante a utilização de novas técnicas e estratégias de marketing, as quais oportunizam a maximização do alcance da mensagem publicitária ao público consumidor.

Nas plataformas digitais, em numerosas situações, os anúncios publicitários assumem viés reprovável, à medida em que, veiculam nas postagens condutas abusivas e deletérias ao consumidor, qualificadas pela legislação consumerista como *práticas comerciais abusivas*. Sob esse aspecto, é perceptível que a atividade publicitária desenvolvida nas redes sociais é, muitas das vezes, marcada pela ilicitude em virtude do descumprimento de preceitos constitucionais e infraconstitucionais de proteção à pessoa humana em suas diversas matizes.

> Deve-se considerar nessa nova realidade tecnológica, que os dados de uma pessoa possuem, ao mesmo tempo, um caráter existencial que se revela preponderantemente na proteção da privacidade e da identidade da pessoa humana – em decorrência da tutela de sua dignidade-, e um caráter patrimonial, que se identifica pela possibilidade do uso desses dados como insumo para o desenvolvimento de atividades empresariais das mais diversas áreas.[57]

Destaca-se, por oportuno, que "o conteúdo divulgado na rede atinge um enorme grau de exposição, com alcance global e alta velocidade de disseminação e alta possibilidade de formação de convencimento de um público-alvo."[58] Os algoritmos, assim, orquestram as diretrizes comportamentais, direcionando publicidades específicas para determinado público, personalizando-as, restringindo a liberdade de escolha dos consumidores e o exercício da autonomia privada dos indivíduos. É observado que "não são os dados, em si, que se busca tutelar, mas, sim, a pessoa humana."[59]

No âmbito das relações virtuais de consumo, não-paritárias e, essencialmente, *assimétricas*, os fornecedores de produtos e serviços vislumbraram a possibilidade de utilização de estratégias tecnológicas oriundas de um *marketing algorítmico*, programado para direcionar determinado anúncio publicitário a usuários (consumidores) específicos das redes sociais.

> [...] em simples termos, trata-se de expediente a partir do qual as estratégias publicitárias são reorganizadas por mecanismos como machine learning e algoritmos para que determinado anúncio seja

---

57. MULHOLLAND, Caitlin Sampaio. Mercado, pessoa humana e tecnologias: a internet das coisas e a proteção do direito à privacidade. *In*: BRAGA NETTO, Felipe Peixoto; SILVA, Michael César (Coords.). **Direito Privado e Contemporaneidade:** desafios e perspectivas do direito privado no século XXI: volume três. Indaiatuba, SP: Editora Foco, 2020, p.248.
58. ATHENIENSE, Alexandre Rodrigues. O enfrentamento jurídico da reputação na mídia digital. *In*: BRANT, Cassio Augusto Barros (Coord.). REINALDO FILHO, Democrito Ramos; ATHENIENSE, Alexandre Rodrigues (Orgs.). **Direito Digital e Sociedade 4.0.** Belo Horizonte: D'Plácido, 2020, p.233.
59. MODENESI, Pedro. Privacy by design e código digital: a tecnologia a favor de direitos e valores fundamentais. *In*: FALEIROS JÚNIOR, José Luiz de Moura; LONGHI, João Victor Rozatti; GUGLIARA, Rodrigo (Coords.). **Proteção de Dados na Sociedade da Informação:** entre dados e danos. Indaiatuba, SP: Editora Foco, 2021, p.73.

apresentado ao consumidor que (potencialmente) tenha maior necessidade de consumir o produto ou serviço anunciado.[60]

Logo, por meio do desenvolvimento de um "perfil digital" para o usuário – *profiling* –, delineado a partir da "utilização de estruturas algorítmicas para a otimização de resultados nas relações de consumo, especialmente no que diz respeito à publicidade comportamental e à contratação eletrônica"[61], anúncios são direcionados aos consumidores, restringindo sua liberdade de escolha e, impulsionando o mercado de consumo digital, notadamente, mediante o uso das técnicas de *mineração algorítmica* (*data mining*) e do *cruzamento de dados*.

> O profiling pode ser descrito como o processo de coleta de informações e dados pessoais, combinando esses dados individualizados com outros (por exemplo, dados pessoais, factuais, estatísticos) e analisando-os por meio de algoritmos com o objetivo de prever as condições futuras, decisões ou comportamento de uma pessoa.[62-63] (Tradução nossa).

---

60. MARTINS, Guilherme Magalhães; FALEIROS JÚNIOR, José Luiz De Moura; BASAN, Arthur Pinheiro. A responsabilidade civil pela perturbação do sossego na internet. **Revista de Direito do Consumidor**, São Paulo, Thomson Reuters Brasil, v.128, a.29, p.227-253, 2020, p.233.
61. FALEIROS JÚNIOR, José Luiz de Moura; MEDON, Filipe. Discriminação algorítmica de preços, perfilização e responsabilidade civil nas relações de consumo. *In*: MONTEIRO FILHO, Carlos Edison do Rêgo; MARTINS, Guilherme Magalhães; ROSENVALD, Nelson; DENSA, Roberta (Coords.). **Responsabilidade civil nas relações de consumo.** Indaiatuba, SP: Editora Foco, 2022, p.372.
62. No original: "Profiling can be described as the process of gathering information and personal data, combining this individualized data with other (eg., personal, factual, statistical) data and analyzing it through algorithms with the aim of predicting a person's future conditions, decisions or behaviour." (DÖHMANN, Indra Spiecker *et al.*. Multi-Country. The Regulation of Commercial Profiling: A Comparative Analysis. **European Data Protection Law Review,** Lexxion, v.2, i.4, p.535-554, 2016, p.536. Available from: https://bit.ly/3xewThM. Access on: Dec. 20, 2023).
63. Para maiores informações sobre a perfilização (*profiling*) recomenda-se a leitura de: SILVA, Michael César; GUIMARÃES, Clayton Douglas Pereira. Responsabilidade civil e precificação discriminatória nas redes sociais. *In*: CAMPOS, Aline França. **Temas Contemporâneos da Responsabilidade Civil: teoria e prática.** v.2. Belo Horizonte: Conhecimento Editora, 2023, p.173-191; FALEIROS JÚNIOR, José Luiz de Moura; SILVA, Michael César. Precificação dinâmica nas relações de consumo. *In*: EHRHARDT JÚNIOR, Marcos (Coord.). **Vulnerabilidade e novas tecnologias.** Indaiatuba, São Paulo: Editora Foco, 2023, p.161-180; FALEIROS JÚNIOR, José Luiz de Moura; MEDON, Filipe. Discriminação algorítmica de preços, perfilização e responsabilidade civil nas relações de consumo. *In*: MONTEIRO FILHO, Carlos Edison do Rêgo; MARTINS, Guilherme Magalhães; ROSENVALD, Nelson; DENSA, Roberta (Coords.). **Responsabilidade civil nas relações de consumo.** Indaiatuba, SP: Editora Foco, 2022, p.371-392; COLOMBO, Cristiano; FACCHINI NETO, Eugênio. Decisões automatizadas em matéria de perfis e riscos algorítmicos: diálogos entre Brasil e Europa acerca dos direitos das vítimas de dano estético digital. *In*: MARTINS, Guilherme Magalhães; ROSENVALD, Nelson (Coords.). **Responsabilidade civil e novas tecnologias.** Indaiatuba, SP: Editora Foco, 2020, p.163-183; COLOMBO, Cristiano; FACCHINI NETO, Eugênio. "Corpo elettronico" como vítima de ofensas em matéria de tratamento de dados pessoais: reflexos acerca da responsabilidade civil por danos à luz da lei de proteção de dados pessoais brasileira e a viabilidade da aplicação da noção de dano estético ao mundo digital. *In*: ROSENVALD, Nelson; VALLE DRESCH, Rafael de Freitas; WESENDONCK, Tula (Coords.). **Responsabilidade civil:** novos riscos. Indaiatuba, SP: Editora Foco, 2019, p.45-64; SOARES, Flaviana Rampazzo. Levando os algoritmos a sério. *In*: BARBOSA, Mafalda Miranda; BRAGA NETTO, Felipe Peixoto; SILVA, Michael César; FALEIROS JÚNIOR, José Luiz de Moura (Coords.). **Direito Digital e Inteligência Artificial:** Diálogos entre Brasil e Europa. Indaiatuba, São Paulo: Editora Foco, 2021, p.43-64; PASQUALE, Frank. **The Black Box Society:** the secret algorithms that control money and information. Cambridge: Harvard University Press, 2015; DONEDA, Danilo. Da privacidade à proteção de dados pessoais: elementos da formação da Lei Geral de Proteção de Dados. 2.ed. rev., e atual.. São Paulo: Thomson Reuters Brasil, 2019; AFFONSO, Filipe

A partir da utilização de novas tecnologias digitais, possibilitou-se que fornecedores realizassem o *tratamento dos dados pessoais dos consumidores* (coleta, processamento, armazenamento, utilização, dentre outros)[64], bem como a criação de *perfis digitais dos consumidores* (*profiling*)[65], por meio da formação de bancos de dados[66] com quantidade massiva de informações acerca de qualquer indivíduo, relacionadas aos seus gostos, preferências, hábitos de consumo, comportamentos, localização, situação econômica, pagamentos e quaisquer outras informações aptas a permitir o delineamento de *perfil digital do consumidor*.

Nesse mesmo giro, Danilo Doneda analisa com precisão o contexto hodierno relacionado ao *tratamento de dados pessoais*, para concluir que:

> A mudança *qualitativa* no tratamento dos dados pessoais, à qual aludimos, baseia-se na utilização de novos métodos, algoritmos e técnicas.
>
> Entre estas técnicas, está a elaboração de perfis de comportamento de uma pessoa a partir de informações que ela disponibiliza ou que são colhidas. Esta técnica, conhecida como *profiling*, pode ser aplicada a indivíduos, bem como estendida a grupos. Com ela, os dados pessoais são tratados com o auxílio de métodos estatísticos e de técnicas de inteligência artificial, com o fim de se obter uma "metainformação", que consistiria numa síntese dos hábitos, preferências pessoais e outros registros da vida desta pessoa. O resultado pode ser utilizado para traçar um quadro das tendências de futuras decisões, comportamentos e destino de uma pessoa ou grupo. A técnica pode ter várias aplicações desde o controle de entrada de pessoas em um determinado país pela alfândega, que selecionaria para um exame acurado as pessoas às quais é atribuída maior possibilidade de realizar atos contra o interesse nacional, até para finalidades privadas, como o envio seletivo de mensagens publicitárias de um produto apenas para seus potenciais compradores, entre inumeráveis outras.

José Medon. **Inteligência artificial e responsabilidade civil:** autonomia, riscos e solidariedade. 2.ed. rev., atual. e ampl.. Salvador: JusPodivm, 2022, p.244-298; JUNQUEIRA, Thiago. **Tratamento de dados pessoais e discriminação algorítmica nos seguros.** São Paulo: Thomson Reuters Brasil, 2020; MENDES, Laura Schertel. **Privacidade, proteção de dados e defesa do consumidor:** linhas gerais de um novo direito fundamental. São Paulo: Saraiva, 2014; VERBICARO, Dennis. **Algoritmos de Consumo:** discriminação, determinismo e solução online de conflitos na era da inteligência artificial. São Paulo: Thomson Reuters Brasil, 2023. [E-book].

64. Art. 5º Para os fins desta Lei, considera-se:

    X – *tratamento:* toda operação realizada com dados pessoais, como as que se referem a coleta, produção, recepção, classificação, utilização, acesso, reprodução, transmissão, distribuição, processamento, arquivamento, armazenamento, eliminação, avaliação ou controle da informação, modificação, comunicação, transferência, difusão ou extração; (BRASIL. **Lei Geral de Proteção de Dados Pessoais (LGPD).** Lei nº 13.709, de 14 de agosto de 2018. Disponível em: https://www.planalto.gov.br/ccivil_03/_ato2015-2018/2018/lei/l13709.htm. Acesso em: 20 dez. 2023).

65. Art. 12. Os dados anonimizados não serão considerados dados pessoais para os fins desta Lei, salvo quando o processo de anonimização ao qual foram submetidos for revertido, utilizando exclusivamente meios próprios, ou quando, com esforços razoáveis, puder ser revertido.

    § 2º Poderão ser igualmente considerados como dados pessoais, para os fins desta Lei, aqueles utilizados para formação do perfil comportamental de determinada pessoa natural, se identificada. (BRASIL. **Lei Geral de Proteção de Dados Pessoais (LGPD).** Lei nº 13.709, de 14 de agosto de 2018. Disponível em: https://www.planalto.gov.br/ccivil_03/_ato2015-2018/2018/lei/l13709.htm. Acesso em: 20 dez. 2023).

66. Art. 5º Para os fins desta Lei, considera-se:

    IV – *banco de dados:* conjunto estruturado de dados pessoais, estabelecido em um ou em vários locais, em suporte eletrônico ou físico; (BRASIL. **Lei Geral de Proteção de Dados Pessoais (LGPD).** Lei nº 13.709, de 14 de agosto de 2018. Disponível em: https://www.planalto.gov.br/ccivil_03/_ato2015-2018/2018/lei/l13709.htm. Acesso em: 20 dez. 2023).

[...]
A partir do momento em que um perfil eletrônico é a única parte da personalidade de uma pessoa visível a outrem, as técnicas de previsão de padrões de comportamento podem levar a uma diminuição de sua esfera de liberdade, visto que vários entes com os quais ela se relaciona partem do pressuposto que ela adotaria um comportamento predefinido, tendo como consequência uma potencial diminuição de sua liberdade de escolha visto que muitas de suas possibilidades podem ser pré-formatadas em função destas ilações. O fato deste "perfil" ser algo que se contraponha à própria realidade da pessoa foi notado por vários autores, que verificaram a criação de um nosso correlato digital, um *corpo eletrônico*, composto de nossos dados. Tal ideia mostra-se recorrente, embora externada por meio de uma terminologia variada – como *digital persona*, *avatar* ou pessoa virtual.[67]

Portanto, sob a perspectiva, dessa modelagem negocial fundada na estruturação de um processo de *coleta massiva de dados pessoais*, se perfectibiliza a possibilidade de *estratificação das preferências de consumo*, por meio da técnica, que a doutrina contemporânea designa como perfilização ou *profiling*.[68]

Ana Fazendeiro explicita, em seus estudos, que o termo *profiling* tem por finalidade "reunir e analisar dados dos titulares de forma a desenhar perfis comportamentais de consumo, tornando os titulares de dados alvos para o *tratamento de dados extremamente intrusivos*, como marketing direito."[69]

Convém, por oportuno, destacar que o *artigo 4º, 4 do Regulamento Geral de Proteção de Dados da União Europeia (2016/679)* definiu o *profiling* (ou perfil digital) como:

«Definição de perfis», qualquer forma de tratamento automatizado de dados pessoais que consista em utilizar esses dados pessoais para avaliar certos aspectos pessoais de uma pessoa singular, nomeadamente para analisar ou prever aspectos relacionados com o seu desempenho profissional, a sua situação económica, saúde, preferências pessoais, interesses, fiabilidade, comportamento, localização ou deslocações;[70]

---

67. DONEDA, Danilo. **Da privacidade à proteção de dados pessoais:** elementos da formação da Lei Geral de Proteção de Dados. 2.ed. rev., e atual.. São Paulo: Thomson Reuters Brasil, 2019, p.151-152, destaque no original. Nesse sentido ver: RODOTÁ, Stefano. **Intervista su privacy e libertà.** Roma-Bari: Laterza, 2005, p.120-121; SARLET, Ingo Wolfgang. Fundamentos constitucionais: o direito fundamental à proteção de dados. *In*: BIONI, Bruno *et al.* (Coords.). **Tratado de proteção de dados pessoais.** 2.ed. rev., ampl. e atual.. Rio de Janeiro: Forense, 2023, p.21-60; COLOMBO, Cristiano; FACCHINI NETO, Eugênio. "Corpo elettronico" como vítima de ofensas em matéria de tratamento de dados pessoais: reflexos acerca da responsabilidade civil por danos à luz da lei de proteção de dados pessoais brasileira e a viabilidade da aplicação da noção de dano estético ao mundo digital. *In*: ROSENVALD, Nelson; VALLE DRESCH, Rafael de Freitas; WESENDONCK, Tula (Coords.). **Responsabilidade civil:** novos riscos. Indaiatuba, SP: Editora Foco, 2019, p.46-47.
68. FALEIROS JÚNIOR, José Luiz de Moura; MEDON, Filipe. Discriminação algorítmica de preços, perfilização e responsabilidade civil nas relações de consumo. *In*: MONTEIRO FILHO, Carlos Edison do Rêgo; MARTINS, Guilherme Magalhães; ROSENVALD, Nelson; DENSA, Roberta (Coords.). **Responsabilidade civil nas relações de consumo.** Indaiatuba, SP: Editora Foco, 2022, p.372. Nesse mesmo sentido ver: BONNA, Alexandre Pereira. Dados pessoais, identidade virtual e a projeção da personalidade: "profiling", estigmatização e responsabilidade civil. *In*: MARTINS, Guilherme Magalhães; ROSENVALD, Nelson (Coords.). **Responsabilidade civil e novas tecnologias.** Indaiatuba, SP: Editora Foco, 2020, p.21-23.
69. FAZENDEIRO, Ana. **Regulamento geral sobre a proteção de dados.** Coimbra: Almedina, 2017, p.50, destaque nosso.
70. UNIÃO EUROPEIA. Regulamento (UE) 2016/679 do Parlamento Europeu e do Conselho da União Europeia de 27 de abril de 2016. **Jornal Oficial da União Europeia.** 04 maio 2016. Disponível em: https://eur-lex.europa.eu/legal-content/PT/TXT/PDF/?uri=CELEX:32016R0679&from=PT. Acesso em: 20 dez. 2023.

Em consonância com o exposto, a redação do *Artigo 4º, 1 do Regulamento Geral de Proteção de Dados da União Europeia (2016/679)*, estabeleceu a definição legal de "dados pessoais", como:

> «Dados pessoais», informação relativa a uma pessoa singular identificada ou identificável ("titular dos dados"); é considerada identificável uma pessoa singular que possa ser identificada, direta ou indiretamente, em especial por referência a um identificador, como por exemplo um nome, um número de identificação, dados de localização, identificadores por via eletrónica ou a um ou mais elementos específicos da identidade física, fisiológica, genética, mental, económica, cultural ou social dessa pessoa singular;[71]

Destarte, fornecedores de produtos e serviços procedem a criação de um "avatar" (ou representação virtual)[72] do usuário, com o intuito de influenciar as tomadas de decisão do consumidor, de acordo com o perfil comportamental traçado pelo cruzamento de seus dados, representando uma modelagem de padrões sociais, econômicos e de consumo.

Entretanto, nas hipóteses em que o *profiling* se caracterizar pelo *emprego indevido de dados pessoais dos consumidores*, se constata, de forma irrefutável, uma *utilização discriminatória de informações dos consumidores*, que se qualifica como indevida, abusiva e, portanto, *ilícita*, sendo, hodiernamente, denominada de *discriminação algorítmica*[73]

---

71. UNIÃO EUROPEIA. Regulamento (UE) 2016/679 do Parlamento Europeu e do Conselho da União Europeia de 27 de abril de 2016. **Jornal Oficial da União Europeia.** 04 maio 2016. Disponível em: https://eur-lex.europa.eu/legal-content/PT/TXT/PDF/?uri=CELEX:32016R0679&from=PT. Acesso em: 20 dez. 2023.
72. Danilo Doneda, em seu escólio, discorre sobre a problematização da *privacidade na contemporaneidade* acrescentando, atualmente, um outro elemento, qual seja, "o fato de que somos, perante diversas instâncias, *representados – e também avaliados – a partir destes dados*. Isto abre uma outra possibilidade de abordar a questão, pela qual a privacidade acaba por ressoar uma série de outras questões referentes à nossa personalidade. Assim, certas formas de tratamento de nossos dados pessoais podem implicar na perda da nossa autonomia, da nossa individualidade e, ainda, da nossa liberdade. Nossos dados, estruturados de forma a significarem uma *representação virtual – um avatar –* de nós mesmos, são cada vez mais o principal fator levado em conta na avaliação de uma concessão de crédito, na aprovação de um plano de saúde, na obtenção de um emprego, na passagem pela migração em um país estrangeiro, entre tantos outros casos." (DONEDA, Danilo. **Da privacidade à proteção de dados pessoais:** elementos da formação da Lei Geral de Proteção de Dados. 2.ed. rev., e atual.. São Paulo: Thomson Reuters Brasil, 2019, p.23-24, destaque nosso). Nesse sentido ver: COLOMBO, Cristiano; FACCHINI NETO, Eugênio. "Corpo elettronico" como vítima de ofensas em matéria de tratamento de dados pessoais: reflexos acerca da responsabilidade civil por danos à luz da lei de proteção de dados pessoais brasileira e a viabilidade da aplicação da noção de dano estético ao mundo digital. *In:* ROSENVALD, Nelson; VALLE DRESCH, Rafael de Freitas; WESENDONCK, Tula (Coords.). **Responsabilidade civil:** novos riscos. Indaiatuba, SP: Editora Foco, 2019, p.46-47.
73. Para maiores informações sobre a discriminação algorítmica, remete-se a leitura de: FALEIROS JÚNIOR, José Luiz de Moura. Discriminação por algoritmos de inteligência artificial: a responsabilidade civil, os vieses e o exemplo das tecnologias baseadas em luminância. *In:* BARBOSA, Mafalda Miranda; BRAGA NETTO, Felipe Peixoto; SILVA, Michael César; FALEIROS JÚNIOR, José Luiz de Moura (Coords.). **Direito Digital e Inteligência Artificial:** Diálogos entre Brasil e Europa. Indaiatuba, São Paulo: Editora Foco, 2021, p.969-1000; FALEIROS JÚNIOR, José Luiz de Moura; MEDON, Filipe. Discriminação algorítmica de preços, perfilização e responsabilidade civil nas relações de consumo. *In:* MONTEIRO FILHO, Carlos Edison do Rêgo; MARTINS, Guilherme Magalhães; ROSENVALD, Nelson; DENSA, Roberta (Coords.). **Responsabilidade civil nas relações de consumo.** Indaiatuba, SP: Editora Foco, 2022, p.371-392; FALEIROS JÚNIOR, José Luiz de Moura. Precificação personalizada vs. precificação dinâmica: desafios jurídicos. *In:* PARENTONI, Leonardo (Coord.); FERRARI, Giovanni Carlo Batista; FALEIROS JÚNIOR, José Luiz de Moura; ALVES, Tárik César Oliveira e (Orgs.]. **Direito, tecnologia e inovação**: volume IV: estudos de casos. Belo Horizonte: Centro DTIBR, 2022,

e, considerada como uma *prática comercial abusiva,* nos termos do artigo 39, VII do CDC[74], vedada pelo Código de Defesa do Consumidor, Marco Civil da Internet e pela Lei Geral de Proteção de Dados, passível, inclusive, de imputação de *responsabilidade civil por eventuais danos causados aos consumidores.*[75-76]

---

p.75-99; MARTINS, Guilherme Magalhães. O geopricing e geoblocking e seus efeitos nas relações de consumo. *In:* FRAZÃO, Ana; MULHOLLAND, Caitlin (Coords.). **Inteligência Artificial e Direito:** ética, regulação e responsabilidade. 2.ed. rev., atual. e ampl. São Paulo: Thomson Reuters Brasil, 2020, p.651-668; SILVA, Michael César; CRUZ, Rayenne dos Santos Lima. Responsabilidade civil e novas tecnologias: discriminação algorítmica, proteção ao consumidor e lei geral de proteção de dados. **Revista Jurídica Luso Brasileira**, a.8, n.6, p.1645-1683, 2022. Disponível em: https://www.cidp.pt/revistas/rjlb/2022/6/2022_06_1645_1683.pdf. Acesso em: 20 dez. 2023; MENDES, Laura Schertel. A vulnerabilidade do consumidor quanto ao tratamento de dados pessoais. *In:* MARQUES, Claudia Lima; GSELL, Beate (Orgs.). **Novas tendências do direito do consumidor:** rede Alemanha-Brasil de pesquisas em direito do consumidor. São Paulo: Revista dos Tribunais, 2015, p.182-203; BERGSTEIN, LAÍS. Inteligência artificial nas práticas de *geopricing* e *geoblocking*: a tutela dos vulneráveis nos contratos eletrônicos. *In:* TEPEDINO, Gustavo; SILVA, Rodrigo da Guia (Coords.). **O direito civil na era da inteligência artificial**. São Paulo: Thomson Reuters Brasil, 2020, p.441-468; EHRHARDT JÚNIOR, Marcos; SILVA, Gabriela Buarque Pereira. Contratos e algoritmos: alocação de riscos, discriminação e necessidade de supervisão por humanos. *In:* BARBOSA, Mafalda Miranda; BRAGA NETTO, Felipe Peixoto; SILVA, Michael César; FALEIROS JÚNIOR, José Luiz de Moura (Coords.). **Direito Digital e Inteligência Artificial:** Diálogos entre Brasil e Europa. Indaiatuba, São Paulo: Editora Foco, 2021, p.775-796; BRAGA, Carolina. Discriminação nas decisões por algoritmos: polícia preditiva. *In:* FRAZÃO, Ana; MULHOLLAND, Caitlin (Coords.). **Inteligência Artificial e Direito:** ética, regulação e responsabilidade. 2.ed. rev., atual. e ampl. São Paulo: Thomson Reuters Brasil, 2020, p.691-716; MENDES, Laura Schertel; MATTIUZZO, Marcela; FUJIMOTO, Mônica Tiemy. Discriminação algorítmica à luz da lei geral de proteção de dados. *In:* BIONI, Bruno *et al.* (Coords.). **Tratado de proteção de dados pessoais**. 2.ed. rev., ampl. e atual.. Rio de Janeiro: Forense, 2023, p.423-448; VERBICARO, Dennis. **Algoritmos de Consumo:** discriminação, determinismo e solução online de conflitos na era da inteligência artificial. São Paulo: Thomson Reuters Brasil, 2023. [E-book].

74. Art. 39. É vedado ao fornecedor de produtos ou serviços, dentre outras práticas abusivas:
    VII – repassar informação depreciativa, referente a ato praticado pelo consumidor no exercício de seus direitos; (BRASIL. **Código de Defesa do Consumidor**. Lei 8.078, de 11 de setembro de 1990. Disponível em: http://www.planalto.gov.br/ccivil_03/LEIS/L8078.htm. Acesso em: 20 dez. 2023).
75. Segundo Laura Schertel Mendes, "Ao se examinar o tratamento de dados pessoais realizado no âmbito da relação de consumo, é fundamental se considerar a vulnerabilidade do consumidor nesse processo. Isso porque os dados pessoais, assim como as demais informações extraídas a partir deles, constituem-se em uma representação virtual da pessoa perante a sociedade, ampliando ou reduzindo as suas oportunidades no mercado, conforme a sua utilização. O risco ao consumidor que tem os seus dados coletados e processados ocorre, principalmente, quando o tratamento dos dados é realizado de forma equivocada ou discriminatória, acarretando a sua classificação e discriminação no mercado de consumo. Isso acaba por afetar expressivamente o seu acesso a bens e serviços e as suas oportunidades sociais." (MENDES, Laura Schertel. **Privacidade, proteção de dados e defesa do consumidor:** linhas gerais de um novo direito fundamental. São Paulo: Saraiva, 2014, p.198). Nesse sentido ver: MENDES, Laura Schertel. A vulnerabilidade do consumidor quanto ao tratamento de dados pessoais. *In:* MARQUES, Claudia Lima; GSELL, Beate (Orgs.). **Novas tendências do direito do consumidor:** rede Alemanha-Brasil de pesquisas em direito do consumidor. São Paulo: Revista dos Tribunais, 2015, p.182-203.
76. Bruno Miragem preconiza que "cláusulas contratuais que impliquem discriminação de consumidores podem ser decretadas nulas, pela incidência do art. 51, inciso IV, do CDC, que define como abusivas aquelas que 'estabeleçam obrigações consideradas iníquas, abusivas, que coloquem o consumidor em desvantagem exagerada, ou sejam incompatíveis com a boa-fé ou a equidade'. Entre elas, estarão as cláusulas cuja vantagem imposta 'ofende os princípios fundamentais do sistema jurídico a que pertence' (art. 51, § 1º, I, do CDC)." (MIRAGEM, Bruno. Discriminação injusta e o direito do consumidor. *In:* BENJAMIN, Antonio Herman; MARQUES, Claudia Lima; MIRAGEM, Bruno (Coords.). **O Direito do consumidor no mundo em transformação**. São Paulo: Thomson Reuters Brasil, 2020, p.209). Nesse sentido ver: SILVA, Jorge Cesa Ferreira da. A proteção contra a discriminação no direito contratual brasileiro. **Revista de direito civil contemporâneo**, São Paulo, Revista

Novas tecnologias, contudo, vêm imprimindo condições de diferenciação de preços mediante tratamento de dados dos interessados, do que são exemplos mais conhecidos a formação de preços em razão da localização do consumidor (*geopricing*), ou, ainda, o bloqueio de uma determinada oferta ou condição negocial em razão dessa mesma localização (*geoblocking*). Coloca-se em exame se tais estratégias configurariam atuação legítima do fornecedor, com fundamento na liberdade fundamental de iniciativa econômica (art. 170 da Constituição da República), ou se feriria a igualdade entre os consumidores (art. 6º, II, do CDC), configurando prática abusiva (art. 39, incisos V e X, do CDC).[77-78]

A perfilização do consumidor fundada na análise comportamental, permeia a tomada de decisão do fornecedor no mercado de consumo digital, e na hipótese da referida técnica ser considerada, excessiva ou mesmo fundada em motivo ilegítimo/injustificável, assume contornos de *abusividade*, mitigando, a liberdade contratual, e por consequência, o exercício da autonomia privada da pessoa humana (consumidor), sendo notável que, de forma proposital, *falta informação e transparência aos métodos utilizados*, uma vez que a crescente complexidade dos sistemas algorítmicos dificulta que pessoas não-especializadas possam compreender as decisões algorítmicas.

Bruno Miragem, em criteriosa contribuição ao estudo do sensível tema da *discriminação do consumidor no tratamento de dados pessoais*, notadamente, sob a perspectiva analítica das atuais estratégias de programação de algoritmos, tece relevantes considerações sobre a temática:

> As transformações tecnológicas das últimas décadas com o protagonismo da internet nas relações sociais e econômicas, e o desenvolvimento do mercado de consumo digital, transformaram o acesso e utilização dos dados pessoais dos consumidores em um dos principais ativos empresariais, essencial à atuação negocial dos fornecedores.
>
> [...]
>
> Um dos riscos mais evidenciados no tratamento de dados pessoais é o de que dele resulte a discriminação indevida dos respectivos titulares a quem as informações digam respeito. Daí a afirmação de um *princípio da não discriminação*, consagrado na própria lei como a "[...] impossibilidade de realização do tratamento para fins discriminatórios ilícitos ou abusivos" (art. 6º, IX). Seu significado parte do conceito de que as vantagens do processamento dos dados pessoais para maior precisão da segmentação e personalização dos consumidores no mercado não podem servir para prejudicar, restringir ou excluir qualquer consumidor da possibilidade de acesso ao consumo.

---

dos Tribunais, v.1, out./dez. 2014, p.41-64; SILVA, Jorge Cesa Ferreira da. **Antidiscriminação contratual: a integral entre proteção e autonomia.** São Paulo: Thomson Reuters Brasil, 2020.

77. MIRAGEM, Bruno. Discriminação injusta e o direito do consumidor. *In:* BENJAMIN, Antonio Herman; MARQUES, Claudia Lima; MIRAGEM, Bruno (Coords.). **O Direito do consumidor no mundo em transformação**. São Paulo: Thomson Reuters Brasil, 2020, p.217.

78. Nesse mesmo sentido, Pedro Rubim Borges Fortes, Guilherme Magalhães Martins e Pedro Farias Oliveira asseveram que "A geodiscriminação de consumidores constitui meio de diferenciar arbitrária e injustificadamente os consumidores, o que é vedado pelo ordenamento jurídico brasileiro. Em suma, a prática deve ser combatida, tal como qualquer outra forma de discriminação injustificada. Especificamente em relação às normas consumeristas, deve-se lembrar que a não discriminação constitui direito básico do consumidor, consagrado no artigo 6º, II, do CDC (LGL\1990\40), sob a forma da liberdade de escolha e da igualdade nas contratações." (FORTES, Pedro Rubim Borges; MARTINS, Guilherme Magalhães; OLIVEIRA, Pedro Farias. O consumidor contemporâneo no Show de Truman: a geodiscriminação digital como prática ilícita no direito brasileiro. **Revista de Direito do Consumidor**, São Paulo, Thomson Reuters Brasil, a.28, v.124, p.235-260, jul./ago. 2019).

> *O tratamento de dados pessoais não pode ser realizado para fins discriminatórios ou abusivos.* Para tanto, inclusive, define-se disciplina específica ao tratamento dos dados sensíveis (art. 11 da LGPD), pelo risco maior que, da sua utilização, resulte discriminação. Já se observou, contudo, que a interpretação constitucionalmente adequada da norma deve compreender *a proibição não apenas da finalidade discriminatória ou abusiva,* mas também quando *o resultado do tratamento de dados possa dar causa à discriminação.* A proibição da discriminação injusta não se limita apenas ao comportamento que se dirige a discriminar, senão também em qualquer situação na qual ela é resultado de uma determinada conduta.
>
> [...] No tocante ao tratamento de dados pessoais, a própria definição legal de dado sensível compreende uma série de critérios cuja utilização, para fins de discriminação, deve ser considerada proibida (o art. 5º, II, da LGPD relaciona os dados relativos à origem racial ou étnica, convicção religiosa, opinião política, filiação a sindicato ou à organização de caráter religioso, filosófico ou político, dado referente à saúde ou à vida sexual, dado genético ou biométrico, quando vinculado a uma pessoa natural).[79]

Não obstante, o fornecedor no exercício de sua atividade econômica no mercado de consumo, se valendo do tratamento de dados pessoais e, do uso do *profiling*, poderá proceder a diferenciações e segmentações de consumidores, desde que, fundadas em *critérios objetivos e compatíveis com a finalidade desempenhada,* que *não impliquem na perpetração de práticas comerciais abusivas* e, sobretudo, que estejam em consonância com *a legislação constitucional* (CR/88) *e infraconstitucional* (CDC, Marco Civil da Internet, LGPD, dentre outras), com o objetivo de se evitar ofensas a defesa do consumidor, bem como, aos princípios da vulnerabilidade, informação, transparência, boa-fé objetiva e confiança.

Por derradeiro, se conclui, ser fundamental proceder a análise crítica da discriminação algorítmica, com a finalidade de se estabelecer mecanismos de controle e propor soluções adequadas à controvérsia, capazes de coibir a implementação dos mencionados riscos relacionados à *prática abusiva de discriminação do consumidor* no tratamento de dados pessoais, no âmbito da sociedade do hiperconsumo, sob pena de atribuição de responsabilidade civil pelos eventuais danos causados ao consumidor no ambiente digital.

7.3 A RESPONSABILIDADE CIVIL DO INFLUENCIADOR DIGITAL PELO ASSÉDIO DE CONSUMO

Noutro segmento de ocorrência de danos no contexto digital, se verifica o surgimento da prática comercial abusiva perpetrada pelos fornecedores, denominada de *assédio de consumo,* com relevantes repercussões no âmbito consumerista, notadamente, no que se refere a ofensa ou lesão ao *direito ao sossego dos consumidores.*

Artur Pinheiro Basan contextualiza a intrínseca correlação existente entre a promoção exacerbada de publicidade digital, a consagração do direito ao sossego e o assédio de consumo:

---

79. MIRAGEM, Bruno. Discriminação injusta e o direito do consumidor. *In:* BENJAMIN, Antonio Herman; MARQUES, Claudia Lima; MIRAGEM, Bruno (Coords.). **O Direito do consumidor no mundo em transformação**. São Paulo: Thomson Reuters Brasil, 2020, p.218-220, destaque nosso.

Nesta perspectiva, surge o imperativo atual e de forte impacto social de desenvolver o *direito fundamental ao sossego*, como notável faceta negativa do direito à proteção de dados, a partir do prejuízo de cunho moral decorrente da importunação pelas publicidades virtuais de consumo, que acabam promovendo o indesejado *assédio de consumo*. Com base nisso, é oportuno destacar desde já que, do mesmo modo que a privacidade, a garantia do sossego pressupõe uma negação, isto é, a interdição da ação dos outros, tratando-se, pois, da imposição de limites, visando promover a efetiva liberdade das pessoas.[80]

O *assédio de consumo* evidencia uma nova problemática relacionada à *vulnerabilidade dos consumidores*, em suas diversas dimensões, que se estabelece, contemporaneamente, no mercado de consumo digital, diante da implementação pelos fornecedores de *práticas comerciais agressivas de marketing*, tidas como abusivas, e caracterizadas pela veiculação massiva de publicidade digital, as quais tolhem a liberdade de escolha do consumidor em relação as suas decisões de consumo.

> O assédio de consumo coloca o consumidor em uma situação em que se vê constrangido, persuadido e pressionado a adquirir os bens considerados desejáveis e "necessários" no momento, que, por sua vez, subitamente tornam-se ultrapassados e são substituídos por outros, num ciclo vicioso de consumo, impossível de ser acompanhado nem mesmo pelo consumidor mais diligente, gerando consequências psicológicas (ansiedade, frustração e, numa escala mais grave, depressão) e econômicas (comprometimento financeiro e superendividamento). É nesse descompasso entre o que se deseja, o que se impõe e o que se pode adquirir que o assédio de consumo se instala e coloca o consumidor em uma situação de vulnerabilidade extremada.
>
> Importante ressaltar que o assédio de consumo não se resume a práticas violentas e manifestamente visíveis. Ao contrário, compreende também condutas tendentes a elidir, ainda que de forma indireta e por vezes até sutil, a razão e a liberdade de escolha dos indivíduos absorvidos pela sociedade de consumo, inebriando suas percepções a partir de uma espetacularização da vida.[81]

Nesse contexto, os consumidores fragilizados, ante aos inúmeros avanços tecnológicos que impulsionam a sociedade hiperconectada e do hiperconsumo, se encontram à mercê do envio *reiterado de massivas quantidades de anúncios de viés publicitário, em suas plataformas digitais,* sendo essa publicidade digital desenfreada, realizada por meio de estratégias e técnicas de *neuromarketing*, que afetam a liberdade de escolha do consumidor no mercado de consumo digital e, por consequência, lesam direitos básicos do consumidor, especialmente, o *direito ao sossego*.[82]

O compartilhamento excessivo de informações, fotos, vídeos e anúncios nas redes sociais denota o fenômeno do "*oversharing*", termo formado a partir da junção de duas

---

80. BASAN, Arthur Pinheiro. **Publicidade digital e proteção de dados pessoais:** O direito ao sossego. Indaiatuba, SP: Editora Foco, 2021. [E-book], destaque nosso.
81. VERBICARO, Dennis; RODRIGUES, Lays; ATAÍDES, Camille. Desvendando a vulnerabilidade comportamental do consumidor: uma análise jurídico-psicológica do assédio de consumo. **Revista de Direito do Consumidor**, São Paulo, Thomson Reuters Brasil, a.27, v.119, p. 349-384, set./out. 2018, p.8-9. Nesse sentido ver: VERBICARO, Dennis. **Algoritmos de Consumo:** discriminação, determinismo e solução online de conflitos na era da inteligência artificial. São Paulo: Thomson Reuters Brasil, 2023. [E-book].
82. Para o devido aprofundamento da temática do *direito ao sossego* do consumidor remete-se a leitura de: BASAN, Arthur Pinheiro. **Publicidade digital e proteção de dados pessoais:** O direito ao sossego. Indaiatuba, SP: Editora Foco, 2021. [E-book].

palavras de origem inglesa, onde "*over*" significa "excesso" e "*sharing*" corresponde à "compartilhamento".

> O assédio de consumo é caracterizado pela prática de condutas agressivas, que afetam diretamente a liberdade de escolha do consumidor e, em situações mais graves e continuadas, seus próprios projetos de vida, atentando contra sua esfera psíquica, que, em meio a tantas estratégias manipuladoras, é subjugado e levado a ceder às pressões do mercado. O que assusta é a velocidade com que esse fenômeno vem se sofisticando, já que, diante da reiteração de tais práticas, o consumidor acaba por assimilá-las como algo natural e, por conseguinte, aceitável. Desse modo, a vulnerabilidade típica das relações consumeristas deve ser ressignificada à luz dessa nova realidade, sendo compreendida também em seu sentido comportamental e não apenas econômico.[83]

Dessarte, nas hipóteses em que se constatar o envio, por fornecedores, de conteúdos publicitários, *em quantidade excessiva ou mesmo exacerbada*, que venha a provocar a *importunação ou perturbação dos consumidores*, se estabelece o chamado "*assédio de consumo*", caracterizado como um novo dano da era digital, de cunho moral, com acepção "fundamentada nos direitos básicos do consumidor, garantindo a integridade psíquica das pessoas conectadas a Internet por meio de instrumento jurídico já historicamente consagrado, a saber, a responsabilidade civil."[84]

Segundo Claudia Lima Marques:

> A figura do assédio de consumo será introduzida no direito brasileiro somente após a aprovação dos projetos de Atualização do Código de Defesa do Consumidor (PLS 281 e PLS 283, de 2012), mas se pode dizer que suas bases principais já encontram guarida no CDC, em especial nos arts. 39 e 42 referentes a práticas comerciais proibidas.[85]

Logo, a "perturbação ou importunação indevida praticada pelas publicidades virtuais, alimentadas por dados pessoais, configura lesão ao interesse jurídico tutelado e, consequentemente, dano à pessoa humana"[86], acrescentando-se que o "direito de a pessoa de não ser importunada pelas publicidades virtuais de consumo não solicitadas é uma necessidade social contemporânea, inerente à sociedade virtual de consumo."[87]

---

83. VERBICARO, Dennis; RODRIGUES, Lays; ATAÍDES, Camille. Desvendando a vulnerabilidade comportamental do consumidor: uma análise jurídico-psicológica do assédio de consumo. **Revista de Direito do Consumidor**, São Paulo, Thomson Reuters Brasil, a.27, v.119, p. 349-384, set./out. 2018, p.2-3.
84. BASAN, Arthur Pinheiro. **Publicidade digital e proteção de dados pessoais:** O direito ao sossego. Indaiatuba, SP: Editora Foco, 2021. [E-book].
85. MARQUES, Claudia Lima. A vulnerabilidade dos analfabetos e dos idosos na sociedade de consumo brasileira: primeiros estudos sobre a figura do assédio de consumo. *In*: MARQUES, Claudia Lima; GSELL, Beate (Orgs.). **Novas tendências do direito do consumidor:** rede Alemanha-Brasil de pesquisas em direito do consumidor. São Paulo: Revista dos Tribunais, 2015, p.86.
86. MARTINS, Guilherme Magalhães; BASAN, Arthur Pinheiro. O marketing algorítmico e o direito de sossego na internet. *In*: BARBOSA, Mafalda Miranda; BRAGA NETTO, Felipe Peixoto; SILVA, Michael César; FALEIROS JÚNIOR, José Luiz de Moura (Coords.). **Direito Digital e Inteligência Artificial:** Diálogos entre Brasil e Europa. Indaiatuba, SP: Editora Foco, 2021, p.356-357.
87. BASAN, Arthur Pinheiro; JACOB, Muriel Amaral. Habeas Mente: a responsabilidade civil como garantia fundamental contra o assédio de consumo em tempos de pandemia. **Revista IBERC,** Belo Horizonte, v.3, n.2, p.161-189, maio/ago., 2020, p.175.

No âmbito das redes sociais, notadamente, marcado pela atuação de influenciadores na realização de atividade publicitária no mercado de consumo digital, o assédio de consumo é vislumbrado, por meio de *estratégias agressivas de marketing*, caracterizadas pela divulgação de anúncios publicitários, *de maneira reiterada, excessiva e invasiva*.

Nesse giro, os consumidores são atingidos pela massiva difusão de publicidade digital de produtos e serviços promovida por *influencers*, nas mídias sociais, que, por conseguinte, ensejam uma situação de *perturbação, importunação ou mesmo inconveniência* aos seus seguidores, no ambiente digital, que se configura como um *dano* causado pelo assédio de consumo, com evidentes prejuízos aos direitos básicos dos consumidores.

Insta frisar que o assédio de consumo poderá, ainda, assumir *contornos mais intensos* em relação aos consumidores *idosos, analfabetos, doentes, deficientes, turistas, crianças*, dentre outros, devido a sua condição de *vulnerabilidade agravada ou hipervulnerabilidade*, devendo, portanto, a legislação consumerista, especialmente, com fundamento nos ditames legais esculpidos nos *artigos 39, IV e 42 do CDC*, buscar garantir proteção efetiva aos referidos agrupamentos sociais (público-alvo) atingidos pela publicidade digital agressiva ensejadora do assédio de consumo.

> Dessa forma, nota-se que o assédio de consumo não pode se limitar as situações em que é direcionado especificadamente aos consumidores idosos ou as crianças, ocorrendo assédio também sempre que a pessoa for importunada de maneira agressiva, por exemplo, pela publicidade direcionada por dados pessoais ilegalmente coletados.[88]

No Direito Comparado, nos termos da Diretiva 2005/29/CE, em seus artigos 8º e 9º, do Parlamento Europeu e do Conselho da União Europeia[89], o assédio de consumo se qualifica como *prática comercial agressiva*[90-91], que restringe indevidamente o exercício

---

88. BASAN, Arthur Pinheiro. Novas tecnologias na publicidade: o assédio de consumo como dano. *In*: FALEIROS JÚNIOR, José Luiz de Moura; LONGHI, João Victor Rozatti; GUGLIARA, Rodrigo (Coords.). **Proteção de Dados na Sociedade da Informação:** entre dados e danos. Indaiatuba, SP: Editora Foco, 2021, p.114.
89. UNIÃO EUROPEIA. Directiva 2005/29/CE do Parlamento Europeu e do Conselho da União Europeia de 11 de maio de 2005, relativa às práticas comerciais desleais das empresas face aos consumidores no mercado interno e que altera a Directiva 84/450/CEE do Conselho, as Directivas 97/7/CE, 98/27/CE e 2002/65/CE e o Regulamento (CE) nº2006/2004 ("directiva relativa às práticas comerciais desleais"). **Jornal Oficial da União Europeia.** 11 junho 2005. Disponível em: https://eur-lex.europa.eu/legal-content/PT/TXT/PDF/?uri=CELEX:32005L0029. Acesso em: 20 dez. 2023; CATALAN, Marcos; PITOL, Yasmine Uequed. Primeiras linhas acerca do tratamento jurídico do assédio de consumo no Brasil. **Revista luso-brasileira de direito do consumo,** Curitiba, v.7, n.25, p.137-159, mar., 2017. Disponível em: https://bdjur.stj.jus.br/jspui/bitstream/2011/109409/primeiras_linhas_acerca_catalan.pdf. Acesso em: 20 dez. 2023.
90. Segundo Claudia Lima Marques, "A prática agressiva é aquela que tenta pressionar o consumidor de forma a influenciar (paralisar ou impor) sua decisão de consumo, explorando emoções, medos, confiança em relação a terceiros, explorando a posição de expert do fornecedor e as circunstâncias especiais do consumidor." (MARQUES, Claudia Lima. A vulnerabilidade dos analfabetos e dos idosos na sociedade de consumo brasileira: primeiros estudos sobre a figura do assédio de consumo. *In*: MARQUES, Claudia Lima; GSELL, Beate (Orgs.). **Novas tendências do direito do consumidor:** rede Alemanha-Brasil de pesquisas em direito do consumidor. São Paulo: Revista dos Tribunais, 2015, p.71; MARQUES, Claudia Lima. **Contratos no Código de Defesa do Consumidor.** 9.ed. São Paulo: Thomson Reuters Brasil, 2019, p.939).
91. Segundo a Directiva 2005/29/CE do Parlamento Europeu e do Conselho da União Europeia, "Uma prática comercial é considerada agressiva se, no caso concreto, tendo em conta todas as suas características e

da autonomia privada do consumidor, em relação à sua *liberdade de escolha*, ou seja, a liberdade do consumidor de definir suas decisões no âmbito das relações jurídicas de consumo.[92]

> Nos Projetos de Lei do Senado Federal que visam a atualização do CDC, a Comissão de Juristas, coordenada pelo e. Min. Antônio Herman Benjamin, introduziu no direito brasileiro a figura do combate ao assédio de consumo, nominando estratégias assediosas de marketing muito agressivas e de marketing focado em grupos de consumidores, *targeting*, muitas vezes nos mais vulneráveis do mercado, idosos e analfabetos. A Diretiva europeia sobre práticas comerciais abusivas, Diretiva 2005/29/CE, em seu art. 8º, utiliza como termo geral, o de prática agressiva, aí incluídas como espécies o assédio *(harassment)*, a coerção *(coercion)*, o uso de força física *(physical force)* e influência indevida *(undue influence)*. A opção do legislador brasileiro foi de considerar assédio de consumo o gênero para todas as práticas comerciais agressivas que limitam a liberdade de escolha do consumidor.[93]

Dessarte, "uma das formas de assédio de consumo na atualidade se dá por meio do protagonismo dos influenciadores digitais"[94], sendo, claramente perceptível que os seguidores, via de regra, seguem determinado influenciador *sem a intenção de serem bombardeados, diuturnamente*, por conteúdos publicitários dos fornecedores.

Sob este prisma, verifica-se que os *digital influencers* assumem, contemporaneamente, a posição de *vetores do fenômeno do assédio de consumo no ambiente digital*, pois, realizam atividade publicitária, muitas vezes, de forma inapropriada e desarrazoada, em dissonância com os interesses e direitos dos consumidores.

Acrescenta-se, ainda, que, ao analisar a "fundamentação jurídica da tutela do sossego, o assédio de consumo surge como evento que efetivamente afeta esse bem jurídico tutelado, configurando o *dano de assédio de consumo*"[95], de modo que, na hipótese em que seja constatada a violação aos direitos fundamentais dos consumidores

---

circunstâncias, prejudicar ou for susceptível de prejudicar significativamente, devido a assédio, coacção — incluindo o recurso à força física — ou influência indevida, a liberdade de escolha ou o comportamento do consumidor médio em relação a um produto, e, por conseguinte, o conduza ou seja susceptível de o conduzir a tomar uma decisão de transacção que este não teria tomado de outro modo." (UNIÃO EUROPEIA. Directiva 2005/29/CE do Parlamento Europeu e do Conselho da União Europeia de 11 de maio de 2005, relativa às práticas comerciais desleais das empresas face aos consumidores no mercado interno e que altera a Directiva 84/450/CEE do Conselho, as Directivas 97/7/CE, 98/27/CE e 2002/65/CE e o Regulamento (CE) nº2006/2004 ("directiva relativa às práticas comerciais desleais"). **Jornal Oficial da União Europeia.** 11 junho 2005. Disponível em: https://eur-lex.europa.eu/legal-content/PT/TXT/PDF/?uri=CELEX:32005L0029. Acesso em: 20 dez. 2023.)

92. MARQUES, Claudia Lima. A vulnerabilidade dos analfabetos e dos idosos na sociedade de consumo brasileira: primeiros estudos sobre a figura do assédio de consumo. *In*: MARQUES, Claudia Lima; GSELL, Beate (Orgs.). **Novas tendências do direito do consumidor:** rede Alemanha-Brasil de pesquisas em direito do consumidor. São Paulo: Revista dos Tribunais, 2015, p.66; MARQUES, Claudia Lima. **Contratos no Código de Defesa do Consumidor.** 9.ed. São Paulo: Thomson Reuters Brasil, 2019, p.934.
93. MARQUES, Claudia Lima. **Contratos no Código de Defesa do Consumidor.** 9.ed. São Paulo: Thomson Reuters Brasil, 2019, p.932-933.
94. SILVA, Luiza Tuma da Ponte; RODRIGUES, Isabelle de Assunção. A vulnerabilidade agravada da consumidora gestante, o assédio de consumo e o dever de informação do estado e dos fornecedores. **Revista de Direito, Globalização e Responsabilidade nas Relações de Consumo**, v.6, n.2, p.20-36, jul./dez. 2020, p.24.
95. BASAN, Arthur Pinheiro. **Publicidade digital e proteção de dados pessoais:** O direito ao sossego. Indaiatuba, SP: Editora Foco, 2021. [E-book], destaque nosso.

causada pela perpetração do assédio de consumo, se impõe a responsabilidade civil aos influenciadores digitais.

Embora, estudos sobre a temática do assédio de consumo aflorem, paulatinamente, na doutrina nacional[96], estes assumem protagonismo ao propor a aplicação essencial da teoria do *diálogo de fontes* entre o *Código de Defesa do Consumidor,* o *Marco Civil da Internet* e a *Lei Geral de Proteção de Dados (LGPD)*, com a finalidade de se apresentar soluções eficazes a prevenir e/ou coibir a prática comercial abusiva do assédio de consumo em âmbito digital, enquanto conduta violadora de direitos fundamentais, dentre as quais, o direito ao sossego (*right to be let alone*).[97]

Ademais, diante da prática do assédio de consumo, se manifesta como premente a necessidade de superação do entendimento de que as referidas práticas comerciais seriam toleráveis, ou ainda, que caracterizariam um *mero aborrecimento ao consumidor*, especialmente, nas situações em que fornecedores em parceria com influenciadores digitais, veiculam excessiva publicidade nas redes sociais, prejudicial aos interesses dos consumidores.

A publicidade se apresenta como um dos alicerces do universo digital contemporâneo, sendo permitida e, inclusive, incentivada, desde que, observados os preceitos ético-legais estabelecidos pela legislação consumerista, especialmente, o CDC e, pelas normas éticas do CONAR delineadas no CBAP, relativas à divulgação de conteúdo publicitário. Entretanto, na hipótese em que fornecedores e influenciadores digitais

---

96. Sobre os contornos do assédio de consumo, recomenda-se a leitura de: MARQUES, Claudia Lima. A vulnerabilidade dos analfabetos e dos idosos na sociedade de consumo brasileira: primeiros estudos sobre a figura do assédio de consumo. *In:* MARQUES, Claudia Lima; GSELL, Beate (Orgs.). **Novas tendências do direito do consumidor:** rede Alemanha-Brasil de pesquisas em direito do consumidor. São Paulo: Revista dos Tribunais, 2015, p.46-87; BASAN, Arthur Pinheiro. **Publicidade digital e proteção de dados pessoais:** O direito ao sossego. Indaiatuba, SP: Editora Foco, 2021. [E-book]; BASAN, Arthur Pinheiro. Novas tecnologias na publicidade: o assédio de consumo como dano. *In:* FALEIROS JÚNIOR, José Luiz de Moura; LONGHI, João Victor Rozatti; GUGLIARA, Rodrigo (Coords.). **Proteção de Dados na Sociedade da Informação:** entre dados e danos. Indaiatuba, SP: Editora Foco, 2021 p.91-124; BASAN, Arthur Pinheiro; JACOB, Muriel Amaral. Habeas Mente: a responsabilidade civil como garantia fundamental contra o assédio de consumo em tempos de pandemia. **Revista IBERC,** Belo Horizonte, v.3, n.2, p.165-189, maio/ago., 2020; MARTINS, Guilherme Magalhães; BASAN, Arthur Pinheiro. O marketing algorítmico e o direito de sossego na internet. *In:* BARBOSA, Mafalda Miranda; BRAGA NETTO, Felipe Peixoto; SILVA, Michael César; FALEIROS JÚNIOR, José Luiz de Moura (Coords.). **Direito Digital e Inteligência Artificial:** Diálogos entre Brasil e Europa. Indaiatuba, SP: Editora Foco, 2021, p.339-362; BASAN, Arthur Pinheiro; FALEIROS JÚNIOR, José Luiz de Moura Faleiros. A proteção de dados pessoais e a concreção do direito ao sossego no mercado de consumo. **Civilistica.com,** Rio de Janeiro, a.9, n.3, 2020. Disponível em: https://civilistica.emnuvens.com.br/redc/article/view/565/507. Acesso em: 20 dez. 2023; BASAN, Arthur Pinheiro; FALEIROS JÚNIOR, José Luiz de Moura. A tutela do corpo eletrônico como direito básico do consumidor. **Revista dos Tribunais,** São Paulo, Thomson Reuters Brasil, a.109, v.1021, p.133-168, nov. 2020; VERBICARO, Dennis; RODRIGUES, Lays; ATAÍDES, Camille. Desvendando a vulnerabilidade comportamental do consumidor: uma análise jurídico-psicológica do assédio de consumo. **Revista de Direito do Consumidor**, São Paulo, Thomson Reuters Brasil, a.27, v.119, p. 349-384, set./out. 2018.
97. Nesse sentido ver: BASAN, Arthur Pinheiro. **Publicidade digital e proteção de dados pessoais:** O direito ao sossego. Indaiatuba, SP: Editora Foco, 2021. [E-book]; ROSA, Luiz Carlos Goiabeira; FALEIROS JUNIOR, José Luiz de Moura; VERSIANI, Rodrigo Luiz da Silva. A proteção do consumidor diante das práticas publicitárias abusivas do comércio eletrônico. **Revista da Faculdade Mineira de Direito**, v.23, n.45, p.235-255, 2020.

fomentarem o assédio de consumo, de forma a influenciar a decisão de consumo do seu público-alvo (seguidores), aproveitando-se da vulnerabilidade dos consumidores para impingir a aquisição de produtos e serviços, poderão incidir em eventual imputação de responsabilidade civil.

Em síntese, se impõe, portanto, *a responsabilidade civil na vertente objetiva e solidária* aos influenciadores digitais e fornecedores, nas hipóteses em que abusem dos preceitos éticos e jurídicos norteadores da atividade publicitária e se utilizem de condutas caracterizadoras do assédio de consumo para tolher o sossego dos consumidores.

A defesa do consumidor, frente ao assédio de consumo, deve ser reconhecida como de premente necessidade jurídica, sob a perspectiva de uma sociedade digital, sendo que:

> Trata-se, portanto, de necessidade social contemporânea, própria da Sociedade da Informação, exigindo do Direito uma resposta capaz de tutelar as pessoas. Esse direito deve ser concretizado por meio da responsabilidade civil, tendo em vista que é este um dos instrumentos jurídicos aptos a garantir a tutela dos direitos fundamentais frente às relações entre pessoas privadas.[98]

Tal qual na responsabilidade civil dos influenciadores digitais decorrente da difusão de publicidade ilícita, se evidencia a imprescindibilidade de reforçar a aplicação da responsabilidade civil de forma preventiva, posto que "tal elemento se apresenta de modo fluído e dinâmico, se inserido em todas as funções da Responsabilidade Civil e acrescentando a elas o caráter inibitório à ocorrência de futuros danos."[99]

Ante tal conduta deletéria praticada pelos *influencers*, o modelo operativo da responsabilidade civil contemporânea "necessita desempenhar o papel central de desestímulo a comportamentos antijurídicos e atividades que imponham riscos ou ameaças desnecessárias à coletividade."[100]

Neste viés, surgem propostas de regulamentação legislativa da temática.[101] Outrossim, as plataformas digitais, em caráter preventivo e educativo, objetivam reprimir

---

98. BASAN, Arthur Pinheiro. Novas tecnologias na publicidade: o assédio de consumo como dano. *In*: FALEIROS JÚNIOR, José Luiz de Moura; LONGHI, João Victor Rozatti; GUGLIARA, Rodrigo (Coords.). **Proteção de Dados na Sociedade da Informação**: entre dados e danos. Indaiatuba, SP: Editora Foco, 2021, p.119.
99. No tocante à prevenção de danos recomenda-se a leitura de: ROSENVALD, Nelson. **As funções da responsabilidade civil**: a reparação e a pena civil. 3.ed. São Paulo: Saraiva, 2017; BARBOSA, Caio César do Nascimento; GUIMARÃES, Glayder Dayweth Pereira; SILVA, Michael César. Contenção de ilícitos lucrativos no Brasil: o disgorgement of profits enquanto via restitutória. **Revista de Direito da Responsabilidade**, Coimbra, a.2, p.517-542, 2020.
100. BASAN, Arthur Pinheiro. Novas tecnologias na publicidade: o assédio de consumo como dano. *In*: FALEIROS JÚNIOR, José Luiz de Moura; LONGHI, João Victor Rozatti; GUGLIARA, Rodrigo (Coords.). **Proteção de Dados na Sociedade da Informação**: entre dados e danos. Indaiatuba, SP: Editora Foco, 2021, p.119.
101. Segundo Arthur Pinheiro Basan, "Neste sentido, visando ampliar e adequar as ferramentas de promoção e tutela do consumidor, os Projetos de Lei 3.514/15 e 3.515/15 trazem atualizações do CDC, inclusive quanto as publicidades ilícitas, dispondo que o assédio de consumo deve ser reconhecido como um dano. Neste ponto, Claudia Marques aponta que a atualização do CDC se baseia na figura europeia do "assédio de consumo", levando em consideração a pressão exercida sobre as pessoas para o consumo irrefletido, especialmente as pessoas idosas." (BASAN, Arthur Pinheiro. **Publicidade digital e proteção de dados pessoais:** O direito ao sossego. Indaiatuba, SP: Editora Foco, 2021. [E-book])

conteúdos publicitários de fornecedores e influenciadores, notavelmente, *agressivos e invasivos*, delimitando o escopo da publicidade digital, com a finalidade de se *desestimular* ou mesmo *diminuir a intensidade da perturbação excessiva nas redes sociais*.

Nessa perspectiva, se destaca a possibilidade de envio de notificação, sob a forma de "*strikes*", aos fornecedores e influenciadores, que desrespeitem as normativas jurídicas previamente estabelecidas. Logo, se entende que, o desestímulo à publicidade agressiva se amolda à *função preventiva da responsabilidade civil*, desde que, por meio de parâmetros específicos permitam a livre iniciativa e o controle ético-jurídico da publicidade.

Em conformidade com a decisão prolatada pelo Superior Tribunal de Justiça (STJ), no Agravo Regimental no Recurso Especial 1.349.961/MG,[102] devem as plataformas digitais desestimular e/ou coibir a *perturbação publicitária manifestamente excessiva*, observando assim, "a *proteção contra a publicidade enganosa e abusiva*, métodos comerciais coercitivos ou desleais, bem como contra práticas e cláusulas abusivas ou impostas no fornecimento de produtos e serviços", com previsão no artigo 6º, IV, do CDC, em consonância com "a *efetiva prevenção* e reparação de danos patrimoniais e morais, individuais, coletivos e difusos", prevista no artigo 6º, VI, do CDC.[103]

À guisa de conclusão, as referidas medidas preventivas/inibitórias, contribuiriam para que a publicidade fosse veiculada em plataformas digitais, porém, com observância de restrições ou limites que estabelecessem a vedação/coibição de condutas caracterizadoras de perturbação ou importunação ao sossego e violação aos dados pessoais dos consumidores, alcançando, assim, maior efetividade em relação ao controle ético-jurídico das *práticas comerciais agressivas (e abusivas) de marketing* perpetradas por fornecedores e *influencers* no mercado de consumo digital, sob pena de atribuição de eventual responsabilidade civil pelos danos causados pela prática do assédio de consumo.

7.4 A RESPONSABILIDADE SOCIAL DOS INFLUENCIADORES DIGITAIS E A FIGURA DO DANO SOCIAL

Contemporaneamente, novos riscos se intensificaram em sociedade, e, por conseguinte, geraram a ampliação das categorias de danos, ensejando o surgimento dos

---

102. **Ementa:** Agravos Regimentais no Recurso Especial e no Recurso Adesivo. Civil e consumidor. Responsabilidade civil. Provedor de internet. relação de consumo. Incidência do CDC. Provedor de conteúdo. Fiscalização prévia do teor das informações postadas no site pelos usuários. Dano Moral. Risco inerente ao negócio. Ciência da existência de conteúdo ilícito. Utilização pelo lesado da ferramenta de denúncia disponibilizada pelo próprio provedor. Falha na prestação do serviço. Quantum arbitrado com razoabilidade. Súmula 07 e 83 STJ. Agravos Regimentais Desprovidos. (BRASIL. Superior Tribunal de Justiça. AgRg no REsp n. 1349961/MG. Terceira Turma. Relator: Ministro Paulo de Tarso Sanseverino, julg. 19 set. 2014. **Diário da Justiça Eletrônico**, Brasília, DF, publ. 22 set. 2014. Disponível em: https://ww2.stj.jus.br/processo/pesquisa/?tipoPesquisa=tipoPesquisaNumeroRegistro&termo=201202200799&totalRegistrosPorPagina=40&aplicacao=processos.ea. Acesso em: 20 dez. 2023).
103. BRASIL. **Código de Defesa do Consumidor**. Lei 8.078, de 11 de setembro de 1990. Disponível em: http://www.planalto.gov.br/ccivil_03/LEIS/L8078.htm. Acesso em: 20 dez. 2023.

denominados "novos danos", sendo que uma das figuras de maior destaque é, indubitavelmente, o *dano social*.

O dano social se apresenta como uma nova categoria de dano no âmbito da responsabilidade civil, que pressupõe uma espécie de lesão a direitos que *transcende a esfera individual*, perpassando a coletividade, de modo a *afetar a sociedade como um todo*, e não apenas a vítima do evento danoso.

Segundo Silvano José Gomes Flumignan, o "dano social seria uma realidade em si, decorrente da socialização do direito e se contrapõe ao chamado dano individual que teria como conteúdo as funções de desestímulo e punição."[104]

> Em seu estágio atual, a responsabilidade civil se depara com danos impregnados de socialidade, tanto em suas causas como em suas consequências e em sua reflexividade. São danos decorrentes de atividades típicas do nosso modo de vida, que são desempenhadas por empresas ou pelo poder público em benefício da sociedade. No plano das consequências, muitos danos que se difundem na sociedade, transcendendo os limites de uma vítima individualizada. Além disso, os encargos com a prevenção/precaução e com a reparação são absorvidos reflexivamente pela coletividade, segundo os mecanismos de socialização.[105]

Ademais, constata-se que a distinção entre dano social e dano individual se refere às vítimas do evento danoso. Em relação ao dano individual, se verifica um dano ao aspecto do direito individual da vítima, sendo a vítima determinada. Lado outro, no tocante ao dano social se denota uma violação ao aspecto do direito difuso, sendo, deste modo, as vítimas indeterminadas ou indetermináveis.[106]

Destarte, depreende-se que o dano social é aquele que atinge a sociedade, transcendendo a esfera individual do lesado pelo evento danoso, e, por consequência, ensejando o rebaixamento da qualidade da vida de toda uma coletividade de indivíduos, enquanto integrantes de um determinado corpo social.

Consoante ao escólio de Antônio Junqueira de Azevedo:

> Um ato se doloso ou gravemente culposo, ou se negativamente exemplar, não é lesivo somente ao patrimônio material ou moral da vítima, mas sim, atinge a toda a sociedade, num rebaixamento imediato do nível de vida da população. Causa dano social. Isto é particularmente evidente quando se trate da segurança, que traz diminuição da tranquilidade social, ou de quebra da confiança, em situações contratuais ou paracontratuais, que acarreta redução da qualidade coletiva de vida.[107]

---

104. FLUMIGNAN, Silvano José Gomes. Uma nova proposta para a diferenciação entre o dano moral, o dano social e os punitive damages. **Revista dos Tribunais**, v.958, p.119-147, 2015, p.125.
105. SANTOS, Romualdo Baptista dos. O dano social no estágio atual da responsabilidade civil. **Revista de Direito da Responsabilidade,** a.2, p.676-697, 2020, p.677. Disponível em: https://revistadireitoresponsabilidade.pt/2020/o-dano-social-no-estagio-atual-da-responsabilidade-civil-romualdo-baptista-dos-santos/. Acesso em: 20 dez. 2023.
106. GUIMARÃES, Glayder Daywerth Pereira; SILVA, Michael César. Fake news, pós-verdade e dano social: o surgimento de um novo dano na sociedade contemporânea. **Revista Jurídica Luso Brasileira**, a.7, n.3, p.873-906, 2021, p.892. Disponível em: https://www.cidp.pt/revistas/rjlb/2021/3/2021_03_0873_0906.pdf. Acesso em: 20 dez. 2023.
107. AZEVEDO, Antônio Junqueira de. **Novos Estudos e Pareceres de Direito Privado.** São Paulo: Saraiva, 2009, p.377-378.

Em sentido congênere, Yuri Fisberg destaca que o dano social:

[...] trata-se de violação que enseja "diminuição da tranquilidade social" ou "quebra da confiança", em situações (contratuais ou extracontratuais) que acarretam na "redução da qualidade coletiva de vida". Atos "negativamente exemplares" que repercutem além da relação entre ofensor e ofendido, sendo a coletividade também vitimada, de forma que a condenação "visa restaurar o nível social de tranquilidade diminuída pelo ato ilícito.[108]

Importa destacar que o rebaixamento da qualidade de vida não se refere apenas a aspectos meramente ligados à subsistência do indivíduo, pois, em consonância com a interpretação do Supremo Tribunal Federal, a vida deve ser analisada sobre o prisma de *vida digna*, de acordo com as garantias constitucionais, ampliando, então, o conceito de vida e, consequentemente, dos possíveis danos direcionados a mesma, abrangendo, portanto, maior eficácia preventiva e, também, compensatória.

Embora, na conjuntura contemporânea, a figura do dano social possa ser confundida com o dano moral coletivo, em função de certas similitudes na construção dos modelos jurídicos, necessário se faz demonstrar que, apesar de conotações similares, as referidas espécies de dano apresentam evidentes distinções no campo prático-teórico.

De um lado, o dano social decorre de comportamentos considerados como *socialmente reprováveis*, que diminuem o nível social de qualidade de vida. Lado outro, o dano moral coletivo dimana de uma constatação de conduta ilícita que viola *direitos considerados morais da coletividade*, sendo, inclusive, auferível *in re ipsa* (*presumido*).

Pode-se, também, destacar que, enquanto o dano moral coletivo[109] possui foco na violação de direito da personalidade (dano evento), o dano social lança possui em enfoque no dano como consequência, de modo a analisar os prejuízos ensejados pela conduta lesiva, repercutindo, desse modo, na esfera social.

De acordo com Flávio Tartuce, no âmbito do dano social, a vítima do evento danoso é *a sociedade como um todo*, enquanto, distintamente, no contexto do dano moral coletivo, as vítimas seriam os *titulares de direitos individuais homogêneos, coletivos ou difusos*.[110]

Logo, as diferenças, ainda que tênues, são juridicamente relevantes sob o ponto de vista do tratamento doutrinário e jurisprudencial dispensado as referidas figuras.

No contexto de uma sociedade digital, se torna, ainda, mais relevante o estudo sobre os danos sociais, em especial, em relação à temática dos influenciadores digitais, visto que por vezes atuam como propulsores de condutas danosas que atingem o corpo social.

---

108. FISBERG, Yuri. Dano social como instituto de aperfeiçoamento do tratamento coletivo da responsabilidade civil. São Paulo: **Revista Jurídica ESMP**, v.14, p.134-147, 2018, p.137.
109. Sobre o tema recomenda-se a leitura de: TEIXEIRA NETO, Felipe. Ainda sobre o conceito de dano moral coletivo. *In*: ROSENVALD, Nelson; TEIXEIRA NETO, Felipe (Coords.). **Dano Moral Coletivo.** Indaiatuba, SP: Editora Foco, 2018. [E-book].
110. TARTUCE, Flávio. **Responsabilidade Civil.** 5.ed. rev., atual. e ampl. Rio de Janeiro: Editora Forense, 2023. [E-book].

Nessa perspectiva, merece destaque o caso envolvendo a influenciadora digital fitness Gabriela Pugliesi. A referida *influencer*, em meio aos estágios iniciais da pandemia do Coronavírus, promoveu uma *festa privada com amigos em sua residência*, desrespeitando as recomendações da Organização Mundial da Saúde (OMS) e do Ministério da Saúde (MS) em relação ao isolamento social no período pandêmico.

> Situação similar ocorreu com a influenciadora fitness Gabriela Pugliesi, em 25 de abril de 2020, quando ela promoveu uma festa em sua casa, durante a quarentena imposta pela Covid-19. Mesmo após ter sido contaminada pela doença e se recuperado, Gabriela Pugliesi realizou uma confraternização entre amigos e compartilhou alguns momentos em seus stories no Instagram. As cenas mostravam a jovem menosprezando a vida com palavrões e ignorando as recomendações da Organização Mundial da Saúde.[111]

O referido episódio teve grande repercussão, sendo que o nome da influenciadora, um dia após o ocorrido, "foi o quarto termo mais buscado do Google no Brasil, à frente do cantor Luan Santana, que fez um aguardado show via streaming na data (o Google não divulga números, mas informou que ambos tiveram mais de 200.000 buscas no dia)."[112]

A festa particular promovida por Gabriela Pugliesi fora transmitida por *stories* no *Instagram* e se tornou o *símbolo de desrespeito à pandemia no Brasil*. Em um de seus *stories*, a influenciadora aparecia com um copo em suas mãos e, em alto e bom tom, dizia para a câmera: "f***-se a vida".[113] Logo após o ocorrido, a *influencer* percebeu expressiva queda no número de seus seguidores em suas redes sociais. O episódio repercutiu de maneira extremamente negativa na sociedade, junto aos seus seguidores e patrocinadores, com evidentes prejuízos à sua reputação e prestígio, culminando, por conseguinte, com o "cancelamento" da influenciadora nas plataformas digitais. Ademais, o ocorrido resultou na perda de aproximadamente *150 (cento e cinquenta) mil seguidores* e prejuízos, em torno de 3 (três) milhões de reais com a rescisão de inúmeros contratos publicitários de marcas (HOPE, Baw, LBA, Body For Sure, Desinchá, Evolution Coffee, Rappi, Mais Pura e Liv Up, dentre outras) que patrocinavam a *influencer*, segundo informações apresentadas pela revista Forbes.[114]

Em meio ao seu inevitável "cancelamento" – termo utilizado na Internet ao se referir a pessoa que, de certo modo, não merece mais relevância nas redes sociais –, Gabriela Pugliesi resolveu suspender, temporariamente, sua conta no *Instagram*.

---

111. KARHAWI, Issaaf. Crises geradas por influenciadores digitais: propostas para prevenção e gestão de crises. **Organicom**, v.18, n.35, p.45-59, 2021, p.55.
112. BATISTA JÚNIOR, João. Por trás do linchamento virtual de Pugliesi: ódio, likes e algoritmo. **VEJA.** 2020. Disponível em: https://veja.abril.com.br/blog/veja-gente/por-tras-do-linchamento-virtual-de-pugliesi-odio-likes-e-algoritmo/. Acesso em: 20 dez. 2023.
113. PRADO, Carol. Caso Pugliesi escancara crise dos influenciadores, que foram do fascínio à rejeição na pandemia. **G1.** 2020. Disponível em: https://g1.globo.com/pop-arte/noticia/2020/05/05/caso-pugliesi-escancara-crise-dos-influenciadores-que-foram-do-fascinio-a-rejeicao-na-pandemia.ghtml. Acesso em: 20 dez. 2023.
114. CALAIS, Beatriz. Festa durante isolamento pode ter causado prejuízo de R$ 3 milhões a Gabriela Pugliesi. **Forbes.** 2020. Disponível em: https://forbes.com.br/principal/2020/05/festa-durante-isolamento-pode-ter-causado-prejuizos-de-r-3-milhoes-a-gabriela-pugliesi/#:~:text=A%20festa%20de%20Gabriela%20Pugliesi,e%20tamb%C3%A9m%20n%C3%A3o%20foi%20poupada. Acesso em: 20 dez. 2023.

O caso em análise se perfaz como um exemplo de dano social haja vista que a referida conduta incentivou inúmeras pessoas no país a se reunirem em festas similares. Não obstante, o evento deu origem ao chamado "efeito Pugliesi", em que após o episódio da festa particular durante período de isolamento social, "diversos relatos foram compartilhados nas redes sociais denunciando vizinhos que promoveram festas durante o período de isolamento."[115]

O comportamento da *influencer* desencadeou a multiplicação de eventos privados durante a quarentena, pois, sendo personalidade pública com milhões de seguidores, dentre esses muitos que se inspiram no *lifestyle* da *influencer*, se transmitiu a ideia de que seria possível e, até aceitável, realizar encontros privados naquele período, mesmo contrariando as inúmeras recomendações sanitárias oficiais relacionadas ao isolamento social.

A conduta da influenciadora foi considerada como reprovável e contribuiu para que outras pessoas replicassem o referido comportamento, ainda, que em dissonância às recomendações efetivadas pelos órgãos oficiais, permitindo, desse modo, uma maior propagação do Coronavírus no país, o que, por conseguinte, ensejou que diversos edifícios da cidade de São Paulo, proibissem visitas e festas privadas em apartamentos na quarentena, temendo a proliferação do vírus.

Outro evento de grande repercussão midiática diz respeito ao denominado "Caso Blaze". O referido episódio se refere a uma polêmica envolvendo a *plataforma de apostas digitais Blaze*, a qual se tornou popular no Brasil, em virtude da divulgação da massiva publicidade da plataforma realizada por influenciadores digitais.[116]

Há de se destacar que no Brasil, com o advento da Lei 13.756/2018, as apostas esportivas passaram a ser permitidas no país sob o preenchimento de determinados requisitos.

> Em 2018, foi aprovada a Lei 13.756, que regulamenta as apostas esportivas no país. De acordo com essa lei, as apostas em eventos esportivos podem ser realizadas por meio de plataformas online, desde que devidamente autorizadas e regulamentadas pela Caixa Econômica Federal ou pelo Ministério da Fazenda. Neste ínterim, as apostas online relacionadas a eventos esportivos, na hipótese em que realizadas em plataformas devidamente autorizadas, não são consideradas ilegais. Entretanto, é importante ressaltar que a legislação brasileira ainda não abrange completamente outras formas de apostas online, como cassinos virtuais e jogos de azar em geral, de modo que, encontram uma zona cinzenta para atuar desde que situadas em outros países que permitam a prática, situação que a Blaze se encontra.[117]

---

115. RODRIGUES, Rodrigo. Para evitar 'efeito Pugliesi', edifícios de SP proíbem visitas, corretores e festas privadas em apartamentos na quarentena. **G1.** 2020. Disponível em: https://g1.globo.com/sp/sao-paulo/noticia/2020/05/01/para-evitar-efeito-pugliesi-edificios-de-sp-proibem-visitas-corretores-e-festas-privadas-em-apartamentos-durante-quarentena.ghtml. Acesso em: 20 dez. 2023.
116. BONFIM, Marcos. Quem é a Blaze, a empresa criadora do "jogo do aviãozinho" tema de denúncia no Fantástico. **Exame.** 2023. Disponível em: https://exame.com/negocios/quem-e-a-blaze-a-empresa-criadora-do-jogo-do-aviaozinho-tema-de-denuncia-no-fantastico/. Acesso em: 20 dez. 2023.
117. GUIMARÃES, Clayton Douglas Pereira; GUIMARÃES, Glayder Daywerth Pereira. Caso Blaze: É possível responsabilizar os influenciadores digitais? **Magis:** Portal Jurídico. 2023. Disponível em: https://magis.agej.com.br/caso-blaze-e-possivel-responsabilizar-os-influenciadores-digitais/. Acesso em: 20 dez. 2023.

No tocante à plataforma de apostas digitais Blaze, assim como outros exploradores da atividade eletrônica dos jogos de azar, vislumbra-se que estabelecem sua sede em países que permitem esse modelo de operação e passam a atuar em outros países, sem nenhum tipo de conformação com as legislações de cada país.

No Brasil, a polêmica envolvendo a empresa Blaze teve início em julho de 2023, quando um apostador denunciou a empresa à polícia por não ter recebido seus prêmios. A denúncia foi seguida por outras da mesma natureza, e a Polícia Civil de São Paulo começou a investigar a Blaze por estelionato.[118]

Em dezembro de 2023, o programa Fantástico da Rede Globo, exibiu uma matéria sobre o caso. A reportagem mostrou que a Blaze teria utilizado uma série de estratégias para enganar os apostadores, incluindo a manipulação de resultados e o não pagamento de prêmios.[119] Após a referida reportagem, a Justiça brasileira bloqueou mais de R$ 100 (cem) milhões da Blaze e solicitou que o site fosse tirado do ar.[120]

O Caso Blaze levantou uma série de questões acerca da regulamentação dos jogos de azar no Brasil, posto que, a despeito de a prática ser considerada ilegal no país, diversas empresas atuam, de forma clandestina, ininterruptamente no mercado brasileiro.

Para além da questão relacionada à ilegalidade dos jogos de azar no Brasil, a situação também colocou em xeque a atuação dos influenciadores digitais em relação à promoção de publicidade de que participam e sua eventual responsabilidade civil e social nesses casos.

Alguns dos influenciadores foram duramente repreendidos nas redes sociais e, até mesmo, acusados de promover jogos de azar de forma irresponsável, sem alertar, aos seus seguidores, sobre os riscos envolvidos na contratação.[121]

Sob o prisma da responsabilidade civil, os influenciadores assumem um papel central na disseminação de informações e na formação de opiniões junto ao seu público-alvo. Assim, caso optem por promover jogos de azar, têm a obrigação de oferecer uma visão completa e transparente sobre os riscos associados, fornecendo informações

---

118. FANTÁSTICO. 'Jogo do Aviãozinho': Justiça bloqueia R$ 101 milhões de site de apostas que promove game ilegal, divulgado por influenciadores. **Fantástico**. 2023. Disponível em: https://g1.globo.com/fantastico/noticia/2023/12/17/jogo-do-aviaozinho-justica-bloqueia-r-101-milhoes-de-site-de-apostas-que-promove-game-ilegal-divulgado-por-influenciadores.ghtml. Acesso em: 20 dez. 2023.
119. FANTÁSTICO. 'Jogo do Aviãozinho': Justiça bloqueia R$ 101 milhões de site de apostas que promove game ilegal, divulgado por influenciadores. **Fantástico**. 2023. Disponível em: https://g1.globo.com/fantastico/noticia/2023/12/17/jogo-do-aviaozinho-justica-bloqueia-r-101-milhoes-de-site-de-apostas-que-promove-game-ilegal-divulgado-por-influenciadores.ghtml. Acesso em: 20 dez. 2023.
120. FANTÁSTICO. 'Jogo do Aviãozinho': Justiça bloqueia R$ 101 milhões de site de apostas que promove game ilegal, divulgado por influenciadores. **Fantástico**. 2023. Disponível em: https://g1.globo.com/fantastico/noticia/2023/12/17/jogo-do-aviaozinho-justica-bloqueia-r-101-milhoes-de-site-de-apostas-que-promove-game-ilegal-divulgado-por-influenciadores.ghtml. Acesso em: 20 dez. 2023.
121. TERRA. Neymar, Felipe Neto e mais: famosos que divulgaram a Blaze e não foram citados pelo 'Fantástico'. **Terra**. 2023. Disponível em: https://www.terra.com.br/economia/nao-caia-nessa/neymar-felipe-neto-e-mais-famosos-que-divulgaram-a-blaze-e-nao-foram-citados-pelo-fantastico,fbea092e62f3f230e761f7a15b97e9aeyhyetzxw.html?utm_source=clipboard. Acesso em: 20 dez. 2023.

claras sobre as probabilidades de ganho e perda. Caso ocorram prejuízos decorrentes da publicidade, os influenciadores podem ser legalmente responsabilizados à luz do Código de Defesa do Consumidor.

No âmbito da responsabilidade social, os influenciadores digitais são agentes de influência significativos, moldando as atitudes e comportamentos de seus seguidores. Nesse sentido, devem pautar sua conduta com foco em sua responsabilidade social, sendo que isso inclui a divulgação de mensagens que desencorajem o jogo excessivo e a conscientização sobre os potenciais impactos negativos, especialmente, entre o *público hipervulnerável*.

Complementarmente, a conduta do influenciador digital que promove jogos eletrônicos de azar e incentiva seus seguidores a se engajarem nesse tipo de atividade pode acarretar danos sociais. Ao estimular a participação em jogos de azar, o *digital influencer* potencialmente contribui para o desenvolvimento de comportamentos viciantes e prejudiciais, notadamente, entre um público mais jovem e suscetível.

Essa promoção, em desconformidade com os ditames legais e preceitos ético-jurídicos norteadores do princípio da boa-fé-objetiva, pode resultar em danos financeiros substanciais para os seguidores, levando a consequências como superendividamento, perda de patrimônio e, em casos extremos, impactar negativamente em sua saúde mental.

Outrossim, a normalização do jogo sem a devida conscientização sobre seus riscos pode perpetuar uma cultura que menospreza os riscos advindos dos jogos de azar e a importância do jogo responsável, aumentando a probabilidade de vícios e criando uma dinâmica social prejudicial. Nesse contexto, a conduta do influenciador digital não apenas representa um risco individual, mas, também, pode contribuir para a formação de um ambiente social prejudicial, ampliando os impactos negativos dessa prática.

É indubitável que a atuação dos *digital influencers* repercute, significativamente, na vida de todos os indivíduos, sejam por expressões na forma de se comunicar, gestos, gostos, hábitos de consumo, ou outras atividades por meio das mídias sociais, de modo que, estas personalidades digitais possuem significativo papel no cotidiano de milhares de usuários.

Os seguidores passam a se relacionar com uma pessoa antes inalcançável, observar seu cotidiano e, sobretudo, se sentir parte da vida do *digital influencer*, razão pela qual estes possuem *alto poder persuasivo* frente aos indivíduos que os seguem, incentivando condutas positivas ou negativas em seu público-alvo.

É inegável que as redes sociais apresentam diversos conteúdos qualificados. Entretanto, surgem novos canais, páginas e perfis que disseminam conteúdos inverídicos ou de qualidade duvidosa, promovendo comportamentos por vezes nocivos, aviltantes e, até mesmo, discriminatórios, causando prejuízos à sociedade.

Nessa perspectiva, se verifica que determinados atos perpetrados por *digital influencers*, por meio de suas plataformas digitais, podem causar danos sociais, que reverberam por toda a sociedade e reduzem a qualidade de vida da transindividualidade.

Ante ao exposto, se constatou no período pandêmico, a possibilidade de ajuizamento do remédio constitucional da *Ação Civil Pública*, em decorrência de danos sociais, oriundos do desrespeito às normas sanitárias de prevenção à Covid-19.

> Dentre a miríade de domínios jurídicos alcançados pelas consequências do espraiamento universal do Covid-19, doença causada pelo coronavírus, certamente a responsabilidade civil, seara ordinariamente atingida pelo desenrolar célere dos acontecimentos sociais, não poderá se furtar a solucionar diversas questões que têm origem na disseminação indiscriminada da carga viral entre parte relevante da população, quando a propagação desta, em determinado seio comunitário, se efetivar pela conduta ilícita de um portador da doença.[122]

Romualdo Baptista dos Santos destaca que "a falta de comprovação de que o réu teria contaminado alguma vítima específica, não afeta a caracterização do dano social."[123] Destarte, em função do potencial lesivo da conduta da influenciadora digital, bem como de seus seguidores que, influenciados por tal comportamento, realizaram encontros com potencial de disseminação do vírus, impõe a possibilidade de atribuição de responsabilidade civil a *influencer* por eventuais danos sociais causados.

> Nessa toada, vislumbra-se a possibilidade de imputação de danos sociais ao *digital influencer*, na hipótese em que sua conduta exemplarmente negativa, for propagada e disseminada pelas redes sociais, em medidas significativas, reduzindo a qualidade de vida da coletividade pelo potencial gravoso de sua conduta e, sobretudo, pela publicação destas.[124]

Outros casos relevantes acerca da temática dos danos sociais se relacionam aos *influencers* da área de *lifestyle* e *fitness*, os quais constantemente incentivam dietas exageradas e exercícios que apresentam riscos à saúde, como é o caso de Brian Johnson, conhecido nas redes sociais como *"Liver King"*[125] (em tradução literal, *Rei do Fígado*), criador de uma "dieta ancestral" que prometia aos seus seguidores resultados físicos excelentes a partir de uma alimentação a base de, dentre outros produtos, *vísceras cruas*.

O referido influenciador teve suas farsas descobertas pelo público no final de 2022, a partir de um vídeo *"exposed"*, no qual Brian admitia o uso de esteroides para construção de seu físico musculoso, de forma que sua dieta restritiva – a base de fígado cru, vísceras bovinas, gemas cruas e cápsulas de fígado bovino concentrado, órgãos,

---

122. DANTAS BISNETO, Cícero; SIMÃO, José Fernando. Responsabilidade civil nos casos de transmissão coletiva do coronavírus. **Conjur**, 2020. Disponível em: https://www.conjur.com.br/2020-abr-06/direito-civil-atual-responsabilidade-civiltransmissao-coletiva-coronavirus. Acesso em: 20 dez. 2023.
123. SANTOS, Romualdo Baptista dos. Responsabilidade civil por dano social na pandemia da covid-19. **Migalhas**. 2020. Disponível em: https://www.migalhas.com.br/coluna/migalhas-de-responsabilidade-civil/334424/responsabilidade-civil-por-dano-social-na-pandemia-da-covid-19. Acesso em: 20 dez. 2023.
124. BARBOSA, Caio César do Nascimento; GUIMARÃES, Glayder Daywerth Pereira; SILVA, Michael César. A responsabilidade civil dos influenciadores digitais em tempos de coronavírus. *In*: FALEIROS JÚNIOR, José Luiz de Moura; LONGHI, João Victor Rozatti; GUGLIARA, Rodrigo (Coords.). **Proteção de Dados na Sociedade da Informação:** entre dados e danos. Indaiatuba, SP: Editora Foco, 2021 p.327.
125. INSTAGRAM. **liverking.** 2023. Disponível em: https://www.instagram.com/liverking/. Acesso em: 20 dez. 2023.

ossos e outros suplementos dietéticos, vendidos em sua própria loja digital – *era falsa*.[126] O influenciador digital enganava seus seguidores com uma proposta de alimentação supostamente milagrosa, mas que, em verdade, apresentava alto grau de periculosidade à saúde e não apresentava nenhum dos resultados prometidos pelo *influencer*.

Há de se destacar que, o site e as redes sociais do influenciador permanecem ativas e, mesmo após todo o ocorrido, se verificam uma série de postagens nas quais o *influencer* promove a sua "dieta ancestral".

Outro episódio, se refere à influenciadora Michelle Lewin,[127] que postou em suas plataformas digitais uma suposta pílula emagrecedora apelidada de "*Base Carb Crush*", induzindo seus seguidores ao uso do referido composto, alegando diversos benefícios que, em realidade, não possuíam nenhum tipo de comprovação científica.[128]

O caso mais notório no ordenamento jurídico brasileiro envolvendo a matéria dos danos sociais e *digital influencers*, se refere ao episódio em que o influenciador *Júlio Cocielo* foi processado pelo Ministério Público de São Paulo (MPSP), em 2018, pela prática de "atos considerados como racistas" na rede social *Twitter*.

A situação teve início, após a divulgação de um *tweet* pelo influenciador digital, em 30 de junho de 2018, em que Cocielo publicou que o jogador de futebol Mbappé "conseguiria fazer arrastão top na praia hein."[129] O comentário repercutiu de maneira bastante reprovável à época dos fatos, gerando críticas ao *influencer*, que se utilizou de artifício considerado como "racista" para se referir ao jogador de futebol.

Diante do episódio, inúmeros usuários das mais diversas plataformas digitais exigiram que patrocinadores suspendessem os contratos vigentes com o influenciador, sob o entendimento de que a prática do ato socialmente reprovável seria endossada pelos fornecedores caso mantivessem seus patrocínios e contratos.

> À época, o youtuber estava na Rússia para assistir à Copa do Mundo com o patrocínio de marcas como a Embratur, responsável por levá-lo até o país. Após o tweet racista, os consumidores da Embratur e de outras marcas com as quais o influenciador mantinha contratos de patrocínio – ou ações publicitárias em curso durante a Copa do Mundo – passaram a questionar as empresas em posts nas redes sociais e cobrar um posicionamento em relação à publicação do youtuber Júlio Cocielo.[130]

---

126. AMENABAR, Teddy; O'CONNOR, Anahad. TikTok 'Liver King' touted raw organ meat diet. He also took steroids. **The Washington Post.** dec. 6, 2022. Available from: https://www.washingtonpost.com/wellness/2022/12/06/liver-king-steroids-apology-ancestral-diet/. Access on: Dec. 20, 2023.
127. INSTAGRAM. **michelle_lewin**. 2023. Disponível em: https://www.instagram.com/michelle_lewin/. Acesso em: 20 dez. 2023.
128. HOSIE, Rachel. Fitness influencer criticized for promoting 'extremely dangerous' weight loss pills. **Independent.** June 19, 2018. Available from: https://www.independent.co.uk/life-style/health-and-families/michelle-lewin-weight-loss-diet-pills-instagram-promotion-fitness-influencer-florida-a8405936.html. Access on: Dec. 20, 2023.
129. G1. youtuber Júlio Cocielo é criticado por comentário sobre Mbappé: 'conseguiria fazer uns arrastão top na praia'. **G1.** 2018. Disponível em: https://g1.globo.com/pop-arte/noticia/youtuber-julio-cocielo-e-criticado-por-comentario-sobre-mbappe-conseguiria-fazer-uns-arrastao-top-na-praia.ghtml. Acesso em: 20 dez. 2023.
130. KARHAWI, Issaaf. Crises geradas por influenciadores digitais: propostas para prevenção e gestão de crises. **Organicom**, v.18, n.35, p.45-59, 2021, p.53.

Em seguida, usuários do *Twitter* buscaram *tweets* antigos do influenciador Júlio Cocielo e descobriram inúmeros comentários antigos de conteúdo aparentemente discriminatórios, aumentando a pressão social contra o *influencer* que, em decorrência de tais posicionamentos, teve novos contratos cancelados.

Devido a todo contexto narrado, o Ministério Público do Estado de São Paulo ajuizou *Ação Civil Pública* (ACP) requerendo a condenação do influenciador na quantia de *R$ 7.498.302* (sete milhões, quatrocentos e noventa e oito mil, trezentos e dois), em função da eventual ocorrência de um dano social.

O valor pretendido pelo MPSP não fora aleatório, sendo que se estipulou o *quantum* indenizatório na quantia de 1 (um) real como unidade monetária básica, multiplicado pelo total de seguidores do réu no *Twitter* à época dos fatos.

> Assim, para fins de se estipular o quantum indenizatório devido a partir de um critério objetivo, multiplicou-se o número de seguidores do réu na rede social Twitter, ferramenta utilizada para a publicação dos comentários racistas, por apenas R$ 1,00 (um real), como mera unidade monetária básica, totalizando-se o montante de R$ 7.489.933 (sete milhões, quatrocentos e oitenta e nove mil, novecentos e trinta e três reais).[131]

No caso envolvendo o influenciador digital Júlio Cocielo, em sede de primeira instância, o magistrado entendeu que o *youtuber* "não agiu com dolo, culpa grave nem se apresenta como exemplo negativo, não é racista nem jamais defendeu o supremacismo racial"[132], motivo pelo qual julgou improcedente o pedido deduzido na Ação Civil Pública ajuizada pelo MPSP, em relação aos fatos apresentados no referido processo.

Em grau de recurso, o Tribunal de Justiça do Estado de São Paulo (TJSP) decidiu, em sentido congênere, negando provimento ao recurso intentado pelo MPSP, nos seguintes termos:

> Apelação cível. Ação civil pública. Pretensão do Ministério Público de condenação de influenciador digital por danos sociais. Improcedência. Manutenção da sentença. Publicações em perfil de rede social. Manifestações qualificadas como discriminatórias. Demanda que busca a condenação do requerido por danos sociais, ao pagamento de indenização de R$ 7.489.933,00. Sentença de improcedência do pedido. Recurso interposto pelo Ministério Público Estadual. Reunião de manifestações do requerido que remontam o ano de 2010. Pretensão indenizatória prescrita em relação aos fatos anteriores a três anos do ajuizamento da ação civil pública. Aplicação do art. 206, § 3º, V do CC. Precedentes. Exame de mérito restrito à declaração mais recente, e de maior repercussão, publicada pelo requerido na rede social 'Twitter', na qual afirma que a velocidade de um jogador de futebol poderia ser utilizada para cometer crimes. Inviável descartar a possibilidade de que o requerido, no momento da fala, apenas tenha se reportado à velocidade do jogador e tenha feito a piada, momentaneamente, ignorando as características físicas do atleta e a associação ruim que a partir dali poderia ser feita. Dúvida que beneficia o requerido. Falta de reflexão do requerido ao

---

131. SÃO PAULO. Tribunal de Justiça. Ação Civil Pública 1095057-92.2018.8.26.0100. Foro Central Cível, 18ª Vara Cível. Juiz: Caramuru Afonso Francisco. 07 jul. 2021. **Diário da Justiça Eletrônico,** São Paulo, 13 jul. 2021. Disponível em: https://esaj.tjsp.jus.br/cpopg/show.do?processo.codigo=2S000X1340000&processo.foro=100&processo.numero=1095057-92.2018.8.26.0100. Acesso em: 20 dez. 2023.
132. SÃO PAULO. Tribunal de Justiça. Ação Civil Pública 1095057-92.2018.8.26.0100. Foro Central Cível, 18ª Vara Cível. Juiz: Caramuru Afonso Francisco. 07 jul. 2021. **Diário da Justiça Eletrônico,** São Paulo, 13 jul. 2021. Disponível em: https://esaj.tjsp.jus.br/cpopg/show.do?processo.codigo=2S000X1340000&processo.foro=100&processo.numero=1095057-92.2018.8.26.0100. Acesso em: 20 dez. 2023.

> lançar um comentário lamentável em redes sociais não é suficiente para configurar sua responsabilidade. Sensibilidade da matéria não autoriza exorbitar a real gravidade de condutas negativas de indivíduos, dando-lhes magnitude próxima da que se dá a comportamentos realmente odiosos, estes sim capazes de causar lesão a valores fundamentais de uma sociedade. Tentativa infeliz de promover humor que não se considera ofensiva em grau apto a ocasionar dano à coletividade. Requerido, ademais, que sofreu imediato repúdio geral, sofrendo perdas em sua carreira, inclusive de natureza financeira. Postagem removida, com publicação de desculpas ao público. Conduta quer não foi repetitiva ou reiterada. Desfecho que demonstra que o requerido foi prejudicado pelo próprio ato. Comportamento posterior demonstra a intenção de remediar a situação causada. Particularidades que minimizam o potencial lesivo da conduta e a necessidade de aplicação de sanção ao comportamento. Precedentes desta Corte e do STJ que reforçam a excepcional gravidade das situações classificadas como causadoras de dano social ou dano moral coletivo, que não se comparam com a conduta do requerido. Manifestação da Procuradoria de Justiça pelo desprovimento do recurso. Sentença de improcedência preservada. Negado provimento ao recurso.[133]

A despeito da análise do TJSP ter conferido o benefício da dúvida ao influenciador, em relação ao *tweet* que fundamentou a Ação Civil Pública proposta pelo MPSP – pois, no julgado destacou-se que *não seria possível comprovar efetivamente* se a tentativa de humor se referia à cor do jogador, *configurando ato racista*, ou apenas à velocidade do mesmo –, é interessante salientar que os argumentos jurídicos esposados pelo *Parquet,* permitirão embasar futuras ações judiciais a serem propostas em face de *influencers,* que perpetrem condutas consideradas como *socialmente reprováveis no ambiente digital, passíveis de configurar danos sociais* e, em consequência, atribuir-lhes responsabilidade civil.

De fato, o influenciador digital obteve prejuízos financeiros com a repercussão negativa do caso – cancelamento de contratos milionários com vários patrocinadores –, mas, na hipótese em que se caracterizasse o dano social em concreto, a indenização pretendida pelo MPSP seria revertida em favor do Fundo Estadual de Defesa dos Interesses Difusos – FID, previsto no artigo 13 da Lei 7.347/85, e nas Leis Estaduais 6.536/89 e 13.555/09, compensando, em parte, a conduta humorística inadequada do *youtuber* nas mídias sociais.

Todavia, deve ser destacado que a indenização pretendida, a título exemplar e pedagógico, objetiva não apenas atingir a mera compensação – que, como se sabe, é impossível –, mas amplia as funções contemporâneas da responsabilidade civil para um nível desejado, especialmente, em relação a casos de grande notoriedade e repercussão.

Nesse mesmo sentido, o Ministério Público de São Paulo, também, ajuizou Ação Civil Pública em face do *podcaster* e influenciador digital Bruno Aiub, conhecido como "Monark", o qual em fevereiro de 2022, em um de seus *podcasts,* exprimiu uma fala com conteúdo tido como *altamente reprovável,* ao suscitar, de acordo com seu entendimento

---

133. SÃO PAULO. Tribunal de Justiça. Apelação Cível n. 1095057-92.2018.8.26.0100. 3ª Câmara de Direito Privado. 18ª Vara Cível. Relatora: Des. Viviani Nicolau. 09 mar. 2022. **Diário da Justiça Eletrônico,** São Paulo, 23 mar. 2022. Disponível em: https://esaj.tjsp.jus.br/cposg/search.do;jsessionid=316F073DE03B29EDE1579A43E6986EA0.cposg5?conversationId=&paginaConsulta=0&cbPesquisa=NUMPROC&numeroDigitoAnoUnificado=1095057-92.2018&foroNumeroUnificado=0100&dePesquisaNuUnificado=1095057-92.2018.8.26.0100&dePesquisaNuUnificado=UNIFICADO&dePesquisa=&tipoNuProcesso=UNIFICADO. Acesso em: 20 dez. 2023.

sobre liberdade de expressão, suposta apologia ao nazismo, ao defender a possibilidade de criação de um partido nazista. A referida fala foi compreendida por grande parcela dos usuários da plataforma digital como sendo uma conduta manifestamente discriminatória e ofensiva ao povo judeu.[134]

A possibilidade de atribuição de responsabilidade civil por danos sociais, em relação as condutas praticadas pelos *influencers*, impõem uma profunda e necessária análise das circunstâncias do caso concreto, no tocante a sua licitude no contexto dos ditames legais preconizados pelo Estado Democrático de Direito e pela Constituição da República de 1988.

Logo, se impõe aos influenciadores digitais um comportamento em consonância com os preceitos normativos, éticos e sociais estabelecidos pelo sistema jurídico brasileiro e pelo sistema privado de autorregulamentação. Em função da posição de prestígio, fama e credibilidade das celebridades digitais junto ao seu público-alvo (seguidores), não se pode admitir a promoção de condutas, nocivas, aviltantes, discriminatórias, dentre outras, que ocasionem o rebaixamento do nível de vida, fomentem a desestabilização das relações interindividuais e que afetem negativamente a sociedade como um todo.

Verifica-se, portanto, que a aplicação isolada da função reparatória da responsabilidade civil, se demonstra insuficiente no que se refere à solução de controvérsias jurídicas no complexo contexto da contemporaneidade, sendo, necessário *descortinar e experimentar novas funções da responsabilidade civil sob a perspectiva de sua multifuncionalidade.*[135]

> Esse estado de coisas denota que o paradigma reparatório é axiologicamente neutro e asséptico. Desconsidera o desvalor de comportamentos contrários ao direito, alimenta a impunidade e a proliferação de conflitos coletivos, encorajando diversos atores a compartilhar nefastas práticas desestabilizadoras do já esgarçado tecido social. Portanto, urge perceber que o direito civil não deve se limitar a conter danos, mas também (e principalmente) a conter comportamentos antijurídicos, inibindo ilícitos e dissuadindo o potencial ofensor no sentido de respeitar o neminem laedere.[136]

Complementarmente, Mario Barcellona ensina que "lendo a doutrina e a jurisprudência, parece que, na segunda metade do século que acaba de terminar, a responsabilidade civil explodiu e suas funções se multiplicaram proporcionalmente."[137]

---

134. NICAS, Jack; IONOVA, Ana. Brazil's Joe Rogan Faces His Own Firestorm Over Free Speech. **New York Times.** 2022. Available from: https://www.nytimes.com/2022/02/13/world/americas/brazil-aiub-monark-free-speech.html. Access on: Dec. 20, 2023.
135. Para maiores informações acerca da multifuncionalidade da responsabilidade civil, remete-se a leitura de: ROSENVALD, Nelson; BRAGA NETTO, Felipe Peixoto. **Responsabilidade Civil:** Teoria Geral. Indaiatuba, SP: Editora Foco, 2024, p.95-96; FRITZ, Karina Nunes. A crise na dualidade da responsabilidade civil. **Revista IBERC**, Belo Horizonte, v.2, n.1, p.1-4, 2019. Disponível em: https://revistaiberc.responsabilidadecivil.org/iberc/article/view/17. Acesso em: 20 dez. 2023.
136. FARIAS, Cristiano Chaves de; ROSENVALD, Nelson; BRAGA NETTO, Felipe Peixoto. **Novo Tratado de Responsabilidade Civil.** 2.ed. São Paulo: Saraiva, 2017, p.376-377.
137. No original: "A leggere dottrina e giurisprudenza si direbbe che, nella seconda metà del secolo che si è appena chiuso, la responsabilità civile sia esplosa e che le sue funzioni si siano proporzionalmente moltiplicate". (BARCELLONA, Mario. **Trattato del danno e della responsabilità civile.** Milano: Utet Giuridica, 2011, p.1).

Assim, em consonância com o exposto alhures, entende-se que, uma vez configurado dano social por parte do influenciador digital, as funções da responsabilidade civil devem ser aplicadas de forma concomitante e complementar, isto é, devem perfazer a necessidade compensatória, educar sob a premente lógica pedagógica e ter escopo preventivo, desestimulando novas condutas danosas causadas à sociedade como um todo. Ademais, devem, ainda, abranger o aspecto promocional da responsabilidade civil.[138]

Levando-se em consideração que os influenciadores digitais "assumem posição importante nas redes sociais, em especial, em uma época na qual muitos querem ser considerados como *influencers*, ao ditar padrões de comportamento"[139], devem agir em consonância com a responsabilidade social de sua posição de proeminência nas mídias sociais, evitando condutas ou práticas danosas que prejudiquem o corpo social.

É fundamental que se compreenda que, hodiernamente, as funções da responsabilidade civil são profundamente atreladas entre si. Logo, se torna impossível pensar em uma mera punição de danos, sendo que a aplicação da função punitiva se estabelece como um desestímulo a condutas que ensejem novos danos e, concorrentemente, como uma medida de prevenção de danos, em especial, no tocante à temática dos danos sociais, que merecem relevância na atual conjuntura digital.

Destarte, as funções da responsabilidade civil balizam seu próprio âmbito de atuação como narrativa axiológica que traduz "um mecanismo necessário à realização de certos processos, principalmente para a adaptação, integração e continuidade de um convívio social pacífico."[140]

Nesse sentido, depreende-se que, contemporaneamente, a responsabilidade civil, em linhas gerais, visa, concomitantemente, a consubstanciar uma reparação integral diante de um evento danoso, prevenir a ocorrência de eventuais danos, implementar o desestímulo de condutas exemplarmente negativas por meio de sanções pecuniárias, bem como estimular condutas exemplarmente positivas.

Dessa forma, nos casos de condutas socialmente reprováveis realizadas pelas personalidades digitais, se vislumbra a possibilidade de que sejam objeto de Ações Civis Públicas, pois tais comportamentos configurariam hipóteses de verdadeiras lesões à

---

138. Para o aprofundamento na temática da função promocional da responsabilidade civil recomenda-se a leitura de: ROSENVALD, Nelson; FALEIROS JÚNIOR, José Luiz de Moura. Vulnerabilidade digital e responsabilidade. *In*: BARLETTA, Fabiana Rodrigues; ALMEIDA, Vitor (Coords.). **Vulnerabilidades e Suas Dimensões Jurídicas**. Indaiatuba, SP: Editora Foco, 2023. [E-book].
139. BARBOSA, Caio César do Nascimento; GUIMARÃES, Glayder Daywerth Pereira; SILVA, Michael César. A responsabilidade civil dos influenciadores digitais em tempos de coronavírus. *In*: FALEIROS JÚNIOR, José Luiz de Moura; LONGHI, João Victor Rozatti; GUGLIARA, Rodrigo (Coords.). **Proteção de Dados na Sociedade da Informação:** entre dados e danos. Indaiatuba, SP: Editora Foco, 2021, p.328.
140. GIANCOLI, Brunno Pandori. **Função punitiva da responsabilidade civil**. 2014. Tese de Doutorado. 2014. 192f. Tese (Doutorado em Direito) – Faculdade de Direito. Universidade de São Paulo. São Paulo, São Paulo, 2014, p.25. Disponível em: https://teses.usp.br/teses/disponiveis/2/2131/tde-11022015-123351/pt-br.php Acesso em: 20 dez. 2023.

sociedade, causadas pelo rebaixamento de seu patrimônio moral ou pela própria diminuição na qualidade de vida dos indivíduos.

Conclui-se, portanto, que os *digital influencers*, enquanto produtores de conteúdo e formadores de opinião, possuem um papel social profundamente relevante na contemporaneidade, devendo, deste modo, agir em consonância com a responsabilidade social e sua posição de proeminência nas redes sociais, haja vista, atingirem uma transindividualidade no ambiente digital, sendo que a conduta exemplarmente negativa dos influenciadores digitais, não afeta tão somente uma pessoa que sofre um dano direito, mas, em verdade, repercute sobre toda a coletividade de pessoas exposta às práticas nocivas perpetradas celebridades digitais.

7.5 CORONAVÍRUS, LIVES SERTANEJAS E PUBLICIDADE DE BEBIDAS ALCÓOLICAS

O dia 11 (onze) de março de 2020 marcou um momento histórico para a humanidade. A referida data representou a anunciação da existência de uma pandemia que viria a modificar de modo significativo a vida de pessoas em todo o mundo. No mencionado dia, ocorreu a declaração oficial da pandemia de Coronavírus pela Organização Mundial da Saúde (OMS).[141] Em meio a um cenário no qual diversos Estados, se encontravam severamente impactados pelos efeitos e reflexos do referido vírus, especialmente, em relação aos impactos nos respectivos sistemas de saúde, a endemia de Coronavírus tornou-se uma pandemia.

André Cordeiro Leal e Vinícius Lott Thibau apontam que:

> Como exaustivamente noticiado, logo que a Organização Mundial da Saúde recomendou o denominado isolamento social como meio eficaz de se evitar a propagação do vírus, instalou-se, no Brasil, uma disputa acerca de quais seriam os caminhos a adotar. Enquanto o presidente do país colocava-se absolutamente contrário à interrupção radical da prestação de várias espécies de serviços e ao fechamento generalizado do comércio e de unidades industriais, alguns governadores e prefeitos anunciavam a sua adesão às rigorosas recomendações da OMS.[142]

Ante a um cenário antes inimaginável, Governos de praticamente todos os Estados do planeta levaram a aterrorizante situação a sério e deram início a decretos – alguns em caráter preventivo, outros em caráter mitigatório – de medidas de imposição de distanciamento social com o objetivo de conter a propagação do vírus. Em nações, em que tais medidas se demonstravam tardias, implementar-se-ia o denominado *lockdown*, isto é, a paralisação de todas as atividades dentro do Estado.

---

141. WHO, World Health Organization. **Rolling updates on coronavirus disease (COVID-19).** 2020. Available from: https://www.who.int/emergencies/diseases/novel-coronavirus-2019/events-as-they-happen. Access on: Dec. 20, 2023.
142. LEAL, André Cordeiro; THIBAU, Vinícius Lott. Pandemia e as Matrizes Publicísticas do Processo Civil. *In:* SILVA, Michael César *et al.* (Orgs.). **Impactos do Coronavírus no Direito:** diálogos, reflexões e perspectivas contemporâneas: volume I. Belo Horizonte: Editora Newton Paiva, 2022, p.719.

Como bem expõem Joyceane Bezerra de Menezes e Ana Mônica Anselmo de Amorim, "embora [a] COVID-19 não seja a primeira pandemia a assolar a humanidade, provocou uma reação mundial de proporções nunca vista. Nem as grandes guerras do Século XX impuseram a necessidade de fechamento das escolas e das igrejas, por exemplo."[143]

Serviços não essenciais logo foram impedidos de manter seu funcionamento, como meio de impedir a circulação de pessoas e, consequentemente, o mercado precisou rapidamente se adaptar para encarar a premente crise econômica que adviria da crise pandêmica, uma vez que, "obviamente, pandemias influenciam não só a saúde das pessoas, como também a saúde dos mercados."[144]

Em meio às medidas contempladas pelos Estados, se destacou a determinação do *distanciamento social*, qualificado por uma significativa redução do contato humano com fins de minimização da possibilidade de contágio de novas pessoas. Essa medida, tida como drástica por inúmeras pessoas ao redor do mundo, se encontrou amenizada pelo fenômeno da hiperconectividade que permeia a sociedade hodierna.

Convêm ressaltar, que os recursos tecnológicos como as *chamadas de vídeo* permitiram que indivíduos isolados se comunicassem em tempo real uns com os outros. Esse modelo de comunicação foi amplamente utilizado, permitindo que, mesmo os profissionais de saúde mantivessem contato com seus entes queridos. Ademais, inúmeras casas de repouso para idosos, também, passaram a disponibilizar os referidos recursos para que estes se comunicassem com seus familiares, que não podiam visitá-los durante o período pandêmico.

Nesse cenário, não apenas as chamadas de vídeo se tornaram recurso essencial na pandemia, como outros meios digitais permitiram amenizar o impacto crescente ocasionado pela crise sanitária. O mercado de consumo, por exemplo, passou a contar com a utilização massiva das *plataformas digitais* para incremento de seus empreendimentos realizados em ambiente virtual.

Chiara Spadaccini de Teffé e Maria Celina Bodin de Moraes prelecionam, com precisão, que "Nesse cenário, repleto de transformações tecnológicas, o desenvolvimento das redes sociais virtuais representa um fenômeno recente, que vem causando grande impacto nas relações humanas e, portanto, nas relações jurídicas."[145]

Além da urgente e forçosa necessidade de migrar para aplicativos de *delivery*, fornecedores encontraram nas redes sociais incentivos para continuar seus negócios,

---

143. MENEZES, Joyceane Bezerra de; AMORIM, Ana Mônica Anselmo de. Os impactos do COVID-19 no direito de família e a fratura do diálogo e da empatia. **Civilistica.com,** Rio de Janeiro, v.9, n.1, p.2, 2020.
144. MUCELIN, Guilherme; DÁQUINO, Lucia Souza. O papel do direito do consumidor para o bem-estar da população brasileira e o enfrentamento à pandemia de Covid-19. **Revista de Direito do Consumidor,** São Paulo, Thomson Reuters Brasil, v.129, p.1-30, maio/jun. 2020, p.2.
145. TEFFÉ, Chiara Spadaccini de; MORAES, Maria Celina Bodin de. Redes sociais virtuais: privacidade e responsabilidade civil análise a partir do marco civil da internet. **Revista Pensar,** v.22, n.1, p.108-146, 2017, p.110.

a exemplo do *Instagram*, que disponibilizou funções como figurinhas de ajuda a pequenas "empresas" como modo de impulsionar a visibilidade destas, ampliando assim seu alcance e suas conexões.[146]

Levando-se em conta as demais pandemias já vivenciadas pela humanidade – a exemplo da gripe espanhola no século passado –, estes recursos tecnológicos demonstram-se como uma verdadeira evolução (impulsionada pela constante revolução tecnológica do século XXI) para o estilo de vida dos indivíduos, bem como foram capazes de moldar seu *modus operandi* para situações adversas em que não estavam acostumados.

Destarte, durante um dos cenários mais difíceis já presenciados desde a Segunda Guerra Mundial, a humanidade encontrou meios para superar a assoladora situação gerada pela referida pandemia. Em atenção as recomendações da Organização Mundial da Saúde acerca do isolamento social, os indivíduos, por meio dos instrumentos tecnológicos, buscaram encontrar soluções para se manter conectados e, em proximidade com os demais indivíduos, por intermédio dos mecanismos tecnológicos digitais.

Ante a necessidade de se respeitar as medidas impostas de distanciamento social, com a consequente permanência das pessoas em suas casas, foram impulsionadas formas de entretenimento que objetivavam promover diversão, conteúdos educativos e descontração aos indivíduos durante o tempo em que as medidas vigoram.

Nesse contexto, as transmissões ao vivo – denominadas de *"lives"* – se intensificaram significativamente no período pandêmico. O fenômeno das transmissões ao vivo não é inédito, sendo que, em verdade, estava em franca ascensão nos anos posteriores. Contudo, com a imediata necessidade de distanciamento social como instrumento de combate à pandemia, as transmissões ao vivo impulsionaram um fenômeno de enormes proporções, denominado de *"era das lives"*.[147]

No Brasil, os fornecedores vislumbraram as *lives* de artistas, como meio altamente rentável, de promover produtos, serviços e marcas no mercado de consumo digital. Enquanto a plataforma do *Instagram* foi utilizada, majoritariamente, para promoção de aulas, lançamento de livros, bate-papos descontraídos ou explicativos, exercícios de ginástica, dentre outras práticas, o *YouTube* se tornou uma ferramenta com escopo de permitir a realização de "shows em casa" por artistas que se encontravam impedidos de realizar suas apresentações devido à pandemia do Coronavírus.

Segundo a revista EXAME, as buscas pelas *lives* na plataforma do *YouTube* cresceram 4.900% (quatro mil e novecentos por cento) no Brasil, durante a quarentena[148], as quais se converteram em eventos diários, em que as pessoas passaram a acompanhar de

---

146. JORNAL DO COMÉRCIO. Instagram lança recurso para ajudar pequenas empresas. **Jornal do Comércio.** 2020. Disponível em: https://www.jornaldocomercio.com/_conteudo/ge2/noticias/2020/05/738215-instagram-lanca-recurso-para-apoiar-pequenas-empresas.html. Acesso em: 20 dez. 2023.
147. A referida terminologia descreveu estas manifestações em tempos de Coronavírus.
148. AGRELA, Lucas; CURY, Maria Eduarda; VITORIO, Tamires. Na quarentena, o mundo virou uma live. **Exame.** 2021. Disponível em: https://exame.abril.com.br/revista-exame/o-mundo-e-uma-live/. Acesso em: 20 dez. 2023.

forma pontual as transmissões ao vivo dos artistas, popularizando-as. O *YouTube*, inclusive, criou a campanha "#Fique em Casa e Cante Comigo", proporcionando uma coletânea de shows exibidos em tempo real, com diversos artistas.

A "Live Gusttavo Lima – Buteco em Casa", ocorrida em 2020, é considerada como o marco para a significativa expansão deste formato, sendo que "em 28 de março, o cantor sertanejo Gusttavo Lima migrou o movimento das transmissões de *lives* para o *YouTube* e superou a marca da cantora Beyoncé."[149]

Os brasileiros acolheram expressivamente este formato, dominando o *ranking* das 10 (dez) maiores audiências de *lives* no *YouTube*, alcançando 7 (sete) de 10 (dez) posições.[150] Tantas foram as transmissões ao vivo, na mencionada plataforma aos finais de semana, que o público por vezes foi obrigado a escolher, dentre numerosas opções, qual seria a merecedora de sua visualização.

Tal fenômeno se demonstrou favorável aos artistas participantes, vez que este modelo lhes promoveu mais visibilidade nesse período e, consequentemente, aumentou significativamente sua fama e o número de seus seguidores nas redes sociais.

> Os reflexos das lives também foram identificados na mídia social Instagram. O cantor Gusttavo Lima viu aumentar o seu número de seguidores depois da transmissão do seu "Buteco em casa", conquistando 28,5 milhões de seguidores no Instagram e tornando-se o cantor brasileiro mais seguido nesta mídia social.[151]

Além de promover, entretenimento e descontração ao público em geral, muitos artistas promoveram em suas *lives* a arrecadação de doações para serem destinadas à parcela da população que se encontrava em situação vulnerável com o impacto da pandemia.

As *lives*, também, representaram um meio que alguns artistas encontraram para sobreviver financeiramente, haja vista não ser mais possível a realização de shows e espetáculos durante a pandemia. Inclusive, as *lives* corporativas[152] – transmissões ao vivo fechadas e privativas contratadas por fornecedores – passaram a igualar o cachê que o cantor usualmente receberia em um show ao vivo, demonstrando a rentabilidade deste formato exclusivo.

---

149. SOUSA JÚNIOR, João Henrique et al.. '#fiqueemcasa e cante comigo': estratégia de entretenimento musical durante a pandemia de covid-19 no Brasil. **Revista Boca Boletim de Conjuntura,** Boa Vista, a.II, v.2, n.4, p.72-85, 2020, p.77.
150. OLIVEIRA, Luccas. Lives de 2020 são dominadas por brasileiros, com sete das 10 maiores audiências do mundo. **O Globo.** 2020. Disponível em: https://oglobo.globo.com/cultura/lives-de-2020-sao-dominadas-por-brasileiros-com-sete-das-10-maiores-audiencias-no-mundo-24430222. Acesso em: 20 dez. 2023.
151. SOUSA JÚNIOR, João Henrique et al.. '#fiqueemcasa e cante comigo': estratégia de entretenimento musical durante a pandemia de covid-19 no Brasil. **Revista Boca Boletim de Conjuntura,** Boa Vista, a.II, v.2, n.4, p.72-85, 2020, p.81.
152. NEVES, Marília. Lives corporativas reforçam agenda vazia de artistas com cachê igual ao do show normal. **G1.** 2020. Disponível em: https://g1.globo.com/pop-arte/lives/noticia/2020/05/26/lives-corporativas-reforcam-agenda-vazia-de-artistas-com-cache-igual-ao-de-show-normal.ghtml. Acesso em: 20 dez. 2023.

Ademais, o referido modelo atraiu expressivamente a atenção de patrocinadores, que perceberam a rentabilidade da promoção de bens, serviços e marcas durante as transmissões ao vivo, devido aos elevados números de visualização.[153] Assim, inúmeros fornecedores vislumbraram a oportunidade de investimento nesse formato, por intermédio do patrocínio de artistas e da veiculação de anúncios durante as transmissões, gerando retorno financeiro e movimentando um enorme e rentável mercado de consumo.[154]

As *lives* no *Instagram*, a seu turno, tenderam a ser cotidianas. Profissionais de diversas áreas e atividades econômicas, bem como, influenciadores digitais de variados segmentos passaram a utilizar o formato diariamente para se conectarem aos seus seguidores, transmitindo conteúdo profissional, informativo ou mesmo descontraído. Ainda que as *lives*, em regra, não contassem com patrocinadores, muitos fornecedores se utilizaram das *lives* para realizar a publicidade de produtos e serviços no ambiente digital, haja vista a elevada capacidade do modelo de alcançar considerável público, vez que contaram com aceitação massiva dos seguidores durante o período pandêmico.

> O êxito atingido pela nova forma de entretenimento é inquestionável. No entanto, o conteúdo exibido por alguns artistas durante suas aparições foi alvo de fortes críticas, fundadas no desrespeito aos protocolos mínimos de boa conduta, sobretudo em um momento tão delicado como o vivenciado com a pandemia.[155]

O fenômeno das *lives* na plataforma do *YouTube*, em tempos de Coronavírus, ficou marcado por um episódio envolvendo o cantor sertanejo Gusttavo Lima, logo nas primeiras semanas da pandemia. Após a realização das *lives* do cantor intituladas de "Live Gusttavo Lima – Buteco em Casa" e "Buteco Bohemia em Casa", o Conselho Nacional de Autorregulamentação Publicitária (CONAR), em razão de inúmeras denúncias, determinou a instauração da Representação Ética 078/20 para análise das ações publicitárias envolvidas nas transmissões ao vivo.

O evento gerou entendimentos errôneos e inadequados sobre o exercício da atuação do CONAR, sendo que diversas *fakes news* foram disseminadas nas plataformas digitais, com a finalidade de desinformar o público leigo sobre as atividades do referido Conselho.

---

153. BÔAS, Bruno Villas. 'Lives' atraem patrocínio de marcas. **Valor Econômico.** 2020. Disponível em: https://valor.globo.com/empresas/noticia/2020/04/22/lives-atraem-patrocinio-de-marcas.ghtml. Acesso em: 20 dez. 2023.
154. Nesse sentido ver: BARBOSA, Caio César do Nascimento; GUIMARÃES, Glayder Daywerth Pereira; SILVA, Michael César. A responsabilidade civil dos influenciadores digitais em tempos de coronavírus. *In*: SILVA, Michael César *et al.*. (Orgs.). **Impactos do Coronavírus no Direito:** diálogos, reflexões e perspectivas contemporâneas: volume II. Belo Horizonte: Editora Newton Paiva, 2022, p.727.
155. MARTINS, Vanessa Brodt. **Consumidores e influenciadores digitais:** o caso das lives de cantores de música sertaneja alcoolicamente embaladas ao longo de 2020. Londrina, PR: Thoth, 2023, p.65. Nesse sentido ver: MARTINS, Ana Paula Borges. **Lives musicais:** aspectos jurídicos relacionados. *In*: MOSSE, Cassio Nogueira Garcia (Coord.); CARNEIRO, Taynã; FEIGELSON, Bruno (Orgs.). **Social Media Law:** o direito nas redes sociais. São Paulo: Thomson Reuters Brasil, 2021. [E-book].

Salienta-se que, apesar do cantor Gusttavo Lima ser caracterizado como uma "celebridade", a situação fática demonstrou que ele agiu com espontaneidade e liberalidade em sua *live*, produzindo *conteúdo e relacionando sua imagem e fama ao anúncio publicitário*. Por esta razão, fora entendido pelo CONAR, no âmbito da Representação, que o cantor atuou em posição de *influenciador digital*.

Contudo, o motivo pelo qual se mostrou necessária a abertura da referida Representação se pautou em 2 (dois) fatores: i) a falta de identificação clara do público-alvo, vez que não possuía restrições a menores de idade; ii) a influência do consumo exagerado e irresponsável de bebidas alcoólicas, vedada pelo *Anexo "P" do Código Brasileiro de Autorregulamentação Publicitária*, que impõe a necessidade do anúncio publicitário se atentar à *responsabilidade social*, não devendo de qualquer forma *induzir ao exagerado ou irresponsável consumo de bebidas alcoólicas*.[156]

> As celebridades, envolvidas nesse novo cenário, passaram a reinventar a dinâmica de seus trabalhos, utilizando as lives em apresentações artísticas transmitidas via Internet. Contudo, nem só glamour foi compartilhado, os excessos fizeram parte dos shows, diante de milhões de seguidores, que inconscientemente, e por "culpa" dos neurônios-espelho, repetiram certas atitudes dos ídolos, como por exemplo, o consumo desenfreado de bebidas alcoólicas.[157]

Ademais, considerando o momento conturbado vivenciado durante a pandemia, no qual aumentaram, exponencialmente, *os casos de violência doméstica e de consumo exagerado de bebidas alcoólicas*, se fez, ainda, mais necessária a devida atenção e cuidado ao promover a divulgação de atividade publicitária, que envolvesse conteúdo relacionado a bebidas alcoólicas. Em razão disso, o consumo desenfreado de bebidas alcoólicas, deveria ser desestimulado pelos fornecedores, celebridades tradicionais (cantores e artistas) e influenciadores digitais.

A partir do referido episódio, o *YouTube* discutiu e reforçou as políticas de uso da plataforma referentes às *lives*, atentando-se aos preceitos normativos relacionados a responsabilidade civil atribuída aos *provedores de conteúdo*, sob o viés do Marco Civil da Internet (Lei 12.965/2014), atuando com esteio na *função preventiva* da responsabilidade civil, com a finalidade de mitigar a ocorrência de prejuízos.

Nessa linha de raciocínio, a função preventiva confere à responsabilidade civil a característica de uma *tutela ampliativa*, que pretende inibir/coibir que eventuais danos se apresentem em sociedade.[158]

---

156. CONAR. Conselho Nacional de autorregulamentação publicitária. **Código Brasileiro de Autorregulamentação Publicitária.** 1980. Disponível em: http://www.conar.org.br/codigo/codigo.Php. Acesso em: 20 dez. 2023.
157. HOLANDA, Fabio Campelo Conrado de; FARAH, Fabiana Barrocas Alves. Neuromarketing e o risco de engajamento dos consumidores nas lives dos artistas em tempos de Covid-19. **Revista Jurídica da FA7**, Fortaleza, v.18, n.2, p.107-117, 2021, p.115.
158. Nesse sentido ver: BARBOSA, Caio César do Nascimento; GUIMARÃES, Glayder Daywerth Pereira; SILVA, Michael César. A eficácia do disgorgement of profits na contenção de ilícitos. *In*: BRAGA NETTO, Felipe Peixoto; SILVA, Michael César (Orgs.). **Direito privado e contemporaneidade:** desafios e perspectivas do direito privado no século XXI: volume três. Indaiatuba, SP: Editora Foco, 2020, p.125-144.

O direito do século XXI não se satisfaz apenas com a reparação dos danos. Mais importante do que tentar reparar – sempre imperfeitamente, como se sabe – os danos sofridos, a tutela mais adequada, e mais conforme à Constituição, é a tutela preventiva, que busca evitar que os danos ocorram ou que continuem a ocorrer. A função preventiva assume, portanto, neste século, fundamental importância.[159]

O CONAR, após dezenas de denúncias de consumidores, determinou a instauração de abertura da *Representação 078/20*, em face de Gusttavo Lima e da patrocinadora AMBEV. Após a abertura da Representação, a AMBEV, em comunicado, afirmou que, constantemente, orienta os artistas sobre os cuidados a serem observados ao veicular os produtos nas *lives*, mas como este formato é pautado pela "espontaneidade" dos cantores e artistas, algumas coisas podem sair fora do planejado, destacando, ainda, que "algumas orientações não foram seguidas."[160]

Após o referido episódio, o CONAR instaurou, também, a *Representação 81/20*, em face da dupla sertaneja Bruno e Marrone, devido à realização da "Live Bruno & Marrone Oficial (B&M)", cujo fundamento era a incitação de *potencial influência ao consumo exagerado e irresponsável de bebidas alcoólicas.*

Ainda que o CONAR, atue em cunho ético e administrativo, as nuances expostas demonstraram-se de incrível relevância no momento, possuindo o condão de ditar o futuro das *lives* patrocinadas. As referidas transmissões ao vivo, inclusive, se apresentaram como promissor modelo publicitário para os fornecedores.

Em maio de 2020, a 2ª Câmara do CONAR, em relação à Representação 078/20, decidiu, por unanimidade, impor sanção de advertência ao cantor Gusttavo Lima por sua conduta nas mencionadas transmissões ao vivo.[161] Outrossim, o CONAR decidiu

---

159. BRAGA NETTO, Felipe Peixoto. A dimensão preventiva da responsabilidade civil. *In:* BRAGA NETTO, Felipe Peixoto; SILVA, Michael César (Orgs.). **Direito privado e contemporaneidade:** desafios e perspectivas do direito privado no século XXI. Belo Horizonte: D'Plácido, 2014, p.86. Nesse sentido ver: BRAGA NETTO, Felipe Peixoto. **Novo Manual de Responsabilidade Civil.** 3.ed. rev., atual. e ampl. Salvador: JuspPdivm, 2022, p.131-132.
160. G1. Conar abre representação contra live de Gusttavo Lima por propaganda irregular de bebida. *G1.* 2020. Disponível em: https://g1.globo.com/pop-arte/musica/noticia/2020/04/15/conar-abre-representacao-contra-live-de-gusttavo-lima-por-propaganda-irregular-de-bebida.ghtml. Acesso em: 20 dez. 2023.
161. **Ementa:** Inserções de publicidade da cerveja Bohemia em duas lives do cantor Gusttavo Lima exibidas em redes sociais desatenderam repetidamente recomendações do Código, em especial do seu Anexo P, dedicado à publicidade de bebidas de baixo teor alcoólico. O cantor, por exemplo, aparece várias vezes ingerindo a cerveja que, inclusive, dá nome à live. Ao longo da apresentação, há mostras de consumo exagerado da bebida, sempre com franca visualização da marca, que integra o portfólio da Ambev. Não há qualquer cuidado por parte dos anunciantes em restringir a exibição do conteúdo da live a menores de idade ou adicionar a frase de advertência prescrita pela ética publicitária. Por conta disso, e também pelo fato de o inteiro conteúdo das lives seguirem em exibição nas redes sociais após a abertura da representação, a relatora concedeu medida liminar de sustação até o julgamento. A direção do Conar, ao acolher as numerosas denúncias dos consumidores, destacou o formato inovador da comunicação publicitária para o momento vivido pelo país, mas considerou que ela deve ser conciliada com os princípios fundamentais da comunicação comercial do segmento, com a divulgação responsável de bebidas alcoólicas e sem fragilizar os cuidados para que não seja difundida a crianças e adolescentes. A despeito de ter exposto estas razões na abertura da representação, o Conar foi vítima de pesadas críticas nas redes sociais, culminando com um ataque de robôs, tendo recebido mais de 14 mil mensagens com o mesmo teor ofensivo. A defesa apresentada em nome do cantor Gusttavo Lima destacou a importância das lives para o momento, inclusive pelo estímulo de doações aos necessitados, e reconheceu que, pelo seu formato inovador, demandam aperfeiçoamento. A defesa ressaltou, sobre a primeira das lives, realizada em 28/03/2020, que em nenhum

pela advertência para a dupla Bruno e Marrone na Representação 81/20.[162] Em ambos

> momento houve a intenção de desprestigiar a autorregulamentação ou deixar de cumprir as regras do Conar, não reconhecendo que elas tenham sido afrontadas e mencionando não visar público infanto-juvenil. Lembrou ainda que todas as manifestações durante a live são espontâneas e meras demonstrações da liberdade de expressão do cantor, aí incluído o consumo de bebidas alcoólicas que, considera, não foram ingeridas em excesso. Quanto à segunda live, realizada em 11/04/2020, a defesa destacou que não teve como alvo o público infanto-juvenil e que foram observadas todas as normas do Conar, inclusive com apresentação de frase de advertência durante todo o evento, sem cenas que pudessem configurar estímulo a excessos. A defesa apresentada pela Ambev, por sua vez, reconhece e endossa a importância do Código Brasileiro de Autorregulamentação Publicitária e que, na qualidade de anunciante responsável, adere integralmente ao Conar. Afirmou que, no caso em tela, forneceu previamente todas as instruções e treinamento sobre as restrições que envolvem ações publicitárias de bebidas alcoólicas a Gusttavo Lima e sua equipe, tendo anexado os documentos à defesa, enfatizando a importância de não exibir ingestão nem qualquer ato de consumo irresponsável, além da necessidade de uso da cláusula de advertência durante as aparições de suas marcas. A defesa lembrou que contratos como o firmado com o artista não o sujeitam ao controle e censura prévia, entendendo que a Ambev não pode ser responsabilizada por eventuais violações do Código por atos que não estão sujeitos a seu controle. Lembrou também que o desbragado consumo de bebida alcoólica pelo cantor sequer foi realizado com produtos Ambev. A relatora iniciou seu voto destacando a relevância das lives musicais em um momento de pandemia que demandou isolamento social e o pioneirismo de Gusttavo Lima, inspirando imediatamente outros artistas e tornando-se importante polo de arrecadação de recursos e alimentos para os mais afetados pela paralisação da economia. "Não há", escreveu a relatora, "o que se discutir quanto ao sucesso desse novo formato de entretenimento, muito menos a liberdade do cantor em abrir a sua casa e expor a sua intimidade. Mas, como todo novo formato, será preciso analisar a fundo o seu impacto com base nas regras existentes, que devem ter como parâmetro o Anexo P do Código". Uma das recomendações do documento, lembra a relatora, é a adoção de dispositivo de acesso seletivo, denominado age gate, nos canais oficiais dos artistas. Outra é não apresentar qualquer situação de ingestão de bebida alcoólica com proveito publicitário. "Ambas as defesas alegaram que a ingestão de bebidas durante a exibição do show não teve teor publicitário e foram espontâneas, um direito baseado na liberdade de expressão do artista e não deveria fazer parte desta representação", escreveu a relatora. "É importante ressaltar que não se trata de censura ou restrição à liberdade de expressão e sim da necessidade de se atentar para o papel do cantor perante o seu público. O incentivo ao consumo exacerbado de álcool deve ser evitado, seguindo o princípio do consumo com responsabilidade social exposto pelo Código, ainda mais quando há o risco de atingir, mesmo que subsidiariamente, um público ainda vulnerável, como crianças e adolescentes", afirmou. A relatora entende que não é possível controlar os impulsos do artista em questão, mas é preciso que a empresa anunciante deixe claro, em contrato, quais são as regras para exposição e consumo de seus produtos por personalidades públicas. Levando em conta os argumentos e os documentos trazidos pelas defesas, a relatora concluiu pela recomendação de advertência ao cantor Gusttavo Lima, lembrando seu papel de influenciador e sua responsabilidade perante o público, e pelo arquivamento da representação contra a Ambev, por entender que a empresa tomou os cuidados previstos no Código. Seu voto foi aceito por unanimidade. Ela conclui registrando seu repúdio e indignação aos ataques sofridos pelo Conar, acusado de censor, mas que na verdade exerce a defesa intransigente da liberdade de expressão com responsabilidade. (CONAR. Conselho Nacional de Autorregulamentação Publicitária. Representação nº 078/20. 2ª Câmara do Conselho de Ética. Decisão: Advertência. Relator: Conselheira Patricia Blanco, julg. maio 2020. **CONAR**. Disponível em: http://www.conar.org.br/processos/detcaso.php?id=5479. Acesso em: 20 dez. 2023).
>
> 162. **Ementa:** Inserções publicitárias de cerveja e chopp da marca Brahma em live da dupla Bruno & Marrone atraíram reclamações de vários consumidores. Eles consideram que não foram observadas durante a live recomendações do Código, como limitação de acesso de menores de idade ao seu conteúdo, inclusão de frase de advertência, recomendação de consumo prudente de bebidas alcoólicas e não exibição de cenas de consumo do produto, contrariando o Anexo P do Código. Em sua defesa, a Ambev reafirma seu respeito estrito ao Código e à ética publicitária e informa ter repassado aos artistas, por contrato, as recomendações cabíveis para realização das ações publicitárias. Destaca, ainda, que o formato excepcional da comunicação em lives é marcado por dinâmica na qual predomina a liberdade de expressão e o improviso do artista, sem a possibilidade de roteirização ou controle editorial, chegando ao ponto de terem sido consumidas bebidas alcoólicas de outras marcas que não da Ambev. A defesa da anunciante informa ainda ter diligenciado de imediato a adequação do vídeo na plataforma na qual seguia em exibição a íntegra da live. Informa por fim que a quase totalidade da audiência da live era composta por maiores de idade. A defesa de Bruno & Marrone chama a atenção para o caráter espontâneo do formato e que, por se tratar de experiência jamais vivenciada no meio artístico, ficou sujeita a falhas, o que certamente

os casos, a AMBEV fora absolvida. Em razão dos eventos ocorridos, outros cantores redobraram a atenção necessária em relação a realização de novas *lives*.

A advertência ecoou como um sinal de aviso para que influenciadores e seus patrocinadores não mais atuassem, de modo inadequado nas publicidades veiculadas em redes sociais, pois caso reiterassem nessas situações, poderiam sofrer sanções, por meio de recomendação do CONAR, relacionadas à *alteração ou sustação* da publicidade veiculada.

Diante da atuação do CONAR, muitas destas *lives*, com Representações instauradas, foram alteradas por *iniciativa dos próprios fornecedores, patrocinadores ou produtores*, com a finalidade de se buscar implementar um *caráter mitigatório* aos anúncios publicitários divulgados no ambiente digital.

Para além do desrespeito aos preceitos éticos estabelecidos pelo Código Brasileiro de Autorregulamentação Publicitária[163], sob o viés da veiculação de *publicidade ilícita* nas mídias sociais, se verificou, ainda, a *falta de responsabilidade social* dos cantores em suas *lives*, pois, *não apenas induziram potencialmente ao inadequado e exagerado consumo de bebidas*, bem como, as *lives não continham as devidas restrições etárias*, incidindo em ofensa aos "hipervulneráveis" (crianças e adolescentes), vez que as restrições de idade poderiam diminuir potenciais visualizações, e, por conseguinte, gerar menor audiência nas transmissões ao vivo.

Constatou-se, ainda, que a atuação dos referidos cantores/influenciadores nas *lives* se apresentou, nos termos do *artigo 37, § 2º, do CDC*, como promoção de *publicidade ilícita*, especificamente, na espécie *"abusiva"*, pois os *influencers* produziram conteúdos nas *lives*, que poderiam induzir o público-alvo (consumidores) a *se comportar de forma prejudicial ou perigosa à sua saúde ou segurança, notadamente,* pelo incentivo ao consumo imoderado de bebidas alcoólicas, bem como, ainda, atingir ao público *hipervulnerável* (crianças e adolescentes), *em função da sua patente deficiência de julgamento e experiência.*

Nessa perspectiva, verificou-se, ainda, o descumprimento de preceitos éticos estabelecidos no *Anexo "A" – Bebidas Alcoólicas* – do Código Brasileiro de Autorregulamentação Publicitária do CONAR. Nesse giro, se vislumbrou violação ao *princípio*

---

será revisto e aprimorado. Considera que a recomendação do Código de acesso seletivo é válida para websites pertencentes a marcas de produtos, que não seria aplicável ao caso em tela, mas, como demonstração de boa-fé, a defesa informa que foi habilitado o age gate. A relatora iniciou seu voto elogiando o formato das lives em tempos de pandemia e recolhimento social. Ela considerou que a Ambev tomou, antes e depois da abertura da representação pelo Conar, as providências devidas, pelo que propôs o arquivamento da denúncia contra a empresa. Quanto à dupla Bruno & Marrone, a relatora propôs a pena de advertência, levando em conta que eles foram orientados previamente pela Ambev. Ela ponderou que o objetivo é educar e fomentar a prática responsável e ética da publicidade, especialmente em tempos de pandemia e também que o conteúdo de transmissão ao vivo não pode ser mais alterado. Seu voto foi aceito por unanimidade. (CONAR. Conselho Nacional de Autorregulamentação Publicitária. Representação nº 081/20. 6ª Câmara do Conselho de Ética. Decisão: Advertência. Relator: Conselheira Vanessa Vilar, julg. maio 2020. **CONAR.** Disponível em: http://www.conar.org.br/processos/detcaso.php?id=5480. Acesso em: 20 dez. 2023).

163. CONAR. Conselho Nacional de autorregulamentação publicitária. **Código Brasileiro de Autorregulamentação Publicitária.** 1980. Disponível em: http://www.conar.org.br/codigo/codigo.Php. Acesso em: 20 dez. 2023.

do consumo com responsabilidade social, que determina que a "publicidade não deverá induzir, de qualquer forma, ao consumo exagerado ou irresponsável."[164]

Ademais, não houve, observância à *cláusula de advertência*, a qual preceitua que:

> Todo anúncio, qualquer que seja o meio empregado para sua veiculação, conterá "cláusula de advertência" a ser adotada em resolução específica do Conselho Superior do CONAR, a qual refletirá a responsabilidade social da publicidade e a consideração de Anunciantes, Agências de Publicidade e Veículos de Comunicação para com o público em geral. Diante de tais compromissos e da necessidade de conferir-lhes plena eficácia, a resolução levará em conta as peculiaridades de cada meio de comunicação e indicará, quanto a cada um deles, dizeres, formato, tempo e espaço de veiculação da cláusula. Integrada ao anúncio, a "cláusula de advertência" não invadirá o conteúdo editorial do Veículo; será comunicada com correção, de maneira ostensiva e enunciada de forma legível e destacada. E mais:
>
> a. em Rádio, deverá ser inserida como encerramento da mensagem publicitária;
>
> b. em TV, inclusive por assinatura e em Cinema, deverá ser inserida em áudio e vídeo como encerramento da mensagem publicitária. A mesma regra aplicar-se-á às mensagens publicitárias veiculadas em teatros, casas de espetáculo e congêneres;
>
> c. em Jornais, Revistas e qualquer outro meio impresso; em painéis e cartazes e nas peças publicitárias pela internet, deverá ser escrita na forma adotada em resolução;
>
> d. nos vídeos veiculados na internet e na telefonia, deverá observar as mesmas prescrições adotadas para o meio TV;
>
> e. nas embalagens e nos rótulos, deverá reiterar que a venda e o consumo do produto são indicados apenas para maiores de 18 anos.[165]

Nesta linha de intelecção, a temática dos danos sociais pode, também, ser vislumbrada diante da conduta exemplarmente negativa dos *influencers*, a qual enseja o rebaixamento do nível de qualidade de vida de toda a sociedade, com esteio no deliberado comportamento de beber imoderadamente e no estímulo ao uso de bebidas alcoólicas, com possível intuito de autopromoção e vendas de produtos.

Ademais, resta, ainda, analisar criticamente a lesividade oriunda do comportamento inadequado dos mencionados influenciadores e a dimensão dos eventuais danos decorrentes.

A conduta de Gusttavo Lima – e de outros sertanejos em suas *lives* – decerto influenciou diversas pessoas a consumirem bebidas alcoólicas, de modo irresponsável, visto que na própria plataforma do *Instagram*, viralizaram "desafios" envolvendo bebidas alcoólicas, realizados por indivíduos que assistiam às transmissões, o que possibilitou constatar que o estímulo ao consumo exagerado de bebidas alcoólicas, ensejaria, futuramente, *severos problemas de saúde à população*, como bem asseverou a OMS durante o período pandêmico.[166]

---

164. CONAR. Conselho Nacional de autorregulamentação publicitária. **Código Brasileiro de Autorregulamentação Publicitária.** 1980. Disponível em: http://www.conar.org.br/codigo/codigo.Php. Acesso em: 20 dez. 2023.
165. CONAR. Conselho Nacional de autorregulamentação publicitária. **Código Brasileiro de Autorregulamentação Publicitária.** 1980. Disponível em: http://www.conar.org.br/codigo/codigo.Php. Acesso em: 20 dez. 2023.
166. LELLES, Ana Raquel. OMS sugere limitar venda de bebida alcoólica durante a pandemia. **Estado de Minas.** 2020. Disponível em: https://www.em.com.br/app/noticia/internacional/2020/04/15/interna_internacional,1138953/

Assim sendo, é possível afirmar que a publicidade em meio digital das bebidas alcoólicas deve obedecer todas as regras ora mencionadas, demonstrando o caráter de ilegalidade das "lives" especialmente por deixar de observar o princípio da responsabilidade social. Ainda que a inserção das marcas sejam permitidas durante a programação (product placement), mesmo que desacompanhadas da advertência, jamais poderia haver a sugestão de consumo por parte dos apresentadores. O desrespeito a esses preceitos coloca em maior vulnerabilidade os adolescentes expostos ao conteúdo publicitário, considerando que os aplicativos tem classificação indicativa de 13 (treze) anos, podendo ser discutida, em ação coletiva a possibilidade de compensação por dano moral coletivo.[167]

Nesse viés, a Lei 9.294/1996, possui diversas regulamentações que os fornecedores (anunciantes) devem observar na veiculação de publicidade envolvendo bebidas alcoólicas, por meio de *merchandising*, *product placement* ou outras estratégias publicitárias. Ainda que à época de promulgação da referida lei, não existissem as mídias sociais, o respectivo dispositivo legal deve ser hermeneuticamente interpretado, no atual contexto da sociedade hiperconectada, em que as plataformas digitais possuem significativa utilização pelos indivíduos.

Por fim, na hipótese dos legitimados para propositura da Ação Civil Pública (Ministério Público, Defensoria Pública, Entes Federados e Associações que cumpram os requisitos legais) entenderem pela possibilidade de responsabilização dos influenciadores, considerando as "lesões à sociedade, no seu nível de vida, tanto por rebaixamento de seu patrimônio moral – principalmente a respeito da segurança – quanto por diminuição na qualidade de vida"[168], oriundas do seu comportamento negativo em sociedade, o que fosse auferido pela eventual reparação dever-se-á ser destinado a fundos de combate ao Coronavírus. Afinal, as referidas condutas inadequadas e reprováveis perpetradas durante o período pandêmico, tiveram como consequência o agravamento da situação de crise sanitária causada pela pandemia de Covid-19.

As considerações suscitadas merecem severa análise, uma vez que os influenciadores encontram, cada vez mais, espaço de ascensão no corpo social, devendo, deste modo, atuar em conformidade com os preceitos legais, éticos e sociais, estabelecidos para fins de veiculação de publicidade nas redes sociais, desenvolvendo conteúdo adequado para seus seguidores e para a sociedade como um todo.

---

oms-sugere-limitar-venda-de-bebida-alcoolica-durante-a-pandemia.shtml. Acesso em: 20 dez. 2023.
167. DENSA, Roberta. A regulamentação da publicidade das bebidas alcoólicas e a proteção do adolescente no Instagram e Facebook. **Migalhas.** 2020. Disponível em: https://www.migalhas.com.br/coluna/migalhas-de-responsabilidade-civil/327626/a-regulamentacao-da-publicidade-das-bebidas-alcoolicas-e-a-protecao-do-adolescente-no-instagram-e-facebook. Acesso em: 20 dez. 2023.
168. AZEVEDO, Antônio Junqueira de. Por uma nova categoria de dano na responsabilidade civil: o dano social. *In:* FILOMENO, José Geraldo Brito; WAGNER JÚNIOR, Luiz Guilherme da Costa; GONÇALVES, Renato Afonso (Coords.). **O Código civil e sua interdisciplinaridade.** Belo Horizonte: Del Rey, 2004, p.376.

8
FAKE NEWS:
QUANDO AS MENTIRAS SE TORNAM VERDADE

No âmbito do Direito Digital, um dos assuntos mais proeminentes no contexto da sociedade contemporânea, diz respeito a controvérsia relacionada à disseminação de *fake news* na Internet, e, sobretudo, no âmbito das plataformas digitais.

O termo "*fake news*" se tornou, especialmente, notório com a extrema polarização dos eleitores na eleição americana de 2016. Os debates acalorados, as paixões políticas dos eleitores e, em múltiplos casos, da própria mídia especializada, permitiu o surgimento de um evento, até então, nunca dantes vislumbrado. Por meio da utilização massiva de *fake news*, os candidatos à presidência dos Estados Unidos da América, Donald Trump e Hillary Clinton, tiveram suas imagens maculadas por polos antagônicos do espectro político americano.

Chiara Spadaccini de Teffé e Carlos Affonso Pereira de Souza esclarecem sobre a disseminação de *fake news*, que:

> A divulgação de informações falsas ou distorcidas não é um problema novo, mas a disseminação em massa desse conteúdo através da Internet e seu impacto na política vêm chamando atenção. Após 2016, com as diversas notícias falsas divulgadas durante as eleições norte-americanas e as discussões sobre o referendo que decidiu pela saída da Grã-Bretanha da União Europeia, verificou-se a emergência de se entender o que seriam as chamadas *fake news* e como elas poderiam ser combatidas sem se prejudicar as liberdades fundamentais e a diversidade de opiniões.[1]

Ao redor do mundo, a temática assumiu relevância e notoriedade, principalmente, no âmbito da doutrina jurídica, que se debruça sobre a análise dos danos causados pela disseminação de *fake news*, no intuito de se verificar a possibilidade de imputação de responsabilidade civil, e até mesmo penal, assim como as respectivas formas de reparação após a ocorrência do evento danoso.[2]

---

1. TEFFÉ, Chiara Spadaccini de; SOUZA, Carlos Affonso Pereira de. Fake News: Como garantir liberdades e conter notícias falsas na internet. *In:* TEPEDINO, Gustavo; MENEZES, Joyceane Bezerra de (Coords.). **Autonomia Privada, Liberdade Existencial e Direitos fundamentais.** Belo Horizonte: Fórum, 2019, p.542.
2. Nesse sentido ver: MENDES, Pedro Manuel Pimenta. Fake news, enriquecimento ilícito e responsabilidade civil. *In:* BARBOSA, Mafalda Miranda; ROSENVALD, Nelson; MUNIZ, Francisco (Coords.). **Responsabilidade Civil e Comunicação:** IV jornadas luso-brasileiras de responsabilidade civil. Indaiatuba, SP: Editora Foco, 2021, p.351-371.

Logo, no cenário hodierno da sociedade digital, constantemente, atingida por práticas de deturpação informacional, se evidencia a importância de se apresentarem soluções jurídicas efetivas no tocante à disseminação de *fake news*.³

> A propagação informacional, outrora dependente de veículos de comunicação mais tradicionais, como a imprensa, hoje se realiza por múltiplas fontes. A internet é, sem dúvidas, a emanação mais marcante de um período no qual vozes podem ser ouvidas com instantaneidade e potencial de propagação quase imediato. Contudo, nem sempre se tem clara distinção entre o que é fato e o que é factoide, ou entre o que é pura opinião – denotando o subjetivismo inerente às percepções – e o que é teoria da conspiração. A manipulação também pode ser interpretada nesse contexto, haja vista que estruturas algorítmicas são implementadas para nortear a percepção: fala-se em *trending topics e hype*; a perfilização é utilizada para direcionar conteúdos, o que cria "bolhas" informacionais; o discurso de ódio passa a ocupar espaço que antes não ocupava. Enfim, a desinformação é propagada em uma onda de deturpação informacional, que passou a ser identificada pela expressão inglesa *fake news*.⁴

O Dicionário Collins da Língua Inglesa define *fake news* como "representações de informações falsas, normalmente sensacionalistas, disseminadas sob o disfarce de reportagens de notícias."⁵

Entretanto, a despeito da definição apresentada pelo referido Dicionário explicar o fenômeno, de forma simplificada, ela se demonstra incompleta e parcialmente incorreta.

Axel Gelfert analisa com truísmo o referido fenômeno, ao explicitar que:

> Antes de nos voltarmos para as tentativas recentes de definir o termo composto "fake news", é importante refletir brevemente sobre seus componentes: "news" e "fake". Pois, se quisermos entender os aspectos distintivos do recente ataque de informações fabricadas e enganosas que se fazem passar por notícias (ou seja, 'está fingindo'), devemos primeiro entender algumas das funções epistêmicas centrais do original – o que é agora, às vezes de forma depreciativa, chamada de "media mainstream", mas que costumava ser chamada de "news".⁶ (Tradução nossa)

---

3. Para um aprofundamento na temática da *poluição informacional* recomenda-se a leitura de: BOLESINA, Iuri; GERVASONI, Tássia Aparecida. "Seres nada-fantásticos e onde habitam": a desinformação sobre o coronavírus e a covid-19 propagada por trolls, fakers, haters e bullies e a configuração de abuso de direito. **Revista IBERC**, v.3, n.2, p.37-60, 2020. Disponível em: https://revistaiberc.responsabilidadecivil.org/iberc/article/view/115. Acesso em: 20 dez. 2023.
4. Nesse sentido ver: FALEIROS JÚNIOR, José Luiz de Moura. Responsabilidade civil e *fake news*: a educação digital como meio para a superação da desinformação e do negacionismo. In: BARBOSA, Mafalda Miranda; ROSENVALD, Nelson; MUNIZ, Francisco (Coords.). **Responsabilidade Civil e Comunicação:** IV jornadas luso-brasileiras de responsabilidade civil. Indaiatuba, SP: Editora Foco, 2021, p.237.
5. No original: "False, often sensational, information disseminated under the guise of news reporting". (COLLINS DICTIONARY. **Word of the Year 2017.** Available from: https://www.collinsdictionary.com/woty. Access on: Dec. 20, 2023).
6. No original: "Before turning to recent attempts to define the compound term 'fake news', it is important to reflect briefly on its component parts: 'news' and 'fake'. For, if we are to understand the distinctive aspects of the recent onslaught of fabricated and misleading information that passes itself off as news (i.e., "is faking it"), we must first understand some of the core epistemic functions of the original—what is now, sometimes in a derogatory manner, called "mainstream media", but which used to be called 'news' simpliciter". (GELFERT, Axel. Fake News: a definition. **Informal Logic,** v.38, n.1, p.84-117, 2018, p.86. Available from: https://informallogic.ca/index.php/informal_logic/article/view/5068. Access on: Dec. 20, 2023).

Para uma correta definição do termo *fake news*, se faz necessário levar em consideração não somente a expressão isoladamente, mas, também, os elementos agregados a ela, os quais, por sua vez, alteram a notação da expressão, tais como, mídia especializada, notícia, mentira, desinformação e responsabilidade jornalística.[7]

Neil Levy elucida que "fake news é a apresentação de falsas alegações que pretendem ser sobre o mundo, em um formato e com um conteúdo que se assemelha ao formato e conteúdo de organizações de mídia legítimas."[8]

Por sua vez, Otávio Frias Filho suscita que:

> O termo fake news deveria ser compreendido como toda informação que, sendo de modo comprovável falsa, seja capaz de prejudicar terceiros e tenha sido forjada e/ou posta em circulação por negligência ou má-fé, neste caso, com vistas ao lucro fácil ou à manipulação política. É prudente, tudo indica, isolar a prática, diferenciando-a da mera expressão de pontos de vista falsos ou errôneos, assim como do entrechoque de visões extremadas. Cabe também discernir entre a divulgação ocasional de notícias falsas e sua emissão reiterada, sistemática, a fim de configurar a má-fé.[9]

Conclui-se, portanto, que *fake news*, ou, *notícias desinformativas* representam expressões – orais ou escritas – emitidas por um interlocutor, o qual ao exprimir determinada informação, *altera seu sentido, modificando a verdade*, seja por dolo ou culpa (negligência ou imprudência),[10] sendo possível que a referida informação possa causar danos materiais, morais ou sociais a outrem.[11]

Salienta-se que a tradução mais precisa do vocábulo *"fake news"* vem a ser *notícia desinformativa* e, não notícia falsa, de modo a se manter a completude do sentido original do termo. Ademais, insta frisar que a *desinformação* é um *gênero*, o qual, por sua vez, compreende uma série de *espécies*, dentre as quais, se destacam *as notícias falsas, as imprecisas e incompletas*, e as *notícias enviesadas*.

---

7. A respeito da responsabilidade civil jornalística e dos meios de comunicação recomenda-se a leitura de: GARCIA, Enéas Costa. **Responsabilidade Civil dos meios de comunicação.** São Paulo: Juarez de Oliveira, 2002.
8. No original: "fake news is the presentation of false claims that purport to be about the world in a format and with a content that resembles the format and content of legitimate media organisations." (LEVY, Neil. The Bad News About Fake News. **Social Epstemology Review & Reply Collective,** v.6, n.8, p.20-36, 2017, p.20. Available from: https://social-epistemology.com/wp-content/uploads/2017/07/levy_fake_news1.pdf. Access on: Dec. 20, 2023). Nesse sentido ver: FALEIROS JÚNIOR, José Luiz de Moura. Responsabilidade civil e *fake news*: a educação digital como meio para a superação da desinformação e do negacionismo. *In:* BARBOSA, Mafalda Miranda; ROSENVALD, Nelson; MUNIZ, Francisco (Coords.). **Responsabilidade Civil e Comunicação:** IV jornadas luso-brasileiras de responsabilidade civil. Indaiatuba, SP: Editora Foco, 2021, p.238-239.
9. FRIAS FILHO, Otavio. O que é falso sobre fake news. **Revista USP,** São Paulo, n.116, p.39-44, 2018, p.43. Disponível em: https://www.revistas.usp.br/revusp/article/view/146576/140222. Acesso em: 20 dez. 2023.
10. Nesse sentido ver: GUIMARÃES, Glayder Daywerth Pereira; SILVA, Michael César. Implicações das Fake News na Responsabilidade Civil Digital: a eclosão de um novo dano social. *In:* FERRI, Carlos Alberto; ALMEIDA, José Luiz Gavião de; LELLIS, Lélio Maximo (Orgs.). **Direito, ética e cidadania:** estudos em homenagem ao professor Jorge Luiz de Almeida – volume 1. Curitiba: CRV, 2020, p.185-204.
11. MENDES, Pedro Manuel Pimenta. Fake news, enriquecimento ilícito e responsabilidade civil. *In:* BARBOSA, Mafalda Miranda; ROSENVALD, Nelson; MUNIZ, Francisco (Coords.). **Responsabilidade Civil e Comunicação:** IV jornadas luso-brasileiras de responsabilidade civil. Indaiatuba, SP: Editora Foco, 2021, p.351.

A expressão *fake news* marcou em grande medida os últimos anos, sendo, segundo Susan Morgan, potencialmente, um dos maiores desafios para as democracias na contemporaneidade, não somente, em razão das *fake news* serem amplamente utilizadas no cenário político, mas, também, por sua utilização nos mais diversos cenários do cotidiano.[12]

Nesse mesmo giro, Higor Vinicius Nogueira Jorge e Ivana David explicitam que "Hodiernamente existem notícias falsas sobre os mais variados assuntos, seja no âmbito da saúde, educação, alimentação saudável, história e, principalmente, no cenário político não apenas brasileiro, mas mundial."[13-14]

Em sua divulgação de dados, a ONU constatou, ao final de 2019, que 4,1 (quatro vírgula um) bilhões de pessoas estão conectadas diariamente no mundo, ou seja, aproximadamente, 53,6% (cinquenta e três vírgula por cento) da população[15], revelando, portanto, a crescente utilização da Internet para as mais variadas atividades do cotidiano.

Diariamente, milhões de pessoas navegam pela plataforma de vídeos do *YouTube*,[16] assistindo os mais diversos conteúdos e sendo expostas à possibilidade de se deparar com vídeos permeados por desinformações. A partir do contexto exposto, uma pesquisa realizada pelo *Instituto de Pesquisas IPSOS*, no ano de 2018, revelou que 48% (quarenta e oito por cento) das pessoas já acreditaram em uma notícia que, posteriormente, descobriram ser uma *fake news*.[17]

Hodiernamente, a desinformação não se limita as *fake* news, sendo possível falsear uma imagem, um áudio, ou mesmo um vídeo por meio de programas conhecidos como *deep fake*.[18] Nesse cenário, fazer do irreal, real, se torna a cada dia uma tarefa mais simples.

---

12. MORGAN, Susan. Fake News, disinformation, manipulation and online tactics to undermine democracy. **Journal of Cyber Policy**, v.3, n.1, p.39-43, 2018. Available from: https://www.tandfonline.com/doi/full/10.1080/23738871.2018.1462395. Access on: Dec. 20, 2023.
13. JORGE, Higor Vinicius Nogueira; DAVID, Ivana. Tecnologia, verificação de fatos e enfrentamento das notícias falsas na internet. *In:* BEZERRA, Clayton da Silva; AGNOLETTO, Giovani Celso (Orgs.). **Combate às fake news**. São Paulo: Posteridade, 2019, p.101.
14. Sobre o tema recomenda-se a leitura de: LONGHI, João Victor Rozatti. **Responsabilidade civil e redes sociais:** retirada de conteúdo, perfis falsos, discurso de ódio e fake news. Indaiatuba, SP: Editora Foco, 2020, p.142-146.
15. ONU. Organização das nações unidas. **Estudo da ONU revela que mundo tem abismo digital de gênero**. 2019. Disponível em: https://news.un.org/pt/story/2019/11/1693711. Acesso em: 20 dez. 2023.
16. YOUTUBE. **YouTube em números.** 2023. Disponível em: https://www.youtube.com/intl/pt-BR/about/press/#:~:text=Mais%20de%20dois%20bilh%C3%B5es%20de%20usu%C3%A1rios%20conectados%20ao%20YouTube%20acessam,YouTube%20vem%20de%20dispositivos%20m%C3%B3veis. Acesso em: 20 dez. 2023.
17. IPSOS. **Fake news, filter bubbles, post-truth and trust.** 2018, p.14. Available from: https://www.ipsos.com/sites/default/files/ct/news/documents/2018-08/fake_news-report.pdf. Access on: Dec. 20, 2023.
18. No tocante ao estudo das *deep fake* recomenda-se a leitura de: WESTERLUND, Mika. The emergence of deepfake technology: a review. **Technology Innovation Management Review**, v.9, i.11, p.40-53, 2019. Available from: https://timreview.ca/sites/default/files/article_PDF/TIMReview_November2019%20-%20D%20-%20Final.pdf. Access on: Dec. 20, 2023. JORGE, Higor Vinicius Nogueira. Deep fakes: novos desafios advindos da falsificação profunda. *In:* BEZERRA, Clayton da Silva; AGNOLETTO, Giovani Celso (Orgs.). **Combate às fake news.** São Paulo: Posteridade, 2019, p.120-129.

A evolução tecnológica tende a complicar tudo. Avanços em sistemas de realidade virtual e de *machine learning* logo resultarão em imagens e vídeos fabricados, tão convincentes que será difícil distingui-los da realidade. Vozes já podem ser recriadas a partir de amostras de áudio, e expressões faciais podem ser manipuladas por programas de inteligência artificial. No futuro, talvez vejamos vídeos realistas de políticos dizendo coisas que eles jamais disseram: o simulacro de Baudrillard se torna realidade. Um perigoso avanço tecnológico, ao estilo *Black Mirror*, que mexerá ainda mais com a nossa capacidade de distinguir entre a imitação e o real, o falso e o verdadeiro.[19]

Ante aos aspectos expostos, é fundamental compreender que as *fake news* não possuem qualquer tipo de discriminação em relação a seus receptores, sendo que indivíduos de qualquer grau de instrução escolar, classe social, gênero, nacionalidade, ou idade, são vítimas diárias das mais variadas *fake news*.

Os últimos anos foram em grande medida marcados pelo termo *Fake News*, uma vez que a expressão encabeçou algumas das notícias mais relevantes destes anos, e possibilitaram uma profunda modificação nos meios digitais e, de modo indireto, no mundo. As *Fake News* se apresentam como uma releitura do antigo fenômeno social da "mentira", remodelado, a fim de se amoldar as mudanças sociotecnológicas do século XXI. Ao passo que no passado se manifestavam por escritos, ou pela oralidade, hoje se disseminam por meio da Internet, em especial, por meio das redes sociais, meios de comunicação com polos de informação descentralizados.[20]

Um dos exemplos, mais notórios e paradigmáticos da disseminação de *fake news*, ocorreu em 2017, nos Estados Unidos da América.

[...] desde o início de 2017, a 20th Century Fox trabalhou com uma editora de notícias falsas para criar cinco sites, com nomes como Houston Leader, que foram projetados para imitar fontes tradicionais de notícias online. Os sites publicaram artigos com informações falsas sobre figuras públicas proeminentes (por exemplo, Lady Gaga e o presidente Donald J. Trump) e tópicos controversos de interesse público (por exemplo, saúde mental e vacinas) e foram amplamente compartilhados via Facebook. Em meados de fevereiro de 2017, descobriu-se (com fortes críticas do público) que a 20th Century Fox havia orquestrado a criação dessas publicações de notícias falsas em um esforço para divulgar o longa-metragem da Fox "A Cure for Wellness", incluindo referências de enredo aos filmes e hashtags promocionais como #cureforwellness nos artigos em questão.[21] (Tradução nossa)

---

19. KAKUTANI, Michiko. **A morte da verdade:** notas sobre a mentira na era Trump. Rio de Janeiro: Intrínseca, 2018. [E-book].
20. GUIMARÃES, Glayder Daywerth Pereira; SILVA, Michael César. Fake News à luz da responsabilidade civil digital: o surgimento de um novo dano social. **Revista Jurídica da FA7,** Centro Universitário 7 de Setembro, v.16, n.2, p.99-114, 2019, p.102-103. Disponível em: https://periodicos.uni7.edu.br/index.php/revistajuridica/article/view/940. Acesso em: 20 dez. 2023.
21. No original: "[...] from early, 20th Century Fox worked with a fake news publisher to create five Web sites, with names such as the Houston Leader, which were designed to imitate traditional online news sources. The Web sites published articles featuring false information about prominent public figures (e.g., Lady Gaga and President Donald J. Trump) and controversial topics of public interest (e.g., mental health and vaccinations) and were shared widely via Facebook. In mid-February 2017, it was discovered (to sharp public criticism) that 20th Century Fox had orchestrated the creation of these fake news publications in an effort to publicize the Fox feature film "A Cure for Wellness," by including plot references to the film and promotional hashtags such as #cureforwellness in the subject articles". (KLEIN, David; WUELLER, Joshua. Fake news: a legal perspective. **Journal of Internet Law**, v.20, n.10, p.5-13, 2017, p.6. Available from: https://papers.ssrn.com/sol3/papers.cfm?abstract_id=2958790. Access on: Dec. 20, 2023).

No caso em questão, a 20th Century Fox difundiu uma série de *fake news*, em sites diversos, com nomes similares a de sites de notícia de prestígio para, deste modo, encobrir o falseamento das notícias veiculadas e induzir o leitor a acreditar no conteúdo disponibilizado com base na "reputação" do site.

Durante a pandemia da Covid-19 (2020-2023), se verificou que o risco de dano derivado da disseminação das *fake news* aumentou, exponencialmente, impulsionando o estudo relativo à responsabilidade civil pela difusão de *fake news* na Internet.

> No enfrentamento do coronavírus, as *fake news* foram uma nova frente de batalha: da notícia de que a doença seria tratável com produtos químicos de tanques de peixes até o suposto desenvolvimento laboratorial do vírus na China, diuturnas foram as notícias falsas divulgadas nas redes, reacendendo o debate de quem responde civilmente pelos danos que decorrem das *fake news*.[22]

No período de isolamento social, advindo da pandemia do Coronavírus, inúmeras *fake news* foram veiculadas, nas plataformas digitais, e uma série de medidas paliativas foram propostas pelos Estados, objetivando a remoção das notícias desinformativas, bem como a redução de sua divulgação no ambiente digital, por meio da imposição de sanções gravosas, a seus divulgadores.

Por fim, as *fake news*, enquanto fenômeno de profundas repercussões sociais, difundidas com o intuito de gerar a *dissimulação da verdade dos fatos*, possuem enorme potencial de produção de diversos danos, merecendo, portanto, atenção dos operadores do direito, da sociedade como um todo e dos Estados, com o propósito de se consagrar a efetiva proteção dos direitos da personalidade e da dignidade da pessoa humana, notadamente, nas mídias sociais.[23]

8.1 PÓS-VERDADE E O RISCO DAS NOTÍCIAS DESINFORMATIVAS

Ao debater sobre *fake news*, é comum ouvir afirmações de descrença quanto ao fato de que, diariamente, milhares de pessoas acreditam em notícias desinformativas e as replicam nas redes sociais, ou mesmo argumentações no sentido de que as pessoas ao lerem uma notícia deveriam ser capazes de identificar se a notícia é verdadeira ou falsa. Todavia, no contexto da sociedade contemporânea, permeada pela desordem informacional, identificar a verdade em um oceano de mentiras se torna, a cada dia, uma tarefa mais difícil.[24]

---

22. QUINELATO, João. Liberdade, verdade e fake news: mecanismos para o ressarcimento de danos. In: EHRHARDT JÚNIOR, Marcos; CATALAN, Marcos; MALHEIROS, Pablo (Coords.). **Direito Civil e Tecnologia:** tomo I. Belo Horizonte: Fórum, 2021, p.480.
23. Nesse sentido, recomenda-se a leitura de: MENDES, Pedro Manuel Pimenta. Fake news, enriquecimento ilícito e responsabilidade civil. *In:* BARBOSA, Mafalda Miranda; ROSENVALD, Nelson; MUNIZ, Francisco (Coords.). **Responsabilidade Civil e Comunicação:** IV jornadas luso-brasileiras de responsabilidade civil. Indaiatuba, SP: Editora Foco, 2021, p.351.
24. Sobre a temática, recomenda-se a leitura de: BORGES, Gabriel Oliveira de Aguiar; LONGHI, João Victor Rozatti; MARTINS, Guilherme Magalhães. Comentários acerca de alguns pontos do projeto de lei das fake news sob a ótica da responsabilidade civil. **Revista IBERC**, v.4, n.1, p.35-51, 2021. Disponível em: https://revistaiberc.responsabilidadecivil.org/iberc/article/view/141. Acesso em: 20 dez. 2023.

Atribui-se ao Ministro da propaganda na Alemanha Nazista, Joseph Goebbels, a notória frase "*uma mentira dita mil vezes torna-se verdade*". Ainda que não seja possível descobrir a autoria da frase, ela expressa a fragilidade da noção do que vem a ser a verdade.

> [...] a existência da mentira depende da regra da verdade. A intenção de quem mente é enganar e o ludibriado só o é diante da expectativa de que o falsário esteja agindo com lealdade. Nesse sentido, a verdade está em tudo, inclusive na crença psicológica dos iludidos.[25]

Faz-se necessário, hoje mais do que nunca, a adoção de uma posição de ceticismo quanto a quaisquer informações contidas na Internet, sobretudo, em relação as obtidas por meio das plataformas digitais.

O termo *Post Truth* foi eleito pelo Dicionário Oxford da Língua Inglesa, como a palavra do ano em 2016, sendo que, na ocasião, definiu-se que a expressão pós-verdade "relaciona-se à circunstância na qual os fatos objetivos têm menor influência em moldar a opinião pública do que aqueles que apelam a emoções e crenças pessoais."[26]

Dessarte, a pós-verdade representa uma das características da sociedade contemporânea, pois "ela resume-se à ideia de que algo que aparenta ser verdade é mais importante que a própria verdade em si."[27] As emoções, paixões e crenças pretéritas passam a influenciar o julgamento das pessoas na verificação das diversas informações contidas na Internet.[28]

> A mentira de que a pizzaria *Comet Ping Pong*, de Washington, DC, era sede de uma rede de prostituição comandada por Hillary Clinton levou Edgar M. Welch, 28 anos, de Salisbury, Carolina do Norte, a dirigir 560 quilômetros, de sua casa a Washington, DC, e disparar sua arma semiautomática dentro da loja no domingo de 4 de dezembro de 2016 (apenas dias depois que "pós-verdade" se tornou a palavra do ano).[29]

Destaca-se, ainda, que a pós-verdade constituída pelas notícias desinformativas não se limita a informações absurdas ou inexoravelmente falsas, posto que as *fake news*

---

25. PEREIRA, Rubens de Lyra; NASCIMENTO, Verônica Batista. Notícias falsas e pós-verdade. *In*: BEZERRA, Clayton da Silva; AGNOLETTO, Giovani Celso (Orgs.). **Combate às fake news.** São Paulo: Posteridade, 2019, p.31.
26. No original: "Relating to or denoting circumstances in which objective facts are less influential in shaping public opinion than appeals to emotion and personal belief". (OXFORD DICTIONARY. **Word of the Year 2016.** 2016. Available from: https://www.oxforddictionaries.com/press/news/2016/12/11/WOTY-16 Access on: Dec. 20, 2023).
27. MELO, Maytê Luanna Dias de; ROSA, Maria Nilza Barbosa; OLIVEIRA, Bernardina Maria Juvenal Freire de. Memória, informação e pós-verdade em tempos líquidos. **Revista ConCI, Convergências em Ciência da Informação,** v.3, n.1, p.25-42, 2020, p.29. Disponível em: https://seer.ufs.br/index.php/conci/issue/view/1030. Acesso em: 20 dez. 2023.
28. SOARES, Felipe Ramos Ribas; MANSUR, Rafael. A tese da posição preferencial da liberdade de expressão frente aos direitos da personalidade: análise crítica à luz da legalidade constitucional. *In*: SCHREIBER, Anderson; MORAES, Bruno Terra de; TEFFÉ, Chiara Spadaccini de (Coords.). **Direito e mídia:** tecnologia e liberdade de expressão. 2.ed. Indaiatuba, SP: Editora Foco, 2021. [E-book].
29. LEVITIN, Daniel J.. **O guia contra mentiras:** como pensar criticamente na era da pós-verdade. Guarulhos: Objetiva, 2019. [E-book].

podem ser compostas por *dados parcialmente verdadeiros*. Logo, por meio das *fake news* é possível encobertar a mentira com *variados graus de verdades*.

Tendo como ponto de partida o referido cenário, Rodrigo Seixas expõe com precisão que "Há nesses discursos, por assim dizer, enunciados comprovadamente verdadeiros, relação a fatos efetivamente comprovados, interpretações plausíveis, induções verossímeis, o que confere ao fenômeno da pós-verdade traços para além da velha mentira política."[30]

> O tipo e o conteúdo de uma mensagem podem desempenhar um papel importante na difusão da mensagem. Embora uma mensagem ofensiva ou spam possa não ser encaminhada, certas notícias podem ser encaminhadas para quase todos os vizinhos. No entanto, a centralidade de um cliente descreve suas capacidades básicas para distribuir uma mensagem. Por exemplo, clientes com apenas um parceiro de comunicação têm apenas uma possibilidade de encaminhar uma mensagem. Modelos de classificação, como regressões logísticas, são usados regularmente para prever as atitudes do cliente ou sua probabilidade de responder a uma determinada campanha. Combinar os resultados de modelos preditivos sobre as atitudes do cliente, por exemplo, filtrando os clientes que provavelmente estarão interessados em uma mensagem, com medidas de centralidade pode fornecer um auxílio útil na decisão para os profissionais de marketing na seleção de pessoas influentes para uma campanha.[31] (Tradução nossa)

A Internet, e em especial, as mídias sociais como *Facebook, Twitter, YouTube, TikTok* e *Instagram*, se apresentam como meios de disseminação em massa de *fake news* e, correspectivamente, como um espaço de manifestação da pós-verdade. As referidas plataformas digitais são utilizadas, cotidianamente, para impulsionar determinados discursos, comumente de forma sintética, resumida e apelando a emoções e crenças pessoais.

Como efeito, diversos usuários replicam em seus perfis tais informações, acreditando exprimirem essas a verdade sobre algum fato que todos deveriam conhecer. Ademais, segundo um estudo publicado na revista *Research and Politics*, os usuários tendem a não ler a notícia na íntegra, limitando-se a manchete ou aos resumos que aparecem no *feed*.[32]

---

30. SEIXAS, Rodrigo. A retórica da pós-verdade: o problema das convicções. **Revista Eletrônica de Estudos Integrados em Discurso e Argumentação,** n.18, p.122-138, 2019, p.129. Disponível em: https://periodicos.uesc.br/index.php/eidea/article/view/2197. Acesso em: 20 dez. 2023.
31. No original: "The type and contents of a message can play an important role in message diffusion. While na offending message or spam might not be forwarded at all, certain news might be forwarded to almost all neighbors. Nevertheless, the centrality of a customer describes his basic capabilities to distribute a message. For example, customers with only one communication partner have only one possibility to forward a message. Classification models such as logistic regressions are regularly used to predict customer attitudes or their likelihood of responding to a particular campaign. Combining the results of predictive models about customer attitudes, for example by filtering customers that are likely to be interested in a message, with centrality measures can provide a useful decision aid for marketers in selecting influential persons for a campaign." (KISS, Christine; BICHLER, Martin. Identification of Influencers - Measuring Influence in Customer Networks. **Decision Support Systems,** v.46, i.1, p.233-253, 2008, p.249. Available from: https://www.sciencedirect.com/science/article/abs/pii/S0167923608001231. Access on: Dec. 20, 2023).
32. ANSPACH, Nicolas M.; JENNINGS, Jay T.; ARCENEAUX, Kevin. A little bit of knowledge: Facebook's News Feed and self-perceptions of knowledge. **Research and Politics,** v.6, n.1, p.1-9, 2019. Available from: https://journals.sagepub.com/doi/10.1177/2053168018816189. Access on: Dec. 20, 2023.

As redes sociais crescem, instigam e explodem em acessos. Viram um mecanismo comercial sem precedentes. Somem, outras se sedimentam, surgem novas sociabilidades. A vida precisa estar conectada e mostrada nas redes. É quase um mantra nesse período de pós-verdades, de questões em que a autenticidade só é válida se for passada pelas redes.[33]

A forma pela qual os usuários das redes sociais leem e compartilham publicações, muitas vezes intensifica a utilização das *fake news* na Internet, pois, as notícias desinformativas, usualmente, atraem mais cliques e, consequentemente, geram mais monetização com a publicidade compartilhada.

> [...] a Internet conta com ferramentas desenvolvidas para endossar a desinformação em massa, tais como os algoritmos, responsáveis por conectar os usuários a coisas que já gostam ou que podem gostar com base no histórico de conteúdo consumido, ou os bancos de dados pessoais facilitados pelos *softwares* dos maiores sites de busca, como o Google. É por isso que a *web* pode ser considerada o vetor definitivo da pós-verdade e a viralização das *fake news* apenas evidenciou esse ponto.[34]

Paulatinamente, os indivíduos se fecham, em suas bolhas da Internet e mídias sociais, sendo que os gostos, paixões, ideologias, dentre outras características são catalogadas por algoritmos que passam a ofertar àquele usuário conteúdos similares aos que já consome. Nesse contexto, a multiplicidade de ideias e opiniões se torna algo inobservável e os usuários são instigados a radicalizar seus posicionamentos, sendo mais suscetíveis a acreditarem em *fake news* e, assim, corroborar com o fenômeno social da pós-verdade.

8.2 *FAKE NEWS* E DANOS

As *fake news* representam um exercício abusivo da liberdade de expressão, sendo inegavelmente, um dos maiores obstáculos à saudável utilização da Internet, na medida em que fomentam o caos nas plataformas digitais, a disseminação do ódio, do medo e, até mesmo, possuem a capacidade de influenciar democracias e eleições.

> Somos criaturas sociais, e nosso bem-estar depende, em boa parte, da aprovação dos que estão em volta. Ao contrário dos outros animais, o homem nasce sem defesas e sem competências e continua assim por muitos anos. Desde o início, sua sobrevivência depende das relações que ele consegue estabelecer com os outros. O diabólico poder de atração das redes sociais se baseia-se nesse elemento primordial. Cada curtida é uma carícia maternal em nosso ego.[35]

---

33. BERTI, Orlando Maurício de Carvalho. Quem cuida de quem cuida? As redes sociais em tempos de combate à pandemia da COVID-19 contra as fake News. **Revista Rizoma, Santa Cruz do Sul**, v.8, n.1, p.165-184, 2020, p.169-170. Disponível em: https://online.unisc.br/seer/index.php/rizoma/article/view/15390. Acesso em: 20 dez. 2023.
34. SILVA, Laura Lemos e; MARQUEZ, Lucas de Taglialegna. Direitos humanos no ambiente online: o conflito entre fake news e liberdade de expressão. **Revista SCIAS,** Direitos Humanos e Educação, v.3, n.2, p.169-183, 2020, p.176. Disponível em: https://revista.uemg.br/index.php/sciasdireitoshumanoseducacao/article/view/5142. Acesso em: 20 dez. 2023.
35. EMPOLI, Giuliano da. **Os engenheiros do Caos:** como as fake news, as teorias da conspiração e os algoritmos estão sendo utilizados para disseminar ódio, medo e influenciar eleições. São Paulo: Vestígio, 2019. [E-book].

Nas redes sociais, a busca por cliques, curtidas, seguidores e engajamento é uma guerra sem regras entre criadores de conteúdo. Cada clique representa, em essência, remuneração, seja por meio da veiculação de publicidade ou do patrocínio direto de fornecedores.

Verifica-se, portanto, que nem todas as pessoas atuam nas mídias sociais com a devida *responsabilidade social* demandada pela Internet. Outrossim, muitas das vezes, atuam em dissonância com os preceitos ético-jurídicos emanados pelo princípio da boa-fé objetiva.

> As pessoas comuns logo perceberam que não havia limites online, desde que pudessem pagar por uma conexão com a internet. A internet não era de ninguém, na verdade. Com habilidades mínimas de web design, uma pessoa pode comprar um domínio e criar seu próprio site ou blog em pouco tempo, algo que só ficou mais fácil quando as empresas de web design criaram modelos que qualquer pessoa de qualquer nível de habilidade pode usar. Os traficantes de notícias falsas não precisavam mais passar pelos principais meios de comunicação para divulgar informações falsas. Eles poderiam se conectar instantaneamente com potencialmente milhares de pessoas apenas com um endereço de e-mail ou site. E foi exatamente isso que eles fizeram.[36] (Tradução nossa)

A utilização de *fake news*, paulatinamente, se intensifica, e, por conseguinte, os riscos e danos advindos da conduta de disseminar ou compartilhar notícias desinformativas aumentam de modo exponencial em sociedade.

> Além do mais, cumpre ressaltar que é de grande dificuldade apurar a amplitude e extensão deste tipo de notícias, pois com a disseminação dos meios de comunicação e a tecnologia utilizada para repassar as *Fake News* (por muitas das vezes criptografada de ponta a ponta), não é possível mensurar até onde ela poderá e irá chegar.[37]

A característica comunicativa e transfronteiriça da Internet enseja que, o dano em ambiente digital, se estabeleça de modo distinto das modalidades de dano previamente vislumbradas. A Internet permite a propagação quase imediata das informações veiculadas, de forma que o dano, muitas vezes, se apresenta de maneira mais gravosa nesse ambiente. Neste cenário, as *fake news* enquanto fenômeno digital contemporâneo de falsidade das notícias veiculadas, se inserem como um novo elemento catalisador de danos.

---

36. No original: "Ordinary people soon realized that there were no limits online, as long as they could afford an Internet connection. The Internet did not belong to anyone, really. With minimal web-design skills, a person could buy a domain and put up their own website or blog in no time at all, something that has only gotten easier as web-design companies have made templates that anyone of any skill level can use. Fake news pushers no longer had to go through the mainstream media outlets to get false information out. They could connect instantly with potentially thousands of people by just having an email address or website. And that is exactly what they did". (OTIS, Cindy L. **True or false:** a CIA analyst's guide to spotting fake news. New York: Feiwel & Friends, 2020. [E-book]).
37. CLAUDINO, Felipe da Silva; LUCAORA, Giovana Beatriz Riehs; GARCIA, Heloise Siqueira. Fake News sob a ótica da transnacionalidade: uma análise acerca da importância de uma regulação global. *In:* GARCIA, Heloise Siqueira; CRUZ, Paulo Márcio. (Orgs.). **A transnacionalidade e o direito:** ensaios sobre a perspectiva jurídica transnacional. Itajaí: Editora da Univali, 2020, p.274.

Resta clara a dificuldade em mitigar ou extinguir as *Fake News* e, consequentemente, impedir a ocorrência do evento danoso derivado da disseminação das notícias falsas. A característica comunicativa e transfronteiriça da Internet, bem como das redes sociais, espaços de fácil verificação de *Fake News*, se estabelecem como elementos ampliadores do dano, que toma proporções maximizadas em relação ao dano local.[38]

Com a popularização das redes sociais, não é mais possível pensar o dano em ambiente digital, de forma restrita a seu local de ocorrência, sendo que o dano amplia suas fronteiras, tornando-se, transfronteiriço, difundindo-se em segundos por meio do compartilhamento em massa por parte dos usuários.

Há de se dizer que o dano ocasionado pelas *Fake News* é, objetivamente, pessoal, sendo que, a notícia falsa, usualmente, causa prejuízos à dignidade da pessoa, a sua honra, atingindo assim direitos pessoais.

Ademais, a disseminação de *Fake News*, evidencia uma conduta, via de regra comissiva. De modo que, a publicação de uma notícia falsa ou que contenha elementos falsos é uma conduta humana comissiva. Vislumbra-se, também, a hipótese de conduta omissiva no caso de responsabilidade civil jornalística pelo descumprimento do dever de verificação das *Fake News*, quando veículos jornalísticos replicam *Fake News* de outras mídias.[39]

A despeito das *fake news* difundidas na Internet, usualmente, causarem danos pessoais, verifica-se que a disseminação de notícias desinformativas podem causar danos diversos, tanto aos indivíduos quanto à sociedade. Nesse viés, "A questão principal é que as *Fake News* podem realmente afetar a vida das pessoas, chegando a casos extremos de destruir a reputação de alguém, causar prejuízos morais e/ou financeiros e até mesmo causar a morte."[40]

Numa sociedade hiperconectada, o potencial lesivo das *fake news* é incomensurável *a priori* sendo até mesmo difícil a constatação de seus efeitos *a posteriori*, haja vista a dificuldade ou impossibilidade em se averiguar o grau/intensidade de disseminação da notícia desinformativa, bem como sua repercussão na sociedade.

8.2.1 Danos morais pela disseminação de *fake news*

O dano moral pode ser definido como a *lesão ao interesse existencial concretamente merecedor de tutela*, sendo considerada a modalidade de dano extrapatrimonial, a qual exige uma ponderação dos diversos interesses em conflito. Trata-se, portanto, de uma constatação dinâmica e concreta entre o bem jurídico lesado e a

---

38. GUIMARÃES, Glayder Daywerth Pereira; SILVA, Michael César. Implicações das Fake News na Responsabilidade Civil Digital: a eclosão de um novo dano social. *In:* FERRI, Carlos Alberto; ALMEIDA, José Luiz Gavião de; LELLIS, Lélio Maximo (Orgs.). **Direito, ética e cidadania:** estudos em homenagem ao professor Jorge Luiz de Almeida – volume 1. Curitiba: CRV, 2020, p.193.
39. GUIMARÃES, Glayder Daywerth Pereira; SILVA, Michael César. Implicações das Fake News na Responsabilidade Civil Digital: a eclosão de um novo dano social. *In:* FERRI, Carlos Alberto; ALMEIDA, José Luiz Gavião de; LELLIS, Lélio Maximo (Orgs.). **Direito, ética e cidadania:** estudos em homenagem ao professor Jorge Luiz de Almeida – volume 1. Curitiba: CRV, 2020, p.194.
40. STANGER, Andreia Cristiane. Fake: News? Comportamento. *In:* BEZERRA, Clayton da Silva; AGNOLETTO, Giovani Celso (Orgs.). **Combate às fake news.** São Paulo: Posteridade, 2019, p. 43.

conduta lesiva para a identificação do dano e da respectiva reparação.[41] Destaca-se, ainda, serem os danos morais reparados, por intermédio de uma *compensação*, haja vista não serem economicamente aferíveis e, deste modo, não são passíveis de uma indenização.[42]

Bruno Fabrício da Costa, Glayder Daywerth Pereira Guimarães e Michael César Silva suscitam que a proteção jurídica contra *fake news*, que ensejem uma violação a interesses existenciais concretamente merecedores de tutela pode, ainda, se valer de métodos não patrimoniais para a reparação do evento danoso, por meio da utilização do direito de resposta e da retirada do conteúdo inverídico da Internet.[43]

> Em entrevista ao **G1** neste domingo (1º), o autônomo Carlos Alberto Simões, de 27 anos, contou que recebeu uma mensagem de uma amiga, às 12h de sexta-feira (28), avisando sobre a mensagem que circulava por grupos de WhatsApp atribuindo a autoria do estelionato aos perfis dele.
>
> "Não acreditei. Quando minha amiga me avisou, percebi que essa mensagem falsa estava viralizando nos grupos", conta Carlos. "Tinha muita gente entrando no meu perfil e mandando ameaças, dizendo que eu ia pagar pelo que fiz. Procuraram a minha esposa também".[44]

As *fake news* podem repercutir de diversos modos na vida das pessoas, implicando em múltiplos danos aos prejudicados pelo evento danoso e, em muitos casos, de forma reflexa aos familiares. Ademais, as notícias desinformativas, a depender da gravidade dos fatos veiculados, podem, até mesmo, resultar em situações extremas, tais como depressão ou mesmo suicídio.

Nesse sentido, a premente necessidade em minimizar a quantidade de notícias desinformativas, bem como seus impactos, demonstra sua relevância, sobretudo, em uma *sociedade hiperconectada* e exposta a disseminação de *fake news* cotidianamente.

8.2.2 Danos patrimoniais pela disseminação de *fake news*

Os danos patrimoniais representam prejuízos que afetam a esfera patrimonial da vítima, sendo qualificados por meio da aferição dos danos emergentes e lucros cessantes. Destaca-se, ainda, serem os referidos danos reparados pela percepção de uma indenização, haja vista serem estimados economicamente.

---

41. FARIAS, Cristiano Chaves de; ROSENVALD, Nelson; BRAGA NETTO, Felipe Peixoto. **Novo Tratado de Responsabilidade Civil.** 2.ed. São Paulo: Saraiva, 2017.
42. Para um estudo aprofundado sobre a temática do *dano moral* recomenda-se a leitura de: BONNA, Alexandre Pereira. **Dano Moral.** Indaiatuba, SP: Editora Foco, 2021. [E-book].
43. COSTA, Bruno Fabrício da; GUIMARÃES, Glayder Daywerth Pereira; SILVA, Michael César. Tutela da Honra e Disseminação de Fake News na Nova Sociedade Digital. *In:* COSTA, Fabrício Veiga; GOMES, Magno Federici; FREITAS, Sérgio Henriques Zandona (Coords.). **Direitos Plurais Inclusivos na Sociedade Democrática.** Porto Alegre: Editora Fi, 2020, p.578-580.
44. STEIL, Juliana. Jovem vítima de fake news recebe ameaças de morte: 'fiquei com medo'. 2020. **G1.** Disponível em: https://g1.globo.com/sp/santos-regiao/noticia/2020/03/01/jovem-vitima-de-fake-news-recebe-ameacas-de-morte-fiquei-com-medo.ghtml. Acesso em: 20 dez. 2023.

As notícias desinformativas podem causar danos diversos, concomitantemente, ou não, inclusive, resultando em danos de ordem material, repercutindo assim, no patrimônio da vítima do evento danoso.

> Vale mencionar que, caso seja reconhecida a não veridicidade das informações sobre o desrespeito do confinamento domiciliar, poder-se-ia pensar na responsabilidade civil por dano moral decorrente da disseminação das fake news, demonstrando-se a lesão à moral ou imagem. Ainda, poderia incidir indenização por danos materiais, se provado que as notícias falsas também acarretaram prejuízos financeiros ao empresário.[45]

De forma geral, as sociedades empresárias demonstram grande preocupação com as eventuais implicações financeiras decorrentes da disseminação de *fake news*, principalmente, em relação a confiabilidade da "empresa" perante o público consumidor e aos prejuízos financeiros resultantes, a exemplo, de um "cancelamento". A verificação dos danos patrimoniais pode, também, se dar em relação à pessoa humana, a exemplo das notícias desinformativas que resultam em uma dispensa trabalhista (lucros cessantes) ou mesmo a danos a incolumidade psicofísica do indivíduo por um linchamento (danos emergentes).

> Avistados perto de uma escola primária em uma comunidade próxima chamada San Vicente Boqueron, Ricardo e Alberto foram rotulados como sequestradores de crianças pelo medo coletivo, e a notícia da prisão deles se espalhou exatamente da mesma forma que os boatos das crianças sequestradas.
>
> [...]
>
> Testemunhas acreditam que Ricardo já estava morto por causa da agressão, mas seu tio Alberto ainda estava vivo quando o fogo foi aceso. Imagens de vídeo mostram seus membros se movendo lentamente enquanto as labaredas subiam ao seu redor.
>
> [...]
>
> Durante décadas, Jazmin e Alberto viveram a apenas 14 quilômetros de Acatlán, em Xayacatlan de Bravo. Todos os dias, Alberto ia trabalhar nos campos de milho na terra que comprara na vizinha Tianguistengo.
>
> Quando morreu, deixou para trás uma casa pequena em construção na propriedade, assim como a esposa e três filhas para quem estava construindo a moradia.[46]

No caso em exame, 2 (dois) homens foram linchados e incendiados vivos em razão de uma histeria coletiva derivada da disseminação de uma *fake news* que afirmava serem ambos sequestradores de crianças. A morte de um dos homens, além de deixar feridas emocionais irreparáveis em sua esposa e filhas, resultou no empobrecimento da família, haja vista ser ele o provedor de seu núcleo familiar, causando assim prejuízos materiais para além dos gastos com velório e demais despesas fúnebres.

---

45. NOGAROLI, Rafaella. Breves reflexões sobre a pandemia do coronavírus (COVID-19) e alguns reflexos no direito médico e da saúde. **Revista dos Tribunais** [recurso eletrônico], São Paulo, Thomson Reuters Brasil, n.1015, maio 2020. Disponível em: https://www.thomsonreuters.com.br/content/dam/openweb/documents/pdf/Brazil/white-paper/covid-nagaroli.pdf. Acesso em: 20 dez. 2023.
46. BBC NEWS BRASIL. Como as "fake news" no whatsApp levaram um povoado a linchar e queimar dois homens inocentes. **BBC News Brasil**. 2018. Disponível em: https://www.bbc.com/portuguese/salasocial-46206104. Acesso em: 20 dez. 2023.

Importa ressaltar que a conduta de disseminar *fake news*, nem sempre implica na existência de danos patrimoniais à vítima do evento danoso, sendo essa espécie de dano tão somente uma das possibilidades decorrentes da conduta descrita. Ademais, as notícias desinformativas comumente não resultam em lesões a esfera patrimonial da vítima do evento danoso, implicando, em verdade, de forma mais comum, em danos extrapatrimoniais.[47]

8.2.3 Danos sociais pela disseminação de *fake news*

Os estudos a respeito dos efeitos das notícias desinformativas podem tomar caminhos diversos a depender da área de estudo e do escopo das pesquisas.

Nesse contexto, se vislumbra no âmbito da responsabilidade civil digital, a possibilidade de atribuição de *danos sociais*, em decorrência da divulgação de *fake news*, e, por conseguinte, a imputação de responsabilização pelos danos advindos da referida conduta abusiva.[48]

Em consonância com o exposto, o Ministério Público Federal (MPF) propôs uma ação reparatória contra o pastor Valdemiro Santiago, com fundamento na imputação de danos sociais pela disseminação de *fake news*.

> O pastor evangélico Valdemiro Santiago, da Igreja Mundial do Poder de Deus, pode ter de pagar indenização por danos sociais e morais coletivos pela divulgação de vídeos em que sugeria aos fiéis que o plantio de sementes de feijão poderia curar a Covid-19. A ação foi impetrada pelo Ministério Público Federal de São Paulo, que pede indenização de R$ 300 mil. Segundo os procuradores, o pastor chegou dizer que um fiel havia se curado da doença usando os feijões e que haveria um atestado médico como comprovante.
>
> De acordo com a ação, as sementes foram anunciadas em vídeos veiculados no Youtube e o pastor sugeria que pagassem por cada uma delas valores que variavam de R$ 100 a R$ 1 mil cada. A mensagem era que a simples germinação das sementes teria poder de cura. Para o MPF, Valdemiro Santiago incorreu em prática abusiva da liberdade religiosa, colocando em risco a saúde pública e induzindo fiéis a comprarem um produto sem qualquer eficácia comprovada.[49]

Nesse ínterim, constata-se que a propositura da ação de reparação dos danos sociais, se deu em decorrência da disseminação de *fake news*, por uma figura de grande visibilidade e engajamento nas mídias sociais. Há de se destacar que, a aferição do dano social se demonstra inequívoco, uma vez que é impossível contabilizar o número de

---

47. GUIMARÃES, Clayton Douglas Pereira; SILVA, Michael César. Repercussões do exercício da liberdade de expressão e da disseminação de fake news no contexto da sociedade da informação. *In:* EHRHARDT JÚNIOR, Marcos; LOBO, Fabíola Albuquerque; ANDRADE, Gustavo (Coords.). **Liberdade de expressão e relações privadas.** Belo Horizonte: Fórum, 2021, p.201-216.
48. GUIMARÃES, Glayder Daywerth Pereira; SILVA, Michael César. Fake News à luz da responsabilidade civil digital: o surgimento de um novo dano social. **Revista Jurídica da FA7,** Centro Universitário 7 de Setembro, v.16, n.2, p.99-114, 2019. Disponível em: https://periodicos.uni7.edu.br/index.php/revistajuridica/article/view/940. Acesso em: 20 dez. 2023.
49. CARVALHO, Cleide. MPF entra com ação contra pastor Valdemiro Santiago por fake news durante a pandemia. 2020. **O Globo.** Disponível em: https://oglobo.globo.com/sociedade/mpf-entra-com-acao-contra-pastor-valdemiro-santiago-por-fake-news-durante-pandemia-24566588. Acesso em: 20 dez. 2023.

pessoas expostas à notícia desinformativa publicada pelo causador do evento danoso. Não obstante, esse impedimento não pode obstar a reparação do dano perpetrado.

> A responsabilidade civil, da qual o "dano" se enquadra como um necessário pressuposto, talvez seja um dos institutos jurídicos que mais se adeque às mudanças e alterações sociais, flexibilizando-se de acordo com o contexto. Em verdade, a própria noção de dano, evidentemente, sofre fortes mutações ao se considerar as alterações dos perfis sociais em dadas sociedades, de modo que, em um sistema jurídico que enquadra a pessoa como epicentro jurídico, como o brasileiro, é possível notar a progressiva valorização da dimensão existencial nas relações jurídicas.[50]

Hodiernamente, em consonância com a maximização da proteção aos interesses existenciais da pessoa humana, os novos danos passaram, paulatinamente, a serem admitidos no âmbito da responsabilidade civil, ampliando-se, assim, o escopo de tutela contra eventuais condutas lesivas perpetradas em sociedade.

8.2.4 Danos existenciais pela disseminação de *fake news*

Em relação aos possíveis danos advindos da disseminação de *fake news*, se pode, ainda, constatar a incidência da figura do dano existencial, o qual representa uma espécie de dano que implica na dificuldade ou impossibilidade em se prosseguir, de forma livre e desimpedida com o projeto de vida dos indivíduos. Trata-se, portanto, de situações que obstam as atividades inerentes a própria vida das pessoas, gerando, por consequência a imputação de responsabilidade civil.[51]

> O dano existencial considera os elementos que compõem a vivência humana, que tornam a pessoa plena e que são capazes de tornar efetiva a saudável e desejável vida compartilhada e em sociedade. Trata-se de um abandono involuntário de atividades pessoais essenciais que fazem parte do dia a dia da pessoa – ainda que não haja interpessoalidade (como na alimentação, higiene etc.), bem como uma renúncia involuntária das relações intersubjetivas pessoais, em distintos ambientes, em diferentes circunstâncias, construídas em razão.[52]

Com o fenômeno da Constitucionalização do Direito Civil, a pessoa humana se torna, cada vez mais, o epicentro do Direito Civil, de maneira que, a proteção jurídica aos seus mais diversos interesses é gradativamente ampliada, em consonância com os preceitos e valores da Constituição da República de 1988.

---

50. BASAN, Arthur Pinheiro; BORGES, Gabriel Oliveira de Aguiar. Quanto vale a existência do trabalhador brasileiro? Um estudo sobre dano existência à luz do novo art. 223-G, §1º, da CLT. **Cadernos de Dereito Actual**, n.12, p.327-338, 2019, p.332-333. Disponível em: http://www.cadernosdedereitoactual.es/ojs/index.php/cadernos/article/view/412. Acesso em: 20 dez. 2023.
51. GUIMARÃES, Glayder Daywerth Pereira; PEREIRA, Sarah Batista Santos. As novas tendências da responsabilidade civil: assédio sexual e dano existêncial. *In:* SILVA, Michael César; THIBAU, Vinícius Lott (Coords.). **Responsabilidade civil:** diálogos entre o direito processual e o direito privado. Belo Horizonte: Editora Dom Helder, 2020, p.95-112.
52. SOARES, Flaviana Rampazzo. A construção de uma teoria do dano existencial no Direito do Trabalho. *In:* SOARES, Flaviana Rampazzo (Coord.). **Danos extrapatrimoniais no direito do trabalho.** São Paulo: LTr, 2017, p.119.

Nos últimos anos, o Direito brasileiro tem experimentado uma grande evolução no âmbito da responsabilidade civil com o reconhecimento de novos danos. Houve um amplo debate a respeito do reconhecimento da responsabilidade civil pelo dano moral e também pela incorporação de outras formas autônomas de dano, como foi o caso do dano existencial.[53]

Nessa linha de intelecção, se faz possível conjecturar acerca da possibilidade de atribuição de danos existenciais decorrentes da disseminação de *fake news*, uma vez que a divulgação de notícias desinformativas podem implicar em uma excessiva dificuldade ou impossibilidade em se realizar as atividades inerentes a própria vida dos indivíduos.

Em 2016, um serralheiro morador da Baixada Fluminense foi identificado como estuprador de crianças e passou a ser ameaçado de morte. Neste ano, uma multidão tentou linchar um casal em Araruama, Estado do Rio de Janeiro, após boato de sequestro de criança divulgado no WhatsApp.[54]

No caso em tela, a vítima sofreu sobremaneira com a repercussão indevida das *fake news*, tendo, inclusive, seu convívio social afetado, posto que a coletividade passou a acreditar ser ele um abusador de crianças. A pessoa se viu impossibilitada de seguir com o comum andamento de sua vida, *mesmo após os boatos disseminados pela Internet serem desmentidos*, sendo obrigado a limitar suas atividades cotidianas e evitar contato com as pessoas em geral.

Por fim, constatado que a propagação de *fake news* nas plataformas digitais enseja a percepção de danos existenciais aos indivíduos em sociedade, se impõe, por conseguinte, a atribuição de responsabilidade civil pelos danos causados.

8.3 *DIGITAL INFLUENCERS* E *FAKE NEWS*

Na fase atual da cybercultura, as *fake news* repercutem, de diversas maneiras na vida das pessoas, produzindo danos distintos a depender das especificidades do caso concreto. Todavia, as notícias desinformativas podem se alastrar com uma velocidade assustadora na hipótese em que divulgadas por um *digital influencer*. Essas celebridades digitais, nessas situações, desempenham a função de um verdadeiro catalisador, intensificando, em grande medida, a velocidade de disseminação da notícia desinformativa.

Desse modo, no tocante à propagação de *fake news*, a atuação dos influenciadores digitais nas redes sociais deve ser pautada pelos princípios da boa-fé objetiva, informação, transparência e confiança, garantindo-se aos seguidores informações condizentes com a realidade dos fatos.

---

53. FACCHINI NETO, Eugenio; WESENDONCK, Tula. Danos Existenciais: "Precificando" Lágrimas? **Revista de Direitos e Garantias Fundamentais,** n.12, p.229-268, 2013, p.245-246. Disponível em: https://sisbib.emnuvens.com.br/direitosegarantias/article/view/408#:~:text=Os%20danos%20existenciais%20podem%20ser,do%20ajuizamento%20de%20a%C3%A7%C3%B5es%20fr%C3%ADvolas. Acesso em: 20 dez. 2023.
54. BRANCO, Sérgio. Fake news e os caminhos para fora da bolha. **Revista Interesse Nacional,** São Paulo, a.10, n.38, p.51-61, 2017, p.59-60.

A confiança e a boa-fé objetiva se exteriorizam como princípios norteadores da atuação dos *digital influencers* nas publicações divulgadas nas plataformas digitais. Nesse giro, os influenciadores devem atuar de acordo com as regras de conduta social e preceitos ético-jurídicos emanadas por tais princípios, agindo em consonância com a legítima expectativa despertada em seus seguidores.

Destaca-se, todavia, que em determinadas situações no ambiente digital, os *influencers* se olvidam dos princípios basilares da relação informativa, causam desinformação nas mídias sociais e, por conseguinte, ocasionam eventos deletérios à coletividade.

A título de exemplo, pode-se citar um caso, no qual a Polícia Civil do Estado do Paraná indiciou um *youtuber* por divulgar *fake news* em relação do Coronavírus. O referido influenciador possuía mais de 150 (cento e cinquenta) mil inscritos em seu canal e divulgava uma série de notícias desinformativas referentes a cura e tratamento da doença.[55]

Ademais, se verifica que a atuação dos influenciadores digitais nas redes sociais se propaga pelos mais diversos segmentos, influindo, até mesmo, em *questões políticas*.

> Influenciadores de mídia social, meios de comunicação partidários e até mesmo o filho do presidente Donald Trump estão impulsionando a disseminação de desinformação online em torno da votação nos EUA, lançando dúvidas sobre a eleição deste ano e levantando prematuramente suspeitas sobre a precisão de seus resultados.[56] (Tradução nossa)

Argumenta-se, ainda, que a disseminação de *fake news* por essas celebridades digitais, normalmente, se reverte na monetização dos conteúdos produzidos, pois, as publicações desinformativas/falsas, frequentemente, são difundidas por seus seguidores com maior engajamento do que as publicações informativas/verdadeiras. Nesse cenário, divulgar *fake news* se tornou, uma prática extremamente rentável (lucrativa) para determinados *influencers*, sobretudo, no âmbito da plataforma do *YouTube*.

Entretanto, a atuação dos *digital influencers*, nas mídias sociais, pode ser vislumbrada em prol da coletividade, nas hipóteses em que os mesmos atuem em consonância com os preceitos éticos delineados pela responsabilidade social que lhes é esperada em sociedade.

> A partir de nossa análise, observamos a atenção dada aos influenciadores nos quatro países, principalmente no que diz respeito ao seu impacto sociocultural. Nos mercados dos países, a utilidade e o impacto dos

---

55. POLÍCIA CIVIL DO PARANÁ. PCPR indicia youtuber por disseminar fake news na internet. **Polícia Civil do Paraná.** 2020. Disponível em: https://www.policiacivil.pr.gov.br/Agencia-de-Noticias/Noticia/PCPR-indicia-youtuber-por-disseminar-fake-news-na-internet. Acesso em: 20 dez. 2023.
56. No original: "Social media influencers, partisan news outlets and even President Donald Trump's son are driving the spread of online misinformation swirling around the U.S. vote, casting doubt on this year's election and prematurely raising suspicions about the accuracy of its results." (SEITZ, Amanda. Report: Social media influencers push voting misinformation. **The Associated Press.** 2020. Available from: https://apnews.com/article/election-2020-donald-trump-politics-media-misinformation-7a60e1e6005c8b3b967c9ad337cb1a6a. Access on: Dec. 20, 2023).

influenciadores tornaram-se especialmente cruciais durante uma pandemia como a COVID-19, quando a incerteza é extrema (e as pessoas procuram os principais líderes de opinião para obter informações e orientação), a precariedade está aumentando (e as pessoas procuram ao entretenimento para aplacar) e as interações sociais físicas são restritas (e as pessoas recorrem aos espaços digitais como seu primeiro porto de escala para todas as atividades). Por esse motivo, governos e organizações de saúde buscaram parcerias com influenciadores para auxiliar nos esforços de recuperação da COVID-19 e buscar a solidariedade global.[57] (Tradução nossa)

Em síntese, os *digital influencers*, em sua atuação nas plataformas digitais, devem se nortear pelos princípios ético-jurídicos delineados pela boa-fé objetiva, informação, transparência e confiança, bem como, da função social dos contratos, assegurando-se aos seus seguidores informações éticas, probas e verdadeiras, com a finalidade de se evitar eventuais danos causados pela disseminação de *fake news* no ambiente virtual.

---

57. No original: "From our analysis, we observed the attention given to influencers across the four countries, concerning especially their socio-cultural impact. Across the country markets, the utility and impact of influencers have become especially crucial during a pandemic like COVID-19, when uncertainty is extreme (and people look to key opinion leaders for information and guidance), precarity is on the rise (and people look to entertainment for placation), and physical social interactions are restricted (and people turn to digital spaces as their first port of call for all activities). For this reason, governments and health organizations have sought partnership with influencers to assist in COVID-19 recovery efforts and to pursue global solidarity." (ABIDIN, Crystal *et al*.. Influencers and COVID-19: reviewing key issues in press coverage across Australia, China, Japan, and South Korea. **Media International Australia (MIA)**, v.178, i.1, p.114-135, 2021, p.126. Available from: https://journals.sagepub.com/doi/pdf/10.1177/1329878X20959838. Access on: Dec. 20, 2023).

9
DECISÕES NO ÂMBITO JUDICIAL E EXTRAJUDICIAL RELATIVAS À ATUAÇÃO DE INFLUENCIADORES DIGITAIS

Ao se analisar a jurisprudência brasileira, constata-se que a existência de decisões judiciais envolvendo influenciadores digitais ainda é tímida, com esparsas decisões despontando nos tribunais brasileiros nos últimos anos, especialmente, no tocante à atribuição de responsabilidade civil aos *influencers*.

Todavia, no cenário contemporâneo de uma sociedade hiperconectada e do hiperconsumo, a atuação dessas *webcelebridades* na divulgação de anúncios publicitários de produtos, serviços ou marcas no mercado de consumo digital, apresenta elevado grau de litigiosidade, sobretudo, em função do expressivo poder de influência que exercem sobre a mudança de opiniões, comportamentos ou hábitos de consumo de seus seguidores.

Noutro lado, se vislumbra no Brasil, com maior incidência, decisões extrajudiciais, no campo da autorregulamentação publicitária, proferidas pelo CONAR, envolvendo o descumprimento ético da atividade publicitária realizada por influenciadores digitais.

9.1 DECISÕES DO CONAR ENVOLVENDO INFLUENCIADORES DIGITAIS

No Brasil, a maioria dos casos envolvendo influenciadores digitais e publicidade ilícita, se encontram relacionados à veiculação de anúncios publicitários em desconformidade com os preceitos éticos delineados pelo CBAP (Código Brasileiro de Autorregulamentação Publicitária) e julgados, por meio de Representações Éticas, pelo Conselho Nacional de Autorregulamentação Publicitária (CONAR) o qual, diante da presença de *infrações* às normas estabelecidas no referido Código, atribui determinadas *penalidades* previstas no artigo 50 do CBAP.[1]

---

1. Artigo 50: Os infratores das normas estabelecidas neste Código e seus anexos estarão sujeitos às seguintes penalidades: a. advertência; b. recomendação de alteração ou correção do Anúncio; c. recomendação aos Veículos no sentido de que sustem a divulgação do anúncio; d. divulgação da posição do CONAR com relação ao Anunciante, à Agência e ao Veículo, através de Veículos de Comunicação, em face do não acatamento das medidas e providências preconizadas.
§ 1º – Compete privativamente ao Conselho de Ética do CONAR apreciar e julgar as infrações aos dispositivos deste Código e seus Anexos e, ao Conselho Superior do CONAR, cumprir e fazer cumprir as decisões emanadas do Conselho de Ética em processo regular.

Convêm destacar que as decisões do CONAR são de cumprimento espontâneo, não possuindo nenhum poder coativo (poder judicial ou de polícia)[2], sendo que de seus julgamentos se extraem apenas entendimentos não vinculantes que, de forma geral, são seguidos pelos anunciantes (fornecedores) e demais agentes publicitários.

No ano de 2022, o Conselho de Ética do CONAR julgou 276 (duzentos e sessenta e seis) Representações Éticas, das quais 221 (duzentos e vinte e um) culminaram em algum tipo de reprovação.[3] Adicionalmente, até dezembro de 2022, foram instaurados 10.973 (dez mil novecentos e setenta e três) processos no referido Conselho, demonstrando-se, assim, a necessidade de se analisar criticamente a veiculação de atividade publicitária, em desacordo com os ditames éticos estabelecidos no CBAP, com a finalidade de assegurar a devida proteção aos consumidores no mercado de consumo.

Tabela 1 – Estatísticas CONAR 2018-2022				
Ano	Processos instaurados	Processos Julgados	Reprovações	Arquivamentos
2022	266	276	221	55
2021	286	303	233	70
2020	276	252	189	63
2019	302	329	226	103
2018	324	333	217	116
Fonte: Elaborada pelos autores com base em dados disponibilizados pelo CONAR				

A análise dos dados disponibilizados pelo CONAR, colacionados na tabela acima[4], revela uma crescente na taxa percentual de reprovações e uma inversa redução na taxa de arquivamentos. Para melhor visualização do supramencionado, se procedeu à plotagem do gráfico abaixo disponibilizado, o qual apresenta as percentagens de reprovação e arquivamento das decisões proferidas pelo CONAR relativas aos anos de 2018-2022.[5]

---

§ 2º – Compete privativamente ao Conselho Superior do CONAR alterar as disposições deste Código, bem como alterar, suprimir e acrescentar-lhe Anexos. (CONAR. Conselho Nacional de autorregulamentação publicitária. **Código Brasileiro de Autorregulamentação Publicitária.** 1980. Disponível em: http://www.conar.org.br/codigo/codigo.Php. Acesso em: 20 dez. 2023).

2. PASQUALOTTO, Adalberto. **Os efeitos obrigacionais da publicidade:** no código de defesa do consumidor. São Paulo: Revista dos Tribunais, 1997, p.68.

3. CONAR. Conselho Nacional de Autorregulamentação Publicitária. **Um balanço da autorregulamentação publicitária em 2022.** 2023. Disponível em: http://www.conar.org.br/pdf/conar223.pdf. Acesso em: 20 dez. 2023.

4. CONAR. Conselho Nacional de Autorregulamentação Publicitária. **Estatísticas de 2022.** 2023. Disponível em: http://www.conar.org.br/processos/numeros2022.php. Acesso em: 20 dez. 2023.

5. CONAR. Conselho Nacional de Autorregulamentação Publicitária. **Estatísticas de 2022.** 2023. Disponível em: http://www.conar.org.br/processos/numeros2022.php. Acesso em: 20 dez. 2023.

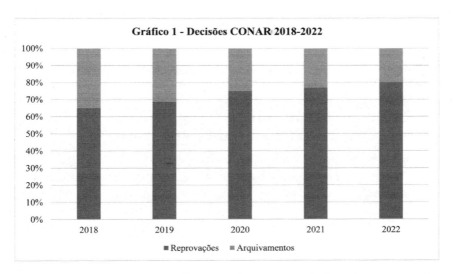

Nota-se, portanto, que com o decurso do tempo, o índice de reprovações sofreu um aumento, enquanto, de modo distinto, o índice de arquivamentos apresentou uma diminuição. Tal constatação revela que, cada vez mais, as campanhas publicitárias ostentam um caráter mais agressivo e, em evidente descompasso, com os ditames éticos-legais estatuídos pelo Código de Autorregulamentação Publicitária.

Para além do exposto, convêm, ainda, apresentar os dados relativos aos processos julgados pelo CONAR, relacionados a espécie de mídia utilizada pelos anunciantes, ou seja, o veículo que a publicidade fora realizada.[6]

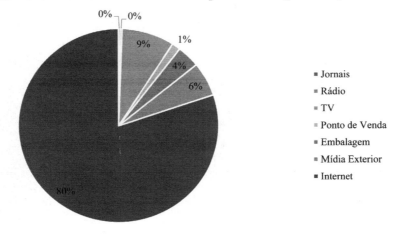

---

6. CONAR. Conselho Nacional de Autorregulamentação Publicitária. **Estatísticas de 2022.** 2023. Disponível em: http://www.conar.org.br/processos/numeros2022.php. Acesso em: 20 dez. 2023.

De acordo com os dados disponibilizados pelo CONAR e utilizados na plotagem do gráfico, nota-se que dentre os processos instaurados no referido Conselho, 80,2% (oitenta vírgula dois por cento) se referem a publicidades efetivadas por intermédio da Internet, sendo que todos os outros canais de divulgação representam, somados, apenas 19,8% (dezenove vírgula oito por cento), dos quais, jornal 0,3% (zero vírgula três por cento), rádio 0,3% (zero vírgula três por cento), TV 8,5% (oito vírgula cinco por cento), ponto de venda 1,4% (um vírgula quatro por cento), embalagem 3,7% (três vírgula sete por cento) e mídia exterior 5,7% (cinco vírgula sete por cento).[7]

A conjugação do gráfico colacionado com o detalhamento das informações acima revela que a Internet se estabelece, de modo absoluto, como o meio de divulgação publicitária com as maiores controvérsias ético-legais. Logo, a publicidade em ambiente digital, em certos casos, necessita de uma maior atenção pelo CONAR, de modo a minimizar a ocorrência de publicidade ilícita nessa novel mídia.

Dentre os diversos casos apreciados pelo CONAR, ao longo dos anos, alguns assumem especial proeminência em razão da gravidade da situação e da notoriedade dos fatos.

Em 2020, pouco mais de uma dezena de reclamações de consumidores motivaram a instauração da Representação Ética 158/20 contra postagem em redes sociais de produto da linha de cuidados faciais *"A Immortelle Precieuse"* da "empresa" L'Occitane, divulgado pela renomada influenciadora de moda Thassia Naves. Na referida situação, se verificou que a publicidade veiculada *não estaria claramente identificada como tal*, podendo ser confundida com conteúdo editorial, com evidente prejuízo aos consumidores.[8]

A direção do CONAR percebeu que, após as denúncias, a *hashtag #ad* foi inserida no *post*, de forma diluída, apenas ao final do texto e, com escolha de termo, que pode não ser compreendido adequadamente pela maioria dos consumidores. O Relator concordou com os termos das denúncias e recomendou a alteração do anúncio agravada por advertência à "empresa" L'Occitane e à *influencer*, sendo acompanhado por unanimidade.

---

7. CONAR. Conselho Nacional de Autorregulamentação Publicitária. **Estatísticas de 2022.** 2023. Disponível em: http://www.conar.org.br/processos/numeros2022.php. Acesso em: 20 dez. 2023.
8. **Ementa:** Pouco mais de uma dezena de reclamações de consumidores motivaram esta representação, contra postagem em redes sociais de produto L'Occitane, divulgado por Thassia Naves. Os consumidores consideram que a publicidade não está claramente identificada como tal, podendo ser confundida com conteúdo editorial. A direção do Conar notou que, após as denúncias, foi inserida a informação "#AD" na postagem, mas de forma diluída, apenas ao final do texto e com escolha de termo que pode não ser compreendido por larga parcela de consumidores. Em suas defesas, influenciadora e anunciante reconhecem falha em não mencionar a natureza publicitária da postagem, por isso tendo sido feita a correção. O relator concordou com os termos das denúncias dos consumidores e recomendou a alteração agravada por advertência à L'Occitane e Thassia Naves, sendo acompanhado por unanimidade. (CONAR. Conselho Nacional de Autorregulamentação Publicitária. Representação 158/20. 6ª Câmara do Conselho de Ética. Decisão: Alteração e advertência. Relator: Conselheiro Péricles D'Ávila Mendes Neto, julg. out. 2020. **CONAR.** Disponível em: http://www.conar.org.br/processos/detcaso.php?id=5569. Acesso em: 20 dez. 2023).

Em situação diversa, fora instaurada em 2021, a Representação Ética 010/21 em face da influenciadora Ju Ferraz e da "empresa" Lupo, em decorrência de queixa de consumidor, que entendeu que a postagem veiculada pela influenciadora *não era identificada como publicidade*, apesar de citar produto e marca de máscara facial.[9]

Contudo, neste caso, o Relator entendeu que a postagem representava mera iniciativa da influenciadora, exclusiva da personalidade e de caráter editorial, não envolvendo qualquer negociação com a fornecedora Lupo, de forma que, *não haveria publicidade oculta*, tendo a influenciadora atuado em consonância com as diretrizes do Guia de Publicidade por Influenciadores Digitais.

A temática, torna-se, ainda, mais complexa e delicada, na hipótese em que a publicidade é direcionada ao público infantojuvenil (crianças e adolescentes), pois os mesmos se encontram inseridos na categoria de *consumidores hipervulneráveis*, de acordo com as disposições legais estabelecidas pelo CDC.

Nesse sentido, a Representação Ética 091/20 foi instaurada em face do influenciador Luccas Neto, que em 3 (três) vídeos de seu canal no *YouTube* – direcionado ao público infantojuvenil – promoveu linha de brinquedos em que não ficava clara a distinção entre o conteúdo editorial e publicitário.[10]

---

9. **Ementa:** Postagem em redes sociais não é identificada como publicidade, apesar de citar produto e marca de máscara facial. A representação foi motivada por queixa de consumidor. A influenciadora Ju Ferraz enviou defesa ao Conar, informando que a postagem é de iniciativa exclusiva dela, tendo caráter editorial, não envolvendo qualquer negociação com a Lupo, que confirmou estas informações em manifestação enviada ao Conselho de Ética. O relator levou em conta as definições presentes no Guia de Publicidade por Influenciadores Digitais. No documento recém-lançado pelo Conar, a caracterização de Publicidade por Influenciador centra-se em três elementos cumulativos: – a divulgação de produto, serviço, causa ou outro sinal a eles associado; – a compensação ou relação comercial, ainda que não financeira, com Anunciante e/ou Agência; e – a ingerência por parte do anunciante e/ou agência sobre o conteúdo da mensagem (controle editorial na postagem do Influenciador). Por isso, o relator recomendou o arquivamento, entendendo que a comunicação foi ato espontâneo de Ju Ferraz, não se configurando publicidade. Seu voto foi aceito por unanimidade. (CONAR. Conselho Nacional de Autorregulamentação Publicitária. Representação 010/21. 6ª Câmara do Conselho de Ética. Decisão: Arquivamento. Relator: Conselheiro Hiram Baroli, mar. set. 2021. **CONAR.** Disponível em: http://www.conar.org.br/processos/detcaso.php?id=5654. Acesso em: 20 dez. 2023).

10. **Ementa:** Denúncia de consumidor motivou esta representação contra três vídeos veiculados em redes sociais por Luccas Neto, divulgando linha de brinquedos. Para o consumidor, não fica clara a distinção entre conteúdo editorial e publicitário, em oposição às recomendações do Código. Os vídeos têm os seguintes títulos: "Luccas Neto quer brincar de piscina gigante dentro da sala", "Boneco Luccas Neto" e "Luccas Neto e o desaparecimento da sua bicicleta". Os anunciantes enviaram defesa conjunta ao Conar, alegando não se tratar de publicidade a menção à piscina. Em relação ao segundo e terceiro vídeos, consideram ser bastante óbvias as ações publicitárias e que elas estão convenientemente caracterizadas como tal. A defesa dá notícias também sobre o que considera ser grande esforço do influenciador e sua equipe "em adequar a atuação profissional de forma perfeitamente afinada com a legislação em vigor, inclusive às determinações do Conar", tendo até produzido um manual de adequação, que foi juntado ao processo. Tais esforços foram devidamente reconhecidos pelo relator da representação. Ele notou, porém, alguns pontos nos vídeos que merecem aprimoramento, tais como apelo imperativo de consumo e identificação publicitária em alguns trechos. O relator notou ainda que dois dos vídeos giram inteiramente em torno dos produtos anunciados, o que desatende recomendação do artigo 23 ("Os anúncios devem ser realizados de forma a não abusar da confiança do consumidor, não explorar sua falta de experiência ou de conhecimento e não se beneficiar de sua credulidade") e 37 do Código, que reúne os cuidados que os anúncios devem ter ao serem dirigidos a uma audiência mais vulnerável, como é o público infantil. Por isso, ele propôs a alteração dos três vídeos, sendo acompanhado por unanimidade. (CONAR.

O Relator recomendou a alteração dos vídeos, pois se verificou que 2 (dois) dos referidos vídeos giravam inteiramente em torno dos produtos anunciados, o que desatendia a recomendação dos artigos 23 e 37 do CBAP[11], os quais estabelecem os cuidados que os anunciantes devem ter ao se dirigirem ao público infantojuvenil.

Ainda, em 2018, o Ministério Público do Estado de São Paulo, por meio da Promotoria de Justiça da Infância e Juventude da capital, enviou ofício ao CONAR indagando acerca da ação publicitária da *Ri Happy*, em conjunto com *youtubers* mirins, em vídeos promovidos pelas crianças, nos quais divulgavam produtos e serviços destinados ao público infantojuvenil, o que motivou a instauração da Representação Ética 031/18.[12]

A defesa dos *youtubers* mirins apontou que, por não terem recebido pagamento (mas apenas usufruírem da organização do evento), os vídeos não possuíam caráter publicitário, mas tão somente editorial. A despeito das alegações formuladas, o Relator da referida

---

Conselho Nacional de Autorregulamentação Publicitária. Representação 091/20. 1ª Câmara do Conselho de Ética. Decisão: Alteração. Relator: Conselheiro Bruno Bonfati, julg. jul. 2020. **CONAR.** Disponível em: http://www.conar.org.br/processos/detcaso.php?id=5513. Acesso em: 20 dez. 2023).

11. CONAR. Conselho Nacional de autorregulamentação publicitária. **Código Brasileiro de Autorregulamentação Publicitária.** 1980. Disponível em: http://www.conar.org.br/codigo/codigo.Php. Acesso em: 20 dez. 2023.

12. **Ementa:** O Ministério Público do Estado de São Paulo, por meio da Promotoria de Justiça da Infância e Juventude da capital, enviou ofício ao Conar pedindo manifestação à luz da ética publicitária de numerosos vídeos publicitários veiculados no YouTube, nos quais influenciadores de diferentes faixas etárias divulgavam produtos e serviços destinados a crianças e adolescentes. O Ministério Público questionou: estariam as ações mencionadas no ofício alinhadas às recomendações do Código Brasileiro de Autorregulamentação Publicitária para anúncios de produtos e serviços para menores de idade e identificação publicitária das peças? O ofício do Ministério Público, movido por representação do Instituto Alana, chegou ao Conar em janeiro, tendo se optado por desdobrá-lo em nove representações éticas, sendo esta a primeira delas, sobre ações das lojas de brinquedo Ri Happy e Long Jump, protagonizadas pelos blogueiros Julia Silva, Marina Bombonato, Carol Santina, Felipe Calixto e Manoela Antelo, todos menores de idade. O Google Brasil foi integrado ao processo por ser a plataforma na qual as ações foram veiculadas. As partes defenderam-se no Conar. A Ri Happy argumentou que os vídeos não têm caráter publicitário e não incorrem em apelo imperativo de consumo dirigido a menor de idade. Já os blogueiros, de forma geral, informaram não terem recebido pagamento; apenas usufruíram da estrutura e organização do evento e que o conteúdo aqui tratado tinha natureza editorial. Alguns informaram não ter havido envolvimento do Google no evento. Não houve defesa por parte do Google e da blogueira Marina Bombonato. O relator enumerou os dezoito vídeos objeto desta representação e, dada a semelhança entre eles, os analisou em conjunto, levando em conta as recomendações do Código em seus artigos 14 e 17, para que os anúncios sejam interpretados tanto na sua letra quanto no seu espírito e conforme o impacto provável sobre aqueles que irão assisti-los. A partir deste entendimento, o relator concluiu que, independentemente de contratos comerciais, as retribuições oferecidas pelos anunciantes aos influenciadores – viagens e convites, por exemplo – são suficientes para que se configure ação de marketing, reconhecida como tal pela ética publicitária. Por isso, ele propôs advertência à Ri Happy e Long Jump para que em ações futuras "preste expressa, clara e adequada orientação aos influenciadores acerca da responsabilidade com relação ao material de cunho publicitário em seu canal". A mesma pena foi estendida aos blogueiros. O relator propôs ainda a alteração da maioria dos vídeos, para que reste clara a natureza publicitária deles. Os vídeos não alcançados pela recomendação, devidamente discriminados pelo relator, foram aqueles que ele considerou de natureza informativa. Quanto ao Google, o relator considerou que sua natureza de plataforma digital está regulada pelo marco civil da internet, não sendo o caso de pronunciamento pelo Conar. Ele propôs, contudo, a advertência ao Google para que eventos similares ao que motivou esta representação incluam orientação clara aos influenciadores, quanto às suas responsabilidades em se tratando de material publicitário. Seu voto foi aceito por unanimidade. (CONAR. Conselho Nacional de Autorregulamentação Publicitária. Representação 031/18. 7ª Câmara do Conselho de Ética. Decisão: Alteração e advertência. Relator: Conselheiro Vitor Morais de Andrade, julg. maio 2018. **CONAR.** Disponível em: http://www.conar.org.br/processos/detcaso.php?id=4905. Acesso em: 20 dez. 2023).

Representação destacou que, independentemente de contratos comerciais, as retribuições oferecidas pelos anunciantes aos menores, tais como *convites para viagens*, seriam *suficientes para caracterização de contrapartida*, configurando uma ação de *marketing*.

Assim, o Relator propôs advertência às patrocinadoras da campanha e aos influenciadores mirins, para que em futuras atividades publicitárias restasse, de forma clara, expressa e adequada a verdadeira natureza publicitária das campanhas, em consonância com o previsto no CBAP, propondo, ainda, alteração na maioria dos vídeos veiculados.

Em 2021, um "*pet influencer*" foi alvo da Representação Ética 084/21 no CONAR, também, mediante queixa de consumidor, em razão da falta de identificação publicitária em anúncio, na plataforma do influenciador *pet* envolvendo a empresa *Labgard Animal Health*. A "empresa" indicou que a identificação publicitária integraria a peça, enquanto os tutores (donos) do "influenciador animal", o gato Chico (@canseidesergato), indicaram terem adotado medidas para sanar o problema.[13]

Com fulcro nos artigos 28, 30 e 50, alínea "a", do CBAP, o Relator Conselheiro Carlos Roberto Alves, notando a contradição nas defesas recebidas, recomendou a aplicação de advertência à anunciante, sendo acompanhado por unanimidade pelos pares.

Em 2022, se verificaram dentre as Representações conclusas, 28 (vinte e oito) casos envolvendo influenciadores digitais. As referidas Representações, em regra, se fundaram na *ausência ou insuficiência de informações acerca na natureza publicitária – identificação –* de publicações em redes sociais dos influenciadores digitais.

Dentre os casos analisados referentes ao ano de 2022, se destaca a Representação Ética 084/21, na qual uma influenciadora promoveu, por meio de suas redes sociais, determinado tratamento de saúde em desatenção a múltiplas recomendações do Código para a publicidade do gênero. Ante aos fatos apresentados, o CONAR recomendou a alteração da peça publicitária para incluir o *alerta de contraindicações* e o *condicionamento da realização do procedimento a partir de avaliação prévia*.[14]

---

13. **Ementa:** Anúncio nas redes sociais do influenciador @canseidesergato não foi claramente identificado como publicidade, segundo denúncia enviada ao Conar por consumidor. Anunciante e influenciador defenderam-se no Conar. A Labgard Animal Health afirma que a identificação publicitária integra a peça, enquanto o influenciador informa ter adotado medidas para sanar o problema. O relator, notando a contradição nas defesas recebidas, recomendou a advertência à anunciante, sendo acompanhado por unanimidade. (CONAR. Conselho Nacional de Autorregulamentação Publicitária. Representação 084/21. 5ª e 8ª Câmara do Conselho de Ética. Decisão: Advertência. Relator: Conselheiro Carlos Roberto Alves, julg. maio 2022. **CONAR.** Disponível em: http://www.conar.org.br/processos/detcaso.php?id=6040. Acesso em: 20 dez. 2023).
14. **Ementa:** Anúncio nas redes sociais de Marines Iaczinski divulga oferta associada a tratamento de saúde desatendendo a várias recomendações do Código para a publicidade do gênero. A denúncia foi enviada ao Conar por consumidor. Não houve defesa por parte da anunciante, ainda que regularmente citada. A relatora deu plena razão à denúncia, recomendando a alteração, para que conste das peças publicitárias o alerta de contraindicações e o condicionamento da realização do procedimento a partir de avaliação prévia. Seu voto foi aceito por unanimidade. (CONAR. Conselho Nacional de Autorregulamentação Publicitária. Representação 172/22. 2ª Câmara do Conselho de Ética. Decisão: Alteração. Relator: Conselheira Priscilla Ceruti, julg. nov. 2022. **CONAR.** Disponível em: http://www.conar.org.br/processos/detcaso.php?id=6165. Acesso em: 20 dez. 2023).

A Representação Ética 211/22, promovida em face de Novabrink Indústria de Plásticos e Loja do Luccas Toon, do influenciador Luccas Neto, analisou a *apresentação deficitária de elementos caracterizadores da publicidade,* em anúncio divulgado na rede social da Loja do Luccas Toon. Além disso, se verificou na postagem o uso de apelo ao consumo (assédio de consumo) e estímulo ao público infantil em data próxima ao Dia das Crianças. No referido caso, o Conselho decidiu pela sustação da peça publicitária e a advertência às partes envolvidas, uma vez que a publicidade se encontrava mascarada como conteúdo editorial e poderia confundir crianças e adolescentes.[15]

No âmbito da Representação Ética 224/22, proposta em face da influenciadora digital Jessica D Perez e Lotoclub Online, se averiguou peça publicitária divulgada nas plataformas digitais da influenciadora, que apresentava dizeres como "Deixe de ser pobre, ganhe dinheiro curtindo fotos do Instagram", "Sim, você pode fazer no mínimo R$ 3.000 por mês, podendo ultrapassar os R$ 10.000". A publicidade carecia de informações a respeito da natureza da atividade divulgada, condições e os encargos existentes para utilização do serviço, em afronta ao Código de Autorregulamentação Publicitária. *In casu,* o Relator deu razão à denúncia em relação à Lotoclub Online, pelo que recomendou a sustação da publicidade.[16]

---

15. **Ementa:** Anúncio divulgado nas redes sociais Loja do Luccas Toon, do influenciador Luccas Neto, divulgando a Novabrink motivou esta representação proposta pela direção do Conar por considerar que apresenta identificação publicitária deficiente, em meio aos demais conteúdos no canal do influenciador mirim, o que pode gerar confusão junto ao público infantil sobre a natureza das postagens. Além disso, verifica-se o uso de apelo de consumo e estímulo ao público infantil para impingir o consumo junto aos responsáveis, prática reprovada pela ética publicitária. A defesa da Loja do Lucas Toon informa que, apesar de a boneca utilizada na peça publicitária ser uma reprodução de personagem de propriedade da Luccas Toon Studios, sendo produzida pela Novabrink, não houve coordenação de estratégia publicitária. Mesmo assim, visando demonstrar sua boa-fé, a Luccas Toon Studios providenciou a edição do vídeo sem o trecho mencionado na representação. A Novabrink não apresentou defesa. A relatora considerou o anúncio como "clara e visível ação promocional de vendas, em meio aos demais conteúdos editoriais, sem a devida identificação publicitária". Ela notou também que vocalização citada pela denúncia, apesar de não configurar apelo direto, demonstra intenção de influenciar diretamente as crianças, público-alvo do episódio, com o propósito de impingir o consumo em data próxima ao Dia das Crianças. Por isso, a relatora concluiu pela recomendação de sustação, agravada por advertência à Novabrink. Seu voto foi aceito por unanimidade. (CONAR. Conselho Nacional de Autorregulamentação Publicitária. Representação 211/22. 7ª Câmara do Conselho de Ética. Decisão: Sustação e advertência. Relator: Conselheira Fabiana Soriano, julg. dez. 2022. **CONAR.** Disponível em: http://www.conar.org.br/processos/detcaso.php?id=6202. Acesso em: 20 dez. 2023).
16. **Ementa:** Queixas de consumidores motivaram esta representação contra anúncios em rede social e internet, nos quais a influenciadora Jessica D Perez divulga serviços do Lotoclub Online. A campanha seria irregular por apregoar diversas promessas de ganhos, como "Deixe de ser pobre, ganhe dinheiro curtindo fotos do Instagram"; "Sim, você pode fazer no mínimo R$ 3.000 por mês, podendo ultrapassar os R$ 10.000"; "...você está a um passo da sua liberdade financeira...", entre outros, sem esclarecer a natureza da atividade divulgada, as condições e os encargos existentes, em potencial infração ao Código. Ainda de acordo com as queixas, o anúncio seria também enganoso, na medida em que não teria efetuado a devolução do dinheiro pago pelo consumidor (relativo à taxa de manutenção), descumprindo o prometido. A direção do Conar juntou às denúncias pedido de comprovação da veracidade das afirmações feitas nos anúncios e a regularidade da oferta publicitária. Regularmente citadas, a anunciante e a influenciadora não apresentaram defesa. O relator deu razão à denúncia em relação à Lotoclub Online, pelo que recomendou a sustação. Já em relação à influenciadora, ele propôs o arquivamento. Seu voto foi aceito por unanimidade. (CONAR. Conselho Nacional de Autorregulamentação Publicitária. Representação 224/22. 6ª Câmara do Conselho de Ética. Decisão: Sustação e arquivamento.

Já na Representação Ética 116/22, proposta em face de Na Mala Tur Viagens, Cassi Valadão, Blog Andrevaladao e Bella Falconi, o Conselho apreciou a possibilidade de fraude na oferta, caracterizada pela veiculação de publicidade enganosa, posto que múltiplos consumidores compraram pacotes turísticos que não foram entregues, tampouco, ressarcidos pelos pagamentos efetuados. A peça, ademais, faltava com transparência e clareza, sendo difícil distinguir a natureza publicitária da postagem de um conteúdo editorial dos influenciadores.[17]

A última Representação colacionada se refere a uma decisão paradigmática proferida pelo Conselho de Ética do CONAR na ocasião da apreciação da Representação Ética 085/22.

No episódio, o *influencer* Enaldinho, em vídeo na plataforma do *YouTube* denominado "QUEM COME MAIS RÁPIDO A SUA COMIDA VENCE! PARTE 3 – DESAFIO" apresentou em uma competição de comer determinado produto alimentício da marca Nestlé, tratando-o, reiteradamente, de forma elogiosa. O Conselho, ao apreciar o caso, verificou a existência de uma série de elementos que sugeriam se tratar de *publicidade velada*. Todavia, nas palavras do Relator, era "plenamente possível que o influenciador o tenha feito para chamar a atenção do anunciante, sem qualquer ingerência deste", visto que o influenciador afirmou se tratar de conteúdo editorial e, não publicitário.[18]

Relator: Conselheiro Augusto Cesar Fortuna, julg. dez. 2022. **CONAR.** Disponível em: http://www.conar.org.br/processos/detcaso.php?id=6195. Acesso em: 20 dez. 2023).

17. **Ementa:** Anúncios em redes sociais da Na Mala Tur Viagens protagonizados pelos influenciadores Cassi Valadão, Blog Andrevaladao e Bella Falconi tiveram a sua veracidade contestada por consumidores. Eles se queixam de fraude: compraram pacotes turísticos que não foram entregues, tampouco ressarcidos pelos pagamentos efetuados, entre outras reclamações. Houve medida liminar de sustação recomendada pelo relator até julgamento da representação. Os influenciadores e a anunciante enviaram defesa ao Conar, negando terem incorrido em desrespeito às recomendações do Código. O relator entende que, ainda que nem todas as postagens tenham caráter claramente publicitário, há elementos na representação que permitem confirmar a recomendação de sustação agravada por advertência aos influenciadores Cassi Valadão, Blog Andrevaladao e Bella Falconi, "para que assumam um cuidado maior quanto à transparência e clareza da comunicação com o público, em especial tornando mais evidentes as distinções entre conteúdo e aqueles, de caráter publicitário". Seu voto foi aceito por unanimidade. (CONAR. Conselho Nacional de Autorregulamentação Publicitária. Representação 116/22. 6ª Câmara do Conselho de Ética. Decisão: Sustação e advertência. Relator: Conselheiro Luiz Guilherme Valente, julg. jul. 2022. **CONAR.** Disponível em: http://www.conar.org.br/processos/detcaso.php?id=6071. Acesso em: 20 dez. 2023).

18. **Ementa:** A direção do Conar propôs esta representação, questionando se ação do influenciador Enaldinho com o título acima é publicitária. Em sua defesa, Nestlé e o influenciador informam ter havido menção espontânea ao produto e ausência de qualquer relação comercial entre eles. Não obstante, o relator da decisão de primeira instância considerou haver elementos suficientes para constatar que o conteúdo configuraria anúncio, por se tratar da única marca mencionada e de forma reiterada e elogiosa, enaltecendo os atributos do produto. Por isso, propôs advertência às partes, sendo acompanhado por unanimidade. Nestlé e Enaldinho recorreram da recomendação e, na Câmara Especial de Recursos, viram seus argumentos prevalecerem. O relator de segunda instância reconheceu haver na peça uma série de elementos que sugerem se tratar de publicidade. Considerou, porém, ser plenamente possível que o influenciador o tenha feito para chamar a atenção do anunciante, sem qualquer ingerência deste. Escreveu ele em seu voto: "não se discute aqui o fato de o vídeo ser voltado para o público infanto-juvenil e estimular consumo excessivo de alimento rico em açúcar – o que, na visão deste relator, é condenável. Porém, em se tratando de conteúdo espontâneo, tal como alegam as partes, o Guia de Publicidade por Influenciadores Digitais é claro: o anunciante tem a possibilidade – e não a obrigação – de advertir o influenciador. Ainda que a Nestlé pudesse ter adotado medidas para educar o influenciador (inclusive como uma forma de demonstração de boa-fé) fato é que, atualmente, as normas

A situação narrada fez com que o Conselho de Ética do CONAR discutisse uma moção para:

> [...] levar à Diretoria do Conar o exame da necessidade de atualização do Guia de Publicidade por Influenciadores Digitais, em especial no tocante às medidas possíveis diante da divulgação de marca por influenciadores digitais, sem qualquer conexão ou contato com o anunciante, porém com o encorajamento do uso do produto ou serviço de forma prejudicial e/ou arriscada.[19]

Percebe-se, por meio dos dados disponibilizados pelo CONAR, assim como pelas decisões colacionadas, que grande parte das Representações Éticas ocorrem por iniciativa de queixas (denúncias) de consumidores, que vislumbram a ausência de identificação publicitária nos anúncios veiculados pelos influenciadores.

Diante das queixas promovidas pelos consumidores ou da atuação de ofício do CONAR, o Conselho atua na posição dos interesses dos direitos do consumidor relativos à publicidade divulgada, sendo responsável por fiscalizar, sobretudo, a ética publicitária e a obrigatoriedade de cumprimento das normas, definindo o arquivamento (se consoante às normas) ou a recomendação de alteração da publicidade, a depender do teor do anúncio.

---

deste Conselho não impõem tal dever". Concluiu pelo arquivamento da representação, sendo acompanhado por maioria de votos. Após o julgamento, foi aprovada moção proposta pela presidente da 6ª Câmara do Conselho de Ética, para levar à Diretoria do Conar o exame da necessidade de atualização do Guia de Publicidade por Influenciadores Digitais, em especial no tocante às medidas possíveis diante da divulgação de marca por influenciadores digitais, sem qualquer conexão ou contato com o anunciante, porém com o encorajamento do uso do produto ou serviço de forma prejudicial e/ou arriscada. (CONAR. Conselho Nacional de Autorregulamentação Publicitária. Representação 085/22. 1ª Câmara do Conselho de Ética e Câmara Especial de Recursos. Decisão: Arquivamento. Relator: Conselheiros Marcel Leonardi e Luiz Guilherme Valente, julg. set. 2022. **CONAR**. Disponível em: http://www.conar.org.br/processos/detcaso.php?id=6129. Acesso em: 20 dez. 2023).

19. **Ementa:** A direção do Conar propôs esta representação, questionando se ação do influenciador Enaldinho com o título acima é publicitária. Em sua defesa, Nestlé e o influenciador informam ter havido menção espontânea ao produto e ausência de qualquer relação comercial entre eles. Não obstante, o relator da decisão de primeira instância considerou haver elementos suficientes para constatar que o conteúdo configuraria anúncio, por se tratar da única marca mencionada e de forma reiterada e elogiosa, enaltecendo os atributos do produto. Por isso, propôs advertência às partes, sendo acompanhado por unanimidade. Nestlé e Enaldinho recorreram da recomendação e, na Câmara Especial de Recursos, viram seus argumentos prevalecerem. O relator de segunda instância reconheceu haver na peça uma série de elementos que sugerem se tratar de publicidade. Considerou, porém, ser plenamente possível que o influenciador o tenha feito para chamar a atenção do anunciante, sem qualquer ingerência deste. Escreveu ele em seu voto: "não se discute aqui o fato de o vídeo ser voltado para o público infanto-juvenil e estimular consumo excessivo de alimento rico em açúcar – o que, na visão deste relator, é condenável. Porém, em se tratando de conteúdo espontâneo, tal como alegam as partes, o Guia de Publicidade por Influenciadores Digitais é claro: o anunciante tem a possibilidade – e não a obrigação – de advertir o influenciador. Ainda que a Nestlé pudesse ter adotado medidas para educar o influenciador (inclusive como uma forma de demonstração de boa-fé) fato é que, atualmente, as normas deste Conselho não impõem tal dever". Concluiu pelo arquivamento da representação, sendo acompanhado por maioria de votos. Após o julgamento, foi aprovada moção proposta pela presidente da 6ª Câmara do Conselho de Ética, para levar à Diretoria do Conar o exame da necessidade de atualização do Guia de Publicidade por Influenciadores Digitais, em especial no tocante às medidas possíveis diante da divulgação de marca por influenciadores digitais, sem qualquer conexão ou contato com o anunciante, porém com o encorajamento do uso do produto ou serviço de forma prejudicial e/ou arriscada. (CONAR. Conselho Nacional de Autorregulamentação Publicitária. Representação 085/22. 1ª Câmara do Conselho de Ética e Câmara Especial de Recursos. Decisão: Arquivamento. Relator: Conselheiros Marcel Leonardi e Luiz Guilherme Valente, julg. set. 2022. **CONAR**. Disponível em: http://www.conar.org.br/processos/detcaso.php?id=6129. Acesso em: 20 dez. 2023).

Vislumbra-se, ademais, que influenciadores digitais devem se atentar à maneira que apresentam seu conteúdo editorial e, especialmente, seu conteúdo publicitário, de modo a não possibilitar que consumidores sejam levados a erro diante de uma publicação promovida, em desconformidade, com os preceitos éticos estabelecidos pelo CBAP.

9.2 DECISÕES JUDICIAIS ENVOLVENDO INFLUENCIADORES DIGITAIS

No âmbito judicial, alguns processos envolvendo influenciadores digitais, despontaram nos últimos anos no Poder Judiciário, nos mais variados segmentos das celebridades digitais, demandando uma análise crítica, das circunstâncias apresentadas nos casos *sub judice*, com a finalidade de se compreender adequadamente os contornos contemporâneos da atuação dos *influencers* no ambiente digital.

9.2.1 Viagem espiritual ao Egito

Em 2021, o 11º Juizado Especial Cível de Curitiba, ao julgar pedido de reparação civil por danos morais e materiais, no Recurso Inominado Cível nº 0031564-51.2019.8.16.0182, condenou uma influenciadora digital a responder civilmente pela veiculação de anúncio publicitário relativo à viagem espiritual ao Egito que, a *posteriori*, não se concretizou, resultando no cancelamento da viagem sem restituição dos valores adiantados pelos seguidores, tendo por fundamento a quebra da confiança (credibilidade) depositada na *influencer*.

O Tribunal de Justiça do Paraná, examinando o caso em tela, destacou que:

> Em que pese a recorrente afirme que se trata de mera convidada do evento, é certo que atuou como influenciadora digital na hipótese, efetuando a publicidade da viagem em suas redes sociais e convidando seus seguidores a participar da jornada espiritual. O fato de não ter chegado a receber a contraprestação prometida não afasta a referida responsabilidade. [...] a própria recorrente afirma que divulgou a viagem por suas redes sociais e que enviou e-mails para a parte reclamante convidando-a para participar. Inclusive, a recorrente deseja boas-vindas à reclamante após a adesão ao pacote e afirma que a experiência será transformadora. Com as referidas condutas, faz surgir na reclamante a confiança no serviço prestado.
>
> [...]
>
> Assim, a responsabilização em comento não se dá pelo papel de organização do evento, havendo a instrução dos autos esclarecido que a reclamada não possuía ingerência na forma de condução, mas sim como influenciadora digital. Logo, não pode a recorrente se esquivar dos danos causados relativamente aos conteúdos que divulga.
>
> [...]
>
> Em suma, a recorrente responde civilmente como influenciadora (atuou como influenciadora na formação da relação de consumo entre a reclamante e a Panorama, gerando na reclamante confiança na aquisição do serviço – ideia de que, se ela está promovendo, é porque está avalizando o serviço). Portanto, a condenação deve ser mantida.[20]

---

20. **Ementa:** Recurso inominado. Ação de indenização por danos morais e materiais. Alegações de violação ao princípio da dialeticidade, de inovação recursal e de nulidade da sentença afastadas. Princípio do Juiz natural que não se aplica aos juízes leigos. Contrato de prestação de serviços. Viagem para o Egito em jornada espiritual. Cancelamento da viagem sem restituição dos valores adiantados. Recurso interposto pela guia

Conforme já explicitado, os *influenciadores digitais* são indivíduos que exercem grande influência sobre determinado público-alvo, possuindo a habilidade de criar e moldar opiniões, bem como gerar apelo para divulgações publicitárias. No caso em comento, a influenciadora se enquadrava na categoria de *"micro influencer"*, o que contribuiu para que a consumidora confiasse, de forma ainda mais efetiva, no serviço prestado, visto que possuía contato mais próximo com a *influencer*.

Insta salientar que os micro influenciadores possuem a presunção, por parte do público consumidor, de "autenticidade e confiabilidade", pois, ao contrário das celebridades tradicionais, que constantemente anunciam produtos e serviços nas redes sociais, possuindo caráter mais "roteirizado e robotizado", estes influenciadores transmitem a sensação, quando divulgam algo, de que o fazem porque aprovam o produto ou serviço o suficiente para indicar aos seguidores, especialmente, em se tratando de "viagem de jornada espiritual".

A decisão prolatada destacou que a referida influenciadora atuou diretamente na formação da relação de consumo, incutindo na consumidora, por meio da credibilidade depositada na *influencer, a confiança na aquisição da prestação de serviço*.

Nessa perspectiva, o *princípio da confiança* assume fundamental importância na análise do conteúdo substancial da boa-fé objetiva, sendo um dos pilares para a proteção dos legítimos interesses e expectativas criados pelas partes na relação jurídica contratual.[21]

9.2.2 O golpe do Iphone 8 Plus

O Tribunal de Justiça do Rio de Janeiro, nos autos do processo 0019543-02.2019.8.19.0007, o qual tramitou perante o Juizado Especial Cível de Barra Mansa/RJ, condenou em março de 2020, a influenciadora digital Virgínia Fonseca a restituir a quantia de R$ 2.639,90 (dois mil seiscentos e trinta e nove reais e noventa centavos) a uma seguidora, que efetuou a compra de um celular, devido à divulgação de publicidade do aparelho realizada pela *influencer* na rede social Instagram. Entretanto, após efetuar o pagamento da compra, não recebeu o produto, tendo, posteriormente, conhecimento de que se tratava de um golpe aplicado em território nacional.[22]

---

espiritual convidada. Preliminar de ilegitimidade rejeitada. Aplicação da teoria da aparência. Divulgação da jornada realizada pela recorrente. *Responsabilidade civil do influenciador digital.* Recorrente que, *ao efetuar a publicidade da viagem, avalizou o serviço.* Recurso conhecido e desprovido. (PARANÁ. Tribunal de Justiça. Recurso Inominado Cível 0031564-51.2019.8.16.0182. 5ª Turma Recursal dos Juizados Especiais. 11º Juizado Especial Cível de Curitiba. Relator: Juíza Manuela Tallão Benke, julg. 08. abr. 2021. **Diário da Justiça Eletrônico,** Curitiba, publ. 14 abr. 2021. Disponível em: https://portal.tjpr.jus.br/jurisprudencia/j/2100000015106711/Ac%C3%B3rd%C3%A3o-0031564-51.2019.8.16.0182. Acesso em: 20 dez. 2023).

21. Nesse sentido ver: LARENZ, Karl. **Derecho de obligaciones.** Tomo I. Versión española. Traducción y Notas de Jaime Santos Brinz. Madrid: Editorial Revista de Derecho Privado, 1958, p.142; LOPES, Christian Sahb Batista. Responsabilidade pré-contratual: subsídios para o direito brasileiro das negociações. Belo Horizonte, Del Rey, 2011, p.59-63.

22. **Ementa:** [...] Diante de estarem presentes e regulares os pressupostos processuais e condições da ação, passo a analisar as questões de mérito. *Incidência do Código Civil, tratando-se de relação entre particulares, na espécie se revela em verdadeira ação de responsabilidade civil, nos termos do art.927 do CC/02.* [...]. Em condensado

Na referida decisão, o juiz explicitou que a influenciadora digital deveria responder civilmente pelos danos causados à seguidora, com fundamento no fato de que "a *atividade normalmente desenvolvida* pela requerida (Virgínia) implica em expor produtos de terceiros a venda, sob sua chancela e indiscutível influência." Ademais, destacou, ainda, na sentença a inexistência de relação de consumo entre a seguidora e a influencer, mas, subsistindo a atribuição de responsabilidade objetiva à influenciadora, com esteio na previsão legal do artigo 927, parágrafo único do Código Civil e, por conseguinte, "*devendo responder pelos riscos do seu empreendimento, considerando que quem retira*

---

resumo, aduz o 'pedido' (art.14 da Lei 9.099/95), que a parte autora em 12/08/2019 após examinar conteúdo publicitário de venda de um IPHONE 8 PLUS, descrito na peça vestibular, que foi intermediada e incentivada com aprovação de segurança e qualidade por influenciadora digital (fls.22/23), que, aliás, a autora segue nas mídias sociais. Narra que, após efetuar o pagamento do produto (fls.25), não recebeu o mesmo, tomando posteriormente ciência de que se tratava de um golpe aplicado em território nacional. Informa que realizou o R.O (fls.27/28), mas não obteve êxito na solução extrajudicial do fato. porque não foi restituída do valor pago. Por fim, constrói toda a sua tese jurídica dentro da solidariedade dos influenciadores digitais, bem como da plataforma do facebook/instagram, fls.05/09. De outro lado, os réus apresentaram suas defesas suscitando a preliminar acima rejeitada, e no mérito, pugnando pela improcedência do pleito, sendo o réu (facebook) alegando que apresenta apenas o espaço digital, e na senda de precedentes do Eg.STJ não tem responsabilidade jurídica; a ré (Virgínia), na matéria de direito sustentou culpa exclusiva da autora. Ora, no caso em apreço, não se pode olvidar que, ainda que estamos fora de uma relação de consumo, é possível subsistir a responsabilidade objetiva, conforme declara o art.927, parágrafo único do NCC/02, que: 'Haverá obrigação de reparar o dano, independentemente de culpa, nos casos especificados em lei, ou quando a *atividade normalmente desenvolvida pelo autor do dano implicar, por sua natureza, risco para os direitos de outrem.*' Assim, ao perscrutar os autos verifico que a *atividade normalmente desenvolvida* pela requerida (Virgínia) implicar em expor produtos de terceiros a venda, sob sua chancela e indiscutível influência, posto que sem ela, não teríamos a contratação do produto, pois por ser seguidora desta é que a ré comprou o direcionado produto. Portanto, é notório que a segunda requerida faz tal ato com habitualidade, conforme se apura em seu perfil virtual na plataforma do instagram, aliado a isso, essa ré não nega tal intermediação, mas apenas a questão do valor, permanecendo incólume a relação de intermediação, sobre a qual se lucra com habitualidade, o que atrai a responsabilidade normalmente desenvolvida pela mesma. Ademais, a responsabilidade civil tem se tem ampliado ao repousar-se sobre a vítima, o que se denomina de primazia da vítima com fundamento na solidariedade dos ofensores, e isso por meio do princípio da solidariedade, que, aliás, tem matriz Constitucional, (art.3ª, I da CFRB/88). Aliado ao acima mencionado, a ré (Revel) não se desincumbiu de demonstrar a presença de fato que possa obstar, modificar ou extinguir o direito subjetivo da demandante, na forma do artigo 373, inc. II, do NCPC, devendo *responder pelos riscos do seu empreendimento, considerando que quem retira proveito de uma atividade de risco, com probabilidade de danos, obtendo vantagens, lucros, benefícios, deve arcar com os prejuízos deles decorrentes*. Assim restou patente a responsabilidade da revel nesse caso em tela. Afasto a reponsabilidade da plataforma instagram/facebook, consoante entendimento do Eg.STJ. [...]. Então, merece abrigo o pleito de restituição do valor pago pelo produto intermediado e não entregue. Consigno, que inexiste responsabilidade em face de Pedro, pois que houve pedido de desistência em face dele. Quanto ao dano moral, este não tem guarida in casu. [...]. Isso posto, *resolvo o mérito, julgando procedentes* os pedidos da exordial, com fulcro no art. 487, I, do Código de Processo Civil, para: (1) *condenar a ré* (Virgínia) a restituir a parte autora a quantia de R$ 2.639,90 devendo a correção monetária contar do desembolso e os juros de 1% ao mês a contar da citação, por base do art.405 do NCC/02; (2) *homologo a desistência em face do réu (Pedro Afonso); (3) julgo improcedente os demais pedidos em face da ré (Virgínia); (4) julgo improcedente todos os pedidos em face da ré (facebook)*. (RIO DE JANEIRO. Tribunal de Justiça. Procedimento do Juizado Especial Cível n.º 0019543-02.2019.8.19.0007. Juizado Especial Cível. Relator: Juiz Leigo Rafael da Silveira Thomaz. julg. 31 mar. 2020. **Diário da Justiça Eletrônico,** Barra Mansa, publ. 05 maio 2020. Disponível em: https://www3.tjrj.jus.br/consultaprocessual/#/consultapublica?numProcessoCNJ=0019543-02.2019.8.19.0007. Acesso em: 20 dez. 2023).

proveito de uma atividade de risco, com probabilidade de danos, obtendo vantagens, lucros, benefícios, deve arcar com os prejuízos deles decorrentes."[23]

Por fim, a decisão proferida asseverou que a mídia social (facebook/instagram) na qual fora veiculada a publicidade da *influencer*, não deveria responder pelos danos causados à seguidora, uma vez que, a mencionada plataforma digital não exerceria controle direto quanto às postagens realizadas. Quanto ao pedido de dano moral, fora julgado improcedente.

9.2.3 A linha de óculos de Virgínia Fonseca

Em 2022, a influenciadora digital Virgínia Fonseca firmou uma parceria com a marca de óculos BY IK (MBC Comércio de Acessórios Ltda.) para lançar uma linha de óculos própria.[24] Ocorre que, em poucos meses, a referida parceria foi desfeita. Conforme relatado pela *influencer* nas mídias sociais,

> Fiz minha linha de óculos com a empresa IK. Acontece que ela não cumpriu com suas obrigações nem com vocês e nem comigo. [Me] desvinculei da marca e eles continuam usando minha imagem.[25]

A parceria resultou em anúncios publicitários realizados pela influenciadora digital nas redes sociais e no lançamento da linha de produtos da mesma pela fornecedora. Todavia, conforme se constatou no site "Reclame aqui", numerosas foram as reclamações relativas ao não recebimento dos produtos.[26] Não obstante, nenhuma resposta foi dada pela fornecedora ou pela influenciadora, de maneira que, alguns dos consumidores lesados ajuizaram ações judiciais com o objetivo de obter a reparação pelos eventuais danos sofridos.[27]

> No contexto do negócio firmado, vale registrar que a litisconsorte passiva Virgínia Pimenta da Fonseca Serrão, ao realizar publicidade do produto, não assumiu, ao menos pessoalmente, nenhuma obrigação frente aos consumidores, seja quanto à qualidade do objeto, seja no que diz respeito à entrega dos itens adquiridos.

---

23. RIO DE JANEIRO. Tribunal de Justiça. Procedimento do Juizado Especial Cível n.º 0019543-02.2019.8.19.0007. Juizado Especial Cível. Relator: Juiz Leigo Rafael da Silveira Thomaz. julg. 31 mar. 2020. **Diário da Justiça Eletrônico,** Barra Mansa, publ. 05 maio 2020. Disponível em: https://www3.tjrj.jus.br/consultaprocessual/#/consultapublica?numProcessoCNJ=0019543-02.2019.8.19.0007. Acesso em: 20 dez. 2023.
24. SPLASH UOL. Virginia Fonseca é processada por mais uma seguidora após suposto calote. **Splash UOL.** 2023. Disponível em: https://www.uol.com.br/splash/noticias/2023/07/13/virginia-fonseca-e-processada-por-mais-uma-seguidora-apos-suposto-calote.htm?cmpid=copiaecola. Acesso em: 20 dez. 2023.
25. SPLASH UOL. Por que Virginia Fonseca é processada após parceria com marca de óculos? **Splash UOL.** 2023. Disponível em: https://www.uol.com.br/splash/noticias/2023/07/13/virginia-fonseca-marca-de-oculos-processos.htm?cmpid=copiaecola. Acesso em: 20 dez. 2023.
26. RECLAME AQUI. **By IK.** 2023. Disponível em: https://www.reclameaqui.com.br/empresa/by-ik/. Acesso em: 25 jul. 2023.
27. SPLASH UOL. Virginia Fonseca é processada por mais uma seguidora após suposto calote. **Splash UOL.** 2023. Disponível em: https://www.uol.com.br/splash/noticias/2023/07/13/virginia-fonseca-e-processada-por-mais-uma-seguidora-apos-suposto-calote.htm?cmpid=copiaecola. Acesso em: 20 dez. 2023.

A este respeito, imprescindível anotar que o "anunciante" de determinado produto ou serviço não atrai para si a responsabilidade pela qualidade do objeto, nem mesmo sobre contratos que eventualmente sejam firmados entre o fornecedor/comerciante e os consumidores, porquanto não é parte direta destes negócios jurídicos.

A hipótese, portanto, é de ausência de nexo de causalidade entre a propaganda realizada pela requerida Virgínia e o descumprimento do contrato celebrado entre a autora e a litisconsorte MBC Comércio de Acessórios Ltda., sobre o qual se assenta a pretensão reparatória.[28]

No caso em tela, se verificou que a responsabilidade pelos prejuízos causados aos consumidores restou, exclusivamente, atribuída à fornecedora dos produtos, que descumpriu as obrigações assumidas contratualmente.

9.2.4 O *link* da Shopee no Instagram da Karol Conká

Para além da divulgação de atividade publicitária, outras controvérsias relacionadas a atuação de influenciadores digitais, permeiam o âmbito de apreciação do Poder Judiciário, sendo relevante destacar a decisão judicial, em que se analisou a discussão pertinente a alegação de *"quebra de contrato"* (inadimplemento contratual) pela influenciadora digital Karol Conká.

Em breve síntese, uma loja de joias ajuizou ação em face da rapper (enquanto a mesma estava confinada nos estúdios Globo para participação de edição do *Big Brother Brasil em 2021*) alegando que um anúncio publicitário fora veiculado por Karol Conká no *Instagram*, de maneira diferente da que fora acordada com o anunciante (fornecedor), sob forma de contrato de parceria, para que a influenciadora fizesse um anúncio usando os itens da "empresa" e compartilhasse um link que levaria os consumidores (seguidores) ao site do fornecedor.

Ocorre que, Karol Conká usou, na publicação do anúncio, outro link, que direcionava os seguidores interessados para a plataforma de comércio eletrônico *Shopee*, e não ao site do fornecedor, o que teria lhe causado prejuízos financeiros e motivado à propositura do processo judicial em face da influenciadora.

Nos autos do processo 1000596-02.2021.8.26.0011, o Tribunal de Justiça de São Paulo (TJSP) entendeu, contudo, que:

> Ao rigor desse raciocínio, não há falar-se em frustração de expectativas, pois nunca se fez proposta para divulgação individual dos produtos da autora (item 25 fls. 203), que foi clara e especificamente consultada se gostaria de participar da campanha (fls. 06), por óbvio sem nenhuma promessa de lucro certo extra.

---

28. ESPÍRITO SANTO. Tribunal de Justiça. Procedimento do Juizado Especial Cível n.º 5003308-15.2023.8.08.0014. Juizado Especial Cível. Relator: Juiz Gustavo Henrique Procópio Silva. julg. 27 out. 2023. **Diário da Justiça Eletrônico,** Barra Mansa, publ. 27 out. 2023. Disponível em: https://pje.tjes.jus.br/pje/ConsultaPublica/DetalheProcessoConsultaPublica/documentoSemLoginHTML.seam?ca=8925f85353701b89e968e4d60fc949f020b3663e13eb539f08981a583b4a976ca520e5947faeea02bb80719abfcc533447a748ad55731570&idProcessoDoc=32922867. Acesso em: 20 dez. 2023.

Bianka, certamente, não tinha legítima expectativa de apartar-se dos riscos próprios da sua atividade empresarial, que obteve um substancial incremento já no mês de novembro de 2020 (fls. 25); aliás, é esse o dado objetivo que importa, não o subjetivo que gravita em torno de outubro daquele ano (fls. 26 e 101).

Logo, o que se combinou para a campanha foi cumprido (fls. 93/96), sem nenhum indício de dolo (vício de consentimento); ao passo que os acessórios dados como um bonificado (sic) (fls. 06), à evidência, se desprenderam do ajuste originário, a não se identificar nenhuma ilicitude no seu uso posterior pela respectiva dona, seja ou não em videoclipe.

[...]

Não se lavrou qualquer instrumento escrito específico e os pormenores do negócio podem ser extraídos das conversas via WhatsApp e, por certo, não permitem conclusões pontuais e dissociadas de seu contexto maior. O que importa é que se deliberou realizar associar os produtos da autora com apresentação de renomada artista e que, segundo consta, teria mais de 1.500.000 de seguidores, o que, segundo a ótica da empresa, poderia sugerir estratégia de marketing para divulgação de produtos, dentre eles aqueles confeccionados artesanalmente pela autora e que, por se tratar de microempresária, buscava alavancar seus negócios com aumento substancial de vendas. Em negócios desse gênero, a apresentadora não faz no geral dos casos, negócio de compra e venda com os acessórios que usa na publicidade, restando claro que as peças foram mostradas e selecionadas pela corré, as quais, por sua vez, restaram utilizadas e destacadas no momento da apresentação. A compra e venda só haveria na venda virtual com trato feito de redução substancial dos preços dos produtos da autora e nada existe que possa prestigiar, a não ser na versão unilateral, que seria feita divulgação específica e com destaque a quem os confecciona. Em situações tais o contrato é feito diretamente entre a ofertante e da influenciadora digital, de grande popularidade, incumbida da divulgação, o que não é o caso dos autos.

[...]

Nem existe demonstração idônea de prejuízo material que decorra dos pormenores do negócio realizado e eventuais aborrecimentos da autora, resultantes de contrariedade pelo não desenvolvimento da exibição e dos negócios de conformidade com seu imaginário unilateral, não caracterizam ofensa a direito de personalidade.[29]

---

29. **Ementa:** Prestação de serviços. Plataforma de comércio eletrônico Shopee. Produtora de acessórios de moda, feitos à mão, que os vende em loja online. Contrato firmado em conversas via WhatsApp para realização de ação promocional com a artista e rapper Karol Conká para divulgação de seus produtos. Escolha e envio de cinco peças autorais, com uso em exibições feitas pela artista em ambiente virtual. Ausência, porém, de divulgação do nome da autora e ausência de indicação no site de link específico para compra pelos consumidores. Ação julgada improcedente. Parceria que não abrange propaganda exclusiva dos produtos confeccionados pela autora. Artista que, em meio à sua apresentação, aponta os acessórios por ela utilizados no evento. Avença que, na verdade, abrange apresentação de produtos vendidos por intermédio da corré SHPS e indicando seu link onde possível aquisição pelos consumidores. Ausência de promessa de divulgação e propaganda individual como se propaganda específica fosse. Recurso desprovido, com observação. A autora contratou plataforma de comércio eletrônico mantido pela corré SHPS e que tem objetivo atrair pessoas com interesses convergentes, aproximando fabricantes e comerciantes interessados em divulgar e vender os seus produtos na internet aos consumidores, utilizando-se, para tanto, para atrair maior número de usuários, a divulgação por influenciador digital, de grande popularidade e em geral com milhares ou milhões de seguidores. Houve adesão da autora na divulgação por meio da artista Karol Conká, com presumíveis 1.500.000 de seguidores, e que, em meio à sua apresentação, apontou acessórios que estava usando, dentre eles aqueles confeccionados pela autora. Não houve contratação como se fosse simples propaganda comercial dos produtos da autora, como se vê em anúncios de televisão, rádio e jornal, mas de exibição coletiva de produtos das mais variadas origens e na qual, por certo, não estava a apresentadora obrigada a citar nominalmente a autora, nem plataforma obrigada a indicar link próprio da fabricante. Cuida-se de parceria de baixo custo e o retorno financeiro segue a regra da oferta e da procura. Não houve promessa de ganhos excessivos, mas a corré demonstra que a autora obteve ganhos maiores nos meses subsequentes ao da divulgação, pois, com uso do link disponibilizado, os interessados poderiam acessá-lo e no qual conseguiriam os usuários efetuar as compras desejadas. Não houve descumprimento do acordo e não se vê equívoco de fala da artista no sentido de que houve "compra" do acessório ou mesmo de que não houve doação, quando

Como pode ser percebido da ementa do acórdão do Tribunal de Justiça de São Paulo, uma vez que inexistente contrato de parceria formalizado entre o fornecedor e a influenciadora, não seria possível concluir pelo entendimento de que a influenciadora Karol Conká teria descumprido o contrato, uma vez que a rapper direcionou o link de compras para a plataforma digital da *Shopee*, parceira comercial da anunciante recorrente.

O referido Tribunal concluiu que *não houve frustação da legítima expectativa* da fornecedora (anunciante), tão logo, inexistiram violações aos princípios da boa-fé objetiva e função social dos contratos, demonstrando-se ser indevido imputar responsabilidade à influenciadora digital, visto que ela cumpriu com as obrigações estabelecidas no contrato.

9.2.5 Os direitos autorais do influenciador

O Tribunal de Justiça de São Paulo apreciou um caso no qual uma fornecedora de roupas e acessórios (Marisa Lojas Varejistas Ltda), se utilizou de conteúdo autoral de um *influencer* (João Pedro Doederlein de Oliveira), em uma coleção de roupas. A ação perpetrada pela fornecedora violou os direitos autorais do influenciador digital, pois se utilizou de textos escritos pelo mesmo, sem autorização, em peças de roupas comercializadas no mercado de consumo.[30]

---

se trata de adorno de uso pessoal, presumindo-se até mesmo entregue em doação. Interpretação equivocada do negócio fechado mediante conversas mantidas em WhatsApp não gera direito a indenização material ou moral. Os riscos do negócio observam a vetusta regra da oferta e da procura. (SÃO PAULO. Tribunal de Justiça. Apelação Cível 1000596-02.2021.8.26.0011. 32ª Câmara de Direito Privado. Relator Des. Kioitsi Chicuta. **Diário da Justiça Eletrônico,** São Paulo, julg. 21 set. 2021, publ. 23 set. 2021. Disponível em: https://esaj.tjsp.jus.br/pastadigital/abrirDocumentoEdt.do?origemDocumento=M&nuProcesso=1000596-02.2021.8.26.0011&cdProcesso=RI006GYD80000&cdForo=990&tpOrigem=2&flOrigem=S&nmAlias=SG5TJ&instanciaProcesso=SG&cdServico=190201&ticket=qGMmVKZGIcOx LeEcjaB5R4rMHyeTp53 dH3 y5AiFyBRINrSXJvpk16dTa3WS64xI3dacXuK3p3S%2F9kyZBiK7yWWeajKUpAor3 L0cCehwjB2Hxj0vkLM5%2Fiwsr94sTKGet4HqdsJFbvF6c%2F z840IKN1e2mpLXNRq85KXUmsaUMkcxC6zCIZBDRnR7B4yTISqAlmB% 2B8yHp rZ0PFyHyT1rONEuESMeMmcWIvvPqY9F8NOv4CAEkVcfFsiL2%2 BDuAVmRk1 jbKe 8zdlq7jLyNr qKfsLq4GbLT3rlaqc8lNa5 WhMy1JBvAC m YkAQTuOjekbslOi thU5 82D9Vr 0oWlN9e5Vuc9KNk6bqx6iLwC F5dUe%2B%2BtXBNfaw9TmLZRPLCd jvCHDYR4q OCc3ZGMGF6zV1wAG6tt67lz7iCZcGrTxGxFy%2BWHLzgdJ1zeZjD vXq cmFjNKCJa. Acesso em: 20 dez. 2023).

30. **Ementa:** Direitos Autorais. Ação Declaratória c/c. perdas e danos. Emprego de textos escritos pelo autor em peças de roupas comercializadas pela ré. Matéria indiscutível. Conteúdo legalmente protegido (art. 7º, I, da Lei 9.610/98). Publicação em rede social e livro atribuídos editados pelo autor. Textos, ainda, que indicavam a sua real titularidade. Utilização dependente de expressa cessão dos direitos autorais. Impositiva reparação por danos materiais, nos termos do art. 103 da Lei de Direitos Autorais. Previsão legislativa, outrossim, que não se limita à publicação de exemplares. Necessário ajuste da previsão aos demais meios de contrafação hodiernamente existentes. Precedentes. Royalties, ainda, derivados da regular exploração do conteúdo autoral, diferentemente do que se passa com a desautorizada utilização. Apuração do montante devido ao autor em sede de liquidação de sentença. Indenização por danos morais (in re ipsa). Valor estabelecido em R$ 13.000,00, em observância ao pleito introdutório. Montante, ainda, que se ajusta ao art. 944 do CC. Apelo Parcialmente Provido. (SÃO PAULO. Tribunal de Justiça. Apelação Cível n. 1096550-70.2019.8.26.0100, 3ª Câmara de Direito Privado. Relator: Des. Donegá Morandini. julg. 06 out. 2020. **Diário da Justiça Eletrônico,** São Paulo, publ. 07 out.

Por oportuno, resta destacar que, diante das circunstâncias do caso em análise, se vislumbra a possibilidade de imputação de responsabilidade em razão da ocorrência do *ilícito lucrativo (lucro da intervenção ou disgorgement of profits).*[31]

Trata-se da figura relacionada à restituição, remoção ou devolução de ganhos/vantagens indevidamente obtidos pelo agente (ofensor) que pratica o ilícito, e cuja finalidade é evitar a ocorrência de ganhos indevidamente obtidos.

A respeito do modelo jurídico em análise, Nelson Rosenvald assevera com precisão que "é possível aplicar a remoção ou a devolução de ganhos indevidos no campo da violação a direitos de propriedade (tangível e intangível), contratos, relações de confiança, direito de concorrência, mercado de capitais e direitos da personalidade."[32]

9.2.6 Júlio Cocielo, Mbappé e os "arrastões top nas praias"

Para além do campo contratual, surgiram decisões relacionadas a análise da responsabilidade civil advinda da ocorrência de danos sociais perpetrados pelos influenciadores, sendo o mais conhecido, o caso envolvendo o *youtuber* Júlio Cocielo, o qual foi processado pelo Ministério Público de São Paulo, em 2018, pela publicação de manifestações consideradas como discriminatórias, "racistas", na rede social *Twitter (atualmente X),* durante o período compreendido entre 2010 e 2018.

2020. Disponível em: https://esaj.tjsp.jus.br/cjsg/getArquivo.do?cdAcordao=14039305&cdForo=0. Acesso em: 20 dez. 2023).

31. Para maiores informações acerca do ilícito lucrativo, remete-se a leitura de: ROSENVALD, Nelson; BRAGA NETTO, Felipe Peixoto. **Responsabilidade Civil:** Teoria Geral. Indaiatuba, SP: Editora Foco, 2024 p.140-148; ROSENVALD, Nelson. **A responsabilidade civil pelo ilícito lucrativo:** o disgorgement e a indenização restitutória. 2.ed. rev., atual. e ampl.. Salvador: JusPodivm, 2022; ROSENVALD, Nelson. **As funções da Responsabilidade Civil:** a reparação e a pena civil. 3.ed. São Paulo: Saraiva, 2017, p.100-108; ROSENVALD, Nelson; KUPERMAN, Bernard Korman. Restituição de ganhos ilícitos: há espaço no Brasil para o disgorgement? **Revista Fórum de Direito Civil,** Belo Horizonte, a.6, n.14, p.11-31, jan./abr. 2017; ROSENVALD, Nelson. As fronteiras entre a restituição do lucro ilícito e o enriquecimento por intromissão. *In:* BARBOSA, Mafalda Miranda; ROSENVALD, Nelson; MUNIZ, Francisco (Coords.). **Desafios da nova responsabilidade civil.** São Paulo: JusPodivm, 2019, p.277-314; BARBOSA, Caio Cesar do Nascimento; GUIMARÃES, Glayder Dayworth Pereira; SILVA, Michael Cesar. A eficácia do *disgorgement of profits* na contenção de ilícitos. *In:* BRAGA NETTO, Felipe Peixoto; SILVA, Michael Cesar (Orgs.). **Direito privado e contemporaneidade:** desafios e perspectivas do direito privado no século XXI: volume três. Indaiatuba, SP: Editora Foco, 2020, p.125-144; BARBOSA, Caio Cesar do Nascimento; GUIMARÃES, Glayder Dayworth Pereira; SILVA, Michael Cesar. Contenção de ilícitos lucrativos no brasil: o disgorgement of profits enquanto via restitutória. **Revista de Direito da Responsabilidade,** a.2, 2020, p.517-542. Disponível em: https://revistadireitoresponsabilidade.pt/2020/contencao-de-ilicitos-lucrativos-no-brasil-o-disgorgement-of-profits-enquanto-via-restitutoria-caio-cesar-do-nascimento-barbosa-glayder-dayworth-pereira-guimaraes-michael-cesar-silva/. Acesso em: 20 dez. 2023; FERREIRA, Sérgio Ricardo Savi. Quando o ilícito não compensa: a solução dogmática para o lucro da Intervenção. *In:* ROSENVALD, Nelson; MILAGRES, Marcelo (Coords.). **Responsabilidade Civil:** novas tendências. 2.ed. São Paulo: Editora Foco, 2018, p.287-299; FERREIRA, Sérgio Ricardo Savi. **Responsabilidade Civil e enriquecimento sem causa:** o lucro da intervenção. Rio de Janeiro: Atlas, 2012.
32. ROSENVALD, Nelson. As fronteiras entre a restituição do lucro ilícito e o enriquecimento por intromissão. *In:* BARBOSA, Mafalda Miranda. MUNIZ, Francisco. ROSENVALD, Nelson (Coords.). **Desafios da nova Responsabilidade Civil.** São Paulo: Editora JusPodivm, 2019, p. 313-314.

O caso teve início após a publicação de um *tweet* pelo *youtuber*, no qual o *influencer* sinalizava que o famoso jogador de futebol francês Mbappé "conseguiria fazer arrastões top (sic) nas praias".

A postagem do influenciador digital nas mídias sociais repercutiu de maneira reprovável, ocasionando numerosas críticas ao mesmo, que se utilizou de artifício tido como racista para se referir ao jogador de futebol francês.

Tal conduta motivou o Ministério Público de São Paulo (MPSP) a propor uma Ação Civil Pública (ACP) contra o *influencer*, requerendo a condenação do *youtuber* na quantia de *R$ 7.498.302* (sete milhões, quatrocentos e noventa e oito mil, trezentos e dois) reais, em decorrência da suposta prática de dano social.

Contudo, em primeira instância, o magistrado concluiu que o *youtuber* "não agiu com dolo, culpa grave nem se apresenta como exemplo negativo, não é racista nem jamais defendeu o supremacismo racial"[33], prolatando sentença de improcedência dos pedidos da ACP.

Em ato contínuo, o MPSP apresentou recurso de apelação ao Tribunal de Justiça do Estado de São Paulo (TJSP), o qual proferiu decisão no acordão, negando provimento ao recurso, em relação aos fatos expostos na Ação Civil Pública.

Ementa: Apelação cível. Ação civil pública. Pretensão do Ministério Público de condenação de influenciador digital por danos sociais. Improcedência. Manutenção da sentença. Publicações em perfil de rede social. Manifestações qualificadas como discriminatórias. Demanda que busca a condenação do requerido por danos sociais, ao pagamento de indenização de R$ 7.489.933,00. Sentença de improcedência do pedido. Recurso interposto pelo Ministério Público Estadual. Reunião de manifestações do requerido que remontam o ano de 2010. Pretensão indenizatória prescrita em relação aos fatos anteriores a três anos do ajuizamento da ação civil pública. Aplicação do art. 206, §3º, V do CC. Precedentes. Exame de mérito restrito à declaração mais recente, e de maior repercussão, publicada pelo requerido na rede social 'Twitter', na qual afirma que a velocidade de um jogador de futebol poderia ser utilizada para cometer crimes. Inviável descartar a possibilidade de que o requerido, no momento da fala, apenas tenha se reportado à velocidade do jogador e tenha feito a piada, momentaneamente, ignorando as características físicas do atleta e a associação ruim que a partir dali poderia ser feita. Dúvida que beneficia o requerido. Falta de reflexão do requerido ao lançar um comentário lamentável em redes sociais não é suficiente para configurar sua responsabilidade. Sensibilidade da matéria não autoriza exorbitar a real gravidade de condutas negativas de indivíduos, dando-lhes magnitude próxima da que se dá a comportamentos realmente odiosos, estes sim capazes de causar lesão a valores fundamentais de uma sociedade. Tentativa infeliz de promover humor que não se considera ofensiva em grau apto a ocasionar dano à coletividade. Requerido, ademais, que sofreu imediato repúdio geral, sofrendo perdas em sua carreira, inclusive de natureza financeira. Postagem removida, com publicação de desculpas ao público. Conduta quer não foi repetitiva ou reiterada. Desfecho que demonstra que o requerido foi prejudicado pelo próprio ato. Comportamento posterior demonstra a intenção de remediar a situação causada. Particularidades que minimizam o potencial lesivo da conduta e a necessidade de aplicação de sanção ao comportamento. Precedentes desta Corte e do STJ que reforçam a excepcional gravidade das

---

33. SÃO PAULO. Tribunal de Justiça. Ação Civil Pública 1095057-92.2018.8.26.0100. Foro Central Cível, 18ª Vara Cível. Juiz: Caramuru Afonso Francisco. julg. 11 jul. 2021. **Diário da Justiça Eletrônico,** São Paulo, publ. 12 jul. 2022. Disponível em: https://esaj.tjsp.jus.br/cpopg/show.do?processo.codigo=2S000X1340000&processo.foro=100&processo.numero=1095057-92.2018.8.26.0100. Acesso em: 20 dez. 2023.

situações classificadas como causadoras de dano social ou dano moral coletivo, que não se comparam com a conduta do requerido. Manifestação da Procuradoria de Justiça pelo desprovimento do recurso. Sentença de improcedência preservada. Negado provimento ao recurso.[34]

A despeito da análise do TJSP ter conferido ao influenciador o benefício da dúvida em relação ao *tweet* que fundamentou à Ação Civil Pública (isto é, indicou que não seria possível perceber se a tentativa de humor se referia à cor do jogador, configurando ato racista, ou apenas à velocidade do mesmo), é interessante notar o precedente inaugurado pelo *Parquet*, para que condutas consideradas como *socialmente reprováveis*, de autoria de influenciadores e demais celebridades, se perfaçam como verdadeiros *danos sociais*, passíveis de reparação sob a égide da responsabilidade civil contemporânea.

Por fim, apesar de o influenciador digital não ter sido condenado nos termos pretendidos pelo MPSP na ACP, houve enorme repercussão negativa do caso e, por conseguinte, o cancelamento de diversos contratos com patrocinadores, gerando, assim, prejuízos financeiros significativos ao *influencer*.

9.2.7 O jejum intermitente de Maíra Cardi

Em decisão da 14ª Vara Cível de João Pessoa, a famosa influenciadora e *coach* de emagrecimento, Maíra Cardi, foi condenada a indenizar, em 50.000,00 (cinquenta mil reais), o nutrólogo Bruno Cosme, o qual criticou a influenciadora por recomendar aos seus seguidores, o denominado "jejum intermitente".

Insatisfeita com a crítica, a influenciadora procedeu ao "linchamento virtual" do referido médico nas mídias sociais, tendo proferido, em *live,* para seus seguidores, ataques pessoais ao mesmo, em evidente exercício abusivo do direito de liberdade de expressão, e em dissonância com os limites estabelecidos pelo ordenamento jurídico em relação a temática.

> O autor aduz que, com base em sua formação profissional, sentiu-se no dever de alertar a sociedade acerca do teor perigoso do vídeo da ré, fazendo um breve comentário crítico à sua conduta, classificando-a como irresponsável e insana. Como resposta, recebeu uma série de xingamentos da ré que, embora não contivessem explicitamente o seu nome de usuário, pelo contexto fático, claramente eram a ele dirigidas.
>
> De outra banda, a ré alega que o tratamento por ela propagandeado tem, sim, lastro em estudos científicos, que houve acompanhamento profissional para o seu caso e que o autor é quem, de fato, fez sérios ataques à sua honra. No mais, aduz que os xingamentos não eram direcionados ao promovente, vez que "outros médicos de nome Bruno" também a criticaram. Para comprovar a sua afirmação, juntou um *print* de um instagram de um terceiro, também chamado Bruno, que igualmente fez uma publicação

---

34. SÃO PAULO. Tribunal de Justiça. Apelação Cível 1095057-92.2018.8.26.0100. 3ª Câmara de Direito Privado. 18ª Vara Cível. Relatora: Des. Viviani Nicolau. julg. 09 mar. 2022. **Diário da Justiça Eletrônico,** São Paulo, publ. 23 mar. 2022. Disponível em: https://esaj.tjsp.jus.br/cposg/search.do;jsessionid=316F073DE03B29EDE1579A43E6986EA0.cposg5?conversationId=&paginaConsulta=0&cbPesquisa=NUMPROC&numeroDigitoAnoUnificado=1095057-92.2018&foroNumeroUnificado=0100&dePesquisaNuUnificado=1095057-92.2018.8.26.0100&dePesquisaNuUnificado=UNIFICADO&dePesquisa=&tipoNuProcesso=UNIFICADO. Acesso em: 20 dez. 2023.

crítica contendo a sua imagem. O autor do post se classifica como nutricionista e professor de educação física em seu perfil.

[...]

O promovente se utilizou de palavras duras para formular a sua crítica – "irresponsabilidade" e "insanidade". Se, no sentir da ré, a fala fosse suficiente para abalar sua honra, caberia a esta buscar o Judiciário e solucionar o conflito – ou, mesmo, pedir a reconvenção no presente feito.

A ré, no entanto, não o fez. Ela optou por publicar vídeos, na forma de "stories", nos quais promovia ataques, ainda mais gravosos, direcionados à honra do demandante – utilizando expressões ofensivas, como "senhor rato" e "doutor de merda".

Neste diapasão, três pontos merecem destaque: (1) a completa desproporção entre as palavras do demandante e as propaladas pela ré; (2) o maciço alcance da promovida na rede social Instagram, apto a gerar evidentes prejuízos à honra do autor; (3) o fato de que a ausência de denominação explícita nas publicações ofensivas não impede de associá-las à pessoa do promovente, tampouco de serem aptas a gerarem o dever de indenização.

Retomando o início da minha explanação, reitero que a liberdade de expressão encontra limites dentro do próprio ordenamento jurídico. Nesse sentido, não é proibida apenas a censura prévia – a limitação também se projeta em momento subsequente ao exercício do direito, garantindo a reparação cível e a tutela criminal, em caso de abuso.

É evidente, no entanto, que em um universo acessível e abrangente, como é o das redes sociais, comumente se confunda a livre circulação de ideias com uma carta-branca para se dizer absolutamente qualquer coisa, sem grandes responsabilizações posteriores.

E não é preciso ir longe para atestar isso: esta é, sem sombra de dúvidas, uma das discussões jurídicas mais relevantes no atual cenário sociopolítico.

[...]

O Judiciário não pode ser substituído pelo "Tribunal da Internet", que, por si só, acusa, julga e pune, sem qualquer baliza legal, buscando, unicamente, atender anseios sociais ou vontades individuais, com grande potencial danoso à vida, à saúde e à imagem dos seus alvos.

Neste cenário, entendo que houve, sim, por parte da ré, conduta ilícita apta a gerar o dever de indenização por danos morais, conforme os arts. 186 e 927 do Código Civil, conforme o entendimento jurisprudencial em situações análogas:

[...]

Ora, forçoso observar que, enquanto o autor direcionou as suas críticas a uma conduta específica da promovida, a ré levou a discussão a um outro patamar, dirigindo, por sua vez, xingamentos à pessoa do autor, tudo isso sob a grande audiência de sua página no instagram. Desse modo, passo a tratar do segundo ponto que merece destaque entre os fundamentos desta decisão.

A demandada se autointitula "pessoa pública" – o fazendo inclusive em sua contestação – e conta com 6 (seis) milhões de seguidores na rede social. É pacífico o entendimento de que aqueles que se utilizam profissionalmente das redes sociais devem ser ainda mais cautelosos com aquilo que publicam, vez que, com um grande alcance, vem também uma grande responsabilidade.

As ofensas propaladas pela ré detêm óbvio potencial danoso à pessoa do demandante, inclusive em relação à sua vida profissional, vez que este fora exposto a escárnio diante de milhões de pessoas – pessoas estas que, como a palavra "seguidor" sugere, guardam algum tipo de identificação com a demandada.

Nesse sentido, vislumbro, mais uma vez, ocorrência de situação apta a gerar o dever de reparação, com particular gravidade decorrente do amplo público alcançado.

[...]

No mais, conforme trazido pelo autor na documentação de id. 42799006, justamente em virtude do alcance da promovida, a discussão fora amplamente noticiada por vários perfis do instagram, os quais utilizaram as fotos e o nome do promovente, sendo, portanto, óbvio que os comentários ofensivos perpetrados pela demandada eram a ele dirigidos.[35]

Convêm destacar que a decisão judicial, de forma sintética, abordou 2 (dois) pontos de extrema relevância para compreender os contornos da sociedade digital contemporânea: a) os limites da liberdade de expressão no contexto das redes sociais; b) a responsabilidade civil e social das personalidades digitais pelo conteúdo que veiculam nas mídias sociais.

Quanto ao primeiro ponto é necessário frisar que, com o advento das redes sociais, a assimetria informacional fora ampliada, notavelmente, em razão da disseminação de discursos de ódio, notícias falsas e criação de perfis falsos. Nesse sentido, a liberdade de expressão no Direito Brasileiro encontra limites, não sendo, portanto, um direito absoluto, devendo ser exercido em consonância com os preceitos ético-jurídicos vigentes no Ordenamento Jurídico.

Desse modo, caso a opinião externada por um *influencer*, ofenda indivíduos ou grupos sociais, ou venha a caracterizar-se como *discurso de ódio* (*hate speech*)[36], não pode ser a mesma alçada ao *status* de direito fundamental, posto que seria restringível nas situações em que a liberdade de expressão não observasse os valores e preceitos normativos delineados pela Constituição da República de 1988 e pelo Estado Democrático de Direito.

Conforme explicitado na sentença, "em um universo acessível e abrangente, como é o das redes sociais, comumente se confunda a livre circulação de ideias com uma carta-branca para se dizer absolutamente qualquer coisa, sem grandes responsabilizações posteriores."[37]

---

35. **Ementa:** Ação de danos morais c/c obrigação de fazer. Ofensas publicadas na rede social Instagram. Grande potencial danoso devido ao número de seguidores da ré. Pedido de indenização por danos morais. Procedente. Pedido de obrigação de fazer no sentido de compelir a demandada a publicar o conteúdo da sentença em seu perfil da rede social. Improcedente. Procedência parcial dos pedidos. – Pedido de indenização por danos morais, em virtude das publicações realizadas pela ré, contendo ofensas dirigidas ao autor, em seu perfil do "Instagram". Procedência. – Pedido de condenação à obrigação de fazer, no sentido de compelir a publicação do conteúdo desta sentença pela promovida, em sua página do "Instagram". Medida sem amparo legal e contraproducente. Improcedência. – Procedência parcial dos pedidos. (PARAÍBA. Poder Judiciário da Paraíba. Procedimento Comum Cível 0816012-44.2021.8.15.2001. 14ª Vara Cível da Capital. Juiz: Marcos Aurelio Pereira Jatobá Filho. julg. 14 nov. 2022. **Diário da Justiça Eletrônico,** João Pessoa, publ. 14 nov. 2022. Disponível em: https://consultapublica.tjpb.jus.br/pje/ConsultaPublica/DetalheProcessoConsultaPublica/listView.seam?ca=4be61371c666058d9c18f01da64b126bb888142ed0c49521. Acesso em: 20 dez. 2023).
36. Nesse sentido ver: LONGHI, João Victor Rozatti. #Ódio: responsabilidade civil nas redes sociais e a questão do *hate speech*. *In*: MARTINS, Guilherme Magalhães; ROSENVALD, Nelson (Coords.). **Responsabilidade civil e novas tecnologias.** Indaiatuba, SP: Editora Foco, 2020, p.305-326; LONGHI, João Victor Rozatti. **Responsabilidade civil e redes sociais:** retirada de conteúdo, perfis falsos, discurso de ódio e fake news. Indaiatuba, SP: Editora Foco, 2020, p.119-138.
37. PARAÍBA. Poder Judiciário da Paraíba. Procedimento Comum Cível 0816012-44.2021.8.15.2001. 14ª Vara Cível da Capital. Juiz: Marcos Aurelio Pereira Jatobá Filho. julg. 14 nov. 2022. **Diário da Justiça Eletrônico,** João Pessoa, publ. 14 nov. 2022. Disponível em: https://consultapublica.tjpb.jus.br/pje/ConsultaPublica/DetalheProcessoConsultaPublica/listView.seam?ca=4be61371c666058d9c18f01da64b126bb888142ed0c49521. Acesso em: 20 dez. 2023.

Em relação ao segundo ponto da decisão judicial, insta frisar que, ainda, que a liberdade de expressão garanta a livre manifestação de pensamento, aquela não pode ser considerada um direito absoluto, notadamente, nas hipóteses em que, porventura, venham a prejudicar o nome, imagem e honra dos indivíduos, nas plataformas digitais, sendo, portanto, passível de imputação de responsabilidade civil, com fundamento no *abuso do direito de liberdade de expressão* e na *ofensa aos direitos de personalidade*, nos termos dos artigos 187 e 927 do Código Civil.

Logo, uma vez que, as palavras proferidas nas redes sociais, pela influenciadora, se perfizeram como ofensivas e com caráter danoso à honra, nome e imagem (tanto pessoal quanto profissional) do médico, a decisão se demonstra compatível com os avanços da temática, pois, o exercício da liberdade de expressão *não é irrestrito e nem absoluto*, especialmente, nas hipóteses de agressão aos direitos de personalidade.

> Ora, forçoso observar que, enquanto o autor direcionou as suas críticas a uma conduta específica da promovida, a ré levou a discussão a um outro patamar, dirigindo, por sua vez, xingamentos à pessoa do autor, tudo isso sob a grande audiência de sua página no instagram. Desse modo, passo a tratar do segundo ponto que merece destaque entre os fundamentos desta decisão.
>
> A demandada se autointitula "pessoa pública" – o fazendo inclusive em sua contestação – e conta com 6 (seis) milhões de seguidores na rede social. É pacífico o entendimento de que aqueles que se utilizam profissionalmente das redes sociais devem ser ainda mais cautelosos com aquilo que publicam, vez que, com um grande alcance, vem também uma grande responsabilidade.
>
> As ofensas propaladas pela ré detêm óbvio potencial danoso à pessoa do demandante, inclusive em relação à sua vida profissional, vez que este fora exposto a escárnio diante de milhões de pessoas – pessoas estas que, como a palavra "seguidor" sugere, guardam algum tipo de identificação com a demandada.
>
> [...]
>
> No mais, conforme trazido pelo autor na documentação de id. 42799006, justamente em virtude do alcance da promovida, a discussão fora amplamente noticiada por vários perfis do instagram, os quais utilizaram as fotos e o nome do promovente, sendo, portanto, óbvio que os comentários ofensivos perpetrados pela demandada eram a ele dirigidos.[38]

Em virtude dos fatos narrados, se verifica ser necessário, que os influenciadores digitais norteiem seu comportamento, no ambiente digital, em observância aos preceitos ético-jurídicos e aos ditames da responsabilidade civil e social, notadamente, em relação a veiculação de postagens/publicações nas mídias sociais, com o propósito de que não seja disseminado conteúdo lesivo aos direitos de personalidade dos indivíduos.

---

38. PARAÍBA. Poder Judiciário da Paraíba. Procedimento Comum Cível 0816012-44.2021.8.15.2001. 14ª Vara Cível da Capital. Juiz: Marcos Aurelio Pereira Jatobá Filho. julg. 14 nov. 2022. **Diário da Justiça Eletrônico**, João Pessoa, publ. 14 nov. 2022. Disponível em: https://consultapublica.tjpb.jus.br/pje/ConsultaPublica/DetalheProcessoConsultaPublica/listView.seam?ca=4be61371c666058d9c18f01da64b126bb888142ed0c49521. Acesso em: 20 dez. 2023.

9.2.8 O motorista de Uber e Camila Loures

Um dos casos de maior repercussão nacional relacionado a influenciadores digitais, ocorreu em maio de 2022, envolvendo a *influencer* Camila Loures e o motorista de Uber, Marcos Ki Suk Lee.

No caso em exame, ocorrido no período da pandemia de Covid-19, durante uma viagem de Uber, a influenciadora digital Camila Loures solicitou ao motorista, que todos os vidros do carro fossem fechados. Todavia, o motorista se recusou a fechar por completo todas as janelas, uma vez que, os protocolos de saúde e segurança da Uber, assim, recomendavam a todos os motoristas.

> Marcos Ki Suk Lee ajuizou a presente ação contra Camila de Almeida Loures, alegando, em síntese, que trabalha como motorista de aplicativo e, no dia 18 de maio de 2022, às 12:57h, recebeu uma solicitação de viagem na Av. Pres. Juscelino Kubitschek, nº 1545 (prédio comercial Horizonte JK). Segundo o relato do autor, ao iniciar a corrida, a ré teria exigido o fechamento dos vidros do veículo, ocasião em que deixou apenas a janela do motorista aberta para possibilitar a circulação de ar. Em seguida, a ré teria dito a seguinte frase: "mandei fechar todas as janelas". Na sequência, o autor justificou sua conduta com base nos protocolos de saúde pública então vigentes, em razão da pandemia do COVID-19. No entanto, a ré passou a agir com certo nervosismo, dizendo que contratara um serviço superior (Uber Black). Diante das circunstâncias, o autor estacionou o veículo próximo ao local de partida e esperou que a ré e seu acompanhante descessem do automóvel, em segurança. Destaca que, sem sua autorização, a ré começou a filmá-lo e a chamá-lo de "ridículo". Posteriormente, verificou que o vídeo fora publicado em uma rede social, momento em que a ré aparecia chorando, ofendendo o autor e distorcendo os fatos. A conduta da ré ocasionou a divulgação de seu nome nos meios de comunicação, inclusive na televisão. Por fim, ressalta que foi banido da plataforma onde trabalhava.[39]

O Tribunal de Justiça de São Paulo condenou a *influencer* a compensar o motorista, na quantia de R$ 25.000,00 (vinte e cinco mil) reais, em razão dos danos causados pela exposição indevida da imagem e do nome do motorista, em um vídeo na rede social Instagram, a seus mais de 10 (dez) milhões de seguidores.

O episódio revela como condutas ilícitas perpetradas por influenciadores digitais podem impactar significativamente a vida dos indivíduos, especialmente, em relação ao cometimento e divulgação de ofensas, em ambiente digital, que atinjam aos direitos de personalidade dos mesmos e, por conseguinte, fundamentem pedidos de reparação civil por dano moral e material.

Ademais, se verifica que os seguidores das *webcelebridades*, em razão da credibilidade e confiança depositados nos *influencers*, acabam por promover e, potencializar, ainda mais, as repercussões negativas do comportamento lesivo do influenciador, inclusive, podendo fomentar situações de "linchamento virtual" nas plataformas digitais, com resultados extremamente prejudiciais aos ofendidos.

---

39. SÃO PAULO. Tribunal de Justiça. Procedimento Comum Cível 1022293-75.2022.8.26.0001. 7ª Vara Cível. Foro Regional I – Santana. Juiz: José Carlos de França Carvalho Neto. julg. 20 abr. 2023. **Diário da Justiça Eletrônico,** Santana, publ. 20 abr. 2023. Disponível em: https://esaj.tjsp.jus.br/cpopg/show.do?processo.codigo=01001PLI60000&processo.foro=1&conversationId=&cbPesquisa=NMPARTE&dadosConsulta.valorConsulta=Marcos+KI+SUK+LEE&cdForo=-1&paginaConsulta=1. Acesso em: 20 dez. 2023.

9.2.9 Felipe Neto e a Covid-19

Em relação a violações à intimidade e privacidade de indivíduos perpetradas por *influencers*, nas plataformas digitais, destaca-se, interessante decisão sobre a temática.

No caso em análise, a 6ª Câmara do Tribunal de Justiça de Santa Catarina (TJSC), nos autos do processo 5012580-79.2020.8.24.0018, condenou influenciador digital, Felipe Neto, por publicizar no *Twitter* um comentário privado de uma seguidora recebido no *Instagram*.[40]

No caso em questão, em maio de 2020, uma seguidora respondeu, de forma privada, a um *storie* do influenciador relativamente à questão do *lockdown* durante a pandemia, com os dizeres "Com toda a certeza tem que deixar tudo aberto, o que tiver que acontecer vai acontecer, não adianta prorrogar o inevitável", expressando sua opinião pessoal para a *webcelebridade*.[41]

Ocorre que, com o recebimento da resposta a seu *storie* no *Instagram*, o influenciador compartilhou a mensagem e o perfil pessoal da referida seguidora, no *Twitter*, com a adição dos dizeres: "Faço questão de divulgar. Assim, as pessoas próximas vão saber que essa é uma pessoa que caga para a ciência e acha que tem que lotar o sistema de saúde e morrer milhares de pessoas SIM. Eu nunca vi tanta gente desumana na minha vida."[42]

---

40. **Ementa:** Ação de indenização por danos morais e materiais. Divulgação no *twitter* de mensagem privada dirigida pela autora ao réu, influenciador digital, na rede social deste. Parcial procedência na origem. Recurso do acionado. Alegação de que o cenário fático não enseja a reparação por danos materiais e morais. Hipótese em que a acionante encaminhou ao demandado uma mensagem privada na qual expôs a sua opinião a respeito da necessidade de se pôr fim ao isolamento social imposto à época de grande disseminação pandêmica do patógeno sars-cov-19. Demandado que veiculou abertamente o comentário da demandante que não excedeu o direito à livre manifestação e foi exposto pelo autor de forma ofensiva. Legítima expectativa da emissora de que a mensagem privada não seria publicada. Violação à sua privacidade e intimidade. Parte autora que alegou ter se submetido a tratamento psicológico em razão do ocorrido. Porém, não juntou nota fiscal ou comprovante de transferência bancária aptas a comprovarem o dispêndio financeiro. Não configuração dos danos materiais. Minoração do *quantum* dos danos morais. Possibilidade. Postagem que, não obstante tenha sido ofensiva, logo foi excluída das redes sociais. Ausência de evidências de que a boa imagem da demandante, também influenciadora digital, tenha sido abalada. Linchamento virtual que não perdurou após a breve repercussão do caso. Minoração da verba de R$ 30.000,00 para R$ 5.000,00 que se impõe. Sentença parcialmente reformada. Redistribuição dos ônus de sucumbência. Sem fixação de honorários recursais. Recurso parcialmente provido. (SANTA CATARINA. Tribunal de Justiça do Estado de Santa Catarina. Apelação Cível 5012580-79.2020.8.24.0018. 6ª Câmara de Direito Civil. Relator: Des. Marcos Fey Probst. julg. 11 jul. 2023. **Diário da Justiça Eletrônico,** Florianópolis, publ. 11 jul. 2023. Disponível em: https://eprocwebcon.tjsc.jus.br/consulta2g/externo_controlador.php?acao=processo_seleciona_publica&acao_origem=processo_consulta_publica&acao_retorno=processo_consulta_publica&num_processo=50125807920208240018&num_chave=&num_chave_documento=&hash=e0eafd294ea4d7353ce4cefdc6360e43. Acesso em: 20 dez. 2023).
41. SANTA CATARINA. Tribunal de Justiça do Estado de Santa Catarina. Apelação Cível 5012580-79.2020.8.24.0018. 6ª Câmara de Direito Civil. Relator: Des. Marcos Fey Probst. julg. 11 jul. 2023. **Diário da Justiça Eletrônico,** Florianópolis, publ. 11 jul. 2023. Disponível em: https://eprocwebcon.tjsc.jus.br/consulta2g/externo_controlador.php?acao=processo_seleciona_publica&acao_origem=processo_consulta_publica&acao_retorno=processo_consulta_publica&num_processo=50125807920208240018&num_chave=&num_chave_documento=&hash=e0eafd294ea4d7353ce4cefdc6360e43. Acesso em: 20 dez. 2023.
42. SANTA CATARINA. Tribunal de Justiça do Estado de Santa Catarina. Apelação Cível 5012580-79.2020.8.24.0018. 6ª Câmara de Direito Civil. Relator: Des. Marcos Fey Probst. julg. 11 jul. 2023. **Diário da Justiça Eletrônico,** Florianópolis, publ. 11 jul. 2023. Disponível em: https://eprocwebcon.tjsc.jus.br/consulta2g/externo_

Conforme indicado na ementa do acordão do TJSC, a conduta do influenciador resultou no "linchamento virtual" da seguidora, a qual fora exposta, de forma ofensiva, para os inúmeros seguidores do influenciador digital no *Twitter*.

> É que a autora, quando respondeu o story do apelante no Instagram, de maneira que somente ele poderia acessar a mensagem, tinha a legítima expectativa de que ela não fosse divulgada para a grande quantidade de pessoas que acompanham as redes sociais do influenciador digital.[43]

No primeiro grau de jurisdição, o juiz proferiu sentença condenando o *influencer* a quantia de R$ 30.000,00 (trinta mil) reais, a título de compensação por danos morais e R$ 90,00 (noventa) reais a título de indenização por danos materiais.

Por fim, no segundo grau de jurisdição, o TJSC reformou parcialmente a Sentença *a quo*, prolatando decisão que determinou a minoração do *quantum* dos danos morais para R$ 5.000,00 (cinco mil) reais e, ainda, julgou improcedente o pleito de danos materiais, pela não configuração de seus requisitos legais.

9.3 DECISÕES NOS ESTADOS UNIDOS SOBRE INFLUENCIADORES DIGITAIS

Nos Estados Unidos da América, algumas decisões, no âmbito judicial e administrativo, já despontam no sentido de se atribuir responsabilidade aos influenciadores digitais, pela realização de atividade publicitária ilícita no mercado de consumo digital.

9.3.1 Fyre Festival

Um dos mais notórios episódios relacionados à atuação de *digital influencers* e divulgação de *publicidade ilícita* (oculta, camuflada ou clandestina) nas plataformas digitais, remete ao paradigmático caso envolvendo o "*Fyre Festival*"[44], em que diversas influenciadoras, dentre as quais, Kendall Jenner, Bella Hadid, Alessandra Ambrósio e Hailey Baldwin, foram remuneradas para promover o festival.[45]

---

controlador.php?acao=processo_seleciona_publica&acao_origem=processo_consulta_publica&acao_retorno=processo_consulta_publica&num_processo=50125807920208240018&num_chave=&num_chave_documento=&hash=e0eafd294ea4d7353ce4cefdc6360e43. Acesso em: 20 dez. 2023.

43. SANTA CATARINA. Tribunal de Justiça do Estado de Santa Catarina. Apelação Cível 5012580-79.2020.8.24.0018. 6ª Câmara de Direito Civil. Relator: Des. Marcos Fey Probst. julg. 11 jul. 2023. **Diário da Justiça Eletrônico**, Florianópolis, publ. 11 jul. 2023. Disponível em: https://eprocwebcon.tjsc.jus.br/consulta2g/externo_controlador.php?acao=processo_seleciona_publica&acao_origem=processo_consulta_publica&acao_retorno=processo_consulta_publica&num_processo=50125807920208240018&num_chave=&num_chave_documento=&hash=e0eafd294ea4d7353ce4cefdc6360e43. Acesso em: 20 dez. 2023.
44. Para maiores informações sobre a controvérsia, recomenda-se a leitura de: GILBERT, Loren Grace; CHILDERS, Courtney; BOATWRIGHT, Brandon. Fyre Festival: The good, the bad, the ugly and its impact on influencer marketing. 2020. **Chancellor's Honors Program Projects.** Available from: https://trace.tennessee.edu/utkchanhonoproj/2320. Access on: Dec. 20, 2023; ODY, Lisiane Feiten Wingert; D'AQUINO, Lúcia Souza. A responsabilidade dos influencers: uma análise a partir do Fyre Festival, a maior festa que jamais aconteceu. **Civilística.com,** Rio de Janeiro, a.10, n.3, p.1-18, 2021.
45. HIGGINS, Matt. Fyre Festival Aftermath: New Rules for Influencers? **University of Cincinnati Law Review**, 2019. Available from: https://uclawreview.org/2019/03/25/fyre-festival-aftermath-new-rules-for-influencers/. Access on: Dec. 20, 2023.

O referido festival fora organizado, em 2017, pelo empresário Billy McFarland com o intuito de divulgar o aplicativo de reserva de músicas Fyre, prometendo uma festa "histórica", na Great Exuma Island, nas Bahamas, com presença de várias celebridades, atrações musicais, com destaque para as bandas "Blink-182" e "Major Lazer", o grupo norte-americano de hip hop e trap "Migos" e o rapper americano "**Lil Yatchy**", dentre outros, acomodações de luxo, refeições assinadas por chefs renomados, com ingressos chegando a custar até US$ 100 (cem mil) dólares, sendo tal promessa endossada pelas influenciadoras nas redes sociais.[46]

Ocorre que, na realidade, nada disso aconteceu. Os participantes do festival não encontraram acomodações luxuosas, mas, sim barracas de acampamento, com colchões molhados, e sanduíches com 2 (duas) fatias de pão, queijo e uma pequena porção de salada, ao invés de uma verdadeira experiência gastronômica.

A controvérsia envolvendo o "*Fyre Festival*" assumiu enormes proporções nos Estados Unidos, sendo considerado um *acontecimento catastrófico,* que, inclusive, inspirou a produção de documentários sobre o mencionado festival, da Netflix ("Fyre") e do Hulu ("Fyre Fraud").

Com efeito, diversos processos foram ajuizados em face dos inúmeros prejuízos causados pelo festival, com destaque, para o processo que envolveu a prisão do organizador do evento, Billy McFarland, que em 11 de outubro de 2018, fora sentenciado a 6 (seis) anos de prisão por acusações de fraude e condenado a pagar mais de US$ 26 (vinte e seis milhões) de dólares em restituição aos investidores e clientes que fraudou.[47]

Em outro processo judicial, a influenciadora Kendall Jenner, do "clã Kardashian", no Case 17-11883, julgado pelo *United States Bankruptcy Court Southern District of New York,* recebeu US$ 250.000,00 (duzentos e cinquenta mil) dólares para divulgar o festival nas mídias sociais, além de um posterior adicional de US$ 25.000,00 (vinte e cinco mil) dólares para realizar a veiculação de um *post*, dizendo estar animada para o festival e anunciando o envolvimento da gravadora do cantor Kanye West no evento.[48]

Segundo os autos do processo em questão, a influenciadora digital não indicou no *post* que estava sendo remunerada para promover o festival. Ademais, Kendall Jenner levou, intencionalmente, o público-alvo (consumidores) a presumir que o evento contaria com a participação de seu cunhado, o cantor Kanye West, o que em verdade

---

46. HUDDLESTON JR., Tom. Fyre Festival: How a 25-year-old scammed investors out of $26 million. **CNBC.** 2019. Available from: https://www.cnbc.com/2019/08/18/how-fyre-festivals-organizer-scammed-investors-out-of-26-million.html. Access on: Dec. 20, 2023.
47. HUDDLESTON JR., Tom. Fyre Festival: How a 25-year-old scammed investors out of $26 million. **CNBC.** 2019. Available from: https://www.cnbc.com/2019/08/18/how-fyre-festivals-organizer-scammed-investors-out-of-26-million.html. Access on: Dec. 20, 2023.
48. NEW YORK, United States Bankruptcy Court Southern Of New York. **Messer v Fyre Media Inc.**, Adv. Pro. No. 19-01340 (Bankry. S.D.N.Y., decided February 11, 2020). Plaintiff Messer is Chapter 7 Trustee of the Fyre Festival LLC bankruptcy estate (Case No. 17-11883). Available from: https://s.wsj.net/public/resources/documents/fyre_festival_trustee_lawsuit_kendall_jenner.pdf. Access on: Dec. 20, 2023.

não ocorreu, sendo que a conduta da influenciadora demonstrou uma evidente falta de boa-fé da mesma na postagem.

A *influencer* negou qualquer tipo de responsabilidade ou envolvimento fraudulento no caso, bem como com os organizadores do "*Fyre Festival*", para além da publicidade a qual fora contratada para realizar. Não obstante, com o propósito de encerrar o processo em trâmite, a influenciadora firmou acordo para pagar a quantia de US$ 90.000,00 (noventa mil) dólares pelos danos causados por seu envolvimento com o festival.[49]

9.3.2 *Kim Kardashian e EMAX tokens*

Em outra situação controversa, em 13 de junho de 2021, a influenciadora, atriz e socialite norte-americana, Kim Kardashian, realizou a divulgação de publicidade, nas redes sociais, sobre a moeda digital "EMAX tokens" (EthereumMax), incentivando seus seguidores a realizarem a aquisição do referido criptoativo. Entretanto, ao anunciar a "oportunidade de investimento" no criptoativo, a *influencer* não procedeu à divulgação da informação de que a publicação se tratava de *parceria paga*, pela qual recebeu US$ 250.000 (duzentos e cinquenta mil) dólares, em evidente violação à legislação americana (Section 17(b) of the Securities Act of 1933) que regulamenta a matéria.[50]

Em outubro de 2022, a influenciadora firmou acordo com a *Securities and Exchange Comission* (SEC)[51], no qual concordou em pagar US$ 1.260.000,00 (um milhão e duzentos mil) dólares em multas. Destaca-se que o valor do acordo incluía, aproximadamente, US$ 260.000 (duzentos e sessenta mil) dólares a título de *disgorgement* (ganhos indevidamente obtidos com a postagem), juros, bem como a vedação à promoção de outro criptoativo pelo período de 3 (três) anos.[52]

Nessa linha de intelecção, insta frisar, que os consumidores possuem o direito de informação relativamente à natureza da publicação, isto é, se a postagem veiculava conteúdo editorial ou conteúdo publicitário advindo de estratégia de marketing. Todavia, Kim Kardashian não divulgou essa informação, violando, inclusive, disposições estabelecidas pela *Federal Trade Commission (FTC)*.

---

49. HAYLOCK, Zoe. Kendall Jenner Agrees to Pay $90,000 in Fyre Festival Lawsuit. **Vulture,** 21 may 2021. Available from: https://www.vulture.com/2020/05/kendall-jenner-fyre-festival-ad-lawsuit.html. Access on: Dec. 20, 2023.
50. SECURITIES AND EXCHANGE COMMISSION (SEC). **Administrative Proceeding File No. 3-21197.** Release No. 11116. Securities and Exchange Commission against Kimberly Kardashian. Oct. 3, 2022. Available from: https://www.sec.gov/litigation/admin/2022/33-11116.pdf. Access on: Dec. 20, 2023.
51. A SEC é uma agência federal norte-americana responsável pela regulação do mercado de capitais, e proteção dos investidores contra práticas consideradas como fraudulentas no mercado de capitais dos Estados Unidos.
52. SECURITIES AND EXCHANGE COMMISSION (SEC). **SEC charges Kim Kardashian for unlawfully touting crypto security.** Oct. 3, 2022. Available from: https://www.sec.gov/news/press-release/2022-183. Access on: Dec. 20, 2023; SECURITIES AND EXCHANGE COMMISSION (SEC). **Administrative Proceeding File No. 3-21197.** Release No. 11116. Securities and Exchange Commission against Kimberly Kardashian. Oct. 3, 2022. Available from: https://www.sec.gov/litigation/admin/2022/33-11116.pdf. Access on: Dec. 20, 2023.

Ademais, o Guia para influenciadores digitais do FTC, recomenda a utilização de linguagem simples e clara, na promoção de atividade publicitária, evitando-se a utilização de termos que possam confundir o público-alvo (consumidores/seguidores), destacando-se, ainda, a possibilidade de se incluir uma *hashtag* com a divulgação #ad ou #patrocinado, bem como "Não usar termos vagos ou confusos como "*ad*", "*publi*" ou "*collab*" ou termos independentes como "obrigação" ou "embaixador" e fique longe de outras abreviações e taquigrafias quando possível"[53], disposições desobedecidas pela influenciadora nas referidas postagens.

Nessa perspectiva, há de se ressaltar, ainda, que a publicidade de investimentos demanda da celebridade digital, a apresentação de informações, sobre os riscos e implicações do referido investimento, de forma clara e transparente.

Neste giro, o acordo da SEC com a Kim Kardashian representa um importante marco para o estudo da temática da responsabilidade dos influenciadores digitais, assim como para o *disgorgement of profits*, modelo jurídico que trata da restituição de ganhos indevidamente obtidos pelo ofensor.[54]

Segundo Nelson Rosenvald, deve-se aplicar a "regra moral do *tort must not pay*, ou seja, não se pode tolerar que o contrafator tire proveito do próprio ilícito."[55]

Nesse mesmo sentido, João Marcelo Torres Chinelato expõe que se trata de "um remédio restitutório preordenado, não a reparar o dano ou a compensar a vítima, mas a retirar das mãos do ofensor quaisquer frutos colhidos de sua ilicitude."[56]

---

53. No original: "Don't use vague or confusing terms like 'sp,' 'spon,' or "collab," or stand-alone terms like 'thanks' or 'ambassador', and stay away from other abbreviations and shorthand when possible". (FEDERAL TRADE COMISSION. **Disclosures 101 for Social Media Influencers.** 2021. Available from: https://www.ftc.gov/system/files/documents/plain-language/1001a-influencer-guide-508_1.pdf. Access on: Dec. 20, 2023).
54. Para maiores informações sobre o *disgorgement of profits*, remete-se à leitura de: ROSENVALD, Nelson; BRAGA NETTO, Felipe Peixoto. **Responsabilidade Civil:** Teoria Geral. Indaiatuba, SP: Editora Foco, 2024 p.140-148; ROSENVALD, Nelson. **A responsabilidade civil pelo ilícito lucrativo:** o disgorgement e a indenização restitutória. 2.ed. rev., atual. e ampl.. Salvador: JusPodivm, 2022; ROSENVALD, Nelson. **As funções da Responsabilidade Civil:** a reparação e a pena civil. 3.ed. São Paulo: Saraiva, 2017, p.100-108; ROSENVALD, Nelson; KUPERMAN, Bernard Korman. Restituição de ganhos ilícitos: há espaço no Brasil para o disgorgement? **Revista Fórum de Direito Civil,** Belo Horizonte, a.6, n.14, p.11-31, jan./abr. 2017; ROSENVALD, Nelson. As fronteiras entre a restituição do lucro ilícito e o enriquecimento por intromissão. In: BARBOSA, Mafalda Miranda; ROSENVALD, Nelson; MUNIZ, Francisco (Coords.). **Desafios da nova responsabilidade civil.** São Paulo: JusPodivm, 2019, p.277-314; BARBOSA, Caio Cesar do Nascimento; GUIMARÃES, Glayder Daywerth Pereira; SILVA, Michael Cesar. A eficácia do *disgorgement of profits* na contenção de ilícitos. In: BRAGA NETTO, Felipe Peixoto; SILVA, Michael Cesar (Orgs.). **Direito privado e contemporaneidade:** desafios e perspectivas do direito privado no século XXI: volume três. Indaiatuba, SP: Editora Foco, 2020, p.125-144; FERREIRA, Sérgio Ricardo Savi. Quando o ilícito não compensa: a solução dogmática para o lucro da Intervenção. In: ROSENVALD, Nelson; MILAGRES, Marcelo (Coords.). **Responsabilidade Civil: novas tendências.** 2.ed. São Paulo: Editora Foco, 2018, p.287-299; FERREIRA, Sérgio Ricardo Savi. **Responsabilidade Civil e enriquecimento sem causa:** o lucro da intervenção. Rio de Janeiro: Atlas, 2012.
55. ROSENVALD, Nelson. **As funções da Responsabilidade Civil:** a reparação e a pena civil. 3.ed. São Paulo: Saraiva, 2017, p.108. Nesse sentido ver: FARIAS, Cristiano Chaves de; ROSENVALD, Nelson; BRAGA NETTO, Felipe Peixoto. **Novo Tratado de Responsabilidade Civil.** 2.ed. São Paulo: Saraiva, 2017, p.283.
56. CHINELATO, João Marcelo Torres. Do dever de restituir o lucro decorrente da lesão a direitos coletivos. **Publicações da escola da AGU,** v.10, n.3, p.115-130, Brasília: AGU, 2018, p.118.

Em síntese, o *disgorgement of profits* se apresenta, como relevante instrumento que objetiva desestimular a prática dos ganhos indevidamente percebidos *(ill-gotten gains)*, por meio da restituição de ganhos ilicitamente obtidos pelo ofensor.[57]

---

57. BARBOSA, Caio Cesar do Nascimento; GUIMARÃES, Glayder Daywerth Pereira; SILVA, Michael Cesar. A eficácia do *disgorgement of profits* na contenção de ilícitos. *In:* BRAGA NETTO, Felipe Peixoto; SILVA, Michael Cesar (Orgs.). **Direito privado e contemporaneidade:** desafios e perspectivas do direito privado no século XXI: volume três. Indaiatuba, SP: Editora Foco, 2020, p.125-144.

10
CONSIDERAÇÕES FINAIS

A sociedade contemporânea perpassou por inúmeras transformações sociais, econômicas, culturais, políticas, tecnológicas, dentre outras, as quais modificaram significativamente a vida das pessoas.

No contexto contemporâneo de uma sociedade hiperconectada e do hiperconsumo, a qual se fundamenta em um novo paradigma tecnológico e no mercado de consumo digital, *novas tecnologias, riscos e danos* despontam no cotidiano das pessoas, com peculiares repercussões éticas, jurídicas e sociais.

A comunicação pode ser expressa como o elemento que, em maior grau, sofreu profundas alterações. Se outrora a comunicação interindividual se estabelecia de modo majoritariamente físico e restrito a determinada localidade, em razão da língua e do meio de divulgação de uma mensagem, hodiernamente, a comunicação se manifesta de modo transfronteiriço, dinâmico e assume uma velocidade de transmissão quase instantânea.

Nesse cenário, o indivíduo se torna, cada vez mais conectado, sendo que, se verifica a existência do fenômeno da hiperconectividade, por meio do qual, os dados digitais são criados de forma contínua e acentuada.

Destarte, se constata uma verdadeira *revolução digital,* inclusive, com o estabelecimento de um *novo paradigma tecnológico*. Nesse contexto, o incremento de diversos avanços tecnológicos, com a progressiva incorporação de instrumentos tecnológicos, em seus mais diversos formatos, se inseriu no cotidiano dos indivíduos de modo ininterrupto e definitivo, sobretudo, pela utilização da Internet, computadores, *pen drives, smartphones, tablets, wearable devices* e IoT's *(Internet of Things)*, redes sociais, inteligência artificial, dentre outros.

Os mencionados instrumentos tecnológicos, por conseguinte, ensejaram profundas transformações na estrutura socioeconômica da sociedade, com destaque para uma nova organização do mercado de consumo – *mercado de consumo digital* – pautado em novos arranjos contratuais, desenvolvimento do *comércio eletrônico*, veiculação de publicidade digital – em especial com a utilização massiva de *marketing de influência* –, emprego da inteligência artificial, tratamento de dados pessoais dos consumidores, criação de perfis digitais de consumo (*profiling*) e novos objetos da relação jurídica de consumo – *bens digitais* – ofertados no mercado de consumo no âmbito digital.

Nessa perspectiva, o cenário comunicacional sofreu expressivas alterações, no tocante à divulgação de publicidade no ambiente digital, sobretudo, marcado pelo crescente uso de marketing de influência pelos fornecedores no mercado de consumo digital.

O emprego dessas novas tecnologias digitais possibilitou aos fornecedores o uso de inteligência artificial nas relações de consumo, o *tratamento dos dados pessoais dos consumidores* (coleta, processamento, armazenamento, utilização, dentre outros), bem como a criação de *perfis digitais dos consumidores (profiling)*, por meio de formação de bancos de dados com quantidade massiva de informações acerca de qualquer indivíduo, relacionadas aos seus gostos, preferências, hábitos de consumo, comportamentos, pagamentos e quaisquer outras informações aptas a permitir o delineamento de perfil do consumidor.

Convém, ainda, destacar que o processo de tratamento de dados digitais oportunizou que fornecedores tivessem à sua disposição informações relevantes sobre seu público consumidor, de modo que, os fornecedores se tornaram capazes de saber mais sobre uma pessoa do que o próprio indivíduo e, por conseguinte, permitindo-se a análise e o efetivo dimensionamento do mercado consumidor com a finalidade de se alcançar maior eficácia na publicidade digital de produtos, serviços ou marcas.

Entretanto, denota-se, que em determinadas situações, o fornecedor realiza uma *utilização indevida da operação* de tratamento de dados pessoais do consumidor e do *profiling*, procedendo a discriminação ilícita de consumidores denominada de "*discriminação algorítmica*", e considerada como *prática comercial abusiva*, vedada pelo Código de Defesa do Consumidor, Marco Civil da Internet e pela Lei Geral de Proteção de Dados.

Nesse contexto de hiperconectividade, hiperconsumo e de virtualização contratual, a *vulnerabilidade do consumidor se demonstra ainda mais intensificada*, uma vez que, as assimetrias – técnica, informacional e, sobretudo, digital – se ampliam, bem como, o desequilíbrio contratual entre consumidores e fornecedores no âmbito das relações de consumo.

Sincronicamente, as plataformas digitais assumem o papel de conectar, de modo instantâneo, milhões de pessoas, permitindo-se a difusão de conteúdos diversos de forma célere e promovendo a quebra das fronteiras físicas por meio do ambiente digital.

Diante de tal conjugação de fatores e circunstâncias, os fornecedores, atentos às modificações tecnológicas e comunicacionais, vislumbraram por meio da utilização do marketing de influência, um novo modelo publicitário capaz de maximizar o efeito de suas campanhas publicitárias por intermédio da atuação dos influenciadores digitais.

Os *digital influencers* se apresentam como indivíduos – e em algumas hipóteses, *animais* ou mesmo *avatares fictícios* – que atuam nas redes sociais pelo contato direto e pessoal com o público, criando uma relação de proximidade por meio da utilização de meios informais para alcançar o público-alvo, especialmente, mediante a produção de conteúdo, em segmentos específicos, com regularidade e credibilidade, alcançando engajamento e alto grau de influência sob o comportamento de seus seguidores e que, por conseguinte, se utilizam dessa relação de confiança para obtenção de remuneração (direita ou indireta) pela realização de atividade publicitária, em seus diversos formatos, nas plataformas digitais.

As *celebridades digitais* impactam de modo significativo a vida das pessoas que as seguem, sendo que, são capazes de influir em seus hábitos diários, modificar comportamentos, incutir novos costumes, incorporar neologismos e gírias na linguagem e, até mesmo, motivar ou desmotivar a aquisição de produtos ou serviços no mercado de consumo.

Os *digital influencers* possuem grande capacidade de comunicação e criação de vínculo com seus seguidores, os quais, passam a enxergar os influenciadores como figuras de prestígio, credibilidade, merecedoras de atenção e, em muitos casos, admiração.

O percurso levado a efeito, neste estudo, permitiu concluir que a atuação dos influenciadores digitais, na veiculação de publicidade digital, influi de forma decisiva na aquisição de produtos e serviços dos fornecedores, de tal modo que, se faz imprescindível a efetiva tutela do consumidor no mercado de consumo digital.

Diante desse cenário, exsurge a controvérsia relativa à *possibilidade de imputação de responsabilidade civil aos influenciadores digitais,* em decorrência da *veiculação de publicidade ilícita em plataformas digitais,* atuando em inconteste desconformidade com os *preceitos ético-normativos* estabelecidos pelo sistema jurídico pátrio e de autorregulamentação ética da publicidade.

No que se refere à regulamentação da atividade publicitária, verifica-se que o Brasil acolheu um sistema misto de proteção dos consumidores, delineado por um *sistema público* de *controle estatal (ou legal)* – por meio do Código de Defesa do Consumidor (CDC) – e por um *sistema privado* de *controle ético* – instituído pelo Código Brasileiro de Autorregulamentação Publicitária (CBAP) – do Conselho Nacional de Autorregulamentação Publicitária (CONAR).

O referido sistema consagra instrumentos que norteiam o conteúdo publicitário propalado, com a finalidade de se evitar atuações antijurídicas e antiéticas que possam lesar ou influir de modo deletério os interesses dos consumidores no mercado de consumo, bem como, de se reprimir práticas comerciais abusivas perpetradas pelos fornecedores e seus representantes, de modo a assegurar o (re)equilíbrio da relação jurídica de consumo.

Nesse cenário, se constatou a *possibilidade de imputação de responsabilidade civil aos influenciadores digitais,* por sua atuação publicitária ilícita no mercado de consumo digital, com esteio nas disposições legais estatuídas no Código de Defesa do Consumidor (CDC) e éticas estabelecidas no Código Brasileiro de Autorregulamentação Publicitária (CBAP).

A primazia de proteção dos consumidores diante da ocorrência de danos, potenciais e concretos, materiais, extrapatrimoniais e sociais causados pelos *influencers,* sob a perspectiva da normativa constitucional e infraconstitucional, permite concluir pela atribuição de *responsabilidade objetiva e solidária* aos fornecedores, nas hipóteses em que divulguem publicidade ilícita, com fundamento no *risco da atividade econômica* desenvolvida, na relação de fidúcia (credibilidade) e no benefício (proveito econômico) alcançado com sua atuação ilícita no mercado de consumo digital.

Ademais, os *influencers* devem, ainda, se nortear precipuamente pela observância aos preceitos éticos e jurídicos vigentes no ordenamento jurídico brasileiro, delineados pelos princípios da *boa-fé objetiva, função social dos contratos*, bem como apresentar *informações qualificadas (corretas, claras, adequadas e ostensivas)* sobre o *conteúdo contratual*, de modo a assegurar *as legítimas expectativas despertadas,* pela divulgação de publicidade no ambiente digital, em consonância com os ditames estabelecidos pelos *princípios da informação, transparência e confiança,* sob pena de imputação de responsabilidade civil.

Entretanto, *não basta* que os influenciadores insiram, em suas redes sociais, *a mera identificação do anúncio publicitário* por meio de *hashtags,* notadamente, em função de que determinadas categorias de consumidores (crianças, adolescentes, idosos, deficientes, analfabetos, dentre outros), em situação de *hipervulnerabilidade ou vulnerabilidade agravada, demandarem uma maior qualificação da informação disponibilizada,* com a finalidade de se explicitar de forma *clara, precisa, ostensiva e adequada,* o real significado dessas expressões, porquanto os referidos consumidores, detém discernimento reduzido, impossibilitando que compreendam se a informação representa uma publicidade ou conteúdo editorial, ressoando na *diminuição de sua capacidade de escolha.*

Deve-se compreender, portanto, que em relação aos *consumidores hipervulneráveis,* a identificação publicitária nas plataformas digitais, deve ser implementada *mais intensamente,* com a finalidade de se resguardar efetivamente os agrupamentos sociais mais sujeitos ao agravamento de sua vulnerabilidade.

Acrescenta-se, ainda, que mesmo em relação aos demais consumidores vulneráveis, com o decurso do tempo, a mera utilização de *hashtags – #ads, #publi, #publipost,* dentre outras – *não se mostrará como critério suficiente para descaracterizar a ocorrência de publicidade oculta* (clandestina, furtiva ou camuflada), pois, diante da massiva quantidade de publicações com as referidas indicações nas redes sociais, os consumidores se habituam a ver tais termos e adquirem certo torpor em relação as mencionadas mensagens, de modo que, *as indicações perdem seu sentido e se convertem em vocábulos vazios e desprovidos de qualquer significado.*

Há de se frisar, também, o fato de que as indicações são apresentadas nas legendas das publicações dos influenciadores digitais, de forma que, em regra, *não são sequer percebidas pelos consumidores.* Logo, se impõe, a indispensabilidade em veicular a publicidade de forma mais direta, clara, ostensiva e transparente aos consumidores, primordialmente, por via de inserção no conteúdo produzido pelo influenciador.

Em síntese, a partir de uma perspectiva crítica, dialética e transdisciplinar do estudo da temática, propositivamente, se apresentam soluções, pautadas em critérios objetivos, para a controvérsia da atuação publicitária dos influenciadores digitais nas mídias digitais que contemplam a: i) adoção de legislações específicas para regulamentar a atividade de influenciadores; ii) aplicação aos influenciadores da legislação de proteção aos consumidores; iii) publicação de diretrizes e códigos de conduta para estabelecer boas práticas aos *influencers*; iv) utilização de ferramentas digitais de monitoramento e fiscalização das atividades realizadas por influenciadores digitais; v) oferta de treinamento e certificação de influenciadores; vi) promoção da educação digital e apoio aos consumidores; vii) padronização das ferramentas e instrumentos de divulgação de publicidade digital conjuntamente às plataformas sociais e influenciadores; viii) vedação às *práticas comerciais abusivas* perpetradas por influenciadores digitais, dentre as quais, se destacam, a divulgação de *publicidade ilícita (oculta)*, o *assédio de consumo e a discriminação algorítmica*; ix) observância dos termos de uso das plataformas digitais pelos influenciadores; x) atribuição de responsabilidade civil – objetiva e solidária – a influenciadores e fornecedores pela promoção de atividade publicitária ilícita nas redes sociais; xi) observância aos princípios da boa-fé objetiva, função social dos contratos, confiança, informação e transparência; xii) aplicação dos preceitos ético-jurídicos estabelecidas pelo CDC e pelo CBAP aos influenciadores.

Por fim, os influenciadores digitais, fornecedores, Agências de Publicidade e as plataformas digitais devem, ainda, se atentar à função *preventiva* da responsabilidade civil, de forma a evitar a ocorrência de danos, com a finalidade de se garantir o (re)equilíbrio da relação jurídica de consumo e a implementação de uma efetiva tutela jurídica dos consumidores no mercado de consumo digital.

POSFÁCIO

> *"The digital media landscape grows more complicated by the hour, and influencer marketing is no exception. There's a need for structure and clarity."*[1]
>
> — Aron Levin

Muito me honra o convite recebido dos amigos e notáveis pesquisadores Michael César Silva, Glayder Daywerth Pereira Guimarães e Caio César do Nascimento Barbosa para redigir o posfácio de sua obra seminal, "Digital Influencers e Social Media: repercussões jurídicas, perspectivas e tendências da atuação dos influenciadores digitais na sociedade do hiperconsumo", que agora é lançada ao público.

De início, ressalto a complexidade da missão assumida pelos autores, que desbordam da vastíssima pesquisa bibliográfica por eles condensada com a sagacidade que lhes é típica, e com o pioneirismo temático em torno de uma das mais complexas matérias atualmente estudadas no Direito Digital. A obra foi escrita de forma meticulosa, com linguagem bem calibrada e elucidativa, culminando na instigante proposta de lançar luzes ao fenômeno mundial dos influenciadores digitais.

Com a pujança da Internet[2], a atuação dos influenciadores digitais na sociedade contemporânea tem gerado repercussões significativas em diversos aspectos, especialmente no contexto do hiperconsumo. Esses agentes, muitas vezes provenientes de áreas como moda, beleza, tecnologia e estilo de vida, exercem uma influência marcante sobre o comportamento do consumidor, moldando preferências e decisões de compra.

No que tange às repercussões, é evidente que os influenciadores digitais desempenham um papel crucial na construção de marcas e na promoção de produtos. Suas recomendações, avaliações e parcerias comerciais têm o potencial de impactar diretamente as escolhas dos consumidores, criando uma dinâmica em que a linha entre a publicidade e a experiência pessoal torna-se muitas vezes tênue.

Entretanto, as perspectivas em relação a essa atuação não são unânimes. Enquanto alguns enxergam os influenciadores como impulsionadores positivos da economia e da

---

1. LEVIN, Aron. **Influencer marketing for brands**. Nova York: Apress, 2020, p.120.
2. CASTELLS, Manuel. **The Internet galaxy**: reflections on the Internet, business, and society. Oxford: Oxford University Press, 2001, p.90.

inovação, outros alertam para os riscos associados à falta de transparência nas parcerias comerciais e à potencial manipulação de informações.

No que se refere às tendências, observa-se um crescimento contínuo desse fenômeno, com a diversificação dos nichos explorados pelos influenciadores e a expansão de plataformas digitais. A doutrina destaca que "o vídeo costumava ser o jardim com muros mais elevados na área do entretenimento; era o veículo mais caro e mais difícil de penetrar. Mas a distribuição global de plataformas gratuitas como o YouTube, aliada à onipresença dos *smartphones*, o transformou em um livre mercado, onde praticamente qualquer pessoa pode participar da competição"[3]. De fato, o surgimento de novas formas de interação, como lives, stories e vídeos curtos, tem redefinido a natureza da influência digital, aproximando os consumidores de seus ídolos de maneiras antes inéditas.

Assim, considerando as repercussões, perspectivas e tendências da atuação dos influenciadores digitais na sociedade do hiperconsumo, torna-se fundamental um debate crítico acerca dos limites éticos e jurídicos dessas práticas, pois a transparência nas relações comerciais, a promoção da responsabilidade em sua dimensão ética (*accountability*)[4] e a conscientização do público sobre as estratégias de *marketing* digital são elementos-chave para mitigar potenciais impactos negativos e promover uma relação mais equilibrada entre influenciadores, marcas e consumidores.

No curso da obra, foi possível constatar que a atuação de influenciadores digitais na Internet é permeada por uma série de desafios jurídicos que emergem da complexa interação entre as dinâmicas das mídias sociais, o *marketing* digital e as estruturas jurídicas mais tradicionais. Dentre esses desafios, destacam-se questões cruciais que exigem uma abordagem cuidadosa para equilibrar interesses.

Um dos desafios prementes diz respeito à transparência e à publicidade. A divulgação clara de parcerias comerciais e conteúdo patrocinado é essencial para evitar práticas enganosas. A ausência de transparência levanta não apenas preocupações quanto à violação da boa-fé que, necessariamente, deve reger tais relações jurídicas, mas também implicações quanto à responsabilização dos influenciadores que atuam como vetores dessas propagandas, exigindo a definição de diretrizes que garantam uma comunicação transparente entre influenciadores e seguidores, com atuação proativa das plataformas.

A epígrafe desse posfácio resume, por um lado, a essência daquilo que os amigos Michael, Glayder e Caio brilhantemente concluem: "o percurso levado a efeito, neste estudo, permitiu concluir que a atuação dos influenciadores digitais, na veiculação de publicidade digital, influi de forma decisiva na aquisição de produtos e serviços dos fornecedores, de tal modo que, se faz imprescindível a efetiva tutela do consumi-

---

3. KYNCL, Robert; PEYVAN, Maany. **Streampunks**: o YouTube e os rebeldes que estão transformando as mídias. Tradução de Claudia Gerpe Duarte. Rio de Janeiro: Best Business, 2019, p.313.
4. JONAS, Hans. **Le principe responsabilité**: une éthique pour la civilisation technologique. Tradução do alemão para o francês de Jean Greisch. 2. ed. Paris: Cerf, 1992, p.38.

dor no mercado de consumo digital"; por outro lado, faz emanar a ideia que o tema continuará se desenvolvendo e impondo novos desafios e novas releituras para sua adequação jurídica.

De fato, é essa a finalidade que se deve buscar atingir em um posfácio: lançar luzes sobre os desafios vindouros e para os quais a obra analisada poderá trazer importantes luzes. Logo, extrai-se a importantíssima conclusão, na linha do que identificaram os autores, de que o rumo que está sendo percorrido na sociedade do hiperconsumo manifesta-se de maneira clara: busca-se a automação e aceleração de procedimentos, mediante a estimulante otimização algorítmica de resultados[5].

Contudo, as configurações de mercado tornam-se progressivamente dependentes da atenção[6] (que passou a ser entendida como *commodity*), os dados são reunidos para a elaboração das soluções mais estratificadas fundamentadas nas preferências dos usuários, e o que se observa é, indubitavelmente, um ecossistema fundamentado em controle, como em um novo panóptico.

O estudo do *Big Data*[7] é o centro do atual debate em torno da vigorosa e entusiasmada revolução informacional, impulsionada pelo avanço da computação e fortalecida por repositórios de informações previamente inimagináveis[8]. Os algoritmos considerados 'mais eficazes' são aqueles capazes de coletar uma maior quantidade de dados, processá-los em intervalos temporais reduzidos e fornecer respostas mais ágeis para a finalidade operacional que motivou sua concepção, introduzindo novos desafios ao domínio jurídico, notadamente no que concerne às interações de consumo.

A atenção é o substrato que viabiliza a utilização de técnicas sofisticadas de *neuromarketing*, *telemarketing* e *spam*, agora empregadas em novas práticas comerciais que causam perturbação, importunação e violações a direitos. Tem-se, enfim, a manipulação sutil[9], por vezes velada e usualmente não cognoscível dos interesses e desejos da pessoa, que se torna refém de um ecossistema no qual tudo é monitorado, e o consumo, mais do que incentivado, se torna controlado.[10] Como sintetiza Steven Pinker, "nossa total perplexidade sobre os enigmas da consciência, do eu, da vontade e do conhecimento

---

5. LANIER, Jaron. **Who owns the future?** Nova York: Simon & Schuster, 2013, p.22.
6. WU, Tim. **The attention merchants**: the epic scramble to get inside our heads. Nova York: Vintage, 2016, p.5-7.
7. Em simples termos, eis o conceito: "Big Data is all about seeing and understanding the relations within and among pieces of information that, until very recently, we struggled to fully grasp." (MAYER-SCHÖNBERGER, Viktor; CUKIER, Kenneth. **Big Data**: a revolution that will transform how we live, work, and think. Nova York: Houghton Mifflin Harcourt, 2014, p.19).
8. FLORIDI, Luciano. **Information**: a very short introduction. Oxford: Oxford University Press, 2010. p.3.
9. SUNSTEIN, Cass R. **Valuing life**: humanizing the regulatory state. Chicago: The University of Chicago Press, 2014, p.137. O autor comenta: "When people use simple heuristics, or mental shortcuts, it is generally because they work well, in the sense that they enable us to make good decisions. But even if heuristics usually work well, they can lead to big errors. When we make inaccurate assessments of probabilities, it may well be because simple heuristics are leading us astray."
10. CUKIER, Kenneth; MAYER-SCHÖNBERGER, Viktor; DE VÉRICOURT, François. **Framers**: human advantage in an age of technology and turmoil. Nova York: Dutton, 2021, p.201.

pode advir de uma incompatibilidade entre a própria natureza desses problemas e o aparato computacional com o qual a seleção natural nos equipou."[11]

O assédio de consumo passa a emanar, enfim, da malversação informacional[12] e, no contexto da "influência digital", desperta novas preocupações jurídicas relevantes, embora pouco exploradas. Isso porque a vulnerabilidade do consumidor é qualidade presumida e distintiva (art. 4º, do CDC), razão pela qual deve o fornecedor valer-se de práticas comerciais que respeitem esta especial condição do consumidor, deixando de levar a efeito estratégias que o manipulem ou explorem. No entanto, os mercados que utilizam a atenção como insumo para alimentar algoritmos complexos, os quais reconfiguram as estratégias de *marketing* convencionais e passam a influenciar a racionalidade humana, apresentam um desafio sem precedentes para os convencionais mecanismos de tutela disponíveis para o profissional do Direito.

É insofismável que a tecnologia e a inovação são empolgantes. Porém, como anota van Dijk, "o direito e a justiça ficaram atrás das novas tecnologias em quase todos os períodos da história. Isso é compreensível, uma vez que a nova tecnologia deve se estabelecer na sociedade antes que a legislação possa ser aplicada a ela."[13]

Embora seja despicienda a individualização e categorização de todas as espécies de vulnerabilidade presentes em uma relação de consumo, bastando que esteja presente uma delas para que se reconheça a vulnerabilidade do consumidor, não se pode negar que tecnologias publicitárias baseadas no *marketing* de influência – e em outras estratégias que conduzem ao assédio de consumo na Internet – não afastam do consumidor a qualidade de *vulnerável*, uma vez que fica mantida a vulnerabilidade fática.

É inquestionável que mesmo consumidores devidamente informados e com competência técnica e jurídica podem manter-se susceptíveis às persuasões do mercado de consumo, dada a preeminência do fornecedor como detentor do poder econômico. Contudo, não é o homem econômico (*homo economicus*) a figura que se pretende ver inserida no vértice constitucional, ainda que também seja merecedora de proteção pontual, a nível fundamental. Almeja-se, sim, a maior proteção ao "homem existencial", concebido a partir da estruturação de direitos consentâneos com novas experiências individuais que tenham uma projeção útil para o próprio titular e para a coletividade.

Assim, cumprindo a finalidade precípua de um posfácio, cabe a mim lançar aos leitores algumas inquietações adicionais, visando fomentar o debate jurídico em torno das linhas escritas com brilhantismo pelos autores.

---

11. PINKER, Steven. **How the mind works**. Nova York: Penguin Books, 1997, p.565, tradução livre. No original: "Our thoroughgoing perplexity about the enigmas of consciousness, self, will, and knowledge may come from a mismatch between the very nature of these problems and the computational apparatus that natural selection has fitted us with."
12. VAIDHYANATHAN, Siva. **Anti-social media**: how Facebook disconnect us and undermines democracy. Oxford: Oxford University Press, 2018, p.22-30.
13. VAN DIJK, Jan. **The network society**. 2. ed. Londres: Sage Publications, 2006, p.128, tradução livre. No original: "The law and justice have lagged behind new technology in almost every period in history. This is understandable, as new technology must become established in society before legislation can be applied to it."

Nesse intuito, destaco que a tendência de mudança do consumo virtual dos produtos para os serviços[14] é um dos contextos em que a participação de influenciadores digitais pode se manifestar com grande intensidade, abrindo espaço para futuras pesquisas.

A popularização dos serviços de *streaming*, a facilitação da aquisição de licenças pela "tokenização", o armazenamento remoto ou em nuvem, a potencialização do processamento descentralizado da tecnologia 5G, e, de modo geral, a difusão de equipamentos que funcionam a partir de algoritmos que automatizam a rotina (como assistentes pessoais) são singelos exemplos de novas relações de consumo baseadas em dados e na predição dos gostos e preferências a partir da perfilização (*profiling*) – assunto que os autores também exploram com profundidade técnica e brilhantismo acadêmico – que instigam a Ciência do Direito à busca por respostas[15].

A proteção do consumidor surge como outra área crítica. Influenciadores têm o poder de influenciar as decisões de compra, e informações imprecisas ou enganosas podem resultar em práticas comerciais desleais. Nesse contexto, estabelecer padrões claros para a veracidade das informações divulgadas pelos influenciadores torna-se imperativo, com mecanismos de responsabilização em caso de informações incorretas.

A questão da propriedade intelectual também se destaca. O uso inadequado de marcas registradas, direitos autorais e outros elementos protegidos pode resultar em litígios complexos por exploração inescrupulosa da propriedade imaterial alheia. Assim, a definição de limites claros sobre o uso da propriedade intelectual, juntamente com a conscientização dos influenciadores sobre as leis relacionadas a direitos autorais e marcas registradas, é essencial.

A privacidade e a proteção de dados emergem como desafios cruciais, especialmente quando a coleta e o compartilhamento de dados pessoais são fundamentais para estratégias de *marketing*. A conformidade com regulamentações de proteção de dados, incluindo a obtenção de consentimento adequado, é uma preocupação central para evitar violações. Na mesma linha, a elaboração de contratos e acordos robustos entre influenciadores e marcas também se coloca como um desafio relevante. A clareza nos termos, responsabilidades e remuneração é essencial para evitar litígios e garantir uma relação contratual equitativa.

Além disso, a responsabilidade civil dos influenciadores em relação ao discurso de ódio e conteúdo prejudicial é uma consideração crítica. Estabelecer limites claros sobre o discurso aceitável e responsabilizar os influenciadores por violações sem comprometer a liberdade de expressão é uma tarefa complexa, mas essencial.

---

14. SIMONSSON, Johan; MAGNUSSON, Mats. Digital business model innovation: implications for offering, platform and organization. *In:* AAGAARD, Annabeth (ed.). **Digital business models**: driving transformation and innovation. Cham: Palgrave Macmillan, 2019, p.165.
15. PÉLISSE, Jérôme. Les usages syndicaux du droit et de la justice. *In:* COMMAILLE, Jacques; KALUSZYNSKI, Martine (Ed.). **La fonction politique de la justice**. Paris: La Découverte, 2007, p.165.

Em síntese, a atuação dos influenciadores digitais na Internet demanda uma abordagem jurídica abrangente e adaptativa. A constante evolução das regulamentações para acompanhar as transformações no ambiente digital é fundamental para enfrentar os desafios emergentes e garantir a integridade das relações entre influenciadores, provedores, marcas e consumidores. Que este livro seja um repositório fundamental de conceitos para pesquisas subsequentes, revisões críticas e propostas inovadoras, à semelhança daquela delineada pelos autores com notável qualidade técnica.

Belo Horizonte, 1º de dezembro de 2023.

José Luiz de Moura Faleiros Júnior
Doutorando em Direito Civil pela Universidade de São Paulo (USP) e em Direito, Tecnologia e Inovação pela Universidade Federal de Minas Gerais (UFMG). Mestre e Bacharel em Direito pela Universidade Federal de Uberlândia (UFU). Especialista em Direito Digital. Advogado. Professor.

REFERÊNCIAS

中华人民共和国.中华人民共和国广告法.1995年度.可在：https://www.gov.cn/bumenfuwu/2012-11/05/content_2600189.htm. 访问: 2023 年 12 月 20 日.

中华人民共和国. 中华人民共和国广告法. 2015年. 可在：https://www.gov.cn/guoqing/2020-12/24/content_5572939.htm. 访问: 2023 年 12 月 20 日.

中华人民共和国. 国家广播电视总局 文化和旅游部 关于印发《网络主播行为规范》的通知. 2022 年. 可在：http://www.nrta.gov.cn/art/2022/6/22/art_113_60757.html. 访问: 2023 年 12 月 20 日.

AANA, Australian Association of National Advertisers. **Code of Ethics.** 2021. Available from: https://aana.com.au/self-regulation/codes-guidelines/code-of-ethics/. Access on: Dec. 20, 2023.

ABIDIN, Crystal. Communicative intimacies: influencers and perceived interconnectedness. **ADA New Media: Journal of Gender, New Media, and Technology**, College Park, i.8, nov. 2015. Available from: https://scholarsbank.uoregon.edu/xmlui/bitstream/handle/1794/26365/ada08-commu-abi-2015.pdf?sequence=1&isAllowed=y. Access on: Dec. 20, 2023.

ABIDIN, Crystal *et al.*. Influencers and COVID-19: reviewing key issues in press coverage across Australia, China, Japan, and South Korea. **Media International Australia (MIA)**, v.178, i.1, p.114-135, 2021. Available from: https://journals.sagepub.com/doi/pdf/10.1177/1329878X20959838. Access on: Dec. 20, 2023.

ABINPET, Associação Brasileira da Industria de Produtos para Animais de Estimação. Apesar de gargalo tributário, indústria pet deve faturar R$ 46,4 bilhões em 2023, com base no faturamento do 1º trimestre. **ABINPET.** 2023. Disponível em: https://abinpet.org.br/2023/05/apesar-de-gargalo-tributario-industria-pet-deve-faturar-r-464-bilhoes-em-2023-com-base-no-faturamento-do-1o-trimestre/. Acesso em: 20 dez. 2023.

ABREU, Jorge Manuel Coutinho de. **Do Abuso de direito:** ensaio de um critério em direito civil e nas deliberações sociais. Reimpressão da Edição de 1999. Coimbra: Almedina, 2006.

ABREU, Lígia Carvalho; COUTINHO, Francisco Pereira (Coords.). **Direito da moda:** vol. I. Lisboa: CEDIS, 2019.

ACIOLI, Bruno de Lima; PEIXOTO, Erick Lucena Campos. A privacidade nas redes sociais virtuais e a cultura do cancelamento. **Revista Fórum de Direito Civil – RFDC,** Belo Horizonte, a.10, n.26, p.177-196, jan./abr., 2021.

ADVERTISING STANDARDS AUTHORITY. **Influencers' guide to making clear that ads are ads.** 2021. Available from: https://www.asa.org.uk/uploads/assets/9cc1fb3f-1288-405d-af3468ff18277299/INFLUENCERGuidanceupdatev6HR.pdf. Access on: Dec. 20, 2023.

AFFONSO, Filipe José Medon. Influenciadores digitais e o direito à imagem de seus filhos: uma análise a partir do melhor interesse da criança. **Revista Eletrônica da Procuradoria Geral do Estado do Rio de Janeiro - PGE-RJ**, Rio de Janeiro, v.2, n.2, p.1-26, 2019.

AFFONSO, Filipe José Medon. (Over)sharenting: a superexposição da imagem e dos dados da criança na Internet e o papel da autoridade parental. *In:* TEIXEIRA, Ana Carolina Brochado; DADALTO, Luciana (Coords.). **Autoridade Parental:** dilemas e desafios contemporâneos. 2.ed. Indaiatuba, SP: Editora Foco, 2021. [E-book].

AFFONSO, Filipe José Medon. **Inteligência artificial e responsabilidade civil:** autonomia, riscos e solidariedade. 2.ed. rev., atual. e ampl.. Salvador: JusPodivm, 2022.

AFFONSO, Filipe José Medon. (Over)sharenting: a superexposição da imagem e dos dados pessoais de crianças e adolescentes a partir de casos concretos. **Revista Brasileira de Direito Civil - RDBCivil,** Belo Horizonte, v. 31, n. 2, p. 265-298, abr./jun. 2022.

AFFONSO, Filipe José Medon. Little Brother Brasil: pais quarentenados, filhos expostos e vigiados. **Jota.** 2020. Disponível em: https://www.jota.info/opiniao-e-analise/artigos/big-little-brother-brasil-pais-quarentenados-filhos-expostos-e-vigiados-14042020. Acesso em: 20 dez. 2023.

AFONSO, Luiz Fernando. **Proteção do Consumidor:** propaganda enganosa e prática de storytelling. São Paulo: Almedina, 2019.

AFLUENCER. **30 Microinfluencers with High Instagram Engagement Rates.** 2022. Available from: https://afluencer.com/instagram-microinfluencers-high-engagement-rates/. Access on: Dec. 20, 2023.

AGRELA, Lucas. YouTube teve 100 bilhões de horas assistidas de vídeos sobre games em 2020. **Exame.** 2020. Disponível em: https://exame.com/tecnologia/youtube-teve-100-bilhoes-de-horas-assistidas-de-videos-sobre-games-em-2020/. Acesso em: 20 dez. 2023.

AGRELA, Lucas; CURY, Maria Eduarda; VITORIO, Tamires. Na quarentena, o mundo virou uma live. **Exame.** 2021. Disponível em: https://exame.abril.com.br/revista-exame/o-mundo-e-uma-live/. Acesso em: 20 dez. 2023.

AIMCO, Australian Influencer Marketing Council. **Best Practice.** 2023. Available from: https://www.aimco.org.au/best-practice. Access on: Dec. 20, 2023.

AIMCO, Australian Influencer Marketing Council. **Code of Practice.** 2023. Available from: https://www.aimco.org.au/news/codeofpracticeupdate. Access on: Dec. 20, 2023.

AKERLOF, George A. The Market for "Lemons": quality uncertainty and the market mechanism. **The Quarterly Journal of Economics,** v.84, n.3, Aug., 1970, p.488-500. Available from: https://www.jstor.org/stable/1879431. Access on: Dec. 20, 2023.

ALASSANI, Rachidatou; GÖRETZ, Julia. Product Placements by Micro and Macro Influencers on Instagram. In: MEISELWITZ, Gabriele (Eds.). **Social Computing and Social Media:** Communication and Social Communities. HCII 2019. Lecture Notes in Computer Science. New York: Springer, v.11579, p.251-267, 2019. Available from: https://link.springer.com/chapter/10.1007/978-3-030-21905-5_20. Access on: Dec. 20, 2023.

ALMEIDA, Claudia Pontes. Youtubers mirins, novos influenciadores e protagonistas da publicidade dirigida ao público infantil: uma afronta ao Código de Defesa do Consumidor e às leis protetivas da infância. **Revista Luso-Brasileira de Direito do Consumo,** v.6, n.23, p.155-181, 2016.

ALMEIDA, Fabrício Bolzan de. **Direito do Consumidor Esquematizado.** 10.ed. São Paulo: SaraivaJur, 2022. [E-book].

ALMEIDA, Marcos Inácio Severo de et al.. Quem Lidera sua Opinião? Influência dos formadores de opinião digitais no engajamento. **Revista de Administração Contemporânea,** Rio de Janeiro, v.22, n.1, p.115-137, 2018. Disponível em: https://rac.anpad.org.br/index.php/rac/article/view/1263. Acesso em: 20 dez. 2023.

ALMEIDA, Maryane Caroline Pedroza de; MELO, Laiz Mendes Souza e. Publicidade ilícita: uma violação aos direitos básicos do consumidor. **Revista FIDES,** v.11, n.1, p.203-213, 2020. Disponível em: http://revistafides.ufrn.br/index.php/br/article/view/461. Acesso em: 20 dez. 2023.

ALVES, Fabrício Germano. **Direito publicitário:** proteção do consumidor. São Paulo: Thomson Reuters Brasil, 2020.

ALVES, Fabrício Germano; BONIFÁCIO, Andressa de Brito. Proteção do consumidor contra a publicidade digital nativa furtivamente veiculada em redes sociais. *In:* COLOMBO, Cristiano; ENGELMANN, Wilson; FALEIROS JÚNIOR, José Luiz de Moura (Coords.). **Tutela jurídica do corpo eletrônico:** novos desafios ao direito digital. Indaiatuba, SP: Editora Foco, 2022, p.357-375.

AMARAL, Denise Meira do. Conheça os pet influencers que faturam até R$ 80 mil por mês. **Folha de São Paulo.** 2021. Disponível em: https://www1.folha.uol.com.br/mpme/2021/03/conheca-os-pet-influencers-que-faturam-ate-r-80-mil-por-mes.shtml/. Acesso em: 20 dez. 2023.

AMAZONAS. Tribunal Regional Federal da 1ª Região. Procedimento Comum Cível nº1018960-19.2023.4.01.3200. 9ª Vara Federal Cível da SJAM. Relator: Juiz Márcio André Lopes Cavalcante. julg. 29 abr. 2023. **Diário da Justiça Eletrônico,** Amazonas, publ. 30 abr. 2023. Disponível em: https://revistacenarium.com.br/wp-content/plugins/embedpress/assets/pdf/web/viewer.html?file=https%3A%2F%2Frevistacenarium.com.br%2Fwp-content%2Fuploads%2F2023%2F04%2FDecisao-2.pdf. Acesso em: 20 dez. 2023.

AMENABAR, Teddy; O'CONNOR, Anahad. TikTok 'Liver King' touted raw organ meat diet. He also took steroids. **The Washington Post.** dec. 6, 2022. Available from: https://www.washingtonpost.com/wellness/2022/12/06/liver-king-steroids-apology-ancestral-diet/. Access on: Dec. 20, 2023.

AMORIM, Ana Clara Azevedo de. Os influenciadores digitais e a publicidade oculta: abordagem comparada de direito luso-brasileiro. *In:* RIBEIRO, Cláudio José Silva; HIGUCHI, Suemi (Orgs.). **Anais do I congresso internacional em humanidades digitais no Rio de Janeiro.** Rio de Janeiro: CPDOC/FGV, 2018, p.123-128.

ANAND, Abhinav; DUTTA, Souvik; MUKHERJEE, Prithwiraj. Influencer Marketing with Fake Followers. **IIM Bangalore Research,** n.580, p.1-44, 2020. Available from: https://papers.ssrn.com/sol3/papers.cfm?abstract_id=3306088. Access on: Dec. 20, 2023.

ANBIMA, Associação Brasileira das Entidades dos Mercados Financeiro e de Capitais. **Regras e procedimentos para contratação de influenciadores digitais.** 2023. Disponível em: https://www.anbima.com.br/data/files/29/47/49/82/CDE8A810B1E0B8A8B82BA2A8/1.%20RP%20Influenciador%20digital_13.09.23.pdf. Acesso em: 20 dez. 2023.

ANDRADE, Andressa Bizutti. O marketing de influência na comunicação publicitária e suas implicações jurídicas. **Internet & Sociedade,** São Paulo, v.1, n.2, p.31-53, 2020.

ANSPACH, Nicolas M.; JENNINGS, Jay T.; ARCENEAUX, Kevin. A little bit of knowledge: Facebook's News Feed and self-perceptions of knowledge. **Research and Politics,** v.6, n.1, p.1-9, 2019. Available from: https://journals.sagepub.com/doi/10.1177/2053168018816189. Access on: Dec. 20, 2023.

AQUINO JÚNIOR, Geraldo Frazão de. A hipervulnerabilidade do consumidor de serviços financeiros digitais. *In:* EHRHARDT JÚNIOR, Marcos (Coord.). **Vulnerabilidade e novas tecnologias.** Indaiatuba, SP: Editora Foco, 2023, p.141-159.

ARPP, Autorité de Régulation Professionnelle de la Publicité. **Recommandation Communication Publicitaire.** 2010. Disponible sur: https://www.arpp.org/nous-consulter/regles/regles-de-deontologie/recommandation-communication-publicitaire-numerique/#toc_1_2. Accès à: 20 déc. 2023.

ARTIS, Julie E. Judging the Best Interests of the Child: Judges' Accounts of the Tender Years Doctrine. **Law and Society Review,** v.38, i.4, p.769-806, 2004. Available from: https://onlinelibrary.wiley.com/doi/abs/10.1111/j.0023-9216.2004.00066.x. Access on: Dec. 20, 2023.

ASCENSÃO, José de Oliveira. Cláusulas gerais e segurança jurídica no Código Civil de 2002. **Revista Trimestral de Direito civil,** Rio de Janeiro, a.7, v.28, p.77-92, out./dez., 2006.

ASIMOV, Isaac. **Eu, Robô.** São Paulo: Editora Aleph, 2014.

ASIMOV, Isaac. **Trilogia da Fundação.** São Paulo: Editora Aleph, 2019.

ATHENIENSE, Alexandre Rodrigues. O enfrentamento jurídico da reputação na mídia digital. *In:* BRANT, Cassio Augusto Barros (Coord.). REINALDO FILHO, Democrito Ramos; ATHENIENSE, Alexandre Rodrigues (Orgs.). **Direito Digital e Sociedade 4.0.** Belo Horizonte: D'Plácido, 2020.

AUSTRALIA, Australian Government. **Competition and Consumer Act 2010.** Compilation nº 143. 2023. Available from: https://www.legislation.gov.au/Details/C2023C00043/. Access on: Dec. 20, 2023.

AUTOCONTROL. **Código de Conducta sobre el uso de Influencers en la publicidad.** 2020. Disponible en: https://www.autocontrol.es/wp-content/uploads/2020/10/codigo-de-conducta-publicidad-influencers.pdf. Acceso en: 20 dec. 2023.

AZEVEDO, Antônio Junqueira de. Por uma nova categoria de dano na responsabilidade civil: o dano social. *In:* FILOMENO, José Geraldo Brito; WAGNER JÚNIOR, Luiz Guilherme da Costa; GONÇALVES, Renato Afonso (Coords.). **O Código civil e sua interdisciplinaridade.** Belo Horizonte: Del Rey, 2004, p.370-377.

AZEVEDO, Antônio Junqueira de. **Novos Estudos e Pareceres de Direito Privado.** São Paulo: Saraiva, 2009.

BAGATINI, Júlia; ALBRECHT, Diego Alan Schofer. Digital Influencer e a responsabilidade consumerista. **Revista Derecho y Cambio Social,** n.59, p.330-344, 2020.

BAGGIO, Andreza Cristina. **O direito do consumidor brasileiro e a teoria da confiança.** São Paulo: Revista dos Tribunais, 2012.

BAKKER, Diederich. Conceptualising influencer marketing. **Journal of emerging trends in marketing and management,** v.1, n.1, p.79-87, 2018. Available from: http://www.etimm.ase.ro/journal/ETIMM_V01_2018.pdf. Access on: Dec. 20, 2023.

BAKLANOV, Nick. The Top Virtual Instagram Influencers in 2022. **HypeAuditor.** 2022. Available from: https://hypeauditor.com/blog/the-top-virtual-instagram-influencers-in-2022/. Access on: Dec. 20, 2023.

BARBOSA, Caio César do Nascimento; BRITTO, Priscila Alves de; SILVA, Michael César. Publicidade Ilícita e Influenciadores Digitais: Novas Tendências da Responsabilidade Civil. **Revista IBERC,** Belo Horizonte, v.2, n.2, p.1-21, 2019.

BARBOSA, Caio César do Nascimento; GUIMARÃES, Glayder Daywerth Pereira; SILVA, Michael César. A responsabilidade civil dos influenciadores digitais na "era das lives". **Migalhas.** 2020. Disponível em: https://migalhas.uol.com.br/coluna/migalhas-de-responsabilidade-civil/328701/a-responsabilidade-civil-dos-influenciadores-digitais-na--era-das-lives. Acesso em: 20 dez. 2023.

BARBOSA, Caio César do Nascimento; GUIMARÃES, Glayder Daywerth Pereira; SILVA, Michael César. Contenção de ilícitos lucrativos no Brasil: o disgorgement of profits enquanto via restitutória. **Revista de Direito da Responsabilidade,** Coimbra, a.2, p.517-542, 2020.

BARBOSA, Caio César do Nascimento; GUIMARÃES, Glayder Daywerth Pereira; SILVA, Michael César. A eficácia do disgorgement of profits na contenção de ilícitos. *In:* BRAGA NETTO, Felipe Peixoto; SILVA, Michael César (Orgs.). **Direito privado e contemporaneidade:** desafios e perspectivas do direito privado no século XXI: volume três. Indaiatuba, SP: Editora Foco, 2020, p.125-144.

BARBOSA, Caio Cesar do Nascimento; GUIMARÃES, Glayder Daywerth Pereira; SILVA, Michael Cesar. Contenção de ilícitos lucrativos no brasil: o disgorgement of profits enquanto via restitutória. **Revista de Direito da Responsabilidade,** a.2, 2020, p.517-542. Disponível em: https://revistadireitoresponsabilidade.pt/2020/contencao-de-ilicitos-lucrativos-no-brasil-o-disgorgement-of-profits-enquanto-via-restitutoria-caio-cesar-do-nascimento-barbosa-glayder-daywerth-pereira-guimaraes-michael-cesar-silva/. Acesso em: 20 dez. 2023.

BARBOSA, Caio César do Nascimento; GUIMARÃES, Glayder Daywerth Pereira; SILVA, Michael César. A responsabilidade civil dos influenciadores digitais em tempos de coronavírus. *In:* FALEIROS JÚNIOR, José Luiz de Moura; LONGHI, João Victor Rozatti; GUGLIARA, Rodrigo (Coords.). **Proteção de Dados na Sociedade da Informação:** entre dados e danos. Indaiatuba, SP: Editora Foco, 2021, p.311-331.

BARBOSA, Caio César do Nascimento; GUIMARÃES, Glayder Daywerth Pereira; SILVA, Michael César. Publicidade ilícita e sociedade digital: delineamentos da responsabilidade civil do *digital influencer*. *In:* BARBOSA, Mafalda Miranda; BRAGA NETTO, Felipe Peixoto; SILVA, Michael César; FALEIROS JÚNIOR, José Luiz de Moura (Coords.). **Direito Digital e Inteligência Artificial:** Diálogos entre Brasil e Europa. Indaiatuba, SP: Editora Foco, 2021, p.381-410.

BARBOSA, Caio César do Nascimento; GUIMARÃES, Glayder Daywerth Pereira; SILVA, Michael César. Reflexões acerca da responsabilidade civil dos influenciadores digitais na sociedade 4.0. *In:* BARBOSA, Mafalda Miranda; ROSENVALD, Nelson; MUNIZ, Francisco (Coords.). **Responsabilidade Civil e Comunicação:** IV jornadas luso-brasileiras de responsabilidade civil. Indaiatuba, SP: Editora Foco, 2021, p. 9-27.

BARBOSA, Caio César do Nascimento; GUIMARÃES, Glayder Daywerth Pereira; SILVA, Michael César. A responsabilidade civil dos influenciadores digitais em tempos de coronavírus. *In:* SILVA, Michael César *et al.*. (Orgs.). **Impactos do Coronavírus no Direito:** diálogos, reflexões e perspectivas contemporâneas: volume II. Belo Horizonte: Editora Newton Paiva, 2022, p.723-740.

BARBOSA, Livia. **Sociedade de Consumo.** 3.ed. Rio de Janeiro: Zahar, 2010.

BARBOSA, Mafalda Miranda. Inteligência artificial, e-persons e direito: desafios e perspectivas. **Revista Jurídica Luso-Brasileira,** a.3, n.6, p.1475-1503, 2017.

BARBOSA, Mafalda Miranda. Causalidade mínima. *In:* BRAGA NETTO, Felipe Peixoto; SILVA, Michael César (Orgs.). **Direito privado e contemporaneidade:** desafios e perspectivas do direito privado no século XXI: volume três. Indaiatuba, SP: Editora Foco, 2020, p.3-23.

BARBOSA, Mafalda Miranda. Causalidade, imputação e responsabilidade por informações. *In:* BARBOSA, Mafalda Miranda; ROSENVALD, Nelson; MUNIZ, Francisco (Coords.). **Responsabilidade Civil e Comunicação:** IV jornadas luso-brasileiras de responsabilidade civil. Indaiatuba, SP: Editora Foco, 2021, p.277-307.

BARBOZA, Heloisa Helena; ALMEIDA, Vitor. A tutela das vulnerabilidades na legalidade constitucional. *In:* TEPEDINO, Gustavo; TEIXEIRA, Ana Carolina Brochado; ALMEIDA, Vitor (Coords.). **Da dogmática à efetividade do Direito Civil:** Anais do Congresso Internacional de Direito Civil Constitucional – IV Congresso do IBDCivil. 2.ed. Belo Horizonte: Fórum, 2019, p.41-55.

BARCELLONA, Mario. **Trattato del danno e della responsabilità civile.** Milano: Utet Giuridica, 2011.

BARCELLOS, Lívia Inglesis. **Youtubers mirins e o incentivo ao consumo:** uma leitura semiótica. 2020. Dissertação de Mestrado. 2020. 123f. Dissertação (Mestrado em Comunicação) Faculdade de Arquitetura, Artes e Comunicação – FAAC, Universidade Estadual Paulista "Júlio de Mesquita Filho" – UNESP, 2020. Disponível em: https://repositorio.unesp.br/handle/11449/202527. Acesso em: 20 dez. 2023.

BAROCELLI, Sergio Sebastián. Relaciones de consumo en entornos digitales: una mirada desde el derecho argentino. *In:* EHRHARDT JÚNIOR, Marcos; CATALAN, Marcos; MALHEIROS, Pablo (Coords.). **Direito Do Consumidor e Novas Tecnologias.** Belo Horizonte: Fórum, 2021, p.249-277.

BARRUCHO, Luís. Entenda a polêmica envolvendo a capivara Filó. **BBC News.** 2023. Disponível em: https://www.bbc.com/portuguese/articles/c887jy7ge99o. Acesso em: 20 dez. 2023.

BASAN, Arthur Pinheiro; BORGES, Gabriel Oliveira de Aguiar. Quanto vale a existência do trabalhador brasileiro? Um estudo sobre dano existência à luz do novo art. 223-G, §1º, da CLT. **Cadernos de Direito**

Actual, n.12, p.327-338, 2019. Disponível em: http://www.cadernosdedereitoactual.es/ojs/index.php/cadernos/article/view/412. Acesso em: 20 dez. 2023.

BASAN, Arthur Pinheiro; FALEIROS JÚNIOR, José Luiz de Moura Faleiros. A proteção de dados pessoais e a concreção do direito ao sossego no mercado de consumo. **Civilistica.com,** Rio de Janeiro, a.9, n.3, 2020. Disponível em: https://civilistica.emnuvens.com.br/redc/article/view/565/507. Acesso em: 20 dez. 2023.

BASAN, Arthur Pinheiro; FALEIROS JÚNIOR, José Luiz de Moura. A tutela do corpo eletrônico como direito básico do consumidor. **Revista dos Tribunais,** São Paulo, Thomson Reuters Brasil, a.109, v.1021, p.133-168, nov. 2020.

BASAN, Arthur Pinheiro; JACOB, Muriel Amaral. Habeas Mente: a responsabilidade civil como garantia fundamental contra o assédio de consumo em tempos de pandemia. **Revista IBERC**, Belo Horizonte, v.3, n.2, p.161-189, maio/ago., 2020.

BASAN, Arthur Pinheiro. Novas tecnologias na publicidade: o assédio de consumo como dano. *In:* FALEIROS JÚNIOR, José Luiz de Moura; LONGHI, João Victor Rozatti; GUGLIARA, Rodrigo (Coords.). **Proteção de Dados na Sociedade da Informação:** entre dados e danos. Indaiatuba, SP: Editora Foco, 2021 p.91-124.

BASAN, Arthur Pinheiro. **Publicidade digital e proteção de dados pessoais:** O direito ao sossego. Indaiatuba, SP: Editora Foco, 2021. [E-book].

BASSO, Mateus Barreto. **Direito de Autor e Publicidade.** São Paulo: Almedina, 2021.

BATISTA JÚNIOR, João. Por trás do linchamento virtual de Pugliesi: ódio, likes e algoritmo. **VEJA.** 2020. Disponível em: https://veja.abril.com.br/blog/veja-gente/por-tras-do-linchamento-virtual-de-pugliesi-odio-likes-e-algoritmo/. Acesso em: 20 dez. 2023.

BATISTA JÚNIOR, João. A polêmica do canal 'Bel para meninas': "Exposição vexatória e degradante". **VEJA.** 2020. Disponível em: https://veja.abril.com.br/blog/veja-gente/a-polemica-do-canal-bel-para-meninas-exposicao-vexatoria-e-degradante/. Acesso em: 20 dez. 2023.

BATISTA, Karen *et al.*. Reflexões sobre a sociedade de consumo: como os influenciadores digitais afetam o consumo na pós-modernidade? **CPMark – Caderno Profissional de Marketing Unimep,** v.8, n.1, jan./mar. 2020, p.176-197. Disponível em: https://www.cadernomarketingunimep.com.br/ojs/index.php/cadprofmkt/article/view/241/169. Acesso em: 20 dez. 2023.

BAUDRILLARD, Jean. **Sociedade de consumo.** Lisboa: Relogio D'Agua, 2008.

BAUMAN, Zygmunt. **Modernidade Líquida.** Rio de Janeiro: Zahar, 2001.

BAUMAN, Zygmunt. **Vida para consumo:** a transformação das pessoas em mercadoria. Rio de Janeiro: Zahar, 2008.

BBC NEWS BRASIL. Como as "fake news" no whatsapp levaram um povoado a linchar e queimar dois homens inocentes. **BBC News Brasil.** 2018. Disponível em: https://www.bbc.com/portuguese/salasocial-46206104. Acesso em: 20 dez. 2023.

BECKER, Maria Alice Ely. **A responsabilidade dos influenciadores digitais:** análise das novas tecnologias, implicações e discussões necessárias. Porto Alegre: Livraria do Advogado, 2023.

BEL. O que aconteceu?. **YouTube.** 2020. Disponível em: https://www.youtube.com/watch?v=NDANHUJWsGY. Acesso em: 20 dez. 2023.

BEL. Sobre as fake news dos últimos dias. **YouTube.** 2020. Disponível em: https://www.youtube.com/watch?v=_6Zp4dXmHls. Acesso em: 20 dez. 2023.

BENJAMIN, Antônio Herman V.; MARQUES, Claudia Lima; BESSA, Leonardo Roscoe. **Manual de Direito do Consumidor.** 8.ed. rev., atual. e ampl. São Paulo: Thomson Reuters Brasil, 2017.

BERGSTEIN, LAÍS. Inteligência artificial nas práticas de *geopricing* e *geoblocking*: a tutela dos vulneráveis nos contratos eletrônicos. *In:* TEPEDINO, Gustavo; SILVA, Rodrigo da Guia (Coords.). **O direito civil na era da inteligência artificial.** São Paulo: Thomson Reuters Brasil, 2020, p.441-468.

BERLINI, Luciana Fernandes. Da responsabilidade civil nas relações paterno-filiais: a compensação por danos morais em razão do exercício abusivo da autoridade parental. *In:* ROSENVALD, Nelson; MILAGRES, Marcelo (Coords.). **Responsabilidade Civil:** Novas Tendências. 2.ed. Indaiatuba, SP: Editora Foco, 2018, p.453-463.

BERTI, Orlando Maurício de Carvalho. Quem cuida de quem cuida? As redes sociais em tempos de combate à pandemia da COVID-19 contra as fake News. **Revista Rizoma,** Santa Cruz do Sul, v.8, n.1, p.165-184, 2020. Disponível em: https://online.unisc.br/seer/index.php/rizoma/article/view/15390. Acesso em: 20 dez. 2023.

BERTONCELLO, Káren Rick Danilevicz; LIMA, Clarissa Costa de. Adesão ao projeto conciliar é legal - CNJ: Projeto-piloto: tratamento das situações de superendividamento do consumidor. **Revista de Direito do Consumidor,** São Paulo, Revista dos Tribunais, a.16, n.63, p.173-201, jul./set., 2007.

BERTONCELLO, Káren Rick Danilevicz. Os efeitos da publicidade na "vulnerabilidade agravada": como proteger as crianças consumidoras? **Revista de Direito do Consumidor**, São Paulo, Revista dos Tribunais, v.22, n.90, p.69-90, nov./dez. 2013.

BERTONCELLO, Káren Rick Danielevicz. **Superendividamento do consumidor:** mínimo existencial - casos concretos. São Paulo: Revista dos Tribunais, 2015.

BESSA, Leonardo Roscoe. Fornecedor equiparado. **Revista de Direito do Consumidor** [recurso eletrônico], São Paulo, Revista dos Tribunais, a.16, n.61, p.126-141, jan./mar., 2007.

BESSANT, Claire. Sharenting: balancing the conflicting rights of parents and children. **Communications Law,** v.23, n.1, p.7-24, 2018.

BIONI, Bruno Ricardo. O dever de informar e a teoria do diálogo das fontes para a aplicação da autodeterminação informacional como sistematização para a proteção dos dados pessoais dos consumidores: convergências e divergências a partir da análise da ação coletiva promovida contra o Facebook e o aplicativo "Lulu". **Revista de Direito do Consumidor,** São Paulo, Revista dos Tribunais, a.23, v.94, p.283-324, jul./ago. 2014.

BIONI, Bruno Ricardo. **Proteção de dados pessoais:** a função e os limites do consentimento. 3.ed. rev., atual. e ampl.. Rio de Janeiro: Forense, 2021. [E-book].

BLUM-ROSS, Alicia; LIVINGSTONE, Sonia. Sharenting: parent blogging and the boundaries of the digital self. **Popular Communication,** v.15, i.2, p.110-125, 2017. Available from: https://eprints.lse.ac.uk/67380/1/Blum-Ross_Sharenting_revised_2nd%20version_2017.pdf. Access on: Dec. 20, 2023.

BÔAS, Bruno Villas. 'Lives' atraem patrocínio de marcas. **Valor Econômico.** 2020. Disponível em: https://valor.globo.com/empresas/noticia/2020/04/22/lives-atraem-patrocinio-de-marcas.ghtml. Acesso em: 20 dez. 2023.

BOCHENEK, Lucasz M.. Connecting with the Right Audiences for a Better Impact – Imperatives of the Influencer Marketing. *In:* BOCHENEK, Lucasz M. (Eds.). **Advocacy and Organizational Engagement:** Redefining the Way Organizations Engage. Bingley: Emerald Publishing Limited. 2019, p.91-110. Available from: https://www.emerald.com/insight/content/doi/10.1108/978-1-78973-437-920191006/full/html. Access on: Dec. 20, 2023.

BOLESINA, Iuri; GERVASONI, Tássia Aparecida. "Seres nada-fantásticos e onde habitam": a desinformação sobre o coronavírus e a covid-19 propagada por trolls, fakers, haters e bullies e a configuração de abuso de direito. **Revista IBERC,** v.3, n.2, p.37-60, 2020. Disponível em: https://revistaiberc.responsabilidadecivil.org/iberc/article/view/115. Acesso em: 20 dez. 2023.

BOLESINA, Iuri; FACCIN, Talita de Moura. A responsabilidade civil por sharenting. **Revista da Defensoria Pública do Estado do Rio Grande do Sul**, a.11, n.27, p.208-229, 2021. Disponível em: https://revista.defensoria.rs.def.br/defensoria/article/view/285. Acesso em: 20 dez. 2023.

BONATTO, Cláudio; MORAES, Paulo Valério Dal Pai. **Questões Controvertidas no Código de Defesa do Consumidor:** principiologia, conceitos, contratos atuais. 5.ed. rev., atual. e ampl. Porto Alegre: Livraria do Advogado, 2009.

BONFIM, Marcos. Quem é a Blaze, a empresa criadora do "jogo do aviãozinho" tema de denúncia no Fantástico. **Exame.** 2023. Disponível em: https://exame.com/negocios/quem-e-a-blaze-a-empresa-criadora-do-jogo-do-aviaozinho-tema-de-denuncia-no-fantastico/. Acesso em: 20 dez. 2023.

BONNA, Alexandre Pereira. Dados pessoais, identidade virtual e a projeção da personalidade: "profiling", estigmatização e responsabilidade civil. *In:* MARTINS, Guilherme Magalhães; ROSENVALD, Nelson (Coords.). **Responsabilidade civil e novas tecnologias.** Indaiatuba, SP: Editora Foco, 2020, p.19-38.

BONNA, Alexandre Pereira. **Dano Moral.** Indaiatuba, SP: Editora Foco, 2021. [E-book].

BOOTH, Robert. Fake online influencers a danger to children, say campaigners: Virtual personalities created by companies 'have potential to manipulate young people'. **The Guardian.** 2019. Available from: https://www.theguardian.com/media/2019/nov/04/fake-online-influencers-a-danger-to-children-say-campaigners. Access on: Dec. 20, 2023.

BORGES, Carlise Nascimento. A nova comunicação e o advento dos digital influencers: pesquisa realizada sobre blogueiras de moda. *In:* XVIII CONGRESSO DE CIÊNCIAS DA COMUNICAÇÃO NA REGIÃO CENTRO-OESTE, 2016, Goiânia. MÉDOLA, Ana Silvia Lopes Davi; BARBOSA, Maria do Carmo Silva; FERREIRA, Adriana Rodrigues (Orgs.). **Anais** [...]. São Paulo: Sociedade Brasileira de Estudos Interdisciplinares da Comunicação (Intercom), 2016.

BORGES, Gabriel Oliveira de Aguiar; LONGHI, João Victor Rozatti; MARTINS, Guilherme Magalhães. Comentários acerca de alguns pontos do projeto de lei das fake news sob a ótica da responsabilidade civil. **Revista IBERC,** v.4, n.1, p.35-51, 2021. Disponível em: https://revistaiberc.responsabilidadecivil.org/iberc/article/view/141. Acesso em: 20 dez. 2023.

BOURDIEU, Pierre. O capital social – notas provisórias. *In:* NOGUEIRA, Maria Alice; CATANI, Afrânio (Orgs.). **Escritos de Educação.** 9.ed. Petrópolis: Vozes, 2007, p.65-69.

BRAGA, Carolina. Discriminação nas decisões por algoritmos: polícia preditiva. *In:* FRAZÃO, Ana; MULHOLLAND, Caitlin (Coords.). **Inteligência Artificial e Direito:** ética, regulação e responsabilidade. 2.ed. rev., atual. e ampl. São Paulo: Thomson Reuters Brasil, 2020, p.691-716.

BRAGA NETTO, Felipe Peixoto. A dimensão preventiva da responsabilidade civil. *In:* BRAGA NETTO, Felipe Peixoto; SILVA, Michael César (Orgs.). **Direito privado e contemporaneidade:** desafios e perspectivas do direito privado no século XXI. Belo Horizonte: D'Plácido, 2014, p.75-93.

BRAGA NETTO, Felipe Peixoto. **Manual de direito do consumidor à luz da jurisprudência do STJ.** 14.ed. rev., atual. e ampl. Salvador: JusPodivm, 2019.

BRAGA NETTO, Felipe Peixoto. **Novo Manual de Responsabilidade Civil.** 3.ed. rev., atual. e ampl. Salvador: JusPodivm, 2022.

BRAGA NETTO, Felipe Peixoto. Responsabilidade civil em tempos velozes e ultraconectados: em busca de novos modos de percepção. *In:* MONTEIRO FILHO, Carlos Edison do Rêgo; MARTINS, Guilherme Magalhães; ROSENVALD, Nelson; DENSA, Roberta (Coords.). **Responsabilidade civil nas relações de consumo.** Indaiatuba, SP: Editora Foco, 2022, p.207-220.

BRAGA NETTO, Felipe Peixoto. **Manual de direito do consumidor à luz da jurisprudência do STJ.** 18.ed. rev., atual. e ampl.. São Paulo: JusPodivm, 2023.

BRAGAGLIA, Ana Paula; FERREIRA, Andre Luis do Nascimento. Os youtubers mirins e a felicidade através do consumo. **Revista Temática,** João Pessoa, a.XII, n.12, p.57-73, dez. 2016.

BRANCO, Gerson Luiz Carlos. A proteção das expectativas legítimas derivadas das situações de confiança: elementos formadores do princípio da confiança e seus efeitos. **Revista de Direito Privado,** São Paulo, n.12, p.169-225, out./dez. 2002.

BRANCO, Sérgio. Fake news e os caminhos para fora da bolha. **Revista Interesse Nacional,** São Paulo, a.10, n.38, p.51-61, 2017.

BRASIL. **Constituição da República Federativa do Brasil.** 1988. Disponível em: http://www.planalto.gov.br/ccivil_03/constituicao/constituicao.htm. Acesso em: 20 dez. 2023.

BRASIL. **Estatuto da Criança e do Adolescente.** Lei nº 8.069. 1990. Disponível em: http://www.planalto.gov.br/ccivil_03/leis/l8069.htm. Acesso em: 20 dez. 2023.

BRASIL. **Código de Defesa do Consumidor.** Lei n°. 8.078, de 11 de setembro de 1990. Disponível em: http://www.planalto.gov.br/ccivil_03/LEIS/L8078.htm. Acesso em: 20 dez. 2023.

BRASIL. **Código Civil.** Lei nº 10.406, de 10 de janeiro de 2002. Disponível em: http://www.planalto.gov.br/ccivil_03/leis/2002/l10406compilada.htm. Acesso em: 20 dez. 2023.

BRASIL. **Código de Processo Civil**. Lei nº 13.105, de 16 de março de 2015. Disponível em: https://www.planalto.gov.br/ccivil_03/_ato2015-2018/2015/lei/l13105.htm. Acesso em: 20 dez. 2023

BRASIL. **Projeto de Lei 4175/2012.** Portal da Câmara dos Deputados. Disponível em: https://www.camara.leg.br/propostas-legislativas/551396. Acesso em: 20 dez. 2023.

BRASIL. **Projeto de Lei 6555/2013.** Portal da Câmara dos Deputados. Disponível em: https://www.camara.leg.br/proposicoesWeb/fichadetramitacao?idProposicao=596039. Acesso em: 20 dez. 2023.

BRASIL. **Projeto de Lei 4289/2016.** Portal da Câmara dos Deputados. Disponível em: https://www.camara.leg.br/proposicoesWeb/fichadetramitacao?idProposicao=2076726. Acesso em: 20 dez. 2023.

BRASIL. **Projeto de Lei 8569/2017.** Portal da Câmara dos Deputados. Disponível em: https://www.camara.leg.br/proposicoesWeb/fichadetramitacao?idProposicao=2151337. Acesso em: 20 dez. 2023.

BRASIL. **Projeto de Lei 10919/2018.** Portal da Câmara dos Deputados. Disponível em: https://www.camara.leg.br/proposicoesWeb/fichadetramitacao?idProposicao=2184914. Acesso em: 20 dez. 2023.

BRASIL. **Projeto de Lei 10937/2018.** Portal da Câmara dos Deputados. Disponível em: https://www.camara.leg.br/proposicoesWeb/fichadetramitacao?idProposicao=2185136. Acesso em: 20 dez. 2023.

BRASIL. **Lei Geral de Proteção de Dados Pessoais (LGPD).** Lei 13.709, de 14 de agosto de 2018. Disponível em: https://www.planalto.gov.br/ccivil_03/_ato2015-2018/2018/lei/l13709.htm. Acesso em: 20 dez. 2023.

BRASIL. **Projeto de Lei 5820/2019.** Portal da Câmara dos Deputados. Disponível em: https://www.camara.leg.br/proposicoesWeb/fichadetramitacao?idProposicao=2228037. Acesso em: 20 dez. 2023.

BRASIL. **Projeto de Lei 1144/2021.** Portal da Câmara dos Deputados. Disponível em: https://www.camara.leg.br/proposicoesWeb/fichadetramitacao?idProposicao=2275941. Acesso em: 20 dez. 2023.

BRASIL. **Lei do Superendividamento.** Lei nº. 14.181, de 01 de julho de 2021. Disponível em: https://www.planalto.gov.br/ccivil_03/_ato2019-2022/2021/lei/l14181.htm. Acesso em: 20 dez. 2023.

BRASIL. **Projeto de Lei 2259/22.** Portal da Câmara dos Deputados. Disponível em: https://www.camara.leg.br/proposicoesWeb/fichadetramitacao?idProposicao=2333956. Acesso em: 20 dez. 2023.

BRASIL. Superior Tribunal de Justiça. AgRg no REsp n. 1349961/MG. Terceira Turma. Relator: Ministro Paulo de Tarso Sanseverino, julg. 19 set. 2014. **Diário da Justiça Eletrônico,** Brasília, DF, publ. 22 set. 2014.

Disponível em: https://ww2.stj.jus.br/processo/pesquisa/?tipoPesquisa=tipoPesquisaNumeroRegistro&termo=201202200799&t otalRegistrosPorPa gina=40&aplicacao=processos.ea. Acesso em: 20 dez. 2023.

BRASIL, Deilton Ribeiro; GUIMARÃES, Bruna Stephani Miranda. Responsabilidade civil dos influenciadores digitais pela publicidade enganosa ou abusiva. **Revista Acadêmica de Direito da Unigranrio,** v.12, n.2, p.33-62, 2022. Disponível em: http://publicacoes.unigranrio.edu.br/index.php/rdugr/article/view/7552. Acesso em: 20 dez. 2023.

BRASILEIRO, Luciana; HOLANDA, Maria Rita. A proteção de dados pessoais na infância e o dever parental de preservação da privacidade. *In:* EHRHARDT JÚNIOR, Marcos; LOBO, Fabíola Albuquerque (Coords.). **Privacidade e sua compreensão no direito brasileiro.** Belo Horizonte: Fórum, 2019, p.269-279.

BRESSLER, Cláudia; COLOMBO, Cristiano. Ciberespaço e comunidade escolar: riscos em matéria de proteção de dados pessoais e implemento de novas práticas pelas instituições educacionais. *In:* FALEIROS JÚNIOR, José Luiz de Moura; LONGHI, João Victor Rozatti; GUGLIARA, Rodrigo (Coords.). **Proteção de Dados Pessoais na Sociedade da Informação:** entre dados e danos. Indaiatuba, SP: Editora Foco, 2021, p. 273-289.

BRIDGER, Darren. **Neuromarketing:** como a neurociência aliada ao design pode aumentar o engajamento e a influência sobre os consumidores. Tradução Afonso Celso da Cunha Serra. São Paulo: Autêntica Business, 2018.

BRITO, Dante Ponte de. **Publicidade subliminar na Internet:** identificação e responsabilização nas relações de consumo. 2016. Tese de Doutorado. 2016. 257f. Tese (Doutorado em Direito) – Centro de Ciências Jurídicas da Universidade Federal de Pernambuco. Universidade Federal de Pernambuco. Pernambuco: Recife.

BRITO, Dante Ponte de. Responsabilização civil dos influenciadores digitais pela veiculação de publicidade ilícita nas redes sociais. *In:* EHRHARDT JÚNIOR, Marcos; CATALAN, Marcos; MALHEIROS, Pablo (Coords.). **Direito Civil e tecnologia:** tomo I. 2.ed. rev. e atual. Belo Horizonte: Fórum, 2021, p.465-478.

BRITT, Rebecca K. *et. al.* Too Big to Sell? A Computational Analysis of Network and Content Characteristics among Mega and Micro Beauty and Fashion Social Media Influencers. **Journal of Interactive Advertising,** v.20, i.2, p.111-118, 2020. Available from: https://www.tandfonline.com/doi/abs/10.1080/15252019.2020.1763873. Access on: Dec. 20, 2023.

BRITTO, Igor Rodrigues de. **Proteção dos Direitos Fundamentais da criança na sociedade de consumo e o controle da atividade publicitária no Brasil.** 2009. Dissertação de Mestrado. 2009. 263f. Dissertação (Mestrado em Direito e Garantias Fundamentais) Faculdade de Direito de Vitória, Vitória. Disponível em: http://www.dominiopublico.gov.br/download/teste/arqs/cp136456.pdf. Acesso em: 20 dez. 2023.

BROKAMP, Elys Gonçalves da Cunha. A necessidade de proteção da criança diante do mercado de consumo: conflito entre liberdade e intervenção. **Temas de Direito do Consumidor.** Rio de Janeiro: Lumen Juris, 2010

BROSCH, Anna. When the Child is Born into the Internet: Sharenting as a Growing Trend among Parents on Facebook. **The New Educational Review,** v.43, i.1, p.225-235, 2016. Available from: https://depot.ceon.pl/handle/123456789/9226. Access on: Dec. 20, 2023.

BROWN, D.; HAYES, N.. **Influencer marketing:** who really influences your customers. Oxford: Elsevier, 2008.

BUCAR, Daniel. **Superendividamento:** a reabilitação patrimonial da pessoa humana. São Paulo: Saraiva, 2017.

BURGER KING. **Dogpper.** 2023. Disponível em: https://burgerking.com.br/dogpper. Acesso em: 20 dez. 2023.

CABRAL, Hildeliza Lacerda Tinoco Boechat; NOVAIS, Alinne Arquette Leite; ROBLES-LESSA, Moyana Mariano. Responsabilidade civil por superendividamento nas relações de consumo: o papel do fornecedor na concessão de crédito ao consumidor. *In:* MONTEIRO FILHO, Carlos Edison do Rêgo; MARTINS, Guilherme Magalhães; ROSENVALD, Nelson; DENSA, Roberta (Coords.). **Responsabilidade civil nas relações de consumo.** Indaiatuba, SP: Editora Foco, 2022, p.513-530.

CAETANO, Joaquim *et al.*. **Marketing e Comunicação em Moda:** Uma nova realidade. Lisboa: Escolar Editora, 2011.

CALAIS, Beatriz. Festa durante isolamento pode ter causado prejuízo de RS 3 milhões a Gabriela Pugliesi. **Forbes.** 2020. Disponível em: https://forbes.com.br/principal/2020/05/festa-durante-isolamento-pode-ter-causado-prejuizos-de-r-3-milhoes-a-gabriela-pugliesi/#:~:text=A%20festa%20de%20Gabriela%20Pugliesi,e%20tamb%C3%A9m%20n%C3%A3o%20foi%20poupada. Acesso em: 20 dez. 2023.

CAMARGO, Daniel Marques de; PIRES, Hugo. Publicidade infantil e liberdade de expressão. *In:* ALVIM, Angélica Arruda; ALVIM, Eduardo Arruda; LIMA, Marcelo Chiavassa de Mello Paula (Coords.). **25 anos do código de defesa do consumidor:** panorama atual e perspectivas futuras. Rio de Janeiro: GZ editora, 2017, p.451-474.

CAMARGO, Isadora; ESTEVANIM, Mayanna; SILVEIRA, Stefanie C. da. Cultura participativa e convergente: o cenário que favorece o nascimento dos influenciadores digitais. **Communicare:** Revista do Centro Interdisciplinar de Pesquisa, São Paulo, Faculdade Cásper Líbero, v.17 [dossiê influenciadores digitais], p.96-118, 2017. Disponível em: https://static.casperlibero.edu.br/uploads/sites/5/2020/12/comunicare17-especial.pdf. Acesso em: 20 dez. 2023.

CAMBRIDGE DICIONARY. **Brand Ambassador.** Available from: https://dictionary.cambridge.org/pt/dicionario/ingles/brand-ambassador. Access on: Dec. 20, 2023.

CANTO, Rodrigo Eidelvein do. **A vulnerabilidade dos consumidores no comércio eletrônico.** São Paulo: Revista dos Tribunais, 2015.

CANUT, Letícia. **Proteção do consumidor no comércio eletrônico.** Curitiba: Juruá, 2007.

CAPUCHO, Fabio Jun. Responsabilidade civil dos titulares de perfil em rede social pela publicidade danosa. **Revista IBERC,** v.4, n.3, p.1-20, 2021. Disponível em: https://revistaiberc.responsabilidadecivil.org/iberc/article/view/187. Acesso em: 20 dez. 2023.

CARBALLO-CALERO, Pablo Fernández. **Pubblicità occulta e product placement.** Pádua: Cedam, 2004.

CARPENA, Heloisa. **O consumidor no direito da concorrência.** Rio de Janeiro: Renovar, 2005.

CARVALHO, Cleide. MPF entra com ação contra pastor Valdemiro Santiago por fake news durante a pandemia. 2020. **O Globo.** Disponível em: https://oglobo.globo.com/sociedade/mpf-entra-com-acao-contra-pastor-valdemiro-santiago-por-fake-news-durante-pandemia-24566588. Acesso em: 20 dez. 2023.

CARVALHO, Diógenes Faria de; OLIVEIRA, Thaynara de Souza. A proteção do consumidor-criança frente à publicidade no Brasil. **Revista de Direito do Consumidor,** São Paulo, Revista dos Tribunais, v.23, n.94, p.181-214, jul./ago. 2014.

CARVALHO, Diógenes Faria de; OLIVEIRA, Thaynara de Souza. Categoria jurídica de 'consumidor-criança' e sua hipervulnerabilidade no mercado de consumo brasileiro. **Revista Luso-brasileira de Direito do Consumo,** Curitiba, v.5, n.17, p.207-230, mar. 2015. Disponível em: https://core.ac.uk/download/pdf/79131879.pdf. Acesso em: 20 dez. 2023.

CARVALHO, Guilherme Juliani de. Redes sociais e influenciadores digitais: uma descrição das influências no comportamento de consumo digital. **Revista Brasileira de Pesquisas de Marketing, Opinião e Mídia,** São Paulo, v.11, n.3, p.288-299, set./dez. 2018. Disponível em: http://www.revistapmkt.

com.br/Portals/9/Revistas/v11n3/4Redes%20sociais%20e%20influenciadores%20digitais%20%20 Uma%20descri%C3%A7_o%20das%20influ%C3%AAncias%20no%20comportamento%20de%20 consumo%20digital.pdf. Acesso em: 20 dez. 2023.

CARVALHO NETO, Inácio de. **Abuso do direito.** 6.ed. rev. e atual. Curitiba: Juruá, 2015.

CASALÓ, Luis V.; FLAVIÁN, Carlos; IBÁÑEZ-SÁNCHEZ, Sergio. Influencers on Instagram: Antecedents and consequences of opinion leadership. **Journal of Business Research,** v.117, p.510-519, Sept. 2020, p.516. Available from: https://www.sciencedirect.com/science/article/pii/S0148296318303187?via%3Dihub. Access on: Dec. 20, 2023.

CASTELLS, Manuel. **The Information Age Economy, Society, and Culture.** Volume I - The rise of the network society. 2.ed. Oxford/West Sussex: Wiley-Blackwell, 2010.

CASTELLS, Manuel. **The Information Age Economy, Society, and Culture.** Volume II - The Power of Identity. 2.ed. Oxford/West Sussex: Wiley-Blackwell, 2010.

CASTELLS, Manuel. **The Information Age Economy, Society, and Culture.** Volume III - End of Millennium. 2.ed. Oxford/West Sussex: Wiley-Blackwell, 2010.

CATALAN, Marcos; PITOL, Yasmine Uequed. Primeiras linhas acerca do tratamento jurídico do assédio de consumo no Brasil. **Revista luso-brasileira de direito do consumo,** Curitiba, v.7, n.25, p.137-159, mar., 2017. Disponível em: https://bdjur.stj.jus.br/jspui/bitstream/2011/109409/primeiras_linhas_acerca_catalan.pdf. Acesso em: 20 dez. 2023.

CATALAN, Marcos. Ligeiríssimas notas sobre a propedêutica das vulnerabilidades no direito do consumidor brasileiro. *In:* EHRHARDT JÚNIOR, Marcos (Coord.). **Vulnerabilidade e novas tecnologias.** Indaiatuba, SP: Editora Foco, 2023, p.135-140.

CAVALIERI FILHO, Sérgio. **Programa de direito do consumidor.** 6.ed. rev., atual. e ampl.. São Paulo: Atlas 2022. [E-book].

CBC. Cuteness power: Why watching animal videos is good for your brain. **CBC.** 2017. Available from: https://www.cbc.ca/news/canada/british-columbia/cuteness-cute-kawaii-power-krigolso-uvic-joshua-dale-japan-1.3984970. Access on: Dec. 20, 2023.

CETIC, Centro Regional De Estudos Para O Desenvolvimento Da Sociedade Da Informação. **Pesquisa sobre o uso da Internet por crianças e adolescentes no Brasil – A3 – Crianças e adolescentes, por idade do primeiro acesso à Internet.** 2019. Disponível em: https://cetic.br/pt/tics/kidsonline/2019/criancas/A3/. Acesso em: 20 dez. 2023.

CHAVES, Rui Moreira. **Regime Jurídico da Publicidade.** São Paulo: Almedina, 2005.

CHINELATO, João Marcelo Torres. Do dever de restituir o lucro decorrente da lesão a direitos coletivos. **Publicações da escola da AGU,** v.10, n.3, p.115-130, Brasília: AGU, 2018.

CMA, Competition and Markets Authority. **The Consumer Protection from Unfair Trading Regulations: a basic guide for business.** 2008. Available from: https://assets.publishing.service.gov.uk/government/uploads/system/uploads/attachment_data/file/284446/oft979.pdf. Access on: Dec. 20, 2023.

CMA, Competition and Markets Authority. **Social media endorsements: being transparent with your followers.** 2019. Available from: https://assets.publishing.service.gov.uk/government/uploads/system/uploads/attachment_data/file/284446/oft979.pdf. Access on: Dec. 20, 2023.

CMA, Competition and Markets Authority. **Hidden ads: Being clear with your audience.** 2022. Available from: https://assets.publishing.service.gov.uk/government/uploads/system/uploads/attachment_data/file/284446/oft979.pdf. Access on: Dec. 20, 2023.

COLOMBO, Cristiano; FACCHINI NETO, Eugênio. "Corpo elettronico" como vítima de ofensas em matéria de tratamento de dados pessoais: reflexos acerca da responsabilidade civil por danos à luz da lei de proteção de dados pessoais brasileira e a viabilidade da aplicação da noção de dano estético ao mundo digital. *In:* ROSENVALD, Nelson; VALLE DRESCH, Rafael de Freitas; WESENDONCK, Tula (Coords.). **Responsabilidade civil:** novos riscos. Indaiatuba, SP: Editora Foco, 2019, p.45-64.

COLOMBO, Cristiano; FACCHINI NETO, Eugênio. Decisões automatizadas em matéria de perfis e riscos algorítmicos: diálogos entre Brasil e Europa acerca dos direitos das vítimas de dano estético digital. *In:* MARTINS, Guilherme Magalhães; ROSENVALD, Nelson (Coords.). **Responsabilidade civil e novas tecnologias.** Indaiatuba, SP: Editora Foco, 2020, p.163-183.

CHAMPANGNATTE, Dostoiewski Mariatt de Oliveira; CAVALCANTI, Marcus Alexandre de Pádua. Cibercultura – perspectivas conceituais, abordagens alternativas de comunicação e movimentos sociais. **Revista de Estudos da Comunicação,** v.1, n.41, p.312-326, 2015.

CHAZAL, Jean-Pascal. Vulnerabilité et droit de la consommation. *In:* COHET-CORDEY, Frédérique (Org.). **Vulnerabilité et droit: le développement de la vulnerabilité et ses enjeux en droit.** Grenoble: Presses Universitaires de Grenoble, 2000, p.243-264.

CLAUDINO, Felipe da Silva; LUCAORA, Giovana Beatriz Riehs; GARCIA, Heloise Siqueira. Fake News sob a ótica da transnacionalidade: uma análise acerca da importância de uma regulação global. *In:* GARCIA, Heloise Siqueira; CRUZ, Paulo Márcio. (Orgs.). **A transnacionalidade e o direito:** ensaios sobre a perspectiva jurídica transnacional. Itajaí: Editora da Univali, 2020, p.263-280.

COLLINS DICTIONARY. **Word of the Year 2017.** Available from: https://www.collinsdictionary.com/woty. Access on: Dec. 20, 2023.

COMISIÓN DE INFLUENCERS DE IAB SPAIN. **Libro Blanco:** Marketing de Influencers. Madrid: IAB Spain, 2022.

COMPARATO, Fábio Konder. **Ética:** direito, moral e religião no mundo moderno. São Paulo: Companhia das Letras, 2006.

CONAR. Conselho Nacional de autorregulamentação publicitária. **Código Brasileiro de Autorregulamentação Publicitária.** 1980. Disponível em: http://www.conar.org.br/codigo/codigo.Php. Acesso em: 20 dez. 2023.

CONAR. Conselho Nacional de Autorregulamentação Publicitária. Representação nº 211/16. 2ª, 4ª Câmara do Conselho de Ética. Decisão: Alteração e advertência. Relator: Conselheiro Paulo Celso Lui, julg. fev. 2016. **CONAR.** Disponível em: http://www.conar.org.br/processos/detcaso.php?id=4259. Acesso em: 20 dez. 2023

CONAR. Conselho Nacional de Autorregulamentação Publicitária. Representação nº 129A/16 - 129B/16 - 129C/16. 5ª, 6ª, 7ª e 8ª Câmaras do Conselho de Ética. Decisão: Sustação agravada por advertência. Relator: Conselheiro Luiz Celso de Piratininga Jr., julg. fev. 2017. **CONAR.** Disponível em: http://www.conar.org.br/processos/detcaso.php?id=4524. Acesso em: 20 dez. 2023.

CONAR. Conselho Nacional de Autorregulamentação Publicitária. Representação nº 223/16. 5ª, 6ª, 7ª e 8ª Câmaras do Conselho de Ética e Câmara Especial de Recursos. Decisão: Sustação e advertência. Relator: Conselheiros Letícia Lindenberg de Azevedo, José Maurício Pires Alves (voto complementar) e Ricardo Gonçalves Melo, julg. mar. 2017. **CONAR.** Disponível em: http://www.conar.org.br/processos/detcaso.php?id=4572. Acesso em: 20 dez. 2023.

CONAR. Conselho Nacional de Autorregulamentação Publicitária. Representação nº 031/18. 7ª Câmara do Conselho de Ética. Decisão: Alteração e advertência. Relator: Conselheiro Vitor Morais de Andrade, julg. maio 2018. **CONAR.** Disponível em: http://www.conar.org.br/processos/detcaso.php?id=4905. Acesso em: 20 dez. 2023.

CONAR. Conselho Nacional de Autorregulamentação Publicitária. Representação nº 106/18. 2ª, 4ª Câmaras do Conselho de Ética e Câmara Especial de Recursos. Decisão: Alteração e advertência. Relator: Conselheiros Herbert Zeizer e Vitor Morais de Andrade (voto vencedor), julg. set. 2018. **CONAR.** Disponível em: http://www.conar.org.br/processos/detcaso.php?id=4990. Acesso em: 20 dez. 2023

CONAR. Conselho Nacional de Autorregulamentação Publicitária. Representação nº 294/18. 6ª Câmara do Conselho de Ética. Decisão: Advertência. Relator: Conselheira Milena Seabra, julg. fev. 2019. **CONAR.** Disponível em: http://www.conar.org.br/processos/detcaso.php?id=5112. Acesso em: 20 dez. 2023

CONAR. Conselho Nacional de Autorregulamentação Publicitária. **Guia de Publicidade por Influenciadores Digitais.** 2020. Disponível em: www.conar.org.br/pdf/guia-influenciadores.pdf. Acesso em: 20 dez. 2023.

CONAR. Conselho Nacional de Autorregulamentação Publicitária. Representação nº 049/20. 3ª, 4ª e 8ª Câmara do Conselho de Ética. Decisão: Alteração. Relator: Conselheiro Paulo Fernandes Neto, julg. maio 2020. **CONAR.** Disponível em: http://www.conar.org.br/processos/detcaso.php?id=5483. Acesso em: 20 dez. 2023.

CONAR. Conselho Nacional de Autorregulamentação Publicitária. Representação nº 078/20. 2ª Câmara do Conselho de Ética. Decisão: Advertência. Relator: Conselheira Patricia Blanco, julg. maio 2020. **CONAR.** Disponível em: http://www.conar.org.br/processos/detcaso.php?id=5479. Acesso em: 20 dez. 2023.

CONAR. Conselho Nacional de Autorregulamentação Publicitária. Representação nº 081/20. 6ª Câmara do Conselho de Ética. Decisão: Advertência. Relator: Conselheira Vanessa Vilar, julg. maio 2020. **CONAR.** Disponível em: http://www.conar.org.br/processos/detcaso.php?id=5480. Acesso em: 20 dez. 2023

CONAR. Conselho Nacional de Autorregulamentação Publicitária. Representação nº 091/20. 1ª Câmara do Conselho de Ética. Decisão: Alteração. Relator: Conselheiro Bruno Bonfati, julg. jul. 2020. **CONAR.** Disponível em: http://www.conar.org.br/processos/detcaso.php?id=5513. Acesso em: 20 dez. 2023.

CONAR. Conselho Nacional de Autorregulamentação Publicitária. Representação nº 139/20. 3ª e 8ª Câmara do Conselho de Ética. Decisão: Alteração e advertência. Relator: Conselheira Priscilla Menezes Barbosa, julg. set. 2020. **CONAR.** Disponível em: http://www.conar.org.br/processos/detcaso.php?id=5564. Acesso em: 20 dez. 2023.

CONAR. Conselho Nacional de Autorregulamentação Publicitária. Representação nº 158/20. 6ª Câmara do Conselho de Ética. Decisão: Alteração e advertência. Relator: Conselheiro Péricles D'Ávila Mendes Neto, julg. out. 2020. **CONAR.** Disponível em: http://www.conar.org.br/processos/detcaso.php?id=5569. Acesso em: 20 dez. 2023.

CONAR. Conselho Nacional de Autorregulamentação Publicitária. Representação nº 256/20. 7ª Câmara do Conselho de Ética. Decisão: Alteração. Relator: Conselheira Camila Felix Moreira, julg. maio 2021. **CONAR.** Disponível em: http://www.conar.org.br/processos/detcaso.php?id=5706. Acesso em: 20 dez. 2023.

CONAR. Conselho Nacional de Autorregulamentação Publicitária. Representação nº 010/21. 6ª Câmara do Conselho de Ética. Decisão: Arquivamento. Relator: Conselheiro Hiram Baroli, mar. set. 2021. **CONAR.** Disponível em: http://www.conar.org.br/processos/detcaso.php?id=5654. Acesso em: 20 dez. 2023.

CONAR. Conselho Nacional de Autorregulamentação Publicitária. Representação nº 084/21. 5ª e 8ª Câmara do Conselho de Ética. Decisão: Advertência. Relator: Conselheiro Carlos Roberto Alves, julg. maio 2022. **CONAR.** Disponível em: http://www.conar.org.br/processos/detcaso.php?id=6040. Acesso em: 20 dez. 2023.

CONAR. Conselho Nacional de Autorregulamentação Publicitária. Representação nº 085/22. 1ª Câmara do Conselho de Ética e Câmara Especial de Recursos. Decisão: Arquivamento. Relator: Conselheiros

Marcel Leonardi e Luiz Guilherme Valente, julg. set. 2022. **CONAR.** Disponível em: http://www.conar.org.br/processos/detcaso.php?id=6129. Acesso em: 20 dez. 2023.

CONAR. Conselho Nacional de Autorregulamentação Publicitária. Representação nº 116/22. 6ª Câmara do Conselho de Ética. Decisão: Sustação e advertência. Relator: Conselheiro Luiz Guilherme Valente, julg. jul. 2022. **CONAR.** Disponível em: http://www.conar.org.br/processos/detcaso.php?id=6071. Acesso em: 20 dez. 2023.

CONAR. Conselho Nacional de Autorregulamentação Publicitária. Representação nº 172/22. 2ª Câmara do Conselho de Ética. Decisão: Alteração. Relator: Conselheira Priscilla Ceruti, julg. nov. 2022. **CONAR.** Disponível em: http://www.conar.org.br/processos/detcaso.php?id=6165. Acesso em: 20 dez. 2023.

CONAR. Conselho Nacional de Autorregulamentação Publicitária. Representação nº 184/22. 2ª Câmara do Conselho de Ética. Decisão: Arquivamento. Relator: Conselheira Márcia Esteves, julg. dez. 2022. **CONAR.** Disponível em: http://www.conar.org.br/processos/detcaso.php?id=6200. Acesso em: 20 dez. 2023.

CONAR. Conselho Nacional de Autorregulamentação Publicitária. Representação nº 211/22. 7ª Câmara do Conselho de Ética. Decisão: Sustação e advertência. Relator: Conselheira Fabiana Soriano, julg. dez. 2022. **CONAR.** Disponível em: http://www.conar.org.br/processos/detcaso.php?id=6202. Acesso em: 20 dez. 2023.

CONAR. Conselho Nacional de Autorregulamentação Publicitária. Representação nº 224/22. 6ª Câmara do Conselho de Ética. Decisão: Sustação e arquivamento. Relator: Conselheiro Augusto Cesar Fortuna, julg. dez. 2022. **CONAR.** Disponível em: http://www.conar.org.br/processos/detcaso.php?id=6195. Acesso em: 20 dez. 2023.

CONAR. Conselho Nacional de Autorregulamentação Publicitária. **Missão.** 2023. Disponível em: http://www.conar.org.br/. Acesso em 15 abr. 2023.

CONAR. Conselho Nacional de Autorregulamentação Publicitária. **Um balanço da autorregulamentação publicitária em 2022.** 2023. Disponível em: http://www.conar.org.br/pdf/conar223.pdf. Acesso em: 20 dez. 2023.

CONAR. Conselho Nacional de Autorregulamentação Publicitária. **Estatísticas de 2022.** 2023. Disponível em: http://www.conar.org.br/processos/numeros2022.php. Acesso em: 20 dez. 2023.

CONDE, Rita; CASAIS, Beatriz. Micro, macro and mega-influencers on instagram: The power of persuasion via the parasocial relationship. **Journal of Business Research,** v.158, p.1-10, Mar. 2023. Available from: https://www.sciencedirect.com/science/article/pii/S0148296323000668. Access on: Dec. 20, 2023.

CONSELHO DA JUSTIÇA FEDERAL. **IX Jornada de Direito Civil**: enunciados aprovados pelo Conselho da Justiça Federal. Disponível em: https://www.cjf.jus.br/cjf/corregedoria-da-justica-federal/centro-de-estudos-judiciarios-1/publicacoes-1/jornadas-cej/enunciados-aprovados-2022-vf.pdf. Acesso em: 20 dez. 2023

CONSELHO FEDERAL DE MEDICINA. **Resolução CFM 1974/11.** 2011. Disponível em: https://portal.cfm.org.br/publicidademedica/arquivos/cfm1974_11.pdf. Acesso em: 20 dez. 2023.

CONSELHO FEDERAL DE MEDICINA. **Resolução CFM 2126/2015.** 2015. Disponível em: https://sistemas.cfm.org.br/normas/visualizar/resolucoes/BR/2015/2126. Acesso em: 20 dez. 2023.

CONSELHO FEDERAL DE MEDICINA, **Código de Ética Médica.** Resolução CFM 2.217, de 27 de setembro de 2018, modificada pelas Resoluções CFM nº 2.222/2018 e 2.226/2019 / Conselho Federal de Medicina – Brasília: Conselho Federal de Medicina, 2019.

CONSELHO REGIONAL DE MEDICINA DE MINAS GERAIS. **Publicidade médica:** O que pode e não pode nas redes sociais? 2020. Disponível em: https://www.crmmg.org.br/wp-content/uploads/2020/07/Publicidade-medica-O-que-pode-e-nao-pode-nas-redes-sociais.pdf. Acesso em: 20 dez. 2023.

CONSELHO FEDERAL DE MEDICINA. **Resolução CFM 2.336/23.** 2023. Disponível em: https://sistemas.cfm.org.br/normas/visualizar/resolucoes/BR/2023/2336. Acesso em: 20 dez. 2023.

CORDEIRO, António Manuel da Rocha e Menezes. **Tratado de direito civil português:** volume 1: parte geral, tomo 1: introdução doutrina geral negócio jurídico. 3.ed. aumentada e inteiramente revista Coimbra: Almedina, 2005.

CORDEIRO, António Manuel da Rocha e Menezes. **Da boa-fé no direito civil.** 3. reimpressão. Coimbra: Almedina, 2007.

COSTA, Ana Paula Motta; SARLET, Gabrielle Bezerra Sales. A perspectiva da proteção de dados pessoais em face dos direitos das crianças e adolescentes no sistema normativo brasileiro. *In:* SARLET, Gabrielle Bezerra Sales; TRINDADE, Manoel Gustavo Neubarth; MELGARÉ Plínio (Coords.). **Proteção de dados:** temas controvertidos. Indaiatuba, SP: Editora Foco, 2021. [E-book].

COSTA, Bruno Fabrício da; GUIMARÃES, Glayder Daywerth Pereira; SILVA, Michael César. Tutela da Honra e Disseminação de Fake News na Nova Sociedade Digital. *In:* COSTA, Fabrício Veiga; GOMES, Magno Federici; FREITAS, Sérgio Henriques Zandona (Coords.). **Direitos Plurais Inclusivos na Sociedade Democrática.** Porto Alegre: Editora Fi, 2020, p.560-584.

COSTA, Geraldo de Faria Martins da. **Superendividamento:** a proteção do consumidor de crédito em direito comparado brasileiro e francês. São Paulo: Revista dos Tribunais, 2002.

COSTA, Mariana. Tutores contam como conduzir negócio com pet influencer; leia depoimentos. **Folha de São Paulo.** 2023. Disponível em: https://www1.folha.uol.com.br/mpme/2023/07/tutores-contam-como-conduzir-negocio-com-pet-influencer-leia-depoimentos.shtml. Acesso em: 20 dez. 2023.

COUTO, Rute. Celebridades na publicidade: influência e responsabilidade perante o consumidor. *In:* ALVES, Léo da Silva. (Coord.). **Juristas do Mundo:** Série Excelência Jurídica: volume 7. Publicação oficial do XVI Encontro Internacional de Juristas (Braga/Minho, Portugal). Brasília: Editora Rede, 2019, p.161-166.

CRAIG, David; CUNNINGHAM, Stuart. Toy unboxing: living in a(n unregulated) material world. **Media International Australia (MIA),** v.163, i.1, p.77-86, 2017. Available from: https://journals.sagepub.com/doi/pdf/10.1177/1329878X17693700. Access on: Dec. 20, 2023.

CRAVEIRO, Pâmela Saunders Uchôa. Publicidade e infância: estratégias persuasivas direcionadas para crianças na internet. **Revista Culturas Midiáticas**, João Pessoa, a.IX, n.16, p.16-32, jan./jun. 2016.

CURAN, Sabrina. **I betalt samarbete med...** En analys av den marknadsrättsliga gråzonen vid influencer-marknadsföring. 2020. 34f. Kandidatuppsats på juristprogrammet. Juridiska Fakulteten Vid Lunds Universitet. Lund, 2020. Tillgänglig i: https://lup.lub.lu.se/luur/download?func=downloadFile&recordOId=9010570&fileOId=9021398. Tillträde kl: 20 dec. 2023.

D'AQUINO, Lúcia Souza. **Criança e publicidade:** hipervulnerabilidade? Rio de Janeiro: Lumen Juris, 2017.

D'AQUINO, Lúcia Souza; PALACIO, Ana Laura Peres. Diálogos entre o código de processo civil e o código de defesa do consumidor para a proteção do consumidor superendividado. *In:* MARQUES, Claudia Lima; REICHELT, Luis Alberto. **Diálogos entre o direito do consumidor e o novo CPC.** São Paulo: Revista dos Tribunais, 2016.

DA SILVA, Fernando Moreira Freitas; SENA, Michel Canuto de; BASTOS, Paulo Roberto Haidamus de Oliveira. A tutela da criança e do adolescente no mercado de consumo: uma análise transfronteiriça entre Brasil e Itália. **GEOFRONTER,** v.6, n.1, p.1-14, 2020. Disponível em: https://periodicosonline.uems.br/index.php/GEOF/article/view/4833/pdf. Acesso em: 20 dez. 2023.

DADALTO, Luciana; PIMENTEL, Willian. Bioética e Direito Digital: uma ponte para o futuro da proteção dos menores. *In:* TEIXEIRA, Ana Carolina Brochado; FALEIROS JÚNIOR, José Luiz de Moura; DENSA, Roberta (Coords.). **Infância, Adolescência e Tecnologia:** o estatuto da criança e do adolescente na sociedade da informação. Indaiatuba, SP: Editora Foco, 2022, p.107-126.

DANTAS, Melina Simardel. **Desafios contemporâneos da Ciência da Informação:** influenciadores digitais como objetos de investigação. 2018. Dissertação de Mestrado. 2018. 122f. Dissertação (Mestrado em Ciência da Informação) – Universidade Federal de São Carlos. São Carlos, São Paulo, 2018. Disponível em: https://repositorio.ufscar.br/handle/ufscar/10499. Acesso em: 20 dez. 2023.

DANTAS BISNETO, Cícero; SIMÃO, José Fernando. Responsabilidade civil nos casos de transmissão coletiva do coronavírus. **Conjur**, 2020. Disponível em: https://www.conjur.com.br/2020-abr-06/direito-civil-atual-responsabilidade-civiltransmissao-coletiva-coronavirus. Acesso em: 20 dez. 2023.

DAURA, Samir Alves; BIZELLI, Rafael Ferreira. Influenciadores Digitais de Finanças e o risco do superendividamento: do crédito ao investimento responsável. *In:* MONTEIRO FILHO, Carlos Edison do Rêgo; MARTINS, Guilherme Magalhães; ROSENVALD, Nelson; DENSA, Roberta (Coords.). **Responsabilidade civil nas relações de consumo.** Indaiatuba, SP: Editora Foco, 2022 p.531-549.

DAVANZO, Danilo Augusto. A responsabilidade civil do influenciador digital. *In:* MOSSE, Cassio Nogueira Garcia (Coord.); CARNEIRO, Tayná; FEIGELSON, Bruno (Orgs.). **Social Media Law:** o direito nas redes sociais. São Paulo: Thomson Reuters Brasil, 2021. [E-book].

DE VEIRMAN, Marijke; CAUBERGHE, Veroline; HUDDERS, Liselot. Marketing through Instagram influencers: the impact of number of followers and product divergence on brand attitude. **International Journal of Advertising,** v.36, i.5, p.798-828, 2017. Available from: https://www.tandfonline.com/doi/full/10.1080/02650487.2017.1348035. Available on: Dec. 20, 2023.

DEBORD, Guy. **A sociedade do espetáculo.** Trad. Estela dos Santos Abreu. Rio de Janeiro: Contraponto, 1997.

DENSA, Roberta. **Proteção jurídica da criança consumidora:** entretenimento, classificação indicativa, filmes, jogos, jogos eletrônicos, exposição de arte. Indaiatuba, SP: Editora Foco, 2018.

DENSA, Roberta. Criança consumidora: a responsabilidade dos pais em relação aos filhos frente aos desafios da sociedade de consumo. *In:* ROSENVALD, Nelson; MILAGRES, Marcelo (Coords.). **Responsabilidade Civil:** Novas Tendências. 2.ed. Indaiatuba, SP: Editora Foco, 2018, p.403-418.

DENSA, Roberta. A regulamentação da publicidade das bebidas alcoólicas e a proteção do adolescente no Instagram e Facebook. **Migalhas.** 2020. Disponível em: https://www.migalhas.com.br/coluna/migalhas-de-responsabilidade-civil/327626/a-regulamentacao-da-publicidade-das-bebidas-alcoolicas-e-a-protecao-do-adolescente-no-instagram-e-facebook. Acesso em: 20 dez. 2023.

DENSA, Roberta; DANTAS, Cecília. Regulamentação sobre o trabalho dos youtubers mirins na França e no Brasil. **Migalhas.** 2020. Disponível em: https://www.migalhas.com.br/coluna/migalhas-de-responsabilidade-civil/337127/regulamentacao-sobre-o-trabalho-dos-youtubers-mirins-na-franca-e-no-brasil. Acesso em: 20 dez. 2023.

DENSA, Roberta; DANTAS, Cecília. Notas sobre publicidade digital: cookies e spams. *In:* MARTINS, Guilherme Magalhães; LONGHI, João Victor Rozatti (Coords.). **Direito Digital:** direito privado e Internet. 4.ed. Indaiatuba, SP: Editora Foco, 2021, p. 689-703.

DEUTSCHLAND. **Rundfunkstaatsvertrag.** 1991. Verfügbar in: https://www.die-medienanstalten.de/fileadmin/user_upload/Rechtsgrundlagen/Gesetze_Staatsvertraege/RStV_22_nichtamtliche_Fassung_medienanstalten_final_web.pdf. Zugang unter: 20 dec. 2023.

DEUTSCHLAND. **Gesetz gegen den unlauteren Wettbewerb.** 2004. Verfügbar in: https://www.gesetze-im-internet.de/uwg_2004/. Zugang unter: 20 dec. 2023.

DEUTSCHLAND. **Telemediengesetz.** 2007. Verfügbar in: https://www.gesetze-im-internet.de/tmg/. Zugang unter: 20 dec. 2023.

DEUTSCHLAND. Bundesgerichtshof. **I ZR 90/20 (Influencer I), I ZR 125/20 (Influencer II), I ZR 126/20 (Influencer III).** I. Zivilsenat des Bundesgerichtshofs. beu.29 jul. 2021. Mitteilung der Pressestelle, Karlsruhe, ver. 9 sep. 2021. Verfügbar in: http://juris.bundesgerichtshof.de/cgi-bin/rechtsprechung/document.py?Gericht=bgh&Art=en&nr=122152&pos=0&anz=1. Zugang unter: 20 dec. 2023.

DIAS, Lucia Ancona Lopez de Magalhaes. **Critérios para a avaliação da ilicitude na publicidade.** 2010. Tese de Doutorado. 2014. 331f. Tese (Doutorado em Direito) – Faculdade de Direito. Universidade de São Paulo. São Paulo, São Paulo, 2014. Disponível em: https://www.teses.usp.br/teses/disponiveis/2/2131/tde-16082011-160021/publico/Tese_Doutorado_Lucia_A_L_M_Dias_04_02_2010.pdf. Acesso em: 20 dez. 2023.

DIAS, Lucia Ancona Lopez de Magalhaes. **Publicidade e direito.** 3.ed. atual. e reform. São Paulo: Saraiva, 2018.

DIAS, Lucia Ancona Lopez de Magalhaes. Influenciador Digital: publicidade testemunhal em ambiente virtual. *In:* TEIXEIRA, Ana Carolina Brochado; FALEIROS JÚNIOR, José Luiz de Moura; DENSA, Roberta (Coords.). **Infância, Adolescência e Tecnologia:** o estatuto da criança e do adolescente na sociedade da informação. Indaiatuba, SP: Editora Foco, 2022 p.363-381.

DÍAZ, Patricia López. La publicidad digital y el fenómeno de los influencers en el derecho chileno. **Revista Chilena de Derecho y Tecnología,** v.11, n.1, p. 287-322, 2022.

DICK, Philip K. **Androides sonham com ovelhas elétricas?** São Paulo: Editora Aleph, 2014.

DIREÇÃO-GERAL DO CONSUMIDOR. **Guia informativo sobre regras e boas práticas na comunicação comercial no meio digital:** guia para influenciadores e anunciantes. 2021. Disponível em: https://www.consumidor.gov.pt/pagina-de-entrada/guia-infornativo-sobre-regras-e-boas-praticas-na-comunicacao-comercial-no-meio-digital.aspx. Acesso em: 20 dez. 2023.

DJAFAROVA, Elmira; RUSHWORTH, Chloe. Exploring the credibility of online celebrities' Instagram profiles in influencing the purchase decisions of young female users. **Computers in Human Behavior,** v.68, p.1-7, 2017. Available from: https://www.sciencedirect.com/science/article/abs/pii/S0747563216307506. Access on: Dec. 20, 2023.

DÖHMANN, Indra Spiecker *et al.*. Multi-Country. The Regulation of Commercial Profiling: A Comparative Analysis. **European Data Protection Law Review,** Lexxion, v.2, i.4, p.535-554, 2016. Available from: https://bit.ly/3xewThM. Access on: Dec. 20, 2023.

DOMINGUES, Juliana Oliveira (Coord.). **Fashion Law:** O Direito está na moda. São Paulo: Editora Singular, 2020. [E-book].

DONATO, Maria Antonieta Zanardo. **Proteção ao consumidor:** conceito e extensão. São Paulo: Revista dos Tribunais, 1993.

DONEDA, Danilo. Os direitos da personalidade no Código Civil. *In:* TEPEDINO, Gustavo (Coord.). **A parte geral do novo Código Civil:** Estudos na perspectiva civil-constitucional. 3.ed. Rio de Janeiro: Renovar: 2007, p.35-60.

DONEDA, Danilo. Da privacidade à proteção de dados pessoais: elementos da formação da Lei Geral de Proteção de Dados. 2.ed. rev., e atual.. São Paulo: Thomson Reuters Brasil, 2019.

DUFF, Alistair S.. **Information society studies**. Londres: Routledge, 2000.

DUQUE, Bruna Lyra; VERMELHO, Schamyr Pancieri. Pequenos Influenciadores, Grandes Desafios: administração de bens dos influenciadores mirins. *In:* TEIXEIRA, Ana Carolina Brochado; FALEIROS JÚNIOR, José Luiz de Moura; DENSA, Roberta (Coords.). **Infância, Adolescência e Tecnologia:** o estatuto da criança e do adolescente na sociedade da informação. Indaiatuba, SP: Editora Foco, 2022, p.383-395.

EASA - European Advertising Standards Alliance. **Best Practice Recommendation on Digital Marketing Communications.** 2015. Available from: https://www.easa-alliance.org/wp-content/uploads/2022/04/EASA-Best-Practice-Recommendation-on-Digital-Marketing-Communications.pdf. Access on: Dec. 20, 2023.

EASA - European Advertising Standards Alliance. **Best Practice Recommendation on Influencer Marketing.** 2018. Available from: https://www.easa-alliance.org/wp-content/uploads/2022/04/EASA-Best-Practice-Recommendation-on-Digital-Marketing-Communications.pdf. Access on: Dec. 20, 2023.

EBERLIN, Fernando Büscher von Teschenhausen. Sharenting, liberdade de expressão e privacidade de crianças no ambiente digital: o papel dos provedores de aplicação no cenário jurídico brasileiro. **Revista Brasileira de Políticas Públicas,** v.7, n.3, p.256-273, 2017.

EFING, Antônio Carlos; BAUER, Fernanda Mara Gibran; ALEXANDRE, Camila Linderberg. Os deveres anexos da boa-fé e a prática do neuromarketing nas relações de consumo: análise jurídica embasada em direitos fundamentais. **Revista Opinião Jurídica,** Fortaleza, v.11, n.15, p.38-53, 2013. Disponível em: https://periodicos.unichristus.edu.br/opiniaojuridica/article/view/294/150. Acesso em: 20 dez. 2023.

EFING, Antônio Carlos; BERGSTEIN, Laís Gomes; GIBRAN, Fernanda Mara. A ilicitude da publicidade invisível sob a perspectiva da ordem jurídica de proteção e defesa do consumidor. **Revista de Direito do Consumidor,** São Paulo, Revista dos Tribunais, a.21, v.81, p.91-116, jan./mar. 2012.

EFING, Antônio Carlos; MOREIRA, Angelina Colaci Tavares. Influenciadores mirins: reflexos da publicidade digital direcionada às crianças. **Civilistica.com,** Rio de Janeiro, a.10, n.3, p.1-18, 2021. Disponível em: http://civilistica.com/influenciadores-mirins/. Acesso em: 20 dez. 2023.

EFING, Antônio Carlos; POLEWKA, Gabriele; OYAGUE, Olenka Woolcott. A crise econômica brasileira e o superendividamento da população - Emergência do aprimoramento legislativo para a tutela social. **Revista de Direito do Consumidor,** São Paulo, Revista dos Tribunais, a.24, v.101, p.387-433, set./out. 2015.

EFING, Antônio Carlos; POLEWKA, Gabriele; OYAGUE, Olenka Woolcott. A crise econômica brasileira e o superendividamento da população: emergência do aprimoramento legislativo para a tutela social. *In:* MARQUES, Claudia Lima; GSELL, Beate (Orgs.). **Novas tendências do direito do consumidor:** rede Alemanha-Brasil de pesquisas em direito do consumidor. São Paulo: Revista dos Tribunais, 2015, p.325-369.

EHRHARDT JÚNIOR, Marcos. **Responsabilidade civil pelo inadimplemento da boa-fé.** 2.ed. rev. e atual. Belo Horizonte: Fórum, 2017.

EHRHARDT JÚNIOR, Marcos; SILVA, Gabriela Buarque Pereira. Contratos e algoritmos: alocação de riscos, discriminação e necessidade de supervisão por humanos. *In:* BARBOSA, Mafalda Miranda; BRAGA NETTO, Felipe Peixoto; SILVA, Michael César; FALEIROS JÚNIOR, José Luiz de Moura (Coords.). **Direito Digital e Inteligência Artificial:** Diálogos entre Brasil e Europa. Indaiatuba, São Paulo: Editora Foco, 2021, p.775-796.

EMPOLI, Giuliano da. **Os engenheiros do Caos:** como as fake news, as teorias da conspiração e os algoritmos estão sendo utilizados para disseminar ódio, medo e influenciar eleições. São Paulo: Vestígio, 2019. [E-book].

ESPAÑA. **Ley 34/1988, de 11 de noviembre, General de Publicidad.** Disponible en: https://www.boe.es/buscar/act.php?id=BOE-A-1988-26156. Acceso en: 20 dec. 2023.

ESPAÑA. **Ley 3/1991, de 10 de enero, de Competencia Desleal.** Disponible en: https://www.boe.es/buscar/act.php?id=BOE-A-2022-11311. Acceso en: 20 dec. 2023.

ESPAÑA. **Ley 13/2022, de 7 de julio, General de Comunicación Audiovisual.** Disponible en: https://www.boe.es/buscar/act.php?id=BOE-A-2022-11311. Acceso en: 20 dec. 2023.

ESPÍRITO SANTO. Tribunal de Justiça. Procedimento do Juizado Especial Cível n.º 5003308-15.2023.8.08.0014. Juizado Especial Cível. Relator: Juiz Gustavo Henrique Procópio Silva. julg. 27 out. 2023. **Diário da Justiça Eletrônico,** Barra Mansa, publ. 27 out. 2023. Disponível em: https://pje.tjes.jus.br/pje/ConsultaPublica/ DetalheProcessoConsultaPublica/documentoSemLoginHTML.seam?ca=8925f85353701b89e968e4d60fc949f020b3663e13eb539f08981a583b4a976ca520e5947faeea02bb80719a bfcc533447a748ad55731570&idProcessoDoc=32922867. Acesso em: 20 dez. 2023.

EUROPEAN ADVERTISING STANDARDS ALLIANCE. **About us.** 2023. Available from: https://www.easa-alliance.org/about-us/. Access on: Dec. 20, 2023.

EUROPEAN UNION. **The Digital Services Act.** Oct, 19, 2022. Available from: https://eur-lex.europa.eu/legal-content/EN/TXT/?uri=CELEX%3A32022R2065&qid=1666857835014. Access on: Dec. 20, 2023.

FACCHINI NETO, Eugenio; WESENDONCK, Tula. Danos Existenciais: "Precificando" Lágrimas? **Revista de Direitos e Garantias Fundamentais,** n.12, p.229-268, 2013. Disponível em:https://sisbib.emnuvens.com.br/direitosegarantias/article/view/408#:~:text=Os%20danos%20existenciais%20podem%20ser,do%20ajuizamento%20de%20a%C3%A7%C3%B5es%20fr%C3%ADvolas. Acesso em: 20 dez. 2023.

FACHIN, Luiz Edson. Da Felicidade Paradoxal à Sociedade de Riscos: Reflexões sobre Risco e Hiperconsumo. *In:* LOPEZ, Teresa Ancona; LEMOS, Patrícia Faga Iglecias; RODRIGUES JUNIOR, Otavio Luiz (Coords.). **Sociedade de Risco e Direito Privado:** Desafios normativos, Consumeristas e Ambientais. v.1, São Paulo: Atlas, 2013, p.380-393.

FADEL, Marcelo Costa. Breves comentários ao código de autorregulamentação publicitária do CONAR. **Revista de Direito do Consumidor,** São Paulo, Revista dos Tribunais, a.13, n.50, p.153-170, abr./jun. 2004.

FALCÃO, Thiago; MARQUES, Daniel; MUSSA, Ivan; MACEDO, Tarcízio. No limite da utopia: Cultura gamer, neoliberalismo e regulação dos esports no Brasil. **Revista FAMECOS,** *[S.l.],* v.30, n.1, p.1-18, 2023. Disponível em: https://revistaseletronicas.pucrs.br/ojs/index.php/revistafamecos/article/view/43088. Acesso em: 20 dez. 2023.

FALEIROS JÚNIOR, José Luiz de Moura. The Network Society, de Jan van Dijk: Book Review. **Revista da Faculdade de Direito da Universidade Federal de Uberlândia,** v.47, n.1, p.406-414, 2019.

FALEIROS JÚNIOR, José Luiz de Moura. Responsabilidade civil e *fake news:* a educação digital como meio para a superação da desinformação e do negacionismo. *In:* BARBOSA, Mafalda Miranda; ROSENVALD, Nelson; MUNIZ, Francisco (Coords.). **Responsabilidade Civil e Comunicação:** IV jornadas luso-brasileiras de responsabilidade civil. Indaiatuba, SP: Editora Foco, 2021, p.237-259.

FALEIROS JÚNIOR, José Luiz de Moura. Discriminação por algoritmos de inteligência artificial: a responsabilidade civil, os vieses e o exemplo das tecnologias baseadas em luminância. *In:* BARBOSA, Mafalda Miranda; BRAGA NETTO, Felipe Peixoto; SILVA, Michael César; FALEIROS JÚNIOR, José Luiz de Moura (Coords.). **Direito Digital e Inteligência Artificial:** Diálogos entre Brasil e Europa. Indaiatuba, São Paulo: Editora Foco, 2021, p.969-1000.

FALEIROS JÚNIOR, José Luiz de Moura; DENSA, Roberta. Responsabilidade civil e novas práticas abusivas no mercado de games. *In:* FALEIROS JÚNIOR, José Luiz de Moura; LONGHI, João Victor Rozatti; GUGLIARA, Rodrigo (Coords.). **Proteção de Dados na Sociedade da Informação:** entre dados e danos. Indaiatuba, SP: Editora Foco, 2021, p.333-355.

FALEIROS JÚNIOR, José Luiz de Moura; DIRSCHERL, Fernanda Pantaleão. Proteção de Dados de Crianças e Adolescentes em Redes Sociais: uma leitura do artigo 14 da LGPD para além do mero controle parental. *In:* TEIXEIRA, Ana Carolina Brochado; FALEIROS JÚNIOR, José Luiz de Moura; DENSA, Roberta (Coords.). **Infância, Adolescência e Tecnologia:** o estatuto da criança e do adolescente na sociedade da informação. Indaiatuba, SP: Editora Foco, 2022, p.347-360.

FALEIROS JÚNIOR, José Luiz de Moura; MEDON, Filipe. Discriminação algorítmica de preços, perfilização e responsabilidade civil nas relações de consumo. *In:* MONTEIRO FILHO, Carlos Edison do Rêgo; MARTINS, Guilherme Magalhães; ROSENVALD, Nelson; DENSA, Roberta (Coords.). **Responsabilidade civil nas relações de consumo.** Indaiatuba, SP: Editora Foco, 2022, p.371-392.

FALEIROS JÚNIOR, José Luiz de Moura. Precificação personalizada vs. precificação dinâmica: desafios jurídicos. *In:* PARENTONI, Leonardo (Coord.); FERRARI, Giovanni Carlo Batista; FALEIROS JÚNIOR, José Luiz de Moura; ALVES, Tárik César Oliveira e (Orgs.]. **Direito, tecnologia e inovação:** volume IV: estudos de casos. Belo Horizonte: Centro DTIBR, 2022, p.75-99.

FALEIROS JÚNIOR, José Luiz de Moura; SILVA, Michael César. Precificação dinâmica nas relações de consumo. *In:* EHRHARDT JÚNIOR, Marcos (Coord.). **Vulnerabilidade e novas tecnologias.** Indaiatuba, São Paulo: Editora Foco, 2023, p.161-180.

FANTÁSTICO. 'Jogo do Aviãozinho': Justiça bloqueia R$ 101 milhões de site de apostas que promove game ilegal, divulgado por influenciadores. **Fantástico.** 2023. Disponível em: https://g1.globo.com/fantastico/noticia/2023/12/17/jogo-do-aviaozinho-justica-bloqueia-r-101-milhoes-de-site-de-apostas-que-promove-game-ilegal-divulgado-por-influenciadores.ghtml. Acesso em: 20 dez. 2023.

FARIAS, Cristiano Chaves de; ROSENVALD, Nelson; BRAGA NETTO, Felipe Peixoto. **Novo Tratado de Responsabilidade Civil.** 2.ed. São Paulo: Saraiva, 2017.

FARINHA, Martim; CARVALHO, Jorge Morais. Os desafios do mercado digital para o direito dos contratos de consumo à luz do direito europeu. *In:* EHRHARDT JÚNIOR, Marcos; CATALAN, Marcos; MALHEIROS, Pablo (Coords.). **Direito Do Consumidor e Novas Tecnologias.** Belo Horizonte: Fórum, 2021, p.309-327.

FAZENDEIRO, Ana. **Regulamento geral sobre a proteção de dados.** Coimbra: Almedina, 2017.

FEDERAL TRADE COMISSION. **Lord and Taylor settles FTC charges it deceived consumers through.** 2016. Available from: https://www.ftc.gov/news-events/press-releases/2016/03/lord-taylor-settles-ftc-charges-it-deceived-consumers-through. Access on: Dec. 20, 2023.

FEDERAL TRADE COMISSION. **FTC Staff Reminds Influencers and Brands to Clearly Disclose Relationship.** 2017. Available from: https://www.ftc.gov/news-events/press-releases/2017/04/ftc-staff-reminds-influencers-brands-clearly-disclose. Access on: Dec. 20, 2023.

FEDERAL TRADE COMISSION. **Disclosures 101 for Social Media Influencers.** 2021. Available from: https://www.ftc.gov/system/files/documents/plain-language/1001a-influencer-guide-508_1.pdf. Access on: Dec. 20, 2023.

FEDERAL TRADE COMISSION. **What we do.** 2021. Available from: https://www.ftc.gov/about-ftc/what-we-do. Access on: Dec. 20, 2023.

FERNANDES, Vera Mónica Almeida. **Blogs de Moda:** Os novos social media influencers e o impacto que estes criam na estratégia de comunicação das marcas. Lisboa, 2016. Dissertação de Mestrado – Departamento de Gestão e Estratégia Empresarial: Laurete International Universities de Lisboa, 2016.

FERREIRA, Ana Rita Vitorino. **O impacto das redes sociais e influenciadores digitais nos negócios atuais.** 2021. Dissertação de Mestrado. 2021. 118f. Dissertação (Mestrado em Gestão) Faculdade de Ciências da Economia e da Empresa, Universidade Lusíada. Disponível em: http://repositorio.ulusiada.pt/handle/11067/5905. Acesso em: 20 dez. 2023.

FERREIRA, Eduardo Aranha. **O papel dos influenciadores digitais no processo de intenção de compra dos seguidores.** 2018. 152f. Dissertação (Mestrado em Publicidade e Marketing) Escola Superior de Comunicação Social, Instituto Politécnico de Lisboa, Lisboa, Portugal, 2018. Disponível em: https://repositorio.ipl.pt/handle/10400.21/9540. Acesso em: 20 dez. 2023.

FERREIRA, Eduardo Aranha; MIRANDA, Sandra. **O papel dos influenciadores digitais no processo de intenção de compra:** comunicação e consumo. Beau Bassin, Mauritius: Novas Edições Acadêmicas, 2019. [E-book].

FERREIRA, Keila Pacheco. Evolução do direito do consumidor e o desafio do superendividamento: panorama atual e perspectivas. *In:* ANCONA LOPEZ, Teresa; LEMOS, Patrícia Faga Iglecias; RODRIGUES JÚNIOR, Otávio Luiz (Coords.). **Sociedade de risco e direito privado:** desafios normativos, consumeristas e ambientais. São Paulo, SP: Atlas, 2013, p.553-578.

FERREIRA, Keila Pacheco. **Responsabilidade Civil Preventiva:** função, pressupostos e aplicabilidade. 2014. 273 f. Tese (Doutorado em Direito) – Faculdade de Direito. Universidade de São Paulo. São Paulo, São Paulo. Disponível em: https://www.teses.usp.br/teses/disponiveis/2/2131/tde-27102016-092601/publico/TeseCorrigida_Integral_Keila_Pacheco_Ferreira.pdf. Acesso em: 20 dez. 2023.

FERREIRA, Sérgio Ricardo Savi. **Responsabilidade Civil e enriquecimento sem causa:** o lucro da intervenção. Rio de Janeiro: Atlas, 2012.

FERREIRA, Sérgio Ricardo Savi. Quando o ilícito não compensa: a solução dogmática para o lucro da Intervenção. *In:* ROSENVALD, Nelson; MILAGRES, Marcelo (Coords.). **Responsabilidade Civil:** novas tendências. 2.ed. São Paulo: Editora Foco, 2018, p.287-299.

FILOMENO, José Geraldo Brito. **Curso fundamental de direito do consumidor.** São Paulo: Atlas, 2007.

FISBERG, Yuri. Dano social como instituto de aperfeiçoamento do tratamento coletivo da responsabilidade civil. São Paulo: **Revista Jurídica ESMP**, v.14, p.134-147, 2018.

FIUZA, César. Perigos de uma hermenêutica civil-constitucional. **Revista da Faculdade Mineira de Direito**, Belo Horizonte, v.11, n.22, p.65-75, jul. 2008.

FLEISCHMANN, Simone Tassinari Cardoso; FONTANA, Andressa Tonetto. A capacidade civil e o modelo de proteção das pessoas com deficiência mental e cognitiva: estágio atual da discussão. **Civilistica.com**, v.9, n.2, p.1-22, 9 set. 2020. Disponível em: https://civilistica.emnuvens.com.br/redc/article/view/557. Acesso em: 20 dez. 2023.

FLUMIGNAN, Silvano José Gomes. Uma nova proposta para a diferenciação entre o dano moral, o dano social e os punitive damages. **Revista dos Tribunais**. v.958, p.119-147, 2015.

FONSECA, Luis Miguel. Industry 4.0 and the digital society: concepts, dimensions and envisioned benefits. **Proceedings of the International Conference on Business Excellence**, v.12, i.1, p.386-397, 2018. Available from: https://www.sciendo.com/article/10.2478/picbe-2018-0034. Access on: Dec. 20, 2023.

FORTES, Pedro Rubim Borges; MARTINS, Guilherme Magalhães; OLIVEIRA, Pedro Farias. O consumidor contemporâneo no Show de Truman: a geodiscriminação digital como prática ilícita no direito brasileiro. **Revista de Direito do Consumidor**, São Paulo, Thomson Reuters Brasil, a.28, v.124, p.235-260, jul./ago. 2019.

FORTUNE BUSINESS INSIGHTS. The global pet care market size was valued at $235.32 billion in 2022 & is projected to grow from $246.66 billion in 2023 to $368.88 billion by 2030. **Fortune Business Insights**. 2023. Disponível em: https://www.fortunebusinessinsights.com/pet-care-market-104749. Acesso em: 20 dez. 2023.

FRADA, Manuel António de Castro Portugal Carneiro da. **Teoria da confiança e responsabilidade civil.** Coimbra: Almedina, 2004.

FRADA, Manuel A. Carneiro da; FACHANA, João. Ainda «vinho novo em odres velhos»? Revisitando a responsabilidade civil das "operadoras de Internet". *In:* LUPION, Ricardo; ARAUJO, Fernando (Orgs.). **Direito, tecnologia e empreendedorismo:** uma visão luso-brasileira. Porto Alegre, RS: Editora Fi, 2020, p.434-p.463.

FRADERA, Vera M. Jacob de. A interpretação da proibição de publicidade enganosa ou abusiva à luz do princípio da boa-fé: o dever de informar no Código de Defesa do Consumidor. **Revista de Direito do Consumidor**, São Paulo, Revista dos Tribunais, n.4, p.173-191, dez. 1992.

FRANCE, Assemblée Nationale. **Loi N°2004-575**. 2004. Disponible sur: https://www.legifrance.gouv.fr/loda/id/JORFTEXT000000801164. Accès à: 20 déc. 2023.

FRANCE, Assemblée Nationale. **Loi 2008-776**. 2008. Disponible sur: https://www.legifrance.gouv.fr/loda/id/JORFTEXT000019283050/. Accès à: 20 déc. 2023.

FRANCE, Assemblée Nationale. **Code de la Consommation**. 2016. Disponible sur: https://www.legifrance.gouv.fr/codes/texte_lc/LEGITEXT000006069565. Accès à: 20 déc. 2023.

FRANCE, Assemblée Nationale. **Loi 2020-1266**. 2020. Disponible sur: https://www.legifrance.gouv.fr/jorf/id/JORFTEXT000042439054?r=g4vXqOd0Je. Accès à: 20 déc. 2023.

FRANCE, Assemblée Nationale. **Loi 2023-451**. 2023. Disponible sur: https://www.legifrance.gouv.fr/jorf/id/JORFTEXT000047663185. Accès à: 20 déc. 2023.

FRANCO, Flávio. O impacto do marco civil da internet nas atividades de *e-commerce*. *In:* FREITAS, Rafael Véras de; RIBEIRO, Leonardo Coelho; FEIGELSON, Bruno (Coords.). **Regulação e novas tecnologias**. Belo Horizonte: Editora Fórum, 2017, p.491-504.

FRAZÃO, Ana. Plataformas digitais e os desafios para a regulação jurídica. *In:* PARENTONI, Leonardo (Coord.). GONTIJO, Bruno Miranda; LIMA, Henrique Cunha Souza (Orgs.). **Direito, Tecnologia e Inovação:** volume 1. Belo Horizonte: D'Plácido, 2018, p.635-669.

FRAZÃO, Ana. Fundamentos da proteção dos dados pessoais: noções introdutórias para a compreensão da importância da Lei Geral de Proteção de Dados. *In:* TEPEDINO, Gustavo; FRAZÃO, Ana; OLIVA, Milena Donato (Coords.). **Lei Geral de Proteção de Dados Pessoais e suas repercussões no direito brasileiro**. 2.ed. São Paulo: Thomson Reuters Brasil, 2020, p.23-52.

FRIAS FILHO, Otavio. O que é falso sobre fake news. **Revista USP,** São Paulo, n.116, p.39-44, 2018. Disponível em: https://www.revistas.usp.br/revusp/article/view/146576/140222. Acesso em: 20 dez. 2023.

FRITZ, Karina Nunes. **Boa-fé objetiva na fase pré-contratual:** a responsabilidade pré-contratual por ruptura das negociações. Curitiba: Juruá, 2008.

FRITZ, Karina Nunes. A crise na dualidade da responsabilidade civil. **Revista IBERC**, Belo Horizonte, v.2, n.1, p.1-4, 2019. Disponível em: https://revistaiberc.responsabilidadecivil.org/iberc/article/view/17. Acesso em: 20 dez. 2023.

FRITZ, Karina Nunes. BGH diz que nem toda postagem de produtos por influenciadores digitais é publicidade. **Migalhas**. 2021. Disponível em: https://www.migalhas.com.br/coluna/german-report/351584/bgh--toda-postagem-de-produtos-por-influenciadores-e-publicidade. Acesso em: 20 dez. 2023.

FRITZ, Karina Nunes; MENDES, Laura Schertel. Case Report: Corte alemã reconhece a transmissibilidade da herança digital. **Revista de Direito da Responsabilidade**, Coimbra, a.1, p.525-555, 2019. Disponível em: https://revistadireitoresponsabilidade.pt/2019/case-report-corte-alema-reconhece-a-transmissibilidade-da-heranca-digital-karina-nunes-fritz-e-laura-schertel-mendes/. Acesso em: 20 dez. 2023.

FROTA, Mário. **Política de consumidores na União Europeia.** Coimbra: Almedina, 2003.

G1. Youtuber Júlio Cocielo é criticado por comentário sobre Mbappé: 'conseguiria fazer uns arrastão top na praia'. **G1**. 2018. Disponível em: https://g1.globo.com/pop-arte/noticia/youtuber-julio-cocielo-e-criticado-por-comentario-sobre-mbappe-conseguiria-fazer-uns-arrastao-top-na-praia.ghtml. Acesso em: 20 dez. 2023.

G1. Conar abre representação contra live de Gusttavo Lima por propaganda irregular de bebida. **G1.** 2020. Disponível em: https://g1.globo.com/pop-arte/musica/noticia/2020/04/15/conar-abre-representacao-contra-live-de-gusttavo-lima-por-propaganda-irregular-de-bebida.ghtml. Acesso em: 20 dez. 2023.

GARCIA, Enéas Costa. **Responsabilidade Civil dos meios de comunicação.** São Paulo: Juarez de Oliveira, 2002.

GARCIA, Leonardo de Medeiros. **Código de Defesa do Consumidor Comentado: artigo por artigo.** 14.ed. rev., ampl. e atual. Salvador: JusPodivm, 2019.

GARCIA, Patrícia Martins; FERMENTÃO, Cleide Aparecida Gomes Rodrigues. Publicidade abusiva perante o dever solidário de proteção infantojuvenil. **Revista de Direito do Consumidor,** São Paulo, Thomson Reuters Brasil, v.124, a.28, p.317-339, 2019.

GASPARATTO, Ana Paula Gilio; FREITAS, Cinthia Obladen de Almendra; EFING, Antônio Carlos. Responsabilidade civil dos influenciadores digitais. **Revista Jurídica Cesumar,** v.19, n.1, p.65-87, 2019. Disponível em: https://periodicos.unicesumar.edu.br/index.php/revjuridica/article/view/6493. Acesso em: 20 dez. 2023.

GELFERT, Axel. Fake News: a definition. **Informal Logic,** v.38, n.1, p.84-117, 2018, p.86. Available from: https://informallogic.ca/index.php/informal_logic/article/view/5068. Access on: Dec. 20, 2023.

GENEROSO, Andre Mesquita; SILVA, Michael César; NOGUEIRA, Roberto Henrique Porto. Publicidade ilícita e mecanismos tecnológicos de direcionamento. *In:* BRANT, Cassio Augusto Barros (Coord.). REINALDO FILHO, Demócrito Ramos; ATHENIENSE, Alexandre Rodrigues (Orgs.). **Direito Digital e Sociedade 4.0.** Belo Horizonte: D'Plácido, 2020, p.627-650.

GIANCOLI, Brunno Pandori. **Função punitiva da responsabilidade civil.** 2014. Tese de Doutorado. 2014. 192f. Tese (Doutorado em Direito) – Faculdade de Direito. Universidade de São Paulo. São Paulo, São Paulo, 2014. Disponível em: https://teses.usp.br/teses/disponiveis/2/2131/tde-11022015-123351/pt-br.php Acesso em: 20 dez. 2023.

GIBSON, William. **Burning Chrome.** Vancouver: Harper Voyager, 2003.

GIBSON, William. **Neuromancer.** 5.ed. São Paulo: Editora Aleph, 2016.

GILBERT, Loren Grace; CHILDERS, Courtney; BOATWRIGHT, Brandon. Fyre Festival: The good, the bad, the ugly and its impact on influencer marketing. 2020. **Chancellor's Honors Program Projects.** Available from: https://trace.tennessee.edu/utkchanhonoproj/2320. Access on: Dec. 20, 2023.

GLENISTER, Gordon. **Marketing de influência.** Trad. Márcia Xavier de Brito. São Paulo: H1 Editora, 2022.

GLUCKSMAN, Morgan. The rise of social media influencer marketing on lifestyle branding: A case study of Lucie Fink. **Elon Journal of Undergraduate Research in Communications.** v.8, n.2, p.77-87, 2017.

GOANTA, Catalina; RANCHORDÁS, Sofia. The Regulation of Social Media Influencers: An Introduction. **University of Groningen Faculty of Law Research.** Paper No. 41/2019, p.1-19, 2019. Available from: https://papers.ssrn.com/sol3/papers.cfm?abstract_id=3457197. Access on: Dec. 20, 2023.

GOANTA, Catalina; RANCHORDÁS, Sofia. The regulation of social media influencers: an introduction. *In:* GOANTA, Catalina; RANCHORDAS, Sofia (Eds.). **The regulation of social media influencers.** Massachusetts: Edward Elgar Publishing Inc., 2020, p.1-20.

GOLDHAR, Tatiane Gonçalves Miranda; MIRANDA, Glícia Thais Salmeron. A exposição de crianças e adolescentes com fins comerciais nas redes sociais, mecanismos de proteção e a responsabilidade civil dos pais ou responsáveis. *In:* EHRHARDT JÚNIOR, Marcos (Coord.). **Vulnerabilidade e novas tecnologias.** Indaiatuba, SP: Editora Foco, 2023, p.249-272.

GONZÁLEZ FERNÁNDEZ, Cristina *et al.*. Fashion influencers and Instagram. A quasi-perfect binomial. **Studies in Communication Sciences,** v.18, n.2, p.425-437, 2019.

GRINOVER, Ada Pellegrini *et al.*. **Código Brasileiro de Defesa do Consumidor:** comentado pelos autores do anteprojeto: direito material e processo coletivo: volume único. 13.ed., rev., atual. e ampl. Rio de Janeiro: Forense, 2022. [E-book].

GUERINI, Nicola. Fashion versus Fashion: where is the change going? The impact of dismantling old rules of the industry and the role of the Made in Italy in front of new changes. *In:* SOARES, Renata Domingues Balbino Munhoz (Coord.). **Fashion law:** Direito da Moda. São Paulo: Almedina, 2019. [E-book].

GUERRA, Alexandre. **Responsabilidade civil por abuso do direito:** entre o exercício inadmissível de posições jurídicas e o direito de danos. São Paulo: Saraiva, 2011.

GUILHERMINO, Everilda Brandão. Direito de Acesso e Herança Digital. *In:* TEIXEIRA, Ana Carolina Brochado; LEAL, Lívia Teixeira (Coords.). **Herança Digital:** controvérsias e alternativas. Indaiatuba, SP: Editora Foco, 2021. [E-book]

GUIMARÃES, Clayton Douglas Pereira; GUIMARÃES, Glayder Daywerth Pereira. "Esta não é uma recomendação de investimentos" – Responsabilidade Civil de Produtores de Conteúdo de Finanças. **Magis:** Portal Jurídico. 2022. Disponível em: https://magis.agej.com.br/esta-nao-e-uma-recomendacao-de-investimentos-responsabilidade-civil-de-produtores-de-conteudo-de-financas/. Acesso em: 20 dez. 2023.

GUIMARÃES, Clayton Douglas Pereira; GUIMARÃES, Glayder Daywerth Pereira. Caso Blaze: É possível responsabilizar os influenciadores digitais? **Magis:** Portal Jurídico. 2023. Disponível em: https://magis.agej.com.br/caso-blaze-e-possivel-responsabilizar-os-influenciadores-digitais/. Acesso em: 20 dez. 2023.

GUIMARÃES, Clayton Douglas Pereira; SILVA, Michael César. Repercussões do exercício da liberdade de expressão e da disseminação de fake news no contexto da sociedade da informação. *In:* EHRHARDT JÚNIOR, Marcos; LOBO, Fabíola Albuquerque; ANDRADE, Gustavo (Coords.). **Liberdade de expressão e relações privadas.** Belo Horizonte: Fórum, 2021, p.201-216.

GUIMARÃES, Glayder Daywerth Pereira; PEREIRA, Sarah Batista Santos. As novas tendências da responsabilidade civil: assédio sexual e dano existencial. *In:* SILVA, Michael César; THIBAU, Vinícius Lott (Coords.). **Responsabilidade civil:** diálogos entre o direito processual e o direito privado. Belo Horizonte: Editora Dom Helder, 2020, p.95-112.

GUIMARÃES, Glayder Daywerth Pereira; SILVA, Michael César. Fake News à luz da responsabilidade civil digital: o surgimento de um novo dano social. **Revista Jurídica da FA7,** Centro Universitário 7 de Setembro, v.16, n.2, p.99-114, 2019. Disponível em: https://periodicos.uni7.edu.br/index.php/revistajuridica/article/view/940. Acesso em: 20 dez. 2023.

GUIMARÃES, Glayder Daywerth Pereira; SILVA, Michael César. Implicações das Fake News na Responsabilidade Civil Digital: a eclosão de um novo dano social. *In:* FERRI, Carlos Alberto; ALMEIDA, José Luiz Gavião de; LELLIS, Lélio Maximo (Orgs.). **Direito, ética e cidadania:** estudos em homenagem ao professor Jorge Luiz de Almeida – volume 1. Curitiba: CRV, 2020, p.185-204.

GUIMARÃES, Glayder Daywerth Pereira; SILVA, Michael César. Fake news, pós-verdade e dano social: o surgimento de um novo dano na sociedade contemporânea. **Revista Jurídica Luso Brasileira,** a.7, n.3, p.873-906, 2021. Disponível em: https://www.cidp.pt/revistas/rjlb/2021/3/2021_03_0873_0906.pdf. Acesso em: 20 dez. 2023.

GUIMARÃES, Paulo Jorge Scartezzini. **A publicidade ilícita e a responsabilidade civil das celebridades que dela participam**. 2.ed. São Paulo: Revista dos Tribunais, 2007.

GUIÑEZ-CABRERA, Nataly; MANSILLA-OBANDO, Katherine; JELDES-DELGADO, Fabiola. La transparencia publicitaria en los influencers de las redes sociales. **Retos (Revista de Ciencias de la Administración y Economía)**, Universidad Politécnica Salesiana, v.10, n.20, p.265-281, 2020.

GUTIÉRREZ, Mercedes Ramos; FERNÁNDEZ-BLANCO, Elena. La regulación de la publicidad encubierta em el marketing de influencers para la generación Z ¿cumplirán los/as influencers el nuevo código de conducta de autocontrol? **Revista Prisma Social,** Madrid, Espanha, n.34, p.61-87, 2021.

H., Taj Reefa. Comparative analysis of Consumer Protection Act, 1986 with the 2019 Act. **Indian Journal of Integrated Research in Law,** New Delhi, v.II, i.I, p.1-8, 2022. Available from: https://ijirl.com/wp-content/uploads/2022/01/COMPARATIVE-ANALYSIS-OF-CONSUMER-PROTECTION-ACT-1986-WITH-THE-2019-ACT.pdf Access on: Dec. 20, 2023

HAJLI, M. Nick. A study of the impact of social media on consumers. **International Journal of Market Research**, v.56, i.3, p.387-404, 2014.

HARARI, Yuval Noah. **21 lições para o século 21**. São Paulo: Companhia das Letras, 2018.

HASSAN, Siti Hasnah; TEO, Shao Zhen; RAMAYAH, T.; AL-KUMAIM, Nabil Hasan. **PlosONE.** mar. 29, 2021. Available from: https://journals.plos.org/plosone/article?id=10.1371/journal.pone.0249286. Access on: Dec. 20, 2023.

HAYLOCK, Zoe. Kendall Jenner Agrees to Pay $90,000 in Fyre Festival Lawsuit. **Vulture,** 21 may 2021. Available from: https://www.vulture.com/2020/05/kendall-jenner-fyre-festival-ad-lawsuit.html. Access on: Dec. 20, 2023.

HENRIQUES, Isabella Vieira Machado. **Publicidade abusiva.** Curitiba: Juruá, 2006.

HENRIQUES, Isabella Vieira Machado. Controle social e regulação da publicidade infantil: o caso da comunicação mercadológica de alimentos voltada às crianças. **Revista Eletrônica de Comunicação, Informação e Inovação em Saúde,** Rio de Janeiro: Fiocruz, v.4, n.4, p.72-84, nov., 2010. Disponível em: http://basessibi.c3sl.ufpr.br/brapci/_repositorio/2015/12/pdf_961f67e969_0000019036.pdf. Acesso em: 20 dez. 2023.

HENRIQUES, Isabella; PITA, Marina; HARTUNG, Pedro. A proteção de dados pessoais de crianças e adolescentes. *In:* BIONI, Bruno *et al.* (Coords.). **Tratado de proteção de dados pessoais.** 2.ed. rev., ampl. e atual.. Rio de Janeiro: Forense, 2023, p.201-227.

HIGGINS, Matt. Fyre Festival Aftermath: New Rules for Influencers? **University of Cincinnati Law Review**, 2019. Available from: https://uclawreview.org/2019/03/25/fyre-festival-aftermath-new-rules-for-influencers/. Access on: Dec. 20, 2023.

HOLANDA, Fabio Campelo Conrado de; FARAH, Fabiana Barrocas Alves. Neuromarketing e o risco de engajamento dos consumidores nas lives dos artistas em tempos de Covid-19. **Revista Jurídica da FA7,** Fortaleza, v.18, n.2, p.107-117, 2021.

HOLLMANN, Tom. La loi influenceurs votée à l'Assemblée, ce qu'en pensent les interesses. **HuffPost.** 2023. Disponible sur: https://www.huffingtonpost.fr/france/video/la-loi-influenceurs-votee-a-l-assemblee-ce-qu-en-pensent-les-interesses-clx2_215797.html. Accès à: 20 déc. 2023.

HOPPER HQ. **TikTok Rich List 2022**. Available from: https://www.hopperhq.com/blog/2022-tiktok-rich-list/. Access on: Apr. 15, 2022.

HOPPER HQ. **Instagram Rich List 2023**. Available from: https://www.hopperhq.com/instagram-rich-list/. Access on: Dec. 20, 2023.

HOPPER HQ. **Instagram Rich List 2023 - Influencer**. Available from: https://www.hopperhq.com/instagram-rich-list-niche/influencer/. Access on: Dec. 20, 2023.

HOPPER HQ. **Virtual Rich List 2023 - Influencer**. Available from: https://www.hopperhq.com/virtual-rich-list/. Access on: Dec. 20, 2023.

HOSIE, Rachel. Fitness influencer criticized for promoting 'extremely dangerous' weight loss pills. **Independent.** June 19, 2018. Available from: https://www.independent.co.uk/life-style/health-

and-families/michelle-lewin-weight-loss-diet-pills-instagram-promotion-fitness-influencer-florida-a8405936.html. Access on: Dec. 20, 2023.

HUDDLESTON JR., Tom. Fyre Festival: How a 25-year-old scammed investors out of $26 million. **CNBC**. 2019. Available from: https://www.cnbc.com/2019/08/18/how-fyre-festivals-organizer-scammed-investors-out-of-26-million.html. Access on: Dec. 20, 2023.

HUXLEY, Aldous Leonard. **Admirável mundo novo**. Porto Alegre: Biblioteca Azul, 2014.

IBM MARKETING CLOUD. **10 key marketing trends for 2017 and ideas for Exceeding Customer Expectations.** 2017. Available from: https://public.dhe.ibm.com/common/ssi/ecm/wr/en/wrl12345usen/watson-customer-engagement-watson-marketing-wr-other-papers-and-reports-wrl12345usen-20170719.pdf. Access on: Dec. 20, 2023.

ICC, International Chamber of Commerce. **ICC Advertising and Marketing Communications Code.** 2018. Available from: https://iccwbo.org/news-publications/policies-reports/icc-advertising-and-marketing-communications-code/. Access on: Dec. 20, 2023.

ICPEN, International Consumer Protection and Enforcement Network. **ICPEN Guidelines for Digital Influencers.** 2016. Available from: https://iccwbo.org/news-publications/policies-reports/icc-advertising-and-marketing-communications-code/. Access on: Dec. 20, 2023.

INDIA, Advertising Standards Council of India. **Guidelines for "Influencer advertising on digital media"** - draft for stakeholder consultation. Feb. 2021. Available from: https://images.assettype.com/afaqs/2021-02/0b608628-7f01-433e-98e5-185916c4b12e/ASCI_Guidelines.pdf. Access on: Dec. 20, 2023.

INSTAGRAM. **Agenor.tupinamba.** 2023. Disponível em: https://www.instagram.com/agenor.tupinamba/. Acesso em: 20 dez. 2023.

INSTAGRAM. **Aimeesong.** 2023. Disponível em: https://www.instagram.com/aimeesong/. Acesso em: 20 dez. 2023.

INSTAGRAM. **Alexachung**. 2023. Disponível em: https://www.instagram.com/alexachung/. Acesso em: 20 dez. 2023.

INSTAGRAM. **Anitta.** 2023. Disponível em: https://www.instagram.com/anitta. Acesso em: 20 dez. 2023.

INSTAGRAM. **Arianagrande.** 2023. Disponível em: https://www.instagram.com/arianagrande/. Acesso em: 20 dez. 2023.

INSTAGRAM. **Barbie.** 2023. Disponível em: https://www.instagram.com/barbie/. Acesso em: 20 dez. 2023.

INSTAGRAM. **Bermudaisbae.** 2023. Disponível em: https://www.instagram.com/bermudaisbae/. Acesso em: 20 dez. 2023.

INSTAGRAM. **Beyonce.** 2023. Disponível em: https://www.instagram.com/beyonce/. Acesso em: 20 dez. 2023.

INSTAGRAM. **Blawko22.** 2023. Disponível em: https://www.instagram.com/blawko22/. Acesso em: 20 dez. 2023.

INSTAGRAM. **Brunamarquezine.** 2023. Disponível em: https://www.instagram.com/brunamarquezine. Acesso em: 20 dez. 2023.

INSTAGRAM. **Camilacoelho.** 2023. Disponível em: https://www.instagram.com/camilacoelho. Acesso em: 20 dez. 2023.

INSTAGRAM. **Canseidesergato.** 2023. Disponível em: https://www.instagram.com/canseidesergato/. Acesso em: 20 dez. 2023.

INSTAGRAM. **CB da Casas Bahia.** 2023. Disponível em: https://www.instagram.com/casasbahia/. Acesso em: 20 dez. 2023.

INSTAGRAM. **Chiaraferragni.** 2023. Disponível em: https://www.instagram.com/chiaraferragni/. Acesso em: 20 dez. 2023.

INSTAGRAM. **Colesprouse**. 2023. Disponível em: https://www.instagram.com/colesprouse/. Acesso em: 20 dez. 2023.

INSTAGRAM. **Cristiano.** 2023. Disponível em: https://www.instagram.com/cristiano/. Acesso em: 20 dez. 2023.

INSTAGRAM. **FNMeka.** 2023. Disponível em: https://www.instagram.com/fnmeka/. Acesso em: 20 dez. 2023.

INSTAGRAM. **Gudan_ohusky.** 2023. Disponível em: https://www.instagram.com/gudan_ohusky/?hl=pt-br. Acesso em: 20 dez. 2023.

INSTAGRAM. **Guggimon.** 2023. Disponível em: https://www.instagram.com/guggimon/. Acesso em: 20 dez. 2023.

INSTAGRAM. **Imma.gram.** 2023. Disponível em: https://www.instagram.com/imma.gram/. Acesso em: 20 dez. 2023.

INSTAGRAM. **Itsdougthepug.** 2023. Disponível em: https://www.instagram.com/itsdougthepug/. Acesso em: 20 dez. 2023.

INSTAGRAM. **Janky.** 2023. Disponível em: https://www.instagram.com/janky/. Acesso em: 20 dez. 2023.

INSTAGRAM. **Jiffpom.** 2023. Disponível em: https://www.instagram.com/jiffpom/. Acesso em: 20 dez. 2023.

INSTAGRAM. **Juliette.** 2023. Disponível em: https://www.instagram.com/juliette/. Acesso em: 20 dez. 2023.

INSTAGRAM. **Karenwazen**. 2023. Disponível em: https://www.instagram.com/karenwazen/. Acesso em: 20 dez. 2023.

INSTAGRAM. **Kendalljenner.** 2023. Disponível em: https://www.instagram.com/kendalljenner/. Acesso em: 20 dez. 2023.

INSTAGRAM. **Khloekardashian.** 2023. Disponível em: https://www.instagram.com/khloekardashian. Acesso em: 20 dez. 2023.

INSTAGRAM. **Kiliquinha.** 2023. Disponível em: https://www.instagram.com/kiliquinha/. Acesso em: 20 dez. 2023.

INSTAGRAM. **Kimkardashian.** 2023. Disponível em: https://www.instagram.com/kimkardashian/. Acesso em: 20 dez. 2023.

INSTAGRAM. **Kyliejenner.** 2023. Disponível em: https://www.instagram.com/kyliejenner/. Acesso em: 20 dez. 2023.

INSTAGRAM. **Larissamanoela.** 2023. Disponível em: https://www.instagram.com/larissamanoela. Acesso em: 20 dez. 2023.

INSTAGRAM. **Laurenconrad.** 2023. Disponível em: https://www.instagram.com/laurenconrad/. Acesso em: 20 dez. 2023.

INSTAGRAM. **Leomessi.** 2023. Disponível em: https://www.instagram.com/leomessi/. Acesso em: 20 dez. 2023.

INSTAGRAM. **Lilmiquela.** 2023. Disponível em: https://www.instagram.com/lilmiquela/. Acesso em: 20 dez. 2023.

INSTAGRAM. **liverking.** 2023. Disponível em: https://www.instagram.com/liverking/. Acesso em: 20 dez. 2023.

INSTAGRAM. **Lu do Magalu.** 2023. Disponível em: https://www.instagram.com/magazineluiza/. Acesso em: 20 dez. 2023.

INSTAGRAM. **Luvadepedreiro.** 2023. Disponível em: https://www.instagram.com/luvadepedreiro/. Acesso em: 20 dez. 2023.

INSTAGRAM. **Maisa.** 2023. Disponível em: https://www.instagram.com/maisa. Acesso em: 20 dez. 2023.

INSTAGRAM. **Marcelotwelve.** 2023. Disponível em: https://www.instagram.com/marcelotwelve. Acesso em: 20 dez. 2023.

INSTAGRAM. **Mariasbaby.** 2023. Disponível em: https://www.instagram.com/mariasbaby/. Acesso em: 20 dez. 2023.

INSTAGRAM. **Mariasbabystore.** 2023. Disponível em: https://www.instagram.com/mariasbabystore/. Acesso em: 20 dez. 2023.

INSTAGRAM. **Melodyoficial3.** 2023. Disponível em: https://www.instagram.com/melodyoficial3/?hl=pt. Acesso em: 20 dez. 2023.

INSTAGRAM. **Melissamelmaia.** 2023. Disponível em: https://www.instagram.com/melissamelmaia/. Acesso em: 20 dez. 2023.

INSTAGRAM. **Michelle_lewin.** 2023. Disponível em: https://www.instagram.com/michelle_lewin/. Acesso em: 20 dez. 2023.

INSTAGRAM. **Nala_Cat.** 2023. Disponível em: https://www.instagram.com/nala_cat/. Acesso em: 20 dez. 2023.

INSTAGRAM. **Negin_mirsalehi.** 2023. Disponível em: https://www.instagram.com/negin_mirsalehi/. Acesso em: 20 dez. 2023.

INSTAGRAM. **Neymarjr.** 2023. Disponível em: https://www.instagram.com/neymarjr. Acesso em: 20 dez. 2023.

INSTAGRAM. **Nobody Sausage.** 2023. Disponível em: https://www.instagram.com/nobodysausage/. Acesso em: 20 dez. 2023.

INSTAGRAM. **Noonoouri.** 2023. Disponível em: https://www.instagram.com/noonoouri/. Acesso em: 20 dez. 2023.

INSTAGRAM. **Oliviapalermo.** 2023. Disponível em: https://www.instagram.com/oliviapalermo/. Acesso em: 20 dez. 2023.

INSTAGRAM. **Ronaldinho.** 2023. Disponível em: https://www.instagram.com/ronaldinho. Acesso em: 20 dez. 2023.

INSTAGRAM. **Satiko.** 2023. Disponível em: https://www.instagram.com/iamsatiko_/. Acesso em: 20 dez. 2023.

INSTAGRAM. **Selenagomez.** 2023. Disponível em: https://www.instagram.com/selenagomez/. Acesso em: 20 dez. 2023.

INSTAGRAM. **Shudu.gram.** 2023. Disponível em: https://www.instagram.com/shudu.gram/. Acesso em: 20 dez. 2023.

INSTAGRAM. **Sincerelyjules.** 2023. Disponível em: https://www.instagram.com/sincerelyjules/. Acesso em: 20 dez. 2023.

INSTAGRAM. **Tatawerneck.** 2023. Disponível em: https://www.instagram.com/tatawerneck. Acesso em: 20 dez. 2023.

INSTAGRAM. **Thegoodadvicecupcake.** 2023. Disponível em: https://www.instagram.com/thegoodadvicecupcake/. Acesso em: 20 dez. 2023.

INSTAGRAM. **Therock.** 2023. Disponível em: https://www.instagram.com/therock/. Acesso em: 20 dez. 2023.

INSTAGRAM. **Tuckerbudzyn.** 2023. Disponível em: https://www.instagram.com/tuckerbudzyn/. Acesso em: 20 dez. 2023.

INSTAGRAM. **Virginia.** 2023. Disponível em: https://www.instagram.com/virginia?igshid=MzRlODBiNWFlZA%3D%3D. Acesso em: 20 dez. 2023.

INSTAGRAM. **Whinderssonnunes.** 2023. Disponível em: https://www.instagram.com/whinderssonnunes. Acesso em: 20 dez. 2023.

INVESTING. Day trader brasileiro perde R$ 200 mil e comete suicídio. **Investing.** 2021. Disponível em: https://br.investing.com/news/cryptocurrency-news/day-trader-brasileiro-perde-r-200-mil-e-comete-suicidio-852923. Acesso em: 20 dez. 2023.

IPSOS. **Fake news, filter bubbles, post-truth and trust.** 2018. Available from: https://www.ipsos.com/sites/default/files/ct/news/documents/2018-08/fake_news-report.pdf. Access on: Dec. 20, 2023.

ISHIDA, Gabriel. Métodos para identificação e características de influenciadores em mídias sociais. *In:* SILVA, Tarcízio; BUCKSTEGGE, Jaqueline; ROGEDO, Pedro (Orgs.). **Estudando cultura e comunicação com mídias sociais.** Brasília: IBPAD, 2018, p.251-276.

ISTO É. Luva de Pedreiro é novo embaixador da Adidas. **Isto é.** 2022. Disponível em: https://www.istoedinheiro.com.br/luva-de-pedreiro-e-novo-embaixador-da-adidas/. Acesso em: 20 dez. 2023.

JAAKKOLA, Maarit. Vernacular reviews as a form of co-consumption: The user-generated review videos on YouTube. **MedieKultur:** Journal of media and communication research, v.34, n.65, p.10-30, 2018. Available from: https://tidsskrift.dk/mediekultur/article/view/104485. Access on: Dec. 20, 2023.

JABUR, Wilson Pinheiro; NUNES, Caio de Faro. Influenciadores digitais e o uso de imagem no e-commerce. *In:* HACKEROTT, Nadia Andreotti Tüchumantel (Coord.). **Aspectos jurídicos do e-commerce.** 2. ed. rev., atual. e ampl.. São Paulo: Thomson Reuters Brasil, 2022. [E-book].

JAYME. Erik. O direito internacional privado do novo milênio: a proteção da pessoa humana face à globalização. **Cadernos do Programa de Pós-graduação em Direito da UFRGS,** Porto Alegre, v.1, n.1, p.133-146, 2003.

JIN, Seung-A Annie; PHUA, Joe. Following Celebrities' Tweets About Brands: The Impact of Twitter-Based Electronic Word-of-Mouth on Consumers' Source Credibility Perception, Buying Intention, and Social Identification With Celebrities. **Journal of Advertising,** v.43, i.2, p.181-195, 2014. Available from: https://www.scholars.northwestern.edu/en/publications/following-celebrities-tweets-about-brands-the-impact-of-twitter-b. Access on: Dec. 20, 2023.

JORDÃO, Eduardo Ferreira. **Repensando a teoria do abuso de direito.** Salvador: Juspodivm, 2006.

JORGE, Higor Vinicius Nogueira. Deep fakes: novos desafios advindos da falsificação profunda. *In:* BEZERRA, Clayton da Silva; AGNOLETTO, Giovani Celso (Orgs.). **Combate às fake news.** São Paulo: Posteridade, 2019, p.120-129.

JORGE, Higor Vinicius Nogueira; DAVID, Ivana. Tecnologia, verificação de fatos e enfrentamento das notícias falsas na Internet. *In:* BEZERRA, Clayton da Silva; AGNOLETTO, Giovani Celso (Orgs.). **Combate às fake news.** São Paulo: Posteridade, 2019, p.100-119.

JORNAL DO COMÉRCIO. Instagram lança recurso para ajudar pequenas empresas. **Jornal do Comércio.** 2020. Disponível em: https://www.jornaldocomercio.com/_conteudo/ge2/noticias/2020/05/738215-instagram-lanca-recurso-para-apoiar-pequenas-empresas.html. Acesso em: 20 dez. 2023.

JUNQUEIRA, Thiago. **Tratamento de dados pessoais e discriminação algorítmica nos seguros.** São Paulo: Thomson Reuters Brasil, 2020.

FORBES. Juliette se une às celebridades que entraram para o C-Level das empresas. **Forbes.** 2022. Disponível em: https://forbes.com.br/forbes-mulher/2022/02/juliette-se-une-as-celebridades-que-entraram-para-o-c-level-das-empresas/. Acesso em: 20 dez. 2023.

KAC, Larissa Andréa Carasso. A relação entre os influenciadores digitais e os anunciantes: aspectos legais pertinentes a esta contratação na indústria da moda. *In:* SOUZA, Regina Cirino Alves Ferreira. **Fashion Law:** direito da moda. São Paulo: D´Plácido, 2019.

KAKUTANI, Michiko. **A morte da verdade:** notas sobre a mentira na era Trump. Rio de Janeiro: Intrínseca, 2018. [E-book].

KAPLAN, Andreas M.. Social Media, the Digital Revolution, and the Business of Media. **International Journal on Media Management**, v.17, n.4, p.197-199, 2015. Available from: https://www.tandfonline.com/doi/pdf/10.1080/14241277.2015.1120014. Access on: Dec. 20, 2023.

KAPLAN, Andreas M.; HAENLEIN, Michael. Users of the world, unite! The challenges and opportunities of social media. **Business Horizons**, v.53, n.1, p.59-68, 2010

KARHAWI, Issaaf. Influenciadores digitais: o Eu como mercadoria. *In:* SAAD, Elizabeth; SILVEIRA, Stefanie C. (Orgs.). **Tendências em comunicação digital.** São Paulo: ECA/USP, 2016, p.39-58. Disponível em: http://www.livrosabertos.sibi.usp.br/portaldelivrosUSP/catalog/download/87/75/365-1?inline=1. Acesso em: 20 dez. 2023.

KARHAWI, Issaaf. Influenciadores digitais: conceitos e práticas em discussão. **Communicare:** Revista do Centro Interdisciplinar de Pesquisa, São Paulo, Faculdade Cásper Líbero, v.17 [dossiê influenciadores digitais], p.46-61, 2017. Disponível em: https://static.casperlibero.edu.br/uploads/sites/5/2020/12/comunicare17-especial.pdf. Acesso em: 20 dez. 2023.

KARHAWI, Issaaf. **Influenciadores digitais e marcas:** um mapeamento exploratório. X Simpósio Nacional da ABCiber Conectividade, Hibridação e Ecologia das Redes Digitais. São Paulo, 2017.

KARHAWI, Issaaf. **De blogueira à influenciadora:** motivações, *ethos* e etapas profissionais na blogosfera de moda brasileira. 2018. Tese de Doutorado. 330f. Tese (Doutorado em Ciências da Comunicação) Universidade de São Paulo, São Paulo, 2018. Disponível em: https://teses.usp.br/teses/disponiveis/27/27152/tde-17092018-163855/pt-br.php. Acesso em: 20 dez. 2023.

KARHAWI, Issaaf. Influenciadoras digitais muçulmanas no Instagram: o caso de Mariam Cham. **43º Congresso Brasileiro de Ciências da Comunicação,** 2020, p.1-15. Disponível em: https://www.portalintercom.org.br/anais/nacional2020/resumos/R15-1160-1.pdf. Acesso em: 20 dez. 2023.

KARHAWI, Issaaf. Notas teóricas sobre influenciadores digitais e Big Brother Brasil: visibilidade, autenticidade e motivações. **E-Compós**, *[S.l.],* v.24, 2021. Disponível em: https://www.e-compos.org.br/e-compos/article/view/2182. Acesso em: 20 dez. 2023.

KARHAWI, Issaaf. Influenciadoras digitais de moda e beleza: do look do dia ao consumo de ativismo. **Revista Eco-Pós,** *[S.l.],* v.24, n.3, p.423-453, 2021. Disponível em: https://revistaecopos.eco.ufrj.br/eco_pos/article/view/27617. Acesso em: 20 dez. 2023.

KARHAWI, Issaaf. Crises geradas por influenciadores digitais: propostas para prevenção e gestão de crises. **Organicom**, v.18, n.35, p.45-59, 2021.

KHALIL, Ashraf; HAJJDIAB, Hassan; AL-QIRIM, Nabeel. Detecting Fake Followers in Twitter: A Machine Learning Approach. **International Journal of Machine Learning and Computing**, v.7, n.6, p.198-202, 2017. Available from: https://www.researchgate.net/publication/322299498_Detecting_fake_followers_in_twitter_A_machine_learning_approach. Access on: Dec. 20, 2023.

KHOURI, Paulo Roberto Roque Antônio. **Direito do consumidor:** contratos, responsabilidade civil e defesa do consumidor em juízo. 7.ed. rev., atual. e ampl. São Paulo: Atlas, 2021.

KHOURI, Paulo Roberto Roque Antônio. **Direito do consumidor na sociedade da informação.** São Paulo, SP: Almedina, 2022.

KISS, Christine; BICHLER, Martin. Identification of Influencers - Measuring Influence in Customer Networks. **Decision Support Systems**, v.46, i.1, p.233-253, 2008. Available from: https://www.sciencedirect.com/science/article/abs/pii/S0167923608001231. Access on: Dec. 20, 2023.

KLEE, Antônia Espíndola Longini. **Comércio eletrônico.** São Paulo: Revista dos Tribunais, 2014.

KLEIN, David; WUELLER, Joshua. Fake news: a legal perspective. **Journal of Internet Law**, v.20, n.10, p.5-13, 2017. Available from: https://papers.ssrn.com/sol3/papers.cfm?abstract_id=2958790. Access on: Dec. 20, 2023.

KONDER, Carlos Nelson; TEIXEIRA, Ana Carolina Brochado. O enquadramento dos bens digitais sob o perfil funcional das situações jurídicas. *In:* TEIXEIRA, Ana Carolina Brochado; LEAL, Lívia Teixeira (Coords.). **Herança Digital:** controvérsias e alternativas. Indaiatuba, SP: Editora Foco, 2021. [E-book].

KOTLER, Philip; KELLER, Kevin Lane. **Administração de Marketing.** 14.ed. Tradução Sônia Midori Yamamoto. São Paulo: Pearson Education do Brasil, 2012.

KRÖNKE, Christoph. Artificial Intelligence and Social Media. *In:* WISCHMEYER, Thomas; RADEMACHER, Timo (Eds.). **Regulating Artificial Intelligence**. Cham, Switzerland: Springer, 2020, p.145-174.

KULMALA, Marianne. **Electronic word-of-mouth in consumer fashion blogs:** a netnographic study. 2011. Dissertation (Master in Marketing). University of Tampere, School of Management, Marketing, 2011. Available from: http://tampub.uta.fi/bitstream/handle/10024/82564/gradu05048.pdf?sequence=1. Access on: Apr. 15 2023.

LEAL, André Cordeiro; THIBAU, Vinícius Lott. Pandemia e as Matrizes Publicísticas do Processo Civil. *In:* SILVA, Michael César *et al.* (Orgs.). **Impactos do Coronavírus no Direito:** diálogos, reflexões e perspectivas contemporâneas: volume I. Belo Horizonte: Editora Newton Paiva, 2022, p.710-723.

LACERDA, Bruno Torquato Zampier. A responsabilidade civil no universo dos bens digitais. *In:* MARTINS, Guilherme Magalhães; ROSENVALD, Nelson (Coords.). **Responsabilidade civil e novas tecnologias.** Indaiatuba, SP: Editora Foco, 2020, p.93-107.

LACERDA, Bruno Torquato Zampier. **Bens digitais:** cybercultura, redes sociais, e-mails, músicas, livros, milhas aéreas, moedas virtuais. 2.ed. Indaiatuba, SP: Editora Foco, 2021.

LACERDA, Bruno Torquato Zampier. Bens digitais: em busca de um microssistema próprio. *In:* TEIXEIRA, Ana Carolina Brochado; LEAL, Lívia Teixeira (Coords.). **Herança Digital:** controvérsias e alternativas. Indaiatuba, SP: Editora Foco, 2021. [E-book].

LACERDA, Bruno Torquato Zampier. **Estatuto Jurídico da Inteligência Artificial:** entre categorias e conceitos, a busca por marcos regulatórios. Indaiatuba, SP: Editora Foco, 2022.

LANDESMEDIENANSTALTEN. **Werbekennzeichnung bei Online-Medien**. 2022. Verfügbar in: https://www.die-medienanstalten.de/fileadmin/user_upload/die_medienanstalten/Service/Merkblaetter_Leitfaeden/Leitfaden_Werbekennzeichnung_Online-Medien_vers_23.pdf. Zugang unter: 20 dec. 2023.

LARENZ, Karl. **Derecho de obligaciones.** Tomo I. Versión española. Traducción y Notas de Jaime Santos Brinz. Madrid: Editorial Revista de Derecho Privado, 1958.

LARGHI, Nathália. Atenção influenciadores: CVM esclarece dúvidas sobre quem pode recomendar investimentos. **Valor Investe.** 2020. Disponível em: https://valorinveste.globo.com/objetivo/hora-de-investir/noticia/2020/11/11/atencao-influenciadores-cvm-esclarece-duvidas-sobre-quem-pode-recomendar-investimentos.ghtml. Acesso em: 20 dez. 2023.

LAS CASAS, Fernanda. O incesto financeiro de ativos digitais. **Magis:** Portal Jurídico. 2023. Disponível em: https://magis.agej.com.br/o-incesto-financeiro-de-ativos-digitais/. Acesso em: 20 dez. 2023.

LEAL, Livia Teixeira. **Internet e morte do usuário:** propostas para o tratamento jurídico post mortem do conteúdo inserido na rede. Rio de Janeiro: LMJ Mundo Jurídico, 2018.

LELLES, Ana Raquel. OMS sugere limitar venda de bebida alcoólica durante a pandemia. **Estado de Minas.** 2020. Disponível em: https://www.em.com.br/app/noticia/internacional/2020/04/15/interna_internacional,1138953/oms-sugere-limitar-venda-de-bebida-alcoolica-durante-a-pandemia.shtml. Acesso em: 20 dez. 2023.

LEMOS, André. **Cibercidade:** as cidades na cibercultura. Rio de Janeiro: E-Papers, 2004.

LEVITIN, Daniel J.. **O guia contra mentiras:** como pensar criticamente na era da pós-verdade. Guarulhos: Objetiva, 2019. [E-book].

LEVY, Neil. The Bad News About Fake News. **Social Epstemology Review & Reply Collective,** v.6, n.8, p.20-36, 2017. Available from: https://social-epistemology.com/wp-content/uploads/2017/07/levy_fake_news1.pdf. Access on: Dec. 20, 2023.

LÉVY, Pierre. **Cibercultura.** 3.ed. São Paulo: Editora 34, 2010.

LÉVY, Pierre. **A Inteligência Coletiva.** São Paulo: Folha de São Paulo, 2015.

LIMA, Ana Paula Canto de; ALMEIDA, Gessica. Influenciadores: liberdade de expressão, cultura do cancelamento e responsabilidade civil. *In:* HACKEROTT, Nadia Andreotti Tüchumantel (Coord.). **Influenciadores digitais e seus desafios jurídicos.** São Paulo: Thomson Reuters Brasil, 2023, p.153-184.

LIMA, Cintia Rosa Pereira de. A reponsabilidade civil dos provedores de aplicação de Internet por conteúdo gerado por terceiro antes e depois do Marco Civil da Internet (lei nº 12.965/14). **Revista da Faculdade de Direito,** Universidade de São Paulo, São Paulo, v.110, p.155-176, 2015.

LIMA, Cíntia Rosa Pereira de (Coord.). **Comentários à Lei Geral de Proteção de Dados**. São Paulo: Almedina, 2020.

LIMA, Cintia Rosa Pereira de; MORAES, Emanuele Pezati Franco de; PEROLI, Kelvin. O necessário diálogo entre o marco civil da Internet e a lei geral de proteção de dados para a coerência do sistema de responsabilidade civil diante das novas tecnologias. *In:* MARTINS, Guilherme Magalhães; ROSENVALD, Nelson (Coords.). **Responsabilidade civil e novas tecnologias.** Indaiatuba, SP: Editora Foco, 2020, p.145-161.

LIMA, Clarissa Costa de. O dever de informação nos contratos de crédito ao consumo em direito comparado francês e brasileiro: a sanção para falta de informação dos juros remuneratórios. **Revista de Direito do Consumidor**, São Paulo, Revista dos Tribunais, a.18, n.69, p.9-31, jan./mar. 2009.

LIMA, Clarissa Costa; BERTONCELLO, Káren Rick Danielevicz. **Superendividamento aplicado:** aspectos doutrinários e experiência no Poder Judiciário. Rio de Janeiro: GZ Editora, 2010.

LIMA, Clarissa Costa de. **O tratamento do superendividamento e o direito de recomeçar dos consumidores.** São Paulo: Revista dos Tribunais, 2014.

LIMA, Clarissa Costa de; CAVALLAZZI, Rosângela Lunardelli. A força do microssistema do CDC: tempos no superendividamento e de compartilhar responsabilidades. *In:* MIRAGEM, Bruno; MARQUES, Claudia Lima; OLIVEIRA, Amanda Flávio de (Coords.). **25 anos do código de defesa do consumidor:** trajetória e perspectivas. São Paulo: Revista dos Tribunais, 2016, p.549-579.

LIMA, Cláudia Borges de; COUTO, Kioko Nakayama Nenoki do; LUIZ, Michelly Jacinto Lima. O mito diretivo das digitais influencers como potencializador do discurso consumerista. Revista Travessias, Universidade Estadual do Oeste do Paraná, v.14, n.1, p.218-234, 2020. Disponível em: http://e-revista.unioeste.br/index.php/travessias/article/view/24188. Acesso em: 20 dez. 2023.

LIMA, Lunélia Amaral. Consumo, vida saudável e redes sociais digitais: a influência dos médicos a partir do Instagram. *In:* **Intercom – Sociedade Brasileira de Estudos Interdisciplinares da Comunicação XXIV Congresso de Ciências da Comunicação na Região Sudeste** – Vitória – ES – 03 a 05/06/2019. 2019, p.4. Disponível em: https://portalintercom.org.br/anais/sudeste2019/resumos/R68-0757-1.pdf. Acesso em: 20 dez. 2023.

LINDIMORE, Jessica. People, Property, Or Pet-Influencers? Louis D. Brandeis School of Law University of Louisville. **Journal of Animal and Environmental Law,** v.12, p.44-57, 2020.

LINHARES, Gabriela Correia Lima. **O Youtube pode fazer comprar?** Motivações e impactos no consumidor de vídeos com reviews de produtos. 2016. Dissertação de Mestrado. 2016. 70f. Dissertação (Mestrado em Marketing) – Instituto Superior de Economia e Gestão. Universidade de Lisboa. Alvalade, Lisboa.

LINN, Susan. **Crianças do consumo:** a infância roubada. Tradução Cristina Tognelli. São Paulo: Instituto Alana, 2006.

LIPOVETSKY, Gilles. **Da leveza:** rumo a uma civilização sem peso. Barueri, São Paulo: Manole, 2016.

LIPOVETSKY, Gilles. **A Felicidade Paradoxal:** ensaio sobre a sociedade de hiperconsumo. São Paulo: Companhia das Letras, 2007.

LIPOVETSKY, Gilles. **O Império do Efémero:** A moda e o seu destino nas sociedades modernas. Alfragide: Publicações Dom Quixote, 2010.

LISBOA, Alveni. Casimiro chega a 6 milhões de usuários e quebra recorde na eliminação do Brasil. **Canaltech.** 2022. Disponível em: https://canaltech.com.br/internet/casimiro-chega-a-6-milhoes-de-usuarios-e-quebra-recorde-na-eliminacao-do-brasil-232591/. Acesso em: 20 dez. 2023.

LOBO, Fabíola Albuquerque; EHRHARDT JÚNIOR, Marcos; PAMPLONA FILHO, Rodolfo (Coords.). **Boa-fé e sua aplicação no Direito brasileiro.** 3.ed. rev., ampl. e atual.. Belo Horizonte: Fórum, 2021.

LÔBO, Paulo. Vulnerabilidade jurídica do contratante. *In:* EHRHARDT JÚNIOR, Marcos; LOBO, Fabíola Albuquerque (Orgs.). **Vulnerabilidade e sua compreensão no direito brasileiro.** Indaiatuba, SP: Editora Foco, 2021.

LOCKE, Taylor. 86% of young people say They want to post social media content for money. **CNBC.** 2019. Available from: https://www.cnbc.com/2019/11/08/study-young-people-want-to-be-paid-influencers.html#:~:text=But%20young%20people%20don't,ages%2013%20to%2038%20about. Access on: Dec. 20, 2023.

LONGHI, João Victor Rozatti. #Ódio: responsabilidade civil nas redes sociais e a questão do *hate speech*. *In:* MARTINS, Guilherme Magalhães; ROSENVALD, Nelson (Coords.). **Responsabilidade civil e novas tecnologias.** Indaiatuba, SP: Editora Foco, 2020, p.299-329.

LONGHI, João Victor Rozatti. **Responsabilidade civil e redes sociais:** retirada de conteúdo, perfis falsos, discurso de ódio e fake news. Indaiatuba, SP: Editora Foco, 2020.

LONGHI, João Victor Rozatti. Os perfis falsos em redes sociais e a responsabilidade civil dos provedores de aplicação. *In:* FALEIROS JÚNIOR, José Luiz de Moura; LONGHI, João Victor Rozatti; GUGLIARA, Rodrigo (Coords.). **Proteção de Dados na Sociedade da Informação:** entre dados e danos. Indaiatuba, SP: Editora Foco, 2021, p.175-189.

LOPES, Christian Sahb Batista. **Responsabilidade pré-contratual:** subsídios para o direito brasileiro das negociações. Belo Horizonte, Del Rey, 2011.

LOPES, José Reinaldo de Lima. Crédito ao consumidor e superendividamento: uma problemática geral. **Revista de Direito do Consumidor**, São Paulo, Revista dos Tribunais, n.17, p.57-64, jan./mar. 1996.

LOPES, Poliana; BRANDT, Karine. We Love Fashion Blogs: estratégias de aproximação da Petite Jolie com produtoras de conteúdo digitais. **Revista Temática**, v.12, n.3, p.124-137, 2016.

LORENZETTI, Ricardo Luis. Nuevas fronteras del abuso de derecho: situaciones jurídicas lesivas de libertades, tutela del mercado y amparo. **Revista dos Tribunais,** São Paulo, Revista dos Tribunais, v.85, n.723, p.53-65, jan. 1996.

LORENZETTI, Ricardo Luis. **Fundamentos do direito privado.** Trad. Vera Maria Jacob de Fradera. São Paulo: Revista dos Tribunais, 1998.

LORENZETTI, Ricardo Luis. **Comércio Eletrônico.** Trad. Fabiano Menke. São Paulo: Revista dos Tribunais, 2004.

LOU, Chen; YUAN, Shupei. Influencer Marketing: how message value and credibility affect consumer trust of branded content on social media. **Journal of Interactive Advertising**, v.19, i.1, p.58-73, 12 Feb. 2019. Available from: https://www.tandfonline.com/doi/epdf/10.1080/15252019.2018.1533501. Access on: Dec. 20, 2023.

LOWE-CALVERLEY, Emily; GRIEVE, Rachel. Do the metrics matter? An experimental investigation of Instagram influencer effects on mood and body dissatisfaction. **Body Image.** v.36, p.1-4, 2021. Available from: https://www.sciencedirect.com/science/article/abs/pii/S174014452030406X. Access on: Dec. 20, 2023.

MAČĖNAITĖ, Milda. Protecting children online: combining the rationale and rules of personal data protection law and consumer protection law. *In:* BAKHOUM, Mor; GALLEGO, Beatriz Conde; MACKENRODT, Mark-Oliver; SURBLYTĖ-NAMAVIČIENĖ, Gintarė (Eds.). **Personal data in competition, consumer protection and intellectual property law: towards a holistic approach?** (MPI Studies on Intellectual Property and Competition Law, volume 28). Berlin: Springer, 2018, p.331-375.

MACHADO, Fernanda Garcia. Plataformas digitais. Repercussões em termos de condutas anticompetitivas discriminatórias. *In*: FRAZÃO, Ana; CARVALHO, Angelo Gamba Prata de (Coord.). **Empresa, mercado e tecnologia.** Belo Horizonte: Fórum, 2019, p.217-233.

MACHADO, Yasmin Aparecida Folha. Redes sociais e a publicidade médica: breve análise entre Brasil e Portugal. **Revista de Direito e Medicina** [recurso eletrônico], São Paulo, Thomson Reuters Brasil, n.5, p.1-14, jan./abr. 2020.

MAGATÃO, Karina da Silva; SOUZA, Maristela Denise Marques de. A responsabilidade civil das instituições financeiras na prevenção e tratamento do superendividamento do consumidor: análise da Lei 14.181/2021. *In:* MONTEIRO FILHO, Carlos Edison do Rêgo; MARTINS, Guilherme Magalhães; ROSENVALD, Nelson; DENSA, Roberta (Coords.). **Responsabilidade civil nas relações de consumo.** Indaiatuba, SP: Editora Foco, 2022, p.551-565.

MARANHÃO, Juliano; CAMPOS, Ricardo. Fake News e autoregulamentação regulada das redes sociais no Brasil: fundamentos constitucionais. *In:* ABBOUD, Georges; NERY JUNIOR, Nelson; CAMPOS, Ricardo (Orgs.). **Fake News e Regulação.** São Paulo: Thomson Reuters Brasil, 2018.

MARKERLY. **Instagram Marketing:** Does Influencer Size Matter? 2016. Available from: https://markerly.com/blog/instagram-marketing-does-influencer-size-matter/. Access on: Dec. 20, 2023.

MARQUES, Claudia Lima. **Confiança no comércio eletrônico e a proteção do consumidor:** um estudo dos negócios jurídicos de consumo no comércio eletrônico. São Paulo: Revista dos Tribunais, 2004.

MARQUES, Claudia Lima. Três tipos de diálogos entre o Código de Defesa do Consumidor e o Código Civil de 2002: superação das antinomias pelo diálogo de fontes. *In:* PASQUALOTTO, Adalberto; PFEIFFER, Roberto Augusto Castellanos (Coords.). **Código de Defesa do Consumidor e o Código Civil de 2002:** convergências e assimetrias. São Paulo: Revista dos Tribunais, 2005, p.11-82.

MARQUES, Claudia Lima. Consumo como igualdade e inclusão social: a necessidade de uma lei especial para prevenir e tratar o "superendividamento" dos consumidores pessoas físicas. **Revista Jurídica da Presidência,** Brasília, v.13, n.101, out. 2011/jan. 2012, p.405-424.

MARQUES, Claudia Lima. O "diálogo das fontes" como método da nova teoria geral do direito: um tributo à Erik Jayme. *In:* MARQUES, Claudia Lima. (Coord.). **Diálogo das fontes:** do conflito à coordenação de normas do direito brasileiro. São Paulo: Revista dos Tribunais, 2012, p.17-66.

MARQUES, Claudia Lima. A vulnerabilidade dos analfabetos e dos idosos na sociedade de consumo brasileira: primeiros estudos sobre a figura do assédio de consumo. *In:* MARQUES, Claudia Lima; GSELL, Beate (Orgs.). **Novas tendências do direito do consumidor:** rede Alemanha-Brasil de pesquisas em direito do consumidor. São Paulo: Revista dos Tribunais, 2015, p.46-87.

MARQUES, Claudia Lima. **Contratos no Código de Defesa do Consumidor.** 9.ed. São Paulo: Thomson Reuters Brasil, 2019.

MARQUES, Claudia Lima; BENJAMIN, Antônio Herman V.; MIRAGEM, Bruno. **Comentários ao Código de Defesa do Consumidor.** 6.ed. rev., atual. e ampl. São Paulo: Thomson Reuters Brasil, 2019.

MARQUES, Claudia Lima; CAVALLAZZI, Rosângela Lunardelli (Coords.). **Direitos do consumidor endividado:** superendividamento e crédito. São Paulo: Revista dos Tribunais, 2006.

MARQUES, Claudia Lima; FONSECA, Patrícia Galindo da. Consumer Protection in Brazil. MICKLITZ, Hans-W.; SAUMIER, Geneviève. (Eds.) **Enforcement end Effectiveness of Consumer Law.** Springer: New York, 2018.

MARQUES, Claudia Lima; LIMA, Clarissa Costa de; BERTONCELLO, Káren Rick Danilevicz. **Prevenção e tratamento do superendividamento.** Brasília: Departamento de Proteção e Defesa do Consumidor (DPDC)/Secretaria de Direito Econômico (SDE) - Ministério da Justiça, 2010. Disponível em: http://www.mpce.mp.br/wp-content/uploads/2019/09/CADERNO-PREVEN%C3%87%C3%83O-E-TRATAMENTO-DO-SUPERENDIVIDAMENTO.pdf. Acesso em: 20 dez. 2023.

MARQUES, Claudia Lima; MIRAGEM, Bruno. **O novo direito privado e a proteção dos vulneráveis.** 2.ed. rev., atual. e ampl. São Paulo: Revista dos Tribunais, 2014.

MARQUES, Claudia Lima; MIRAGEM, Bruno. "Serviços Simbióticos" do consumo digital e o PL 3.514/2015 de atualização do CDC: primeiras reflexões. *In:* MARQUES, Claudia Lima *et al.*. **Contratos de serviços em tempos digitais:** contribuição para uma nova teoria geral dos serviços e princípios de proteção dos consumidores. São Paulo: Thomson Reuters Brasil, 2021. [E-book].

MARQUES, Claudia Lima; MUCELIN, Guilherme. Mercado de consumo 'simbiótico' e proteção de dados dos consumidores. In: SARLET, Gabrielle Bezerra Sales; TRINDADE, Manoel Gustavo Neubarth; MELGARÉ, Plínio (Coords.). **Proteção de dados:** temas controvertidos. Indaiatuba, SP: Editora Foco, 2021. [E-book].

MARQUES, Maria Manuel Leitão *et al.*. (Coords.). **O endividamento dos consumidores.** Coimbra: Almedina, 2000.

MARQUES, Gil da Costa; CRESPO, Marcelo Xavier de Freitas. Um panorama sobre a sociedade da informação: o cloud computing e alguns aspectos jurídicos no ambiente digital. *In:* MENDES, Gilmar Ferreira; WOLFGANG SARLET, Ingo; COELHO, Alexandre Zavaglia P. (Coords.). **Direito, inovação e tecnologia**. v.1. São Paulo: Saraiva, 2015, p.123-138.

MARSH, Jackie. 'Unboxing' videos: co-construction of the child as cyberflâneur, **Discourse: Studies in the Cultural Politics of Education**, v.37, i.3, p.369-380, 2016. Available from: eprints.whiterose.ac.uk/94116/1/Unboxing.pdf. Access on: Dec. 20, 2023.

MARTINS, Ana Paula Borges. **Lives musicais:** aspectos jurídicos relacionados. *In:* MOSSE, Cassio Nogueira Garcia (Coord.); CARNEIRO, Tayná; FEIGELSON, Bruno (Orgs.). **Social Media Law:** o direito nas redes sociais. São Paulo: Thomson Reuters Brasil, 2021. [E-book].

MARTINS, Fernando Rodrigues; MARQUES, Claudia Lima. Deveres e responsabilidade no tratamento e na promoção do consumidor superendividado. *In:* MONTEIRO FILHO, Carlos Edison do Rêgo; MARTINS, Guilherme Magalhães; ROSENVALD, Nelson; DENSA, Roberta (Coords.). **Responsabilidade civil nas relações de consumo.** Indaiatuba, SP: Editora Foco, 2022, p.671-691.

MARTINS, Guilherme Magalhães. O geopricing e geoblocking e seus efeitos nas relações de consumo. *In:* FRAZÃO, Ana; MULHOLLAND, Caitlin (Coords.). **Inteligência Artificial e Direito:** ética, regulação e responsabilidade. 2.ed. rev., atual. e ampl. São Paulo: Thomson Reuters Brasil, 2020, p.651-668.

MARTINS, Guilherme Magalhães. **Responsabilidade civil por acidente de consumo na Internet.** 2.ed., rev., atual. e ampl. São Paulo: Thomson Reuters Brasil, 2020. [E-book].

MARTINS, Guilherme Magalhães; BASAN, Arthur Pinheiro. O marketing algorítmico e o direito de sossego na Internet. *In:* BARBOSA, Mafalda Miranda; BRAGA NETTO, Felipe Peixoto; SILVA, Michael César; FALEIROS JÚNIOR, José Luiz de Moura (Coords.). **Direito Digital e Inteligência Artificial:** Diálogos entre Brasil e Europa. Indaiatuba, SP: Editora Foco, 2021, p.339-362.

MARTINS, Guilherme Magalhães; FALEIROS JÚNIOR, José Luiz De Moura; BASAN, Arthur Pinheiro. A responsabilidade civil pela perturbação do sossego na Internet. **Revista de Direito do Consumidor**, São Paulo, Thomson Reuters Brasil, v.128, a.29, p.227-253, 2020.

MARTINS, Guilherme Magalhães; GUIMARÃES, João Alexandre Silva Alves. Direito ao Esquecimento como Resposta à Superexposição de Crianças e Adolescentes. *In:* TEIXEIRA, Ana Carolina Brochado; FALEIROS JÚNIOR, José Luiz de Moura; DENSA, Roberta (Coords.). **Infância, Adolescência e Tecnologia:** o estatuto da criança e do adolescente na sociedade da informação. Indaiatuba, SP: Editora Foco, 2022, p.421-443.

MARTINS, Guilherme Magalhães; LONGHI, João Victor Rozatti; FALEIROS JÚNIOR, José Luiz de Moura (Coords.). **Comentários à Lei Geral de Proteção de Dados Pessoais.** Indaiatuba, SP: Editora Foco, 2022.

MARTINS, Guilherme Magalhães; MUCELIN, Guilherme. Responsabilidades dos influenciadores digitais: influência online como comunicação mercadológica disciplinada pelo CDC. *In:* HACKEROTT, Nadia Andreotti Tüchumantel (Coord.). **Influenciadores digitais e seus desafios jurídicos.** São Paulo: Thomson Reuters Brasil, 2023, p.115-135.

MARTINS, Guilherme Magalhães; ROSENVALD, Nelson. Apresentação. *In:* MARTINS, Guilherme Magalhães; ROSENVALD, Nelson (Coords.). **Responsabilidade civil e novas tecnologias.** Indaiatuba, SP: Editora Foco, 2020.

MARTINS, Vanessa Brodt. **Consumidores e influenciadores digitais:** o caso das lives de cantores de música sertaneja alcoolicamente embaladas ao longo de 2020. Londrina, PR: Thoth, 2023.

MARTINS-COSTA, Judith. Reflexões sobre o princípio da função social dos contratos. **Revista Direito FGV**, v.1, n.1, p.41-66, 2005. Disponível em: http://bibliotecadigital.fgv.br/ojs/index.php/revdireitogv/article/view/35261. Acesso em: 20 dez. 2023.

MARTINS-COSTA, Judith. **A boa-fé no direito privado:** critérios para sua aplicação. 2.ed. São Paulo: Saraiva Educação, 2018.

MARTINS-COSTA, Judith; BRANCO, Gerson Luiz Carlos. **Diretrizes teóricas do novo Código Civil brasileiro.** São Paulo: Saraiva, 2002.

MARUM, Mariana Garcia Duarte. **O direito à privacidade ameaçado pelo sharenting:** podem os pais serem responsabilizados civilmente à luz do direito civil português? 2020. Tese de Doutorado. 2020. 139f. Tese (Doutorado em Direito) Universidade de Coimbra. Disponível em: https://eg.uc.pt/handle/10316/92768. Acesso em: 20 dez. 2023.

MASSO, Fabiano Del. **Direito do consumidor e publicidade clandestina:** uma análise jurídica da linguagem publicitária. Rio de Janeiro: Campus Jurídico, Elsevier, 2009.

MAZALI, Tatiana. From industry 4.0 to society 4.0, there and back. **AI & Society,** n.33, p.405-411, 2018. Available from: https://link.springer.com/content/pdf/10.1007/s00146-017-0792-6.pdf. Access on: Dec. 20, 2023.

MEDIA UPDATE. Marketing with pet influencers 101: A Q&A with Justin Kline. **Media Update.** 2021. Available from: https://www.mediaupdate.co.za/marketing/151156/marketing-with-pet-influencers-101-a-qa-with-justin-kline. Access on: Dec. 20, 2023.

MEIRELLES, Rose Melo Venceslau. O princípio do melhor interesse da criança. *In:* MORAES, Maria Celina Bodin de Moraes (Coord.). **Princípios do Direito Civil Contemporâneo.** Rio de Janeiro: Renovar, 2006, p.459-493.

MELLO, Heloísa Carpena Vieira de. Prevenção de riscos no controle da publicidade abusiva. **Revista de Direito do Consumidor**, São Paulo, Revista dos Tribunais, n.35, p.123-131, jul./set. 2000.

MELLO, Heloísa Carpena Vieira de. **O abuso de direito nos contratos de consumo.** Rio de Janeiro: Renovar, 2001.

MELLO, Heloísa Carpena Vieira de. O abuso de direito no Código Civil de 2002: relativização dos direitos na ótica civil-constitucional. *In:* TEPEDINO, Gustavo (Coord.) **A parte geral do novo código civil:** estudos na perspectiva civil-constitucional. 2.ed., rev. Rio de Janeiro: Renovar, 2003, p.377-396.

MELLO, Heloísa Carpena Vieira de. Contornos atuais do superendividamento. In: MARTINS, Guilherme Magalhães (Coord.). **Temas de direito do consumidor.** Rio de Janeiro: Lumen Juris, 2010, p.231-239.

MELLO, Heloísa Carpena Vieira de; CAVALLAZZI, Rosângela Lunardelli. Superendividamento: proposta para um estudo empírico e perspectiva de regulação. **Revista de Direito do Consumidor,** São Paulo, Revista dos Tribunais, a.14, n.55, p.173-201, jul./set., 2005.

MELO, Maytê Luanna Dias de; ROSA, Maria Nilza Barbosa; OLIVEIRA, Bernardina Maria Juvenal Freire de. Memória, informação e pós-verdade em tempos líquidos. **Revista ConCI, Convergências em Ciência da Informação,** v.3, n.1, p.25-42, 2020. Disponível em: https://seer.ufs.br/index.php/conci/issue/view/1030. Acesso em: 20 dez. 2023.

MENDES, Laura Schertel. **Privacidade, proteção de dados e defesa do consumidor:** linhas gerais de um novo direito fundamental. São Paulo: Saraiva, 2014.

MENDES, Laura Schertel. A vulnerabilidade do consumidor quanto ao tratamento de dados pessoais. *In:* MARQUES, Claudia Lima; GSELL, Beate (Orgs.). **Novas tendências do direito do consumidor:** rede Alemanha-Brasil de pesquisas em direito do consumidor. São Paulo: Revista dos Tribunais, 2015, p.182-203.

MENDES, Laura Schertel; MATTIUZZO, Marcela; FUJIMOTO, Mônica Tiemy. Discriminação algorítmica à luz da lei geral de proteção de dados. *In:* BIONI, Bruno *et al.* (Coords.). **Tratado de proteção de dados pessoais.** 2.ed. rev., ampl. e atual.. Rio de Janeiro: Forense, 2023, p.423-448.

MENDES, Pedro Manuel Pimenta. Fake news, enriquecimento ilícito e responsabilidade civil. *In:* BARBOSA, Mafalda Miranda; ROSENVALD, Nelson; MUNIZ, Francisco (Coords.). **Responsabilidade Civil e Comunicação:** IV jornadas luso-brasileiras de responsabilidade civil. Indaiatuba, SP: Editora Foco, 2021, p.351-371.

MENEZES, Joyceane Bezerra de; AMORIM, Ana Mônica Anselmo de. Os impactos do COVID-19 no direito de família e a fratura do diálogo e da empatia. **Civilistica.com,** Rio de Janeiro, v.9, n.1, p.1-38, 2020.

MENEZES, Joyceane Bezerra de; MORAES, Maria Celina Bodin de. Autoridade parental e privacidade do filho menor: o desafio de cuidar para emancipar. **Revista Novos Estudos Jurídicos,** v.20, n.2, p.501-532, 2015. Disponível em: https://www.researchgate.net/publication/281393318_AUTORIDADE_PARENTAL_E_PRIVACIDADE_DO_FILHO_MENOR_O_DESAFIO_DE_CUIDAR_PARA_EMANCIPAR. Acesso em: 20 dez. 2023.

MICHAELSEN, Frithjof *et al.*. **The impact of influencers on advertising and consumer protection in the single market.** Publication for the committee on Internal Market and Consumer Protection (IMCO), Policy Department for Economic, Scientific and Quality of Life Policies, European Parliament, Luxembourg, 2022. Available from: https://www.europarl.europa.eu/thinktank/en/document/IPOL_STU(2022)703350. Access on: Dec. 20, 2023.

MILAGRES, Marcelo de Oliveira. **Direito econômico dos contratos.** Rio de Janeiro: Impetus, 2006.

MILAGRES, Marcelo de Oliveira. A responsabilidade civil decorrente do uso de drones. *In:* MARTINS, Guilherme Magalhães; ROSENVALD, Nelson (Coords.). **Responsabilidade civil e novas tecnologias.** Indaiatuba, SP: Editora Foco, 2020, p.349-360.

MILDEMBERGER, Carolina Silva; PEREIRA, Paula Moura Francesconi de Lemos. Publicidade médica nas mídias sociais: proposta de um modelo contemporâneo no Brasil. *In:* KFOURI NETO, Miguel; NOGAROLI, Rafaella. (Coords). **Debates contemporâneos em Direito Médico e Saúde.** 2.ed. São Paulo: Thomson Reuters Brasil, 2022, p.487-521.

MIRAGEM, Bruno. **Abuso de direito:** proteção da confiança e limite ao exercício das prerrogativas jurídicas no direito privado. 2. ed. rev., atual. e ampl.. São Paulo: Revista dos Tribunais, 2013.

MIRAGEM, Bruno. A proteção da confiança no direito privado: notas sobre a contribuição de Claudia Lima Marques para a construção do conceito no direito brasileiro. **Revista de Direito do Consumidor,** São Paulo, Thomson Reuters Brasil, v.114, a.26, p.397-407, nov./dez. 2017. Disponível em: https://revistadedireitodoconsumidor.emnuvens.com.br/rdc/article/view/1083. Acesso em: 20 dez. 2023.

MIRAGEM, Bruno. **Curso de direito do consumidor.** 8.ed. rev., atual. e ampl.. São Paulo: Thomson Reuters Brasil, 2019.

MIRAGEM, Bruno. Novo paradigma tecnológico, mercado de consumo digital e o direito do consumidor. **Revista de Direito do Consumidor,** São Paulo, Thomson Reuters Brasil, a.28, v.125, p.17-62, set./out., 2019.

MIRAGEM, Bruno. A lei geral de proteção de dados (Lei 13.709/2018) e o direito do consumidor. *In:* MARTINS, Guilherme Magalhães; ROSENVALD, Nelson (Coords.). **Responsabilidade civil e novas tecnologias.** Indaiatuba, SP: Editora Foco, 2020, p.53-92.

MIRAGEM, Bruno. Discriminação injusta e o direito do consumidor. *In:* BENJAMIN, Antonio Herman; MARQUES, Claudia Lima; MIRAGEM, Bruno (Coords.). **O Direito do consumidor no mundo em transformação**. São Paulo: Thomson Reuters Brasil, 2020, p.203-230.

MIRAGEM, Bruno. Novo paradigma tecnológico, mercado de consumo e o direito do consumidor. *In:* MARTINS, Guilherme Magalhães; LONGHI, João Victor Rozatti (Coords.). **Direito digital:** direito privado e Internet. 4.ed. Indaiatuba, SP: Editora Foco, 2021, p.421-458.

MIRAGEM, Bruno. Princípio da vulnerabilidade: perspectiva atual e funções no direito do consumidor contemporâneo. *In*: MIRAGEM, Bruno; MARQUES, Claudia Lima; MAGALHÃES, Lucia Ancona Lopez de. (Orgs.). **Direito do Consumidor**: 30 anos do CDC. São Paulo: Forense, 2020, p.233-261.

MODENESI, Pedro. Privacy by design e código digital: a tecnologia a favor de direitos e valores fundamentais. *In:* FALEIROS JÚNIOR, José Luiz de Moura; LONGHI, João Victor Rozatti; GUGLIARA, Rodrigo (Coords.). **Proteção de Dados na Sociedade da Informação**: entre dados e danos. Indaiatuba, SP: Editora Foco, 2021, p.61-75.

MOREIRA, Diogo Rais Rodrigues; BARBOSA, Nathalia Sartarello. O reflexo da sociedade do hiperconsumo no instagram e a responsabilidade civil dos influenciadores. **Revista Direitos Culturais**, Santo Ângelo, v.13, n.30, p.73-88, maio/ago. 2018.

MOREIRA, Rodrigo Pereira; MEDEIROS, Jaquelaine Souza. Direito ao Esquecimento: entre a Sociedade da Informação e a Civilização do Espetáculo. **Revista de Direito Privado**, São Paulo, a.17, n.70, p.71-97, out. 2016.

MORGAN STANLEY. **Coogan Accounts**: Protecting Your Child Star's Earnings. 2022. Available from: https://www.morganstanley.com/articles/trust-account-for-child-performer#:~:text=Coogan%20Accounts%3A%20A%20Brief%20History&text=Known%20as%20the%20Coogan%20Act,accordance%20with%20strict%20investment%20guidelines. Access on: Dec. 20, 2023.

MORGAN, Susan. Fake News, disinformation, manipulation and online tactics to undermine democracy. **Journal of Cyber Policy,** v.3, n.1, p.39-43, 2018. Available from: https://www.tandfonline.com/doi/full/10.1080/23738871.2018.1462395. Access on: Dec. 20, 2023.

MORSELLO, Marco Fábio. A boa-fé objetiva e os direitos dos passageiros no transporte aéreo: novos paradigmas. *In:* ROSENVALD, Nelson; VALLE DRESCH, Rafael de Freitas; WESENDONCK, Tula (Coords.). **Responsabilidade civil:** novos riscos. Indaiatuba, SP: Editora Foco, 2019, p.177-197.

MOSSE, Cassio Nogueira Garcia. **Os contratos e as relações com os criadores de conteúdo digital:** uma necessidade em constante evolução. *In:* MOSSE, Cassio Nogueira Garcia (Coord.); CARNEIRO, Tayná; FEIGELSON, Bruno (Orgs.). **Social Media Law:** o direito nas redes sociais. São Paulo: Thomson Reuters Brasil, 2021. [E-book].

MOSSE, Cassio Nogueira Garcia; MACHADO, Dante Vinicius de Oliveira. A publicidade, o direito e as redes sociais. *In:* MOSSE, Cassio Nogueira Garcia (Coord.); CARNEIRO, Tayná; FEIGELSON, Bruno (Orgs.). **Social Media Law:** o direito nas redes sociais. São Paulo: Thomson Reuters Brasil, 2021. [E-book].

MOTTA, Bruna Seibert; BITTENCOURT, Maíra; VIANA, Pablo Moreno Fernandes. A influência de Youtubers no processo de decisão dos espectadores: uma análise no segmento de beleza, games e ideologia. **E-compos,** Brasília, v.17, n.3, p.1-25, set./dez. 2014.

MOURA, Ana Luiza; CARVALHO, Eric de. Youtubers Mirins: relações públicas, publicidade infantil e responsabilidade social. **Communicare:** Revista do Centro Interdisciplinar de Pesquisa, São Paulo, Faculdade Cásper Líbero, v.19, e.1, p.44-55, 2019. Disponível em: https://static.casperlibero.edu.br/uploads/sites/5/2020/12/comunicare191.pdf. Acesso em: 20 dez. 2023.

MUCELIN, Guilherme; DÁQUINO, Lucia Souza. O papel do direito do consumidor para o bem-estar da população brasileira e o enfrentamento à pandemia de Covid-19. **Revista de Direito do Consumidor,** São Paulo, Thomson Reuters Brasil, v.129, p.1-30, maio/jun. 2020

MUDGE, Amy Ralph. Native advertising, influencers, and endorsements: Where is the line between integrated content and deceptively formatted advertising? **Antitrust**, v.31, n.3, p.80-85, Summer, 2017. Available from: https://www.lexology.com/library/detail.aspx?g=602f96a4-365b-45a1-a4c6-76c183f12b20. Access on: Dec. 20, 2023.

MULHOLLAND, Caitlin Sampaio. **Internet e contratação:** panorama das relações contratuais eletrônicas de consumo. Rio de Janeiro: Renovar, 2006.

MULHOLLAND, Caitlin Sampaio. Mercado, pessoa humana e tecnologias: a Internet das coisas e a proteção do direito à privacidade. *In:* BRAGA NETTO, Felipe Peixoto; SILVA, Michael César (Orgs.). **Direito Privado e Contemporaneidade:** desafios e perspectivas do direito privado no século XXI: volume três. Indaiatuba, SP: Editora Foco, 2020, p.243-256.

NAÇÕES UNIDAS. **Relatório de economia criativa 2010:** economia criativa uma, opção de desenvolvimento. Brasília: Secretaria da Economia Criativa/Minc; São Paulo: Itaú Cultural, 2012.

NALIN, Paulo. **Do contrato:** conceito pós-moderno em busca de sua formulação na perspectiva civil-constitucional. 2.ed. Curitiba: Juruá, 2006.

NEGREIROS, Teresa. **Teoria do contrato:** novos paradigmas. 2.ed. Rio de Janeiro: Renovar, 2006.

NEW YORK, United States Bankruptcy Court Southern District Of New York. **Messer v Fyre Media Inc.**, Adv. Pro. No. 19-01340 (Bankry. S.D.N.Y., decided February 11, 2020). Plaintiff Messer is Chapter 7 Trustee of the Fyre Festival LLC bankruptcy estate (Case No. 17-11883). Available from: https://s.wsj.net/public/resources/documents/fyre_festival_trustee_lawsuit_kendall_jenner.pdf. Access on: Dec. 20, 2023.

NEVES, Marília. Lives corporativas reforçam agenda vazia de artistas com cachê igual ao de show normal. **G1.** 2020. Disponível em: https://g1.globo.com/pop-arte/lives/noticia/2020/05/26/lives-corporativas-reforcam-agenda-vazia-de-artistas-com-cache-igual-ao-de-show-normal.ghtml. Acesso em: 20 dez. 2023.

NEW YORK STATE. **Attorney General James announces groundbreaking settlement with sellers of fake followers and "likes" on social media.** Settlement is first in the country to find that selling fake followers and "likes" is illegal deception and that fake activity using stolen identities is illegal impersonation. 2019. Available from: https://ag.ny.gov/press-release/2019/attorney-general-james-announces-groundbreaking-settlement-sellers-fake-followers. Access on: Dec. 20, 2023.

NICAS, Jack; IONOVA, Ana. Brazil's Joe Rogan Faces His Own Firestorm Over Free Speech. **New York Times.** 2022. Available from: https://www.nytimes.com/2022/02/13/world/americas/brazil-aiub-monark-free-speech.html. Access on: Dec. 20, 2023.

NISHIYAMA, Adolfo Mamoru. **A proteção constitucional do consumidor.** 2.ed., rev., atual. e ampl. São Paulo: Atlas, 2010.

NISHIYAMA, Adolfo Mamoru; DENSA, Roberta. A Proteção dos Consumidores Hipervulneráveis: os portadores de deficiência, os idosos, as crianças e os adolescentes. **Revista de Direito do Consumidor,** São Paulo, Revista dos Tribunais, v.19, n.76, p.13-45, out./dez. 2010.

NOGAROLI, Rafaella. Breves reflexões sobre a pandemia do coronavírus (COVID-19) e alguns reflexos no direito médico e da saúde. **Revista dos Tribunais** [recurso eletrônico], São Paulo, Thomson Reuters Brasil, n.1015, maio 2020. Disponível em: https://www.thomsonreuters.com.br/content/dam/openweb/documents/pdf/Brazil/white-paper/covid-nagaroli.pdf. Acesso em: 20 dez. 2023.

NOGAROLI, Rafaella; FALEIROS JÚNIOR, José Luiz de Moura. Do consentimento informado ao processo de escolha esclarecida: uma resenha à obra "*Consentimento do paciente no direito médico*", de Flaviana Rampazzo Soares (Indaiatuba, SP: Editora Foco, 2021). **Revista IBERC,** Belo Horizonte, v.4, n.2, p.179-185, maio/ago. 2021. Disponível em: https://revistaiberc.emnuvens.com.br/iberc/article/view/177. Acesso em: 20 dez. 2023.

NORONHA, Fernando. **O direito dos contratos e seus princípios fundamentais:** autonomia privada, boa-fé e justiça contratual. São Paulo: Saraiva, 1994.

NOVAIS, Alinne Arquette Leite. Crédito consignado: uma necessária análise sobre oportunidades, abusos e superendividamento dos hipervulneráveis. *In:* ANDREASSA JUNIOR, Gilberto; OLIVEIRA, Andressa Jarletti Gonçalves de (Orgs.). **Novos estudos de direito bancário:** volume 2. Curitiba: Íthala, 2022, p.49-67.

NOVAIS, Maria Elisa Cesar. Aspectos do superendividamento do consumidor na sociedade de risco. In: ANCONA LOPEZ, Teresa; LEMOS, Patrícia Faga Iglecias; RODRIGUES JÚNIOR, Otávio Luiz (Coords.). **Sociedade de risco e direito privado:** desafios normativos, consumeristas e ambientais. São Paulo, SP: Atlas, 2013, p.579-597.

NOVELLI, José Gaspar Nayme. **Confiança Interpessoal na sociedade de Consumo:** a Perspectiva Gerencial. 2004. 242f. Tese (Doutorado em Administração) – Faculdade de Economia, Administração e Contabilidade. Universidade de São Paulo. São Paulo, São Paulo.

ODY, Lisiane Feiten Wingert; D'AQUINO, Lúcia Souza. A responsabilidade dos influencers: uma análise a partir do Fyre Festival, a maior festa que jamais aconteceu. **Civilística.com.** Rio de Janeiro, a.10, n.3, p.1-18, 2021.

OLIVARES, Yolanda Aguilar. **Las prácticas agresivas desleales en el mercado y la tutela del consumidor.** 2019. 356 f. Tese (Doctorado en Derecho y Ciencias Sociales) – Escuela Internacional de Doctorado. EIDUNED. Madrid. Disponible en: http://e-spacio.uned.es/fez/eserv/tesisuned:ED-Pg-DeryCSoc-Yaguilar/AGUILAR_OLIVARES__Yolanda_Tesis.pdf. Acceso en: 20 dec. 2023.

OLIVEIRA, Amanda Flávio de; CARVALHO, Diógenes Faria de. Vulnerabilidade comportamental do consumidor: por que é preciso proteger a pessoa superendividada? *In:* MIRAGEM, Bruno; MARQUES, Claudia Lima; OLIVEIRA, Amanda Flávio de (Coords.). **25 anos do Código de Defesa do Consumidor:** trajetória e perspectivas. São Paulo: Revista dos Tribunais, 2016, p.527-547.

OLIVEIRA, Júlio Moraes. A publicidade infantil realizada pelos youtubers mirins. *In:* OLIVEIRA, Júlio Moraes (Org.). **Direito do Consumidor Contemporâneo.** Belo Horizonte: Editora D' Placido, 2019, p.109-132.

OLIVEIRA, Júlio Moraes. **Consumidor Empresário:** a defesa do finalismo mitigado. 2.ed. Belo Horizonte: Editora D' Placido, 2022.

OLIVEIRA, Júlio Moraes. **Curso de direito do consumidor completo.** 8.ed. Belo Horizonte: Editora D' Placido, 2022.

OLIVEIRA, Luccas. Lives de 2020 são dominadas por brasileiros, com sete das 10 maiores audiências do mundo. **O Globo.** 2020. Disponível em: https://oglobo.globo.com/cultura/lives-de-2020-sao-dominadas-por-brasileiros-com-sete-das-10-maiores-audiencias-no-mundo-24430222. Acesso em: 20 dez. 2023.

OLIVEIRA, Mariana; BARBOSA, Renata; SOUSA, Alexandre. The Use of Influencers in Social Media Marketing. *In:* ROCHA, Álvaro; REIS, José Luís; PETER, Marc K.; BOGDANOVIĆ, Zorica (Eds.). **Marketing and Smart Technologies:** Smart Innovation, Systems and Technologies. Springer, Singapore. v.167, 2019, p.112-124. Available from: https://link.springer.com/chapter/10.1007/978-981-15-1564-4_12. Access on: Dec. 20, 2023.

ONU. Organização das nações unidas. **Convenção das Nações Unidas sobre os Direitos da Criança.** 1989. Disponível em: https://www.unicef.org/brazil/pt/resources_10120.html. Acesso em: 20 dez. 2023.

ONU. Organização das nações unidas. **Estudo da ONU revela que mundo tem abismo digital de gênero**. 2019. Disponível em: https://news.un.org/pt/story/2019/11/1693711. Acesso em: 20 dez. 2023.

OTIS, Cindy L. **True or false:** a CIA analyst's guide to spotting fake news. New York: Feiwel & Friends, 2020. [E-book].

OXFORD DICTIONARY. **Word of the Year 2016.** 2016. Available from: https://www.oxforddictionaries.com/press/news/2016/12/11/WOTY-16 Access on: Dec. 20, 2023.

PARAÍBA. Poder Judiciário da Paraíba. Procedimento Comum Cível 0816012-44.2021.8.15.2001. 14ª Vara Cível da Capital. Juiz: Marcos Aurelio Pereira Jatobá Filho. julg. 14 nov. 2022. **Diário da Justiça Eletrônico,**

João Pessoa, publ. 14 nov. 2022. Disponível em: https://consultapublica.tjpb.jus.br/pje/ConsultaPublica/DetalheProcessoConsultaPublica/listView.seam?ca=4be61371c666058d9c18f01da64b126bb888142ed0c49521. Acesso em: 20 dez. 2023.

PARANÁ. Tribunal de Justiça. Recurso Inominado Cível nº 0031564-51.2019.8.16.0182. 5ª Turma Recursal dos Juizados Especiais. 11º Juizado Especial Cível de Curitiba. Relator: Juíza Manuela Tallão Benke, julg. 08. abr. 2021. **Diário da Justiça Eletrônico,** Curitiba, publ. 14 abr. 2021. Disponível em: https://portal.tjpr.jus.br/jurisprudencia/j/2100000015106711/Ac%C3%B3rd%C3%A3o-0031564-51.2019.8.16.0182. Acesso em: 20 dez. 2023.

PARLIAMENT OF INDIA. **Consumer Protection Act.** 1986. Available from: https://www.indiacode.nic.in/handle/123456789/1868?sam_handle=123456789/1362. Access on: Dec. 20, 2023.

PARLIAMENT OF INDIA. **Consumer Protection Act.** 2019. Available from: https://www.indiacode.nic.in/handle/123456789/15256?sam_handle=123456789/1362. Access on: Dec. 20, 2023.

PASQUALE, Frank. **The Black Box Society:** the secret algorithms that control money and information. Cambridge: Harvard University Press, 2015.

PASQUALOTTO, Adalberto. **Os efeitos obrigacionais da publicidade:** no Código de Defesa do Consumidor. São Paulo: Revista dos Tribunais, 1997.

PASQUALOTTO, Adalberto. Direito e publicidade em ritmo de descompasso. *In:* MARQUES, Claudia Lima; GSELL, Beate (Orgs.). **Novas tendências do direito do consumidor:** rede Alemanha-Brasil de pesquisas em direito do consumidor. São Paulo: Revista dos Tribunais, 2015, p.221-246.

PASQUALOTTO, Adalberto. Autorregulamentação da publicidade: um estudo de modelos europeus e norte-americano. **Revista de Direito do Consumidor,** São Paulo, Revista dos Tribunais, v.112, a.26, p.115-148, 2017.

PASQUALOTTO, Adalberto; BRITO, Dante Ponte de. Regime jurídico da publicidade nas redes sociais e a proteção do consumidor. **Revista FIDES**, v.11, n.1, p.40-64, 2020.

PEREIRA, Caio Mário da Silva. **Responsabilidade Civil.** 13.ed. rev., atual. e ampl. Atualizador Gustavo Tepedino. Rio de Janeiro: Forense, 2022.

PEREIRA, Paula Moura Francesconi de Lemos; MILDEMBERGER, Carolina Silva. Publicidade médica em tempos de pandemia do novo coronavírus. **Revista dos Tribunais**, São Paulo, Thomson Reuters Brasil, v.109, n.1017, p.385-391, jul. 2020.

PEREIRA, Rubens de Lyra; NASCIMENTO, Verônica Batista. Notícias falsas e pós-verdade. *In:* BEZERRA, Clayton da Silva; AGNOLETTO, Giovani Celso (Orgs.). **Combate às fake news.** São Paulo: Posteridade, 2019, p.25-40.

PERON, Maxime. Consumer Law Facing the Advent of the Child E-Consumer. *In:* WEI, Dan; NEHF, James P.; MARQUES, Claudia Lima (Eds.). **Innovation and the Transformation of Consumer Law:** National and International Perspectives. Singapore: Springer, 2020, p.127-140.

PFEIFFER, Roberto Augusto Castellanos. **Defesa da concorrência e bem-estar do consumidor.** São Paulo: Revista dos Tribunais, 2015.

PINHEIRO, Patrícia Peck Garrido; NASCIMENTO, Camila Bruna do. Direito de imagem e proteção de dados pessoais dos influenciadores digitais. *In:* HACKEROTT, Nadia Andreotti Tüchumantel (Coord.). **Influenciadores digitais e seus desafios jurídicos.** São Paulo: Thomson Reuters Brasil, 2023, p.73-88.

PINHEIRO, Rosalice Fidalgo. **O abuso do direito e as relações contratuais.** Rio de Janeiro: Renovar, 2002.

PINHEIRO, Rosalice Fidalgo. **Princípio da boa-fé nos contratos:** percurso teórico e sua recepção no direito brasileiro. Curitiba: Juruá, 2015.

PINTO, Felipe Chiarello de Souza; SOUZA JUNIOR, Arthur Bezerra de. Limites da liberdade de expressão no espaço virtual: a questão fake News. *In:* LÓSSIO, Claudio Joel Brito; NASCIMENTO, Luciano; TREMEL, Rosangela (Coords.). **Cibernética Jurídica:** estudos sobre direito digital. Campina Grande: Eduepb, 2020, p.142-154.

POLÍCIA CIVIL DO PARANÁ. PCPR indicia youtuber por disseminar fake news na Internet. **Polícia Civil do Paraná.** 2020. Disponível em: https://www.policiacivil.pr.gov.br/Agencia-de-Noticias/Noticia/PCPR-indicia-youtuber-por-disseminar-fake-news-na-Internet. Acesso em: 20 dez. 2023.

POLSKA. **Ustawa z dnia 29 grudnia 1992 r. o radiofonii i telewizji.** Dostępne w: https://lexlege.pl/ustawa-o-radiofonii-i-telewizji/. Dostęp pod adresem: 20 gru. 2023.

POLSKA. **Ustawa z dnia 16 kwietnia 1993 r. o zwalczaniu nieuczciwej konkurencji.** Dostępne w: https://sip.lex.pl/akty-prawne/dzu-dziennik-ustaw/zwalczanie-nieuczciwej-konkurencji-16795259. Dostęp pod adresem: 20 gru. 2023.

POLSKA. **Ustawa z dnia 23 sierpnia 2007 r. o przeciwdziałaniu nieuczciwym praktykom rynkowym.** Dostępne w: https://sip.lex.pl/akty-prawne/dzu-dziennik-ustaw/przeciwdzialanie-nieuczciwym-praktykom-rynkowym-17379633. Dostęp pod adresem: 20 gru. 2023.

POMPEU, Gina Vidal Marcílio; POMPEU, Inês Mota Randal. Liberdade de expressão e informação em face dos direitos da personalidade: análise com base na ADI 4.815. *In:* TEPEDINO, Gustavo; MENEZES, Joyceane Bezerra de (Coords.). **Autonomia Privada, Liberdade Existencial e Direitos fundamentais.** Belo Horizonte: Fórum, 2019, p.269-283.

SPLASH UOL. Por que Virginia Fonseca é processada após parceria com marca de óculos? **Splash UOL.** 2023. Disponível em: https://www.uol.com.br/splash/noticias/2023/07/13/virginia-fonseca-marca-de-oculos-processos.htm?cmpid=copiaecola. Acesso em: 20 dez. 2023.

PORTO, Renato. Pequenos navegantes: a influência da mídia nos hábitos de consumo do público infanto-juvenil. *In:* MARTINS, Guilherme Magalhães; LONGHI, João Victor Rozatti (Coords.). **Direito Digital:** direito privado e Internet. 4.ed. Indaiatuba, SP: Editora Foco, 2021, p.619-628.

PORTUGAL. **Constituição da República Portuguesa.** Decreto de 10 de abril de 1976. Disponível em: https://www.pgdlisboa.pt/leis/lei_mostra_articulado.php?nid=4&tabela=leis. Acesso em: 20 dez. 2023.

PORTUGAL. **Código da Publicidade.** Decreto-Lei 330/90. Disponível em: https://dre.pt/web/guest/legislacao-consolidada/-/lc/122033593/202103101731/73697759/diploma/indice. Acesso em: 20 dez. 2023.

PRADO, Carol. Caso Pugliesi escancara crise dos influenciadores, que foram do fascínio à rejeição na pandemia. **G1.** 2020. Disponível em: https://g1.globo.com/pop-arte/noticia/2020/05/05/caso-pugliesi-escancara-crise-dos-influenciadores-que-foram-do-fascinio-a-rejeicao-na-pandemia.ghtml. Ac Acesso em: 20 dez. 2023.

PRATES, Cristina Cantú. **Publicidade na internet:** consequências jurídicas. Curitiba: Juruá, 2015.

PROJETO CRIANÇA E CONSUMO. **A Constitucionalidade da Restrição da Publicidade de Alimentos e de Bebidas Não Alcoólicas voltada ao Público Infantil.** Parecer do Professor Virgílio Afonso da Silva. São Paulo: Instituto Alana, 2012, p.30-31. Disponível em: http://criancaeconsumo.org.br/wp-content/uploads/2014/02/Parecer_Virgilio_Afonso_6_7_12.pdf. Acesso em: 20 dez. 2023.

PRUX, Oscar Ivan; PIAI, Kevin Henrique de Sousa. Opacidade algorítmica e o credit scoring no mercado de consumo. **Revista de direito do consumidor,** São Paulo, Thomson Reuters Brasil, v.29, n.132, p.143-165, nov./dez. 2020.

QUINELATO, João. Liberdade, verdade e fake news: mecanismos para o ressarcimento de danos. In: EHRHARDT JÚNIOR, Marcos; CATALAN, Marcos; MALHEIROS, Pablo (Coords.). **Direito Civil e Tecnologia:** tomo I. Belo Horizonte: Fórum, 2021, p.479-501.

QUINELATO, Pietra Daneluzzi. Uma perspectiva da moda no tempo e no surgimento do fashion law. *In:* DOMINGUES, Juliana Oliveira (Coord.). **Fashion Law:** O Direito está na moda. São Paulo: Editora Singular, 2020. [E-book].

QUINELATO, Pietra Daneluzzi. Publicidade comportamental: há livre-arbítrio no consumo do século XXI? **Magis:** Portal Jurídico. 2021. Disponível em: https://magis.agej.com.br/publicidade-comportamental-ha-livre-arbitrio-no-consumo-do-seculo-xxi/. Acesso em: 20 dez. 2023.

RALSTON, Amy. **Influencer Marketing Rules – CMA enforces consumer protection law.** 2022. Available from: https://www.stephens-scown.co.uk/intellectual-property-2/influencer-marketing-rules-cma-enforces-consumer-protection-law/#:~:text=What%20is%20the%20CPR%202008,creators)%20when%20dealing%20with%20consumers. Access on: Dec. 20, 2023.

RAMOS, André Luiz Arnt. Sharenting: Notas sobre liberdade de expressão, autoridade parental, privacidade e melhor interesse de crianças e adolescentes. *In:* EHRHARDT JÚNIOR, Marcos; LOBO, Fabíola Albuquerque; ANDRADE, Gustavo (Coords.). **Liberdade de Expressão e Relações Privadas.** Belo Horizonte: Fórum, 2021, p.363-378.

RAMOS, Pedro Henrique. **Direito e mídia digital:** melhores práticas. Belo Horizonte: Dialética, 2021. [E-book]

RAMOS, Pedro Henrique; ANDRADE, Andressa Bizutti; VALENTE, Luiz Guilherme Veiga. Contratos de influenciadores digitais: aspectos teóricos e práticos. *In:* HACKEROTT, Nadia Andreotti Tüchumantel (Coord.). **Influenciadores digitais e seus desafios jurídicos.** São Paulo: Thomson Reuters Brasil, 2023, p.99-113.

RAMOS-SERRANO, Marina; HERRERO-DIZ, Paula. Unboxing and brands: youtubers phenomenon through the case study of EvanTubeHD. **Prisma Social – Revista de Ciencias Sociales,** n.1, p.90-120, 2016. Available from: https://idus.us.es/bitstream/handle/11441/41670/4_nespecial_unboxing-brands_90-120.pdf?sequence=1&isAllowed=y. Access on: Dec. 20, 2023.

RANCHORDÁS, Sofia. Peers or Professionals? **European Competition and Regulatory Law Review,** v.1, i.4, 2017, p.320-333.

RAPOSO, João Francisco. Prossumo e o poder do usuário. *In:* SAAD, Elizabeth; SILVEIRA, Stefanie C. (Orgs.). **Tendências em comunicação digital.** São Paulo: ECA/USP, 2016, p.116-135. Disponível em: http://www.livrosabertos.sibi.usp.br/portaldelivrosUSP/catalog/download/87/75/365-1?inline=1. Acesso em: 20 dez. 2023.

RECLAME AQUI. **By IK.** 2023. Disponível em: https://www.reclameaqui.com.br/empresa/by-ik/. Acesso em: 20 dez. 2023.

RECUERO, Raquel. **Redes sociais na Internet.** Porto Alegre: Sulina, 2009.

RETONDAR, Anderson Moebus. M. **Sociedade de consumo, modernidade e globalização.** São Paulo: Annablume; Campina Grande: EDUFCG, 2007.

REVISTA CARAS. Perfil de Maria Alice se torna o segundo com mais engajamento no Instagram. **Revista Caras.** 2021. Disponível em: https://caras.uol.com.br/bebe/perfil-de-maria-alice-se-torna-o-segundo-com-mais-engajamento-no-instagram.phtml. Acesso em: 20 dez. 2023.

RIO DE JANEIRO. Tribunal de Justiça. Procedimento do Juizado Especial Cível n.º 0019543-02.2019.8.19.0007. Juizado Especial Cível. Relator: Juiz Leigo Rafael da Silveira Thomaz. julg. 31 mar. 2020. **Diário da Justiça Eletrônico,** Barra Mansa, publ. 05 maio 2020. Disponível em: https://www3.tjrj.jus.br/consultaprocessual/#/consultapublica?numProcessoCNJ=0019543-02.2019.8.19.0007. Acesso em: 20 dez. 2023.

ROBINSON, Ben. Towards an Ontology and Ethics of Virtual Influencers. **Australasian Journal of Information Systems,** v.24, p.1-8, 2020. Available from: https://journal.acs.org.au/index.php/ajis/article/view/2807/989. Access on: Dec. 20, 2023.

RODOTÁ, Stefano. **Intervista su privacy e libertà.** Roma-Bari: Laterza, 2005.

RODOVALHO, Thiago. **Abuso de direito e direitos subjetivos.** São Paulo: Revista dos Tribunais, 2011.

RODRIGO-MARTÍN, Luis; RODRIGO-MARTÍN, Isabel; MUÑOZ-SASTRE, Daniel. Los Influencers Virtuales como herramienta publicitaria en la promoción de marcas y productos. Estudio de la actividad comercial de Lil Miquela. **Revista Latina de Comunicación Social,** n.79, p.69-90, 2021. Disponible en: http://nuevaepoca.revistalatinacs.org/index.php/revista/article/view/1540/3407. Acceso en: 20 dec. 2023.

RODRIGUES, Rodrigo. Para evitar 'efeito Pugliesi', edifícios de SP proíbem visitas, corretores e festas privadas em apartamentos na quarentena. **G1.** 2020. Disponível em: https://g1.globo.com/sp/sao-paulo/noticia/2020/05/01/para-evitar-efeito-pugliesi-edificios-de-sp-proibem-visitas-corretores-e-festas-privadas-em-apartamentos-durante-quarentena.ghtml. Acesso em: 20 dez. 2023.

RODRÍGUEZ CORZO, Cristina. **¿Engaño al consumidor?:** nuevas formas de publicidad en la era digital y sus retos regulatorios en Colombia. 2018. Tesis de Maestria. 2018. 47f. Tesis (Maestría en Derecho Privado) Facultad de Derecho, Universidad de los Andes, 2018. Disponible en: https://repositorio.uniandes.edu.co/handle/1992/34954?show=full. Acceso en: 20 dec. 2023.

ROMEIRO, Dandara Araruna; MASCARENHAS, Igor de Lucena; GODINHO, Adriano Marteleto. Descumprimento da ética médica em publicidade: impactos na responsabilidade civil. **Revista Bioética,** Conselho Federal de Medicina, v.30, n.1, p.27-35, 2022.

ROSA, Conrado Paulino da; PAULO, Lucas Moreschi; BURILLE, Cíntia. (Over)Sharenting: entre a hipervulnerabilidade e a expansão dos influenciadores digitais mirins. **Revista Pensar,** Fortaleza, v.28, n.2, p.1-10, abr./jun. 2023. Disponível em: https://ojs.unifor.br/rpen/article/view/14373/7101. Acesso em: 15, abr. 2023.

ROSA, Luiz Carlos Goiabeira; FALEIROS JUNIOR, José Luiz de Moura; VERSIANI, Rodrigo Luiz da Silva. A proteção do consumidor diante das práticas publicitárias abusivas do comércio eletrônico. **Revista da Faculdade Mineira de Direito,** v.23, n.45, p.235-255, 2020.

ROSENVALD, Nelson. **Dignidade humana e boa-fé no Código Civil.** São Paulo: Saraiva, 2005.

ROSENVALD, Nelson. **As funções da responsabilidade civil:** a reparação e a pena civil. 3.ed. São Paulo: Saraiva, 2017.

ROSENVALD, Nelson. **O direito civil em movimento:** desafios contemporâneos. 2.ed. Salvador: JusPodivm, 2018.

ROSENVALD, Nelson. As fronteiras entre a restituição do lucro ilícito e o enriquecimento por intromissão. In: BARBOSA, Mafalda Miranda. MUNIZ, Francisco. ROSENVALD, Nelson (Coords.). **Desafios da nova Responsabilidade Civil.** São Paulo: Editora JusPodivm, 2019. p. 313-314.

ROSENVALD, Nelson. **A responsabilidade civil pelo ilícito lucrativo:** o disgorgement e a indenização restitutória. 2.ed. rev., atual. e ampl.. Salvador: JusPodivm, 2022.

ROSENVALD, Nelson; BRAGA NETTO, Felipe Peixoto. **Responsabilidade Civil:** Teoria Geral. Indaiatuba, SP: Editora Foco, 2024.

ROSENVALD, Nelson; FALEIROS JÚNIOR, José Luiz de Moura. Vulnerabilidade digital e responsabilidade. *In*: BARLETTA, Fabiana Rodrigues; ALMEIDA, Vitor (Coords.). **Vulnerabilidades e Suas Dimensões Jurídicas**. Indaiatuba, SP: Editora Foco, 2023. [E-book].

ROSENVALD, Nelson; KUPERMAN, Bernard Korman. Restituição de ganhos ilícitos: há espaço no Brasil para o disgorgement? **Revista Fórum de Direito Civil,** Belo Horizonte, ano 6, n.14, p.11-31, jan./abr. 2017.

ROSINA, Mônica Steffen Guise; CURY, Maria Fernanda. (Orgs.). **Fashion law:** direito da moda no Brasil. São Paulo: Thomson Reuters Brasil, 2018.

ROSSATO, Luciana Alves; LÉPORE, Paulo Eduardo; CUNHA, Rogério Sanches. **Estatuto da Criança Comentado.** São Paulo: Revista dos Tribunais, 2010.

RÜDGER, Francisco. **Cibercultura e pós-humanismo.** Porto Alegre: EDIPUCRS, 2008.

SÁ, Fernando Augusto Cunha de. **Abuso do direito.** Reimpressão da Edição de 1973. Coimbra: Almedina, 1997.

SACCHITIELLO, Bárbara. Por que as pessoas seguem os influenciadores? **Meio e Mensagem.** 2019. Disponível em: https://www.meioemensagem.com.br/home/midia/2019/12/19/redes-sociais-por-que-as-pessoas-seguem-as-outras.html. Acesso em: 20 dez. 2023.

SĄD NAJWYŻSZY. Sygn. akt V CSK 83/05. Izba Cywilna Wydział V. wyrok. 26 Sty. 2006. **System Analizy Orzeczeń Sądowych.** Warszawa, 26 Sty. 2006. Dostępne w: https://www.saos.org.pl/judgments/163982. Dostęp pod adresem: 20 gru. 2023.

SAMPAIO, Marília de Ávila e Silva; MIRANDA, Thainá Bezerra. A responsabilidade civil dos influenciadores digitais diante do Código de Defesa do Consumidor. **Revista de Direito do Consumidor,** São Paulo, Thomson Reuters Brasil, v.133, p.175-204, 2021.

SANTA CATARINA. Tribunal de Justiça do Estado de Santa Catarina. Apelação Cível nº 5012580-79.2020.8.24.0018. 6ª Câmara de Direito Civil. Relator: Des. Marcos Fey Probst. julg. 11 jul. 2023. **Diário da Justiça Eletrônico,** Florianópolis, publ. 11 jul. 2023. Disponível em: https://eprocwebcon.tjsc.jus.br/consulta2g/externo_controlador.php?acao=processo_seleciona_publica&acao_origem=processo_consulta_publica&acao_retorno=processo_consulta_publica&num_processo=50125807920208240018&num_chave=&num_chave_documento=&hash=e0eafd294ea4d7353ce4cefdc6360e43. Acesso em: 25 jul. 2023.

SANTAELLA, Lucia. O paradigma do sensível na comunicação. **Revista Comunicação Midiática**, v.11, n.1, p. 17-28, 2016.

SANTOS, Karen de Paula. Novas práticas publicitárias em uma sociedade midiatizada: uma análise do publieditorial como um formato de "publicidade oculta". **Anais de Artigos do Seminário Internacional de Pesquisas em Midiatização e Processos Sociais,** v.1, n.3, ago. 2019. Disponível em: http://midiaticom.org/anais/index.php/seminario-midiatizacao-artigos/article/view/243. Acesso em: 20 dez. 2023.

SANTOS, Romualdo Baptista dos. O dano social no estágio atual da responsabilidade civil. **Revista de Direito da Responsabilidade,** a.2, p.676-697, 2020. Disponível em: https://revistadireitoresponsabilidade.pt/2020/o-dano-social-no-estagio-atual-da-responsabilidade-civil-romualdo-baptista-dos-santos/. Acesso em: 20 dez. 2023.

SANTOS, Romualdo Baptista dos. Responsabilidade civil por dano social na pandemia da covid-19. **Migalhas.** 2020. Disponível em: https://www.migalhas.com.br/coluna/migalhas-de-responsabilidade-civil/334424/responsabilidade-civil-por-dano-social-na-pandemia-da-covid-19. Acesso em: 20 dez. 2023.

SÃO PAULO. Tribunal de Justiça. Apelação Cível n. 1096550-70.2019.8.26.0100, 3ª Câmara de Direito Privado. Relator: Des. Donegá Morandini. julg. 06 out. 2020. **Diário da Justiça Eletrônico,** São Paulo, publ. 07 out. 2020. Disponível em: https://esaj.tjsp.jus.br/cjsg/getArquivo.do?cdAcordao=14039305&cdForo=0. Acesso em: 20 dez. 2023.

SÃO PAULO. Tribunal de Justiça. Apelação Cível nº 1000596-02.2021.8.26.0011. 32ª Câmara de Direito Privado. Relator Des. Kioitsi Chicuta. **Diário da Justiça Eletrônico,** São Paulo, julg. 21 set. 2021, publ. 23 set. 2021. Disponível em: https://esaj.tjsp.jus.br/pastadigital/abrirDocumentoEdt.do?origemDocumento=M&nuProcesso=1000596-02.2021.8.26.0011&cdProcesso=RI006GYD80000&cdForo=9

90&tpOrigem=2&flOrigem= S&nmAlias=SG5TJ&instancia Processo=SG&cdServico=190201&ticket=qGMmVKZGIcOxLeEcjaB5R4rMHyeTp53dH3y5AiFyBRINrSXJvpk16dTa3WS64xI3dacXuK3p3S%2F9kyZ BiK7yWWeajKUpAor3L0cCehwjB2Hxj0vkLM5%2Fiwsr94sTKGet4HqdsJFbvF6c%2Fz840IKN1e2mpLXNRq85KXUmsaUMkcxC6zCIZBDRnR7B4yTISqAlmB%2B8yHprZ0PFyHyT1rONEuESMeMmcWIvvPqY9F8NOv4CAEkVcfFsiL2%2BDuAVmRk1jbKe8zdlq7jLyNrqKfsLq4GbLT3rlaqc8lNa5WhMy1JBvACmYkAQTuOjekbslOithU582D9Vr0oWlN9e5Vuc9KNk6bqx6iLwCF5dUe%2B%2Bt XBNfaw9TmLZRPLCdjvCHDYR4qOCc3ZGMGF6zV1wAG6tt67lz7iCZcGrTxGxFy%2BWHLzgdJ1zeZjDvXqcmFjNKCJa. Acesso em: 20 dez. 2023.

SÃO PAULO. Tribunal de Justiça. Apelação Cível n. 1095057-92.2018.8.26.0100. 3ª Câmara de Direito Privado. 18ª Vara Cível. Relatora: Viviani Nicolau. 09 mar. 2022. **Diário da Justiça Eletrônico,** São Paulo, 23 mar. 2022. Disponível em: https://esaj.tjsp.jus.br/cposg/search.do;jsessionid=316F073DE03B29EDE1579A43E6986EA0.cposg5?conversationId=&paginaConsulta=0&cbPesquisa=NUMPROC&numeroDigitoAnoUnificado=1095057-92.2018&foroNumeroUnificado=0100&dePesquisaNuUnificado=1095057-92.2018.8.26.0100&dePesquisaNuUnificado=UNIFICADO&dePesquisa=&tipoNuProcesso=UNIFICADO. Acesso em: 20 dez. 2023.

SÃO PAULO. Tribunal de Justiça. Apelação Cível nº 1014594-28.2019.8.26.0554. 8ª Câmara de Direito Privado. 1ª Vara Cível. Foro de Santo André. Relatora: Salles Rossi. julg. 27 jan. 2022. **Diário da Justiça Eletrônico,** São Paulo, 28 de janeiro de 2022. Disponível em: https://esaj.tjsp.jus.br/cposg/search.do;jsessionid=892C7855A1E35784FB4B0E29F1332943.cposg1?conversationId=&paginaConsulta=0&cbPesquisa=NUMPROC&numeroDigitoAnoUnificado=1014594-28.2019&foroNumeroUnificado=0554&dePesquisaNuUnificado=1014594-28.2019.8.26.0554&dePesquisaNuUnificado=UNIFICADO&dePesquisa=&tipoNuProcesso=UNIFICADO. Acesso em: 20 dez. 2023.

SÃO PAULO. Tribunal de Justiça. Procedimento Comum Cível 1022293-75.2022.8.26.0001. 7ª Vara Cível. Foro Regional I - Santana. Juiz: José Carlos de França Carvalho Neto. julg. 20 abr. 2023. **Diário da Justiça Eletrônico,** Santana, publ. 20 abr. 2023. Disponível em: https://esaj.tjsp.jus.br/cpopg/show.do?processo.codigo=01001PLI60000&processo.foro=1&conversationId=&cbPesquisa=NMPARTE&dadosConsulta.valorConsulta=Marcos+KI+SUK+LEE&cdForo=-1&paginaConsulta=1. Acesso em: 20 dez. 2023.

SARLET, Gabrielle Bezerra Sales. Notas sobre a identidade e o problema da herança digital: uma análise jurídica acerca dos limites da proteção póstuma dos direitos da personalidade na internet no ordenamento jurídico brasileiro. **Revista de Direito Civil Contemporâneo,** São Paulo, Thomson Reuters Brasil, a.5, v.17, p.33-59, out./dez., 2018.

SARLET, Ingo Wolfgang. Fundamentos constitucionais: o direito fundamental à proteção de dados. *In:* BIONI, Bruno *et al.* (Coords.). **Tratado de proteção de dados pessoais.** 2.ed. rev., ampl. e atual.. Rio de Janeiro: Forense, 2023, p.21-59.

SCHMIDT, André Perin Neto. Superendividamento do consumidor: conceito, pressupostos e classificação. **Revista de Direito do Consumidor**, São Paulo, Revista dos Tribunais, a.18, n.71, p.9-33, jul./set. 2009.

SCHMIDT, João Pedro; GONÇALVES, Alex Silva. Publicidade infantil, regulação estatal e formação de valores em prol do consumo consciente. **Revista de Direito do Consumidor,** São Paulo, Revista dos Tribunais, v.114, n.26, p.147-178, nov./dez., 2017.

SCHMITT, Cristiano Heineck. **Cláusulas abusivas nas relações de consumo.** 4.ed. rev., atual. e ampl. São Paulo: Revista dos Tribunais, 2014.

SCHMITT, Cristiano Heineck. **Consumidores Hipervulneráveis:** a proteção do idoso no mercado de consumo. São Paulo: Atlas, 2014.

SCHREIBER, Anderson. **Novos paradigmas da responsabilidade civil.** 6.ed. São Paulo: Atlas, 2015.

SCHREIBER, Anderson. **A proibição de comportamento contraditório:** tutela da confiança e venire contra factum proprium. 4.ed., rev. e atual. São Paulo: Atlas, 2016.

SCHNEIDER, Ari. **Publicidade, ética e liberdade:** o trabalho do CONAR pelo respeito na propaganda. São Paulo: CONAR, 2018. Disponível em: http://www.conar.org.br/pdf/LivroConarPublicidadeEticaLiberdade.pdf. Acesso em: 20 dez. 2023.

SCHÜNKE, Christian et al.. The Contribution of digital influencers for co-creation of value in fashion brands. **Brazilian Journal of Marketing (BJMkt)**, São Paulo, v.20, n.2, p.226-251, apr./june, 2021.

SCHWEDEN. **Marknadsföringslag (2008:486).** 2008. Tillgänglig i: https://www.riksdagen.se/sv/dokument-lagar/dokument/svensk-forfattningssamling/marknadsforingslag-2008486_sfs-2008-486. Tillträde kl: 20 dec. 2023.

SCHWEDEN. **Ett reklamlandskap i förändring** – konsumentskydd och tillsyn i en digitaliserad värld. Stockholm: Norstedts Juridik, 2018. Tillgänglig i: https://www.regeringen.se/contentassets/d9e443d926cb4ee4abcc58de7976c001/ett-reklamlandskap-i-forandring--konsumentskydd-och-tillsyn-i-en-digitaliserad-varld-sou-20181.pdf. Tillträde kl: 20 dec. 2023.

SCHWEDEN. Stockholms Tingsrätt. PMT 798-19. Stefan Johansson; Daniel Severinsson; Boel Hilding Berggren, dom. 31 jan. 2020. **Patent- och marknadsdomstolen,** Stockholm, publ. 31 jan. 2020. Tillgänglig i: https://reklamvarlden.se/Juridik/Stockholms%20TR%20PMT%20798-19%20Aktbil%20105%2C%20DOM%20-%20Kenza%20Zouiten%20AB%2C%20Konsum.pdf. Tillträde kl: 20 dec. 2023.

SEBAG-MONTEFIORE, Clarissa. Honey, I sold the kids. **Aeon.** 2023. Available from: https://aeon.co/essays/why-arent-children-protected-from-their-parents-monetising-them. Access on: Dec. 20, 2023.

SECURITIES AND EXCHANGE COMMISSION (SEC). **SEC charges Kim Kardashian for unlawfully touting crypto security.** Oct. 3, 2022. Available from: https://www.sec.gov/news/press-release/2022-183. Access on: Dec. 20, 2023.

SECURITIES AND EXCHANGE COMMISSION (SEC). **Administrative Proceeding File No. 3-21197.** Release No. 11116. Securities and Exchange Commission against Kimberly Kardashian. Oct. 3, 2022. Available from: https://www.sec.gov/litigation/admin/2022/33-11116.pdf. Access on: Dec. 20, 2023.

SEITZ, Amanda. Report: Social media influencers push voting misinformation. **The Associated Press.** 2020. Available from: https://apnews.com/article/election-2020-donald-trump-politics-media-misinformation-7a60e1e6005c8b3b967c9ad337cb1a6a. Access on: Dec. 20, 2023.

SEIXAS, Rodrigo. A retórica da pós-verdade: o problema das convicções. **Revista Eletrônica de Estudos Integrados em Discurso e Argumentação.** n.18, p.122-138, 2019. Disponível em: https://periodicos.uesc.br/index.php/eidea/article/view/2197. Acesso em: 20 dez. 2023.

SENRA, Ricardo. Ministério Público abre inquérito sobre 'sexualização' de MC Melody. **BBC Brasil.** 2015. Disponível em: https://www.bbc.com/portuguese/noticias/2015/04/150424_salasocial_inquerito_mcmelody_rs. Acesso em: 20 dez. 2023.

SERRANO, Vidal; SOUZA, Adriana Cerqueira de. A discussão legal da publicidade comercial dirigida ao público infantil. *In:* Fontenelle, Lais (Org.). **Criança e consumo:** 10 anos de transformação. São Paulo: Alana, 2016.

SHAH, Saqib; MARTIN, Alan. Why is Twitter now called X? The big rebranding explained. **Evening Standard.** Aug. 22, 2023. Available from: https://www.standard.co.uk/tech/x-twitter-logo-rebrand-why-elon-musk-b1096363.html. Access on: Dec. 20, 2023.

SIIBAK, Andra; TRAKS, Keily. The dark sides of sharenting. **Catalan Journal of Communication and Cultural Studies,** v.11, i.1, p.115-121, 2019. Available from: https://www.researchgate.net/publication/333607170_The_dark_sides_of_sharenting. Access on: Dec. 20, 2023.

SILVA, Cristofer Paulo Moreira Rocha; SILVA, Michael César; CRUZ, Rayenne dos Santos Lima. Responsabilidade civil e novas tecnologias: desafios e impactos contemporâneos na publicidade infantil. **Revista Meritum**, Belo Horizonte, v.16, n.3, p.100-123, set./dez. 2021. Disponível em: http://revista.fumec.br/index.php/meritum/issue/view/427. Acesso em: 15 abr. 2022.

SILVA, Carlos Mendes Monteiro da; BRITO, Dante Ponte de. Há responsabilização dos influenciadores digitais pela veiculação de publicidade ilícita nas redes sociais? **Revista de Direito do Consumidor**, São Paulo, Thomson Reuters Brasil, v.30, n.133, p.205-221, jan./fev. 2021.

SILVA, Cristiane Rubim Manzina da; TESSAROLO, Felipe Maciel. Influenciadores digitais e as redes sociais enquanto plataforma de mídia. **Anais do XXXIX Congresso Brasileiro de Ciências da Comunicação**. São Paulo. p.1-14, 2016. Disponível em: http://portalintercom.org.br/anais/nacional2016/resumos/R11-2104-1.pdf. Acesso em: 20 dez. 2023.

SILVA, João Calvão da. **Responsabilidade civil do produtor.** Coimbra: Editora Almedina, 1999.

SILVA, Jorge Cesa Ferreira da. A proteção contra a discriminação no direito contratual brasileiro. **Revista de direito civil contemporâneo**, São Paulo, Revista dos Tribunais, v.1., n.1, out./dez. 2014, p.41-64.

SILVA, Jorge Cesa Ferreira da. **Antidiscriminação contratual:** a integral entre proteção e autonomia. São Paulo: Thomson Reuters Brasil, 2020.

SILVA, José Carlos Loureiro da. A publicidade de serviços médicos e suas repercussões no direito do consumidor. *In:* FERRAZ, Anna Cândida da Cunha; LEISTER, Margareth Anne (Coords.). **II Colóquio de Pesquisa:** Panorama de pesquisa em direito. v.1. Osasco: EDIFIEO, 2012. [E-book].

SILVA, Joseane Suzart Lopes da; BORJA, Sarah da Silva Falcão de Freitas. **Superendividamento dos Consumidores de Boa-Fé:** defesa e educação financeira com o auxílio da Análise Econômica do Direito, do Ministério Público e demais Instrumentos da Política Nacional. São Paulo: Editora Dialética, 2022.

SILVA, Laura Lemos e; MARQUEZ, Lucas de Taglialegna. Direitos humanos no ambiente online: o conflito entre fake news e liberdade de expressão. **Revista SCIAS**. Direitos Humanos e Educação, v.3, n.2, p.169-183, 2020. Disponível em: https://revista.uemg.br/index.php/sciasdireitoshumanoseducacao/article/view/5142. Acesso em: 20 dez. 2023.

SILVA, Luiza Tuma da Ponte; RODRIGUES, Isabelle de Assunção. A vulnerabilidade agravada da consumidora gestante, o assédio de consumo e o dever de informação do estado e dos fornecedores. **Revista de Direito, Globalização e Responsabilidade nas Relações de Consumo**, v.6, n.2, p.20-36, jul./dez. 2020.

SILVA, Michael César. Convergências e assimetrias do princípio da boa-fé objetiva no direito contratual contemporâneo. *In:* BRAGA NETTO, Felipe Peixoto; SILVA, Michael César (Orgs.). **Direito privado e contemporaneidade:** desafios e perspectivas do direito privado no século XXI: volume II. Rio de Janeiro: Lumen Juris, 2018, p.99-141.

SILVA, Michael César; BARBOSA, Caio César do Nascimento; GUIMARÃES, Glayder Daywerth Pereira. Influenciadores digitais mirins e (over)sharenting: uma abordagem acerca da superexposição de crianças e adolescentes nas redes sociais. *In:* TEIXEIRA, Ana Carolina Brochado; FALEIROS JÚNIOR, José Luiz de Moura; DENSA, Roberta (Coords.). **Infância, Adolescência e Tecnologia:** o estatuto da criança e do adolescente na sociedade da informação. Indaiatuba, SP: Editora Foco, 2022, p.397-420.

SILVA, Michael César; CRUZ, Rayenne dos Santos Lima. Responsabilidade civil e novas tecnologias: discriminação algorítmica, proteção ao consumidor e lei geral de proteção de dados. **Revista Jurídica Luso Brasileira**, a.8, n.6, p.1645-1683, 2022. Disponível em: https://www.cidp.pt/revistas/rjlb/2022/6/20220616451683.pdf. Acesso em: 20 dez. 2023.

SILVA, Michael César; GUIMARÃES, Clayton Douglas Pereira. Responsabilidade civil e precificação discriminatória nas redes sociais. *In:* CAMPOS, Aline França. **Temas Contemporâneos da Responsabilidade Civil:** teoria e prática. v.2. Belo Horizonte: Conhecimento Editora, 2023, p.173-191.

SILVA, Michael César; NOGUEIRA, Roberto Henrique Pôrto. Direito à informação qualificada na relação médico-paciente: estudo das implicações da diferença entre certificado de pós-graduação *lato sensu* e título de especialista em dermatologia. **Revista de Informação Legislativa,** Brasília, a.48, n.189, p.243-257, jan./mar. 2011.

SILVA, Michael César; SANTOS, Wellington Fonseca dos. O direito do consumidor nas relações de consumo virtuais. *In:* BRAGA NETTO, Felipe Peixoto; SILVA, Michael César (Orgs.). **Direito privado e contemporaneidade:** desafios e perspectivas do direito privado no século XXI. Belo Horizonte: D'Plácido, 2014, p.279-306.

SILVA, Michael César; TEIXEIRA, Karen Myrna Castro Mendes; TEIXEIRA, Camila Cristina Azevedo Castro. A função socioambiental do contrato e a obsolescência programada. *In:* SILVA, Michael César (Org.). **Estado Democrático de Direito e Solução de Conflitos:** diálogos e repercussões na sociedade contemporânea: volume II. Belo Horizonte: Editora Newton Paiva, 2018, p.113-131.

SILVA, Rodrigo da Guia; NOGAROLI, Rafaella. Inteligência artificial e big data no diagnóstico e tratamento de doenças: novos desafios ao dever de informação e à proteção de dados sensíveis. *In:* FALEIROS JÚNIOR, José Luiz de Moura; LONGHI, João Victor Rozatti; GUGLIARA, Rodrigo (Coords.). **Proteção de Dados na Sociedade da Informação:** entre dados e danos. Indaiatuba: Editora Foco, 2021, p.357-380.

SILVEIRA, Ana Cristina de Melo. Alice no "País das maravilhas": Crianças fofinhas nas redes - Do encantamento ao inferno. **Migalhas.** 2022. Disponível em: https://www.migalhas.com.br/coluna/migalhas-de-responsabilidade-civil/359862/criancas-fofinhas-nas-redes--do-encantamento-ao-inferno. Acesso em: 20 dez. 2023.

SILVEIRA JUNIOR, Antônio Morais da; VERBICARO, Dennis. A tutela normativa da publicidade infantil na relação de consumo e seus desafios. **Revista de Direito do Consumidor,** São Paulo, Revista dos Tribunais, v.112, n.26, p.201-226, jul.-ago., 2017.

SIMAS, Danielle Costa de Souza; SOUZA JUNIOR, Albefredo Melo de. Sociedade em rede: os influencers digitais e a publicidade oculta nas redes sociais. **Revista de Direito, Governança e Novas Tecnologias**, Salvador, v.4, n.1, p.17-32, 2018.

SIMÕES, Luiz Felipe. Pump and Dump: a prática que influencers usam para ganhar dinheiro. **Estadão.** 2021. Disponível em: https://einvestidor.estadao.com.br/educacao-financeira/como-influencers-usam-pump-and-dump-para-lucrar#:~:text=%E2%80%9CA%20linguagem%20utilizada%20%C3%A9%20um,da%20GAIN,%20ligada%20%C3%A0%20SIN.. Acesso em: 20 dez. 2023.

SINGH, Maanvi. Utah bans under-18s from using social media unless parents consent. **The Guardian.** 2023. Available from: https://www.theguardian.com/us-news/2023/mar/23/utah-social-media-access-law-minors. Access on: Dec. 20, 2023.

SIQUEIRA, Dirceu Pereira; NUNES, Danilo Henrique. Conflitos digitais: cidadania e responsabilidade civil no âmbito das lides cibernéticas. **Revista Jurídica da FA7,** Centro Universitário 7 de Setembro, Fortaleza, v.15, n.2, p.127-138, 2018.

SIQUEIRA, Dirceu Pereira; NUNES, Danilo Henrique. Da aparente possibilidade de responsabilização da figura do "digital influencer". **Revista de Direito Empresarial – RDEmp,** Belo Horizonte, a.15, n.3, p.195-214, 2018.

SOARES, Dennis Verbicaro; LEAL, Pastora Do Socorro Teixeira; GILLET, Jéssica. Consumidor e redes sociais: a nova dimensão do consumismo no espaço virtual. **Revista Pensamento Jurídico**, v.14, n.1, p.224-247, 2020.

SOARES, Felipe Ramos Ribas; MANSUR, Rafael. A tese da posição preferencial da liberdade de expressão frente aos direitos da personalidade: análise crítica à luz da legalidade constitucional. *In:* SCHREIBER, Anderson; MORAES, Bruno Terra de; TEFFÉ, Chiara Spadaccini de (Coords.). **Direito e mídia:** tecnologia e liberdade de expressão. 2.ed. Indaiatuba, SP: Editora Foco, 2021. [E-book].

SOARES, Flaviana Rampazzo. A construção de uma teoria do dano existencial no Direito do Trabalho. *In:* SOARES, Flaviana Rampazzo (Coord.). **Danos extrapatrimoniais no direito do trabalho.** São Paulo: LTr, 2017.

SOARES, Flaviana Rampazzo. Levando os algoritmos a sério. *In:* BARBOSA, Mafalda Miranda; BRAGA NETTO, Felipe Peixoto; SILVA, Michael César; FALEIROS JÚNIOR, José Luiz de Moura (Coords.). **Direito Digital e Inteligência Artificial:** Diálogos entre Brasil e Europa. Indaiatuba, São Paulo: Editora Foco, 2021, p.43-64.

SOARES, Renata Domingues Balbino Munhoz. **A boa-fé objetiva e o inadimplemento do contrato:** doutrina e jurisprudência. São Paulo: LTr, 2008.

SOARES, Renata Domingues Balbino Munhoz (Coord.). **Fashion law:** Direito da Moda. São Paulo: Almedina, 2019. [E-book]

SOARES, Renata Domingues Balbino Munhoz. Responsabilidade civil e contratos na transversalidade do Direito: o exemplo do *fashion law* para *influencers, blockchain* e *visual law*. *In:* SAAD, Martha Solange Scherer (Org.); PINTO, Felipe Chiarello de Souza; SMANIO, Gianpaolo Poggio; JUNQUEIRA, Michelle Asato (Coords.). **Perspectivas, possibilidades e desafios do Direito Civil:** v.1. Londrina: Editora Thoth, 2023, p.151-172.

SOUSA, Erica Fernanda Miranda; MENDES, Gillian Santana de Carvalho; BATISTA, Camila Campos. O protagonismo do digital influencer: uma análise da responsabilidade civil por dano ao consumidor frente a expansão do e-commerce. **Revista Meritum,** Belo Horizonte, v.16, n.2, p.104-122, 2021.

SOUSA JÚNIOR, João Henrique *et al.*. '#fiqueemcasa e cante comigo': estratégia de entretenimento musical durante a pandemia de covid-19 no Brasil. **Revista Boca Boletim de Conjuntura,** Boa Vista, a.II, v.2, n.4, p.72-85, 2020.

SOUZA, Dan. Endorsee ou endorser: Qual a diferença? **Santo Angelo.** 2016. Disponível em: https://blog.santoangelo.com.br/endorsee-ou-endorser-qual-a-diferenca/. Acesso em: 20 dez. 2023.

SOUZA, Luciana Cristina de; ALMEIDA, Fabíola Fonseca Fragas de. Responsabilidade dos influenciadores digitais por publicidade oculta segundo o código de defesa do consumidor. *In:* **I Seminário On-line de Estudos Interdisciplinares** - On-line, 2020. Disponível em: https://www.doity.com.br/anais/iseminarioonlinedeestudosinterdisciplinares/trabalho/141685. Acesso em: 20 dez. 2023.

SOUZA, Nathalia Vogas de. **Influenciadores digitais mirins:** quando a brincadeira vira trabalho? 2023. Dissertação de Mestrado. 2023. 175f. Dissertação (Mestrado em Direito) Faculdade de Direito, Centro de Ciências Sociais – UERJ, Universidade Estadual do Rio de Janeiro, 2023. Disponível em: https://www.bdtd.uerj.br:8443/handle/1/19992. Acesso em: 20 dez. 2023.

SOUZA, Regina Cirino Alves Ferreira de (Coord.). **Fashion law:** direito da moda. Belo Horizonte: D'Plácido, 2019.

SPLASH UOL. Virginia Fonseca é processada por mais uma seguidora após suposto calote. **Splash UOL.** 2023. Disponível em: https://www.uol.com.br/splash/noticias/2023/07/13/virginia-fonseca-e-processada-por-mais-uma-seguidora-apos-suposto-calote.htm?cmpid=copiaecola. Acesso em: 20 dez. 2023.

STANGER, Andreia Cristiane. Fake: News? Comportamento. *In:* BEZERRA, Clayton da Silva; AGNOLETTO, Giovani Celso (Orgs.). **Combate às fake news.** São Paulo: Posteridade, 2019, p.41-61.

STAUB, Hermann. **Le violazioni positive del contratto.** Tradução de Giovanni Varanese. Nápoles: Edizioni Scientifiche Italiane, 2001.

STEIL, Juliana. Jovem vítima de fake news recebe ameaças de morte: 'fiquei com medo'. 2020. **G1.** Disponível em: https://g1.globo.com/sp/santos-regiao/noticia/2020/03/01/jovem-vitima-de-fake-news-recebe-ameacas-de-morte-fiquei-com-medo.ghtml. Acesso em: 20 dez. 2023.

STEINBERG, Stacey B. Sharenting: Children's Privacy in the Age of Social Media. **Emory Law Journal,** v.66, i.4, p.839-884, 2017. Available from: https://scholarship.law.ufl.edu/cgi/viewcontent.cgi?article=1796&context=facultypub. Access on: Dec. 20, 2023.

STIGLITZ, Ruben S.; STIGLITZ, Gabriel A. **Responsabilidad precontractual:** incumplimiento del deber de informacion. Buenos Aires: Abeledo-perrot, 1992.

STUBB, Carolina; NYSTRÖM, Anna-Greta; COLLIANDER, Jonas. Influencer marketing: The impact of disclosing sponsorship compensation justification on sponsored content effectiveness. **Journal of Communication Management,** v.23, i.2, p.109-122, 2019. Available from: https://doi.org/10.1108/JCOM-11-2018-0119. Access on: Dec. 20, 2023.

SUPREME COURT OF PENNSYLVANIA. Commonwealth v. Addicks. **Caselaw Access Project Harvard Law School.** 1816. Available from: https://cite.case.law/serg-rawle/2/174/. Access on: Dec. 20, 2023.

SUOMI, Kilpailu- ja kuluttajavirasto. **Vaikuttajamarkkinointi sosiaalisessa mediassa.** 2019. Saatavilla osoitteesta: https://www.kkv.fi/en/consumer-affairs/facts-and-advice-for-businesses/the-consumer-ombudsmans-guidelines/influencer-marketing-in-social-media/. Pääsy: 20 jou. 2023.

SUOMI, Suomen Eduskunta. **Kuluttajansuojalaki.** 1978. Saatavilla osoitteesta: https://www.finlex.fi/fi/laki/ajantasa/1978/19780038. Pääsy: 20 jou. 2023.

SZTAJN, Rachel; BAROSSI FILHO, Milton. Assimetria e incompletude informacional nas relações de consumo sob a perspectiva de *Law &Economics*. In: BRAGA NETTO, Felipe Peixoto; SILVA, Michael César (Orgs.). **Direito privado e contemporaneidade:** desafios e perspectivas do direito privado no século XXI: volume três. Indaiatuba, SP: Editora Foco, 2020, p.147-159.

TARGINO, Sandra Simone Valladão. O sharenting e o direito à indenização dos filhos. In: BARBOSA, Mafalda Miranda; ROSENVALD, Nelson; MUNIZ, Francisco (Coords.). **Responsabilidade Civil e Comunicação:** IV jornadas luso-brasileiras de responsabilidade civil. Indaiatuba, SP: Editora Foco, 2021, p.399-408.

TARIQ, Haseeb. Por que micro-influenciadores são tão importantes. **Forbes.** 2019. Disponível em: https://forbes.com.br/negocios/2019/06/por-que-micro-influenciadores-sao-tao-importantes/. Acesso em: 20 dez. 2023.

TARTUCE, Flávio. **Responsabilidade Civil.** 5.ed. rev, atual. e ampl. Rio de Janeiro: Editora Forense, 2023. [E-book].

TARTUCE, Flávio; NEVES, Daniel Amorim Assumpção. **Manual de Direito do Consumidor:** direito material e processual: volume único. 11.ed. rev., atual. e ampl.. Rio de Janeiro: Forense; Método, 2022.

TEFFÉ, Chiara Spadaccini de. Considerações sobre a proteção do direito à imagem na Internet. **Revista de informação legislativa:** RIL, v.54, n.213, p.173-198, jan./mar. 2017. Disponível em: https://www12.senado.leg.br/ril/edicoes/54/213/ril_v54_n213_p173. Acesso em: 20 dez. 2023.

TEFFÉ, Chiara Spadaccini de. Dados Sensíveis de Crianças e Adolescentes: aplicação do melhor interesse e tutela integral. *In:* TEIXEIRA, Ana Carolina Brochado; FALEIROS JÚNIOR, José Luiz de Moura; DENSA, Roberta (Coords.). **Infância, Adolescência e Tecnologia:** o estatuto da criança e do adolescente na sociedade da informação. Indaiatuba, SP: Editora Foco, 2022, p.299-328.

TEFFÉ, Chiara Spadaccini de; MORAES, Maria Celina Bodin de. Redes sociais virtuais: privacidade e responsabilidade civil análise a partir do marco civil da Internet. **Revista Pensar,** v.22, n.1, p.108-146, 2017.

TEFFÉ, Chiara Spadaccini de; SOUZA, Carlos Affonso Pereira de. Fake News: Como garantir liberdades e conter notícias falsas na Internet. *In:* TEPEDINO, Gustavo; MENEZES, Joyceane Bezerra de (Coords.). **Autonomia Privada, Liberdade Existencial e Direitos fundamentais.** Belo Horizonte: Fórum, 2019, p.525-543.

TEIXEIRA, Ana Carolina Brochado. Herança digital dos influenciadores. *In:* HACKEROTT, Nadia Andreotti Tüchumantel (Coord.). **Influenciadores digitais e seus desafios jurídicos.** São Paulo: Thomson Reuters Brasil, 2023, p.199-215.

TEIXEIRA, Ana Carolina Brochado; LEAL, Lívia Teixeira (Coords.). **Herança Digital:** controvérsias e alternativas. Indaiatuba, SP: Editora Foco, 2021. [E-book].

TEIXEIRA, Ana Carolina Brochado; MEDON, Filipe. A hipersexualização infantojuvenil na internet e o papel dos pais: liberdade de expressão, autoridade parental e melhor interesse da criança. *In:* EHRHARDT JÚNIOR, Marcos; LOBO, Fabíola Albuquerque; ANDRADE, Gustavo (Coords.). **Liberdade de Expressão e Relações Privadas.** Belo Horizonte: Fórum, 2021, p.345-362.

TEIXEIRA, Ana Carolina Brochado; MULTEDO, Renata Vilela. A responsabilidade dos pais pela exposição excessiva dos filhos menores nas redes sociais: o fenômeno do sharenting. *In:* TEIXEIRA, Ana Carolina Brochado; ROSENVALD, Nelson; MULTEDO, Renata Vilela (Orgs.). **Responsabilidade Civil e o Direito de Família**: o direito de danos na parentalidade e conjugalidade. Indaiatuba, SP: Editora Foco, 2021. [E-book].

TEIXEIRA, Ana Carolina Brochado; MULTEDO, Renata Vilela. A responsabilidade dos pais pela exposição excessiva dos filhos menores nas redes sociais: o fenômeno do sharenting. *In:* EHRHARDT JÚNIOR, Marcos; CATALAN, Marcos; MALHEIROS, Pablo (Coords.). **Direito Civil e Tecnologia:** tomo II. 2.ed. rev., ampl. e atual.. Belo Horizonte: Fórum, 2022, p.465-482.

TEIXEIRA, Ana Carolina Brochado; NERY, Maria Carla Moutinho. Vulnerabilidade digital de crianças e adolescentes: a importância da autoridade parental para uma educação nas redes. *In:* EHRHARDT JÚNIOR, Marcos; LOBO, Fabíola Albuquerque (Orgs.). **Vulnerabilidade e sua compreensão no direito brasileiro.** Indaiatuba, SP: Editora Foco, 2021, p.133-147.

TEIXEIRA NETO, Felipe. Ainda sobre o conceito de dano moral coletivo. *In:* ROSENVALD, Nelson; TEIXEIRA NETO, Felipe (Coords.). **Dano Moral Coletivo.** Indaiatuba, SP: Editora Foco, 2018. [E-book].

TEPEDINO, Gustavo. A tutela constitucional da criança e do adolescente: projeções civis e estatutárias. *In:* SARMENTO, Daniel; IKAWA, Daniela; PIOVESAN, Flavia (Coords.). **Igualdade, diferença e Direitos humanos.** Rio de Janeiro: Lumen Juris, 2010, p.865-885.

TEPEDINO, Gustavo; MEDON, Filipe. A superexposição de crianças por seus pais na Internet e o direito ao esquecimento. *In:* SARLET, Gabrielle Bezerra Sales; TRINDADE, Manoel Gustavo Neubarth; MELGARÉ, Plínio (Coords.). **Proteção de dados:** temas controvertidos. Indaiatuba, SP: Editora Foco, 2021. [E-book].

TERRA. Neymar, Felipe Neto e mais: famosos que divulgaram a Blaze e não foram citados pelo 'Fantástico'. **Terra.** 2023. Disponível em: https://www.terra.com.br/economia/nao-caia-nessa/neymar-felipe-neto-e-mais-famosos-que-divulgaram-a-blaze-e-nao-foram-citados-pelo-fantastico,fbea092e62f3f230e761f7a15b97e9aeyhyetzxw.html?utm_source=clipboard. Acesso em: 20 dez. 2023.

TERRA, Aline de Miranda Valverde; OLIVA, Milena Donato; MEDON, Filipe. Acervo digital: controvérsias quanto à sucessão causa mortis. *In:* TEIXEIRA, Ana Carolina Brochado; LEAL, Lívia Teixeira (Coords.). **Herança Digital:** controvérsias e alternativas. Indaiatuba, SP: Editora Foco, 2021. [E-book].

THE ECONOMIC TIMES. What is 'Endorsements'. **The Economic Times.** 2023. Available from: https://economictimes.indiatimes.com/definition/endorsements. Access on: Dec. 20, 2023.

THOMPSON, John B.. A nova visibilidade. **MATRIZes**, São Paulo, ECA-USP, v.1, n.2, p.15-38, abr. 2008. Disponível em: https://www.revistas.usp.br/matrizes/article/view/38190/40930. Acesso em: 20 dez. 2023.

TIMM, Luciano Benetti. O superendividamento e o direito do consumidor. **Revista Magister de Direito Empresarial, Concorrencial e do Consumidor**, Porto Alegre, Magister, v.2, n.8, p.40-55, abr./maio, 2006.

TIMSIT, Annabelle. Should influencers fess up about their filters? France may force them to. **The Washington Post**. 2023. Available from: https://www.washingtonpost.com/world/2023/04/05/france-influencer-bill-filters/. Access on: Dec. 20, 2023.

TIKTOK. **agenor.tupinamba**. 2023. Disponível em: https://www.tiktok.com/@agenor.tupinamba. Acesso em: 20 dez. 2023.

TIKTOK. **Eggnogthebulldog**. 2023. Disponível em: https://www.tiktok.com/@eggnogthebulldog. Acesso em: 20 dez. 2023.

TIKTOK. **Huxleythepandapuppy**. 2023. Disponível em: https://www.tiktok.com/@huxleythepandapuppy. Acesso em: 20 dez. 2023.

TIKTOK. **Luvadepedreiro**. 2023. Disponível em: https://www.tiktok.com/search?q=luva%20de%20pedreiro&t=1679417410432. Acesso em: 20 dez. 2023.

TIKTOK. **Madaebica**. 2023. Disponível em: https://www.tiktok.com/@madaebica. Acesso em: 20 dez. 2023.

TIKTOK. **Maoriblue**. 2023. Disponível em: https://www.tiktok.com/@maoriblue. Acesso em: 20 dez. 2023.

TIKTOK. **Seanthesheepman**. 2023. Disponível em: https://www.tiktok.com/@seanthesheepman. Acesso em: 20 dez. 2023.

TIKTOK. **Sonyakisa8**. 2023. Disponível em: https://www.tiktok.com/@sonyakisa8. Acesso em: 20 dez. 2023.

TOBON, Sandra; GARCÍA-MADARIAGA, Jesús. Influencers vs the power of the crowd: a research about social influence on digital era. **Estudios Gerenciales**, v.37, n.161, p.601-609, Oct./Dec. 2021. Available from: https://doi.org/10.18046/j.estger.2021.161.4498. Access on: Dec. 20, 2023.

TOMASEVICIUS FILHO, Eduardo. **O princípio da boa-fé no direito civil**. São Paulo: Almedina, 2020.

TOMAZETTE, Marlon. A boa-fé nos negócios empresariais. *In*: BRAGA NETTO, Felipe Peixoto; SILVA, Michael Cesar (Orgs.). **Direito privado e contemporaneidade**: desafios e perspectivas do direito privado no século XXI: volume três. Indaiatuba, SP: Editora Foco, 2020, p.343-356.

TURBAN, Efraim; STRAUSS, Judy; LAI, Linda. **Social Commerce**: marketing, technology and management. Cham, Switzerland: Springer, 2016. [Ebook].

TUR-VIÑES, Victoria; NÚÑEZ-GÓMEZ, Patrícia; GONZÁLEZ-RÍO, María José. Kid influencers on YouTube. A space for responsibility. **Revista Latina de Comunicación Social**, n.73, p.1211-1230, 2018. Available from: http://www.revistalatinacs.org/073paper/1303/62en.html. Access on: Dec. 20, 2023.

TWITTER. **Mara da Amaro**. 2023. Disponível em: https://twitter.com/amaro. Acesso em: 20 dez. 2023.

TWITTER. **Nat Natura**. 2023. Disponível em: https://twitter.com/naturabroficial. Acesso em: 20 dez. 2023.

UNIÃO EUROPEIA. Directiva 89/552/CE do Conselho das Comunidades Europeias, de 03 de outubro de 1989, relativa à coordenação de certas disposições legislativas, regulamentares e administrativas dos Estados-membros relativas ao exercício de actividades de radiodifusão televisiva. **Jornal Oficial das Comunidades Europeias**. 17 outubro 1989. Disponível em: https://eur-lex.europa.eu/legal-content/PT/TXT/PDF/?uri=CELEX:31989L0552. Acesso em: 20 dez. 2023.

UNIÃO EUROPEIA. Directiva 2005/29/CE do Parlamento Europeu e do Conselho da União Europeia de 11 de maio de 2005, relativa às práticas comerciais desleais das empresas face aos consumidores no mercado interno e que altera a Directiva 84/450/CEE do Conselho, as Directivas 97/7/CE, 98/27/CE e 2002/65/CE e o Regulamento (CE) nº2006/2004 («directiva relativa às práticas comerciais desleais»). **Jornal Oficial da União Europeia**. 11 junho 2005. Disponível em: https://eur-lex.europa.eu/legal-content/PT/TXT/PDF/?uri=CELEX:32005L0029. Acesso em: 20 dez. 2023.

UNIÃO EUROPEIA. Regulamento (UE) 2016/679 do Parlamento Europeu e do Conselho da União Europeia de 27 de abril de 2016. **Jornal Oficial da União Europeia.** 04 maio 2016. Disponível em: https://eur-lex.europa.eu/legal-content/PT/TXT/PDF/?uri=CELEX:32016R0679&from=PT. Acesso em: 20 dez. 2023.

UNITED KINGDOM. **Consumer Protection from Unfair Trading Regulations 2008250. 2008.** Available from: https://www.legislation.gov.uk/uksi/2008/1277/contents/made. Access on: Dec. 20, 2023.

UNNIA, Federico. **La pubblicità clandestina:** il camuffamento della pubblicità nei contestí informativi. Milão: Giuffre, 1997.

UTAH. **Utah Protecting Minors Online.** 2023. Available from: https://socialmedia.utah.gov/. Access on: Dec. 20, 2023.

UTAH STATE LEGISLATURE. **Senate Bill 152.** 2023. Available from: https://le.utah.gov/~2023/bills/static/SB0152.html. Access on: Dec. 20, 2023.

UTAH STATE LEGISLATURE. **Senate Bill 311.** 2023. Available from: https://le.utah.gov/~2023/bills/static/HB0311.html. Access on: Dec. 20, 2023.

VALADARES, Maria Goreth Macedo; COELHO, Thais Câmara Maia Fernandes; Aspectos processuais relacionados à herança digital. *In:* TEIXEIRA, Ana Carolina Brochado; LEAL, Lívia Teixeira (Coords.). **Herança Digital:** controvérsias e alternativas. Indaiatuba, SP: Editora Foco, 2021. [E-book]

VALLE DRESCH, Rafael de Freitas; FALEIROS JÚNIOR, José Luiz de Moura. Reflexões sobre a responsabilidade civil na lei geral de proteção de dados (Lei n.13.709/2018). *In:* ROSENVALD, Nelson; VALLE DRESCH, Rafael de Freitas; WESENDONCK, Tula (Coords.). **Responsabilidade civil:** novos riscos. Indaiatuba, SP: Editora Foco, 2019, p.66-89.

VALORINVEST. Pandemia fez brasileiro sofrer com finanças, mas inspirou a pensar mais no futuro. **ValorInvest.** 2020. Disponível em: https://valorinveste.globo.com/educacao-financeira/noticia/2020/11/23/pandemia-fez-brasileiro-sofrer-com-financas-mas-inspirou-a-pensar-mais-no-futuro.ghtml. Acesso em: 20 dez. 2023.

VAN DIJK, Jan. **The network society.** 3.ed. Londres: Sage Publications, 2012.

VERBICARO, Dennis. **Algoritmos de Consumo:** discriminação, determinismo e solução online de conflitos na era da inteligência artificial. São Paulo: Thomson Reuters Brasil, 2023. [E-book].

VERBICARO, Dennis; RODRIGUES, Lays; ATAÍDES, Camille. Desvendando a vulnerabilidade comportamental do consumidor: uma análise jurídico-psicológica do assédio de consumo. **Revista de Direito do Consumidor**, São Paulo, Thomson Reuters Brasil, a.27, v.119, p.349-384, set./out. 2018.

VERBICARO, Dennis; VIEIRA, Janaína. A nova dimensão da proteção do consumidor digital diante do acesso a dados pessoais no ciberespaço. **Revista de Direito do Consumidor,** São Paulo, Thomson Reuters Brasil, a.30, v.134, p.195-226, mar./abr. 2021.

VERONESE, Josiane Rose Petry; ZANETTE, Sandra Muriel Zadróski. **Criança, consumo e publicidade:** por uma sociedade fraterna. Curitiba, Paraná: Juruá, 2018.

VERSWIJVELA, Karen; WALRAVEA, Michel; HARDIESA, Kris; HEIRMAN, Wannes. Sharenting, is it a good or a bad thing? Understanding how adolescents think and feel about sharenting on social network sites. **Children and Youth Services Review,** v. 104, p.1-10, 2019. Available from: https://www.sciencedirect.com/science/article/abs/pii/S0190740919303482. Access on: Dec. 20, 2023.

VIOLA, Mario; TEFFÉ, Chiara Spadaccini de. Tratamento de dados pessoais na LGPD: estudo sobre as bases legais dos artigos 7.º e 11. *In:* BIONI, Bruno *et al.* (Coords.). **Tratado de proteção de dados pessoais.** 2.ed. rev., ampl. e atual.. Rio de Janeiro: Forense, 2023, p.115-146.

VIRTUAL HUMANS. **Lu do Magalu.** 2023. Available from: https://www.virtualhumans.org/human/lu-do-magalu. Access on: Dec. 20, 2023.

VOLPI, Alexandre. **A história do consumo no Brasil:** do mercantilismo à era do foco no cliente. Rio de Janeiro: Elsevier, 2007.

WAKKA, Wagner. Mercado de games agora vale mais que indústrias de música e cinema juntas. **Canaltech.** 2021. Disponível em: https://canaltech.com.br/games/mercado-de-games-agora-vale-mais-que-industrias-de-musica-e-cinema-juntas-179455/. Acesso em: 20 dez. 2023.

WEIMANN, Gabriel. **The influentials:** people who influence people (SUNY series, Human Communication Processes). New York: State University of New York Press, 1994.

WERNECK, Luiz; GARCIA, Talita Sabatini. Normas de autorregulamentação do setor (guias nacionais e internacionais). *In:* HACKEROTT, Nadia Andreotti Tüchumantel (Coord.). **Influenciadores digitais e seus desafios jurídicos.** São Paulo: Thomson Reuters Brasil, 2023, p.89-97.

WESTERLUND, Mika. The emergence of deepfake technology: a review. **Technology Innovation Management Review,** v.9, i.11, p.40-53, 2019. Available from: https://timreview.ca/sites/default/files/article_PDF/TIMReview_November2019%20-%20D%20-%20Final.pdf. Access on: Dec. 20, 2023.

WHO, World Health Organization. **Rolling updates on coronavirus disease (COVID-19).** 2020. Available from: https://www.who.int/emergencies/diseases/novel-coronavirus-2019/events-as-they-happen. Acesso em: 20 dez. 2023.

WILDE, Oscar. **A decadência da mentira.** Rio de Janeiro: Editora Imago, 1994.

XAVIER, José Tadeu Neves. Os limites da atuação publicitária na condução de comportamentos sociais: o valor da ética no controle jurídico da publicidade. **Revista de Direito do Consumidor** [recurso eletrônico], São Paulo, Revista dos Tribunais, a.21, v.81, p.117-143, jan./mar. 2012.

XU, Pei; CHEN, Liang; SANTHANAM, Radhika. Will video be the next generation of e-commerce product reviews? Presentation format and the role of product type. **Decision Support Systems,** v.73, p.85-96, 2015. Available from: https://www.sciencedirect.com/science/article/abs/pii/S0167923615000469. Access on: Dec. 20, 2023.

YILMAZ, Melda; SEZEREL, Hakan; UZUNER, Yıldız. Sharing experiences and interpretation of experiences: a phenomenological research on Instagram influencers. **Current Issues in Tourism,** v.23, i.24, p.3034-3041, 2020. Available from: https://www.tandfonline.com/doi/abs/10.1080/13683500.2020.1763270. Access on: Dec. 20, 2023.

YOUTUBE. **AuthenticGames.** 2023. Disponível em: https://www.youtube.com/user/AuthenticGames. Acesso em: 20 dez. 2023.

YOUTUBE. **Bel.** 2023. Disponível em: https://www.youtube.com/user/belparameninas. Acesso em: 20 dez. 2023.

YOUTUBE. **Bruno Perini – Você MAIS Rico.** 2023. Disponível em: https://www.youtube.com/c/Voc%C3%AAmaisrico. Acesso em: 20 dez. 2023.

YOUTUBE. **Canaltech.** 2023. Disponível em: https://www.youtube.com/user/canaltechbr. Acesso em: 20 dez. 2023.

YOUTUBE. **CazéTV.** 2023. Disponível em: https://www.youtube.com/@CazeTV. Acesso em: 20 dez. 2023.

YOUTUBE. **Clube do Valor.** 2023. Disponível em: https://www.youtube.com/c/ClubedoValor. Acesso em: 20 dez. 2023.

YOUTUBE. **Coisa de Nerd.** 2023. Disponível em: https://www.youtube.com/c/coisadenerd. Acesso em: 20 dez. 2023.

YOUTUBE. **Diolinux.** 2023. Disponível em: https://www.youtube.com/@Diolinux. Acesso em: 20 dez. 2023.

YOUTUBE. **Economista Sincero.** 2023. Disponível em: https://www.youtube.com/c/EconomistaSincero. Acesso em: 20 dez. 2023.

YOUTUBE. **Escolha Segura.** 2023. Disponível em: https://www.youtube.com/c/escolhaseguratv/videos. Acesso em: 20 dez. 2023.

YOUTUBE. **elrubiusOMG.** 2023. Disponível em: https://www.youtube.com/c/elrubiusOMG. Acesso em: 20 dez. 2023.

YOUTUBE. **EvanTubeHD.** 2023. Disponível em: https://www.youtube.com/@evantube/. Acesso em: 20 dez. 2023.

YOUTUBE. **Fábio Akita.** 2023. Disponível em: https://www.youtube.com/@Akitando. Acesso em: 20 dez. 2023.

YOUTUBE. **Fernanfloo.** 2023. Disponível em: https://www.youtube.com/user/Fernanfloo. Acesso em: 20 dez. 2023.

YOUTUBE. **Jacksepticeye.** 2023. Disponível em: https://www.youtube.com/c/jacksepticeye. Acesso em: 20 dez. 2023.

YOUTUBE. **JP Plays.** 2023. Disponível em: https://www.youtube.com/c/JPPlays. Acesso em: 20 dez. 2023.

YOUTUBE. **JuegaGerman.** 2023. Disponível em: https://www.youtube.com/c/JuegaGerman. Acesso em: 20 dez. 2023.

YOUTUBE. **Luvadepedreiro.** 2023. Disponível em: https://www.youtube.com/@LUVADEPEDREIRO. Acesso em: 20 dez. 2023.

YOUTUBE. **Marques Brownlee.** 2023. Disponível em: https://www.youtube.com/c/mkbhd/featured. Acesso em: 20 dez. 2023.

YOUTUBE. **Markiplier.** 2023. Disponível em: https://www.youtube.com/c/markiplier. Acesso em: 20 dez. 2023.

YOUTUBE. **Me Poupe.** 2023. Disponível em: https://www.youtube.com/c/Mepoupenaweb. Acesso em: 20 dez. 2023.

YOUTUBE. **MrBeast.** 2023. Disponível em: https://www.youtube.com/user/mrbeast6000. Acesso em: 20 dez. 2023.

YOUTUBE. **NOBRU.** 2023. Disponível em: https://www.youtube.com/c/NobruTV. Acesso em: 20 dez. 2023.

YOUTUBE. **O Primo Rico.** 2023. Disponível em: https://www.youtube.com/c/ThiagoNigro. Acesso em: 20 dez. 2023.

YOUTUBE. **PewDiePie.** 2023. Disponível em: https://www.youtube.com/channel/UC-lHJZR3Gqxm24_Vd_AJ5Yw. Acesso em: 20 dez. 2023.

YOUTUBE. **PlayHard.** 2023. Disponível em: https://www.youtube.com/c/boplayhard. Acesso em: 20 dez. 2023.

YOUTUBE. **Primo Pobre.** 2023. Disponível em: https://www.youtube.com/c/PrimoPobre. Acesso em: 20 dez. 2023.

YOUTUBE. **Rezendeevil.** 2023. Disponível em: https://www.youtube.com/c/rezendeevil. Acesso em: 20 dez. 2023.

YOUTUBE. **Robin Hood Gamer.** 2023. Disponível em: https://www.youtube.com/c/RobinHoodGamer1. Acesso em: 20 dez. 2023.

YOUTUBE. **Ryan´s World.** Disponível em: https://www.youtube.com/@RyansWorld. Acesso em: 20 dez. 2023.

YOUTUBE. **TecMundo.** 2023. Disponível em: https://www.youtube.com/c/tecmundo/videos. Acesso em: 20 dez. 2023.

YOUTUBE. **TazerCraft.** 2023. Disponível em: https://www.youtube.com/user/TazerCraft. Acesso em: 20 dez. 2023.

YOUTUBE. **Unbox Therapy.** 2023. Disponível em: https://www.youtube.com/c/unboxtherapy/featured. Acesso em: 20 dez. 2023.

YOUTUBE. **Vegetta777.** 2023. Disponível em: https://www.youtube.com/user/vegetta777. Acesso em: 20 dez. 2023.

YOUTUBE. **Vlad and Niki.** 2023. Disponível em: https://www.youtube.com/c/VladandNiki/featured. Acesso em: 20 dez. 2023.

YOUTUBE. **YouTube em números.** 2023. Disponível em: https://www.youtube.com/intl/pt-BR/about/press/#:~:text=Mais%20de%20dois%20bilh%C3%B5es%20de%20usu%C3%A1rios%20conectados%20ao%20YouTube%20acessam,YouTube%20vem%20de%20dispositivos%20m%C-3%B3veis. Acesso em: 20 dez. 2023.

YUGAR, Vivian Buonalumi Tacito. O discurso publicitário em blogs frente às normas de defesa do consumidor. **Revista Fórum de Direito Civil**, Belo Horizonte, a.9, n.25, p.135-150, set./dez. 2020.

ZANETTE, Maria Carolina. **Influência digital:** o papel dos novos influentes no consumo. Curitiba: Appris, 2015.